Das Buch

»Nicht vielen Historikern ist es gegeben, die Wahrnehmung der Vergangenheit ihres eigenen Landes neu zu erschaffen. Aber das Erscheinen von ›Herrenhaus und Sklavenhütte‹ 1933 als Wasserscheide zu beschreiben, die die brasilianische Geschichte in Epochen vor und nach Freyre trennt, ist gewiß keine Übertreibung«, schreibt das ›Times Literary Supplement‹ über diesen Klassiker der Kulturgeschichte. Der brasilianische Soziologe und Kulturanthropologe erklärt, warum die westafrikanischen Negersklaven in Brasilien sowohl den eingeborenen Indios als auch den portugiesischen Kolonisatoren keineswegs unterlegen waren. Nicht in ihrer vermeintlich rassischen Minderwertigkeit und angeblichen Verderbtheit sei die Ursache für die Unterentwicklung der brasilianischen Gesellschaft zu suchen, sondern in den typischen Merkmalen einer Sklavenhaltergesellschaft, die die Geschichte Brasiliens jahrhundertelang geprägt haben. Faszinierend erzählt Freyre von der schwarzen Volkskultur und ihrem enormen Einfluß auf den Kulturwandel Brasiliens. Für Freyre, der sich immer auch als Schriftsteller und Poet verstand, liegt darin die wichtigste Erklärung für die »ethnische Demokratie« Brasiliens, in der es weder Rassenhaß noch Rassenkampf gibt.

Der Autor

Gilberto Freyre (1900–1987) studierte Anthropologie, Soziologie und Volkswirtschaft an der Columbia University in New York. Nach der Promotion 1922 und Studienaufenthalten in Hamburg, Berlin und Oxford kehrte er in seine Geburtsstadt Recife in Pernambuco zurück. 1946 war er Mitglied des brasilianischen Parlaments und wurde 1971 von der englischen Königin zum »Sir« erhoben. Von seinen vielen Veröffentlichungen liegt auf deutsch außerdem vor ›Das Land in der Stadt‹ (1982).

Gilberto Freyre:
Herrenhaus und Sklavenhütte
Ein Bild der brasilianischen Gesellschaft

Klett-Cotta
im
Deutschen
Taschenbuch
Verlag

Die Originalausgabe erschien 1933 bei Maia & Schmidt Ltda., Rio de Janeiro, unter dem Titel ›Casa Grande e Senzela‹, die vorliegende deutsche Übersetzung von Ludwig Graf von Schönfeldt erstmals 1965 bei Kiepenheuer & Witsch, Köln, Berlin.

Februar 1990
Deutscher Taschenbuch Verlag GmbH & Co. KG, München

ISBN 3-12-932450-X
Umschlaggestaltung: Celestino Piatti
Vorlage: Ansicht einer brasilianischen Plantage an der Reede von Rio, 1830. Lithographie nach Johann Moritz Rugendas (Bildarchiv Preußischer Kulturbesitz)
Gesamtherstellung: C. H. Beck'sche Buchdruckerei, Nördlingen
Printed in Germany · ISBN 3-423-04554-X

Inhalt

Gilberto Freyre: Versuch einer Einführung in sein Werk

Echo auf ein Werk / Vor 49 Jahren erschien in Rio de Janeiro im Verlag Maia & Schmidt Ltda. das Werk eines jungen brasilianischen Soziologen aus Recife, der Hauptstadt des Staates Pernambuco. Gilberto Freyre – so der Name des damals noch wenig Bekannten – kann heute die stolze Bilanz dieses Werkes *Casa Grande e Senzala* (Herrenhaus und Sklavenhütte) und zahlreicher anderer nachfolgender Schriften ziehen, die – zum Teil – in die wichtigsten Weltsprachen übersetzt wurden.

Es ist ein bezeichnender, sinnvoller historischer Zufall, daß im Hitlerjahr 1933 die bislang entschiedenste und umfassendste *Widerlegung* der nationalsozialistischen Rassentheorien von einem brasilianischen Forscher, Gelehrten und Schriftsteller aus alter brasilianischer Familie formuliert wurde.

Innerhalb der Soziologie nimmt Freyre heute eine führende Stellung ein. Von den vielen in- und ausländischen Ehrungen seien besonders erwähnt: die Ehrendoktoren der Sorbonne, der Columbia-Universität in New York, der Universität Münster sowie der Anisfield-Wolf-Preis (1956) in den USA für die beste literarisch-wissenschaftliche Arbeit, der Aspenpreis (1967, USA), der dem Nobelpreis gleichgestellt wird, der internationale italienische Preis »La Madonnina« (1969) und die Verleihung des »Sir«-Titels durch die englische Königin 1971. Zahlreiche Würdigungen wurden anläßlich seines achtzigsten Geburtstags 1980 veröffentlicht.

Freyre ist eines der sieben Ehrenmitglieder der Amerikanischen Gesellschaft für Soziologie. Der Vereinigung Marc Bloch für vergleichende Kulturwissenschaft in Paris gehört er als Mitglied des Direktoriums an. Er ist außerdem Mitglied der Amerikanischen Anthropologischen Gesellschaft, der Amerikanischen Gesellschaft für Philosophie, der Amerikanischen Soziologischen Gesellschaft, der Akademie der Geisteswissenschaften von Lissabon, der Akademie für Überseewissenschaften von Paris, des Instituts für Soziologie der Universität Buenos Aires und anderer nationaler und internationaler wissenschaftlicher Institutionen.

1962 fanden sich 64 Persönlichkeiten des brasilianischen kulturellen und wissenschaftlichen Lebens zusammen, um sein Werk in dem Buch *Gilberto Freyre, sua ciência, sua filosofia, sua arte* (Rio de Janeiro, Verlag José Olympío) zu würdigen und den Einfluß Freyres auf die brasilianische Kultur zu untersuchen. Leider ist in Deutschland die Bedeutung dieser Autoren wenig bekannt. Ich möchte deshalb vor allem nichtbrasilianische Fachleute anführen, die das Werk Gilberto Freyres analysiert haben.*

Georges Gurvitch (Paris) klassifiziert die Soziologie Freyres als »komplex, dicht und tief«. Sie behandle, was man die »totalen Sozialphänomene« nennen könne. Freyre ist für Gurvitch »einer der größten Soziologen (für einige sogar der größte) unserer Zeit«. Ortega y Gasset nennt ihn einen Mann, der, »außer Anthropologe, ein Denker von universaler Bedeutung« ist. T. Lynn Smith (USA) bezeichnet Freyres Schriften als «das größte soziologische Werk, das Lateinamerika jemals hervorgebracht hat«. Für Sir Nevile Montague Butler (London) ist Gilberto Freyre unter »die bedeutendsten Soziologen der Welt« einzureihen. José Osório de Oliveira (Lissabon) nennt das Lebenswerk Freyres eine »Summa sociológica«. Paul Rivet (Paris) sieht in ihm einen »großen Erneuerer der Sozialstudien, dem alle [europäischen Anthropologen] viel verdanken«. Carlos Rossi (Rom) weist darauf hin, daß Gilberto Freyre der »der europäischen Aufmerksamkeit würdigste Brasilianer« sei.

Ich möchte nunmehr auf einige Lebensdaten Freyres verweisen, die für das Verständnis seines Werkes wichtig sind.

An der Columbia-Universität in New York studierte er bei Franz Boas Anthropologie und schloß sein Studium mit Lizentiat, Magister- und Doktorexamen ab. Seine 1922 veröffentlichte Dissertation *Social Life in Brazil in the Middle of the 19th Century* (Baltimore) gab den Grundton seines literarisch-wissenschaftlichen Lebens an. Es war Henry L. Mencken, der – nach den eigenen Worten Freyres – auf Grund der Lektüre der Dissertation den Anstoß zu *Casa Grande e Senzala* gegeben hat.

Sein Lehrer in Soziologie war Franklin Giddings, in Volkswirtschaft Edwin Seligman. Diese beiden Meister ihres Faches, vor allem jedoch Franz Boas, hat Freyre immer wieder als diejenigen seiner Lehrer bezeichnet, denen er Entscheidendes zu verdanken habe. Anthropologische Studien führten ihn nach Europa, wo er die bedeutendsten anthropologischen Zentren und Museen besuchte. Neben Hamburg und Ber-

* Die folgenden Zitate sind jeweils aus dem Original übersetzt.

lin, wo er bei Max Dessoir philosophische Anthropologie hörte, nahm er seinen Hauptwohnsitz in Oxford.

Schon 1928 gelang es ihm, Soziologie als Unterrichtsfach an der Lehrerbildungsanstalt des Staates Pernambuco einzuführen. 1934 fand auf seine Initiative der erste dem Studium des afro-brasilianischen Menschen gewidmete Afro-Brasilianische Kongreß statt, vor dem Freyre zwei wissenschaftliche Forschungsergebnisse vertrat, und zwar über »Körperliche Deformationen bei geflohenen Sklaven« und über »Methoden zur Bestimmung der regionalen Herkunft von Abkömmlingen von Afrikanern in Amerika«.

Schon damals hat der brasilianische Soziologe Roquette Pinto auf den jungen Anthropologen aus Recife aufmerksam gemacht und seine gründliche Kenntnis der modernen Rassenbiologie sowie seine originellen Denkmethoden hervorgehoben. Von da an begann Freyres Siegeszug durch die Universitätszentren Brasiliens, Europas, Lateinamerikas und der Vereinigten Staaten. Über seine Ideen wurden eigens Seminare und Kongresse veranstaltet, so z. B. 1956 durch die Sorbonne auf Schloß Cerisy unter der Leitung von Prof. Gouhier.

1946 gehörte Freyre dem brasilianischen Parlament an, und er hat an der Verfassung Brasiliens mitgearbeitet. 1948 lud die UNESCO acht unter der Bezeichnung »Die acht Weisen von Paris« bekannt gewordene Sozialwissenschaftler zu einem Expertengespräch unter der Leitung des englischen Biologen Julian Huxley ein, das der Erforschung von solchen internationalen Spannungen dienen sollte, die imstande sind, einen Krieg zu entfesseln. Zu ihnen gehörte Gilberto Freyre neben Gurvitch, Allport, Horkheimer, Szlai, Rickman, Naes und Sullivan.

1954 hat die Bundesrepublik Freyre ein Gutachten über das Problem der Besatzungskinder und die UNO dem brasilianischen Soziologen ein Gutachten über das Rassenproblem in Südafrika übertragen. 1956 gehörte Freyre neben Leopold von Wiese (Deutschland), Morris Ginsberg (England) und Georges Davy (Frankreich) zu den vier Hauptreferenten des Weltkongresses der Soziologen in Amsterdam. An der Universität des Bundesdistrikts von Rio de Janeiro begründete Freyre den Lehrstuhl für soziale und kulturelle Anthropologie und führte damit diese Disziplin und die soziologischen Feldforschungen in den brasilianischen Universitätslehr- und -forschungsplan ein.

Die kulturhistorischen Methoden, die Gestalttheorie, die Idealtypen von Max Weber und die Simmelsche Soziologie hat Gilberto Freyre bejaht und beherrscht. Die Nutzung von persönlichen Dokumenten für anthropologische Studien wurden zum ersten Male von ihm als methodologisches Instrumentarium der Soziologie in Brasilien eingeführt. Die Beziehungen von Anthropologie und Soziologie zur Sozialpsychologie, Sozialpsychiatrie, Medizin, aber auch zur Architektur und Raumplanung, zu den bildenden Künsten, zur Literatur und zum Theater, zu Möbeln und zur Ernährung, zur Küche und zu den Bäckereien, zur Bekleidung und Erholung, selbst zum Spielzeug wurden zum ersten Male von Freyre in Brasilien erforscht, methodisch begründet und exemplifiziert.

Während seiner Abgeordnetentätigkeit gründete er das Wissenschaftliche Institut für Sozialforschung Joaquim Nabuco in Recife.

Eine neue Soziologie / Worin bestehen die Verdienste und eigenen Leistungen Freyres in der Soziologie? Was bedeutet das 1980 anläßlich seines achtzigsten Geburtstags in 20. Auflage erschienene Werk *Casa Grande e Senzala* für die moderne Soziologie?

Anísio Teixeira stellt ihn in eine Reihe mit Ortega y Gasset, Bergson, Proust: »Er ist nicht nur ein Meister, sondern ein Schöpfer der Soziologie.« Freyre selbst nennt seine Methode zur Erforschung der brasilianischen Wirklichkeit »die humanistische und die wissenschaftliche oder die psychologische und soziologische oder auch die anthropologische und die metanthropologische Methode«. Die Sozialgeschichte wird durch diese Methode zu einer intensiven Intimgeschichte. Nicht nur der »Senhor«, sondern auch die Frau, das Kind und der Sklave, der Pfarrer und der Verwalter, die Tiere und die Landschaft, die Ernährung und das gesellschaftliche Leben in seinen Einzelbeziehungen gehören zur Sozialgeschichte. Die Intimgeschichte, der am wenigsten zugängliche, wird bei ihm zum wichtigsten Teil der Sozialgeschichte. Sie schließt das gesamte häusliche, berufliche und eheliche Leben der sklavenhaltenden, polygamen patriarchalischen Gesellschaft ein. Tugend und Laster, Liebe und Sexus in normalen und anormalen Äußerungen, die Prostitution der Mulattinnen, die verschiedenen psychosozialen Formen, unter denen sich Tugend und Laster verbergen, Ambitionen, Geiz und Geldhunger – alles, was zu den Bedingungen der Gestaltung von Sozialleben geführt hat, will Freyre berücksichtigt sehen. Er sucht seine Erkenntnisquellen in Sagen und Legenden, Liedern und Tänzen, Volksweisen und Küchenrezepten; auch zog er aus den Anzeigen der Zeitungen der kaiserlichen

Epoche, in denen Sklaven zum Verkauf angeboten wurden, Schlußfolgerungen über deren Herkunft, die Situation ihrer Stämme, ihre physischen Bedingungen und Unterschiede. Neben den traditionellen Quellen der Geschichtswissenschaften benutzte er Testamente und Landzuteilungsurkunden, den Schriftverkehr von Behörden und Gerichten, von Bischöfen, Patres, Gouverneuren und Gutsbesitzern, Hirtenbriefe und Sitzungsprotokolle, Tauf-, Sterbe- und Heiratsregister, Grabinschriften und Urteile der kirchlichen Ehegerichte, um aus der Dynamik kultureller Äußerungen die gesamte Sozialwirklichkeit zu erhellen.

Freyre nennt diese Methode die »pluralistische Methodologie«, die auf alle anthropologischen Studien angewendet werden könne. Sie verfügt über eine große und in sich äußerst fein differenzierte Anzahl von Instrumenten, Verfahrensweisen, Untersuchungstechniken. Darin soll der besondere brasilianische Beitrag zur soziologischen Methodologie bestehen. Soziologie muß sich auf umfassende anthropologische Kenntnisse und Forschungen stützen.

Die kulturhistorische Methode Frobenius', die den Menschen in seinen natürlichen Lebensumständen, in der Welt, *in* der er und *die* er lebt, zu erforschen verlangt, wurde von Gilberto Freyre auf Brasilien und sodann überhaupt auf die soziologische Problemstellung angewandt. Nicht die Situation ist der Methode, sondern die Methode der Situation anzupassen. Daher erfordert jede Situation ihre besondere Methodenkombination. Daraus folgt Freyres Ablehnung der einfachen Übertragung von abstrakten Methoden auf brasilianische oder sonstige Zustände. Dies mag – so Freyre – möglich sein für eine statische oder deskriptive Soziologie, aber es ist nicht möglich für eine »interpretative Soziologie«.

Freyre drang in das Innere der Tatsachen und Ereignisse ein und offenbarte das »Wie« des brasilianischen Menschen, seine Lebensart zu Hause und auf der Straße, in der Kirche und im Salon, auf dem ländlichen Arbeitsplatz und im städtischen Getriebe. Kleidung, Essen und vor allem das Liebesleben der Herren und Sklaven, der weißen Damen und der Mulattinnen wurden in naturalistischer Weise analysiert, mit allem Raffinement einer introspektiven Sozialpsychologie. Diese Methode wendet Freyre überhaupt auf die Geschichte an; sie ist für ihn stets und in erster Linie Sozialgeschichte. Freyre hat der Soziologie spekulativen Charakter abgesprochen, und er hat zum ersten Male den Begriff »área cultural«, Kulturbereich, der den Begriff »politischer Bereich« oder »administrativer« oder »nationaler Bereich« in der sozialgeschichtlichen Forschung zu ersetzen habe, in Brasilien eingeführt und ist so »der Pionier der kulturgeschichtlichen Interpretation« (José Honório Rodrigues) der brasilianischen Geschichte geworden.

In seinem Werk *A Triangulation on the Culture of Mexico* hat Prof. Munro S. Edmondson von der Universität Tulane (USA) die anthropologischen Theorien Freyres zu den acht bedeutendsten modernen Theorien des Kulturwandels gezählt. Freyres Theorie wurde mit »Weighting of telluric influences« bezeichnet. Die sieben weiteren beziehen sich auf Murdock: »Kinship structure sequences«, Linton: »nativism hypotheses«, Redfield: »conception of urbanization«, Kroeber: »concept of stimulus diffusion«, White: »calculations of energy levels«, Lévi-Strauss: »structures élémentaires de la parenté«, und Whiting: »phasing of socialization«.

Rassentheorie und Lusotropicologie / Freyres Methoden beeinflußten auch die Rassentheorien der Gegenwart. Scharf wandte er sich gegen jede Art von evolutionistischem Determinismus, ohne dabei die physische Komponente der menschlichen Existenz zu übersehen: »Die physische Situation des Menschen bedingt stets seine soziale Entwicklung; *bedingt* – das ist zu beachten – und nicht determiniert.« Andererseits wendet er sich gegen den marxistischen Determinismus, nicht ohne zuzugeben, daß »die Technik der wirtschaftlichen Produktion auf die Struktur der Gesellschaften und die Merkmale ihrer moralischen Physiognomie« einen bedeutenden, wenn auch nicht immer überwiegenden Einfluß ausübt. Und doch ist Freyre »mächtig wie kein anderer, was seine Fähigkeit anbelangt, den Gesellschaften ein aristokratisches oder demokratisches Gepräge zu geben und Tendenzen zur Polygamie oder Monogamie, zur Schichtenbildung oder Beweglichkeit zu entwickeln. Vieles von dem, was die noch schwankende Eugenik und Kakogenik als Ergebnis vererbter Merkmale oder Fehler annimmt, die stärker als andere Einflüsse sind, sollte vielmehr dem Beharren der wirtschaftlichen und sozialen Bedingungen durch Generationen hindurch zugeschrieben werden, die für die menschliche Entwicklung günstig oder ungünstig sind.«

Nach dieser Theorie gibt es keine ausschließlich in biologischen Elementen begründete psychische oder physische oder intellektuelle Inferiorität oder Superiorität des Menschen. Als Schüler Franz Boas' plädierte Freyre gegen die zeitgenössischen biologischen Deterministen in Brasilien (z. B. Oliveira Viana und Nina Rodrigues), die die Rassendeterminiertheit vertraten.

Freyre untersuchte die kulturelle Herkunft der Negersklaven und kam zu dem Ergebnis, es gebe weder *den* Neger noch *die* schwarze Kultur. Schon in den Zeiten der Kolonisierung stieß man in Afrika auf sehr verschiedenartige Neger und schwarze Kulturen. Eine komplexe Differenziertheit kennzeichnete sie, und viele dieser Kulturen standen den westlichen Kulturen jener Zeit nicht nach, zumal die portugiesische Kultur von afrikanischen Elementen aus der maurischen Besetzungszeit stark durchsetzt war. Es gibt – nach Freyre – keine rassische Inferiorität oder Superiorität. Was man für den Einfluß des Negers, als des Mitglieds einer Rasse, auf die Intimgeschichte der Brasilianer halte, sei in Wirklichkeit Einfluß des Sklaven.

Gilberto Freyre hatte im Jahr der Machtergreifung Hitlers »des Negers Überlegenheit über den Indianer, ja über den Portugiesen, was kulturelle und moralische Werte sowie technische und künstlerische Begabung angeht« verkündet.

Entscheidende Kriterien für die Beurteilung des Negers liefern die Sozialgeschichte und die Kulturanthropologie. Freyres Werke enthalten die großartigste Rehabilitierung des Negers, Indianers und Mestizen, und zwar nicht etwa im folkloristischen Sinn. Er spürt die Leistungen der Indianer im brasilianischen Kulturwandel auf und untersucht die Beziehungen der portugiesischen Eroberer zu den einheimischen Amerindios sowie die Rolle des schwarzen Sklaven in der patriarchalischen Großfamilie. In *New World in the Tropics* bezeichnet Freyre diesen brasilianischen Geist der rassischen »Akkommodation als das Geheimnis des Erfolgs bei dem Bemühen, eine moderne, humane und christliche Kultur in den Tropen zu errichten«. Was den Engländern auf der politischen, sei den Brasilianern auf der sozial-kulturellen Ebene gelungen: die Errichtung einer »ethnischen Demokratie« mit fast vollkommener Chancengleichheit für alle Menschen, ohne Unterschied der Rasse oder Farbe. Dieser These ist widersprochen worden (vgl. z. B. Florestan Fernandes, *Mudanças sociais no Brasil*, 1960); aber sie beinhaltet die unbestrittene Wahrheit, daß es in Brasilien keinen Rassenhaß und Rassenkampf gibt, was nicht besagt, daß es nicht das – mitunter kämpferische – Bewußtsein der Rassenunterschiede gibt.

Der Beitrag von Indianern und Schwarzen zum brasilianischen Kulturwandel wird von Gilberto Freyre positiv bewertet. Es handelt sich nicht um Erinnerungen oder das Überleben von Formen kultureller Vergangenheit, sondern um positive Beiträge, die sich auf die Sprache, den Glauben, die täglichen Lebensgewohnheiten, auf die kulinarische Kunst, die Erziehung, die Arbeitstechnik und die Freizeitgestaltung, also auf die Entstehung neuer Kulturwerte erstrecken. Auf die Farbigen wiederum wirken Kirche, Herrenhaus und Sklavenhütte durch Vermittlung neuer moralischer und intellektueller Kriterien ein, durch Anpassung an das neue physisch-geographische Milieu, durch Ernährung und Arbeitsmethoden. So entstand eine neue tropische Gesellschaft ohne deterministische Züge, ein Modell, an dem die Rassenmerkmale vom Einfluß der Umwelt klar zu unterscheiden waren. Als Schüler von Franz Boas ist für Freyre der Unterschied zwischen Rasse und Kultur »grundlegend«. Auf diesem Kriterium: grundsätzliche Unterscheidung zwischen Rasse und Kultur, Rassenerbe und Familienerbe, Unterscheidung »zwischen den Wirkungen rein genetischer Beziehungen und denen der sozialen Einflüsse, des Kulturerbes oder des Milieus«, beruht *Casa Grande e Senzala.*

Die Lusotropicologie ist – nach Freyre – das systematische Studium des ökologisch-sozialen Integrationsprozesses der Portugiesen, der Abkömmlinge von Portugiesen und ihrer Nachkommen in tropischem Milieu. 1957 trug Freyre die Grundthesen seiner Tropicologie in Brüssel anläßlich eines wissenschaftlichen Kongresses vor. Sie enthält die These von der eigenständigen – außereuropäischen, jedoch nicht antieuropäischen – Kultur in den von Spaniern und Portugiesen eroberten tropischen Gebieten. Unter den schwierigsten Umständen haben die Portugiesen ihre Kolonisation durchgeführt. Der portugiesische Kolonisator war der erste unter den Kolonisatoren, der eine dauerhafte Grundlage zur Erarbeitung von wirtschaftlichem Reichtum an Ort und Stelle in den Tropen schuf. Wo andere Europäer versagten, haben die Portugiesen – denen Freyre im übrigen kritisch gegenübersteht – als einziges europäisches Volk »die Grundlagen für eine tropische Zivilisation universalistischer Art« geschaffen. Das Problem der tropisch-europäischen Interdependenz hat Gilberto Freyre stets beschäftigt.

Der »Escritor« / Freyre selbst nennt sich mit Vorliebe »Escritor mit anthropologischer Bildung«. Er hat zwar Lehrstühle gegründet oder ihre Errichtung angeregt, aber er selbst hat nie einen Lehrstuhl angenommen oder längere Zeit die Lehrtätigkeit an zahlreichen Universitäten und Instituten des In- und Auslandes ausgeübt. Seine geistige Unruhe und seine Lebensart waren offiziellen Bindungen stets abgeneigt. Vor allem in seinen jungen Jahren führte er ein »Zigeunerleben«, abhold jeder Verpflichtung, wie sie ein Lehrstuhl mit sich gebracht hätte. So lehnte er 1928 die Übernahme des von ihm gegründeten Lehrstuhls für Soziologie an der Lehrerbildungsanstalt in Recife und später zahlreiche ähnliche Angebote ab. Sein Ehrgeiz war nicht, eine wissenschaftliche Disziplin im Universitätsrahmen zu begründen oder nach Brasilien zu verpflanzen. Er sei ein »Wissenschaftler ohne Universitätslehrstuhl«, ein »Denker ohne Bindung an systematische oder geschlossene Ideologien, aber stets in denkerischer, analytischer, kritischer Aktivität«. Er wurde nie müde zu betonen, er sei *escritor* – ein Wort, das mit »Schriftsteller« nur schlecht übersetzt ist. Man mag erahnen, was damit gemeint ist, wenn man in der *Catholic Sociological Review* (USA) liest, Freyre erinnere an Balzac, Proust, Defoe und Dostojewski: »Das Bild, das er von der menschlichen Natur zeichnet, ist fast shakespearisch.« Und Freyre selbst bekennt: »Was ich bin, war und im Leben sein möchte, ist vor allem dies: ein *escritor*. Alles Weitere hat nur sekundäre Bedeutung, oder es ist gar dieser meiner Berufung abträglich.« Als *escritor* und sogar als Poet wollte er bekannt und beachtet werden. Aus der Abneigung gegen die offizielle Bindung an Lehre und Forschung einerseits und der leidenschaftlichen Verpflichtung andererseits, die ihm sein sokratischer Forschungstrieb auferlegte, entstand Freyres Werk, das unter Beachtung strengster wissenschaftlicher Kritik zugleich zu den besten literarischen Leistungen des portugiesischen Sprachraums gehört. Er hat die wissenschaftlichen Methoden nicht nur beachtet und angewandt, er hat sie abgewandelt, abgelehnt, wo sie ihm unanwendbar erschienen, und eigene, neue Methoden entwikkelt, die sich Achtung und Bestätigung sichern konnten.

In Freyre hat die originelle, selbständige, absolut neue These die originelle, selbständige, neue schöpferische Form gefunden. Er ist ein biographischer und autobiographischer Autor, der mit introspektivem Realismus in gleicher Souveränität literarische Themen des pernambucanischen Regionalismus wie der Malerei behandelt. Der »große Beherrscher der portugiesischen Sprache« (Afonso Reiyes) wird in aller Welt als Schriftsteller von seltener Potenz und höchster Ausdruckskraft angesehen. »Soziologe – ja, aber in erster Linie ist er *escritor*«, sagt Albert Beguin. Die Bezeichnung »genial« taucht immer wieder in den Kritiken über den literarischen Wert seiner Bücher auf.

Der bedeutende brasilianische Literaturkritiker Alvaro Lins hat erklärt, der Stil Freyres sei eine Konsequenz dessen, was es an Ursprünglichem und Persönlichem in seinen Ideen gebe: »Einer neuen Gedankenfolge entspricht immer auch ein neuer Stil, weil Stil nicht ein Instrument, sondern die dem Werk eigene Form ist.« Daher müsse man dem Stil Freyres, der an Proust erinnere, die gleiche Bedeutung zusprechen wie seinen soziologischen und historischen Studien. »Seine Sprache und sein Stil tragen zur Bereicherung der Sprache bei, indem sie ihr mehr Natürlichkeit, eine höhere Bewertung volkstümlicher Elemente und eine größere Interpretationskraft nicht nur der literarischen, sondern auch der wissenschaftlichen Phänomene verleihen.«

Für Guimarães Rosa, den Autor von *Grande Sertão,* würde Freyres Stil ausreichen, ihm Bewunderung zu verschaffen: »weich und gesprächig, ursprünglich und unmittelbar, genau und weiträumig, sauber und schmiegsam, äußerst persönlich und doch allgemein, durchdrungen von alldem und alles durchdringend . . .« Man versteht, wenn André Rouseaux feststellt: »Nie und nimmer konnte ich annehmen, daß ein soziologisches Werk eines der besten literarischen Werke sein könnte, die ich je gelesen habe, eines der lebendigsten, farbenreichsten, beschwörendsten Werke von unendlichem menschlichem Reichtum.« F. Brandel (Paris) sieht in Freyre mehr spanische als portugiesische Tradition fortgesetzt, die Welt der Ganivet, Unamuno und Ortega. Thomas Mann bezeichnete Freyre als einen »großen Schriftsteller«, und Bertram D. Wolfe bewunderte in Freyres Werk ein literarisches Talent, das man eher bei Romanschriftstellern als bei Soziologen findet: »Das Werk Gilberto Freyres ist nicht nur ein brasilianisches, sondern gleichzeitig ein Meisterwerk unserer Zeit und unserer Hemisphäre.« Für Jorge Amado war das Erscheinen von *Casa Grande e Senzala* eine kulturelle und literarische Revolution, ein neuer Weg für die Wissenschaft, ein grundlegendes Ereignis für die Wandlung Brasiliens, der zentrale Ausgangspunkt aller brasilianischen Studien seit jener Zeit. Vor 1933 sei ein Lehrbuch in Brasilien – mit wenigen Ausnahmen – Synonym für ein langweiliges, unlesbares, schlecht geschriebenes Buch gewesen. Fast sei es für einen Historiker oder Soziologen Pflicht gewesen, sich möglichst unverständlich zu äußern und möglichst schwierige Worte zu gebrauchen. Gilberto Freyre habe dieser Tradition ein Ende gesetzt und bewiesen, daß eine wissenschaftliche Arbeit Literatur sein könne.

Die Werte und die Richtung der Ausstrahlung Gilberto Freyres auf die brasilianische Kultur der Gegenwart zu erforschen wird vieler Detailstudien bedürfen. Mário Marroquim (Alagôas) vertritt die Auffassung, man werde das intellektuelle Leben Brasiliens einmal datieren: »vor und nach

Gilberto Freyre«. Neue Wortbildungen Freyres in der schon reichen portugiesischen Sprache schlugen die Brücke zu den modernen Geisteswissenschaften. Seine Ausdrucksformen beschäftigten Stilisten und Literaturkritiker. Sein Einfluß auf die »kulturelle Revolution« in Brasilien war und wird noch lange Gegenstand, manchmal auch Streitobjekt, der Kulturhistoriker sein. Was die junge, die jeweils junge, Generation ihm zu verdanken hat, wirkt sich längst in allen kultur- und geisteswissenschaftlichen Bereichen Brasiliens aus. Sein Werk beeinflußt im besonderen die Geographie und die Geschichtswissenschaften, die Romanistik und Anglistik, die Medizin, die Kunst, die Architektur, die Philosophie und die Geschichtsphilosophie, die Anthropologie und Soziologie, die Literatur und die Rechtswissenschaft.

Vom Poeten Gilberto Freyre bis zum Begründer neuer wissenschaftlicher Methoden, der sich der strengen Zucht des Beweises fügt und sie lehrt, verläuft das breite Band der geistigen Ausdrucksfähigkeit und schöpferischen Vollendung dieses bedeutenden Brasilianers.

Auch auf die Politik hat er immer wieder Einfluß genommen, sei es als Abgeordneter und stellvertretender Vorsitzender des Kulturpolitischen Ausschusses des Parlaments, sei es als brasilianischer Delegierter bei internationalen Kongressen oder als oft beanspruchter Berater und Kommentator.

Mit Vila Lobos für die Musik, Oscar Niemeyer für die Architektur, Lúcio Costa für den Städtebau und Cándido Portinari für die Malerei gehört Gilberto Freyre für den großen Bereich der Geisteswissenschaften zu den bekanntesten, bedeutendsten brasilianischen Persönlichkeiten der Gegenwart. Darüber hinaus ist es ihm durch eine allgemeingültige Interpretation der brasilianischen Geschichte gelungen, Normen des Verständnisses für die Gegenwart Brasiliens und darüber hinaus ganz Lateinamerikas (Hispanotropicologie) geschaffen zu haben.

Es bleibt mir noch, dem Bedauern darüber Ausdruck zu geben, daß Freyres grundlegendes Werk zum erstenmal erst 32 Jahre nach seinem Erscheinen einem deutschsprachigen Leserkreis zugänglich gemacht wurde.

Im Vorwort zur 6. Auflage seines Buches berichtete Gilberto Freyre, 1946 habe sich auf Grund einer Rezension im *Manchester Guardian* der deutsche Oberst Hans Hashagen aus Göttingen an den englischen Verleger und ihn selbst mit der Bitte gewandt, die Übersetzung von *Casa Grande e Senzala* in die deutsche Sprache zu gestatten. Hashagen sah,

Freyre zufolge, in dem Werk ein Korrektiv an der in Deutschland herrschenden Mystik des Ariertums und des »nordischen Vorurteils«. Der Oberst starb, nachdem er die Übersetzung gerade erst begonnen hatte.

1956 wurde Gilberto Freyre von der Freien Universität Berlin und von anderen deutschen Universitäten zu Gastvorlesungen eingeladen. 1958 habe ich mich bemüht, einen Verleger für die deutsche Ausgabe von *Casa Grande e Senzala* zu finden. Vergeblich. Alle mühsamen und für die Initiatoren oft deprimierenden Versuche, das Werk Freyres in Deutschland bekanntzumachen, fanden erst 1965 einen erfolgreichen Abschluß, der mit der vorliegenden Ausgabe erneuert wird. Leider aber ist es bei der Übersetzung dieses Werkes geblieben. Ein 1980 veröffentlichtes Verzeichnis der Bücher und Schriften von Gilberto Freyre verzeichnet 75 Bücher und – aus einer großen Anzahl ausgewählt – 60 Schriften und Separata. Zahlreiche Übersetzungen erschienen in englischer, französischer, spanischer, italienischer und japanischer Sprache.

Um Brasilien zu verstehen, muß man die umfassenden Forschungen und Erkenntnisse Gilberto Freyres beherrschen und berücksichtigen. Um dies deutschen Lesern zu ermöglichen, sollten wenigstens noch einige der Werke des großen Brasilianers in deutscher Sprache herausgegeben werden.

Bonn, im Februar 1982 — Hermann Matthias Görgen

Erstes Kapitel
Allgemeine Merkmale der portugiesischen Kolonisation in Brasilien. Entstehung einer hybriden, auf Sklavenwirtschaft aufgebauten Agrargesellschaft

Als 1532 die brasilianische Gesellschaft in wirtschaftlicher und staatsbürgerlicher Hinsicht gegründet wurde, hatten die Portugiesen schon ein Jahrhundert lang Erfahrungen in tropischen Ländern gesammelt und in Indien und Afrika ihre Befähigung für ein Leben in den Tropen unter Beweis gestellt. In São Vicente und in Pernambuco mußten sich die Portugiesen von der leichteren, auf Handel ausgerichteten Kolonisierung auf die Landwirtschaft umstellen. In Brasilien, wo der Aufbau der Kolonialgesellschaft auf einer breiteren Basis und unter stabileren Bedingungen als in Indien oder den afrikanischen Faktoreien vor sich gehen mußte, konnte der endgültige Beweis für diese Fähigkeit erbracht werden. Als Grundlage diente die Landwirtschaft, und die Bedingungen waren durch die patriarchalische Struktur der Familie, die Regelmäßigkeit der auf Sklaverei gegründeten Arbeit und die Verbindung des Portugiesen mit der indianischen Frau gegeben, die auf diese Weise in die wirtschaftliche und soziale Kultur der Eroberer einbezogen wurde.

Im tropischen Amerika entstand somit eine Gesellschaft, die der Struktur nach landwirtschaftlich, der Technik der wirtschaftlichen Ausbeutung nach auf der Sklaverei aufgebaut und der Zusammensetzung nach mit dem indianischen und später mit dem negroiden Element verschmolzen war. Diese Gesellschaft sollte sich weniger infolge ihres Rassenbewußtseins entwickeln – der Portugiese war immer kosmopolitisch und anpassungsfähig – als durch ihre religiöse Exklusivität, die sich in einem System von sozialer und politischer Prophylaxis entfaltete. Sie verdankte ihr Entstehen der offiziellen Initiative als dem Arm und dem Schwert des einzelnen, die aber dem Sinn für Politik, für wirtschaftliche und rechtliche Gegebenheiten gehorchten, der hier wie in Portugal seit dem ersten Jahrhundert das entscheidende Element der Staatsbildung darstellte. Die Familien der selbständigen Großgrundbesitzer, der Plantagenbesitzer, die alle eine Hauskapelle und einen Hauskaplan hatten und über Indianer mit Pfeil und Bogen und armbrustbewaffnete Neger herrschten, diese Herren über Land und Sklaven führten in den Ratsversammlungen den Stellvertretern des Königs gegenüber eine rauhe Sprache. Und ihre Söhne, liberale Patres oder Doctores, wetterten gegen jeglichen Übergriff des Mutterlandes oder sogar der Kirche. Dadurch unterschieden sie sich erheblich von den reichen Kreolen und den gelehrten Bakkalaurei von Hispanoamerika, die lange Zeit hindurch wehrlos im Schatten der alles beherrschenden Kathedralen und Paläste der Vizekönige dahinlebten oder sich zu Ratskapiteln zusammenschlossen, für welche die allmächtigen Herren aus Spanien im allgemeinen nur Spott übrig hatten.

Die einzigartige Eignung der Portugiesen für die hybride und auf Sklavenhaltung gegründete Kolonisierung in den Tropen erklärt sich großenteils durch ihre ethnische oder mehr noch kulturelle Vergangenheit als ein zwischen Europa und Afrika schwankendes Volk, das sich nicht streng für den einen oder den anderen Kontinent entschied, sondern beiden angehören wollte. Da ist der afrikanische Einfluß, der den europäischen überwog und dem sexuellen Leben, der Ernährung und selbst der Religion einen herben Reiz verlieh; das Blut der Mauren oder Neger, das in den Adern eines Großteils der Mischlingsbevölkerung fließt und in einigen Gegenden, die heute noch dunkelhäutige Menschen aufweisen, sogar überwiegt; die afrikanische Luft, diese heiße, klebrige Luft, die die germanische Härte der Institutionen und Kulturformen schwächt und die Moral und doktrinäre Strenge der mittelalterlichen Kirche untergräbt, die das Christentum, das Feudalsystem, das westgotische und römische Recht, ja den ganzen Volkscharakter verdirbt. Europa herrscht, aber ohne zu regieren; da regiert schon eher Afrika.

Dieser starke Einfluß des verweichlichenden Klimas wurde bis zu einem gewissen Grad durch die immer gespannten menschlichen Beziehungen zwischen Europa und Afrika wettgemacht, die auf den Charakter der Portugiesen einwirkten und ihn stählten; dazu trug der ständige Kriegszustand bei (der jedoch keineswegs die Vermischung und sexuelle Anziehung zwischen den beiden Rassen und noch weniger die kulturellen Wechselbeziehungen ausschloß). Von den Anstrengungen des Kriegshandwerks erholte man sich nach errungenem Siege bei landwirtschaftlicher und gewerblicher Arbeit, die von den Kriegsgefangenen ausgeführt wurde und aúf der völligen oder teilweisen Versklavung der Besiegten fußte. Aber Oberherrschaft und Knechtschaft lebten nicht ewig fort: Die Rollen wurden vertauscht wie im Falle der Glocken von Santiago de Compostela, die auf Geheiß der Mauren und auf Kosten der

Christen nach der Moschee von Córdoba gebracht, Jahrhunderte später aber, diesmal auf Befehl der Christen und auf Kosten der Mauren, wieder nach Galicien zurückgebracht worden sein sollen.

Was den als autochthon betrachteten Fonds dieses so veränderlichen Volkes anbelangt, so wurde die Hautfarbe einer bleibenden Masse von dunklen Langschädeln mehr als einmal vom Afrika der Araber oder selbst der Neger, das weite Strecken der Iberischen Halbinsel mit seinen Menschen überschwemmte, braun oder schwarz gefärbt. Als ob eine weit zurückliegende, aber kaum verblaßte Verwandtschaft zwischen ihnen bestünde, die nicht unter den überlagerten germanischen Schichten verschwinden noch durch die Aufeinanderfolge der europäisierenden Zivilisationen verwandelt werden sollte: die Invasionen der Kelten, Germanen, Römer, Normannen, Anglo-Skandinavier, des *homo europaeus L.*, des Feudalsystems, des Christentums, des römischen Rechts, der Monogamie. Alle diese Elemente erlitten in einem von Afrika und seinem Klima beeinflußten und von der sinnlichen Mystik des Islam ausgehöhlten Portugal eine gewisse Einschränkung und Brechung.

»Man wird vergeblich nach einem einheitlichen Menschentyp suchen«, bemerkt Graf Hermann Keyserling in Portugal. Er beobachtete die verschiedensten und entgegengesetztesten Elemente, »Gestalten von skandinavischem und negroidem Aussehen«, die, wie ihm schien, in »inniger Eintracht« lebten. »Die Rasse spielt hier keine ausschlaggebende Rolle«, schloß der scharfsinnige Beobachter. Alexander Herculano schrieb schon über die mozarabische, die christlich-maurische Gesellschaft: »Eine unentschiedene, zwischen zwei feindlichen Lagern (den Nazarenern und den Mohammedanern) schwankende Bevölkerung, halb christlich, halb sarazenisch, die auf beiden Seiten Verwandte, Freunde und durch gemeinsamen Glauben oder Brauch bedingte Sympathien zählte.«

Dieses von Herculano entworfene Bild des historischen Portugal gilt vielleicht auch für das prähistorische Portugal, das uns von der Archäologie und der Anthropologie in ebenso zweifelhafter und unbestimmter Form dargestellt wird wie das historische. Vor den Arabern und Berbern waren die nordafrikanischen Steinzeitmenschen und die Libyophönizier die ältesten afrikanischen Elemente. Oder der *homo taganus*, Wellen von Semiten und Negern oder Negroiden, die sich mit denen aus dem Norden schlugen.

Die ethnische und kulturelle Unentschlossenheit zwischen Europa und Afrika scheint in Portugal, wie auch in anderen Gebieten der Halbinsel, immer schon als eine Art von Bikontinentalität bestanden zu haben, die bei einem so vagen und unbestimmten Volkstum der Bisexualität beim Individuum entspricht. Einen labileren Menschenschlag als den portugiesischen kann man sich tatsächlich schwer vorstellen. In allen seinen Äußerungen spiegelt sich ein Schwanken zwischen Antagonismen, das seinem Verhalten eine leichte und lässige, mitunter von schmerzlichem Zögern gestörte Biegsamkeit und seinem Charakter einen besonderen Reichtum an Fähigkeiten verleiht, die freilich nicht selten unzusammenhängend und schwer zu vereinbaren sind, wenn es um den brauchbaren Ausdruck oder die praktische Initiative geht.

Ferraz de Macedo, dem die patriotische Empfindlichkeit seiner Landsleute die Bitterkeit seiner zutreffenden Schlußfolgerungen, die zwischen vielen groben Übertreibungen stehen, nicht verzeiht, stieß bei dem Versuch einer Definition des portugiesischen Normaltyps auf eine grundlegende Schwierigkeit: das Fehlen eines bestimmten dynamischen Typs. Was er fand, waren die verschiedensten Gewohnheiten, Wünsche, Interessen, Gemütsarten, Laster und Tugenden von vielfältigem Ursprung ethnischer Art, wie er sagt, wenn es auch vielleicht wissenschaftlicher wäre zu sagen: kultureller Art.

Unter anderem stellte Ferraz de Macedo am Portugiesen die folgenden gegensätzlichen charakteristischen Merkmale fest: die »heftige Zeugungskraft« und die »Freude an erotischen Anekdoten«, »Mut, Offenheit, Treue«, »geringe individuelle Initiative«, »patriotische Begeisterung«, »Sorglosigkeit«, »Intelligenz«, »Fatalismus« und »eine meisterhafte Imitationsgabe«.

Die zahllosen Gegensätzlichkeiten im portugiesischen Charakter hat Eça de Queirós großartig dargestellt. Sein Gonçalo in der *Illustre Casa de Ramires* ist mehr als die Synthese des Edelmanns – er ist die Synthese des Portugiesen jeglicher Klasse oder Schicht, der heute wie einst, von Ceuta bis Indien, zur Zeit der Entdeckung und der Kolonisierung Brasiliens immer ein Gonçalo Ramires war und ist: »voll flammender Begeisterung, die sich schließlich in Rauch auflöst«, von »einer Einbildungskraft, die ihn zur Übertreibung und sogar zur Lüge verführt«, gleichzeitig jedoch von »praktischem Sinn, der stets die nützliche Wirklichkeit im Auge behält«. Er ist »eitel«, hat »ein empfindliches Ehrgefühl«, »das Bedürfnis, aufzufallen und zu glänzen«, das fast ans Lächerliche grenzt, ist aber auch von großer »Schlichtheit«; er ist zur gleichen Zeit schwermütig und »redselig und gesellig«, großzügig, nachlässig und unordentlich in seinen Geschäften, aufgeweckt und »von rascher Auffassungsgabe«, immer in Erwartung »irgendeines Wunders des alten Ourique, der legendären Figur, die alle Schwierigkeiten aus dem Wege räumt«, »ohne Selbstvertrauen, kleinmütig und zaghaft, bis er sich eines Tages aufrafft und zum Helden wird«. Die moderne Wissenschaft würde von widersprechenden Extremen der Introvertierung und Extrovertierung oder vom Wechsel zwischen Syntonie und Schizophrenie sprechen.

Im ganzen betrachtet, gibt uns der portugiesische Charakter vor allem die Vorstellung von etwas »Ungenauem und Verschwommenem«, meint der englische Kritiker und Historiker Aubrey Bell; und diese Ungenauigkeit ermöglicht es dem Portugiesen, so viele Gegensätze in sich zu vereinen, wie es dem harten und steifen Kastilier von ausgesprochen gotischem und europäischem Profil unmöglich wäre. Der portugiesische Charakter ist, nach einem Vergleich Bells, ein Strom, der ruhig dahinfließt, um sich urplötzlich in einen Wasserfall zu ergießen. So geht er vom »Fatalismus« zu ungestümen heroischen Taten über, von der »Apathie« zu »Ausbrüchen von Tatkraft im privaten und zu Revolutionen im öffentlichen Leben«, von der »Fügsamkeit« zu »plötzlicher Arroganz und Grausamkeit«, von der »Gleichgültigkeit« zu »flüchtiger Begeisterung«, »Liebe zum Fortschritt«, »Dynamismus« . . . Es ist ein Charakter voll jähen Ungestüms, der sich zwischen Aufflackern und Aufflackern in einer gewissen wollüstigen, sehr orientalischen Indolenz gefällt, in Wehmut, im Besingen seines Geschicks und in andächtiger Anbetung. »Mystisch und poetisch« sind die Portugiesen nach Bell (dem Engländer, der nach Beckford die Menschen und das Wesen Portugals am besten verstanden und nachempfunden hat), »mit Anfällen von ausgesprochenem Utilitarismus, wobei sie von wesenlosen Träumen in eine wahre Wollust des unmittelbar Nützlichen verfallen, von der Höhe des Frohsinns in tiefste Traurigkeit, Verzweiflung und selbstmörderische Stimmung; von Überheblichkeit zu Pessimismus, zwischen Indolenz und Abenteuerlust und Sportbegeisterung« schwanken.

In dieser Ablehnung starrer Extreme spiegeln sich die beiden Kulturen: die europäische und die afrikanische, die katholische und die mohammedanische, die dynamische und die fatalistische, die im Portugiesen zusammenfließen und ihn selbst, sein Leben, seine Moral, seine Wirtschaft und seine Künste einer Summe von Einflüssen unterwerfen, die abwechseln, sich aufheben oder sich bekämpfen. Wenn man diese kulturellen Antagonismen und die aus ihnen resultierende Anpassungsfähigkeit, Unentschiedenheit, Ausgeglichenheit oder Unausgeglichenheit in Betracht zieht, versteht man erst recht den ganz besonderen Charakter, den die Kolonisierung Brasiliens annahm, die Entwicklung *sui generis* der brasilianischen Gesellschaft, die heute noch, wie in ihren Anfängen, auf dem Ausgleich von Gegensätzen aufgebaut ist.

Bei der Betrachtung dieser allgemeinen Voraussetzung – der Bikontinentalität oder, besser noch, des Dualismus von Kultur und Rasse – drängen sich uns noch andere Faktoren besonderer Art auf. Zu den Elementen, die zusammenwirkten, um die portugiesische Nation zu bilden, gehören jene semitischen Ursprungs. Die soziale und persönliche Beweglichkeit, Bildsamkeit und Anpassungsfähigkeit dieser Menschen findet sich im portugiesischen Seefahrer und Weltbürger des XV. Jahrhunderts wieder. Die durch ein langes tropisches »*habitat*« für das Leben in den Tropen ererbte Eignung des semitischen Elements, das beweglich und anpassungsfähig wie kein anderes ist, mag dem portugiesischen Kolonisator Brasiliens einige der wichtigsten körperlichen und seelischen Vorbedingungen vermacht haben, auf denen sein Erfolg und seine Widerstandskraft beruhten, darunter den wirtschaftlichen Realismus, der von früh an ein Korrektiv für die Auswüchse des kriegerischen und religiösen Geistes im brasilianischen Wesen bildet.

Die Beweglichkeit war eines der Geheimnisse des portugiesischen Sieges; ohne sie wäre es unvorstellbar, daß ein fast entvölkertes Portugal, mit dem dünn gesäten, zahlenmäßig unbedeutenden Menschenpotential, das die im Mittelalter auf der Iberischen Halbinsel wütenden Epidemien, Hungersnöte und vor allem Kriege übriggelassen hatten, so verschiedene und so weit voneinander entfernte Völker mit dem Rest seines Blutes und seiner Kultur durchdringen konnte: in Asien, Afrika, Amerika und zahllosen Inseln und Archipelen. Diesen Mangel an Menschenmaterial machten die Portugiesen durch äußerste Beweglichkeit und Mischfähigkeit wett. Sie beherrschten riesige Gebiete, und wo immer sie sich niederließen, sei es in Afrika oder Amerika, schwängerten sie Frauen und zeugten Nachkommen mit einer erotischen Aktivität, die ebensosehr auf die heftigen Instinkte des einzelnen als auf eine berechnende Politik zurückging, die vom Staate aus offensichtlichen wirtschaftlichen und politischen Gründen gefördert wurde.

Die wertvollen Elemente, Krieger, Verwaltungsbeamte, Techniker, wurden von der Kolonialverwaltung in Lissabon wie Figuren auf einem

Schachbrett herumgeschoben: von Asien nach Amerika, dann wieder nach Afrika, wie es die Erfordernisse des Augenblicks oder der Religion verlangten. João III. übertrug Duarte Coelho, der in Indien reiche Erfahrungen gesammelt hatte, das neugegründete Kapitanat von Pernambuco; seine Söhne, Jorge und Duarte de Albuquerque, in den Kämpfen gegen die Indianer geübt, wurden nach Afrika berufen, um die schwierigsten Kriege zu führen. Techniker der Zuckerfabrikation wurden von Madeira nach den Plantagen Nordbrasiliens geschickt. Die Schiffe der Indien-Route wurden im Handel mit der amerikanischen Kolonie eingesetzt. Von Afrika wurden fast ganze Negervölker für die Landarbeit nach Brasilien verfrachtet. Die Beweglichkeit war ungeheuerlich. Ein ganzes Imperium wurde von einer geradezu lächerlich geringen Zahl von Europäern beherrscht, die wie in einem riesenhaften »Bäumchen, Bäumchen, wechsle dich«-Spiel von einem Ende der damals bekannten Welt zum anderen eilten.

Was die Vermischbarkeit anbelangt, so hat in neuerer Zeit keine Kolonialmacht die Portugiesen übertroffen oder auch nur erreicht. Vom ersten Zusammentreffen mit farbigen Frauen an vermischten sie sich mit ihnen und zeugten Mischlingskinder; so gelang es wenigen Tausenden wagemutiger Männer, weite Gebiete zu besetzen und in der Ausdehnung ihres Kolonialreiches und der Wirksamkeit ihrer Kolonisierung mit großen und zahlenmäßig starken Völkern zu wetteifern. Der Mischfähigkeit mehr noch als der Beweglichkeit war es zu danken, daß die Portugiesen ihren Menschenmangel bei der Besiedlung weit ausgedehnter Gebiete in großem Maßstab ausgleichen konnten. Für diesen Prozeß waren sie durch das innige Zusammenleben und den gesellschaftlichen und geschlechtlichen Verkehr mit farbigen Rassen vorbereitet, die der Iberischen Halbinsel benachbart oder in sie eingedrungen waren; eine davon, von mohammedanischem Glauben, war den blonden Christen an technischem Wissen und geistiger und künstlerischer Kultur weit überlegen.

Der stete Kontakt mit den Sarazenen hatte in den Portugiesen die idealisierte Figur der »verzauberten Maurin« entstehen lassen, den reizvollen Typ einer dunkelhäutigen, schwarzäugigen Frau voll erotischem Mystizismus – immer rotgekleidet, ihr Haar kämmend oder im Wasser von Flüssen oder verwunschenen Quellen badend –, den die Kolonisatoren ähnlich, ja fast gleich, in den nackten Indianerinnen Brasiliens mit ihrem offenen Haar wiederfanden. Auch diese hatten schwarzes Haar und dunkle Augen, bemalten ihren braunen Körper mit roter Farbe, liebten, wie die maurischen Nereiden, ein Bad im Fluß, um ihre glühende Nacktheit abzukühlen, und beschäftigten sich damit, ihr Haar zu kämmen. Dazu kam noch, daß sie ebenso üppig waren wie die Maurinnen. Nur waren sie weniger spröde: Für ein wertloses Schmuckstück oder einen Spiegelscherben boten sie sich mit gespreizten Beinen den Portugiesen an, die es immer nach Frauen gelüstete.

Als Gegenstück zur Legende von der »verwunschenen Maurin« entstand die von der »maurischen Hexe«, die freilich niemals dieselbe Bedeutung erlangte. In ihr fand wahrscheinlich die Eifersucht oder der Geschlechtsneid der blonden Frau gegen die Farbige ihren Ausdruck; vielleicht auch der religiöse Haß der blonden Christen aus dem Norden gegen die dunkelhäutigen Ungläubigen. Dieser Haß sollte später in ganz Europa zur Idealisierung des blonden Typs führen, der mit engelgleichen und göttlichen Wesen identifiziert wurde, zum Nachteil des dunklen Typs, der mit den gefallenen Engeln, den Verderbten, Bösen und Verrätern in Zusammenhang gebracht wurde. Es steht jedenfalls fest, daß die Gesandten, die die Republik Venedig im XVI. Jahrhundert nach Spanien schickte, um König Philipp II. ihre Aufwartung zu machen, in Portugal die Beobachtung machten, daß einige Damen der höheren Stände ihr Haar blond färbten und daß in Spanien so manche »das Antlitz rot und weiß schminkten«, um »ihre Haut, die ein wenig oder vielmehr ziemlich dunkel ist, heller und rosiger zu machen, da sie überzeugt sind, daß alle Brünetten häßlich seien«.

Dagegen kann behauptet werden, daß die Portugiesen für die Liebe, zumindest für die körperliche Liebe, die dunkelhäutige Frau vorzogen. Die blonde Mode, die übrigens nur auf die oberen Gesellschaftsschichten beschränkt blieb, wird wohl eher auf ausländische Einflüsse als auf wirklich eigenen Geschmack zurückgehen. Was Brasilien angeht, gibt es ein altes Sprichwort: »Eine Weiße für die Hochzeit, eine Mulattin fürs Bett, eine Schwarze für die Arbeit«; aus diesem Sprichwort geht nicht nur die konventionelle höhere soziale Einschätzung der weißen Frau und die niedrigere der Negerin, sondern auch die sexuelle Vorliebe für die Mulattin hervor. In unserer Liebeslyrik tritt übrigens keine andere Tendenz zutage als die der Glorifizierung der Mulattin, der Cabocla, kurz, der dunkelhäutigen Frau, die um ihrer schönen Augen und weißen Zähne, ihres lockenden und schmachtenden Wesens und ihres besonderen Zaubers willen weitaus mehr besungen wurde als die »blassen Jungfrauen« und

»blonden Mägdelein«, die zwar hie und da in einem Sonett oder in einem Volkslied des XVI. oder XIX. Jahrhunderts vorkommen, ohne aber an die anderen heranzureichen.

Ein anderer Umstand oder eine andere Bedingung begünstigte den Portugiesen bei der Eroberung des Landes und der Beherrschung tropischer Völker ebenso wie die Mischfähigkeit und die Beweglichkeit: die Fähigkeit, sich dem Klima anzupassen.

Den physikalischen Bedingungen des Bodens und der Temperatur nach gehört Portugal eher zu Afrika als zu Europa. Das sogenannte portugiesische Klima von Martone, das in Europa einzig dasteht, kommt dem afrikanischen sehr nahe. So war der Portugiese durch seine eigene Umwelt für die Beherrschung der Tropen vorherbestimmt; seine Niederlassung in den heißen Gegenden Amerikas konnte weder die schweren Anpassungsstörungen noch die großen Schwierigkeiten bei der Akklimatisierung nach sich ziehen, denen Siedler aus Ländern mit kaltem Klima ausgesetzt waren.

Zwar bestreitet Gregory hartnäckig, daß das tropische Klima an und für sich die Tendenz hat, bei dem Nordeuropäer Degenerationserscheinungen hervorzurufen, wobei er sich darauf beruft, daß Elkington 1922 in der 1783 gegründeten holländischen Kolonie von Kissav zufriedenstellende gesundheitliche Verhältnisse und die schönste Prosperität ohne jedes sichtbare Zeichen körperlicher Degeneration (*»obvious evidence of physical degeneration«*) bei den blonden Siedlern festgestellt hat; doch gibt es eine Unmenge Beweise, die den entgegengesetzten Standpunkt zu bekräftigen scheinen, wonach sich der Nordländer dem tropischen Klima nur in geringem Maße oder gar nicht anzupassen vermag. Erst kürzlich hat Professor Oliveira Viana, unter äußerster Nichtachtung von Feststellungen, wie sie Elkington und Gregory gemacht haben, die er nicht einmal erwähnt, gegen die vorgebliche Fähigkeit der Nordländer zur Anpassung an das tropische Klima die Aussagen von einigen der bedeutendsten modernen Spezialisten in Klimatologie und Anthropogeographie wie Taylor, Glenn Trewarka, Huntington und Karl Sapper zusammengestellt. Der brasilianische Soziologe zitiert die Ansicht Sappers über die kolonisatorischen Anstrengungen der Nordeuropäer in den Tropen: »Es gelang den Nordeuropäern nicht, auf den tropischen Hochebenen mehr als nur vorübergehende Niederlassungen zu gründen. Sie versuchten, in diesen Gebieten eine ständige Gesellschaft auf landwirtschaftlicher Grundlage zu schaffen, in der der Siedler von seiner Hände Arbeit leben sollte; sie versagten jedoch bei allen derartigen Versuchen.« Von allen Anthropologen ist es vielleicht Taylor, dessen Schlußfolgerungen am energischsten denen von Gregory widersprechen. Schon vor den Untersuchungen von Taylor und Huntington auf den Gebieten der Anthropogeographie und kulturellen Anthropologie und jenen von Dexter über Klimatologie hatte Benjamin Kidd über die Akklimatisierung der Nordeuropäer in den Tropen die Feststellung gemacht, daß »alle derartigen Versuche vergebliche und nutzlose Anstrengungen blieben, die zum Scheitern verurteilt waren« (*foredoomed to failure*). Und vom Standpunkt der auf die Soziologie angewandten Statistik aus folgert Mayo Smith: »Unsere Statistiken sind nicht genau genug, um nachzuweisen, daß es dem Europäer unmöglich ist, sich für immer in den Tropen zu akklimatisieren, aber sie zeigen doch, daß dies außerordentlich schwierig ist.«

Im Gegensatz zu dieser offensichtlichen Unfähigkeit der Nordländer haben die Portugiesen eine bemerkenswerte Eignung gezeigt, sich in tropischen Gegenden zu akklimatisieren. Allerdings mit Hilfe einer viel größeren Neigung zur Vermischung mit den Eingeborenen, als die übrigen Europäer sie zeigten; alle von den Portugiesen geschaffenen Kolonialgesellschaften waren hybrid, die einen mehr, die anderen weniger. In Brasilien, und zwar sowohl in São Paulo als auch in Pernambuco – den beiden großen Brennpunkten der schöpferischen Kraft in den ersten Jahrhunderten der Kolonisierung, die von den Paulistas in horizontaler, von den Pernambucanos in vertikaler Richtung durchgeführt wurde –, zählte die Gesellschaft, die zu so bemerkenswerten Initiativen wie der der Bandeiras, der Katechese, der Gründung und Festigung der tropischen Landwirtschaft, der Kriege gegen die Franzosen am Maranhão und gegen die Holländer in Pernambuco fähig war, nur wenige weiße Frauen und war tief und gründlich mit Eingeborenenblut durchsetzt. Was den Portugiesen anbelangt, fällt es somit schwer, zwischen der Anpassungsfähigkeit des weißen Siedlers – dessen rassische Reinheit und eher konventionelles als echtes Europäertum ohnehin zweifelhaft sind – und der Fähigkeit des Mestizen zu unterscheiden, der von allem Anfang an aus der Verbindung skrupelloser Eindringlinge ohne Rassebewußtsein mit den kräftigen Eingeborenenfrauen hervorgegangen ist.

Es ist jedenfalls sicher, daß den Portugiesen etwas gelang, wobei andere Europäer versagt hatten: die Bildung der ersten modernen Gesellschaft von nationalem und permanentem Charakter, die in den Tropen geschaffen wurde. Diese Merkmale traten in Brasilien schon früh in Erscheinung und nicht so spät wie in den englischen, französischen und holländischen tropischen Besitzungen.

Andere Europäer, reinweiße, blonde und langschädlige Bewohner der kalten Breiten, unterlagen beim ersten Kontakt mit Äquatorialamerika oder büßten ihre kolonisatorische Kraft, ihre moralische Spannkraft und sogar ihre Gesundheit ein. Das gilt selbst für die zähesten unter ihnen, die Puritaner, die Old Providence besiedelten und die, obwohl sie aus demselben Holz wie die Pioniere von New England geschnitzt waren, auf der tropischen Insel schlapp und faul wurden.

Auch die Auswanderung englischer *Loyalisten* von Georgia und anderen neuen Staaten der Amerikanischen Union nach den Bahamas ergab kein anderes Resultat: Die harten Engländer wurden vom tropischen Klima in weniger als hundert Jahren in »armselige weiße Menschenwracks« verwandelt. Dasselbe wäre wahrscheinlich den französischen Kalvinisten widerfahren, die im XVI. Jahrhundert stolz und triumphierend versuchten, in Brasilien eine ausschließlich weiße Kolonie zu gründen, um schließlich wieder abzuziehen, ohne Spuren ihres kolonisatorischen Wirkens zu hinterlassen, es sei denn im Sand des Strandes oder an den Riffen, wo die hartnäckigsten Gefährten des Villegaignon scheiterten, bevor sie endgültig den brasilianischen Küsten den Rücken kehrten. Auf sie paßte der Name, den sich Pater Vicente do Salvador ausgedacht hatte: »Krebse«; denn sie hatten sich tatsächlich darauf beschränkt, die Küste zu zerkratzen.

Es darf auch nicht vergessen werden, daß die Franzosen, die sich im Jahre 1715 auf den Inseln Réunion und Mauritius niedergelassen haben, heute bei weitem nicht mehr die Energie und Tatkraft aufweisen, wie sie den ersten Generationen eigen war.

Nicht drei oder vier, sondern knappe zwei Generationen genügten, um die Angloamerikaner zu verweichlichen, die sich in Hawaii angesiedelt hatten. Und Mrs. Semple erinnert daran, daß die 1900 von der *International Harvester Company of America* angestellte Umfrage ein Nachlassen der deutschen Tatkraft in Südbrasilien feststellte, in Gegenden also, wo das Klima nur subtropisch ist.

Das war bei den Portugiesen nicht der Fall. Dank all der erwähnten glücklichen Voraussetzungen, die in der Rasse, der Umwelt und der Zivilisation begründet waren, gelang es ihnen nicht nur, die für die Niederlassung von Europäern in den Tropen ungünstigen Bedingungen von Klima und Boden zu ertragen; sie machten auch den für die kolonisatorische Arbeit so schwerwiegenden Mangel an weißen Menschen wett, indem sie sich mit farbigen Frauen vermischten. Durch diese Verbindung schufen die Siedler eine kräftige und fügsame Mischlingsbevölkerung, die sich dem tropischen Klima noch besser anpaßte als sie selber. Der Menschenmangel, unter dem sie mehr als irgendwelche andere Kolonisatoren litten und der sie zu sofortiger Vermischung zwang – die übrigens durch keine Rassenvorurteile und kaum durch religiöse Bedenken gehemmt wurde –, war für die Portugiesen bei ihrer Eroberung und Besiedlung der Tropen nur ein Vorteil. Ein Vorteil für ihre bessere soziale, wenn nicht biologische Anpassung.

Mrs. Semple spricht den Bewegungen der europäischen Völker in den tropischen Gebieten von Asien, Australien, Afrika und Amerika sowie der Amerikaner auf den Philippinen den Charakter einer echten ethnischen Expansion ab. Ihrer Meinung nach ist die europäische und angloamerikanische Besiedlung der Tropen bis auf den heutigen Tag viel eher als wirtschaftliche Ausbeutung oder politische Beherrschung anzusehen. Mrs. Semple betrachtet die Portugiesen als Ausnahme, da sie durch die Rassenmischung in Brasilien ein echtes kolonisatorisches Werk vollbracht und die Widrigkeiten des Klimas überwunden haben.

Wenn das Klima auch heute von niemandem mehr wie früher als eine Allmacht betrachtet wird, so kann doch nicht geleugnet werden, daß es auf die Bildung und Entwicklung der Gesellschaften einen großen Einfluß ausübt; zwar nicht unmittelbar, durch Einwirkung auf den Menschen selbst, aber doch mittelbar durch seine Beziehung zur Produktivität des Bodens, zu den Ernährungsgrundlagen und zu den Mitteln, die dem Siedler zur wirtschaftlichen Erschließung zur Verfügung stehen.

Die »Tropenkrankheiten« sind nur mehr halb so gefährlich. Trotzdem darf nicht geleugnet werden, daß das Klima, sei es an sich oder durch die von ihm hervorgerufenen sozialen oder wirtschaftlichen Faktoren, die Bewohner heißer Länder für Krankheiten anfällig macht, die in einem kalten Klima selten oder gar nicht vorkommen. Außerdem setzt es die Arbeitsfähigkeit herab und reizt zu Bluttaten. Es scheint auch erwiesen zu sein, daß bestimmte Rassen eine größere Widerstandsfähigkeit gegen krankheitserregende Einflüsse besitzen, die in ihrer Art oder Intensität für das tropische Klima charakteristisch sind.

Die Bedeutung des Klimas verringert sich in demselben Maße, in dem einzelne seiner Elemente ausgeschieden werden, die vom Menschen bis zu einem gewissen Grade beherrscht oder abgeändert werden können. Die jüngsten Erfahrungen scheinen zu beweisen, daß es möglich ist, die Eigenart bestimmter Böden durch Drainage zu verändern und damit auf die Quellen der Luftfeuchtigkeit Einfluß zu nehmen, die Temperatur durch künstliche Bewässerung trockener Gebiete zu regeln und die Kraft des Windes durch zweckentsprechende Anpflanzung von großen Baumbeständen zu brechen oder ihre Richtung zu ändern. Gar nicht zu reden von den Siegen, die in fortschreitendem Maße über die »Tropenkrankheiten« errungen werden, die von der Hygiene und den sanitären Maßnahmen gemildert oder sogar unter Kontrolle gehalten werden.

Der Mensch ist also nicht mehr der Spielball von Hitze und Kälte. Seine Arbeitskraft, seine wirtschaftliche Leistungsfähigkeit und sein Stoffwechsel sind dort geringeren Veränderungen unterworfen, wo Hygiene, sanitäre Einrichtungen, Diät, angemessene Bekleidung und Anpassung an die neuen Verhältnisse Lebensbedingungen schaffen, die der physikalischen Beschaffenheit und der Temperatur der Umgebung entsprechen. Sogar die modernen Verkehrsmittel, die leichter, schneller und hygienischer sind, verändern den Aspekt eines Problems, das früher von größter Bedeutung und mit der Beschaffenheit von Boden und Klima eng verknüpft war: die Qualität und bis zu einem gewissen Grad sogar die Quantität der Nahrungsmittel, die einem jeden Volk zur Verfügung stehen. Ward hebt die Bedeutung der Entwicklung der Dampfschiffahrt hervor, die schneller und regelmäßiger ist als die Segelschiffahrt und die Völker in den Tropen sehr begünstigt. Dasselbe kann von den Konservierungs- und Kühlungsmethoden für Lebensmittel gesagt werden. Dank diesen Methoden und den modernen Beförderungsmitteln macht sich der Mensch von der völligen Abhängigkeit von den örtlichen Ernährungsquellen frei, in der die Kolonialbevölkerung in den Tropen bisher zu leben gezwungen war.

In dieser Arbeit haben wir uns aber mit dem grausamen und geradezu allmächtigen Klima zu befassen, das die Portugiesen um 1500 vorfanden: ein wechselndes und sumpfiges Klima, das Störungen des Verdauungsapparates hervorrief und sich in seiner Auswirkung auf den Boden für den Landwirt, besonders für den aus Europa, als ungünstig erwies, da es weder die gewohnte, durch die vier Jahreszeiten bedingte Arbeit zuließ noch den Anbau derjenigen Nahrungspflanzen, an die er seit Jahrhunderten gewöhnt war.

In Brasilien mußte der Portugiese sein Ernährungssystem radikal ändern und es von Weizen- auf Maniokbasis umstellen, was eine empfindliche Einbuße bedeutet. Dasselbe galt für die Anbaumethoden, da die physikalische und chemische Beschaffenheit des Bodens, die Temperaturen und das Klima keine so bequeme Arbeit erlaubten wie in Portugal. In dieser Hinsicht war der englische Kolonist in den Vereinigten Staaten dem Portugiesen in Brasilien gegenüber ausgesprochen im Vorteil, da er dort Lebensbedingungen und Ernährungsquellen vorfand, die denen seiner Heimat ähnlich waren. In Brasilien ergab sich für den europäischen Siedler durch das plötzliche Fehlen der altgewohnten Ernährung gezwungenermaßen eine Gleichgewichtsstörung seiner Morphologie und Leistungsfähigkeit. Dieser Mangel und der Unterschied in den meteorologischen und geologischen Bedingungen, unter denen die Landarbeit durchgeführt werden mußte – die zwar Sache der Neger war, aber doch von Europäern geleitet wurde –, verliehen der Kolonisationstätigkeit der Portugiesen den Charakter einer schöpferischen, urtümlichen Arbeit, auf den weder das Werk der Engländer in Nordamerika noch das der Spanier in Argentinien Anspruch erheben kann.

Obwohl der Portugiese mit dem Klima und den Lebensbedingungen der Tropen vertrauter war als jeder andere europäische Kolonisator Amerikas, bedeutete die Ansiedlung in Brasilien eine schwere Umstellung. Aus den neuen, rein physikalischen Lebensumständen ergab sich für ihn auch eine Veränderung der wirtschaftlichen und sozialen Verhältnisse.

Alles schien hier aus dem Gleichgewicht gebracht. Das neue Land war durch großen Überfluß und große Mängel gekennzeichnet. Abgesehen von einigen Flecken schwarzer oder roter Erde von außergewöhnlicher Fruchtbarkeit, eignete sich der Boden keineswegs für den Anbau von allem, was man nur anpflanzen wollte, wie der erste Chronist es in seiner Begeisterung geschildert hatte. Hart, widerspenstig und undurchlässig, widersetzte er sich zum großen Teil den Bearbeitungsmethoden. Ein weiterer Feind des regelmäßigen Ackerbaues und damit der Stabilität des Familienlebens waren die Flüsse, deren Wasserfluten tödliche Überschwemmungen verursachten oder dann wieder völlig versiegten und das Land brachliegen ließen. Zu diesem nur mühsam zu bearbeitenden Boden, dem Urwald und den Flüssen, die fast gar nicht für landwirtschaftliche und industrielle Zwecke oder den regelmäßigen Transport der Bodenfrüchte zu verwenden waren, kamen noch die Brutstätten von Larven, Schwärme von Insekten und Unmengen von Würmern, die alle dem Menschen und ganz besonders dem Landwirt gefährlich wurden. Sobald er eine Pflanzung anlegen wollte, wurde er von ihnen gequält: von den »Ameisen, die [der Ernte] großen Schaden zufügen«, den »Raupen in den Feldern«, Plagen, die die Patres auf Verlangen der indianischen Medizinmänner mit ihren Gebeten und Kreuzeszeichen bannen sollten.

Diese Lebensbedingungen standen in ausgesprochenem Gegensatz zu denen, die die Engländer in Nordamerika vorfanden, wo schon die Temperatur im großen und ganzen dieselbe war wie in Westeuropa (13 ° C Jahresmittel) und somit für den wirtschaftlichen Fortschritt und eine Zivilisation nach europäischem Muster als außerordentlich günstig betrachtet wurde. Die Verallgemeinerungen von Professor Bogart über das Volk, das er ziemlich vage »die lateinamerikanische Rasse« nennt, scheinen also auf die Brasilianer nicht zuzutreffen. Nach Ansicht dieses Wirtschaftswissenschaftlers war die »lateinamerikanische Rasse« trotz der reichen »Naturschätze«, die sie umgaben, nicht imstande, dasselbe Niveau des landwirtschaftlichen und industriellen Fortschritts zu erreichen wie die Angloamerikaner, weil sie »eine schlappe, bequeme Rasse« (*»a weak, ease-loving race«*) und nicht »ein männliches, tatkräftiges Volk« (*»a virile, energetic people«*) ist wie die Nordamerikaner, die sich »mit einzigartigem Erfolg der Ausbeutung der natürlichen Hilfsquellen widmeten« (*»devotes themselves to the exploitation of the natural resources with wonderful success«*). Und doch versagte eben dieses männliche und energische Volk in Old Providence und auf den Bahamas.

Die Portugiesen fanden im tropischen Amerika ein Land vor, das scheinbar ein leichtes Leben ermöglichte; in Wirklichkeit wurde es ein sehr schweres Leben für jeden, der dort ein regelmäßiges oder fortgeschrittenes Wirtschafts- und Gesellschaftssystem schaffen wollte. Wenn es auch wahr ist, daß der Mensch in Ländern mit heißem Klima ohne Anstrengung vom Überfluß ihrer wildwachsenden Erzeugnisse leben kann, so darf doch andererseits nicht vergessen werden, daß auch die gefährlichen Formen des pflanzlichen und tierischen Lebens in diesen Ländern üppig sprießen und zu Feinden einer jeglichen organisierten Landwirtschaft und jeder Art von systematischer und regelmäßiger Arbeit werden.

Der Mensch und der Samen, den er sät, die Häuser, die er baut, die Tiere, die er für seinen Gebrauch oder seinen Lebensunterhalt aufzieht, die Archive und Bibliotheken, die er für seine geistige Kultur aufbaut, die nützlichen oder künstlerischen Erzeugnisse, die aus seinen Händen hervorgehen – das alles wird von Larven, Würmern und Insekten befallen, die es benagen, anbohren oder verderben. Körner, Früchte, Holz, Papier, Fleisch, Muskeln, Lymphdrüsen, Eingeweide, das Weiße im Auge, die Fußzehen, alles fällt diesen schrecklichen Feinden zum Opfer.

Unter so widrigen äußeren Umständen ging die zivilisatorische Tätigkeit der Portugiesen in den Tropen vor sich. Wären die Lebensbedingungen so leicht und angenehm gewesen, wie sie die Lobredner unseres Landes hinstellen, dann hätten die Soziologen und Wirtschaftswissenschaftler recht, wenn sie aus dem Gegensatz zwischen dem mühseligen Triumph der Lusitaner in Brasilien und dem raschen und sensationellen Erfolg der Engländer in jenem Teil Amerikas, der über ein stimulierendes Klima, eine ausgeglichene Pflanzenwelt und eine Tierwelt verfügt, die viel eher ein Helfer als ein Feind des Menschen ist, und der günstige agrologische und geologische Bedingungen besitzt, auf eine Überlegenheit des blonden Kolonisators über den dunkelhaarigen schließen.

Bevor die portugiesische Besiedlung Brasiliens zum Erfolg geführt hatte, kannten die Europäer in den Tropen keine andere Art der kommerziellen Ausbeutung als die Errichtung von Faktoreien oder die Gewinnung von Erzen. In keinem einzigen Fall wurde eine Übertragung des europäischen Lebensstils oder eine Anpassung seiner materiellen und moralischen Werte in eine so andersartige Umwelt mit einem so verschiedenen, ungesunden und verweichlichenden Klima in Erwägung gezogen.

Von allen modernen Siedlern war der portugiesische Kolonisator Brasiliens der erste, der in der Besiedlung der Tropen über die einfache Ausbeutung der mineralischen, pflanzlichen oder tierischen Reichtümer – Gold, Silber, Holz, Bernstein, Elfenbein – hinaus und zur Schaffung von Reichtümern im Lande selbst überging. Diese Reichtümer wurden allerdings, unter dem Druck der Verhältnisse in Amerika, auf Kosten der Sklavenarbeit geschaffen und lenkten dadurch den ökonomischen Instinkt der Portugiesen sehr bald von der Erzeugung von Werten auf die Ausbeutung, den Transport oder die Erwerbung derselben hin.

Eine derartige, wenn auch unvollständige Umstellung führte zu einer neuen Phase und einem neuen Typus der Kolonisierung: der »Plantagen-Siedlung«, die durch ihre landwirtschaftliche Grundlage und die ständige Niederlassung des Siedlers charakterisiert war, an Stelle eines nur gelegentlichen Kontakts mit dem Milieu und der eingeborenen Bevölkerung. In Brasilien nahmen die Portugiesen eine großangelegte Besiedlung der tropischen Gebiete in Angriff, wobei sie sich einer völlig neuen Wirtschafts- und Sozialpolitik bedienten, die auf den subtropischen Inseln im Atlantischen Ozean nur oberflächlich angewandt worden war. Die erstere bestand in der Ausnutzung und Entwicklung des Pflanzenreichtums mit Hilfe des Kapitals und der Arbeit des einzelnen: Landwirtschaft, Bodenparzellierung und Bewirtschaftung des Bodens in großem Maßstab mittels Sklavenarbeit. Die Sozialpolitik war durch die Verwendung der eingeborenen Bevölkerung, besonders der Frauen, als Arbeitsinstrument, aber mehr noch als Element für die Bildung der Familie gekennzeichnet. Diese Politik war sehr verschieden von dem System der Ausrottung oder Rassentrennung, das die spanischen Ausbeuter von Bergwerken so lange in Mexiko und Peru und die Engländer immer in hemmungsloser Weise in Nordamerika anwandten.

In Brasilien, vor allem in Pernambuco und in der Umgebung von Bahía, entwickelte sich die Kolonialgesellschaft auf patriarchalischer und aristokratischer Grundlage, und zwar nicht in Gestalt willkürlich entstandener Gruppen ohne jeglichen Bestand, sondern im Schatten der großen Zuckerrohrplantagen; in den Herrenhäusern aus Lehm oder Stein und Mörtel und nicht in den Strohhütten von Abenteurern. Oliveira Martins bemerkt, daß sich die Kolonialbevölkerung in Brasilien »vor allem im Norden in aristokratischer Weise gebildet hatte, indem die portugiesischen Familien Angehörige ihres Hauses nach Übersee schickten, so daß die Kolonie von allem Anfang an ein ganz anderes Aussehen hatte als jene, die in Mittel- und Westamerika von zügellosen spanischen Einwanderern geschaffen worden waren«. Und schon vor ihm hatte Southey geschrieben, daß man in den Häusern der Pflanzer von Pernambuco, in den ersten Jahrhunderten der Besiedlung, Umgangsformen und Bequemlichkeiten vorfand, die man unter der Bevölkerung Paraguays und der La-Plata-Länder vergeblich gesucht hätte.

Wie in den englischen Kolonien der Tabak-, Baumwoll- und Reispflanzer von Nordamerika waren auch in Brasilien die großen Plantagen nicht das Werk eines auf Kolonisation bedachten Staates – Portugal war immer sehr geizig –, sondern das einer beherzten Privatinitiative. Solchen Initiativen – der von Martim Afonso im Süden und der von Duarte Coelho im Norden – verdanken wir die ersten tüchtigen Siedler, die ersten Familienmütter, das erste Saatgut, die ersten Herden, das erste Zugvieh, Nahrungspflanzen, landwirtschaftliche Geräte, jüdische Mechaniker für die Zuckerfabriken und afrikanische Sklaven für die regelmäßigen Arbeiten und den Betrieb der Zuckerrohrmühlen (für die sich die faulen und unzuverlässigen Eingeborenen als unfähig erwiesen hatten). In Zusammenhang mit der Bodenparzellierung übernahm es die Privatinitiative, die vielen Meilen unbebauten Landes, das die Neger fruchtbar machen sollten, zu besiedeln und im Notfall auch mit bewaffneter Hand zu verteidigen. Wie Payne in seiner *History of European Colonies* hervorhebt, waren die portugiesischen Siedler in Brasilien die ersten Europäer, die echte Niederlassungen gründeten und zu diesem Zweck in ihrer Heimat ihre ganze Habe verkauft und sich mit ihrer Familie und ihrem Kapital nach den Tropen eingeschifft hatten.

Als einen der Vorteile der portugiesischen Kolonisation im tropischen Amerika – zumindest während der ersten beiden Jahrhunderte – bezeichnet Leroy-Beaulieu »das völlige Fehlen einer geregelten und komplizierten Verwaltung« und die »Handlungsfreiheit« (*»la liberté d'action que l'on trouvait dans ce pays peu gouverné«*), die für die Anfänge des brasilianischen Lebens kennzeichnend war. *»L'organisation coloniale ne précéda pas, elle suivit le développement de la colonisation«*, bemerkt der französische Wirtschaftswissenschaftler in seiner Arbeit über moderne Kolonisation.

Und Rüdiger Bilden schreibt mit bewunderungswürdigem kritischem Sinn, daß in Brasilien die private Besiedlung in weit größerem Ausmaß als die offizielle Tätigkeit die Vermischung der Rassen, die in Latifundien betriebene Landwirtschaft und die Sklaverei gefördert und auf diesen Grundlagen die Schaffung und Entwicklung einer großen und dauerhaften landwirtschaftlichen Kolonie in den Tropen ermöglicht hat. Außerdem hat sie unser Territorium weit nach Westen vorgeschoben, was den offiziellen Stellen infolge der notwendigen Rücksichtnahme auf internationale politische Verpflichtungen unmöglich gewesen wäre.

Von 1532 an war die portugiesische Kolonisation in Brasilien ebenso wie die englische in Nordamerika, im Gegensatz zur spanischen und französischen in beiden Teilen Amerikas, durch eine fast ausschließliche Herrschaft der ländlichen oder halbländlichen Familien charakterisiert, die nur noch von der Kirche und der Aktivität der Patres der Gesellschaft Jesu bedroht wurde, die zeitweise der Macht dieser Familien feindlich gesinnt war.

Die Familie – und nicht der einzelne noch der Staat oder irgendeine Handelsgesellschaft – war vom XVI. Jahrhundert an der maßgebende Faktor der Besiedlung Brasiliens; sie stellte die Produktionseinheit dar, lieferte das Kapital, das den Boden urbar machte, legte Pflanzungen an, kaufte Sklaven, Ochsen und Werkzeug. In der Politik war sie eine soziale Macht, die die stärkste Kolonialaristokratie Amerikas schuf. Der König von Portugal herrschte über sie, jedoch ohne sie wirklich zu regieren. Die Gemeinderäte, in denen diese Familien ihre politische Tätigkeit entfalteten, beschränkten sehr bald die Macht der Könige und später die des Imperialismus überhaupt oder, besser gesagt, des wirtschaftlichen Schmarotzertums, das seine Fangarme vom Königreich nach den Kolonien ausstreckte.

Die Kolonisierung durch einzelne Individuen – Glücksritter, Abenteurer, Verbannte, Neue Christen, die vor der Verfolgung durch die Kirche geflohen waren, Schiffbrüchige, Sklavenhändler und Aufkäufer von Papageien oder Holz – hinterließ in der wirtschaftlichen Struktur Brasiliens kaum eine Spur. Diese unregelmäßige und willkürliche Besiedlung blieb so oberflächlich und war von so kurzer Dauer, daß sie weder in politischer noch in wirtschaftlicher Hinsicht zu einem ausgesprochenen Kolonisationssystem wurde.

Ihr rein genetischer Aspekt darf jedoch vom Historiker der brasilianischen Gesellschaft nicht vernachlässigt werden. Von diesem Gesichtspunkt aus gibt es sogar einige, die sie als »anfängliche ethnische Belastung« betrachten und »in den Zügen der kollektiven Physiognomie des brasilianischen Volkes deutliche Spuren erblicher Stigmata« entdecken, die ihr »von jenen Patriarchen aufgedrückt wurden, die vom Standpunkt der Nation wenig begrüßenswert erscheinen«. Von Azevedo Amaral, der diese Feststellung machte, übernehmen wir zwei Verallgemeinerungen über die betreffende Epoche, die dieselbe treffend zu kennzeichnen scheinen: erstens, daß sie durch ihre »rassische Ungleichartigkeit« nicht portugiesisch, sondern zusammengewürfelt war und ihr ethnisches Durcheinander nur dank der Vorherrschaft der Sprache den portugiesischen Stempel trug; zweitens, daß sie eine Art »nationaler Vorgeschichte« darstellt. »Die ersten fünfzig Jahre zu streichen«, so schreibt er, »in denen Brasilien ohne jede politische Überwachung und sogar jenseits jeglicher Zivilisation die ersten zusammenhängenden Ströme von Siedlern empfing, bedeutet ein grundlegendes Element des Entstehens der Nation weglassen, dessen Einfluß auf die folgenden Jahrhunderte wir sicher positive Faktoren entnehmen können, die die moderne biologische Forschung zur Genüge bestätigt. Wenn wir wollen, können wir diesen Zeitraum als Kategorie für sich, als die Vorgeschichte unserer Nation betrachten.«

Azevedo Amaral scheint uns in bedauerlicher Weise zu übertreiben, wenn er alle diese Siedler (über die nach seinen eigenen Angaben »die verfügbaren Informationsquellen ... so spärlich und ungenau sind«) als »Degenerierte, Kriminelle und Halbnarren« bezeichnet. Er bezieht sich dabei hauptsächlich auf die Verbannten; es besteht jedoch kein Anlaß, daran zu zweifeln, daß manche von ihnen anständige Leute waren, da damals auch die besten Untertanen aus den lächerlichsten Gründen des Landes verwiesen und in die Wildnis geschickt wurden.

Die Grundsätze, nach denen sich noch im XV. und XVI. Jahrhundert das portugiesische Strafrecht richtete, waren sehr beschränkt. Ein glühender, noch vom Haß des Krieges gegen die Mauren erfüllter Mystizismus maß den Vergehen eine übertriebene Bedeutung zu. C. Malheiros Dias behauptet, daß es »in der zeitgenössischen Gesetzgebung keinen Kodex gab, der es an Strenge mit dem V. Buch der Verordnungen von König Manuel aufnehmen konnte«. »Fast zweihundert Delikte«, fügt er hinzu, »wurden darin mit Verbannung geahndet.«

General Morais Sarmento berichtet, daß das Gesetz des Dom Dinis vom 7. Januar 1453 »vorschrieb, denen, die nicht an Gott glaubten oder Beleidigungen gegen Gott oder die Heiligen ausstießen, die Zunge aus dem Halse zu reißen und sie bei lebendigem Leibe zu verbrennen«. Wegen Anwendung einer Zauberei, »damit eine Person eine andere liebe oder hasse«, sowie wegen anderer mystischer oder imaginärer Verbrechen wurde der Portugiese des XVI. und XVII. Jahrhunderts »für immer nach Brasilien verbannt«. In einem Land mit einer mehr religiösen als ethnozentrischen Einstellung waren dies Schwerverbrechen, und der Strafvollzug war sehr verschieden vom heutigen oder von dem anderer Länder mit nicht so religiösem Charakter.

Während eine Lästerung der Heiligen mit dem Ausreißen der Zunge und die Anwendung eines Liebeszaubers mit der Verbannung in die afrikanische oder amerikanische Wildnis bestraft wurde, erwartete das Verbrechen, seinen Nächsten zu töten, eine Frau zu entehren oder ein Mädchen zu schänden, oft keine strengere Strafe als die, »ein Huhn abzuliefern« oder »tausendfünfhundert Scheffel zu zahlen«, vorausgesetzt, daß der Verbrecher in einer der zahlreichen »Freistätten« Zuflucht suchte.

Diese Freistätten machten keinerlei Geheimnis aus ihrer Funktion als Beschützer von Mördern, Ehebrechern und entlaufenen Leibeigenen, sondern verkündeten sie offen durch ihre Freibriefe. »Man darf nicht glauben«, sagt Gama Barros, »daß diejenigen Länder, deren Souveräne die Straflosigkeit von Verbrechern verfügten, die Einräumung eines derartigen Vorrechts als entehrend betrachteten.« Und Professor Mendes Correia berichtet uns, daß im Jahre 1369 Sabugal darum bat, »den in diese Freistätten Geflüchteten größere Sicherheiten zu gewähren«, und daß im Freibrief von Azurara die »Immunität so weit ging, einen jeden schwer zu bestrafen, der innerhalb der Stadt den flüchtigen Verbrecher verfolgen wollte«. Man erhält den Eindruck, daß die schwächer besiedelten Ortschaften des Königreichs miteinander in der Gewährung einer Freistatt wetteiferten. Die Menschen, die in diesen Freistätten Zuflucht fanden, waren – neben den unzähligen entlaufenen Leibeigenen – solche, die das Verbrechen des Mordes oder der Notzucht begangen hatten, während nach Brasilien geschickt wurde, wer sich leichter oder imaginärer Vergehen schuldig gemacht hatte, die das damalige portugiesische Strafrecht in entsetzliche Verbrechen verwandelte und denen der wirklichen Kriminellen gleichsetzte. Trotzdem scheinen auch solche in nicht unbeträchtlicher Zahl in die amerikanische Kolonie gekommen zu sein. Sonst hätte sich der Lehnsmann Duarte Coelho nicht in einem seiner vielen Briefe, die er in seiner Eigenschaft als gestrenger und gewissenhafter Verwalter an den König richtete, so erbittert mit diesen Leuten befaßt und gebeten, ihm nicht noch mehr derartige Verbannte zu schicken, da sie schlimmer seien als Gift.

Es ist möglich, daß im Interesse der Bevölkerungspolitik bestimmte Individuen absichtlich nach Brasilien verbannt wurden, von denen wir wissen, daß sie wegen Vergehen oder Ausschweifungen sexueller Natur des Landes verwiesen worden waren: wegen Umarmungen und Küssen, wegen Zauberei, um Liebe oder Haß zu erregen, wegen Bestialität, Lasterhaftigkeit oder Kuppelei. Den unterbevölkerten Gebieten, in denen kaum ein paar Weiße lebten, kamen diese sexuellen Kraftmenschen gerade recht, damit sie dort eine überdurchschnittliche genetische Aktivität entwickelten, deren Ergebnisse für die politischen und wirtschaftlichen Interessen Portugals in Brasilien vielleicht von Vorteil sein konnten.

Von der Aussicht auf ein freies, völlig unbehindertes Leben inmitten einer Schar nackter Weiber angezogen, ließen sich hier viele Europäer von dem Typ nieder, den uns Paulo Prado mit kühnem Realismus beschreibt: zügellose Zuchthengste.

Andere wieder, wie die Schiffsjungen, die von der Flotte Cabrals desertiert waren und sich im Urwald verbargen, mögen aus reiner Abenteuerlust oder »jugendlichem Leichtsinn« dageblieben sein. Und die Verbindung all dieser Europäer – Verbannte, normannische »Dolmetscher«, Schiffbrüchige, Neue Christen – in der Blüte ihres Lebens, von Gesundheit strotzend, jung, in bester Manneskraft, »junge und feurige Abenteurer im Vollbesitz ihrer Kräfte«, mit Eingeborenenfrauen, sauber und gesund wie sie, müssen nicht immer zu den »unhygienischen Ehen« geführt haben, von denen Azevedo Amaral spricht. Ganz im Gegenteil. Solche Vereinigungen mögen einen »echten Prozeß von Zuchtwahl« dargestellt haben, da dem Europäer die Möglichkeit offenstand, seine Gefährtin unter Dutzenden von Indianerinnen auszuwählen. Aus diesem sexuellen Verkehr können nur kräftige, gesunde Tiere, wenn auch schlechte Christen oder sogar böse Menschen, hervorgegangen sein.

Zu den bereits erwähnten Vorteilen, die die Portugiesen des XV. Jahrhunderts ihren Zeitgenossen unter den mit Kolonisation befaßten Völkern voraus hatten, kommt noch ihre Sexualmoral mozarabischer Prägung, eine durch den Kontakt mit den Mohammedanern elastischer gewordene Moral, die lauer und lockerer war als die der Nordländer. Ihre Religion war kein hartes und starres System wie die der reformierten Völker des Nordens oder der geradezu dramatische Katholizismus der Spanier Kastiliens; ihre Liturgie war eher sozial als religiös, ihr Christentum sanft und lyrisch, mit vielen phallischen und animistischen Reminiszenzen der heidnischen Religionen verquickt. Es fehlte nur noch, daß die Heiligen und Engel Fleisch würden und an den Festtagen von den Altären herabstiegen, um sich mit dem Volk zu vergnügen; daß die Ochsen in die Kirche kämen, um sich von den Patres segnen zu lassen; die Mütter ihre Kinder mit denselben Liedern in den Schlaf sängen, mit denen sie das Jesuskind priesen; die unfruchtbaren Frauen sich mit geschürzten Röcken an den Beinen des heiligen Gonçalo do Amarante rieben; die Ehemänner aus Angst vor der Untreue ihrer Frauen die »Felsen der Hahnreie« befragten und die heiratsfähigen Mädchen die »Heirats-Felsen« und daß schließlich Unsere Liebe Frau von der Guten Hoffnung in Gestalt einer schwangeren Frau verehrt würde.

Im Falle von Brasilien, einem Phänomen des XVII. Jahrhunderts, kamen den Siedlern und der neuen Kolonie die reichen und außergewöhnlich vielfältigen Erfahrungen zugute, die sie während des XV. Jahrhunderts in Asien und Afrika, auf Madeira und den Kapverdischen Inseln gesammelt hatten. Zu diesen Erfahrungen gehörte die Kenntnis von nützlichen, nahrhaften und wohlschmeckenden Pflanzen, die mit Erfolg in Brasilien angebaut werden konnten, sowie gewisse Vorteile der asiatischen Bauart, die den amerikanischen Tropen angepaßt werden konnte, und das Wissen um die Verwendbarkeit der Neger für die Landarbeit.

Alle diese Elemente, angefangen mit dem lyrisch-sozialen Christentum, das viel eher ein Familienkult als eine Religion der Kirchen oder Kathedralen war – die übrigens in Portugal niemals die gewaltigen und beherrschenden Ausmaße wie in Toledo oder Burgos annahmen und auch in Brasilien nicht die Bedeutung der hispanoamerikanischen Kirchen erreichten –, alle diese Elemente und Vorteile begünstigten eine Kolonisation, die in Portugiesisch-Amerika, wie in den »privaten Kolonien« der Engländer in Nordamerika, auf der Institution der sklavenhaltenden Familie, dem Herrenhaus und der patriarchalischen Familie beruhte, zu der allerdings in unseren Breiten eine weit größere Zahl von Bastarden und sonstigem Anhang kam, die sich um die Patriarchen scharten, welche mehr als dort den Frauen zugetan und wahrscheinlich auch von einer laxeren Sexualmoral waren.

Das eigentliche Entstehen unserer Gesellschaft datiert von 1532 und hat die ländliche oder halbländliche Familie zur Grundlage, entweder in Gestalt von Ehepaaren, die von der Heimat herübergekommen waren, oder von Familien, die sich hier durch die Verbindung von Siedlern mit Indianerinnen, mit Waisenmädchen oder mit solchen Mädchen gebildet hatten, die von ihren Vätern aufs Geratewohl von Portugal herübergeschickt wurden, um hier zu heiraten.

Dieses lebendige und alles absorbierende Organ der brasilianischen Gesellschaftsformung, die Siedlerfamilie, übte auf der wirtschaftlichen Grundlage des landwirtschaftlichen Reichtums und der Sklavenarbeit eine Vielfalt von sozialen und wirtschaftlichen Funktionen aus. Zu diesen gehörten, wie bereits erwähnt, die politische Macht in Form der Oligarchie oder des Nepotismus, die hier früh auftrat und schon um die Mitte des XVI. Jahrhunderts mit dem Klerikalismus der Jesuitenpatres zusammenstieß. Im Gegensatz zu den Interessen der Kolonialgesellschaft wollten die Patres in Brasilien, wie in Paraguay, eine heilige Republik von »für Jesus gezähmten Indianern« gründen: mit seraphischen Indianern, die nur den Dienern des Herrn gehorchen und nur in dessen Gärten und Pflanzungen arbeiten sollten, ohne jede Individualität und ohne jede Selbständigkeit der Person oder der Familie. Mit Ausnahme ihres Anführers sollten alle Männer, Frauen und Kinder wie in einem Waisenhaus oder einem Internat mit einer Art Kindernachthemd bekleidet sein.

Durch die Existenz eines so starken und gewichtigen Elements, wie es die ländliche oder, besser gesagt, die Großgrundbesitzerfamilie darstellte, gewann die portugiesische Kolonisation in Brasilien schon früh einen sozialen Aspekt, der beträchtlich von der spanischen und französischen Theokratie abwich, die die Jesuiten ausgedacht und später auch in Paraguay verwirklicht hatten. Die Vorherrschaft der Familie wäre natürlich ohne die landwirtschaftliche Grundlage nicht möglich gewesen, auf der bei uns wie bei den englischen Siedlern in Virginia und Carolina die ganze Kolonisation ruhte. »Sobald er sich auf den Atlantikinseln niedergelassen hatte«, sagte Manuel Bonfim vom portugiesischen Siedler, »und keine andere Betätigungsart und Möglichkeit fand, zu einem Vermögen zu kommen, als die regelmäßige landwirtschaftliche Arbeit und Besiedlung, nahm er diese Aufgabe in Angriff und bewies, daß er ein weitaus besserer Kolonisator war als jedes andere Volk des mittelalterlichen Europa, da er die Vorzüge des Pioniers mit denen des Schöpfers eines regelmäßigen, auf Landwirtschaft aufgebauten Lebens in neuen Ländern verband.«

Tatsächlich empfanden viele von den Siedlern, die hier zu großen Grundbesitzern werden sollten, keine Liebe zur Erde und keinen Geschmack an ihrer Bebauung. Seit Jahrhunderten hatte in Portugal der bürgerliche und semitische Merkantilismus einerseits, die Sklavenarbeit der Mauren und später der Neger andererseits das alte Volk von stolzen Landleuten in das am meisten handeltreibende und am wenigsten ländliche Volk Europas verwandelt. Im XVI. Jahrhundert erteilte selbst der König seine Audienzen nicht etwa in einem von Pinienhainen umgebenen gotischen Schloß, sondern in einem Warenlager am Flußufer. Wie er, so bereicherten sich auch alle großen Edelleute am Handel mit asiatischen Gewürzen. Vom ganzen Landleben blieb damals nichts anderes übrig als ein leichter Gemüsebau und ein bequemes Hirtendasein. Wie seinerzeit bei den Israeliten gedieh fast nur der Anbau von Olivenbäumen und Reben. Es ist daher erstaunlich, daß der Erfolg der portugiesischen Kolonisation in Brasilien gerade auf Landwirtschaft beruhte.

Wenn man die portugiesischen Siedler in ihrer Gesamtheit betrachtet und nicht Ausnahmen wie Duarte Coelho, den vollkommenen Typ des Großgrundbesitzers, so kann man sagen, daß ihre Beschäftigung mit der Landwirtschaft nicht spontan, sondern von den Umständen aufgezwungen war. Für die Portugiesen wäre das Ideal nicht eine Plantagenwirtschaft gewesen, sondern ein zweites Indien, wo sie, nach israelitischem Brauch, mit Gewürzen und Edelsteinen hätten handeln können; oder so etwas wie Mexiko oder Peru, wo sie Gold und Silber hätten fördern können. Ein semitisches Ideal. Die Verhältnisse in Amerika machten aus dem Kolonistenvolk, das eine so geringe Vorliebe für das Landleben oder bestenfalls einen durch den Merkantilismus verdorbenen Sinn für die Landwirtschaft hatte, das am meisten dem Ackerbau zugeneigte Volk. Was durch den Einfluß Indiens in ein Volk von Schmarotzern verwandelt worden war, wurde nun in höchstem Grade schöpferisch.

Unter diesen Umständen kommt der Beschaffenheit und der Qualität des Landes, den materiellen und moralischen Lebensbedingungen und der Kultur seiner Bewohner eine außerordentliche Bedeutung zu.

Land und Mensch befanden sich im Rohzustand. Ihr Bildungsniveau erlaubte den Portugiesen nicht, einen vorteilhaften Handelsverkehr einzuleiten, der den im Orient unterhaltenen ergänzen oder erweitern konnte. Die Entdecker von Brasilien fanden weder einen König von Cananor noch einen Häuptling von Sofala vor, mit dem sie hätten Handel treiben können. Nur Indianerhäuptlinge und Wilde. Halbnackte Menschen, die in Hängematten oder auf dem Boden schliefen und sich von Maniokmehl, Urwaldfrüchten, Wild oder Fischen ernährten, die sie roh oder in der Asche gebraten verzehrten. An ihren Händen glänzten keine japanischen Perlen oder Rubine aus Peru; ihre kupferfarbenen Körper waren nicht mit Gold aus Sumatra noch mit Seide aus Kata geschmückt, sondern bestenfalls mit Federn geziert. Statt persische Teppiche betraten ihre Füße den nackten Sand. Sie besaßen kein einziges Haustier. Ihre ganze Landwirtschaft bestand in schütteren Pflanzungen von Maniok oder Erdnüssen sowie einigen wenigen Früchten. Oliveira Viana hat recht, wenn er schreibt, daß zwischen Indien »mit seiner wunderbaren Anhäufung von Reichtümern und seinem auf eine lange Tradition zurückblickenden Handel mit den Völkern des Orients und des Okzidents« und Brasilien »mit einer Eingeborenenbevölkerung, die sich noch auf dem Niveau der Steinzeit befindet«, ein gewaltiger Unterschied bestand. »Dieses Fehlen eines organisierten Reichtums, dieser Mangel an einer Grundlage für eine kommerzielle Organisation«, fügt der Autor von *Entwicklung des brasilianischen Volkes* hinzu, »zwingt die hierher verpflanzten Bewohner der Iberischen Halbinsel, sich der Landwirtschaft zu widmen.«

Im tropischen Amerika fanden die Portugiesen keine einzige pflanzliche oder tierische Substanz, die für die Bedürfnisse oder den Geschmack des aristokratischen oder bürgerlichen Europa von Wert gewesen wäre:

weder Gewürznelken noch Pfeffer, Bernstein, Sandelholz, Zimt, Ingwer oder Elfenbein. Gar nicht zu reden von Gold und Silber, die die Erforscher der Neuen Welt mehr als alles andere suchten, bis sie jede Hoffnung aufgaben. Die melancholische Schlußfolgerung Vespuccis faßt die bittere Enttäuschung, die alle empfanden, zusammen: »Ganze Wälder von Brasilholz und Schilfrohr...«, »Wälder, wohin man sieht«, und »viele Wasserläufe« notiert sich der scharfsinnige Chronist der Entdeckung, Pero Vaz de Caminha.

Die riesigen Wassermassen verliehen dem von dichtem Urwald bedeckten Lande freilich eine gewisse, geradezu dramatische Größe. Aber eine Größe, die mit der Technik und den Kenntnissen der damaligen Zeit nicht wirtschaftlich ausgenutzt werden konnte. Ganz im Gegenteil: Diese gewaltigen Ströme und Wasserfälle befriedigten nur zum Teil die Bedürfnisse der Menschen, die Brasilien geschaffen hatten, indem sie in nur sehr unvollständiger Weise die zivilisatorischen Funktionen eines regelmäßigen Verkehrsweges oder einer nützlichen Kraftübertragung ausübten.

Wenn während der Regenzeit einer dieser großen Flüsse über die Ufer trat, überschwemmte er alles, bedeckte die Zuckerrohrplantagen, tötete Vieh und sogar Menschen, richtete Zerstörungen und Verheerungen an. An seinen Ufern Land zu bebauen oder Vieh zu züchten war fast unmöglich, denn so leicht es war, einen landwirtschaftlichen Betrieb aufzuziehen, so unvermeidlich war auch dessen Zerstörung durch Überschwemmung und Hochwasser, die die Herden dezimierten oder die Weidegründe vernichteten. Und statt die Pflanzungen zu begünstigen, zerstörten sie sie gänzlich oder doch zum größten Teil.

Mit ihrem unregelmäßigen Wasserstand, der die Schiffbarkeit und sonstige Nutzbarkeit außergewöhnlichen Schwankungen aussetzte, waren diese Ströme sehr unzuverlässige Mitarbeiter – wenn man sie überhaupt als solche betrachten konnte – des Landmannes, der am wirtschaftlichen und sozialen Aufbau unseres Landes teilhatte. Den kleineren, aber regelmäßigeren Flüssen verdankt dagegen die brasilianische Landwirtschaft sehr viel; wo immer sie sich dazu hergaben, das Zuckerrohr zu mahlen, die Felder zu bewässern, die Plantagen grünen zu lassen, den Zucker, das Holz und später den Kaffee zu befördern, den Interessen und Bedürfnissen der festen Siedlungen von Mensch und Tier zu dienen, die sich an ihren Ufern niedergelassen hatten – da blühte der großangelegte Ackerbau, gedieh die in den Latifundien betriebene Landwirtschaft und nahm die Viehzucht immer größere Ausmaße an. Flüsse wie der Mamanguape, der Una, der Pitanga, der Paranamirim, der Serinhaém, der Iguaçú, der Cotindiba, der Pirapama, der Ipojuca, der Mundaú und der Paraíba, die weder austrockneten noch über ihre Ufer traten, waren wertvolle und regelmäßige Helfer beim Aufbau unserer Agrarwirtschaft und der auf Sklavenarbeit aufgebauten Gesellschaft, die um sie herum entstand. Über den Paraíba schrieb Alberto Rangel, er sei zur Zeit der Sklaverei »ein paradiesischer Fluß gewesen, der Euphrat der Negersiedlungen, mit Taubaté als Hauptstadt«. Unser Landleben war im XVI. bis XIX. Jahrhundert um so gesicherter und beständiger, je regelmäßiger die Wasserversorgung durch ausgeglichene Flüsse oder Quellen war.

Wenn die großen brasilianischen Ströme schon gefeiert und in dem berühmten Poem auf die Paulo-Afonso-Fälle besungen worden sind (eine Dichtung, die heute von rein ästhetischem – um nicht zu sagen: szenographischem – Interesse für das Leben unserer Nation ist), so verdienen die kleineren, weitaus dienstbareren Flüsse ein Studium, das die bedeutende zivilisatorische Rolle würdigt, die sie in der Entwicklung unserer Gesellschaft gespielt haben. Denn sie sind es, die mit unseren Traditionen der Stabilität verbunden sind, während die anderen, romantischeren, aber deshalb noch nicht brasilianischeren, mit den Traditionen der Beweglichkeit, des Dynamismus, des Vordringens von Bandeirantes und Patres ins Landesinnere, der Suche nach Gold, nach Sklaven und nach Seelen für Unseren Herrn Jesus Christus verknüpft sind. Die großen Flüsse gehörten vor allem den Bandeirantes und Missionaren, die sie befuhren und alle Schwierigkeiten überwanden, die ihnen die Stromschnellen und die Unregelmäßigkeit dieser Wasserläufe entgegensetzten; die anderen dagegen dienten dem Plantagenbesitzer, dem Farmer, dem Sklaven und dem Handel mit den Bodenprodukten. Die Ströme zerstreuten die Siedler, die kleineren Flüsse hielten sie zusammen und ermöglichten ländliche Niederlassungen.

Mit Hilfe der Wasser der großen Flüsse und trotz der vielen Wasserfälle setzten die Brasilianer das Bestreben fort, das schon dem portugiesischen Kolonisten eigen war: sich auszubreiten, statt Gruppen zu bilden. Ganz besonders der Bandeirante wird vom ausgehenden XVI. Jahrhundert an ein Gründer von kleinen neuen Siedlungen. Er ist zwar noch nicht der Eigentümer des Landes, auf dem er geboren ist, sondern ein einfacher Siedler, und doch gebärdet er sich als Herr der Dörfer und bezeigt einen Imperialismus, der ebenso kühn wie verfrüht ist. Der Bandeirante brachte

Brasilien den Prozeß der Selbstbesiedlung. Schon Pedro Dantas hat diese Konstante in unserer Geschichte festgestellt, die durch räumliche Ausbreitung statt durch Gewinnung größerer »Dichte und Tiefe« gekennzeichnet war. Diese Tendenz der Zerstreuung war auch für die koloniale Expansion der Portugiesen charakteristisch. In Brasilien wurde diese Tendenz weiterverfolgt, deren Wurzeln vielleicht bis auf die Semiten zurückgingen, und führte zu dem, was Alberto Torres unser »Bestreben, eine abenteuernde Bevölkerung und kapitalistische Unternehmen ... über das ganze Land zu zerstreuen«, nannte. Seiner Ansicht nach sollten wir dieses Bestreben durch eine »Politik der Erhaltung der natürlichen Reichtümer, der Wiederherstellung der verwüsteten Gebiete und der Zusammenballung der Bevölkerung in bereits erschlossenen Landstrichen ausgleichen und den Menschen dazu erziehen, diese Zonen durch die entsprechende Ausnutzung und Fruchtbarmachung aufzuwerten«. Diese Konzentrierung einer dynamischen Bevölkerung in Gebieten, die bereits der Zivilisation erschlossen sind, ist auch genau das, was Pedro Dantas dem Brasilien von heute wünscht, nämlich »daß unsere Entwicklung nach Dichte und Tiefe strebe«. Diese gleiche Tendenz zeichnete sich übrigens schon im Agrarwirtschaft treibenden Brasilien der Plantagenbesitzer und Farmer ab, die Azevedo Amaral in seinen *Brasilianischen Essays* so streng beurteilt.

Wenn es auch zutrifft, daß uns diese Expansionswut der Bandeirantes wertvollen Zuwachs an Land gebracht hat, so ist es ebenso richtig, daß die heftige Expansion unsere wirtschaftliche Gesundheit und beinahe auch unsere politische Einheit gefährdet hat. Glücklicherweise stellten sich diesem Streben nach Zerstreuung und der daraus hervorgehenden Gefahr der Zersplitterung und des Separatismus vom Anfang unseres kolonialen Lebens an Kräfte entgegen, die fast ebenso aggressiv waren und es neutralisierten oder zumindest abschwächten. Es beginnt schon beim physikalischen Charakter des Landes, das ein *»ensemble naturel«* bildet, dem Horace Say vor bald einem Jahrhundert die Gegebenheiten in Hispanoamerika gegenüberstellte, indem er sagte: *»Aucune limite ne s'élève pour séparer les diverses provinces les unes des autres et c'est là un avantage de plus que les possessions portugaises ont eu sur les possessions espagnoles en Amérique.«*

Dieselbe Beweglichkeit, die uns seit dem XVI. Jahrhundert in Paulistas und Pernambucanos, oder Paulistas und Bahíanos, und später, im XIX. Jahrhundert, in noch weitere Unterabteilungen teilt, erhält gleichzeitig den gegenseitigen Kontakt aufrecht und führt sogar trotz der zur Kolonialzeit schwierigen, aber deshalb doch nicht seltenen Verbindungen zu einer Gemeinschaft. »Fluminenses und Paulistas kämpften in Bahía und Pernambuco gegen die Holländer«, bringt uns Manuel Bonfim in Erinnerung, anläßlich der Behauptung von Euclides da Cunha, daß sich dieser Kampf gegen die Ausländer im Norden des Landes »unter völligem Ausschluß der Leute aus dem Süden« abgespielt hätte. Die Paulistas »reagierten auch auf die wiederholten Hilferufe aus Bahía, um gegen die Aimoré-Indianer und die Holländer zu kämpfen, und eilten auch Pernambuco zu Hilfe, um die Affäre von Palmares* zu liquidieren«. Bonfim erwähnt auch, daß zu einem späteren Zeitpunkt »die Leute von Ceará Piauí zu Hilfe kamen, das noch von den portugiesischen Truppen besetzt war, und daß die von Piauí und Ceará gemeinsam Maranhão unterstützten«. Zur selben Zeit leisteten die Pernambucanos den Bahíanos Beistand und errangen mit ihnen zusammen den Sieg vom 2. Juli.

Dazu kam noch, daß die Jesuiten durch den Einfluß, den ihr einheitliches Erziehungs- und Moralsystem auf unsere Kolonialgesellschaft ausübte, die im XVI. und XVII. Jahrhundert noch gestaltlos, formbar, sozusagen ohne Knochen war, dazu beitrugen, als Erzieher zusammenzufassen, was sie als Katecheten und Missionare zersplitterten. Die Patres der Gesellschaft Jesu waren überall, reisten von einem Ende der riesigen Kolonie zum anderen und stellten durch die »língua geral« eine ständige Verbindung zwischen den einzelnen Brennpunkten der Kolonisation und den verschiedenen Eingeborenengruppen her. Wie im Falle der Paulistas hatte auch ihre Beweglichkeit eine gefährliche Zersplitterung zur Folge, war aber auch heilsam und konstruktiv, da sie zu dem »Unionismus« führte, den Professor João Ribeiro als eine der wirksamsten sozialen Kräfte in unserer Geschichte bezeichnet.

Für diesen »Unionismus« waren wir im übrigen schon durch die einzigartige und ganz besondere Situation vorbereitet, in der sich die Portugiesen befanden. Als sie die Küsten Amerikas betraten, waren sie politisch und rechtlich geeinigt, und wenn sie sich in Wirklichkeit oder auch nur scheinbar dem Glauben und der ethnischen Herkunft nach sehr voneinander unterschieden, so unterstanden sie doch gleicherweise der politischen und juristischen Organisation des Staates, der eng mit der katholi-

* Krieg gegen die von entlaufenen Sklaven gegründete Republik Palmares, die sich von 1630 bis 1697 hielt.

schen Kirche verbunden war. Wie M. Bonfim bemerkt, »ist die Entwicklung Portugals durch eine derartige politische Frühreife gekennzeichnet, daß uns das kleine Königreich als erste festgegründete Nation in Europa des XVI. Jahrhunderts erscheint«. Dieselbe Feststellung hat schon Stephens in seinem Buch *The Story of Portugal* gemacht.

Die Portugiesen bringen weder einen politischen Separatismus nach Brasilien mit, wie die Spanier in ihre amerikanischen Besitzungen, noch religiöse Differenzen, wie die Engländer und Franzosen in ihre Kolonien. Die Marranos in Portugal waren kein so unduldsames und sich absonderndes Element wie die Hugenotten in Frankreich oder die Puritaner in England; sie waren eine Minderheit, die einige Merkmale unverändert beibehielt und durch ihre wirtschaftlichen Gepflogenheiten verhaßt war, aber weder aggressiv noch gefährlich für die nationale Einheit. In mancher Hinsicht war sogar keine Minderheit anpassungsfähiger und gemäßigter.

Die Kolonisatoren Brasiliens kümmerten sich nicht um die Einheitlichkeit oder Reinheit der Rasse. Fast während des ganzen XVI. Jahrhunderts stand die Kolonie Ausländern offen, wobei die Behörden nur darauf achteten, daß diese dem katholischen Glauben angehörten. Wie Handelmann bemerkt, bestand im XVI. Jahrhundert die Hauptbedingung, um als Siedler in Brasilien zugelassen zu werden, darin, sich zur christlichen Religion zu bekennen: »Nur Christen –« und in Portugal bedeutete das Katholiken – »konnten Landlose erwerben.« »Mit Bezug auf die Nationalität«, fährt der deutsche Geschichtsschreiber fort, »gab es jedoch keine Einschränkung; katholische Ausländer konnten also nach Brasilien auswandern und sich dort niederlassen ...« Oliveira Lima hebt hervor, daß Portugal damals viele Ausländer in seinen Besitzungen duldete, da die portugiesische Kolonisations- und Bevölkerungspolitik keine »strenge Exklusivität kannte, wie sie Spanien später anwandte«.

In bestimmten Kolonialzeiten war es Brauch, daß ein Priester an Bord eines jeden in einen brasilianischen Hafen einlaufenden Schiffes ging, um den Glauben und die Religion der Neuankömmlinge zu überprüfen. Was damals die Einwanderung unmöglich machte, war die Heterodoxie, der seelische Makel des Irrglaubens, aber nicht das körperliche Merkmal einer anderen Rasse. Was zählte, war die religiöse Gesundheit; Syphilis, venerische Geschwüre, Blattern, Lepra konnten ungehindert von Europäern und Negern der verschiedensten Herkunft eingeschleppt werden.

Als Gefahr wurde weder der Ausländer noch der Verseuchte oder der

Degenerierte angesehen, sondern der Ketzer. Wenn ein Fremder nur das Vaterunser, das Ave-Maria und das Credo beten und das Kreuz schlagen konnte, war er im Brasilien der Kolonialzeit schon willkommen. Der Geistliche ging an Bord, um den strengen Glauben der Ankömmlinge zu überprüfen, wie heute seine Gesundheit und seine Rasse überprüft werden. »Während der Angelsachse nur denjenigen als seiner eigenen Rasse zugehörig betrachtet, der demselben Typus angehört wie er«, schreibt Pedro de Azevedo, »zieht der Portugiese die Rasse gar nicht in Betracht und sieht den als seinesgleichen an, der sich zu seiner Religion bekennt.«

Den nichtkatholischen Einwanderer fürchtete man wie einen politischen Gegner, der imstande war, die Einheit zu zerstören oder zu schwächen, die sich zwischen Portugal und der katholischen Religion herausgebildet hatte. Diese Solidarität erhielt sich bei uns während der Kolonialzeit in unübertrefflicher Weise und schweißte uns gegen die französischen Kalvinisten, die holländischen Reformierten und die englischen Protestanten zusammen. Es ist daher auch wirklich schwer, den Brasilianer vom Katholiken zu trennen: Der Katholizismus war tatsächlich der Kitt unserer Einheit.

In den Anfängen unserer Kolonialgesellschaft finden wir neben Familien portugiesischer Herkunft Fremde aus den verschiedensten, teils reformierten, teils der Ketzerei ergebenen Ländern: die Arzam, Bandemborg, Bentinck, Lins, Cavalcanti, Doria, Hollanda, Accioly, Furquim, Novilher, Barewel, Lems, zu denen später, im XVII. Jahrhundert, noch die Van der Lei kamen. Dazu noch andere, die sich portugiesische Namen gaben. Die aus protestantischen Ländern stammenden Einwanderer waren entweder schon Katholiken oder bekehrten sich hier. Das genügte, um von unserer Gesellschaft aufgenommen zu werden und sogar in das politische Leben Eingang zu finden, in die besten Familien einzuheiraten und Grundbesitz, Einfluß und Ansehen zu erwerben.

Sílvio Romero, ein brasilianischer Soziologe und Geschichtsschreiber, bemerkt, daß in Brasilien der Katechismus der Jesuiten und die königlichen Verordnungen »von allem Anfang an die religiöse und rechtliche Einheit gewährleisteten«.

Andererseits war der Mechanismus der Kolonialverwaltung, die anfangs feudale Tendenzen aufwies, nicht so streng wie der der Spanier, vielmehr locker und schwach, und ließ den Kolonien und in vieler Hinsicht den mit Land beschenkten Herren ihren Willen; wenn er später durch die Schaffung der Generalgouvernements straffer wurde, so geschah dies, um den Zusammenhalt zwischen den einzelnen Kapitanaten zu sichern und diese in Abhängigkeit von denselben königlichen Oberaufsehern, denselben Generalgouverneuren, demselben Rat für überseeische Besitzungen und demselben Tribunal für Gewissensfragen zu halten. Dabei wurden sie aber nach Möglichkeit voneinander isoliert, um sie einzeln vom Mutterland aus zu leiten. Damit sollte verhindert werden, daß das Nationalbewußtsein (welches zwangsläufig aus einer völligen Gleichheit in der Behandlung und dem Verwaltungssystem entstehen mußte) stärker wurde als das Regionalbewußtsein. Aber diese Vorsichtsmaßnahme gegen die Gefahr eines in der Kolonie entstehenden Nationalismus ging nicht so weit, daß ihr die wesentliche Einheit der Kolonie geopfert wurde, die durch den Katechismus und die Verordnungen, die katholische Liturgie und die portugiesische Sprache gesichert war, zu der noch die von den Jesuiten geschaffene »allgemeine Sprache« kam.

Die physikalische Beschaffenheit Brasiliens, die die regionalen Differenzen in ein gefährliches Extrem hätte steigern können, wurde nicht nur einfach so hingenommen, sondern sogar ausgenutzt, um der so ausgedehnten Kolonie die relative politische Gesundheit zu gewährleisten, deren sie sich immer erfreut hatte. Diese physikalischen Faktoren, die beträchtlichen, aber nicht ausschlaggebenden Unterschiede des Klimas, der physikalischen und chemischen Beschaffenheit des Bodens, der Ernährungsweise und der landwirtschaftlichen Methoden, förderten nur in geringem Maße den Separatismus. Diese Bedingungen trugen vielmehr in Brasilien dazu bei, die einzelnen Kolonien durch ihre Verwandtschaft und die auf den Tendenzen und dem Vorgehen der portugiesischen Kolonisation beruhende Solidarität zusammenzuhalten und einen Regionalismus, aber keinen Separatismus zu schaffen; einen Unionismus im besten Sinne des Wortes, in einem Sinne, der mit den Interessen der katholischen Katechese übereinstimmte.

Ein Klima, das zwischen Norden und Süden, zwischen den größten Erhebungen und den Niederungen nicht genug Verschiedenheiten aufwies, um tiefgehende Abweichungen in der Art des Koloniallebens oder in der physikalischen und chemischen Beschaffenheit des Bodens hervorzurufen und solcherart die Entwicklung von zwei in ihren wirtschaftlichen und sozialen Interessen radikal entgegengesetzten Gesellschaften zu fördern, überwand gleichzeitig die Tendenz zur Uniformität. Trotz der erstaunlichen Beweglichkeit der Bandeirantes und der Missionare machte sich sein Einfluß vom ersten Jahrhundert der Besiedlung und der territorialen Ausdehnung an bemerkbar.

Der Anbau des Zuckerrohrs begann gleichzeitig in São Vicente und in Pernambuco, um sich später auf Bahía und Maranhão auszudehnen. Wo immer es gedieh – mittelmäßig in São Vicente und üppig in Pernambuco, der Umgebung von Bahía und Maranhão –, entstand eine Gesellschaft von mehr oder weniger aristokratischem Lebenszuschnitt, verbunden mit Sklavenhaltung. Die wirtschaftlichen Interessen dieser einzelnen Gruppen waren naturgemäß die gleichen. Ein wirtschaftlicher Antagonismus zeichnete sich erst später zwischen den Kapitalkräftigeren, die den Anbau von Zuckerrohr und die industrielle Verwertung des Zuckers betreiben konnten, und den weniger Bemittelten ab, die gezwungen waren, sich über das Hinterland zu zerstreuen und Sklaven – sozusagen lebendiges Kapital – zu suchen oder sich dort als Viehzüchter niederzulassen. Dieser Gegensatz war in einem so weiträumigen Land durchaus möglich, ohne das wirtschaftliche Gleichgewicht zu stören. Es entstand eben auch ein Brasilien, das gegen die Sklaverei war oder ihr gleichgültig gegenüberstand. Vertreter dieser Richtung waren im allgemeinen die Viehhirten und die Siedler des Hinterlandes, im besonderen aber die Bewohner des Staates Ceará.

Die im XVI. und XVII. Jahrhundert in der Kolonie vorherrschende, auf Landwirtschaft und Sklavenhaltung gegründete Interessengemeinschaft, die sich mehr oder weniger auf den Zuckerrohranbau konzentrierte, wurde durch die Entdeckung der Erzadern und die Einführung des Kaffeebaumes nicht so stark erschüttert, wie es auf den ersten Blick den Anschein haben mag. Wenn sich auch der wirtschaftliche Schwerpunkt der Kolonialaristokratie vom Zuckerrohr auf das Gold und später auf den Kaffee verlagerte, so blieb das Werkzeug für die jeweilige Ausbeutung doch dasselbe: die Arbeitskraft der Sklaven. Die Verschiedenheit der Interessen, die sich aus den technischen Unterschieden der Wirtschaftszweige ergab, des Zuckers im Nordosten und des Bergbaues in Minas Cerais sowie zwischen diesen beiden und dem Kaffeegebiet von São Paulo, wurde bis zu einem gewissen Grade in ihren separatistischen Auswirkungen durch die Bevölkerungsbewegungen ausgeglichen, die durch dieses wirtschaftliche Phänomen hervorgerufen wurden. Ein ethnisches Element, nämlich der Sklave afrikanischen Ursprungs, das im Nordosten – bis dahin infolge seines für den Zuckerrohranbau besonders geeigneten Bodens dasjenige Gebiet, das von den drei erwähnten am

Verschiedene Ansichten einer brasilianischen Zuckerplantage der Kolonialzeit (Aus: James Henderson, *A History of the Brasil*)

meisten Sklaverei betrieb – am stärksten vertreten war, verteilte sich nun auf die Zuckerrohranbauzone im Nordosten, das Bergbaugebiet in Minas Gerais und die Kaffeeplantagen von São Paulo und führte zu tiefgehenden regionalen Unterschieden auf dem Gebiet der Zivilisation.

Während der ersten Jahrhunderte des Kolonialzeitalters wurden im Norden wie im Süden fast die gleichen einheimischen oder importierten Pflanzen für Ernährungszwecke angebaut. Unser Ernährungssystem beruhte auf Maniokmehl, zu dem noch Mais kam. Der koloniale Speisezettel war überall ungefähr derselbe, mit regionalen Spezialitäten, die nur aus Obst oder Gemüse bestanden. An einzelnen Orten gewann er durch größeren einheimischen Einfluß ein stärkeres Lokalkolorit, anderswo verlieh ihm die größere Nähe Afrikas einen lebendigen exotischen Akzent. In Pernambuco, das Europa am nächsten lag, blieb das Gleichgewicht zwischen den drei Einflüssen, dem einheimischen, dem afrikanischen und dem portugiesischen, einigermaßen erhalten.

Auf der Hochebene von São Paulo erwies sich der Zuckerrohranbau als wenig einträglich und zwang die Siedler, ihre landwirtschaftlichen Bemühungen auf andere Produkte zu richten, was zur andeutungsweisen Tendenz einer gesunden Polykultur führte. Im ersten Jahrhundert der Kolonisationszeit wurde mit einigem Erfolg der Versuch unternommen, regelmäßig Weizen anzupflanzen. Wenn der Erfolg vollständig gewesen und die Polykultur ausgeweitet worden wäre, so hätte das eine tiefgehende Veränderung im Leben dieses ganzen Gebietes zur Folge gehabt. Aber auch so machten sich solche Tatsachen schon in der größeren Leistungsfähigkeit und der höheren Eugenik des Paulistas bemerkbar, sobald man ihn mit Brasilianern anderer Zonen vergleicht, die zwar dieselben Vorbedingungen von Sklaverei, Landwirtschaft und Rassenmischung aufwiesen, aber nicht von der erwähnten ausgeglichenen Ernährung begünstigt waren. »Das Ernährungssystem der Paulistas wird somit nicht am wenigsten zur Prosperität der Menschen auf der Hochebene beigetragen haben«, schließt Alfredo Ellis jr. in dem interessanten Kapitel seiner *Rasse von Riesen,* das er dem Einfluß des Klimas und der Ernährung auf die eugenische Entwicklung der Paulistas widmet. Ganz allgemein kann gesagt werden, daß überall dort, wo die Landwirtschaft gedieh, im Brasilien der Sklavenwirtschaft der Großgrundbesitz vorherrschte und damit ein System, das die ständige und regelmäßige Versorgung der Kolonialbevölkerung mit frischen und gesunden Nahrungsmitteln unmöglich machte. Die körperliche Inferiorität des Brasilianers, die im allgemeinen der Rasse oder mit muselmanischem Fatalismus dem Klima zugeschrieben wird, geht zum großen Teil auf eine schlechte Verwertung unserer natürlichen Quellen an Lebensmitteln zurück, die zwar nicht zu den reichsten gehörten, aber jedenfalls eine abwechslungsreichere und gesündere Kost hätten liefern können als die, über welche die ersten Siedler und ihre Nachkommen zur Zeit der sklavenhaltenden Großgrundbesitzer verfügten.

Es ist ein Irrtum zu glauben, daß die Mehrzahl der Angehörigen der Kolonialgesellschaft gut genährt war. Was die Menge angeht, gab es zwei Extreme: die Weißen in den Herrenhäusern und die Neger in den Sklavensiedlungen, die Großgrundbesitzer und ihre schwarzen Sklaven, die Nahrung brauchten, um die schwere Arbeit der Zuckergewinnung ertragen zu können. Da die Zuckerrohrpflanzer »nur von dem lebten, was sie mit Hilfe dieser Sklaven erwarben« (die von Guinea stammten), beschäftigten sie ihre Neger niemals mit irgend etwas, was nicht mit der »von ihnen erlernten Arbeit« zu tun hatte. Darauf führte im frühen XVII. Jahrhundert der Autor der *Dialoge über die Größe Brasiliens* »den Mangel an so vielen Dingen« zurück.

Da sich die klimatischen Bedingungen und die Bodenbeschaffenheit nicht für den Weizen eigneten, waren die Jesuitenpatres fast die einzigen, die sich für seinen Anbau einsetzten, weil sie ihn für die Bereitung der Hostien benötigten. Den Anbau von Maniok, der den Weizen ersetzte, überließen die Zuckerrohrpflanzer den unbeständigen Indianern. Aus diesem fast vollständigen Fehlen des Weizens unter unseren natürlichen Ernährungsmöglichkeiten ergab sich das Absinken des Ernährungsstandards der portugiesischen Siedler, der zudem infolge der Unregelmäßigkeit des von den undisziplinierten Indianern betriebenen Maniokanbaues sehr ungleichmäßig war. Dazu kam noch der Mangel an frischem Fleisch, Milch, Eiern und sogar Gemüse, der in mehreren landwirtschafttreibenden und sklavenhaltenden Zonen herrschte, ja vielleicht sogar in allen, mit der einzigen und auch noch sehr relativen Ausnahme der Hochebene von São Paulo.

Wenn wir also den Einfluß der Ernährungsweise auf die körperliche und wirtschaftliche Entwicklung der Bevölkerung annehmen – ein Einfluß, der von gewissen modernen Autoren vielleicht übertrieben wird –, müssen wir zugeben, daß die Ernährung der Brasilianer in der auf Agrarwirtschaft und Sklaverei aufgebauten Gesellschaft, die unsere heutige Organisation zum großen Teil gestaltet hat, zu den ungenügendsten und unregelmäßigsten gehörte. Daraus erklären sich vermutlich bedeutende somatische und psychische Unterschiede zwischen dem Europäer und dem Brasilianer, die für gewöhnlich ausschließlich der Rassenmischung und dem Klima zugeschrieben werden.

Wenn für die starken Unterschiede die Ernährung und nicht das Klima und die Rassenmischung verantwortlich gemacht wird, so ist doch gerade das Klima keineswegs unschuldig daran; denn schließlich hängt nicht zuletzt von ihm und der chemischen Beschaffenheit des Bodens die Ernährungsweise der Bevölkerung ab. Welche Bedingungen, wenn nicht die physikalischen und chemischen des Bodens und des Klimas, bestimmen den Charakter der ursprünglichen Vegetation und die Gegebenheiten der Landwirtschaft, auf denen wieder der Charakter und die Gegebenheiten des Menschen beruhen?

Im Falle der brasilianischen Gesellschaft wurde die Unzulänglichkeit der natürlichen Nahrungsquellen unter dem Druck eines wirtschaftlich-sozialen Einflusses – der Monokultur – noch verstärkt; die Polykultur hätte sie vielleicht gemildert oder sogar mit Hilfe einer regelmäßig und systematisch betriebenen Landwirtschaft korrigiert und ergänzt. Viele von diesen Quellen wurden sozusagen verstopft, andere wieder von der Monokultur, der Sklaven- und Latifundienwirtschaft unterdrückt, so daß sie sich nicht entfalten konnten, sondern ganz im Gegenteil ihre Ursprünglichkeit erstickten und ihre Frische vertrocknen ließen. Denn nichts stört so sehr das Gleichgewicht der Natur wie die Monokultur, besonders wenn die Pflanze, die ein ganzes Gebiet beherrschen soll, ausländischen Ursprungs ist – wie Professor Konrad Günther bemerkt. Und gerade das war in Brasilien der Fall.

Bei der Entstehung unserer Gesellschaft übte das schlechte, durch die Monokultur bedingte Ernährungssystem einerseits und der Mangel an Anpassungsfähigkeit an das Klima andererseits denselben ungünstigen Einfluß auf die physische Entwicklung und die wirtschaftliche Leistungsfähigkeit des Brasilianers aus wie das deprimierende Klima und der an chemischen Substanzen arme Boden. Die auf Großgrundbesitz und Sklavenhaltung gegründete Wirtschaft, die die Entwicklung Brasiliens und seine im Gegensatz zu den ständigen Unruhen in den Nachbarländern verhältnismäßig große Stabilität möglich machte, vergiftete und verdarb gleichzeitig die Grundlagen seiner Ernährung und seines Lebens.

In dieser Sklavengesellschaft waren – das kann nicht oft genug wiederholt werden – die extremen Elemente am besten genährt: die Weißen in den Herrenhäusern und die Neger in den Sklavenhütten. Daraus erklärt sich, daß gerade die kräftigsten und gesündesten Elemente unserer Bevölkerung von den Sklaven abstammen: Athleten, Capoeiras, Cabras und Seeleute. Aus der freien, aber verelendeten Mittelschicht dagegen gingen viele der schlechtesten Elemente hervor, der schwächsten und unfähigsten. Ihre Schwäche und Unterernährung erhöhte ihre Anfälligkeit für paludische Anämie, Beriberi, Würmer, Syphilis und Beulenpest. Den Zustand physischen Elends und unproduktiver Trägheit dieser ganzen fast unnützen Bevölkerung von Caboclos und hellhäutigen Mulatten, die eher den Wert eines klinischen Materials als den einer wirtschaftlichen Kraft hatte, diesen Zustand, den Miguel Pereira und Belisario Pena vorfanden, halten diejenigen, die es beklagen, daß wir nicht reinrassig sind und daß Brasilien kein gemäßigtes Klima besitzt, für das Ergebnis der in ihren Augen verdammenswerten Vermischung von weißen Männern und schwarzen Frauen, von Portugiesen und Indianerinnen. An der Trägheit oder der Faulheit ist also die Rasse schuld oder das Klima, das nur die Neger ertragen können. Hier wird das Todesurteil über den Brasilianer verhängt, weil er ein Mischling ist, und über Brasilien, weil es zum größten Teil in der heißen Klimazone liegt.

Um all dies hat sich aber diese seltsame Soziologie wenig oder gar nicht gekümmert, die sich über die Merkmale der Rassenmischung mehr aufregte als über die Syphilis und die sich mehr über die Auswirkungen des Klimas besorgt zeigte als über die von bestimmten sozialen Ursachen, die kontrolliert oder verbessert werden könnten; ebensowenig berührte sie der Einfluß, den auf die Mischlingsbevölkerung – und besonders auf die Freien – der durch die Monokultur und die Sklavenarbeit bedingte Nahrungsmangel und die chemische Gehaltlosigkeit der traditionellen Lebensmittel ausübten, wie sie – mit geringen örtlichen Ausnahmen – alle Brasilianer seit mehr als drei Jahrhunderten verzehren, wozu noch die unregelmäßige Versorgung und die schlechten hygienischen Verhältnisse bei der Konservierung und Verteilung eines großen Teiles dieser Lebensmittel kamen. Diese Bevölkerungsteile sind noch heute – oder vielmehr heute mehr als zur Kolonialzeit – völlig unzureichend ernährt. Die Untersuchungen von Araújo Lima haben ergeben, daß die meisten Caboclos im Norden des Landes – die von naiven Gemütern in lyrischer Weise als die große Reserve der brasilianischen Vitalität betrachtet werden – in einem Zustand von »organischer Inferiorität ... und mitunter sogar von ausgesprochenen Mangelerscheinungen« leben. »Der wirtschaftliche und soziale Wert des Caboclos«, schreibt dieser Ernährungshygieniker, »wird durch eine unzureichende Ernährung aufgehoben, die, im Verein mit dem Alkoholismus und der doppelten dystrophen Wirkung des Sumpffiebers und der Würmer, als eine der Ursachen seiner körperlichen und geistigen Minderwertigkeit betrachtet werden muß.«

Diese schlechte oder ungenügende Ernährung wird nicht nur die große Masse der freien, aber im Elend lebenden Menschen, sondern auch diejenigen extremen Exponenten unserer Bevölkerung – die großen Gutsbesitzerfamilien und die Sklaven in ihren Siedlungen – in Mitleidenschaft gezogen haben, in denen Couty in Ermanglung eines »Volkes« die einzigen sozialen Faktoren Brasiliens gesehen hat. Wenn wir die Herren und Sklaven für ausreichend ernährt halten – die Sklaven sogar in gewisser Hinsicht besser als die Herren –, so ist das auch nur relativ zu verstehen, im Vergleich zu den Bewohnern des Urwaldes, des offenen Landes, den Caboclos, den Pächtern und den verarmten Bewohnern des Hinterlandes, den nach Coutys Berechnung sechs Millionen unnützer

Wesen, die innerhalb einer Bevölkerung von zwölf Millionen das riesige Vakuum darstellten, das seiner Meinung nach in Brasilien zwischen den Grundbesitzern in ihren Herrenhäusern und den Negern in ihren Hütten klaffte. *»La situation fonctionelle de cette population peut se résumer d'un mot: le Brésil n'a pas de peuple«*, schrieb Couty. Zwei Jahre später sollte Joaquim Nabuco die Worte des französischen Wissenschaftlers wiederholen: »Es sind Millionen«, schrieb Nabuco 1883, »die sich in diesem Zwischenzustand befinden, der weder der eines Sklaven noch der eines Bürgers ist...« Nutzlose Parias, die in Strohhütten leben, in Hängematten oder auf der Straße schlafen, deren einziger Hausrat aus einem Wasserkrug und einem Kochtopf besteht, die sich von Mehl und Stockfisch oder Dörrfleisch ernähren und »neben dem Heiligenbild die Gitarre hängen haben«.

Durch die Lektüre der Chroniken von Cardim und Soares haben wir uns daran gewöhnt, uns die Plantagenbesitzer der Kolonialzeit als Schlemmer inmitten einer reichen Vielfalt reifer Früchte, frischer Gemüse und vorzüglicher Rinderbraten vorzustellen, die sich mit ihrer Familie, ihren Gutsleuten, ihren Freunden und Gästen an reichbesetzten Tafeln vollfraßen. In Wirklichkeit waren selbst die Gutsherren von Pernambuco und Bahía ungenügend ernährt: Hin und wieder gab es schlechtes Rindfleisch, dazu wenig und wurmstichiges Obst und nur selten Gemüse. Wenn bei diesen Großgrundbesitzern Nahrung im Überfluß und von vorzüglicher Qualität angetroffen wurde, so war dies eine Ausnahme und nicht die Regel.

Viele von ihnen leisteten sich den verrückten Luxus, Nahrungsmittel von Portugal oder den Inseln kommen zu lassen; das führte dazu, daß sie manches verzehrten, was nicht immer frisch war. Fleisch, Getreide und sogar Trockenfrüchte hatten ihren Nährwert eingebüßt, wenn sie nicht durch die schlechte Verpackung oder den unregelmäßigen und langsamen Transport verdorben waren. So seltsam es klingen mag, es fehlte auf den Tischen unserer Aristokratie der Kolonialzeit an frischem Gemüse, frischem Fleisch und Milch. Davon rührten sicherlich viele der Erkrankungen des Verdauungsapparates her, die damals an der Tagesordnung waren und von vielen unwissenden Ärzten auf »Vapeurs« zurückgeführt wurden.

Durch den Gegensatz, der in Brasilien schon früh zwischen dem im großen betriebenen Ackerbau oder, besser gesagt, der ausschließlichen Monokultur in den Küstengebieten und der ebenfalls ausschließlichen

Viehzucht des Hinterlandes entstand, die sich möglichst voneinander getrennt hielten, litt die Landbevölkerung – und sogar die reichen Besitzer von meilenweiten Ländereien – Mangel an einer regelmäßigen und ständigen Versorgung mit frischen Lebensmitteln. Cowan hat recht, wenn er die historische Entwicklung der meisten Völker durch den Gegensatz zwischen Nomadentum und Bauerntum bedingt sieht. In Brasilien wirkte sich dieser Antagonismus von Anfang an auf die soziale Entwicklung aus; in mancher Hinsicht in günstiger, was die Ernährung anbelangt, jedoch in ungünstiger Weise.

Das Gebiet von Bahía war ein typisches Beispiel für die Latifundienwirtschaft einerseits und die intensiv betriebene Viehzucht andererseits; ein ausgedehnter Teil des Landes gehörte praktisch nur zwei Familien: dem Senhor da Torre und dem Oberst Antonio Guedes de Brito, von denen der erste »260 Meilen Landes am Rio de São Francisco, flußaufwärts an der rechten Seite, dann gegen Süden« und »80 Meilen von diesem Flusse nordwärts...« besaß. Der zweiten Familie gehörten »160 Meilen... vom Morro dos Chapéus bis zum Ursprung des Rio das Velhas«. Es ist bekannt, daß die Großgrundbesitzer von Bahía es vermieden, auf ihren ausgedehnten Gütern Haustiere zu halten, um ihre Zuckerrohr- und Tabakpflanzungen nicht zu gefährden. »Schafe und Ziegen wurden als unnütze Geschöpfe betrachtet«, Schweine waren schwer zu halten, weil sie leicht verwilderten, wenn man sie frei herumlaufen ließ, und das Rindvieh reichte nicht aus für »die Versorgung der Pflanzungen, den Bedarf der Schlachthäuser und die Verproviantierung der Schiffe«.

In der landwirtschaftlichen Zone von Bahía wurde außer Zuckerrohr und Tabak jede andere Anpflanzung derart vernachlässigt, daß es im XVIII. Jahrhundert mit all seinem Aufwand zu einem »außergewöhnlichen Mangel an Mehl« kam; deshalb bestimmten die Kapitanatsgouverneure von 1788 an, daß die Landverleihungen eine Klausel enthalten müßten, wonach der Grundbesitzer »für jeden seiner Sklaven, den er in der Landarbeit beschäftigte, tausend Stück Maniok« zu pflanzen hätte. Das war eine Art Vorsorge, die der Graf von Nassau im Hinblick auf die Gutsbesitzer und Landwirte von Pernambuco im XVIII. Jahrhundert traf.

In seinen *Tratados* erwähnte Pater Fernão Cardim allerdings immer den Überfluß an Fleisch, Geflügel und sogar an Gemüse und Obst, den er überall, wo er im Brasilien des XVI. Jahrhunderts von den Reichen und den geistlichen Schulen empfangen wurde, antraf.

Es darf aber nicht vergessen werden, daß Cardim in seiner Eigenschaft als Visitator in den Plantagen und Schulen mit außerordentlichen Festlichkeiten und Gastmählern gefeiert wurde. Er war eine Persönlichkeit, für die den Siedlern das Beste gerade gut genug schien. Der gute Eindruck, den die üppigen Tafeln und weichen Betten der großen Sklavenhalter erweckten, milderte vielleicht die Empörung über das liederliche Leben, das alle in den Zuckerpflanzungen führten: »Die Sünden, die hier begangen werden, sind ohne Zahl; fast alle leben infolge der vielen Gelegenheiten in wilder Ehe und führen ein angenehmes Leben inmitten ihrer Fülle von Sünden. Groß ist die Langmut Gottes, der dies alles duldet.«

Von diesen großen Festen und Banketten, diesen Beweisen der Gastfreundschaft und des Überflusses können keine genauen Schlüsse auf die Ernährungsweise der Großgrundbesitzer und noch viel weniger auf die der großen Masse gezogen werden. In einem Kommentar über ein Festessen im kolonialen Bosten des XVIII. Jahrhunderts, mit Plumpudding, Schweinebraten, Huhn, Speck, Beefsteak, Hammel, gebratenem Truthahn, schwerer Sauce, Kuchen, Torten, Käse usw. (ein Übermaß an tierischen Proteinen), bemerkt Professor Percy Goldthwait Stiles sehr richtig, daß eine solche Üppigkeit vermutlich nicht als typisch für die gewöhnliche und tägliche Ernährungsweise der Kolonisten von Neuengland zu betrachten ist und daß diese gastronomischen Feste wahrscheinlich durch Fasten kompensiert wurden. Das mag wortwörtlich auf die Bankette der brasilianischen Kolonialzeit anzuwenden sein, die sicher von einer sehr sparsamen Ernährung abgelöst wurden, gar nicht zu reden von Fasten und Enthaltung, wie sie die Kirche vorschrieb, die das häusliche Leben der Gläubigen mächtig beherrschte.

Von den Banketten, die Pater Cardim beschreibt und auf die sich Soares bezieht, darf nicht geschlossen werden, daß die tägliche Kost der Siedler stets üppig, kräftig und abwechslungsreich war oder daß das Brasilien der ersten Jahrhunderte der Kolonialzeit ein Schlaraffenland war, wie Capistrano de Abreu es etwas zu literarisch darstellt. Und sogar bei Cardim selbst finden wir die folgende realistische Darstellung: »In der Schule von Bahía fehlt es nie an einem Gläschen Wein aus Portugal, ohne den sich die Natur nicht behelfen könnte, da die Erde unergiebig und die Ernährung kümmerlich ist.« Es sei am Rande vermerkt, daß die Puritaner von Neuengland ihre Sorgen in eben diesem Wein aus Portugal ertränkten.

Von einem Schlaraffenland konnte nicht die Rede sein. Während der drei Jahrhunderte seiner Kolonialzeit war in Brasilien die Ernährung unregelmäßig und das Leben schwer. Der Schatten der Monokultur legte alles übrige lahm. Die großen Gutsherren waren dauernd verschuldet, und die Termiten, die Überschwemmungen und die Trockenheitsperioden erschwerten dem Großteil der Bevölkerung die Versorgung mit Lebensmitteln.

Der asiatische Luxus, der nach Meinung vieler im Norden mit seinen Zuckerrohrpflanzungen ganz allgemein verbreitet war, beschränkte sich in Wirklichkeit auf die privilegierten Familien der Gebiete von Pernambuco und Bahía; aber selbst da war dieser Luxus sehr relativ und krankhaft, denn einige Dinge gab es im Überfluß, der auch nur durch Schuldenmachen möglich war, während es an anderen mangelte. Es gab seidegefütterte Tragsessel, aber die Dächer der Herrenhäuser hatten zwischen den Ziegeln Lücken, durch die das Ungeziefer in die Betten fiel.

Im Pará des XVII. Jahrhunderts konnten »die Familien einiger Edelleute« nicht zur Weihnachtsfeier in die Stadt fahren (1661), »weil ihre Töchter nichts anzuziehen hatten, um in die Messe zu gehen«. João Lúcio de Azevedo erzählt, daß Antonio Vieira dem Gemeinderat von Pará das Fehlen eines Schlachthauses oder einer Weide vorwarf und zur Antwort bekam, eine Abhilfe sei nicht möglich, »da schon für den gewöhnlichen Unterhalt kein Geld da sei«. »Wild und Fisch«, fügt er hinzu, »die die gewöhnliche Nahrung darstellten und in den ersten Zeiten im Überfluß vorhanden waren, wurden immer seltener, je mehr die Bevölkerung anwuchs ... Das Land wurde entweder gar nicht oder sehr unzureichend bestellt, so daß es seine ursprüngliche Fruchtbarkeit verlor. Die Bewohner gaben es auf und ließen sich in anderen Gegenden nieder.« Pater Vieira hebt hervor, daß es zu seiner Zeit in Maranhão »weder Schlachthäuser noch Viehweiden, Gemüsegärten oder Kaufläden gab, wo man das Allernotwendigste zum Essen hätte kaufen können«. Und Pater Anchieta berichtet, daß im XVI. Jahrhundert in ganz Brasilien die Kolonisten, »selbst die reichsten und bedeutendsten«, sowie die Missionare barfuß gingen wie die Indianer. Diese Sitte scheint sich bis ins XVII. Jahrhundert erhalten zu haben und von denselben Edelleuten aus Olinda gepflegt worden zu sein, die für die Visitatoren-Patres seidene Betten bereithielten und an Festtagen silberne Gedecke auflegten. Auch ihr feines Leinen wird nur bei besonderen Gelegenheiten herausgeholt worden sein. Nach der Beschreibung eines Mahls, an dem Maria Graham zu Beginn des XIX. Jahrhunderts in Pernambuco teilnahm, scheinen unsere Edelleute silberne Gabeln verwendet zu haben – um den Engländern zu zeigen, wie vornehm es bei ihnen zuging (obwohl sich die Engländer nur selten von Gold und Silber blenden lassen). Vergessen wir nicht den riesigen Kontrast, der im Leben der Plantagenbesitzer bestand: Hoch zu Roß waren sie Edelleute mit silbernen Steigbügeln, zu Hause aber schienen sie unbeschuhte Franziskaner zu sein, im Kattunschlafrock und oft sogar nur in Unterhosen. Die großen Damen der Kolonialzeit gingen in Seidenkleidern und mit Schmuck behangen in die Kirche, in ihrem eigenen Heim liefen sie jedoch in Hemd und Unterrock herum, die nackten Füße in Pantoffeln. Diese leichte Kleidung erklärt sich zum Teil aus dem Klima, zum Teil aber aus dem Hang vieler Edelleute zu franziskanischer Einfachheit in Kleidung und Speise.

Sogar als Salvador da Bahía noch die Residenzstadt der Vizekönige war und von vielen reichen Portugiesen und Einheimischen, von Edelleuten und Geistlichen bewohnt wurde, stand sie im Ruf besonders schlechter und unzureichender Ernährung. Es fehlte an allem: an frischem Rindfleisch, Geflügel, Milch, Gemüse und Obst; und was es davon gab, war von schlechtester Qualität oder schon halb verfault. Überfluß gab es nur an Konfitüren, Gelees und Kuchen, die von den Klosterfrauen hergestellt wurden und denen die Mönche und Hausfrauen ihren Leibesumfang verdankten.

Das war der Stand der Ernährung der brasilianischen Gesellschaft im XVI., XVII. und XVIII. Jahrhundert: schlecht in den Plantagen und sehr schlecht und mangelhaft in den Städten. Der Bischof von Tucumán, der im XVII. Jahrhundert Brasilien bereiste, berichtete, daß er in den Städten »ein Hähnchen, vier Eier und einen Fisch kaufen ließ und daß man ihm nichts brachte, weil es weder auf dem Markt noch beim Metzger etwas gab«. So blieb ihm nichts anderes übrig, als zu den reichen Privathäusern seine Zuflucht zu nehmen. In den Briefen von Pater Nóbrega wird vom »Mangel an Nahrungsmitteln« gesprochen, und Anchieta schreibt, daß es in ganz Pernambuco keinen Fleischhauer gab, so daß die Patres von der Schule für ihren eigenen Unterhalt und den der Kinder selber Vieh halten mußten, »sonst hätten sie nichts zu essen gehabt«. »Trotz ihrer Arbeit«, fügt er hinzu, »sind alle nur sehr mittelmäßig genährt, denn alles ist sehr teuer und kostet dreimal soviel wie in Portugal.« Vom Rindfleisch weiß er zu berichten, daß es nicht fett ist, »nicht sehr fett, weil es hier kein gutes Weideland gibt«. Und vom Gemüse: »Es gibt in diesem Land sehr wenig davon.« – »Einige Reiche«, fährt Pater Anchieta fort, »besonders die von Pernambuco und Bahía, essen Brot aus portugiesischem Weizenmehl, und aus Portugal beziehen sie auch Wein, Öl, Essig, Oliven, Käse, Konserven und andere Lebensmittel.«

Im Bahía der Vizekönige, wo die Edelleute und reichen Bürger immer in Seide aus Genua, in Leinen und Baumwolle aus Holland und England und sogar in goldene, aus Paris und Lyon importierte Gewebe gekleidet gingen, bestand die Ernährung in Ermangelung von frischem Fleisch hauptsächlich aus Fisch, der nur von Pökelfleisch und Käse aus Portugal ergänzt wurde, die zusammen mit anderen Nahrungsmitteln aus Europa eingeführt wurden. »Man sieht keine Schafe; und Rinder, die etwas taugen, sind selten«, berichtete der Abbé Reynal über Bahía. Es gab weder Rind- noch Hammelfleisch und nicht einmal Geflügel. Dazu kein Obst und kein Gemüse, denn Gemüse war selten, und das Obst kam fast nur wurmstichig auf den Tisch oder in unreifem Zustande, um es vor der Gier der Vögel, der Würmer oder der Insekten zu retten. Das Fleisch war mager, denn das Vieh kam von weit her aus dem Hinterland und fand keine Weiden, um sich von der mühseligen Wanderung zu erholen. Die großen Zucker- oder Tabakplantagen legten keine Weiden für die Ochsen an, die vom Hinterland zur Schlachtbank geführt wurden. Ochsen und Kühe, die nicht der Landwirtschaft dienten, wurden von den Großgrundbesitzern als unnütz betrachtet.

Milchkühe gab es auf den Gütern der Kolonialzeit nur wenige; Käse und Butter wurden fast nicht hergestellt, und nur hie und da wurde Rindfleisch gegessen. Capistrano de Abreu erklärt dies mit der »Schwierigkeit, Rinder in einer Gegend zu züchten, die dafür nicht geeignet ist«. Diese Schwierigkeit beschränkte das Vieh auf das für die Landarbeit unumgänglich notwendige Maß. Das war die Auswirkung der Monokultur, die sich auf viele Meilen im Umkreis der Zuckerfabriken bemerkbar machte und alles außer den Zuckerrohrfeldern und den für sie arbeitenden Menschen und Rindern vernichtete oder erdrückte.

Nicht nur in Bahía, Pernambuco und Maranhão, sondern auch in Sergipe del-Rei und in Rio de Janeiro trat in der Kolonialzeit dieser Mangel an frischen Lebensmitteln tierischen oder pflanzlichen Ursprungs mehr oder weniger merkbar in Erscheinung. Aber nirgends war er, der für die brasilianische Eugenik so verhängnisvoll wurde, stärker ausgeprägt als in Pernambuco. Dieses Kapitanat, das wie kein anderes vom Großgrundbesitz und von dem Anbau von Zuckerrohr beherrscht war und dessen Boden an der Küste um die Wende des XVIII. Jahrhunderts für den besten gehalten wurde, befand sich in den Händen von acht oder zehn Plantagenbesitzern und war von zweihundert Menschen bewohnt. »Von zweihundert Einwohnern waren acht oder zehn Gutsbesitzer«, die den Pächtern im allgemeinen nichts anderes erlaubten, als »Zuckerrohr zu pflanzen und die Hälfte zu behalten«. Aber auch hier machte sich der Mangel an lebenswichtigen Nahrungsmitteln mitunter empfindlich bemerkbar. Die Bemühungen des Grafen von Nassau, im XVII. Jahrhundert das Wirtschaftsleben dieses großen Zuckerplantagen-Kapitanats ins Gleichgewicht zu bringen, blieben vergeblich. Wie in Bahía und Pernambuco gelangte auch in Rio de Janeiro das Vieh nie »bis zu den Metzgern und den Landgütern«. Seine Haltung wurde freilich in den Zuckerplantagen und sogar in ihrem Umkreis unmöglich gemacht. Um so mehr, als im Gebiet von Rio de Janeiro, wie in den Kapitanaten des Nordens, der Grundbesitz in den Händen einiger weniger konzentriert war: der großen Plantagenbesitzer, zu denen auch die Mönche vom Kloster São Bento gehörten. Unter einem solchen Regime von Monokultur, Großgrundbesitz und Sklavenarbeit gab es für die Bevölkerung niemals Überfluß an Getreide und Gemüse.

Kurz, die Ernährung der Familie zur brasilianischen Kolonialzeit in den Plantagen, aber ganz besonders in den Städten, befremdet uns durch ihre schlechte Qualität, durch ihren offensichtlichen Mangel an tierischen Proteinen – wahrscheinlich an Eiweiß im allgemeinen –, an Vitaminen, Kalk und anderen Mineralsalzen, andererseits aber auch durch ihren Reichtum an Giftstoffen. Die alteingesessenen brasilianischen Landfamilien werden schwerlich, wie die Engländer, unter ihren Vorfahren zehn oder zwölf Generationen finden, die ausreichend mit Beefsteak und Gemüse, mit Milch, Eiern, Hafermehl und Obst ernährt waren und sich damit auf lange Zeit hinaus eine eugenetische Entwicklung, kräftige Gesundheit und körperliche Robustheit sicherten, die nur schwer von anderen, sozialen Einflüssen gestört oder beeinträchtigt werden, sobald die Ernährungshygiene vorherrscht.

Wenn auch die Menge und Zusammensetzung der Nahrungsmittel nicht allein die morphologischen und psychologischen Unterschiede, den Grad wirtschaftlicher Leistungsfähigkeit und die Widerstandsfähigkeit gegen Krankheiten der menschlichen Gesellschaft bestimmen, wie dies von den Extremisten behauptet wird, die glauben, alles auf die Ernährung zurückführen zu können, so ist ihre Bedeutung doch beträchtlich, wie aus den entsprechenden Untersuchungen und

Forschungen hervorgeht. Heute trachtet man schon, die Anthropogeographie derjenigen, die den Faktor Ernährung vernachlässigen und alles der *Rasse* und dem *Klima* zuschreiben, richtigzustellen. In diese Richtigstellung muß auch die brasilianische Gesellschaft einbezogen werden, welche die Warner vor der Rassenmischung und der Ungunst der Tropen so oft als Beispiel heranziehen, um ihre These von der Degeneration der Menschen unter dem Einfluß von Klima oder Vermischung zu untermauern. Die Geschichtsforschung zeigt, daß die brasilianische Gesellschaft – und sogar ihre wohlhabende Schicht – während eines langen Zeitraumes ihrer Entwicklung zu denjenigen Völkern der Neuzeit gehörte, die infolge unzureichender Ernährung in eugenischer und wirtschaftlicher Hinsicht am meisten beeinträchtigt sind. Wenn diese Untersuchung bis zur Vorgeschichte der europäischen Kolonisatoren Brasiliens und selbst der besten unter ihnen zurückverfolgt wird, ergibt sich übrigens, daß die Portugiesen des XV. und XVI. Jahrhunderts, wie wir noch sehen werden, ein durch schädliche wirtschaftliche und soziale Einflüsse in seiner körperlichen Kraft und seiner Hygiene schwer gestörtes Volk waren. Einer dieser Einflüsse war religiöser Natur: das übertriebene Fasten.

Über die Quellen und die Zusammensetzung der brasilianischen Ernährung kann im allgemeinen folgendes gesagt werden: Die Quellen – sowohl die Pflanzen als auch das Wasser – spiegeln die Armut des Bodens an chemischen Substanzen, besonders aber an Kalk wider; die Zusammensetzung ist jedenfalls unausgeglichen, wenn sie nicht sogar qualitativ und quantitativ unzureichend ist. Die Unausgewogenheit ist allgemein und trifft somit auch auf die begüterten Klassen zu. Der Mangel an Qualität ist und war vom ersten Jahrhundert der Besiedlung an das Merkmal der kümmerlichen Ernährung eines Großteils der Bevölkerung. Diese Kargheit wird nur durch die Illusion verschleiert, die die Sättigung mit dem in Wasser aufgelösten Maniokmehl erzeugt.

Der Kalkmangel des brasilianischen Bodens entzieht sich fast völlig der Kontrolle oder Korrektur durch den Menschen. Die beiden anderen Faktoren finden jedoch in der Sozial- und Wirtschaftsgeschichte Brasiliens ihre Erklärung – in der Monokultur, dem Regime der Sklavenarbeit und dem Großgrundbesitz, die für den geringen Milch-, Eier- und Gemüsekonsum eines großen Teils der brasilianischen Bevölkerung verantwortlich sind. Diese Faktoren können korrigiert oder kontrolliert werden.

Wenn wir die Bevölkerung des Gebietes von São Paulo von dieser allgemeinen Feststellung des Einflusses der unzulänglichen Ernährung auf die Bildung der brasilianischen Gesellschaft ausnehmen, so geschieht dies, weil sie Bedingungen unterworfen war, die von den im Gebiet von Rio de Janeiro und im Norden des Landes vorherrschenden etwas abwichen: geologischen und meteorologischen Bedingungen, die den Ackerbau im allgemeinen und sogar, in bescheidenen Grenzen, den Anbau von Weizen begünstigten; eine vermutlich bessere chemische Zusammensetzung des Bodens, aus der sich gehaltvollere Nahrungsmittel ergaben; dazu kam der soziale und wirtschaftliche Aspekt der ersten Siedler, die weder über die Traditionen und Tendenzen noch über die finanziellen Mittel der Kolonisatoren von Pernambuco verfügten, sondern die zum Großteil Schmiede, Schreiner, Schneider, Maurer und Weber waren und sich weit mehr für ein einfaches, ländliches Leben als für den Großgrundbesitz und die Monokultur eigneten; zu den wirtschaftlichen Bedingungen gehört auch noch, daß im hochgelegenen Gebiet von São Paulo Ackerbau und Viehzucht nebeneinander betrieben wurden und es nicht zu einer fast balkanischen Trennung – um nicht zu sagen: Feindschaft – der Bemühungen kam, die die Entwicklung der Gebiete von Bahía, Maranão, Pernambuco und Rio de Janeiro bestimmte.

Die Verallgemeinerungen von Professor Oliveira Viana, der die paulistanische Bevölkerung in glühendsten Farben als Großgrundbesitzer und reiche Landedelleute schildert, wurden erst vor kurzem in ihrem Überschwang von realistischeren und besser unterrichteten Forschern richtiggestellt, als es der Verfasser von *Populações Meridionais do Brasil* war, nämlich von Afonso de E. Taunay, Alfredo Ellis jr., Paulo Prado und Alcântara Machado. Wenn wir von diesen Autoren und den zahlreichen auf Veranlassung von Washington Luís veröffentlichten Unterlagen ausgehen, so müssen wir den Gedanken aufgeben, daß die Gesellschaft von São Paulo ebenso aristokratisch und auf Großgrundbesitz aufgebaut war wie die Zucker-Kapitanate des Nordens. Ganz im Gegenteil: Trotz der tiefgehenden Störungen durch die »Bandeirantes« entwickelte sich diese Bevölkerung vielleicht mit der größten Ausgeglichenheit. Und das bezieht sich in erster Linie auf ihre Ernährungsweise.

»In den ersten Jahrhunderten der Besiedlung muß die Kost nicht nur üppig, sondern auch in ihrer chemischen Zusammensetzung sehr ausgewogen gewesen sein«, schreibt Alfredo Ellis jr. über die Ernährung der

Bewohner des Gebietes von São Paulo, wobei er sich auf die Angaben in den *Inventarios e Testamentos* stützt. »Ihren Rinderherden verdankten sie nicht nur einen Überschuß an tierischen Proteinen«, fährt er fort, »sie verfügten auch über große Mengen von Schweinefleisch, das reich an hochwertigen Fetten ist. So wurden sie zu Fleischessern, die aber auch eine reiche Vielfalt von Getreide und Hülsenfrüchten wie Weizen, Maniok, Mais, Bohnen usw. verzehrten, die im ganzen Gebiet angebaut wurden und einen hohen Prozentsatz von kalorienreichen Kohlehydraten enthielten.« Alfredo Ellis jr. ruft uns auch die Beobachtung von Martius in Erinnerung, wonach sich der Charakter der Krankheiten, an denen die Bevölkerung von São Paulo litt, stark von den in Rio herrschenden pathologischen Erscheinungen unterschied. Martius schreibt diese Tatsache dem Klimaunterschied zu – es war damals modern, diesen Faktor besonders zu unterstreichen – und nur ganz nebenbei dem Unterschied in der Konstitution der betreffenden Einwohner. Wäre er in seiner Diagnose etwas weiter gegangen, so würde er zweifellos auf den ausschlaggebenden Grund, die soziale Tatsache, gestoßen sein, die diesen Unterschied in den pathologischen Bedingungen so nahe benachbarter Bevölkerungsteile bestimmte: auf den Unterschied zwischen den beiden Ernährungssystemen, dem völlig unzureichenden der Bevölkerung, die in ihrer eugenischen und wirtschaftlichen Entwicklung durch die Monokultur gehemmt wurde, und dem ausgewogenen der Bewohner des Gebietes von São Paulo, wo das Land besser verteilt und die Betätigungen – Ackerbau und Viehzucht – besser koordiniert waren. Die darauf beruhende gesündere Wirtschaft sollte später auch von den Einwohnern von Minas Gerais übernommen werden, die nach Überwindung des Gold- und Diamantenrausches zu den ruhigsten, ausgeglichensten und vielleicht am besten ernährten Menschen in ganz Brasilien wurden.

Wir glauben behaupten zu können, daß vom Standpunkt der Ernährung der gesündeste Einfluß auf die Entwicklung der Brasilianer von den Afrikanern ausging, sei es durch die wertvollen, hauptsächlich pflanzlichen Nahrungsmittel, die sie uns aus Afrika brachten, sei es durch ihre Ernährungsweise, die ausgewogener war als die der Weißen – zumindest hier, in der Sklaverei. Wenn wir diese Einschränkung machen, so geschieht es, weil die Plantagenbesitzer in Brasilien eine Abart des Taylorismus pflegten und vom teuer erworbenen Sklaven das Höchstmaß an Nutzwert und nicht nur an Arbeit zu gewinnen trachteten.

Die Großgrundbesitzer merkten bald, daß die Arbeitskraft der Afrikaner nachließ, wenn sie mißbraucht oder überfordert wurde; um sie zu erhalten, gingen sie dazu über, aus den Sklaven das Maximum an Nutzen herauszuholen, ohne jedoch ihre normale Leistungsfähigkeit zu beeinträchtigen. Es lag im Interesse des Gutsbesitzers, diese Leistungsfähigkeit zu erhalten, denn der Neger war sein Kapital, seine Arbeitsmaschine, ein Teil seiner selbst; das erklärt die ausgiebige und kräftige Kost, die die Herren nach Peckolts Beobachtungen ihren Sklaven in Brasilien zukommen ließen. Die Ernährung der Neger in den brasilianischen Plantagen bestand natürlich nicht aus kulinarischen Genüssen, war aber immer ausreichend. Mit ihrem Überfluß an Mais, Speck und Bohnen war sie gerade das Richtige für die harte Arbeit, die vom landwirtschaftlichen Sklaven verlangt wurde.

Der Negersklave in Brasilien scheint uns trotz aller Mängel in seiner Ernährung das bestgenährte Element unserer patriarchalischen Gesellschaft gewesen zu sein. Aus dieser *Diät* – das kann nicht oft genug wiederholt werden – erklärt es sich, daß das Beste, was wir in unserem Lande an Exponenten von Kraft und physischer Schönheit haben, im allgemeinen auf afrikanische Vorfahren zurückgeht: Mulattinnen, Bahíanerinnen, Kreolinnen, Quarteroninnen und Oktoroninnen; die Mischlinge in den Plantagen; unsere Marineinfanterie; Ringer, Bravos und Athleten; die Stauer von Recife und Salvador und viele der Abenteurer des Hinterlandes von Bahía und der Banditen im Nordosten des Landes. Der lyrische Kult des Caboclos, das heißt des Eingeborenen, sei es des zivilisierten Indianers oder des Mestizen von Indianern und Weißen, der bei uns von denen getrieben wird, die in ihm den reinsten Ausdruck der physischen Kraft, der Schönheit und sogar der moralischen Widerstandsfähigkeit der brasilianischen Rassenabart sehen, entspricht nur in oberflächlicher Weise der Wirklichkeit. Was das anbelangt, so hat schon der hervorragende Gelehrte Professor Roquette-Pinto auf die Notwendigkeit hingewiesen, Euclides da Cunha richtigzustellen, dessen Verallgemeinerungen nicht immer zutreffen. Vieles, was Euclides als das Wertvollste an der einheimischen Rasse oder Rassenabart hervorgehoben hat, die aus der Vereinigung von Weißen und Indianern entstanden war, sind Vorzüge, die viel eher aus der Vermischung der drei Rassen als aus der von Weißen und Indianern allein oder zumindest ebensosehr von den Negern wie von den Indianern oder Portugiesen stammen. »Aus der Vermischung entstand der Jagunço; aber der Jagunço ist kein Mameluco, Mischling von Indianern und Weißen«, schreibt Roquette-Pinto. »Euclides studierte ihn in

Bahía, aber Bahía und Minas Gerais sind die beiden Staaten der Union, in denen die Afrikaner am meisten verbreitet sind.«

Der brasilianische Anthropologe hebt hervor, daß es »ein schwerer Irrtum ist, zu glauben, der Bewohner des großen zentralen Hinterlandes und des Tieflandes am Amazonas sei ein Caboclo. Sowohl in den Ebenen des Nordostens als auch in den Gummibaumplantagen«, fährt er fort, »gibt es Cafuzos oder Caborés, die einen Teil afrikanischen Blutes haben.« Er betont auch, daß viele Neger die Küste oder das Gebiet der Zuckerrohrpflanzungen verließen, um in den Quilombos des Landesinnern Zuflucht zu suchen: »Viele Sklaven flohen in die Wälder, wo sie in der Nähe indianischer Stämme Quilombos bildeten. Da es für die Frauen schwieriger war zu fliehen, verlegten sich die schwarzen Quilombo-Bewohner auf den Raub von Indianerinnen in großem Maßstab.«

In seiner Studie »Rondônia« hatte Roquette-Pinto bereits interessante Dokumente veröffentlicht, die er in den Archiven des Brasilianischen Historischen Instituts entdeckt hatte; danach waren die Caborés der Serra do Norte im Herzen Brasiliens Mischlinge von Negern, die aus den Bergwerken entlaufen waren, und Indianerinnen, die von diesen geraubt worden waren. Dieser von den Quilombonegern überall geübte Frauenraub beschränkte sich nicht nur auf »schwarze Sabinerinnen . . . aus den Plantagen«, wie Ulisses Brandão sagt, sondern erstreckte sich auch und sogar hauptsächlich auf die Caboclas. Gastão Cruls, der erst kürzlich den unteren Cuminá bereiste, stieß auf mehrere Überreste von alten Mucambos oder Quilombos, das heißt auf Siedlungen von Negern, die von den Plantagen und Farmen geflohen waren. »Übrigens«, schreibt er, »gab es an fast allen Flüssen des Amazonas derartige Zufluchtsorte von Sklaven, und selbst am oberen Iça entdeckte Crevaux die Hütte einer alten Negerin.« Woraus hervorgeht, daß die Afrikaner sogar dorthin gekommen waren, wo man das indianische Blut oder die Vermischung von Portugiesen und Indianern am reinsten erhalten glaubte: im Herzen des Amazonasgebietes, in der Serra do Norte und im Hinterland.

Die Annahme, daß die Bewohner des Hinterlandes vollkommen frei von afrikanischem Blut oder Einfluß waren, hält keiner genauen Untersuchung stand. Wenn es auch in gewissen Zonen dieses Gebietes zahlreiche reine Weiße gibt, so machen sich doch in anderen afrikanische Spuren bemerkbar. Und es wäre außerordentlich interessant, festzustellen, wo sich die Bollwerke der früheren Sklaven befunden haben, die so manches Gebiet Mittelbrasiliens schwarz gefärbt haben, mit einem Schwarz, das inzwischen verblaßt ist. Diese Zusammenballungen von reinen Negern müssen zwangsläufig, auch weit von den Zentren der Sklavenhaltung entfernt, eine negroide Bevölkerung ergeben haben. Unter den flüchtigen Sklaven herrschte Mangel an Frauen ihrer eigenen Hautfarbe, den sie durch den »Raub der Indianerinnen« oder Caboclas aus den benachbarten Ortschaften und Dörfern wettmachten. Auf diese Art durchsetzten sie mit ihrem Blut so manches Gebiet, das später als frei von jeglichem Negereinfluß betrachtet wurde. Dieses Vordringen der entlaufenen Neger ins Hinterland und amazonasaufwärts stellt im übrigen ein kühnes Unternehmen dar, das dem der Bandeirantes von São Paulo oder der Besiedler von Ceará kaum nachsteht.

Der Großteil des freien Bevölkerungsteils, der in unserer sklavenhaltenden Gesellschaft dem *»poor white trash«* der englischen Kolonien in Amerika entsprach, setzte sich aus hellhäutigen Mulatten oder Mestizen zusammen; dieses nur wenig von Afrikanern durchsetzte Element war am ärgsten der vernichtenden Wirkung der paludischen Anämie, der Beriberi-Krankheit und der Würmer ausgesetzt; nach der in dieser Hinsicht verhängnisvollen Sklavenbefreiung überfielen diese Krankheiten mit derselben Heftigkeit auch die Neger und Mulatten, die nicht mehr den patriarchalischen Schutz der Herrenhäuser genossen und der in den Sklavensiedlungen gewohnten Kost beraubt waren. Die Negersklaven waren den freien Caboclos und hellen Mulatten gegenüber insoweit im Vorteil, als sie an eine Lebensweise gewöhnt waren, die vom Standpunkt der Eugenik aus eher erhaltend als schädigend war; sie konnten den pathogenischen und sozialen Einflüssen sowie denen ihrer Umwelt besser Widerstand leisten und dadurch eine gesündere und kräftigere Nachkommenschaft in die Welt setzen.

Das trifft jedoch nicht auf die Syphilis zu, die Krankheit *par excellence* der Herrenhäuser und Sklavensiedlungen. Der Sohn des Plantagenbesitzers zog sie sich fast spielend zu, wenn er in frühem Alter von zwölf oder dreizehn Jahren von den Negerinnen und Mulattinnen seiner Unschuld beraubt wurde. Wenn er über dieses Alter hinaus war, war er kein Kind mehr, sondern der junge Herr, den man ausgelacht hätte, wenn er noch nicht mit Frauen Umgang gehabt hätte und auf seinem Körper keine Spuren der Syphilis zu sehen gewesen wären. Mit diesen Spuren der Syphilis, schreibt Martius, brüstete sich der Brasilianer wie andere mit Kriegsverletzungen; und fünfzig Jahre nach Martius unterstrich ein französischer Beobachter, Emile Béringer, die wahrhaft tragische Bedeutung der Syphilis, indem er gleichzeitig dem Klima Nordbrasiliens den überwiegenden Einfluß auf die Sterblichkeit in diesem Gebiet absprach: »Die Syphilis richtet gewaltige Verwüstungen an. Die meisten Bewohner betrachten sie gar nicht als schimpfliches Übel und nehmen sich nicht besonders in acht. Abgesehen von ihrem Einfluß auf die Entwicklung von zahlreichen besonderen Krankheitserscheinungen, ist sie die Ursache von zehn Todesfällen unter tausend.«

Der Vorteil der Rassenmischung wurde in Brasilien durch den entsetzlichen Nachteil der »Syphilisation« aufgewogen. Sie entstanden gleichzeitig: die eine, um den Brasilianer zu schaffen, der vielleicht der für die Tropen ideale moderne Menschentyp ist, ein Europäer mit Neger- oder Indianerblut, das seine Tatkraft befeuert; die andere, um ihn zu schwächen. Daraus erklären sich gewisse Meinungsverschiedenheiten bezüglich der Verantwortung, die diesen Faktoren zukommt. Viele geben der Rassenmischung die Schuld an dem, was hauptsächlich das Werk der Syphilis war. Die Verantwortung dafür bürden sie der Neger- oder indianischen oder sogar der portugiesischen Rasse auf (die alle, ob rein oder gekreuzt, Exemplare von bewundernswerter Schönheit und Kraft hervorbringen), nur weil diejenigen Teile unserer Mischlingsbevölkerung, die am ärgsten von der Syphilis befallen und von Würmern zerfressen sind, »häßlich« und »dumm« sind.

Nach der schlechten Ernährung hat wohl die Syphilis unter allen sozialen Enflüssen am meisten zur Entstellung und zur wirtschaftlichen Verelendung des brasilianischen Mestizen beigetragen. Ihre Wirkung begann gleichzeitig mit der der Rassenmischung; sie entstand anscheinend aus den ersten Vereinigungen der Europäer, die ziellos unsere Gestade durchstreiften, mit den Indianerinnen, die sich selber der sexuellen Begierde der Weißen anboten. »Die ursprüngliche ethnische Belastung«, von der Azevedo Amaral spricht, war vor allem eine ursprüngliche Belastung mit der Syphilis.

Für gewöhnlich wird behauptet, daß die Zivilisation und die Syphilisation Hand in Hand gehen; Brasilien scheint jedoch syphilisiert worden zu sein, bevor es noch zivilisiert war. Die ersten Europäer, die hier eintrafen, verschwanden in der Masse der Eingeborenen, ohne andere Spuren zu hinterlassen als die Male der Rassenmischung und der Syphilis. Sie wirkten nicht zivilisatorisch, dagegen bestehen Anzeichen dafür, daß sie die einheimische Bevölkerung, die sie absorbierte, mit der Syphilis verseuchte.

Gerade von dem doppelten Gesichtspunkt der Rassenmischung und der Verbreitung der Syphilis aus scheint uns die erste Phase der Besiedlung von besonderer Bedeutung. Vom Standpunkt der Rassenmischung aus waren es diese planlosen Siedler, die den Boden für den einzigen Kolonisationsprozeß bereiteten, der in Brasilien möglich war: für die Bildung einer hybriden Gesellschaft durch Polygamie, da die Zahl der Europäer viel zu gering war. Von Diogo Alvares, João Ramalho und nicht ganz zutreffend von Jerônimo de Albuquerque (der bereits einer anderen Etappe der Besiedlung angehörte) schrieb Paulo Prado, daß sie »eine zahlreiche Nachkommenschaft in die Welt setzten, als wollten sie die Lösung für das Kolonisationsproblem und die Bildung einer Rasse in unserem Lande aufzeigen«. Aus ihrem Kontakt mit der indianischen Bevölkerung entstanden tatsächlich die ersten Schichten von Mischlingen, die es dem zweiten Schub von Europäern leichter machte, Eingang zu finden. Als die regelrechten Siedler eintrafen, fanden sie auf der rotbraunen Masse von Eingeborenen schon hellere Flecken vor. Wenn diese Mestizen auch keine ausgesprochen europäischen Merkmale aufzuweisen hatten, so bildeten sie doch durch die Tatsache allein, daß ihre Hautfarbe der der Weißen nahekam, sowie durch den einen oder anderen von europäischen Ländern herrührenden Zug geistiger oder materieller Kultur eine Art von fleischlichem Keil oder Puffer, der den heftigen Schock milderte, welchen die in exotischen Ländern noch unerfahrenen portugiesischen Siedler – von denen viele aus dem Norden ihres Landes kamen – bei dem Zusammentreffen mit Geschöpfen empfinden mußten, die völlig vom europäischen Typus abwichen.

Viele von den ersten Siedlern gingen gänzlich in der eingeborenen Bevölkerung auf. Die »echten Führer«, von denen Paulo Prado spricht, waren selten: die großen weißen Patriarchen, die es ganz allein inmitten der Indianer verstanden, beträchtliche Gruppen von Einheimischen ihrem Willen als Europäer zu unterwerfen.

Aber selbst jene, die namenlos im Dunkel der Lebensgemeinschaft der Eingeborenen untertauchten, erregen durch die offensichtlichen Folgen ihrer Fortpflanzungstätigkeit und ihrer Verbreitung der Syphilis die Aufmerksamkeit derer, die sich mit der Entstehungsgeschichte der brasilianischen Gesellschaft befassen. Ob im guten oder im bösen – auf sie geht diese Gesellschaft zurück, durch sie wurde sie mit einigen ihrer hartnäckigsten und typischsten Laster vergiftet: ethnische Belastungen, würde Azevedo Amaral sagen; wir nennen sie lieber soziale Belastungen.

Allem Anschein nach rührt die Verbreitung der Syphilis in Brasilien von den ersten, oft rein zufälligen Begegnungen zwischen Europäern und Indianerinnen her. Nicht nur von Portugiesen, sondern auch von Franzosen und Spaniern; hauptsächlich aber von Portugiesen und Franzosen. Verbannte, Neue Christen, normannische Farbholzhändler, die, von ihrem eigenen Volk ausgestoßen, hier geblieben waren und sich mit den Eingeborenen angefreundet hatten. Viele von ihnen fanden schließlich Gefallen an diesem regellosen Leben zwischen leicht zu gewinnenden Frauen, im Schatten der Cashew- und Guajavebäume.

Oscar da Silva Araújo, dem wir wertvolle Untersuchungen über das Auftauchen der Syphilis in Brasilien verdanken, schreibt sie hauptsächlich dem Kontakt zwischen Eingeborenenfrauen und Franzosen zu. »Im XVI. Jahrhundert«, schreibt dieser brasilianische Wissenschaftler, »griff in Frankreich eine große Syphilisepidemie um sich; in den Aufzeichnungen der Schmuggler aus jener Zeit wird das Auftreten venerischer Krankheiten erwähnt, die oft die Bevölkerung dezimierten. Es ist anzunehmen, daß die französischen Abenteurer, die mit unseren Eingeborenen Handel trieben, von dieser Krankheit befallen waren und sie als erste hier einschleppten und verbreiteten.«

Die Portugiesen, die noch beweglicher und sinnlicher als die Franzosen sind, mögen nicht weniger infiziert gewesen sein. »Das Übel, das die Alte Welt zu Ende des XV. Jahrhunderts verwüstete«, bemerkt Oscar da Silva in einer anderen seiner Arbeiten, »breitete sich im Orient aus, wohin es von den Portugiesen eingeschleppt worden war.« Die Forschungen von Okamura, Dohi und Susuky in Japan und China sowie die von Jolly in Indien ergeben, daß die Syphilis in diesen Ländern erst auftauchte, nachdem sie Beziehungen zu Europäern angeknüpft hatten. In Indien erschien sie 1498, nach der Ankunft Vasco da Gamas, der im Jahre 1497 Portugal verlassen hatte. In seinen *Lendas da India* (Indianische Legenden) berichtete Gaspar Correia, daß »die Leute in Cacotorá im Jahre 1507 an Blähungen und Verdauungsschwierigkeiten zu leiden begannen, vor allem aber an den tödlichen Folgen des Umgangs mit den Frauen«. Ferner erinnert Oscar da Silva Araújo daran, daß »der von Astruc zitierte Engelbert Kaempfer versichert, die Syphilis werde in Japan mit dem Ausdruck *mambakassam*, wörtlich ›Portugiesenkrankheit‹, bezeichnet. Selbst heute – fügt er hinzu – ist portugiesische Krankheit in vielen Ländern des Orients ein Synonym für Lues. Die Sprachen der Indianer, Japaner und Chinesen besitzen keinen eigenen Namen für diese Krankheit.«

Obwohl mehrere Kenner der Tropen die Syphilis für autochthon halten, darunter solche, die wie Sigaud besondere Untersuchungen über Brasilien angestellt haben, gelangen wir auf Grund der von Silva Araújo gesammelten Daten zu anderen Schlußfolgerungen. »Die reisenden Ärzte«, gibt der brasilianische Autor zu bedenken, »wie Dr. Roquette-Pinto, Dr. Murilo de Campos und Dr. Olímpio da Fonseca jr., die in letzter Zeit die Krankheiten unserer Indianer studiert haben, welche noch nicht mit der Zivilisation in Berührung gekommen sind, fanden bei diesen Eingeborenen keine Syphilis, wohl aber verschiedene Hautkrankheiten vor.« – »Die ersten Reisenden und Schriftsteller, die über das Klima und die Krankheiten Brasiliens berichten«, fährt er fort, »erwähnten niemals das Vorhandensein dieses Übels unter den Wilden, die bis dahin in vollkommener Abgeschlossenheit gelebt hatten und nicht mit den Europäern in Berührung gekommen waren . . .« Dieselbe Meinung vertritt auch ein anderer berühmter Forscher, Professor Pirajá da Silva, wenn er sagt, daß Lepra und Syphilis »von den europäischen und afrikanischen Siedlern in Brasilien eingeschleppt wurden«. Jedenfalls scheint es häufig zu Verwechslungen der Beulenpest mit der Syphilis gekommen zu sein.

Die sexuellen Beziehungen zwischen dem europäischen Eroberer und der indianischen Frau litten nicht nur unter der Syphilis und anderen leicht übertragbaren europäischen Geschlechtskrankheiten; sie entwikkelten sich unter Umständen, die für die Frau sehr ungünstig waren und die sich später auch im Verkehr zwischen den Gutsherren und ihren Negersklavinnen bemerkbar machten. In den sexuellen und sozialen Beziehungen zwischen dem Europäer und den Frauen der von ihm beherrschten Rassen scheint auf seiten des Weißen eine Art Sadismus und auf seiten der Indianerin oder der Negerin der Masochismus vorgeherrscht zu haben. Der Portugiese wird seine Weibstollheit an Opfern ausgelassen haben, die nicht immer seine Lust teilten. Allerdings sind auch Fälle bekannt, wo es zu einem vollkommenen Zusammenspiel des Sadismus des weißen Eroberers und des Masochismus der Indianerin oder Negerin kam. Das gilt für den Sadismus des Mannes gegenüber der Frau – dem nicht selten der des Herrn gegenüber dem jungen Farbigen vorausging. Der weiße Knabe wurde oft von seinem unterwürfigen farbigen Spielgefährten, der bezeichnenderweise »Prügelknabe« genannt wurde, in die Geheimnisse der körperlichen Liebe eingeweiht.

Man kann fast sagen, daß dieser Prügelknabe in den großen sklavenhaltenden Familien Brasiliens dieselben Funktionen eines Liebhabers des jungen Herrn ausübte wie der mannbare Sklave, der bei den Patriziern des römischen Imperiums zum Gefährten des aristokratischen Knaben erwählt wurde: teils Opfer, teils Gespiele, an dem der Sohn des Hauses seine *»premiers élans génésiques«* austobte.

Moll hebt hervor, daß die erste Richtung, in der sich der sexuelle Impuls des Kindes auswirkt – Sadismus, Masochismus, Bestialität oder Fetischismus –, zum großen Teil von der sich ergebenden Gelegenheit, das heißt von äußeren sozialen Einflüssen und erst in zweiter Linie von einer Prädisposition oder angeborenen Perversität abhängt.

Der Verfasser von *The Sexual Life of the Child* bezeichnet die Periode der »sexuellen Indifferenzierung« – die nach Penta und Max Dessoir jedes Individuum durchmacht – als besonders empfänglich für derartige Einflüsse. In dieser Periode wirkten auf den Haussohn der sklavenhaltenden Familie in Brasilien soziale Einflüsse ein, die ihn zur Bestialität und zum Sadismus verleiteten, nämlich seine Stellung als Herr, der von willfährigen Sklaven und Tieren umgeben war. Nicht selten behielt dieser – später entsexualisierte – Sadismus in verschiedenen Manifestationen des Lebens oder der sozialen Betätigung des Individuums jenen *»sexual undertone«*, der, nach Pfister, *»is never lacking to wellmarked sadistic pleasure«*. Der Sadismus des Knaben und des Halbwüchsigen verwandelte sich beim Heranwachsenden, beim Gutsherrn, in das Vergnügen, Schläge verabreichen zu lassen, den Negern, die Zuckerrohr gestohlen hatten, die Zähne ausreißen zu lassen, in seinem Beisein Capoeiras, Hähne und Kanarienvögel kämpfen zu lassen. Bei ihm oder seinem studierten Sohn wurde daraus eine heftige oder bösartige Sucht zu befehlen, sobald sie eine gehobene Stellung in der Politik oder der öffentlichen Verwaltung innehatten, oder eine ganz einfache Herrschsucht, die für jeden Brasilianer charakteristisch ist, der im Herrenhaus einer Plantage aufgewachsen ist. Diese Neigung findet sich in verfeinerter Form im ernsten Autoritäts- und Pflichtbewußtsein eines Dom Vital wie im brutalen und groben Despotismus eines Floriano Peixoto.

Eine Folge der ständigen Auswirkung dieses Sadismus des Eroberers gegenüber dem Besiegten, des Herrn gegenüber dem Sklaven, scheint uns die Tatsache zu sein, daß die Frau in Brasilien so oft das wehrlose Opfer der Herrschaft oder des Mißbrauchs des Mannes ist, eine Tatsache, die in natürlicher Weise mit den wirtschaftlichen Umständen unserer patriarchalischen Gesellschaft zusammenhängt. So lebt die Frau, in sexueller und sozialer Hinsicht unterdrückt, im Schatten des Vaters oder des Ehemannes. Dabei darf der Sadismus der Frau nicht vergessen werden, die sich, sobald sie Gutsherrin geworden ist, an den Sklaven und insbesondere an den Mulattinnen schadlos hält, sei es aus Eifersucht oder aus Geschlechtsneid.

Dieser Sadismus des Herrn und der ihm entsprechende Masochismus des Sklaven machte sich, über die sexuelle und häusliche Sphäre hinaus, in unserer ganzen Entwicklungsgeschichte noch auf einem weiteren Feld bemerkbar: dem der Gesellschaft und der Politik. Wir meinen ihn in unserem politischen Leben zu entdecken, wo die Freude am Kommandieren immer Opfer fand, an denen sie sich mit oft geradezu sadistischen Nuancen austoben konnte; mitunter hinterließ sie eine wehmütige Erinnerung, die dann in einen Kult ausartete, wie er mit dem sogenannten »Eisernen Marschall« getrieben wurde. Unsere revolutionäre, liberale und demagogische Tradition ist nur scheinbar und auf Brennpunkte leichter politischer Prophylaxis beschränkt: Die große Masse dessen, was man das »brasilianische Volk« nennen kann, genießt es, wenn eine männlich kühne und autokratische Regierung sie unter Druck hält. Sogar in ehrlichen individuellen Kundgebungen der revolutionären Mystik, des Messianismus, der Identifizierung des Erlösers mit der Masse der durch Aufopferung des Lebens oder der persönlichen Freiheit zu Erlösenden – die in Brasilien, einem amerikanischen Rußland vergleichbar, gar nicht so ungewöhnlich sind – spürt man noch einen trüben Rest von Masochismus: Es geht dabei weniger darum, bestimmte Übelstände der politischen oder wirtschaftlichen Organisation beheben zu wollen, als um den Genuß des Leidens, sich als Märtyrer zu fühlen oder sich aufzuopfern.

Andererseits hat sich in Brasilien die konservative Tradition immer auf den Sadismus des Befehlens gestützt, der sich unter der Maske des »Autoritätsprinzips« oder der »Aufrechterhaltung der Ordnung« verbarg. Zwischen diesen beiden mystischen Begriffen – Ordnung und Freiheit, Autorität und Demokratie – schwankt bei uns das politische Leben, das zu früh dem System von Herren und Sklaven entwachsen ist. Tatsächlich besteht weiterhin ein Gleichgewicht zwischen den traditionellen und tiefgehenden Realitäten: Sadisten und Masochisten, Herren und Sklaven, Akademikern und Analphabeten, Individuen von vorherrschend europäischer und anderen von vorwiegend afrikanischer und indianischer Kultur. Das hat sogar gewisse Vorteile, die sich aus einem für unsere im Entstehen begriffene Kultur keineswegs schädlichen Dualismus ergeben. Auf diese Art wird sie einerseits durch die Spontaneität, die unbeschwerte Einbildungskraft und Gefühlswelt der großen Masse, andererseits durch den Kontakt der Elite mit der Wissenschaft, der Technik und dem fortschrittlichen Denken Europas bereichert. Die Begegnung, die Verbindung und selbst die harmonische Verschmelzung der verschiedenartigen – um nicht zu sagen: entgegengesetzten – Kulturtraditionen geht vielleicht nirgends in so liberaler Weise vor sich wie in Brasilien. Der luftleere Raum zwischen den beiden Extremen ist freilich noch riesengroß, und die Beziehungen zwischen den beiden kulturellen Traditionen sind in vieler Hinsicht mangelhaft. Aber der brasilianischen Lebensform, die, aus verschiedenen sozialen Gesichtswinkeln betrachtet, eine der demokratischsten, flexibelsten und plastischsten ist, kann weder Starrheit noch Mangel an vertikaler Beweglichkeit vorgeworfen werden, um mit Sorokin zu sprechen.

Wir müssen noch auf einen bezeichnenden Umstand in der brasilianischen Entwicklungsgeschichte hinweisen: daß sie nicht im Zeichen der reinen Europäisierung stand. Statt mühsame Anstrengungen zu unternehmen, um sich an völlig fremdartige Bedingungen anzupassen, stellte die europäische Kultur den Kontakt mit der einheimischen her, indem sie sie durch das Öl der afrikanischen Vermittlung aufweichte. Den größten Erfolg erzielte in Brasilien während der ersten Jahrhunderte das System der Jesuiten – vielleicht die wirksamste Kraft technischer Europäisierung sowie intellektueller und moralischer Kultur, die jemals auf eine eingeborene Bevölkerung eingewirkt hat – durch die Mystik, die Andacht und die Feierlichkeit des katholischen Kults. Die Caboclos wurden durch Musik, Gesang, Liturgie, Prozessionen, Feste, religiöse Tänze, Mysterien und Komödien für das Christentum gewonnen; durch die Verteilung von Skapulieren mit dem Lamm Gottes, die sich die Caboclos um den Hals hängten, durch Schnüre, Bänder und Rosenkränze und durch die Verehrung der Reliquien vom Heiligen Holz und der Köpfe der Elftausend Jungfrauen. Viele von diesen Elementen, die der Europäisierung und Christianisierung dienten, wurden jedoch von animistischen oder fetischistischen Einflüssen durchdrungen, die wahrscheinlich aus Afrika kamen.

Denn sogar die geistlichen Exerzitien scheint Loyola nach afrikanischem Vorbild geschaffen zu haben; zumindest sind sie Erzeugnisse desselben mystischen oder religiösen Klimas wie die Kundgebungen des wollüstigen Mystizismus der Araber. Das vergleichende Religionsstudium zeigt die Ähnlichkeit der alten Systeme mohammedanischer

Mystik mit dem Himmel, dem Fegefeuer oder der Hölle der Jesuiten, deren Wonnen oder Qualen der Andächtige während der Exerzitien zu sehen, zu riechen und zu schmecken vermeint, wie er auch die Jubelgesänge oder die Seufzer der Verzweiflung zu hören glaubt – so nahe bringt diese bewundernswerte Technik den Himmel, das Fegefeuer und die Hölle den Sinnen der Menschen. Ein Buch über die Ursprünge der Gesellschaft Jesu, das Hermann Müller zum Verfasser hat, kommt, vielleicht etwas voreilig, zu dem Schluß, daß der heilige Ignatius von Loyola die islamische Technik kopiert hat. Und Chamberlain lehnt in seiner auf der Rassentheorie fußenden Auslegung – wobei unter Rasse die nordische zu verstehen ist – der religiösen Kultur des modernen Europa den heiligen Ignatius von Loyola ganz entschieden ab, weil er in seinem System antieuropäische Züge der Phantasie, des Gefühls und der Technik des Mystizismus entdeckt. Oder des Antimystizismus, wie er meint. Chamberlain spürt im System Loyolas nicht den Duft der Mystik; für ihn sind die Exerzitien nichts anderes als eine »grobe mechanische, mit höchster Kunstfertigkeit ersonnene Methode, um das Individuum in einen Erregungszustand zu versetzen . . .«

Der mögliche afrikanische Ursprung – den Chamberlain für endgültig erwiesen hält – des jesuitischen Systems erscheint uns von größter Wichtigkeit, um die kulturelle Entstehung der brasilianischen Gesellschaft zu erklären; selbst wo diese Entstehung in strengerem Sinne europäisch gewesen zu sein scheint – in der jesuitischen Katechese –, wird sie dem mildernden Einfluß Afrikas unterworfen gewesen sein. Die Vermittlung des afrikanischen Elements in Brasilien brachte die Gegensätze einander näher, die sich sonst kaum so gut verstanden hätten: die europäische und die indianische Kultur, die sich in vielen ihrer Tendenzen fremd und feindlich gegenüberstehen.

Ganz allgemein betrachtet, ist die Entstehung der brasilianischen Gesellschaft tatsächlich – wie wir dies bereits auf den ersten Seiten dieses Buches hervorgehoben haben – ein Prozeß des Gleichgewichts zwischen Antagonismen: zwischen Wirtschaft und Kultur, zwischen der europäischen und der eingeborenen, der europäischen und der afrikanischen, der afrikanischen und der eingeborenen Kultur; zwischen Ackerbau und Viehzucht, Ackerbau und Bergbau; zwischen dem Katholiken und dem Ketzer, dem Jesuiten und dem Gutsbesitzer; zwischen dem Bandeirante und dem Plantagenbesitzer; zwischen dem Einwohner des Gebietes von São Paulo und dem Nachkommen der Portugiesen, dem

Pernambucaner und dem Portugiesen; zwischen dem Großgrundbesitzer und dem Paria, dem Gebildeten und dem Analphabeten. Über allen diesen Antagonismen steht jedoch der verbreitetste und tiefstgehende: der zwischen dem Herrn und dem Sklaven.

Zwischen so vielen widerstreitenden Antagonismen vermitteln oder versöhnen freilich immer wieder Bewegungen, die auf eine Verbrüderung und eine für Brasilien charakteristische Beweglichkeit abzielen: die Rassenmischung, die Aufteilung von Erbschaften, der leichte und häufige Wechsel von Beruf und Wohnort, die leichte und häufige Zugänglichkeit von Ämtern und hohen politischen und gesellschaftlichen Stellungen für Mischlinge und uneheliche Kinder, das lyrische Christentum nach portugiesischem Vorbild, die Toleranz in moralischer Hinsicht, die Gastfreundschaft den Ausländern gegenüber, der rege Verkehr zwischen den verschiedenen Zonen des Landes, der weniger auf technische als auf physikalische Erleichterungen zurückgeht: das Fehlen eines Gebirgs- oder Flußsystems, das der brasilianischen Einheit oder der kulturellen und wirtschaftlichen Wechselwirkung zwischen den geographischen Extremen Hindernisse in den Weg legen könnte.

Zweites Kapitel
Der Anteil der Eingeborenen an der Entwicklung der brasilianischen Familie

Durch das Eindringen des Europäers wurden die gesellschaftlichen und wirtschaftlichen Lebensformen der Eingeborenen Amerikas durcheinandergebracht und die Harmonie des Menschen mit seiner Umwelt gestört.

Damit begann die Degradierung einer rückständigen Rasse im Kontakt mit einer überlegenen, aber diese Degradierung entwickelte sich in unterschiedlichen Richtungen. Sie war einerseits durch die Unterschiede in den Zivilisationsstufen und dem Bodenreichtum in den verschiedenen Eingeborenengebieten bedingt, die bei den Inkas und Azteken am höchsten, am anderen Ende des Kontinents jedoch am tiefsten lagen, und andererseits durch die Veranlagung und die Mittel, über welche die Eindringlinge oder Eroberer zum Zweck der Kolonisation verfügten.

Die Sucht der Spanier, eine schon auf der Höhe einer Halbzivilisation stehende Kultur zu vernichten, beschleunigte die Auflösung der ursprünglichen Werte bei den Inkas, den Azteken und den Mayas. Gerade dieser kulturelle Hochstand schien eine Gefahr für das Christentum darzustellen und einer leichten Ausbeutung der reichen Bodenschätze im Wege zu stehen. Die Engländer gingen bei rückständigen Völkern in gleicher Weise vor, aber mehr in dem Bestreben, sich selbst vor einer sexuellen und gesellschaftlichen Berührung mit Völkern zu bewahren, die ihnen abstoßend erschienen, weil sie durch andere Hautfarbe und Sitten vor ihrem rassischen und christlichen Gewissen das Gespenst der moralischen Auflösung und des sündigen Heidentums beschworen.

Die Portugiesen waren nicht nur von weniger religiösem Eifer besessen als die Spanier und weniger streng in Rassenvorurteilen und christlicher Moral als die Engländer, sie fanden zudem in Amerika auch nicht ein Volk in fester Staatsform, mit eingewöhntem, starkem Gepräge sittlicher und materieller Kultur, mit Palästen, rituellen Menschenopfern, Denkmälern, Brücken, Bewässerungsanlagen und Bergwerken vor, sie stießen im Gegenteil auf die rückständigsten Bevölkerungsteile des Kontinents.

Was sich hier abspielte, war nicht die Begegnung einer in voller Blüte stehenden Kultur mit einer noch in Entwicklung begriffenen, sondern in diesem Teil Amerikas fanden die europäischen Kolonisatoren, man kann fast sagen, einzelne Gruppen großer Kinder mit unreifen Anzeichen einer knospenden Kultur vor oder, um das Bild zu variieren, eine Kultur im Milchzahnalter ohne festen Knochenbau, ohne jede Entwicklung und ohne den Widerstand der großen amerikanischen Halbzivilisationen.

Die Inkas, die Azteken und die Mayas entwickelten aus den materiellen Errungenschaften und moralischen Werten eine bronzeharte Substanz, die dem europäischen Prägestempel zu widerstehen suchte, ein Umstand, der die Spanier dazu führte, dieses bronzene Gebilde, das sich so hartnäckig ihren Absichten widersetzte, zu zertrümmern, um auf diesen Trümmern bequem ihr Kolonialsystem der Ausbeutung und Christianisierung errichten zu können.

Bei den Eingeborenen in den Gebieten der Tropenwälder war der Widerstand gegen die Europäer nicht metallisch, sondern vegetabilisch. Die nicht sehr zahlreichen Eindringlinge mußten mit den Eingeborenen zu einem Einvernehmen kommen, denn sie brauchten die Männer zur Eroberung des Landesinnern und zur Rodung des Urwaldes und die Frauen zur Fortpflanzung und Familiengründung.

Die Reaktion in den von den Portugiesen eroberten Gebieten der indio-amerikanischen Kultur gegen die europäische Herrschaft bestand in einer fast pflanzenhaften Empfindlichkeit und Schüchternheit. Aus der Unfähigkeit heraus, sich der neuen Wirtschaftstechnik und dem neuen sozialen und moralischen System anzupassen, scheute der Indianer vor dem Kontakt mit der europäischen Zivilisation zurück. Sogar dort, wo er sich ihr feindlich entgegenstellte, war der Eingeborene bei seinen Angriffen pflanzenhaft, als wäre er nichts anderes als ein Verbündeter des Urwalds. Er verfügte über keine technische oder politische Reaktionsfähigkeit, die den Weißen zu einer Ausrottungspolitik herausforderte, wie sie die Spanier in Mexiko und Peru betrieben. So erklärt es sich unter anderem, daß anfangs mehr Gewinn aus der armen amerikanischen Kultur des tropischen Urwaldes als aus der reichen Kultur der metallbesitzenden Länder gezogen wurde, wo zwei harte, kompakte und hieratische Halbzivilisationen von der spanischen Invasion und der katholischen Herrschaft vernichtet wurden. Nur vier Jahrhunderte später freilich wurden die Trümmer wieder zusammengefügt, um jetzt ein durchaus uneuropäisches und selbständiges Ganzes zu bilden.

Rüdiger Bilden beschreibt in fesselnder Weise die verschiedenen Vorbedingungen, unter denen die Verschmelzung von Rassen und Kulturen vor sich ging und die, seiner Ansicht nach, die von vielen unter dem einfachen, aber vagen Begriff »Lateinamerika« zusammengefaßte ethnische und kulturelle Masse in vier große Gruppen aufteilten.

Die erste Gruppe wird von den weißen oder mit Weißen vermischten La-Plata-Republiken und Chile gebildet. Rüdiger Bilden behauptet, in diesen Gebieten hätten »das Klima und die allgemeine Bodenbeschaffenheit denjenigen Kolonisationstyp gefördert, der der Entwicklung einer vorherrschend europäischen Gesellschaft am günstigsten war«. Mit Ausnahme der Araukaner in Chile »waren die Eingeborenenstämme der Zahl nach zu unbedeutend und von zu primitiver Kultur, um den (europäischen) Kurs der Kolonisierung ernsthaft zu gefährden«.

Die zweite Gruppe umfaßte »das, was fast nur (*almost exclusively*) von Brasilien dargestellt wird«, ein Gebiet, in dem das europäische Element niemals eine »absolute und unbestrittene Herrschaft« ausübte. »Wie streng auch immer seine wirtschaftliche und politische Beherrschung der andersartigen Volkselemente gewesen sein mag«, fügt er hinzu, »so waren sie Portugiesen doch durch die geographische Umwelt und die Anforderungen der Kolonisationspolitik gezwungen, mit diesen Elementen in sozialer und kultureller Hinsicht fast von gleich zu gleich zu verkehren.«

Der dritten Gruppe gehörten Mexiko und Peru an, wo der Konflikt zwischen dem Europäer und den bereits höher entwickelten Eingeborenenzivilisationen, das Vorhandensein von Bodenschätzen und das auf Entdeckung abzielende Kolonialsystem eher zu einem »Abhängigkeitsverhältnis und einem Antagonismus zwischen den Rassen« als zu einer »harmonischen Verschmelzung« führte. Es kam zur »Schaffung einer europäischen Superstruktur, unter deren Oberfläche sich seltsame Strömungen bewegten«. Früher oder später jedoch – fügt Bilden hinzu – werden diese Strömungen die »dünne und blutarme Oberschicht aufsaugen und die Werte europäischen Ursprungs umwandeln«.

Die vierte Gruppe wurde von Paraguay, Haiti und »möglicherweise von der Dominikanischen Republik« gebildet. Hier ist »das europäische Element bestenfalls ein Firnis«. Es herrscht eine »kulturell inkongruente Mischung von ausgesprochen indianischer und negroider Substanz mit schlecht assimilierten Fragmenten oder Elementen europäischen Ursprungs«.

Hybrid von Anfang an, ist von allen amerikanischen Gesellschaften die brasilianische diejenige, die sich, was die Beziehungen zwischen den Rassen angeht, am harmonischsten entwickelt hat. In einer Atmosphäre kultureller Wechselwirkung wurden die Werte und Erfahrungen der unentwickelten Völker von den vorgeschrittenen aufs beste ausgenützt. So entstand ein Zusammenwirken der fremden und der einheimischen Kultur, der Eroberer und der Eroberten. Es bildete sich eine christliche Gesellschaftsschicht, in der die eben erst getaufte Eingeborenenfrau den Platz der Gattin und Mutter einnahm. Im wirtschaftlichen und häuslichen Leben wurden viele Überlieferungen, Erfahrungen und Gebräuche der Ureinwohner verwertet.

Zacharias Wagner beobachtete im XVII. Jahrhundert, daß viele und sogar die reichsten Portugiesen und selbst »einige von Leidenschaft entflammte Holländer« ihre legitimen Ehefrauen unter den Töchtern der Caboclas aussuchten. Damals war diese Vereinigung von Europäern mit Indianerinnen oder deren Töchtern sicher nicht mehr, wie im ersten Jahrhundert, auf den Mangel an weißen Frauen oder hellen Mischlingen, sondern vielmehr auf eine ausgesprochene sexuelle Vorliebe zurückzuführen. Paulo Prado ertappte »den gestrengen Varnhagen« bei der Andeutung, daß die Eingeborenenfrau »sinnlicher als der Mann ist, was bei allen primitiven Völkern zutrifft, und, wahrscheinlich aus priapischen Gründen, in der Liebe den Europäer vorzieht«. Capistrano de Abreu meint jedoch, daß die Vorliebe der heidnischen Frau für den Europäer eher soziale als sexuelle Ursachen hat: »Der Drang der Indianerinnen nach Vermischung erklärt sich aus dem Ehrgeiz, Kinder zu haben, die der höheren Rasse angehören, denn gemäß ihren Anschauungen zählt nur die Verwandtschaft väterlicherseits.«

Während des ersten Jahrhunderts war der Mangel, wenn nicht sogar das gänzliche Fehlen weißer Frauen ausschlaggebender als die »priapischen Gründe«. Selbst wenn die Mehrzahl der Portugiesen nicht einen ausgesprochenen Hang zur freien oder von der Kirche gesegneten Verbindung mit den Caboclas gezeigt hätte, würden sie doch durch die Macht der Umstände dazu gezwungen worden sein, ob ihnen die exotische Frau gefiel oder nicht. Ganz einfach, weil es in diesem Lande fast keine Weiße gab; und ohne heidnische Frau »konnte man sich weder behelfen, noch eine so langgestreckte Küste bevölkern ...«, wie Diogo de Vasconcelos dem König 1612 in einem Brief berichtet.

Southey stellte fest, daß sich das portugiesische Kolonialsystem in bezug auf das Verhältnis des Europäers zu den farbigen Rassen glücklicher erwies als jedes andere, gab jedoch zu, daß dieses System eher »der Not gehorchte« als einer vorsätzlichen sozialen oder politischen Orientierung. Dasselbe wiederholt später auch der scharfsinnige Beobachter Koster in Worten, die der indianerfreundlich eingestellte Manuel Bonfim zusammen mit den Ausführungen von Southey in seinem Buch *Brasilien in Amerika* festhielt. »Dieser Vorteil«, schrieb Koster über die fehlende Diskriminierung der Eingeborenen durch die Portugiesen, »rührt mehr von der Notwendigkeit als von einem Gerechtigkeitsempfinden her.«

Für die Riesenaufgabe, ein derart ausgedehntes Gebiet wie Brasilien zu kolonisieren, mußte Portugal im XVI. Jahrhundert auf die wenigen Männer zurückgreifen, die nach dem Abenteuer in Indien übriggeblieben waren. Mit diesen Überresten, in der Hauptsache niedrigem und plebejischem Volk, das außerdem mozarabisch, also von schwächerem Rassenbewußtsein war als die Edelleute oder Nordportugiesen, konnte in Amerika schwerlich eine rein weiße oder streng europäische portugiesische Herrschaft aufgerichtet werden. Das Nachgeben dem eingeborenen Element gegenüber wurde zu einem Gebot der portugiesischen Kolonialpolitik, das allerdings durch die Umstände gefördert wurde. Die Zügellosigkeit der Männer, die fern ihrer Familie unter einer Schar nackter Indianer lebten, stellte sich in den Dienst der mächtigen Staatsraison, indem sie für eine schnelle Bevölkerung des neuen Landes mit Mischlingen sorgte. Und tatsächlich gründete und entwickelte sich durch diese lang anhaltende und gründliche Rassenmischung im XVI. und XVII. Jahrhundert der Großteil der kolonialen Gesellschaft auf die heidnische Frau. Das Eingreifen der Jesuitenpatres verhinderte ein Absinken in ungeregelte Zustände und konnte die entstehenden Bindungen vielfach durch die christliche Trauung legalisieren.

So begann das koloniale brasilianische Leben in der Atmosphäre eines Sexualrausches.

Wo immer der Europäer Land betrat, stieß er auf eine nackte Indianerin. Sogar die Jesuiten mußten sich in acht nehmen, um nicht dem Fleisch zu verfallen. Viele andere Kleriker wurden von der allgemeinen Ausschweifung angesteckt. Die Frauen gaben sich aus eigenem Antrieb den Weißen hin, und die hitzigsten eilten herbei, sich an den Beinen derer zu reiben, die sie für Götter hielten. Sie schenkten sich den Europäern für einen Kamm oder einen Spiegelscherben.

»Die Frauen laufen nackt herum und können sich keinem versagen; ja, sie selber sind es, die die Männer bedrängen und belästigen, indem sie sich zu ihnen in die Hängematten legen, denn sie betrachten es als eine Ehre, mit den Christen zu schlafen«, schrieb Pater Anchieta. Dabei handelte es sich um ein schon einigermaßen gesittetes Brasilien und nicht um die erste Zeit absoluter Zügellosigkeit, die noch von keiner Jesuitensoutane im Zaum gehalten wurde.

Die Liebe war damals nichts anderes als Fleischeslust, und die christlichen Väter kümmerten sich nicht darum, die Kinder, die ihr entsprossen, europäisch zu erziehen oder im Schutz der Kirche aufwachsen zu lassen. Diese Kinder gediehen aufs Geratewohl, mitten im Urwald. Einige von ihnen waren so blond und von so heller Hautfarbe, daß die Siedler des XVI. Jahrhunderts sie und ihre Kinder sogleich als Nachkommen von Normannen oder Bretonen identifizierten. Von diesen Franzosen schrieb Gabriel Soares 1587 in seinem *Allgemeinen Reiseführer,* daß viele »in diesem Lande in wilder Ehe lebten und hier auch starben, ohne nach Frankreich zurückkehren zu wollen. Sie lebten wie die Heiden mit vielen Frauen zusammen; von ihnen sowie von jenen, die alljährlich zu Schiff von Frankreich nach Bahía und an den Segeripe-Fluß kamen, wurde das Land mit Mischlingen überschwemmt, die wie die Heiden geboren wurden, lebten und starben. Noch heute gibt es viele Nachkommen von ihnen, die blond, weiß und sommersprossig sind; sie werden für Tupinambá-Indianer gehalten und sind weit wilder als diese.«

Dieser französische Beitrag zur ersten Bevölkerung Brasiliens darf nicht vergessen werden. Ihre hauptsächlichen Niederlassungen befanden sich in Bahía und an allen jenen Küstenorten, die reich an tropischen Gewächsen sind. Wie die ersten Portugiesen gönnten sich auch die Franzosen den einzigen Luxus, den das harte Leben der Urbarmachung neuen Landes bot: Sie umgaben sich mit vielen Frauen. Sie und die Portugiesen hinterließen eine zahlreiche Nachkommenschaft an Mischlingen, von denen viele durch die Eingeborenenstämme absorbiert wurden, während andere eine Art Mittelweg zwischen dem wilden Leben im Urwald und dem der Gauner und Flibustier wählten und ein wenig unter dem europäischen Einfluß der französischen Schiffe und der portugiesischen Faktoreien blieben.

Doch erst von der Mitte des XVI. Jahrhunderts an kann, wie Basilio de Magalhães sagt, »von der ersten Generation von Mamelucos« gesprochen werden, Mestizen aus Portugiesen und Indianern mit einem genau definierten Volks- und Sozialcharakter. Die aus den ersten Begattungen hervorgegangenen Mestizen bieten, wie bereits gesagt, kein anderes Interesse, als daß sie der großen im Entstehen begriffenen hybriden Gesellschaft als Grundlage oder Rohstoff gedient haben.

Wir dürfen die heidnische Frau nicht nur als physisches Fundament der brasilianischen Familie betrachten, auf die sich die beschränkte Zahl der europäischen Siedler stützte und durch die sie sich festigte und vermehrte, sondern auch als wertvolles, zumindest materielles Kulturelement Brasiliens. Sie bereicherte, wie wir noch sehen werden, das brasilianische Leben um eine Reihe von Nahrungsmitteln, die heute noch verzehrt werden, von Drogen und Hausmitteln, um Traditionen hinsichtlich der Kindererziehung, um Küchengeräte, Vorschriften der Tropenhygiene – und sogar um das häufige, zumindest tägliche Bad, das den unsauberen Europäer des XVI. Jahrhunderts nicht wenig befremdet haben muß. Ihr verdanken wir auch die Hängematte, die noch heute den Brasilianer in den Schlaf wiegt oder ihm als Lager der Wollust dient. Sie brachte uns Kokosöl zur Haarpflege und eine Reihe von Haustieren, die sie zähmte.

Von der »Cunhá«, der Frau der Tupí-Guaraní, stammt das Beste unserer indianischen Kultur, nämlich: Sauberkeit, Körperhygiene, Mais, Cashew und Mingau (Polenta). Der Brasilianer von heute mit seinem täglichen Bad, Kamm und Spiegel in der Tasche, seiner von Kokosöl oder Haarwasser glänzenden Frisur läßt deutlich den Einfluß seiner Urgroßmütter erkennen.

Bevor wir gründlich auf den Beitrag der Cunhã zur gesellschaftlichen Entwicklung Brasiliens eingehen, wollen wir versuchen, den Anteil des indianischen Mannes an dieser Entwicklung zu bestimmen. Er war bedeutend, beschränkte sich aber lediglich auf die Erschließung und Eroberung des Hinterlandes, bei der er als Führer, Kanufahrer, Krieger, Jäger und Fischer diente. Er war eine wichtige Hilfe für den Mameluco, der Truppführer (Bandeirante) wurde, und beide waren den Portugiesen an Beweglichkeit, Wagemut und militärischen Qualitäten überlegen. Seine Aktivität und Ausdauer verließ ihn jedoch, wenn es darauf ankam, sie auf dem Zuckerrohrfeld mit harter Arbeit zu beweisen. Dieses mühselige Leben überstanden nur die Afrikaner mit ihrer außerordentlichen Reserve an Fröhlichkeit und animalischer Widerstandskraft. Der Indianer hingegen, ob als Freund oder Sklave der Portugiesen, machte seine Nutzlosigkeit bei Ausdauer und Stetigkeit verlangenden Arbeiten wieder wett durch glänzende Befähigung und Heldenmut als Soldat, nicht nur bei der Eroberung des Hinterlandes, sondern auch bei der Verteidi-

Herrenhaus und Negersiedlung einer Zuckerrohrplantage im XVII. Jahrhundert (Aus: Gaspar Barléus, *Rerum per Octennium in Brasilia)*

gung der Kolonie gegen die Spanier, portugiesenfeindliche Stämme und Seeräuber.

Indianer und Mamelucos bildeten einen lebenden, beweglichen Wall, der die Grenzen der brasilianischen Kolonie ständig weiter nach Westen vorschob und gleichzeitig im Zuckerrohrplantagengebiet die Pflanzungen gegen räuberische Angriffe von fremden Piraten verteidigte. Jede Zuckerplantage im XVI. und XVII. Jahrhundert war gezwungen, Hunderte oder mindestens Dutzende von Leuten in steter Alarmbereitschaft zu halten, um Haus und Lagerhäuser gegen Überfälle von Wilden oder Piraten verteidigen zu können, und diese Leute waren fast ausschließlich Indianer oder Caboclos, bewaffnet mit Pfeil und Bogen.

Die Hacke blieb nie lange in der Hand des Indianers oder des Mameluco, noch erlaubten ihm seine Nomadenfüße, jemals bei steter und lohnender Arbeit seßhaft zu werden. Ungefähr das einzige, was die Kolonisten in landwirtschaftlicher Hinsicht von den Eingeborenen in Brasilien lernten, war das *coivara* oder Niederbrennen von Wald und Busch, eine Praxis, die dann leider überall in der tropischen Agrikultur angewendet wurde. Was an Wissen über Samen und Wurzeln und anderen rudimentären landwirtschaftlichen Kenntnissen erhalten geblieben ist, wurde den Portugiesen weniger durch die kriegerischen Männer als vielmehr durch die indianische Frau vermittelt, denn sie besorgte nicht nur das Haus, sondern tat auch Feldarbeit.

Wenn wir nun zusammenfassend die Mitarbeit des Indianers am Aufbau der Landwirtschaft betrachten, kommen wir – im Gegensatz zu Manuel Bonfim, der indiophil bis zu den Haarwurzeln ist – zu dem Ergebnis, daß hier der Beitrag des Eingeborenen bedeutungslos war. Das kann nicht überraschen angesichts der Tatsache, daß die amerikanisch-indianische Kultur zur Zeit der Entdeckung Amerikas eine Nomadenkultur, eine Waldkultur und nicht eine landwirtschaftliche Kultur war. Das wenige, was angebaut wurde, wie Maniok, Yams, Mais, Kürbisse, Erdnüsse und Papaya – und dies auch nur bei wenigen nicht ganz so rückständigen Stämmen –, überließ man zur Bearbeitung den Frauen, die nebenbei noch den Haushalt besorgen mußten. Die Männer als Jäger, Fischer und Krieger verachteten solche Aufgaben und waren auch durch ihr Nomadenleben für regelmäßige und stetige Arbeit ungeeignet. Daher kommt es, daß die Indianerinnen nicht so gute Haussklaven abgaben wie die Negerinnen, die später durchweg als Köchinnen und Ammen die Indianerinnen verdrängten, ebenso wie der Neger den Indianer als Feldarbeiter ersetzte.

Studien über die Stämme Zentralbrasiliens liegen vor von Martius und Karl von den Steinen und in Paul Ehrenreichs Werk über die Indianer des Mato Grosso, Goiás und des Amazonasgebietes, ebenso Schriften von Whiffen, Roquette-Pinto, Koch-Grünberg, Schmidt, Krause und E. Nordenskjöld sowie Aufzeichnungen von Reisenden und Missionaren, die auf Caboclos trafen, die nie einen Europäer gesehen hatten. Alle diese Quellen berechtigen uns zu der Annahme, daß selbst die weiter fortgeschrittenen Indio-Kulturen, die von den Portugiesen in Amerika entdeckt wurden und von denen noch immer Spuren vorhanden sind, im großen und ganzen auf niedrigerer Stufe standen als die afrikanischen Kulturkreise, aus denen später Neger und Negermischlinge für die Zukkerplantagen importiert wurden. Eine Reihe dieser afrikanischen Kulturen wurde unter Anwendung neuester anthropologischer Methoden von Leo Frobenius beschrieben, während uns über Amerika eine meisterhafte Darstellung von Wissler und Kroeber vorliegt, so daß wir in der Lage sind, die von beiden Kontinenten hervorgebrachten sittlichen und materiellen Werte miteinander zu vergleichen.

Die hauptsächlichen Eigenheiten der Stämme Nordostbrasiliens, Eigenheiten, von denen viele allerdings über das ganze Land verbreitet sind, wurden von Whiffen wie folgt zusammengestellt:

Jagd, Fischfang, Anbau von Maniok, Tabak, Coca und in geringerem Umfang Mais, Yamswurzel oder Cará, Jerimum und Pfeffer.

Urbarmachung durch Niederbrennen (*coivara*). Pflügen durch Grabstock, nicht mit Hacke.

Keine Haustiere.

Tiere werden nur als Nahrung verwandt.

Honiggewinnung von halbzahmen Bienen.

Nahrungsgrundlage: Maniokmehl oder -fladen und mit Gewürzen konserviertes kleineres Wildbret.

Gebrauch von in Stroh oder Matten gepreßtem Maniok.

Gebrauch von pulverisierten Cocabeeren und Mimosensamen zum Schnupfen.

Tabak nur als Getränk und bei bestimmten Zeremonien.

Kenntnis und Gebrauch von Curare und anderen Giften.

Pfeil und Bogen, Speer, Ruder.

Fischfang durch Wasservergiftung, aber auch mit Angelhaken, Reuse, Netz und Mehrzackspeer.

Gewohnheit, Lehm zu essen.

Kannibalismus.

Trommeln zur Signalübermittlung.

Phalluskult.

Hängematten aus Palmfaser.

Töpferei und Korbflechterei.

Kein Metall, wenig Verwendung von Stein, Holzgeräte.

Einbaum-Kanus.

Baumentwurzelung mit Hilfe von Keilen.

Große Holzmörser zum Zermahlen von Coca, Tabak und Mais.

Häufiger Wohnungs- und Arbeitswechsel.

Ganze Gemeinschaften leben in einem großen viereckigen Haus mit Stroh- oder Blätterdach mit vier Dachbalken ohne Kamin.

Der Vorplatz des Hauses ist gesäubert und gefegt, das Haus liegt im Wald versteckt, der Zugang ist erschwert durch gewundene Irrpfade.

Keine Bekleidung, außer vielleicht bei den Männern ein Lendenschurz aus Baumrinde.

Frauen haben Kämme aus Palmblattstengeln.

Halsketten aus Menschenzähnen.

Bänder als Körperschmuck, Nasenperforation, Rasseln an den Beinen, kunstvolle Körperbemalung.

Vor jeder wichtigen Unternehmung, ob friedlich oder kriegerisch, feierliche Versammlung oder Beratung mit einem schwarzen Getränk von Tabaklauge im Mittelpunkt der Zeremonie.

Männerkindbett.

Teilnahmeverbot für Frauen an den wichtigeren Zeremonien, vor allem den Mannbarkeitsfeierlichkeiten.

Personennamen werden nur leise genannt, solche mythischer Bedeutung nur geflüstert.

Bedeutung der Zauberkraft und großer Mißbrauch des Zaubers, Hexenmeister kann Krankheiten austreiben, seine Hauptfunktion ist es, böse Geister, die einen Menschen befallen haben, auszutreiben.

Zwei große Erntedankfeste, für Maniok und Ananas.

Grausames Geißeln der jungen Burschen bei der Mannbarkeitszeremonie.

Prüfung durch beißende Ameisen.

Formelle Anklage der Sippe wegen Vergehen einzelner.

Sogenannter Sieb-Tanz, Gebrauch von Panflöte, Flöte, Kastagnetten und Rasseln.

Unterbringung der einzelnen exogamen Gruppen in separaten Räumen, Monogamie, bei Abstammungsfeststellung gilt nur die Vaterseite, ein Häuptling und Führer für jedes Haus mit einem Rat aus allen erwachsenen Männern.

Erzählungen ähnlich europäischen Märchen, Tierfabeln wie in Afrika.

Verehrung von Sonne und Mond.

Totenbegräbnis.

Dies sind weitverbreitete Charakteristika einer Kultur, die Wissler »die Kultur der tropischen Urwälder« nennt und die praktisch ganz Brasilien umfaßt.

Die Kultur der Atlantikküste, jene also, mit der die Europäer in Brasilien zuerst in Kontakt kamen, hat zusätzlich noch folgende Eigenheiten:

Rauchen von Tabak in der Pfeife.

Siedlungen von Palisadenzäunen umgeben.

Gute steinerne Geräte.

Beisetzung der Toten in Urnen, statt Begräbnis.

Andererseits fehlen bei den Jê-Botocudos oder den Tapuias in Mittelbrasilien einige der erwähnten Eigenheiten, so das wenige an Landwirtschaft, Flechterei und Anfängen von Astrologie, das bei den Stämmen des Nordens und der Küste gefunden wurde, sowie die Herstellung von Steingeräten und der Gebrauch der Hängematte zum Schlafen. Bei den Jê-Botocudos wurden nach Wissler gewisse Besonderheiten bemerkt, die vermuten lassen, daß dieser Stamm den Patagoniern verwandt ist, und zwar auf einer tieferen Entwicklungsstufe als die der Tupís. Unter anderem wird auch Kannibalismus erwähnt.

Über Haustiere bei den beiden Hauptgruppen – Jê-Botocudos und Tupís – sollte man bemerken, daß entgegen Wisslers allgemeiner Feststellung doch das Vorhandensein »weniger gezähmter Vögel wie des Jacamí, einiger Nagetiere wie Cutia, des Pacá und einiger Affen« notiert wurde. Tatsächlich wird keines dieser Tiere als Nutz- oder Lasttier verwandt. Lasten trägt der Eingeborene, bzw. meistens die Frau, mühsam auf dem Rücken. Die Tiere werden also nur zum Vergnügen und nicht zum Nutzen gehalten, es sei denn, man betrachtet die halbwilden Bienen als nützliche Haustiere oder jene zahmen Vögel, die nach Roquette-Pinto von den Kindern des Nhambiquara-Stammes als eine Art Puppen benutzt werden.

Teodoro Sampaio, dem wir durch seine Studien über die Sprache der Tupís sehr viel Aufschluß über das intime Leben der Ureinwohner Brasiliens verdanken, bemerkt, daß um die Behausung der Wilden herum »und mit größter Vertrautheit auch in diese eindringend, sich eine Welt von Haustieren entwickelt hat, die man unter dem Begriff *Mimbaba* zusammenfaßt«. Aber alles waren Tiere, die zum Vergnügen, nicht zu irgendeinem Nutzen oder Zweck gehalten wurden: »Vögel mit prächtigem Gefieder, wie Flamingos, Aras, Canindés, Tukane, eine Reihe Hühnervögel, Urus, Enten, auch Tiere wie Affen, Coatis, Wiesel- und Katzenarten; sogar Schlangen fand man in häuslicher Koexistenz.«

Bei den Indianern in diesem Teil des Landes, wie generell bei Primitiven, bestand eine sehr enge Beziehung, oft fast eine lyrische Zuneigung zwischen Mensch und Tier. Karsten hörte bei den Jibaros von einem Mythos, wonach die Tiere einst sprechen konnten und genau wie die Menschen lebten. Und bis heute, fügt er hinzu, »gibt es für den Indio keinen trennenden Unterschied zwischen Mensch und Tier. Er glaubt, daß im Grunde das Tier die gleiche Seele hat wie der Mensch und daß es geistig wie moralisch auf gleicher Höhe mit ihm steht.« Daher kommt also – unabhängig vom Totemismus, auf den wir später gesondert eingehen werden – die fast lyrische Zuneigung des Brasilianers zu zahlreichen Tieren, hauptsächlich zahmen Vögeln, die er im Hause hält, ohne daran zu denken, sich von ihrem Fleisch oder ihren Eiern zu ernähren, aus ihrer Kraft für Haus- oder Landarbeiten Nutzen zu ziehen oder ihr Blut bei kultischen Opfern zu verwenden.

Die Monogamie war in diesen von den Portugiesen eroberten amerikanischen Kulturkreisen nie überall üblich, Polygamie gab es immer und gibt es noch bei Stämmen, die von europäischer Moral unberührt blieben. Und nicht nur Häuptlinge, sondern auch Krieger – die imstande waren, eine große Familie zu erhalten – nahmen sich mehrere Frauen.

Eine der wichtigsten Eigenheiten brasilianischer Kulte jedoch scheint Wissler übersehen zu haben, und zwar den Brauch von Teufels- und Tiermasken, die mystische und kultische Bedeutung haben, wie das von Koch-Grünberg und später besonders von Karsten hervorgehoben wird.

Hinsichtlich der Moral der Ureinwohner Brasiliens müssen wir uns hier auf das Sexual- und Familienleben beschränken und interessieren uns da in erster Linie für Magie und Mythos. Es gab Kultgebräuche, von denen die ersten portugiesischen Pioniere im Anfang sehr lebhaft beeindruckt waren, aber sie verloren dann an Interesse und verblaßten gegen den größeren Einfluß der Neger. Trotzdem leben sie im Unterbewußtsein unserer sozialen, moralischen und religiösen Struktur weiter und drohen mitunter die Oberfläche der katholischen oder europäisierten Einheitlichkeit zu durchbrechen.

Um die Mitte des XVI. Jahrhunderts berichtet Pater Anchieta, daß bei den brasilianischen Ureinwohnern die Frau nicht eifersüchtig ist, wenn ihr Mann eine andere oder mehrere Frauen nimmt: »Es kümmert sie auch nicht, wenn er sie ganz verläßt, und wenn sie noch jung ist, sucht sie sich einen anderen Mann. Und wenn die Frau ein Mannweib ist, verläßt sie wiederum den Mann und nimmt sich einen anderen.«

Natürlich konnte sich die katholische Moral, die zudem von den besonders strengen Jesuiten überwacht wurde, mit diesem Männer- und Frauenwechsel nicht einverstanden erklären. Die Anstrengungen der Jesuiten, eine strikte Monogamie durchzuführen, müssen gewaltig gewesen sein, nicht nur bei den getauften Indianern, sondern auch bei den portugiesischen Kolonisten, denn gegen den Willen der Jesuiten duldeten andere Geistliche freie Verbindungen mit »Schwarzen«. Seit der Begegnung mit den Mauren war den Portugiesen die Polygamie nicht mehr fremd, und die indio-amerikanische Moral gab ihnen nur die Gelegenheit, der mozarabischen Neigung zur Vielweiberei frei und unbekümmert zu folgen. (Eine Neigung, die man zwei Jahrhunderte nur notdürftig unterdrückt hatte, brach wieder aus.)

Beide Völker, die sich zuerst auf diesem Teil Amerikas begegneten, d. h. der portugiesische Mann und die Indiofrau, waren sehr sinnlich. Gegen den allgemeinen Glauben, daß es mehr die Neger waren, die ihre Sinnlichkeit auf die Brasilianer übertrugen, ist meiner Ansicht nach in Wirklichkeit der Afrikaner das sexuell schwächste von den drei Elementen, die sich vereinigten, um unser Volk zu formen. Der Portugiese aber hat die stärkste Libido. Jedenfalls sind bei den Negern – reinen Negern, frei von islamitischen Einflüssen – erotische Tänze häufiger und heißer als bei Indios oder Portugiesen, und das scheint eine schwächere Sexualität zu bedeuten. So ist wenigstens die Meinung einer Reihe von modernen Ethnologen und Anthropologen. Ältere Wissenschaftler sind anderer Ansicht. Unter ihnen sei erwähnt Crawley, der über dieses Thema hervorragend geschrieben hat, und Westermarck sowie von der Seite der Sexualpsychologie und genetischen Soziologie Havelock Ellis, von dem auf diesem Gebiet alle anderen noch lernen können.

In ihrer Eigenschaft als Aphrodisiakum, als Reizmittel, das die sexuelle Aktivität aufstachelt, deuten solche Tänze auf einen bestehenden Mangel an Sexualkraft und nicht, wie man früher annahm und zum Teil heute noch glaubt, auf einen Libido-Überschuß. Erotische Tänze, wie sie Koch-Grünberg bei den Stämmen Nordwestbrasiliens gesehen hat – Männer mit Masken und riesigem Membrum virile, die pantomimisch einen Sexualakt mit Samenerguß vorführten –, dürften bei den Indio-Amerikanern seltener sein als bei den Afrikanern, was wieder darauf schließen läßt, daß erstere eher auf sexuelle Reizmittel verzichten können. Außerdem sollte man die Tatsache nicht außer acht lassen, daß viel von dem animalischen Drang des nomadischen Indio-Kriegers von den Strapazen des Existenzkampfes absorbiert wurde, ehe er sexualisiert werden konnte, von den Kriegen gegen andere Stämme, Wanderungen, Jagd, Fischerei und Verteidigung gegen wilde Tiere. Er verfügte über keinen Überfluß an Nahrung und Muße, der nach Adlez vom biologischen und nach Thomas vom soziologischen Standpunkt aus in enger Beziehung zur sexuellen Entwicklung des Menschen steht.

Paulo Prado sagt, an unseren Küsten habe sich die »liederliche Lebensweise des europäischen Eroberers« mit der »Sinnlichkeit des Indianers«

getroffen. Mit letzterem meint er die Indianerin. Diese »priapischen« Caboclas waren einfach verrückt nach den weißen Männern. Derselbe Essayist und Verfasser des *Retrato do Brasil* erinnert auch an die Berichte früherer Chronisten über die Sexualmoral der Eingeborenen. Sie widerspiegeln Erschrecken und Abscheu. So Gabriel Soares de Sousa, der schreibt, die Tupinambás »sind so voller Sinnenlust, daß es keine Sünde der Lust gibt, die sie nicht begehen«. Oder Pater Nóbrega, der bestürzt ist über die Zahl der Weiber, die jeder Eingeborene hat, und die Unbekümmertheit, mit der er sie verläßt. Und schließlich Vespucci, der an Lorenzo de Medici schreibt, daß die Indianer »so viele Frauen nehmen, wie sie wollen, der Sohn hat Verkehr mit der Mutter, der Bruder mit der Schwester, der Vetter mit der Base und der, der draußen vorbeigeht, mit der ersten Frau, die er trifft«.

Überrascht, eine so vollkommen von der ihren verschiedene Sexualmoral anzutreffen, mußten die Europäer natürlich zu dem Schluß kommen, daß die Eingeborenen ungewöhnlich sinnlich veranlagt seien, während in Wirklichkeit wahrscheinlich sie selbst die Lasziveren waren.

Über die Häufigkeit blutschänderischer Beziehungen, von denen Vespucci in seinem Briefe spricht, gibt uns Jahrzehnte später der verläßlichere Pater Anchieta genaue Auskunft. Dieser Missionar schreibt, daß die Eingeborenen als »echte Verwandtschaft« nur die »Linie des Vaters als des aktiven Teils« anerkennen; Mütter sind »nicht mehr wert als Beutel ... zum Austragen der Kinder«. Aus diesem Grund benutzen sie »die Töchter ihrer Schwester *ad copulam* ohne einen Skrupel«. Er fügt hinzu, daß diese letzteren »jetzt« (Mitte des XVI. Jahrhunderts) »von ihren Vätern an die Onkel, die ihrer Mütter Brüder sind, nach gegenseitigem Einverständnis in Heirat vergeben werden, auf Grund ihrer Verfügungsgewalt über diese Mädchen ...« Schon in der Anfangsperiode der Kolonisierung zeigen sich also gewisse Einwirkungen der katholischen Moral und – hinsichtlich der blutschänderischen Heiraten – der Kirchengesetze auf die Sexualmoral der Eingeborenen.

Außerdem war in diesem Teil Amerikas der geschlechtliche Verkehr unter den Eingeborenen allgemein gar nicht so zügel- und hemmungslos, wie Vespucci uns glauben machen will, noch war das Leben der Ureinwohner eine endlose Orgie, wie sich die ersten Reisenden und Missionare das vorstellen. Denn, wie Fehlinger bemerkt, Laxheit dieser Art, sexuelle Exzesse und Libertinertum werden nirgendwo bei Primitiven angetroffen. Baker hebt die Unschuld gewisser Sitten hervor. So habe der

Brauch, einem Gast Frauen anzubieten, seinen Urgrund im Instinkt für die Gastfreundschaft. Was diese Sitten verzerrt, ist die böswillige Auslegung oberflächlicher Kritiker. Heute müssen wir im Gegenteil sagen, daß der sexuelle Impuls des amerikanischen Wilden relativ schwach war, wenigstens für den Mann trifft das zu. Das ruhige und geregelte Leben der Frauen ergab bei ihnen eine weit höhere Sexualität, die zuweilen aufgespeichert so anstieg, daß man daraus vielleicht das Priapeische vieler Frauen gegenüber weißen Männern erklären kann.

Gabriel Soares erwähnt eine rauhe Methode, mit denen die Tupinambás die Größe des Membrum virile steigern, und schließt daraus, daß sie besonders sinnlich seien. Nicht zufrieden »mit dem männlichen Glied, so wie die Natur es schuf«, schreibt der Chronist des XVI. Jahrhunderts, pflegen die Tupinambás dasselbe zu umwickeln mit »der Haut einer Giftschlange, was für über sechs Monate eine sehr schmerzhafte Schwellung hervorruft. Danach läßt der Schmerz langsam nach, doch das Glied bleibt riesenhaft und so deformiert, daß die Frauen es nicht ertragen können ...«

Aber selbst solche sicher recht unmoralisch erscheinenden Bräuche deuten mehr auf eine gefühlte zwingende Notwendigkeit hin, einen hinsichtlich der Fortpflanzungsfunktion gespürten physischen und psychischen Mangel wettzumachen, als auf Sittenzerfall, Sadismus oder Masochismus. Es ist eine bekannte Tatsache, daß bei den primitiven Völkern gemeinhin die Sexualorgane weniger entwickelt sind als bei den zivilisierten. Überdies spüren, wie gesagt, die Eingeborenen die Notwendigkeit von Saturnalien und orgiastischen Bräuchen, weil sie aus Erfahrung wissen, daß sie ohne das Reizmittel des bei lasziven Tänzen produzierten, im Schweiß enthaltenen Öles die erforderliche Erregung und Erektion, die Zivilisierte ohne Schwierigkeiten vollbringen, nicht erreichen können. Zivilisierte sind jederzeit zu einem Koitus fähig, Wilde üben ihn nur aus, wenn sie von sexuellem Hunger geplagt werden. Es wird angenommen, daß es bei primitiveren Stämmen auch festgesetzte Zeiten für den Geschlechtsverkehr gegeben hat.

Auch bei den Eingeborenen Brasiliens fehlte es nicht an Beschränkungen des Geschlechtsverkehrs. Nur der Unwissenheit und dem Hang zur Übertreibung bei den Chronisten des XVI. Jahrhunderts ist es zuzuschreiben, daß wir dazu verleitet wurden, zu glauben, die Liebe der Caboclos diene nur der Sinnenbefriedigung, und jeder Mann umarme jede erstbeste Frau in Reichweite. Eine der Beschränkungsvorschriften, die von allen eingehalten wurde, war die Exogamie. Jede Gruppe spaltete sich sozusagen in exogame Hälften, und diese wieder unterteilten sich in kleinere Gruppen oder Sippen. Pater Anchieta erklärte uns schon, warum die Tupís nichts gegen eine Verbindung von Nichte und Onkel mütterlicherseits einzuwenden hatten, nämlich deshalb, weil nur die väterliche Linie als Verwandtschaft galt und auch maßgebend war für die Geschlechtsbeziehungen und die Regelung des Familienlebens. Dem Indianer waren nicht etwa die Begriffe Inzucht und Blutschande gänzlich unbekannt, aber die Blutschande existierte für ihn nur unilateral, und seine Vorstellungen davon waren ungenau und unbestimmt. Gabriel Soares sagt über die Tupinambás: »Das Mädchen nannte alle Verwandten väterlicherseits Vater, und diese nannten sie selbst Tochter ...« Und der Verfasser des *Roteiro* berichtet: »Der Onkel, ein Bruder des Vaters des Mädchens, heiratet seine Nichte nicht, noch berührt er sie, sondern behandelt sie als Tochter, und sie, nach dem Tode ihres Vaters, gehorcht ihm wie einem Vater ...« Sicher, derselbe Chronist sagt auch, daß bei den Tupinambás nicht selten der Bruder mit der Schwester schläft, aber solches geschah heimlich und im Wald versteckt.

Neben der wenn auch vagen Vorstellung von Inzucht und unilateraler Blutschande gab es bei den Ureinwohnern Brasiliens noch eine andere Einschränkung des Geschlechtsverkehrs, und das war der Totemismus. Unter diesem versteht man das Phänomen, daß Gruppen von Individuen glauben, von einem bestimmten Tier oder einer Pflanze abzustammen oder unter ihrem Schutz zu stehen. Den Angehörigen einer solchen Gruppe war jeder intime Verkehr mit Frauen aus der gleichen Gruppe untersagt. Es ist bekannt, daß die durch den Totemismus bedingte Exogamie auf weitestmöglich voneinander entfernte Gruppen ausgedehnt wurde, wenn sie Blutsverwandte betraf. Diese Gruppen waren also mystische Bündnisse durch ihre gleiche Abstammung vom wilden Eber, Jaguar oder Krokodil und vermieden, wie Bruder und Schwester oder Onkel und Nichte, jede sexuelle oder eheliche Verbindung miteinander.

Aus all diesen Einschränkungen geht hervor, daß das Sexualleben dieses Teils Amerikas nicht so zügellos war, wie es beschrieben worden ist, sondern voller Tabus und Behinderungen. Diese waren zwar weder so zahlreich noch eingewurzelt wie die, welche dem Europäer die Liebesbeziehung zwischen Mann und Frau erschwerten, aber sie weisen doch auf eine Gesellschaftsordnung hin, die alles andere als hemmungslos sinnlich und unmoralisch war.

Es ist daher ein schwerer Irrtum anzunehmen, daß das Leben der Wilden in dieser oder anderer Hinsicht völlig frei und ungebunden gewesen sei. Weit entfernt von der romantischen Vorstellung, ein freies animalisches Wesen zu sein, war der Amerikaner der Wildnis, als man ihn auffand, ein splitternackter Nomade, unter drohenden Schatten von Angst und Aberglauben. Unsere Mestizen-Kulte haben viel von diesen Ängsten und Aberglauben unter Tilgung unbrauchbarer Elemente übernommen. So glauben wir, daß der »Caiporismo«, der noch heute das Seelenleben des Brasilianers beeinflußt, seinen Ursprung hat in dem Indianerglauben an die seherische Gabe des »Caipora«, eines einbeinigen nackten kleinen Caboclos, der, wenn er den Auserwählten erschien, ein sicheres Zeichen für kommendes Unheil war. Der »Caipora« ging unter, hinterließ aber an seiner Stelle den »Caiporismo«, genauso, wie die »Pajés« oder Medizinmänner verschwanden und statt ihrer zuerst die »Heiligkeit«-Kulte des XVI. Jahrhunderts und dann Wunderheilungen und Geisterbeschwörungen entstanden. Vieles davon findet man, vermischt mit afrikanischer Magie und Religion, in jenen niederen Formen des Spiritismus, die heute in jeder größeren Stadt und im Innern Brasiliens geübt werden und die der europäischen Medizin sowie dem Exorzismus der Priester Konkurrenz machen.

In den Hütten der Armen Brasiliens auf dem Land und in den Vorstädten hat sich viel von dem Fetischismus, dem Totemismus, der rudimentären Astrologie und den Tabus der Ureinwohner erhalten. Dies erkennt man an der Kost, dem intimen Leben, dem Kunsthandwerk, der Haltung gegenüber Krankheit, Tod, Neugeborenen, Tieren, Pflanzen, Mineralien, Gestirnen und anderem mehr. Manchmal zeigt sich der Einfluß der alten Kulte deutlich und stark, manchmal überlagert von afrikanischen Bräuchen und fast immer abgeschwächt durch die Allgegenwart der katholischen Kirche.

Ein Freund von mir, der aus der gleichen Gegend stammt wie ich und der weite Reisen durch das Hinterland Brasiliens gemacht hat, Dr. med. Samuel Hardman Cavalcanti aus Pernambuco, fragte mich einmal, warum wohl die Frauen im Inneren des Landes eine so ausgesprochene Vorliebe für Rot hätten. Diese Vorliebe kann man vor allem im Norden bis Nordosten und in Bahía bemerken, aber auch in den Staaten São Paulo und Rio de Janeiro ist sie mir aufgefallen, wenn auch in geringerem Maße. Am Amazonas bei den echten Caboclos und den Abkömmlingen von Caboclo und Neger hat Gastão Cruls dieselbe Beobachtung gemacht und sie in seinem Buch *Das Amazonasgebiet, wie ich es sah* festgehalten: »Ich bemerke in diesen Gebieten wie auch schon im inneren Nordosten bei den Frauen eine auffallende Vorliebe für Scharlachrot. Ob es lediglich eine Vorliebe ist oder, wie sie mir erklärt haben, einen Abwehrversuch gegen mögliche Unannehmlichkeiten an gewissen Tagen im Monat darstellt, weiß ich nicht.« Das gleiche berichtet aus demselben Gebiet der Arzt Samuel Uchoa.

Die häufige Verwendung von Rot in der Kleidung der Brasilianerin, sonderlich im Nordosten und im Amazonasgebiet, ist ein typisches Beispiel dafür, wie sich die drei Komponenten – die indianische, die afrikanische und die portugiesische – friedlich und reibungslos zur Einheit verschmolzen haben. Von welcher der drei Komponenten diese Vorliebe auch stammen mag, wir haben es hier jedenfalls mit einem mystischen Brauch zu tun, der den Zweck hatte, dem Individuum Schutz und Schirm gegen böse Geister oder Unheil zu geben. Aber der Indio maß der roten Farbe wohl die größte Bedeutung zu. Wenn er sich den Körper scharlachfarben bemalte (mit den Früchten des Urucú-Strauches), so tat er das nicht, um seiner Freude am Bizarren Ausdruck zu geben, wie die ersten Chronisten dachten. Wir sollten die Tatsache nicht unterschätzen, daß er, mit Urucú bemalt oder getüncht, beim Jagen oder Fischen besser gegen Sonnenbrand, Moskitos und andere Insekten wie auch gegen plötzlichen Temperaturwechsel geschützt war. Körperbemalung wurde von Prof. von den Steinen bei den Xingú-Stämmen, von Krause bei den Caiarás und von Crevaux bei den Japurás festgestellt. Nichtsdestoweniger finden wir noch heute unter den Ureinwohnern Brasiliens einige Stämme, denen die Körperbemalung auf mystische Weise nur Schutzmittel gegen böse Geister bedeutet. In einigen wenigen Fällen wird die Bemalung auch erotisch, als sexuell anziehend oder exhibitionistisch angewandt. Als Prophylaktikum gegen alles Böse war Scharlachrot die wirksamste Farbe, sagt Karsten.

Die Portugiesen lernten anscheinend die mit der roten Farbe assoziierten Mystizismen von den Mauren und afrikanischen Negern, und zwar so gründlich, daß heute in Portugal wie in keinem anderen europäischen Land Rot die weitaus dominierende Farbe ist, und nicht nur bei den Kleidern der einfachen Frauen, Lissabons Fischweibern, den »Tricanas«, oder der Bäuerinnen von Coimbra, Aveiro und Ilhavo, der Frauen der Hafenstadt Vianna, der Provinz Minho und der »Ribeiras« von Leiria, sondern Rot gilt auch als Schutz gegen Geisteskrankheiten und hat seine

Bedeutung auf vielen Gebieten des täglichen Lebens und der Volkskunst. Rot muß das Hausdach sein, wenn die Bewohner darunter Schutz finden sollen.

Rot sind die Ziegel auf deinem Dach,
Sie bergen eine Fülle von Gaben;
Unter sie flüchte ich, krank und schwach,
Und schon geheilt sie mich haben.

Rot sind die Fischerboote, Rot ist die vorherrschende Farbe auf den volkstümlichen, religiösen Bildern von Wundern und Fegefeuer, Rot erscheint in den Zaumzeugen der Maultiere, in den Matten, in der Verpackung vieler Produkte der portugiesischen Industrie; rot, weil es Glück bringt, sind die Bänder, mit denen man Esel, Kühe, Ochsen und Ziegen schmückt. Zwar haben die Menschen das Wissen um die Wunderkraft dieser Farbe verloren, doch verbergen sich hinter ihrer Vorliebe für sie mystische Motive. Bei den Portugiesen ist Rot immer noch die Farbe der Liebe und ein Symbol für den Wunsch zur Ehe.

Bei den Afrikanern ist das mystische Rot eng verbunden mit den wichtigsten kultischen Zeremonien, und es hat die gleiche prophylaktische Wirkung wie bei den Indianern. Für die verschiedenen afrikanischen Xangô-Sekten, die ich in Recife und Umgebung besuchte, ist Rot die bedeutungsvollste Farbe. Fromme Mitglieder der Sekte tragen rote Hemden, auch Turbane, Röcke und Schals der meisten Frauen sind grellrot. Ortiz sagt in seinen Studien über die afro-kubanischen Mythen, daß Scharlachrot die Farbe des kubanischen Xangô-Kultes ist und die Frauen in Erfüllung von Gelöbnissen für von Xangô gewährte Bitten Rot tragen, während sie sich in gleichen Fällen bei Obatalá (der gnadenreichen Jungfrau) weiß kleiden.

Bei unseren Karnevalstänzen, den »Maracatús« und »Reisados«, erscheint der Congo-König oder die -Königin immer in rotem Cape, und die Banner der Karnevalsgesellschaften, mit Tierköpfen oder Gewerbesymbolen in Gold gemalt oder gestickt, sind scharlachrot. Nebenbei sei erwähnt, daß diese Gesellschaften – innerhalb des brasilianischen Katholizismus – eine versteckte Form des Totemismus oder afrikanischen Animismus darstellen (ein Thema, das schon gründlich von Nina Rodrigues behandelt wurde) oder eine degenerierte und vom einstigen Sklaventum pervertierte Erinnerung an mittelalterliche Gilden sind. Die Bildung solcher Gesellschaften wurde wenigstens in Spanien, in der Zeit vor der

Kolonisation Amerikas, den Mauren und Negern zur Aufgabe gemacht oder erlaubt.

Wir haben die Vorliebe des Brasilianers für Rot in der weiblichen Kleidung, bei den Karnevalsfahnen, im Cape der Maracatú-Königin bemerkt. Sie findet sich auch in anderen Teilen des täglichen Lebens und der Volkskunst: im Anstrich der Häuser und bei der Innendekoration, bei Blechbüchsen und anderen Haushaltsartikeln aus Blech oder Holz, wie Gießkannen, Papagei- und Vogelkäfigen und der Bemalung von Exvotos, ja sogar bei der Verzierung der Platten für Kuchen und Süßigkeiten. Auf die Bedeutung der letzteren werden wir noch im Zusammenhang mit der erotischen Nomenklatur des Brasilianers zurückkommen, der gern in Redewendungen gastronomischer Herkunft auf erotische Dinge anspielt.

Daraus ist zu schließen, daß die Vorliebe des Brasilianers für die rote Farbe hauptsächlich indio-amerikanischen Ursprungs ist. Karsten betont, der Indio habe körperlich mehr Angst vor bösen Geistern als vor Insekten oder Reptilien gehabt. In der Vorstellung des Primitiven lauern die Geister ständig auf die Gelegenheit, durch Mund, Nase, Augen, Ohren und Haar in seinen Körper eindringen zu können. Daher scheint es ihm von äußerster Wichtigkeit, diese kritischen Körperteile besonders gut gegen Unheil zu schützen. So erklären sich die Durchbohrungen von Nase und Lippen mit Ringen, Steinen, Schnüren, Knochen und Zähnen. Pero Vaz de Caminha war es, der als erster kahlgeschabte Köpfe bei den brasilianischen Indianern und ihren nackten Frauen bemerkte sowie auch mitunter schwarz gefärbte Zähne. Alles dies diente nur dazu, böse Geister von den verwundbaren Stellen fernzuhalten. Auch das bei vielen südamerikanischen Stämmen von Feuerland bis nach Guayana gebräuchliche Einschmieren des Haares mit rotem Ocker oder blutrotem Pflanzensaft hatte den gleichen Grund.

Von den Steinen beobachtete, daß sich die Bororos vor den Begräbnisfeierlichkeiten und -tänzen ihr Haar scharlachrot färbten. Bei diesen Gelegenheiten fühlte sich der Indianer von den unheilvollen Mächten besonders bedroht, weil er glaubte, daß dann der Geist des Toten und überhaupt alle bösen Geister besonders reizbar und gefährlich seien. Koch-Grünberg fand den gleichen Brauch unter den Stämmen des Rio Negro; er sah nach einem Begräbnis einen ganzen Stamm in roter Bemalung, mit einziger Ausnahme des Medizinmannes. Dieser deutsche Ethnologe berichtet weiter, daß bei Beschwörungstänzen mit Zimbelbegleitung der Medizinmann das Gesicht scharlachrot bemalt hatte und einen schrecklichen Anblick bot.

Von den Steinen hatte Gelegenheit, die Beschwörung eines Meteors bei den Rio-Xingú-Indianern mit anzusehen, wobei die Baris oder Medizinmänner heftig gestikulierten und in die Luft spieen. Aber bevor sie gegen den Feind antraten, hatten sie ihre Körper grellrot mit Urucú bemalt.

Wenn bei den Eingeborenen des Rio Negro jemand an Erkältungserscheinungen erkrankte, bemalten sich die anderen mit dem roten Saft der Caraiuru-Pflanze in der Absicht, das Übel beizeiten prophylaktisch zu bekämpfen. Aus dem gleichen Grund, fand Koch-Grünberg, pflegten die Frauen der Kobeuas ihre Neugeborenen rot zu tünchen. Diese Sitte trafen auch Léry zur Zeit der Entdeckung unter den Tupís an der Küste und Spix und Martius Anfang des XIX. Jahrhunderts bei den Coroados an.

Die Toba-Frauen pflegten nach Karsten während der Menstruation ihre Körper urucúrot zu färben, ein Brauch, dem offenbar auch die Absicht zugrunde liegt, die bösen Geister, welche die Frauen in dieser Periode besonders plagen, vorbeugend abzuwehren. Campana wieder bemerkte, daß die Frauen der Chiriguanos rot bemalt waren bei der Bereitung der Chicha, eines sakralen Getränkes, wie auch nach Geburten. Männer wie Frauen brauchten die rote Bemalung nach Krankheiten als Kräftigungs- und Stärkungsmittel. Wenn unter den Caraias, Jibaros und verschiedenen anderen Stämmen des Orinocogebietes das Mitglied eines Stammes bei dem eines anderen einen Besuch machte, dann mußte er, bevor er in Erscheinung trat, rot bemalt sein und nach Ankunft noch eine frische Bemalung vornehmen. Karsten meint, daß auch hier die Bemalung eine prophylaktische Maßnahme ist. Diesem Gelehrten aus Helsingfors verdanken wir überhaupt die glaubhafte Theorie über den Sinn der Körperbemalung bei den Indianern, nämlich, daß sie nicht eine rein dekorative und anziehende Wirkung für das andere Geschlecht beabsichtigt, sondern eine schützende oder magische Funktion zu erfüllen hat.

Aber für die Wilden Südamerikas war Rot, zusammen mit Schwarz, nicht nur ein Schutzmittel gegen Unheil oder der Kraftquell für Wöchnerinnen, Genesende oder von schwerer Arbeit Erschöpfte oder einfach Glücksbringer, mit magischer Kraft dem Jäger das Wild zutreibend (zu welchem Zweck die Canelos sogar ihre Hunde färbten). Rot galt auch als Farbe der Erotik, der Verführung und Anziehung, und zwar nicht so sehr aus Gründen der Schönheit oder Ästhetik als vielmehr wegen seiner magischen Kräfte. Mit dieser Farbe bemalten sich die Canelos, wenn sie eine Frau verführen wollten, und die Cainguás des Alto Paraná, wenn sie Frauen, mehr einschüchternd als werbend, in den Wald lockten, um an ihnen ihren Geschlechtshunger zu stillen.

Es ist in der Tat schwer zu bestimmen, wo der Urgrund für die Bevorzugung der roten Farbe bei den Eingeborenen Südamerikas liegt. Möglicherweise war es die Tatsache, daß sie die Farbe des Blutes ist und deshalb ein mystisches Prestige genoß unter den primitiven Völkern Amerikas, weil ihr Leben noch ganz von Jagd und Krieg erfüllt war. Einige Anthropologen vermuten, daß diese Völker das Rot des Urucú und anderer Pflanzen effektiv für Blutersatz gehalten haben.

Da wir das Aufeinandertreffen der europäischen und indianischen Kulturen aus der Sicht der sozialen Formierung der brasilianischen Familie – in der die europäische und katholische Moral vorherrschend ist – betrachten wollen, vergessen wir nicht, an dieser Stelle die Wirkung dieses Kontaktes auf den Eingeborenen, vom Standpunkt seiner eigenen Kultur aus gesehen, zu untersuchen. Die moralische Herabwürdigung der eingeborenen Bevölkerung Amerikas, beherrscht von Kolonisten und Missionaren, wurde wie immer, wenn hochentwickelte Kulturen auf rückständige treffen, weiter vervollständigt. Vom technischen und moralischen Druck der höheren wird die des rückständigen Volkes zersprengt. Die Eingeborenen verlieren ihre Fähigkeit zur Eigenentwicklung und sind auch unfähig, sich durch natürliche oder erzwungene Nachahmung zu dem Niveau, das die Kolonisatoren ihnen vorschreiben, emporzuschwingen. Selbst wenn Formen und Beiwerk der Eigenkultur bewahrt bleiben, geht doch, wie Pitt-Rivers sagt, die potentielle Kapazität, d. h. die treibende Kraft, der Schwung, der Rhythmus verloren.

Die Geschichte der Begegnungen von sogenannten »überlegenen« mit »minderwertigen« Rassen ist immer dieselbe und endet mit der Ausrottung oder Degradierung der letzteren, und zwar hauptsächlich deshalb, weil der Eroberer dem unterworfenen Volk kompromißlos und ohne Milderungen die eigene Kultur als einheitliches Ganzes aufzwingen will. Vom XVI. Jahrhundert an bis auf den heutigen Tag war der Missionar der große Zerstörer nichteuropäischer Kulturen, sein Werk war in dieser Hinsicht vernichtender als das des Laien.

In Brasilien, wo sich anfangs die kleine Minderheit der Kolonisatoren an den unzüchtigen Sitten der indianischen Rassen berauschte, brachte der Kontakt zunächst einen Zusammenbruch der katholischen Moral mit sich. Unter dem Einfluß der Jesuiten jedoch nahm die Kolonisation dann eine puritanische Wendung, wenn auch der Puritanismus hier weniger streng gehandhabt wurde als bei den echten englischen Puritanern in Nordamerika. Immerhin brachten es die Jesuiten fertig, die Eingeborenengesänge, welche soviel Duft des Urwaldes atmeten, durch selbstkomponierte langweilige und eintönige Hymnen zu ersetzen, in denen außer bei der Jungfrau und den Heiligen niemals die Rede von der Liebe war, und erstickten damit einen guten Teil der Lebensfreude der Ureinwohner.

Über die natürlichen regionalen Sprachgrenzen hinweg wurde eine »Einheits«-Sprache geschaffen, und den Caboclos, die das Stadium des Katechumenenunterrichts erreicht hatten, wurden die Tänze und Feiern, die so tief durch Instinkt, lebendige Beziehung und Tradition im Bewußtsein ihrer Rasse wurzelten, untersagt, und was davon übrigblieb, ist nur hier und da im Kinderspiel ein Tanz oder Zauberreim.

Und mehr noch, die Jesuiten suchten jede Darstellung der Virilität in Religion und Kunst auszumerzen oder zu verstümmeln, wenn sie nicht mit der katholischen Moral oder europäischen Konvention vereinbar war. Sie trennten Kunst und Leben. Sie legten in Brasilien damit den Grundstein für eine Kunst, die sich in Kompositionsübungen und Technik erschöpft, statt Ausdruck und Darstellung von Körper und Seele des Menschen, der Gesellschaft und des Lebens schlechthin zu sein, wie sie sollte.

Was von indianischer Kultur in Brasilien gerettet wurde, erhielt sich trotz der Jesuiten, denn wenn es nach ihnen gegangen wäre, hätten nur sehr vage und unbestimmte Formen dieser Kultur überlebt, und selbst diese Reste hätten sie geschickt der römischen Theologie und europäischen Moral angepaßt. Anders hätten auch diese guten und harten Soldaten der Kirche gar nicht handeln können, denn sie vor allen anderen waren verpflichtet, ein Reich zu erobern. Dem Wirtschaftsimperialismus der europäischen Bourgeoisie ging der religiöse Imperialismus der Jesuiten, die Europäisierungssucht der großen katholischen Missionare des XVI. und XVII. Jahrhunderts und später der noch härteren und kompromißloseren Presbyterianer und Methodisten voraus.

Mit der Einrichtung großer geschlossener Siedlungen aber versetzten die Jesuiten der Eingeborenenseele den tödlichsten und grausamsten Schlag. Der gesamte Rhythmus des sozialen Lebens der Indianer wurde dadurch verändert, denn Völker, die an ein weiträumiges Nomadenleben gewöhnt sind, degenerieren immer, wenn sie in großen Gemeinwesen konzentriert, zu absolut seßhafter Lebensweise gezwungen werden.

Aus der Sicht der Kirche jedoch betrachtet, muß zugegeben werden, daß die Patres heroisch handelten. Sie standen bewundernswert fest zu ihrem Glauben und treu zu ihren Idealen. Bei aller Kritik an ihrer Einmischung in das soziale und kulturelle Leben der Eingeborenen Amerikas – der ersten Kultur, die unblutig und mit System degradiert wurde – muß man ihnen zugute halten, daß ihr Vorgehen von höheren religiösen und moralischen Motiven diktiert war. Wenn man sie aber lediglich als europäische Werkzeuge zur Vernichtung eingeborener Werte betrachtet, muß ihr Einfluß als schädlich beurteilt werden, und zwar ebenso schädlich wie der ihrer Gegenspieler, der Kolonisten, die, von Gewinnsucht oder Sinnlichkeit besessen, im Indianer entweder das üppige Weib sahen, welches man ohne weiteres nehmen konnte, oder den rebellischen Sklaven, den man nur gefügig machen mußte, um ihn in der Landwirtschaft auszunutzen.

Wenn wir bei Pitt-Rivers die schädlichen Einwirkungen – Entvölkerung, Degeneration, Degradierung – nachlesen, die englische Anthropologen den Kontakten von überlegenen mit rückständigen Rassen zuschreiben, so finden wir, daß zum großen oder größten Teil diese Einwirkungen auf den brasilianischen Indianer durch die Jesuiten ausgeübt wurden, mit ihrem Katechismus, ihrem moralischen, pädagogischen und organisatorischen System, einschließlich der Geschlechtertrennung bei der Arbeit. Wenn wir eine Bilanz der europäischen Schuld an der rassischen und kulturellen Degradierung der eingeborenen brasilianischen Kulturen ziehen, müssen meiner Meinung nach von den fünfzehn bei Pitt-Rivers klassifizierten fatalen Einwirkungen mindestens neun den Zivilisierungsmethoden der Jesuiten zugeschrieben werden:

1. Konzentrierung der Eingeborenen in großen Siedlungen (eine Maßnahme, deren Durchführung die Missionare selbst übernahmen).
2. Das Bekleiden der Eingeborenen auf europäische Weise (wieder eine Maßnahme, die die Jesuiten erzwangen).
3. Isolierung der Eingeborenen auf den Plantagen.
4. Behinderung von Heiraten nach Eingeborenensitte.
5. Anwendung europäischer Strafgesetze bei angenommener Unzucht.
6. Abschaffung von Stammesfehden.

7. Abschaffung der Polygamie.
8. Erhöhte Kindersterblichkeit durch neue Lebensbedingungen.
9. Abschaffung des Gemeindesystems und der Autorität der Häuptlinge (und mit ihnen der Medizinmänner, die schon wegen der Religionsrivalität den Patres ein Dorn im Auge waren sowie an Rang höher standen als die Morubixabas oder auf Zeit gewählten Häuptlinge).

Bei einigen dieser Punkte sind die Kolonisten mitverantwortlich, so bei der Isolierung auf den Plantagen und der Geschlechtertrennung der Arbeiten nach europäischem Muster. Und es waren die Kolonisten und nicht die Jesuiten, die in erster Linie verantwortlich waren für eine Entwicklungsschwächung der Eingeborenen, denn sie änderten ihre Ernährung und Arbeitsweise und störten damit ihren Stoffwechsel. Sie übertrugen auch andere Krankheiten und Seuchen auf die Indianer und machten sie mit dem Zuckerrohrschnaps bekannt.

Man erkennt mittlerweise, je besser das System, um so tödlicher und fataler war die Wirkung der Moralität, der Instruktion und der Ausbeutungstechnik der Patres. Den Kolonisten kümmerte die Nacktheit der Plantagensklaven nicht, sie war seinem finanziellen Interesse nur nützlich. Es ist bekannt, daß ein reicher Kolonist seinerzeit sich bei Tisch nur von nackten Indianerfrauen bedienen ließ, und das dürfte kein Einzelfall gewesen sein. Aber die guten Patres bestanden von Anfang an darauf, daß die Eingeborenen sich zu bekleiden hätten, wie es christlicher Sittsamkeit geziemt: Höchstens bei Kindern duldeten sie Nacktheit oder bei Erwachsenen nur, wenn kein Stoff für Kleider zu haben war.

Die unmittelbare und verheerende Wirkung der aufgezwungenen europäischen Kleidung auf die Gesundheit der Eingeborenen, die an Nacktheit gewöhnt waren und Kleidung nur dekorativ oder als Schutz gegen Hitze und Kälte oder Insektenstiche benutzt hatten, ist heute wohl bekannt. Man nimmt an, daß der Bekleidungszwang mitverantwortlich zu machen ist für die häufigen Hautkrankheiten und Lungenleiden, welche die Eingeborenen nach erfolgter Zivilisierung dezimiert haben. Gerade diese Krankheiten forderten in Brasilien während des XVI. und XVII. Jahrhunderts außerordentlich viele Opfer.

Der Bekleidungszwang brachte auch die herkömmlichen Begriffe des Eingeborenen von Moral und Hygiene durcheinander, und es war schwer, sie durch neue zu ersetzen. So neigten viele der ehemals nackt lebenden Indianer dazu, ihre Kleider überhaupt nicht mehr abzulegen bzw. so lange zu tragen, bis sie ihnen von Schmutz starrend vom Leib fielen. Dabei hatten diese Menschen mehr Sinn für Sauberkeit und eine teilweise höhere Sexualmoral als jene, die sie mit schweren Kleidern belasteten.

An körperlicher Reinlichkeit waren die Ureinwohner Brasiliens den europäischen Christen, die um 1500 kamen, zweifellos überlegen. Erinnern wir uns nur daran, daß man zu dieser Zeit in Europa den heiligen Antonius, Gründer des Mönchstums, u. a. deshalb verehrte, weil er sich die Eitelkeit des Füßewaschens versagt hatte, während der heilige Simeon Stylites wegen des Gestankes, den er um sich verbreitete, gepriesen wurde. Und die Portugiesen waren, wie böse Zungen vielleicht behaupten wollen, nicht das unsauberste Volk im Europa des XVI. Jahrhunderts. Durch den Einfluß der Mauren waren sie im Gegenteil eines der reinlichsten.

Von den frühen Chronisten zeigen sich die Franzosen Ives d'Evreux und Jean de Léry am meisten entsetzt über das häufige Baden der Caboclos. Und der französische Hygieniker Sigaud schreibt das häufige Auftreten von Katarrh, Bronchitis und Lungenentzündung unter den bereits der Zivilisation unterworfenen Eingeborenen dem Kaltbaden zu. Den kalten Bädern und der Nacktheit gab man also die Schuld an diesen Schäden. Aber die moderne Hygiene lehrt im Gegenteil, daß die Ursache der Erkältungskrankheiten bei den Eingeborenen, die an völlige Nacktheit gewöhnt waren, in der aufgezwungenen europäischen Kleidung zu suchen ist.

Das Jahrhundert der Entdeckung Amerikas – das XV. – und die beiden folgenden Jahrhunderte, die von den Kolonisationen bestimmt wurden, waren für Europa eine Zeit, in der die Hygiene auf einen bemerkenswerten Tiefstand herabsank. Anfang des XIX. Jahrhunderts hören wir von einem deutschen Schriftsteller, den Lowie zitiert, daß es in Deutschland damals noch Menschen gab, die, soweit sie sich erinnern konnten, in ihrem ganzen Leben noch kein einziges Bad genommen hatten. Und die Franzosen waren ihren Nachbarn diesbezüglich keineswegs voraus. Im Gegenteil, der Verfasser von *Primitive Society* berichtet uns, daß die elegante Königin Margarete von Navarra sich oft eine ganze Woche lang nicht die Hände wusch und daß das Händewaschen Ludwigs XIV. darin bestand, daß er sich etwas parfümierten Alkohol auf die Hände träufelte. Ein französisches Anstandsbuch des XVII. Jahrhunderts empfiehlt dem Leser, sich Gesicht und Hände einmal täglich zu waschen. Ein anderes ähnliches Werk aus dem XVI. Jahrhundert warnt den jungen Edelmann davor, sich nicht mit *der* Hand zu schneuzen, die das Fleischstück zu halten pflegt, und 1530 hält es Erasmus für feine Lebensart, auf den Boden zu schneuzen und den Auswurf dann mit dem Fuß zu verwischen. Eine Schrift aus dem Jahre 1539 gibt schließlich Rezepte für Mittel gegen Läuse, die damals eine in Europa weitverbreitete Plage waren.

In Europa waren das Baden in Flüssen und Bäder römischer Art – gegen die die Kirche lange Zeit vergeblich wetterte, weil es darin oft recht unzüchtig zuging – nach den Kreuzzügen mit den darauf folgenden engeren Handelsbeziehungen zum Orient fast ganz abgekommen. Die Europäer fürchteten die Nacktheit und schreckten vor dem Bad zurück, weil sie vielfach von Syphilis und anderen ansteckenden, ekelerregenden Krankheiten befallen waren. Nun trafen die ersten Portugiesen und Franzosen in diesem Land Amerikas auf Menschen, die keine Spuren von Syphilis zeigten und deren größtes Vergnügen es war, in den Flüssen zu baden. Die Eingeborenen wuschen sich ständig den ganzen Körper und hielten sich peinlich sauber. Sie benutzten dabei Blätter als Handtücher für sich selbst und Tücher zum Waschen der Kinder, deren kleine Hängematten auch im Fluß gereinigt wurden, was übrigens eine Aufgabe der Männer war.

Zwar schlagen die Tupís ihr Wasser in den Ocas oder Hütten ab, berichtet Léry, aber *»vont néantmoins fort loin faire leurs excremens«*. Vom Indianer stammt offenbar die Gewohnheit des ländlichen Brasilianers, sein Geschäft in einiger Entfernung vom Hause, gewöhnlich in einem Bananengebüsch am Fluß, zu verrichten, und zwar vor dem Morgenbad. Davor hat er möglicherweise zur Vervollständigung der morgendlichen Hygiene schon einen Schluck Rum mit Cashewnüssen genommen und sich bekreuzigt, um gegen alles gefeit zu sein. Cashew soll gut zur Blutreinigung sein. Das Ganze ist eine Liturgie von sanitären und prophylaktischen Riten in gedrängter Form.

Mit Ausnahme des Waschens der Hängematten lagen alle Aufgaben der häuslichen Hygiene in den Händen der Indianerfrauen, und sie liebten das Bad und die körperliche Reinlichkeit mehr als die Männer. Sie waren außergewöhnlich sauber, sagt Gabriel Soares. Diese der Cunhã eigene Vorliebe für das Wasser und die Körperpflege ist nach Léry der Grund, weshalb sie sich weniger schmückte als der Mann, ein Umstand, der dem Chronisten auffällt als *»entre les choses doublement estranges & vraiment esmerveillables, que i'ay observées en ces femmes brésiliennes«*. Wenn wir diesem aufrechten Protestanten glauben sollen, der mit ungewöhnlich starker kritischer Begabung durch seinen ganzen Reisebericht hindurch, und besonders in den Anfangsseiten, nicht ohne eine gewisse theologische Aversion das Werk von Bruder André Thevet über Brasilien korrigiert, wenn wir ihm also glauben sollen, waren es die Frauen, die den größten Widerstand leisteten, als man sie zwang, aus Gründen der Moral Kleider anzulegen. Für sie waren diese Kleider (*»des robbes de frise & des chemises«*) unhygienisch. Ihr Argument war, die vielen Kleider machten die gewohnten häufigen Bäder zu mühselig. Sie badeten oft zehn- bis zwölfmal am Tag, also beinahe stündlich. Léry stellt fest: *»Il n'a iamais esté en nostre puissance de les faire vestir... Elles disoyent que ce leur seroit trop de peine de se despouiller si souvent. Ne voilà pas une belle & bien pertinente raison?«* Alle Anstrengungen, die Cunhãs europäisch anzuziehen, waren zunächst vergeblich. Sie mochten vielleicht von den französischen Calvinisten überzeugt werden, tagsüber Kleider zu tragen, aber bei einbrechender Dunkelheit warfen sie Blusen und Röcke ab und liefen in reizender Unbekümmertheit an den Strand. Der protestantische Pastor sah sie oft im Evakostüm, und er bemerkt, die Indianerfrauen *»quant au naturel, ne doivent rien aux autres en beauté«*. Weiter sagt er, daß *»les attifets, fards, fausses perruques, cheveux tortillez, grands collets fraisez, vertugales, robbes sur robbes & autres infinies bagatelles dont les femmes et filles de par deçà se contrefont & n'ont iamais, assez, sont sans comparaison cause de plus de maux que n'est la nudité ordinaire des femmes sauvages . . .«* Es steckte etwas von einem Havelock Ellis in dem Pastor Jean de Léry.

Einzelheiten über den Alltag der Eingeborenen, zum Beispiel die Geschlechtertrennung bei der Feldarbeit, die mit der Hausarbeit fast ganz den Frauen zugeteilt war, verdanken wir gewissen frühen Chronisten, deren Glaubwürdigkeit durch jüngste ethnologische Forschung bestätigt worden ist. Von den Tupinambás berichtet Gabriel Soares, daß die Männer »das Niederbrennen des Waldes, das Roden und die Neubepflanzung vorzunehmen pflegten und daß auch sie es waren, die Brennholz sammeln, denn sie schlafen nur an der Seite eines wärmenden Feuers in den Hängematten, die ihre Betten sind und die sie in den Flüssen waschen, wenn sie schmutzig sind«. Außerdem war es ihre Aufgabe, das »Taba« oder Indiodorf mit Fleisch und Fisch zu versorgen und es gegen Feinde und wilde Tiere zu schützen.

Ihre Arbeit, erzählt Léry, stand in keinem Vergleich zu der der Frauen, *»car excepté quelques matines (& non au chaut du jour) qu'ils coupent & effer-*

tent du bois pour faire les iardins, ils [die Männer] ne font guères autre chose qu'aller à la guerre, a la chasse, à la pescherie, fabriquer leurs espées de bois, arcs, fleches, habillements de plume ...«

Bezüglich der Arbeiten handwerklichen und künstlerischen Charakters der Tupinambás sagt Gabriel Soares nicht, welche Altersklassen oder Geschlechter daran beteiligt waren, aber »die für sie typischen aus Palmstroh geflochtenen Deckelkörbe und andere Behältnisse« sowie »Körbe aus Zweigen, die sie ›Samburás‹ nannten, und weitere Flechtarbeiten wie die indianischen Matten« müssen wohl von den Männern erfunden worden sein. Doch mit ihrer Herstellung befaßte sich jung und alt beider Geschlechter. Als exklusive Frauenarbeit bezeichnet der Chronist die Anfertigung der baumwollenen Hängematten und »spitzenähnlichen Bänder, die sie im Haar tragen«. Er erzählt im Detail: »Die Aufgabe der älteren Frauen ist es, das Mehl zu machen, welches ihnen als Nahrung dient, und sie schleppen den Maniok auf dem Rücken herbei. Viele alte Frauen müssen handgeformte Tongefäße machen, die als Weinkrüge gebraucht werden. Einige sind so groß wie ein Faß. In diesen Krügen und in anderen, kleineren, lassen sie den Wein gären, den sie trinken. Die alten Frauen machen auch Töpfe, Trinkbecher und Schüsseln, die sie zum Backen, zum Aufbewahren des Mehles und als Eßgefäße brauchen. Alle Gefäße sind verschieden gefärbt. Das Brennen dieser Töpfereien geschieht in Erdlöchern mit darübergeschichtetem Holz, und die Indiofrauen glauben fest daran, daß die Gefäße, wenn sie eine andere brennt als die, die sie geformt hat, im Feuer zerspringen werden. Dieselben Frauen machen auch das Mehl auf ganz eigene Weise.«

Frauen bestellten die Felder, gingen zur Quelle Wasser holen, bereiteten das Essen und besorgten die Kinder. Ohne Zweifel nahmen die alten Frauen, wie die Frauen überhaupt, eine bedeutende Stellung im Leben der Eingeborenen ein. Durch vergleichende Studien über Kunst und Handwerk bei primitiven Völkern können wir hier auch den weibischen und invertierten Mann einordnen, der bei den brasilianischen Stämmen so häufig vorkommt.

Hartt meint, daß die keramische Kunst der Eingeborenen Brasiliens von der Frau entwickelt wurde, und diese Ansicht des amerikanischen Gelehrten wurde später von seinem Schüler Herbert S. Smith, nach dessen Studien über die Cadiueu-Indianer, sowie kürzlich von Heloísa Alberto Tôrres bezüglich der Keramiken der Marajó bestätigt. Diese Studien lassen auch sicher erkennen, daß die Töpferei der brasilianischen

Eingeborenen erst nach der Flechterei entstand, denn lange Zeit wurden wasserdicht geflochtene Gefäße für Flüssigkeiten verwendet, und ihre Anfertigung muß eher eine Kunst der Männer als der Frauen gewesen sein.

Als ausschließlich oder überwiegend männliche Kunst muß die Herstellung von Pfeil und Bogen, Musikinstrumenten und einem gewissen Körperschmuck angesehen werden. Anstrengend war die Arbeit des Mannes beim Bau der Oca oder Hütte und bei der Errichtung des Palisadenzaunes rund um das Dorf, einer Einrichtung, die später von den Portugiesen zum Schutz der Herrenhäuser auf den Plantagen übernommen wurde. Die Männer stellten auch die Einbaumboote her, welche ebenfalls von den Kolonisatoren auf ihren Zügen in das Hinterland benutzt wurden.

Schon am Anfang dieses Kapitels habe ich gesagt, daß beim Aufbau der Landwirtschaft und damit bei der Niederlassung der Portugiesen in Brasilien überhaupt die soziale und ökonomische Hilfe der indianischen Frau größer war als die des Mannes. Er verstand es, den Absichten der Kolonisten und den jesuitischen Verlockungen, ihn der neuen Technik der wirtschaftlichen Ausbeutung und neuen sozialen Ordnung dienstbar zu machen, fast ganz zu entgehen. Die Frau paßte sich da viel leichter an. Bei ihrer technischen Überlegenheit und größeren Stetigkeit innerhalb der Nomadenstämme ist das verständlich. Was auch die neue brasilianische Sozialordnung von ihr verlangte – ihren Körper (sie bot ihn selbst dem weißen Mann an), ihre Arbeitskraft in Haus und Feld, ihre Stetigkeit (sie sehnte sich danach, denn zurückgelassen von den Männern, die sich noch mit den Invasoren herumschlugen, zog sie ziellos umher mit einer Last auf dem Kopf und einem Kind an der Brust oder auf der Hüfte) –, was man auch verlangte, die Cunhã gab es willig.

Die Indianerin war das tragende Element der wirtschaftlichen und technischen Werte ihres Volkes. Ihre Stellung hatte auch etwas von einem Lasttier oder einer Sklavin des Mannes an sich. Aber sie war ihm überlegen in der Nutzbarmachung und Herstellung der Dinge, die für das Gemeinschaftsleben und den Komfort notwendig waren. Die Polygamie, wo sie bei wilden Völkern – auch bei den Ureinwohnern Brasiliens – üblich war, bedeutete nicht allein die Abreagierung des Sexualtriebes, den ein Mann mit einer einzigen Frau nur schwer befriedigen kann. Sie ist auch der Ausdruck wirtschaftlichen Strebens des Jägers, Fischers und Kriegers, indem er diese lebenden, schöpferischen wirtschaftlichen Werte, die Frauen darstellen, um sich zu sammeln sucht.

Thomas sagt, daß unter den primitiven Völkern der Mann das aktive, ungestüme, sporadische und die Frau das statische, ruhige, kontinuierliche Element sei. Dieser Antagonismus entstammt der Körperkonstitution der Frau, sie macht sie mehr widerstandsfähig als bewegungsfreudig, mehr für Landwirtschaft und Gewerbe geeignet als für Jagd und Krieg. Daher finden wir fast immer, daß die Frau einen aktiven Anteil an der Entwicklung von Landwirtschaft und Industrie und von der Technik, soweit sie Haus und Wohnung betrifft, hat. Außerdem spielt sie eine große Rolle bei der Aufzucht von Haustieren. Selbst Magie und Kunst werden, wenn nicht von ihr selbst, so doch durch den weibischen oder bisexuellen Mann entwickelt, der das regelmäßige häusliche Leben der Frau dem männlichen voll Bewegung und Krieg vorzieht. Die brasilianischen Eingeborenen befanden sich zur Zeit der Entdeckung noch in einem Stadium des männlichen Schmarotzertums und einer daraus sich ergebenden Überbürdung der Frau. Die Verantwortung für die regelmäßige Erledigung der Hauptaufgaben von Kunst, Gewerbe und Landarbeit lag in den schaffenden Händen der Cunhãs.

Wahrscheinlich waren die Pajés oder Medizinmänner weibische oder invertierte Typen, die bei den Ureinwohnern Amerikas meistens respektiert und gefürchtet statt verachtet und verabscheut wurden. In einigen Fällen mag das vorgeschrittene Alter mitgespielt haben, in dem manche Frauen maskuliner und manche Männer femininer werden. In anderen Fällen jedoch handelt es sich wahrscheinlich um angeborene oder erworbene Perversion. Tatsächlich jedenfalls hielten diese bisexuellen oder bisexualisierten Individuen alle Macht und Ämter als Mystiker, Heilkundige, Pajés und Hauptstimmen im Rat unter den verschiedenen Stämmen Amerikas fest in ihren Händen.

Die Einrichtung der Couvade – des Männerkindbettes –, ein für die Ureinwohner Brasiliens charakteristischer, kultischer Komplex, könnte vielleicht durch die Bisexualität erklärt werden. Es ist möglich, daß die Couvade von sexuell anders veranlagten Individuen eingeführt wurde, die Menschen von großem Einfluß waren und über mystische suggestive Kräfte verfügten, wenigstens soweit diese Sitte Völker betrifft, die weibische Männer nicht verachten oder lächerlich finden, sondern sie im Gegenteil als Wesen respektieren, die mit wunderbaren Kräften und Tugenden begabt sind. Wissler bemerkt, daß kultische Bräuche – in vereinzelten Fällen – von außergewöhnlichen Individuen eingeführt werden und zu allgemeiner Stammessitte erhoben werden können. Bekannt ist, daß der Invertierte, im unbewußten Ausgleich für die ihm unerreichbare Mutterschaft, oft auf der Suche nach schöpferischen und qualvollen Aktivitäten ist. Daraus erklärt sich der Masochismus, das Flagellantentum, die Bildhauerei, die Malerei, die Kalligraphie und die Musik der Mönche des Mittelalters, desgleichen der Masochismus der indischen Fakire, und nach Silberers Werk *The Problems of Mysticism and Symbolism* stellt sogar die Alchimie einen solchen Kompensationsversuch seitens eines bestimmten introvertierten Typs dar. Es ist auch bekannt, daß einige Introvertierte an gewissen Krankheiten, wie Tuberkulose oder Verstopfung, Genuß und Entschädigung finden.

Mögen diese Argumente auch nicht ausreichend sein, um ganz überzeugen zu können, so bilden sie doch vielleicht eine mögliche Grundlage für die Erklärung der Couvade durch die Bisexualität. Es scheint in der Tat in der Couvade viel von dem enthalten zu sein, was Faithful des Introvertierten Wunsch nach Identifizierung mit dem Weibtum bis zu den Freuden der Mutterschaft nennt (*»to obtain by identification with their mates the joy of motherhood«*). Die weibischen Männer mögen somit, durch ihr in sexuell magischen Praktiken bei vielen Stämmen erworbenes Prestige, die Initiatoren der Couvade gewesen sein, da in ihr so viel von dem Kompensationsmechanismus der Invertierten enthalten ist, wie Ausruhen, Vorsichtsmaßnahmen, Diät und Identifizierung des Mannes mit der Frau. Bei der Couvade sind es übrigens Mann *und* Frau, nicht, wie allgemein angenommen, der Mann allein, die Vorschriften und Diät einhalten.

Goldenweiser aus anthropologischer, Westermarck aus soziologischer und Faithful aus sexologischer Blickrichtung betonen, daß Homo- oder Bisexuelle in primitiven Gemeinschaften nicht selten führende und einflußreiche Stellungen einnehmen, eine Tatsache, die sich R. Lowe Thompson mit einer Kühnheit zu deuten erlaubt, die rein wissenschaftlich nicht mehr vertretbar ist. In seiner Studie *Intermediate Types among Primitive Men* kommt Carpenter gleicherweise zu der extremen Vermutung, daß viele der wichtigsten Unterschiede im sozialen Leben von Varianten sexueller Natur bestimmt seien. Er bemerkt weiterhin, daß primitive Kulturen durch Homo- und Bisexualität befruchtet und bereichert würden. Hiernach hätten also die Homo- und Bisexuellen das schöpferische Fundament für Wissenschaften, Künste und Religionen gelegt, sie hätten die Propheten, Seher, Heiler, Ärzte, Priester und bildenden Künstler gestellt.

Diese Theorie schreibt vielleicht den abwegigen, sonderbaren und romantischen Elementen zu viel Bedeutung für die Entwicklung von Wissenschaft, Religion und Kunst zu. Sie unterschätzt ein anderes Element, das zwar weniger auffällig, doch nicht minder aktiv und schöpferisch wirkt: den gesunden Menschenverstand der Extrovertierten. Ich meine nicht den sprichwörtlichen »gesunden Menschenverstand«, sondern den Verstand, der der Ausdruck seelischen Gleichgewichts sowie des Vollbesitzes geistiger und körperlicher Kräfte ist, und denke dabei an den Geist eines Rabelais, eines Dr. Johnson, eines Cervantes, indem ich ihren klaren Verstand, wie Marett, mit der Summe der Erfahrungen und Traditionen der Mehrheit identifiziere, mit dem Volksbewußtsein wie dem der reifen französischen Nation und demjenigen großer und alter Kirchen wie der römisch-katholischen (die nebenbei nicht gezögert hat, sich geistig auf Kosten von Introvertierten zu bereichern, wie z. B. den Delirien der heiligen Therese vom Kinde Jesus).

Es gibt also, wie gesagt, zahlreiche Beweise von Homosexualität unter den primitiven Völkern Amerikas, und Westermarck vermutet, daß das kriegsbestimmte Leben dieser Völker vielleicht die sexuellen Beziehungen von Mann zu Mann und sogar zwischen Frauen begünstigte. Die Geheimbünde der Männer in der sexuellen und sozialen Entwicklungsphase der indio-amerikanischen Kultur zur Zeit der Entdeckung waren möglicherweise der Ausdruck oder besser die Besiegelung einer erreichten Vorherrschaft des Mannes über die Frau, eines Sieges des Patriarchats über das Matriarchat. Unter diesem Aspekt gesehen, könnten diese Geheimbünde einen größeren Anreiz zum Päderastentum geboten haben als das Leben des Kriegers an sich. In den Baitos, einer Art Freimaurerlogen von Eingeborenen, die erst strengen Prüfungen unterworfen wurden, sah von den Steinen Bororó-Jünglinge ohne Schuldbewußtsein und unbekümmert in sexuellem Verkehr miteinander.

Schon im XVI. Jahrhundert entsetzte sich Gabriel Soares über die Tupinambás, »die sehr der unaussprechlichen Sünde frönen, welche sie nicht als Schande ansehen; vielmehr gelten jene, die den männlichen Teil dabei ausüben, als tapfer, und man hält diese Bestialität für eine auszeichnende Fähigkeit; und in den Dörfern halten einige sich öffentlich feil für solche, die sie als Frauen gebrauchen wollen«.

Es ist unmöglich zu bestimmen, inwieweit sich die Homosexualität in Amerika von angeborener Perversion ableiten läßt. Sicher kann das Päderastentum der Indianer nicht mit einem Fehlen oder Mangel an

Frauen erklärt werden. Von mächtigerem soziologischem Einfluß war die Isolierung von Jünglingen in den Männerhäusern.

Ende des XVI. Jahrhunderts erschienen einige Eingeborene und Mamelucos vor dem Vertreter des Inquisitionsgerichts unter der Anklage, sich der Sodomie schuldig gemacht zu haben. Es waren dies halbchristianisierte Individuen mit sehr unvollkommenen Begriffen vom Katholizismus. Die Kirche pflegte diese Sünden besonders streng zu bestrafen, weil sie zu den schwersten – den vier Todsünden der mittelalterlichen Theologie – zählten. Aber nach der Sexualmoral dieser primitiven Menschen war dieses Vergehen nur eine läßliche Sünde, die sie Pater Cardim ganz unbekümmert beichteten. Es scheint indessen, daß die Portugiesen die Eingeborenen sehr schnell mit dem Päderastentum identifizierten, das ihnen als Christen besonders scheußlich erschien.

In dem Ausdruck *»bugre«* – Scheusal –, den die Portugiesen auf die brasilianischen Eingeborenen im allgemeinen und auf die eines Stammes im Staate São Paulo im besonderen anwendeten, offenbart sich augenscheinlich das religiöse Entsetzen der noch in mittelalterlichen Vorstellungen befangenen Christen angesichts der unaussprechlichen Sünde, die das Höchstmaß von Unglaube und Ketzerei bedeutete. Genau wie für die Juden das Wort Gojim (Nichtjude) gleichbedeutend mit Sodomit war, so schloß für den mittelalterlichen Christen der Ausdruck *»bugre«* den Begriff der schmutzigsten Sünde in sich ein. Ein Ketzer mußte auch Sodomit sein, denn eine Sünde zog unweigerlich die andere nach sich. *»Indeed so closely was sodomy associated with heresy that the same name was applied to both«*, schreibt Westermarck, und er fügt hinzu: *»The French bougre (from the Latin Bulgarus, Bulgarian), as also its English synonym, was originally a name given to a sect of heretics who came from Bulgaria in the eleventh century, and was afterwards applied to other heretics, but at the same time it became the regular expression for a person guilty of unnatural intercourse.«* Zu diesem Thema finden wir auch bei Léry einen bemerkenswerten Passus. Mit Bezug auf die Tupís sagt dieser Chronist: *»Toutefois à fin de ne les faire pas assi plus gens de bien qu'ils ne sont parce que quelque fois en se despitans l'un contre l'autre, ils s'appellent ›Tyvire‹, on peut de là coniecturer (car ie n'en afferme rien) que cest abominable pesché se commet entr'eux.«*

Aus den Berichten von Léry, Gabriel Soares und Hans Staden, aus den Chroniken der Jesuiten des XVI. Jahrhunderts und den Büchern von Ives d'Evreux und Claude d'Abbeville geht hervor, daß das Leben der Tupí-

Frauen nach der Heirat mit endloser Arbeit ausgefüllt war; sie waren ständig durch die Kinder, den Mann, die Küche und ihre kleinen Pflanzungen in Anspruch genommen, ganz zu schweigen von anderen häuslichen Pflichten, wie denen das Wasserholens und Lastenschleppens. Selbst wenn sie schwanger war, blieb die Indianerin weiter in und außer dem Haus tätig, höchstens, daß sie nicht mehr so schwere Lasten schleppen konnte. Als Mutter mußte sie zusätzlich noch ihr Kind mit sich herumtragen, das oft bis zum Alter von sieben Jahren an der Brust genährt wurde. Sie mußte es waschen und den kleinen Mädchen auch das Baumwollspinnen und die Essenbereitung beibringen.

Kurz, sie war, wie Léry sagt, mit der gesamten Haushaltsführung belastet: *»toute la charge du mesnage«*. Alle Geräte zum Kochen, Aufbewahren, Zerstampfen von Mais oder Fisch, Räuchern des Fleisches, Pressen der Wurzeln, Mehlsieben – alle Tongefäße, geflochtenen Siebe, Kalebassenschalen, Kalebassentrinkbecher und Besen –, alle diese Dinge, die zum Teil nicht mehr wegzudenkende Bestandteile der kolonialen Küche wurden, waren das Werk ihrer Hände. Bis heute findet man in jedem nord- und mittelbrasilianischen Haushalt irdenes Geschirr rein indianischer Herkunft oder Herstellung. In keiner echt brasilianischen Küche fehlt ein Korbsieb, ein Mörser, ein irdener Wasserkrug. Die Cunhãs gaben diesen Geräten aus Lehm, Holz, Frucht- oder tierischen Schalen – wobei Reiben aus Austernschalen hergestellt wurden – nicht nur hübsche Formen, sie zierten sie auch mit bunten Dekors, mit *»mille petites gentillesses«*, wie Léry es nennt.

Die Gerichte der Indianerfrau haben in erster Linie Maniokteig oder -mehl zur Grundlage. Im Jahre 1500 sah Gabriel Soares die Eingeborenen Maniokwurzeln schaben, bis sie ganz weiß waren. »Nachdem sie sie [die Wurzeln] gewaschen haben, schaben sie sie mit einem Stein oder einem eigens diesem Zweck dienenden Schabinstrument, und wenn sie gründlich geschabt sind, pressen sie in einer Vorrichtung aus Palmblättern, die sie Tapitím nennen, das Wasser aus dem Wurzelfleisch heraus, bis nur eine trockene Masse übrigbleibt, aus der das Mehl gemacht wird, das sie essen, indem sie es in einem für diesen Zweck vorgesehenen irdenen Topf kochen, wozu die Masse in besagtem Topf über einem Feuer erhitzt und von einer Indianerin mit einem Schöpflöffel wie beim Marmeladekochen so lange gerührt wird, bis sie vollkommen trocken und ohne jede Feuchtigkeit ist. Es sieht dann wie Kuskus aus, nur weißer, wird so gegessen, wie es ist, und schmeckt gut und süß.«

Das Maniokmehl wurde von den Kolonisten als Ersatz für Weizenmehl übernommen, und die Grundbesitzer auf dem Land ließen es täglich frisch zu Brot backen. Gabriel Soares sagt dazu: »Und ich behaupte immer noch, daß Maniok gesünder und besser ist als guter Weizen, denn er ist leichter verdaulich. Als Beweis dafür zitiere ich die Gouverneure Thomé de Sousa, D. Duarte und Mem de Sá, die in Brasilien nie Weißbrot aßen, weil sie fanden, es bekäme ihnen nicht, und viele andere waren der gleichen Meinung.«

Dank der Vorliebe der Eingeborenen für Maniok trug dieser den Sieg über den Weizen davon und wurde Ernährungsgrundlage der Kolonisten (kann er es doch nach der naiven Behauptung von Gabriel Soares an Nährwert und Verdaulichkeit mit dem Weizen aufnehmen). Noch heute ist Maniok das Hauptnahrungsmittel in Brasilien, und bei einem guten Teil unserer Bevölkerung sind auch seine Herstellungsmethoden die gleichen wie bei den Ureinwohnern geblieben. Im hohen Norden unseres Landes wird ein gewisser Auswässerungsprozeß bei der Mehlbereitung vorgezogen, und die Aufbereitungsmethode der Caboclos wird von H. C. de Sousa Araújo wie folgt beschrieben: »Nachdem der Maniok zerstampft und von der Rinde befreit ist, läßt man ihn in Wassertrögen ein paar Tage stehen. Wenn er ganz weich ist, wird er zerrissen und zermalmt und die sich ergebende teigige Masse in lange konische Tipitís gefüllt, die aus Embira- oder Taquararohrfasern geflochten sind. Diese Tipitís haben eine Höhe von etwa 1,5 bis 2 m, und wenn sie gut angefüllt sind, hängt man sie, mit großen Steinen beschwert, am Dachbalken auf. Sobald das Maniokwasser, das Tucupí genannt wird, ausgelaufen ist, wird die nun steife Masse herausgenommen und in der Sonne zum Trocknen ausgebreitet, ein Prozeß, der dann noch im Trockenofen vervollständigt wird. Das Ergebnis ist ein grobes Mehl mit kleinen harten Klumpen, die schwer zu kauen sind.« Im Nordosten wird ein Mehl trokkener Art hergestellt, das früher unter dem Namen *»de guerra«* (Kriegsmehl) bekannt war, aber das Tipití – dieses »röhrenförmige elastische Korbgebilde aus Palmblättern«, wie Teodoro Sampaio es definiert – bleibt für diese Gegend wie auch für den hohen Norden in der Mehlbereitung charakteristisch.

Maniok fand bei den Indios vielerlei Verwendung, und manche Backwaren und Gerichte, die unter den rothäutigen Händen der Cunhã entstanden, werden heute von den weißen, schwarzen und braunen Händen der Brasilianerinnen verschiedenster Abkunft und Blutmischung zubereitet. Von der Indiofrau lernte die Brasilianerin die Herstellung einer Reihe beliebter Konfekte. Aus feinem Mehl backte sie für die Kinder den unter dem Namen Carimã bekannten Kuchen. Ebenfalls aus Maniok bereitete sie den Mingau-Brei und Backwaren wie Mbeiú oder Beijú. Couto de Magalhães schreibt über die brasilianischen Eingeborenen: »Sie kannten unter anderem Fermentationsverfahren, mit deren Hilfe sie ausgezeichnete, für schwache Mägen besonders geeignete Konserven zu präparieren wußten. Unter anderen nenne ich die Carimã-Kuchen, mit denen wir fast alle in unserer Kindheit gefüttert wurden.«

Im Zusammenhang mit dem Beijú zählt Araújo Lima eine Reihe moderner amazonischer Spezialitäten auf. Außer dem Beijú, der jedem Brasilianer unter diesem Namen oder als Tapioca bekannt ist – »ein Kuchen von frischem, noch feuchtem Teig oder durch ein Korbsieb passiertes Tapiocamehl, das sich durch die Hitze zu Klumpen ballt, die durch den Gehalt an Gluten zusammenhalten« –, außer dem Beijú also gibt es den Beijuaçú, »rundlich geformt, aus dem gleichen Teig wie die Beijú-ticanga und im Ofen gebacken«; die Beijucica, »kleine Klümpchen aus Macaxeira oder süßem Cassavateig«, die Tapioca-Kuchen »aus so flüssigem Tapiocateig, daß er in feinen Klümpchen durch das Korbsieb tropft, die nach Fertigstellung eingerollt und gebuttert werden«; die Beijú-ticanga »aus weichem Maniokteig (Ticanga) in der Sonne getrocknet«; die Caribés, »eingeweichte Beijuaçús, bis sie eine teigige Masse ergeben, der dann lauwarmes oder kaltes Wasser so lange zugesetzt wird, bis man je nach Geschmack einen mehr oder weniger dünnen Mingau (Brei) erreicht hat« (Mingau wird morgens mit lauwarmem und tagsüber mit kaltem Wasser angerührt), und schließlich die Curadá, eine Art großer und ziemlich dicker Beijú, auch aus dünnem Tapioca, aber aus größeren Stücken gerollt und rohe Cashewnüsse enthaltend. Alle diese Leckerbissen haben die Nordbrasilianer von den Indianern übernommen.

Nicht nur in bezug auf die Beijúkuchen, sondern auch hinsichtlich der Kost überhaupt ist das Amazonasgebiet der Teil des brasilianischen Kulturkreises, in dem sich der Caboclo-Einfluß am deutlichsten bewahrt hat. Die Urwaldatmosphäre scheint eingefangen in den Blättern der Palmen und Bananen, in der Cashewnuß und im Puçanga-Pulver, das aus gerösteten Kurumikáa-Blättern gemacht wird. Selbst die Namen sind indianisch. Das mag zunächst seltsam erscheinen, doch nur zunächst, denn diese Leckerbissen und ihre Namen sind dem Gaumen des Brasilianers wohlvertraut und haben nichts Fremdartiges für ihn. Hier kommt uns zu Bewußtsein, wie stark, vom Geschmack unseres Gaumens bis zum Rhythmus unserer Alltagssprache, der Urwald in uns lebendig geblieben ist und wieviel wir unseren Vorfahren, den Tupís und Tapuias, verdanken.

Am Rande sei noch bemerkt, daß die nationale Küche kümmerlich und ohne eigenen Charakter geblieben wäre, wenn diese delikaten Beiträge der Eingeborenen nicht überlebt hätten. Sie erst geben der brasilianischen Küche das Aroma, welches weder lusitanische noch afrikanische Gerichte hätten liefern können. Es muß aber hervorgehoben werden, daß viele von diesen Speisen erst in den Küchen der Herrenhäuser aufgehört haben, regionale oder Caboclo-Gerichte zu sein, und zu brasilianischen Nationalgerichten wurden.

Im hohen Norden wird noch heute ein Eingeborenenkuchen, Macapatá genannt, aus feinem Maniokteig gebacken. »Nach Auspressen des Teiges im Tipití«, berichtet uns Araújo Lima, »und Durchkneten mit Schildkrötenfett und Stücken roher Cashewnüsse wird er in flachen länglichen Portionen in Bananenblätter gewickelt und in Holzglut gebacken.« Aus Beijús wird auch ein Getränk, das Tarubá, hergestellt. Die Beijús werden, nachdem sie durch Eintauchen in Wasser eben angefeuchtet sind, einzeln auf Curumí-(Kurumikáa-)Blätter gelegt und diese wieder auf ausgebreitete Bananenblätter gebettet. Das Ganze wird auf eigens dafür in Küche oder Vorratskammer eingerichteten Gestellen untergebracht und mit Puçanga gepudert und Curumí-Blättern belegt. Alle derart mit Curumí- und Bananenblättern bedeckten Beijús läßt man drei Tage liegen, bis eine Art Sirup herunterzulaufen beginnt. Jetzt löst man die teigigen Massen in Wasser auf, passiert dieses durch ein Sieb und läßt die Flüssigkeit sich setzen. Das Ergebnis ist ein köstliches Getränk, das, in großen Mengen genossen, berauschend wirkt. Soviel über das süßaromatische Getränk Tarubá.

Die häufige Verwendung der Blätter der São-Tomé-Bananenpflanze – im Nordosten des Landes – zum Einwickeln von Eßwaren aus Kokosnuß, Maniok, Reis und Mais ist wohl afrikanischem Einfluß bzw. der ansteckenden Vorliebe des Negers für die Bananenpflanze zu verdanken. Sicher fehlte es den Ureinwohnern nicht an Bananen (die Caaguacú oder Pacova sororoca), aber die Banane hätte bei ihnen wahrscheinlich nicht die Beliebtheit erlangt, die sie durch die Neger, welche Bananen und Bananenblätter vielfältig verwendeten, erreichte.

Im Kokosnuß-Tapioca, das als Molhada bekannt ist – auf afrikanischem Bananenblatt mit Zimt und Salz bestreut gereicht –, haben wir eine echt brasilianische Mischung kulinarischer Traditionen: einheimischer Maniok, asiatische Kokosnuß und europäisches Salz in brüderlicher und köstlicher Vereinigung auf dem gemeinsamen Bett afrikanischer Bananenblätter. Meiner Meinung nach sind der Nordosten – die Einflußzone von Pernambuco – und nördlicher, Maranhão, die beiden Gebiete der intensivsten kulturellen Verschmelzung, die sich in der regionalen Küche bemerkbar macht, aber auch ihren Ausdruck in anderen Sphären findet, allerdings oft in so subtiler Form, daß ihr Nachweis durch die Sozialpsychologie, Ethnographie, volkskundliche Wissenschaft und Soziologie schwierig ist.

Die Maçoca, aus der neben dem Caribé verschiedenes Gebäck hergestellt wird, wird nicht nur im Amazonasgebiet, sondern auch in ganz Nord- und Mittelbrasilien häufig gebraucht, wenn auch nicht in den Ausmaßen wie Mingau, das Indianerkorn Canjica und Muqueca. Mit diesen letzteren wurde die brasilianische Kost erst nach den sogenannten Rohprodukten wie Yams, Mais, Kartoffel, Kakao, Erdnuß und Maniok bereichert. Maçoca ist eine im Tipití erzeugte Maniokmasse, die nach Pulverisierung im Mörser und Austrocknung in der Sonne in Körben, die über dem Feuer hängen, vor Feuchtigkeit geschützt, aufbewahrt wird.

Neben dem Mehl (Abatiuí), das heute für diverses Gebäck verwendet wird, bereiteten die Cunhãs aus dem Mais Acanijic, unter dem Namen Canjica jetzt eines der bekanntesten brasilianischen Gerichte; außerdem Pamuna, jetzt Pamonha, ein Gebäck, das nach Präparierung in Maisblätter gewickelt wird; desgleichen Puffmais, ein Wort übrigens, das nach Teodoro Sampaio »Geplatzte Haut« bedeutet; und schließlich Abati-i, ein gegorenes Getränk.

Aus gehacktem Fisch oder Fleisch mit Mehl machten sie Paçoka (Paçoca), ein Gericht, das man noch im Norden findet; Piracuí oder »Fisch-Sand«, für welches der vorbereitete und entgrätete Fisch erst im Ofen geröstet, dann zerkleinert und paniert wurde. Doch eine für die Cunhãs besonders charakteristische Art der Zubereitung von Fisch oder Wild war Mokaen oder, wie es bei uns jetzt heißt, Moquém, das ist Fisch oder Fleisch über Kohlenfeuer oder, wie Teodoro Sampaio sagt, »auf einem Holzgrill« geröstet.

Wie beim Maniok, so auch bei den Fischgerichten ist das Amazonasgebiet wieder die Region, in der sich die Überlieferungen von den Eingeborenen am besten erhalten haben. Nach der Schildkröte, die allein eine Vielfalt kulinarischer Genüsse bietet, beansprucht hier der Pirarucú den wichtigsten Platz. Der ländlichen Bevölkerung des Nordens ersetzt der Pirarucú oft den Stockfisch oder das Pökelfleisch: »Er wird konserviert, entweder für den baldigen Gebrauch in einfacher Salzlake oder für längere Aufbewahrung oder Exportzwecke gesalzen und auf Decken an der Sonne getrocknet.« Andere im Amazonasgebiet häufig gegessene Fische sind Tucunaré und Tambaquí. Letzterer wird viel nach einer Methode konserviert, die für die Eingeborenen charakteristisch ist. Man nennt sie Mixiria. Mixiria wird nicht nur von Fisch, sondern auch von Fleisch gemacht. Man brät den Fisch oder das Fleisch im eigenen Fett über langsamem Feuer, schneidet es dann in Scheiben und legt diese mit dem Fett in festverschlossene Behälter ein. Früher bei den Eingeborenen waren die Behälter Tonkrüge. Heute, berichtet Araújo Lima, sind es zylindrische Blechbüchsen. Auch Peixe-boi, Schildkröte, Tambaquí, Tapir und andere werden auf diese Weise konserviert.

Noch eine andere Art der Eingeborenen, Fisch zu präparieren, ist in ganz Brasilien üblich geworden: Pokeka, »verfälscht zu Moqueca, bedeutet Bündel«, sagt Teodoro Sampaio in seinem brasilianischen geographischen Vokabularium. Und so ist auch Moqueca ein wie ein Wickelkind in einem Bananenblatt eingebundener Fisch, der auf Kohlenfeuer geröstet wird. Besonders geschätzt wird Moqueca aus jungen, kleinen und noch durchscheinenden Fischen, den Baby-Fischen. In Bahía und Pernambuco wurde die Pokeka köstlich afrikanisiert oder besser brasilianisiert in der Moqueca der Herrenhäuser-Küchen.

Aus dem großen gastronomischen Erbe der Eingeborenen stellt, wie schon gesagt, die Schildkröte für sich einen ganzen kulinarischen Komplex dar. Im hohen Norden Brasiliens weiß man aus der Schildkröte eine Reihe von Delikatessen zu bereiten, die von Gourmets aufs höchste gepriesen werden. Eines dieser Gerichte, Arabú genannt, besteht ohne weitere Ingredienzien aus dem Dotter der Eier der Schildkröte oder der Tracajá und Mehl. Noch delikater ist Abunã, das sind Schildkröten- oder Tracajáeier, die »kurz vor dem Ausschlüpfen der Jungen geräuchert werden. Den kleinen Schildkröten haftet dann noch etwas Dotter am Körper«, sagt Araújo Lima. Abunã wird mit Salz und Mehl gegessen. Dann gibt es noch Mujanguê, eine Mingau- oder Maniokpaste aus feinem Maniokmehl und den Eidottern der Schildkröte oder Tracajá, verdünnt mit Wasser. Manche europäisieren diese Delikatesse mit Salz oder Zukker. Und zuletzt sei noch erwähnt Paxicá, gehackte Schildkrötenleber, gewürzt mit Salz, Zitrone und indianischem Pfeffer.

Der übermäßige Gebrauch von Pfeffer bei den Eingeborenen ist bekannt und wird bis heute in der brasilianischen Küche fortgesetzt. Im äußersten Norden gibt es noch Juquitaia, ein hybrides Gewürz aus Salz und Pfeffer. Zweige des Pfefferbaumes werden in der Küche zum Trocknen aufgehängt, dann die Körner entfernt, im Ofen gedörrt, im Mörser zerrieben und mit Salz vermischt. Der Pfeffer-Komplex wurde in Brasilien noch durch die afrikanischen Kochkünste verstärkt, denn der Negergaumen war an noch schärfere Sachen gewöhnt als der des Indianers. Vor allem die afro-bahíanische Küche ist bekannt für stark gepfefferte Kost. Doch lehnte der Eingeborene den Pfeffer keineswegs ab, wie er Pijericú, Pixurim, Zitrone und zuzeiten selbst Asche an Stelle fehlenden Salzes nicht verachtete. Sigaud behauptet, daß die häufigen Anfälle von Dysenterie unter den Eingeborenen Brasiliens – von denen wir aus den Berichten der Jesuiten wissen – auf den unmäßigen Genuß von Ingwer, Pfeffer und Zitrone zurückzuführen sind: »*Les Indiens doivent à l'usage immoderé du gingimbre, du piment et du limon, des fréquents attaques de dysentérie.*«

Peckholt meint, daß die einzige Getreideart, welche die Europäer in Brasilien vorfanden, der Mais gewesen sei, und er nennt dann die anderen pflanzlichen Nahrungsmittel der Eingeborenen, auf die auch die Neuankömmlinge angewiesen waren: Maniok, Süßkartoffel, Yams, Ananas, Kakao, Erdnuß. Grünes Gemüse war selten, und die Eingeborenen legten auf das wenige, was sie hatten, keinen Wert. »Die Eingeborenen zogen nur wenige grüne Gemüsearten, doch sammelten die Frauen einige eßbare Waldpflanzen, wie verschiedene Arten von Carurús, Serralha und besonders Palmspitzen, die roh oder gekocht sehr beliebt waren.«

An Früchten war das Land, das Pedro Alvares entdeckte, reicher, aber die von den Eingeborenen an die Europäer weitergegebenen Arten beschränkten sich auch nur auf den angepflanzten Mamoeiro oder Papayabaum und den Guajave. Ebenfalls von den Indianern übernahmen die Europäer den Cashew-Komplex, der eine Reihe von medizinischen und kulinarischen Anwendungen und insbesondere die Verwendung der Cashewnuß bei der Herstellung eines sehr guten, für Brasilien typischen Weines einschließt.

Eine Liste der Pflanzen und medizinischen Kräuter, die die Indianer kannten und benutzten, würde sehr lang werden, und die brasilianische Kultur hätte größeren Nutzen aus den Kenntnissen dieser ziehen können, wenn die Beziehungen zwischen den ersten Missionaren und den indianischen Medizinmännern und Heilkundigen besser gewesen wären. Immerhin, die Jesuiten *»dès le principe de leur établissement s'appliquèrent à recueillir, à étudier les productions locales, et à faire leur profit des connaissances et des observations des indigènes«*, schreibt Sigaud. Aber der französische Wissenschaftler, dem die brasilianische Medizin so viel verdankt, fährt fort: *»Du mélange des pratiques indigènes et des formules copiées des livres de médicine européens, naquit une thérapeutique informe, grossière, extravagante qui se transmit par tradition dans les classes de cultivateurs de sucre et de coton et gardiens de troupeaux dans les montagnes ou sertões; et ce mélange primitif, altéré par les arcanes des nègres venus de Guinée et d'Angola, fut dès lors le partage exclusif des hommes qui s'intitulèrent médecins du peuple ou guérisseurs.«*

Einer der Plantagenbesitzer, wie sie Sigaud beschreibt, der Kranke mit einer groben und hybriden Therapie zu heilen versuchte, die allerdings manchmal bessere Resultate erzielte als die akademischen Methoden der Europäer, war Gabriel Soares. Sein *Logbuch* ist voller Indianerrezepte, deren einige hier genannt seien:

Carimãkuchen in Wasser eingeweicht, gegen Würmer bei Kindern und bei Vergiftungen. Er fügt hinzu: »Jedenfalls ein Mittel, das von Indianern und Portugiesen ausgiebig erprobt wurde.«

Gekochter Mais gegen bubonische Geschwülste.

Cashewsaft vor dem Frühstück einzunehmen zur »Stärkung des Magens« und zur Mundhygiene. (»Sie [die Cashewnüsse] geben dem, der sie morgens ißt, reinen Atem«, sagt Soares.)

Knospen vom Embaíbabaum heilen Wunden und alte Schwären.

Mastixpflaster, um »aufgebrochenes Fleisch zu schließen«.

Petume (Tabak) für Erkrankungen der Geschlechtsteile; und der Rauch dieser Pflanze durch einen Strohhalm, der an einem Ende angezündet ist, eingesaugt (indianischer Urahne der Pfeife!), ist »für jeden, der Wein trinkt«.

Auf Grund dieser wertvollen Kenntnisse glaubte Gabriel Soares wie andere Plantagenbesitzer auf Ärzte von Bahía verzichten zu können, »weil jeder in seinem eigenen Haus der Arzt ist«. Eine ganze Seite seines *Logbuches* widmet er der Erdnuß oder Midubi, einer Frucht, die von den Indianerfrauen nicht aus dem Urwald geholt wurde, sondern ein Produkt ihrer primitiven Landwirtschaft war: »Der Mann hat nichts mit dieser Pflanze und ihrer Nutzbarmachung zu tun; die Frauen allein pflegen sie anzubauen ...«

Auch andere für Haushalt und Heim wichtige pflanzliche Kenntnisse übermittelten die Indianer den europäischen Siedlern, und diese bewahrten und entwickelten sie auf ihre Art zu ihrem Nutzen. Im Zusammenhang hiermit sei genannt:

Kenntnis verschiedener fibröser Pflanzen, wie Baumwolle, Tucumpalme, wilder Caraguatá, zum Weben und Flechten. Peipeçaba zum Besenbinden.

Kürbisse zur Herstellung von Wasserkannen, Mehltöpfen, Waschschüsseln und offenbar auch Nachttöpfen.

»Kurieren« (Gerben) des Jerimum-Kürbisses durch Räuchern während eines ganzen Jahres.

Kenntnis diverser Hölzer und pflanzlicher Stoffe, die beim Hausbau Verwendung finden: Lianen, Timbo, Sapé und Pindoba-Stroh, das noch lange Zeit zum Dachdecken benutzt wurde.

Kenntnis von Tieren – Vögeln, Fischen, Schalentieren usw. –, die eßbar waren und gleichzeitig Schalen, Federn, Häute, Leder und Wolle lieferten, welche mannigfache Verwendung im täglichen und Familienleben der Siedler fanden: zur Herstellung von Gefäßen für Schutzvorrichtungen, zum Füllen von Polstern, Kissen und Matratzen, für Hängematten.

Tabuá-Binse, ausgezeichnet zum Mattenflechten.

Kenntnis verschiedener Naturfarben, die heute noch benutzt werden zur Wandbemalung, zum Stoffärben, als Schminke und in der Tinten-Fabrikation: das Weiß der Tabatingaerde, das Rot des Araribá, des Brasilholzes und des Urucú, das Schwarz des Jenipapo, des Gelb des Tatajuba.

Kenntnis verschiedener Klebstoffe und Harze, brauchbar zum Papierleimen und Siegeln von Briefen.

Wenn auch in der Mehrzahl der Fälle bei der Verwendung und Ausnutzung dieser Materialien europäische Intelligenz und Technik eine Art schöpferischer oder zumindest verändernder Funktion ausübte, so gab es doch andere Fälle, wo eine direkte Übertragung von Werten oder erworbenem Wissen von einer Kultur auf die andere, also von der eingeborenen auf die der Neuankömmlinge, stattfand.

Es sei noch einmal betont, daß viel von diesen Verfahren und diesem Wissen dem europäischen Eindringling von der eingeborenen Frau geschenkt wurde. Sie ist in allen primitiven Kulturen produktiver als der Mann. Sie hat auch wertvolle Methoden der häuslichen und Kinderhygiene in der brasilianischen Familie eingeführt, aber diesbezüglich bedarf es erst einer generellen Betrachtung, nicht allein des pädagogischen Aspektes, sondern des gesamten Lebens des Kindes bei den Eingeborenen. Ich komme später noch auf die dramatische und entscheidende Rolle zurück, die das Kind beim Kontakt der Kultur der Eingeborenen mit der europäischen Kultur gespielt hat, sei es als Mittler der katholischen Mission für die Zivilisierung der Heiden, sei es als Träger kostbarer Teile der Eingeborenenkultur, die durch das Kind ihren Weg von den Indianerdörfern über die Missionen in das tägliche Leben der Kolonisatoren bis in die patriarchalischen Herrenhäuser hinein fanden.

Der kleine Indianer war weit davon entfernt, wie Jean-Jacques Rousseau sich das vorstellte, ein freies Naturkind ohne Furcht und Aberglauben zu sein. Wie bei den Zivilisierten, so gibt es auch bei den Wilden falsche Behandlung von Kindern. Einmal ergab sich diese aus dem Glauben der Eltern an böse Geister und war als Schutzmaßnahme gedacht, zum anderen bestand sie in Erziehungsmethoden, die darauf abzielten, das Kind den Stammessitten und den Erwachsenen unterzuordnen.

Frank Clarence Spencer, dem wir mit seinem Werk *The Education of the Pueblo Child* eine der interessantesten Studien über indianische Pädagogik verdanken, betont die Tatsache, daß das Leben der Primitiven nicht nur in Amerika, sondern generell weder in einem friedlichen, idyllischen Dasein besteht, wie man im XVIII. Jahrhundert in Europa annahm, noch *»the dogged, sullen subjection described by some later writers«* ist. Die Wahrheit liegt in der Mitte: *»They are in constant subjection to their superstitious fears and yet they are generally joyful and happy.«*

Derselbe Forscher beobachtete bei den Pueblo-Indianern einen Tanz, der die Kinder erschrecken und ihnen Gehorsam und Respekt gegen die Erwachsenen beibringen sollte. Die Charaktere dieses Tanzes waren so etwas wie Gespenster und Schreckensgestalten aus dem Jenseits, die gekommen waren, um böse Kinder zu fressen oder zu entführen. Stevenson berichtet uns von den Zuñi-Indianern über einen ähnlichen, aber makabren Tanz, der mit der effektiven Tötung eines Kindes, das unter den unartigsten des Stammes ausgewählt wurde, endete. Dieser Tanz wurde jedoch nur in Abständen von Jahren zelebriert. Seine Moral und erzieherische Absicht war, das Benehmen des Kindes durch Furcht und Beispiel einer schrecklichen Strafe zu beeinflussen.

In seinem schon klassischen Werk über die Kindheit in primitiven Kulturen und in der Folklore historischer Kulturen weist Alexander Francis

Chamberlain daraufhin, daß das Gespenst bei allen diesen Kulturen eine gebräuchliche Einrichtung war, die fast immer zu moralistischen oder erzieherischen Zwecken benutzt wurde. Bei den alten Hebräern war es Lilith, ein fürchterliches behaartes Wesen, das nachts auf die Suche nach Kindern ging. Bei den Griechen waren es widerliche alte Hexen, die Strigalai, welche Kinder raubten. Die Römer hatten den Caprimulgus – wahrscheinlich der Vorfahre unserer Cabra-cabriola –, der nachts den Ziegen die Milch stahl und kleine Kinder fraß, während tagsüber Silvanus, der böse Waldgeist, in den Wäldern herumspukte. Bei den Russen ist es ein Schreckgespenst, so fürchterlich wie alles, was russisch ist, das um Mitternacht schlafende Kinder stehlen kommt. Bei den Deutschen ist es der Popanz, bei den Schotten und Engländern der Buhmann oder Bogey-Man. Chamberlain und die ersten Chronisten sprechen von Kanadas furchtbarem Ungeheuer und Kinderschreck bei den Eingeborenen. Die Mayas glaubten an Riesen, die Balams und Culcalkin, welche nachts Kinder wegschnappten. Und unter den Gaulala-Indianern Kaliforniens stieß Powers auf Teufelstänze, die er mit dem Haberfeldtreiben in Bayern – einem Brauch, bei dem Frauen und Kinder erschreckt werden, um sie in Schach zu halten – vergleicht. Es waren dies Tänze, in denen eine Schreckgestalt, »eine ekelhafte Erscheinung«, auftrat. Auf dem Kopf trug sie ein Bärenfell, auf dem Rücken ein Federkleid und auf der Brust Zebrastreifen.

Die Ureinwohner Brasiliens hatten ähnliche Tänze, den Teufels- oder Juruparí-Tanz, welcher den Zweck hatte, Frauen und Kinder einzuschüchtern, um sie in Zucht zu halten. Unter den Indianern in diesem Teil Amerikas spielten Tanzmasken eine wichtige Rolle. Koch-Grünberg bemerkt, daß sie heiliggehalten wurden und daß man glaubte, ihre geheimnisvolle Kraft übertrüge sich auf den Tänzer. Diese Masken stellten dämonische Tiere dar, in die sich nach dem Glauben der Eingeborenen Tote verwandelt hatten, und ihre Zauberkraft wurde durch die zu ihrer Herstellung verwendeten Materialien, wie Menschenhaar, Tierhäute und Federn, noch erhöht. Der Tänzer seinerseits hatte Bewegungen und Laute des betreffenden dämonischen Tieres nachzuahmen, wie die ersten Chronisten berichteten. Und gleich den Masken waren auch die Musikinstrumente geheiligt und verfügten über große übernatürliche Kräfte.

Die Jesuiten pflegten die Kindertänze in der deutlichen Absicht, auf diese Weise den Teufel zu einer komischen Figur zu machen und dem

Juruparí-Komplex durch Verspotten sein Prestige zu nehmen. Cardim erwähnt einen dieser Tänze. Mit der Verunglimpfung des Juruparí, der heiligen Masken und Zimbeln wurde eines der mächtigsten sozialen Kontrollmittel der Indianer zerstört. Das bedeutete in gewisser Hinsicht einen Sieg des Christentums. Es blieben indessen in den Abkömmlingen der Eingeborenen doch Reste von Animismus und Totemismus zurück. Und diese totemistischen Elemente haben sich unter den oberflächlich angenommenen katholischen Formen in der brasilianischen Kultur bis heute erhalten. Diese Überbleibsel sind leicht zu erkennen, man muß nur den europäischen Firnis oder die Vortäuschung dieses Firnisses einmal ankratzen. Viele dieser Reste finden wir bei den Kindern und ihren Spielen, in denen Tiere imitiert werden, richtige oder eingebildete, dämonische Produkte kindlicher Phantasie. Sie verbergen sich in den Schlangengeschichten, die auf die brasilianische Jugend eine besondere Anziehung ausüben. Wie ein überkommenes Erbe trägt der Brasilianer – vor allem solange er jung ist, seine Instinkte wacher und weniger intellektualisiert durch europäische Erziehung – in sich eine seltsame intensive Verbundenheit mit den lebendigen Wäldern, deren Tiere und Ungeheuer er mit ihren indianischen Namen kennt. In diesem Gefühl dokumentieren sich zum guten Teil die Erfahrungen und der Aberglaube der Indianer. Fast instinktiv interessieren sich brasilianische Kinder von heute für furchteinflößende Tiere. Ähnlich der Beziehung, die das europäische Kind zu den Märchen von Wölfen und Bären hat, ist das im Grunde vage Gefühl des brasilianischen Kindes, nur lebhafter und stärker, viel mächtiger und überwiegend in seiner Mischung von Furcht und Faszinierung. Das brasilianische Kind hat keine Angst vor einem bestimmten Tier, sondern vor dem Tier ganz allgemein. Es kann das Tier auch nicht sehr gut beschreiben und bezeugt damit die Unkenntnis des Brasilianers von Fauna und Flora seines Landes. Das mystische, schreckliche, unbestimmbare Tier ist vielleicht der Carrapatú. Bis auf den heutigen Tag singt man in Nordbrasilien Kinder mit diesem Wiegenlied in den Schlaf:

> Schlaf, mein Kleines, schlaf,
> Im Wald da gibt's ein Tier,
> Und das heißt Carrapatú.

Es kann auch die Hupupiara oder die Macobeba sein. Mit Namen und Begriff der letzteren wurde ein Freund von mir neulich in Barreiros im

Negersklaven bei der Arbeit an einer von Ochsen getriebenen Zuckerrohrmühle (Aus: Historia Naturalis Brasiliae)

Staate Pernambuco durch ein sechsjähriges Kind bekannt gemacht. Praktisch schafft sich jedes brasilianische Kind von einiger Erfindungsgabe und Phantasie seine eigene Macobeba, und zwar aus jener unbestimmten, aber mächtigen Furcht und, wie ich schon sagte, nicht vor einem bestimmten Tier, nicht vor der Schlange, dem Jaguar, dem Wasserschwein, sondern einfach vor *dem* Tier, das Tutú, Carrapatú, Zumbí oder, wenn man ganz auf den Grund geht, Juruparí genannt wird. Diese Furcht läßt erkennen, wie verhaftet wir noch dem Leben in den Urwäldern sind und in welchem Maße der Animismus der Eingeborenen noch in uns steckt, verstümmelt, aber nicht zerstört.

Der brasilianische Tier-Komplex verdient ein eigenes Studium. Es dürfte dies eine hochinteressante Aufgabe sein für jemand, der sich mit den Wechselwirkungen bei Kontakten von Kulturen ungleichen Niveaus befaßt. Der vage Charakter unserer Furcht vor dem Tier zeigt, daß wir vorwiegend ein Volk sind, welches sich in dem tropischen Milieu Amerikas noch nicht ganz heimisch fühlt. Aber unsere Faszination durch die Tierwelt – obwohl wir sie und die mit ihr verbundenen Aberglauben nur sehr unvollkommen kennen – deutet gleichzeitig auf unsere allmähliche Assimilierung der Umwelt hin, wie sie auch andererseits beweist, daß wir schon animistische und totemistische Tendenzen in uns aufgenommen haben. Der Deutsche Rüdiger Bilden war bei seinem Besuch in Brasilien erstaunt über unsere Unfähigkeit, präzise Angaben über Art und Namen von Pflanzen und Tieren zu machen. Einem anderen Reisenden, der von Prof. Roquette-Pinto zitiert wird, fällt auf, daß in Brasilien jedes Tier einfach ein Viech ist. Roquette-Pinto bemerkt dazu: »Sogar auf dem Land ist jeder Junikäfer nur ein Insekt und weiter nichts. Bei den Pflanzen ist es etwas besser. Unsere Leute sind wenigstens imstande, einige Gattungen namentlich zu unterscheiden; sie kennen einen Gravatá, einen Angico, einen Coqueiro.«

Als Folge des kulturellen Antagonismus haben sich die Namen der Tiere und Pflanzen in der Eingeborenensprache erhalten und leben unter den Indianern des Hinterlandes, die meist Analphabeten sind, weiter fort, ohne den überwiegend europäischen und afrikanischen Kulturen an der Küste und in den landwirtschaftlichen Gebieten übermittelt zu werden. Wie zahlreich auch die Verbindungen zwischen diesen beiden Subkulturen gewesen sein mögen, so war es doch mehr das instinktive als intellektuelle Element, das in all seiner Unwissenheit eine größere Kenntnis der einheimischen Fauna und Flora bewahrt hat, während die andere mehr europäische Kulturkomponente durch eine große Menge indianischer Werte bereichert wurde, die in der Gesellschaftsordnung Brasiliens jedoch noch ohne formende, schöpferische Wirkung geblieben ist.

Wenden wir uns nun wieder den Kindern der Eingeborenen zu. Es muß also betont werden, daß sie von der Wiege oder vielmehr von der Hängematte oder Tipóia an von Aberglauben und Furcht vor tierähnlichen Ungeheuern umgeben waren. Die Tipóia, in der das Kleinkind, mit einem Band gehalten, auf dem Rücken der Mutter getragen wurde, ist in Brasilien nicht mehr gebräuchlich, wahrscheinlich weil die Indianerfrau nicht mehr außer Hause tätig ist. Mit dem Hängemattenkomplex kam die Hängemattenwiege auf, welche im Norden erst jetzt langsam zu verschwinden beginnt. Manche heute berühmte Männer aus dem Norden, die es zu etwas gebracht haben, sind sicher noch von ihrer Mutter oder ihrer schwarzen Amme in der Hängematte in den Schlaf gewiegt worden. Wieviel Kinder sind wohl über dem klagenden Knarren der Hängemattenhaken eingeschlafen. Cardim bemerkt, daß zur Feier der Geburt eines Jungen als erstes Pfeil und Bogen oder »Grasbündel« an dem Hängemattenhaken befestigt wurden. Es war dies ein Symbol oder eine Schutzmaßnahme. Während der ganzen Kindheit wurde das Kind ständig mit prophylaktischen Mitteln gegen böse Einflüsse geschützt: »Sie haben vielerlei glückverheißenden Zauber. Sie legen Baumwolle auf den

Kopf des Kindes und reiben seine Handflächen mit Vogelfedern oder Holz, damit es wachse.«

Auch wurde das Kind mit Urucú oder Jenipapo-Farbstoff bemalt, Lippen, Nase und Ohren wurden perforiert, Körperöffnungen mit Stopfen, Stöckchen und Stengeln verschlossen oder mit einer Halskette aus Tierzähnen versehen. Alle diese Entstellungen und Verstümmelungen hatten nur den Sinn, das Kind gegen böse Geister immun zu machen, es vor dem bösen Blick oder anderen unheilvollen Einwirkungen zu schützen.

Einige dieser Vorbeugungsbemühungen, teilweise getarnt als Schmuck oder vermischt mit religiösen Motiven, umgeben das brasilianische Kind noch heute. Im Norden ist es allgemein üblich, Kinder mit Halsketten von tierischen Zähnen, goldenen oder hölzernen Amuletten, gesegneten katholischen Medaillen, Symbolen wie Haarlocken und dergleichen mehr zu behängen. Unter den gläubigen Katholiken von Nord- und Mittelbrasilien ist es Sitte, nach dem ersten Haarschnitt des Kindes eine Locke oder das ganze abgeschnittene Haar dem Bild unseres gekreuzigten Heilands zu verehren. Möglicherweise ist diese Sitte auch ein Überbleibsel des indianischen Glaubens, daß Haare, Zähne und Nägel einer Person und speziell eines Kindes als Mittel für bösen Zauber gegen diese Person benutzt werden können. Wie kann man solches Risiko besser vermeiden, als das Haar einfach Jesus selbst anzubieten?

In den ersten Tagen der Kolonisation und Christianisierung – in denen, wie wir den Berichten der Jesuiten entnehmen können, die Kindersterblichkeit besonders hoch war – nahm die Vergötterung der Kinder bei den Indianern oft morbide Formen an. Vielleicht weil es bei den Katholiken üblich ist, Kinder mit Engeln zu vergleichen, wurde der Tod eines Kindes fast fröhlich, jedenfalls ohne Schrecken hingenommen. Die Nachwirkung dieser Haltung zeigt sich noch heute bei uns. Bei den Hinterwäldlern und Bewohnern des Innern, aber auch bei den Armen in den Städten des Nordens, steht das Begräbnis eines Kindes oder eines »Engels«, wie sie sagen, in starkem Kontrast zu der düsteren Trauer bei einem Erwachsenenbegräbnis. Die Kindersterblichkeit war bei den Eingeborenen in der Zeit der Katechese besonders hoch, weil der Geschlechtsverkehr zwischen den beiden Rassen sich unter unhygienischen Bedingungen vollzog. Vielleicht um unbequemen Rückschlüssen, welche die Eingeborenen aus dieser Erscheinung hätten ziehen können, zu begegnen, versuchten die Jesuiten mit allen Mitteln, den Tod eines Kindes zu verschönern und zu verherrlichen. Hier starb kein Sünder, sondern ein

Engel wurde von Gott zurückberufen. Montoya erzählt eine Geschichte, die typisch für die morbide Atmosphäre der Kindervergötterung ist. Ein Kind, Sohn eines Rosenkranzbruders, wurde neidisch auf das Begräbnis eines Spielgefährten. »Die Leiche war der Sitte gemäß bedeckt mit Blumen, und den Kopf des toten Kindes schmückte der schönste Kranz. Das verführte den anderen Jungen, seinen Vater um den Tod zu betteln. ›Laß mich sterben, Vater‹, sagte er und streckte sich dann so auf dem Boden aus, wie er es bei der Leiche seines Kameraden gesehen hatte. Auf die wiederholten Bitten seines Sohnes antwortete der Vater dann eines Tages: ›Mein Sohn, wenn Gott will, daß du stirbst, soll Sein Wille geschehen.‹ Darauf sagte das Kind: ›Gut, Vater, dann werde ich jetzt sterben.‹ Und ohne irgendwelche Krankheit zu haben, warf er sich aufs Bett und starb.«

Die indianische Mutter bettete ihr Kind, welches unter dem Katholizismus zum Engel werden sollte, in die Hängematte und brachte es mit zärtlichen Lauten zum Einschlafen. Durch Roquette-Pinto ist uns ein Wiegenlied der Pareçí-Indianer erhalten geblieben, welches beginnt mit

> Essá-Mokocê cê-maká ...
> (Schlafe in deiner Hängematte, Kleines ...)

In den Ocas müssen oft verschiedene Wiegenlieder mehrerer Mütter gleichzeitig zu hören gewesen sein, denn diese enormen Scheunen (aus Balken gebaut und mit Pindobafarnen gedeckt) wurden von achtzig bis hundert Personen bewohnt, und es gab viele Kinder unter ihnen. Die Ocas oder Gemeinschaftswohnungen der Indianer waren große Häuser, welche wegen ihres kommunistischen Charakters und des pflanzlichen Materials, aus dem sie gebaut waren, sich sehr unterschieden von den festen, soliden Lehm- oder Steinbauten, die die europäischen Siedler bei den Zuckerplantagen errichteten.

Bei einigen Stämmen machten die Mütter den Kleinen Spielzeug aus ungebranntem Ton in Form von Tieren oder menschlichen Figuren. Letztere waren »überwiegend weiblichen Geschlechts«, sagt der Ethnologe Erland Nordenskjöld in seinen Studien über die Stämme des nördlichen Brasilien. Diese Figuren waren von »sehr vereinfachter Form ... durchweg ohne Extremitäten, auch oft ohne Kopf, aber mit angedeuteten Tätowierungen am Oberteil des Rumpfes«. Nordenskjöld schreibt die extreme Vereinfachung dieser Lehmpuppen der Eingeborenen des

Pilcomayo-Gebietes dem Bestreben zu, »sie für Kinderhände unzerbrechlich zu machen«. Es scheint indessen, diese Figuren von Menschen und Tieren hatten eine okkulte Bedeutung, sie waren nicht nur Spielzeug, sie bezeugen eine Ausdehnung des Animismus, des Totemismus und der sexuellen Magie bis auf das Kinderspielzeug. An den Lehmpuppen der Carajá-Indianer am Araguaiafluß glaubte Emilio Goeldi Ähnlichkeiten mit den »lehmgebackenen Idolen des Phalluskultes aus den Grabstätten der Indianer, die früher an der Amazonasmündung gelebt haben«, zu erkennen. Die Eingeborenentradition der Lehmpuppe ist nicht auf die brasilianische Kultur übergegangen. Die bei uns vorwiegende Stoffpuppe ist wahrscheinlich afrikanischen Ursprungs. Aber die Vorliebe unserer Kinder für Spielzeug in Tierform ist immer noch ein charakteristischer Zug, wenn sie auch durch die industrielle Standardisierung nach amerikanischem und deutschem Muster und durch die Einführung mechanischen Spielzeugs im Schwinden begriffen ist. Aber auf den Kirmesmärkten im Inneren des Landes kann man diese interessanten Abbilder von Affen, Käfern, Schildkröten, Eidechsen und Fröschen immer noch antreffen. Nicht übersehen sollte man auch die Gewohnheit der Eingeborenen, den Kindern mit zahmen Vögeln eine Freude zu machen. Noch heute ist der Vogelfang mit Lehmkugeln oder mit der Falle aus Bananenstengeln und die anschließende Zähmung bei den brasilianischen Kindern sehr beliebt.

In seinem *Bericht über die Missionsreise von Pater Christovão de Gouvêa durch die Regionen Brasiliens im Jahre '83* erzählt Pater Cardim, die Indianerkinder hätten »viele Spiele eigener Art«, aber er beschreibt keines von ihnen im einzelnen. Er bemerkt, die kleinen Caboclos hätten »viel mehr Freude und Spaß als die portugiesischen Kinder«. Und er gibt uns einen allgemeinen Überblick über die Art ihrer Spiele: »In diesen Spielen ahmen sie Vögel, Schlangen und andere Tiere nach, sie sind ganz reizend und sorglos, und es gibt weder Zank, Heulerei und Balgerei unter ihnen, noch hört man Obszönitäten oder Schimpfworte von ihnen.« Vielleicht spricht er als Missionar aus Zurückhaltung nicht von den erotischen Spielen. Aber es ist möglich, daß es unter den Kindern und der heranwachsenden Jugend Brasiliens Spiele von der Art, wie sie Prof. Malinowski in Melanesien beobachtet hat, gab. Nach den »lasziven Liedern« zu urteilen, die einige frühe Missionare erwähnen und die Pater Anchieta durch Hymnen an die Jungfrau und fromme Kantaten zu ersetzen versuchte, muß angenommen werden, daß solche erotischen Spiele unter den brasilianischen Eingeborenen existierten. Bei Cardim finden wir auch eine Stelle über Wasserspiele der jungen Indios: »Beim Schwimmen im Fluß lauerten die Jungen aus dem Dorf einander in einem Hinterhalt auf und brachen dann laut schreiend und brüllend daraus hervor. Sie hatten andere eigene, sehr hübsche Spiele und Wassersports, bei denen sie vom Kanu aus ins Wasser sprangen, bis auf den Grund tauchten, dann wieder an die Oberfläche schossen, ans Ufer eilten und mit erhobenen Händen riefen: ›Gelobt sei Jesus Christus!‹ Sie kamen dann zum Pater, um seinen Segen zu empfangen.«

Im Zusammenhang mit dem Zeitvertreib der Kinder, von dem Pater Cardim spricht, muß festgehalten werden, daß hier, wie bei den Zauber-, Kriegs- und Liebestänzen der Erwachsenen, die Neigung des Wilden, sein Leben mit dem der Tiere in Beziehung zu bringen, auch erkennbar wird. Seine Teufel haben Tierköpfe, und dieser Vorstellung entsprechen die Tanzmasken. Seine Gesänge imitieren die Stimmen der Tiere, seine Tänze ahmen die Tierbewegungen nach. Seine Trinkbecher und irdenen Krüge haben tierische Formen.

Aus dieser Tradition der Ureinwohner erklärt sich die Vorliebe des Brasilianers für Spiele und Übungen, bei denen Tiere nachgeahmt werden. Für die große Popularität des Glücksspiels »Bicho« (Tier) ist letzten Endes der Animismus und Totemismus der indianischen Kultur verantwortlich. Hinzu kommt später der diesbezüglich verstärkende Einfluß der afrikanischen Kultur. Es gibt noch ein positiveres Geschenk des indianischen Kindes an das europäische, und zwar ein Ballspiel. Es wurde von den Indianern mit einem Ball gespielt, der wahrscheinlich eine Schale aus Kautschuk hatte und den ersten Europäern aus sehr leichtem Holz gemacht schien. Der Ball mußte von den Spielern mit dem Rücken aufgefangen und weitergeschleudert werden, und manchmal mußte man sich dabei auf die Erde werfen, um den Ball noch zu bekommen. Es war offensichtlich das gleiche Spiel, das General Cândido Rondon unter den Parecís, die es Mata-Naaríti nannten, gesehen hat. Hier war der Ball – nach Roquette-Pintos »Rondônia« – aus dem Kautschuk des Mangababaumes gemacht, und die Spielregeln waren dieselben. Nach der Entdeckung Amerikas sah der venezianische Gesandte am Hof Karls V. in Sevilla dieses Spiel, das von jungen Indianern vorgeführt wurde. Mit seiner »Casa de Contratación« war im XVI. und XVII. Jahrhundert Sevilla der Platz, wo man die letzten Neuigkeiten aus Amerika bewundern konnte. Der Gesandte erzählt, daß der Ball »so groß wie ein Pfirsich oder größer war, und sie stießen ihn nicht mit den Händen oder Füßen, sondern mit ihren Rücken, und zwar mit solcher Fertigkeit, daß es wunderbar anzuschauen war. Manchmal warfen sie sich praktisch auf den Boden, um den Ball zurückzuschnellen, und es geschah alles mit großer Geschicklichkeit.«

Einige dieser Spiele und Tänze der brasilianischen Wilden hatten offenbar erzieherische Gründe. Bemerkenswert war die »Friedlichkeit und Freundschaft« – mit einem Wort, das *»fairplay«* –, welches Pater Cardim an den brasilianischen Caboclos von 1500 so sehr bewunderte. Man hörte keine »Schimpfworte oder Obszönitäten« unter den Spielern, und keiner »beschimpfte [des anderen] Vater oder Mutter«. Möglich, daß der Pater, um den Unterschied zu den europäischen Kindern hervorzuheben, übertreibt, wenn er sagt: »Selten verlieren sie beim Spiel die Beherrschung, und selten streiten oder schlagen sie sich untereinander.«

Die indianische Jugend lernte sehr früh tanzen und singen. Pater Cardim beschreibt einige Kindertänze. Manche von ihnen wurden von der Gesellschaft Jesu in ihr Erziehungsprogramm und den Katechumenenunterricht aufgenommen. Der populärste Tanz war der »Sairé«; er wird von Pater João Daniel beschrieben.

Ganz allgemein kann gesagt werden, daß das indianische Kind ohne körperliche Züchtigungen und ohne väterlichen oder mütterlichen Drill aufwuchs. Nichtsdestoweniger war seine Kindheit – wie das ganze Leben der Primitiven – von einer Art Liturgie oder von Ritualien bestimmt.

Bei Erreichung des Pubertätsalters wurde den Jungen das Haar auf dem Kopf auf eine Weise geschoren, die Bruder Vicente do Salvador den Mönchs-Haarschnitt nennt, und auch den Mädchen wurde das Haar auf Jungenweise geschnitten. Die Absonderung der Jungen nach Erreichen der Pubertät in Klubs oder Häusern, welche nur den Männern zugänglich waren – in Mittelbrasilien nannte man diese Häuser »Baito« –, scheint den Zweck gehabt zu haben, die Vormachtstellung des männlichen über das weibliche Geschlecht zu sichern, indem man die Jünglinge für diese Stellung erzog. Den Frauen – mit Ausnahme von alten Frauen, die durch ihr Alter als männlich oder geschlechtslos galten – sowie den noch nicht zeremoniell eingeführten Jungen waren die Häuser verboten. Hier wurden die Flöten und Zimbeln bewahrt, welche die Frauen niemals zu Gesicht bekamen. Die Frauen spürten auch kein Verlangen, sie zu sehen, denn ihr Anblick hätte sicheren Tod bedeutet. In der

Zeit der Abtrennung lernte der Junge, wie man die Frau behandelt, sich ihr immer überlegen fühlt, und daß man sich niemals seiner Mutter oder anderen weiblichen Wesen anvertraut, sondern nur seinem Vater und seinen männlichen Freunden. Die verwandtschaftlichen Bindungen, nach der väterlichen Seite hin überbetont, waren sehr männliche Beziehungen von Mann zu Mann. So wurde eine Atmosphäre geschaffen, welche der Homosexualität günstig war.

Die Prüfungen der Jungen bei den Einweihungszeremonien waren barbarisch. Einige waren so grausam, daß ein Novize sie manchmal nicht überstand und starb. Geißelung, Tätowierung, Perforation von Nase, Lippen und Ohren wurden schon erwähnt. Andere Prüfungen bestanden im Zahnziehen und Abfeilen der Zähne. Erinnerungen an diese Bräuche und an afrikanische Tätowierungen existieren noch unter den Bewohnern des Hinterlandes und Fischern im Nordosten. Nach Websters klassischem Werk *Primitive Secret Societies* wurde die männliche Jugend in diesen Klubs moralisch und praktisch auf die Verantwortung und die Privilegien des Mannestums vorbereitet. Der Jüngling wurde mit den nützlichsten Geheimnissen bezüglich Hausbau, Jagd, Fischerei, Kriegskunst, Gesang und Musik und allem, was man von Zauberei und Religion wissen mußte, bekannt gemacht. Im Zusammensein mit den Älteren lernte er hier die traditionellen Stammesbräuche. Diese schnelle und gründliche Erziehung und Einweihung der noch äußerst empfindsamen Anfänger wurde durch Fasten, Nachtwachen und Entbehrungen noch eindringlicher gemacht. Wenn es auch keine körperliche Züchtigung und keinen elterlichen disziplinarischen Drill bei den Eingeborenen Brasiliens gab – ein Umstand, welcher die ersten Chronisten nicht wenig erstaunte –, so gab es doch die beschriebene strenge Disziplin, welche den Jünglingen von den Älteren auferlegt wurde. Pater João Daniel erzählt, daß ein ihm befreundeter Missionar, welcher nachts Kinderschreien gehört hatte und sich morgens erkundigte, was denn los gewesen sei, erfuhr, daß »F. die ganze Nacht hindurch seinen Neffen verprügelt hätte, um ihn stark, tapfer und mutig zu machen«. An-den-Ohren-Ziehen, Kneifen und dergleichen als Disziplinarstrafen gab es allerdings bei den Wilden nicht. Sogar »Untaten und Verbrechen«, sagt Bruder Vicente, ließen die Ureinwohner Brasiliens ungestraft hingehen. Und in seinem *Logbuch* berichtet Gabriel Soares: »Die Tupinambás strafen ihre Kinder nicht, noch ermahnen oder tadeln sie sie für irgend etwas, was sie getan haben.« Mitunter wurden die Jungen geschlagen – und Erwachsene schlugen sich gegenseitig –, aber, wie gesagt, zum Zweck der Abhärtung oder als Schutzmaßnahme gegen böse Geister. Da die Eingeborenen so schon eine Art Geißel-Komplex hatten, fiel es ihnen nicht schwer, sich an den von den Missionaren eingeführten Begriff der Buße zu gewöhnen, und sie waren von Anfang an bei den diesbezüglichen Übungen vorbildlich. Cardim hebt den Eifer hervor, mit dem sie die ihnen von der katholischen Kirche auferlegten Bußübungen erfüllten.

Die Mißhandlung von Menschen bis aufs Blut oder Verwundungen mit scharfen Tierzähnen, besonders die bei Pubertätszeremonien an Jungen und Mädchen vorgenommenen, bedeuteten für die Primitiven nur Purifikation und Beschwörung. Denselben Sinn hatten nach Rafael Karsten die im Exzeß betriebenen körperlichen Übungen der Indianer, wie Tänze, Ringkämpfe und das Armbrechspiel, bei welchen immer reichlicher Schweißausbruch erwartet wurde. Denn der Schweiß wie das Blut war nach der Vorstellung der Primitiven imstande, die Dämonen aus dem Körper auszutreiben. Aus diesem Grund, und nicht etwa zur Zerstreuung und Aufheiterung, wurden bei einigen Stämmen die Kranken – welche als von Dämonen besessene unselige Wesen angesehen wurden – ermüdenden tänzerischen Exerzitien von streng zeremoniellem und magischem Charakter unterworfen. Nicht das Schwitzen an sich, sondern die geheimnisvolle Kraft des Schweißes soll mit diesen Tänzen, während deren sich die Teilnehmer oft gegenseitig geißeln, hervorgebracht werden. Viele der brasilianischen Kinderspiele – unter ihnen das »Heiße-Riemen«-Spiel *(peia queimada)* und Manja – sind Erinnerungen an diese Flagellomanie.

Die Mutter bei den Eingeborenen ließ es nicht an der Gesundheitspflege ihres Kindes fehlen. Dies geht aus den verschiedenen Vorsichtsmaßnahmen und der Sauberkeit, in der das Kind gehalten wurde, hervor und zeigt sich vor allem in des Kindes Fröhlichkeit und Wohlbehagen.

Das Spielen und Tanzen der »Conomismiri« (indian. Ausdruck für Kinder) auf dem Dorfanger der Tabas oder Eingeborenensiedlungen gehörte für Léry zu den schönsten Erinnerungen an die brasilianischen Indianer. Und fast noch mehr davon angetan als er war Pater Cardim. Die Jungen, welche der Pater beschreibt, wurden schon von Missionaren erzogen, hatten aber im Schatten der Jesuitensoutanen offensichtlich noch nicht ihre ungebundene Heiterkeit verloren. Léry sah sie ihre Freiheit genießen: *»Fessus, grassets & refais qu'ils sont, beaucoup plus que ceux de par deçà avec leurs poinçons d'os blancs dans leurs lèvres fendues, les cheveux tondus à* *leur mode & quelquefois le corps peinturé, ne failloyent iamais de venir en troupe dansans au devant de nous quand ils nous croyoyent arriver en leurs villages.«* In ihrer primitiven Ausdrucksweise pflegten die jungen Caboclos die Besucher um Angelhaken zu bitten: *»Couto-affat, amabé pinda.«* Wenn Léry dann ihre Bitten erfüllte, herrschte große Freude: *»... c'estoit un passe temps de voir ceste petite marmaille toute nue laquelle pour trouver & masser ces hameçons trepilloit & gargoit la terre comme connils de garenne.«*

Diese Jungen, die dem Franzosen so gesund erschienen, wurden wie Tiere zur Welt gebracht. Einmal, als Léry, der wie jeder richtige Franzose leicht aufzuregen war, laute Schreie einer Frau hörte, dachte er sofort an ein Ian-ou-are, ein Tier, das bisweilen Wilde zu verschlingen pflegte. Als er aber in Begleitung eines anderen Franzosen hinging, um zu sehen, was passiert sei, entdeckte er, daß die Schreie von einer Frau in Wehen herrührten. Der Ehemann machte den Geburtshelfer, und Léry sah, wie er die Nabelschnur mit den Zähnen durchbiß. Er drückte auch die Nase des Babys platt, statt sie nach europäischer Sitte auszurichten, und danach badete er das Neugeborene und bemalte es rot und schwarz. Das Kind wurde dann in einer kleinen baumwollenen Hängematte oder »Hängematten-Reste«, Tipóia genannt, gebettet, auf den Rücken oder die Hüfte der Mutter festgebunden.

Léry war begeistert von der Kindes- und häuslichen Hygiene der Eingeborenen, die er besser fand als die europäische. Die Kinder wuchsen ohne Kleidchen, bewegungshindernde Steckkissen und Windeln auf, was aber nicht etwa eine Vernachlässigung von seiten der Mutter bedeutete. Die Tupí-Babys wuchsen deshalb nicht schmutzig oder verwahrlost auf. Im Gegenteil, der französische Beobachter war beeindruckt von ihrer Ordentlichkeit und Reinlichkeit. Mit Lérys freimütigen eigenen Worten: *»Qu'encores que les femmes de ce pays là n'ayent aucuns linges pour toucher le derrière de leurs enfans, mesmes qu'elles ne se servent non plus à cela des feuilles d'arbres & d'herbes, dont toutesfois elles ont grande abondance: néantmoins elles en sont si soigneuses, que seulement avec de petits bois que elles rompent, comme petites chevilles, elles les nettoyent si bien que vous ne les verriez iamais breneux.«* Blätter und Holzstücke dienten den Eingeborenen Brasiliens nicht nur als Teller, Handtücher und Servietten, sondern auch als Toilettenpapier und Kinderwindeln.

Gabriel Soares berichtet von der Sitte der Eingeborenen, ihrem Nachwuchs die Namen von Tieren, Fischen, Bäumen usw. zu geben, und Karsten weist nach, daß es meistens die Namen *der* Tiere sind, die von ihren heiligen Tanzmasken dargestellt werden. Es handelt sich demnach um Einflüsse des Animismus und der Magie, von denen das ganze Leben der Eingeborenen erfüllt war. Whiffen betont, daß bei den Stämmen des nordöstlichen Brasilien Personennamen nur leise und ehrfurchtsvoll ausgesprochen wurden. Bei einigen Stämmen wurden die Namen umschrieben mit Bezeichnungen, die Teodoro Sampaio unter der Kategorie »unpoetische Namen« zusammengefaßt und gesammelt hat: Guiraguinguira (Vogelhinterteil), Miguiguaçú (Großes Hinterteil), Cururupeba (Kleine Kröte), Mandiopuba (Verdorbener Maniok) usw. Der Sinn solcher Namengebung war wohl, den Dämonen die Namensträger unschmackhaft zu machen.

Die Kinder, aber auch die Erwachsenen unter den Eingeborenen waren nicht frei von schrecklichen Ängsten, von der Angst, der Himmel könnte einem auf den Kopf fallen oder die Erde könnte unter den Füßen versinken. Hinzu kam noch die große Furcht vor dem Juruparí.

Selbst am Tage bei hellem Sonnenschein und mitten im Spiel glaubten die Kinder oft Gespenster oder den Teufel persönlich zu sehen und flüchteten unter Entsetzensschreien zurück ins Haus. Die Dämonen trugen meist Tierköpfe. Pater Antônio Ruiz Montoya beschreibt ihrer einige, und zwar genau ins Detail gehend, weil sie einem Verwalter der Jesuiten selbst erschienen waren. Das war allerdings in den ersten Tagen der Katechese. Der Pater erzählt, sie hätten »Tierpfoten, lange Krallen, schlanke Beine und glühende Augen«. Hier macht sich offenbar schon der Einfluß des Teufels der katholischen Theologie bemerkbar, der sich später mit dem Juruparí-Komplex vermischte und ihn schließlich absorbierte.

Doch waren es nicht nur die Geister oder der Teufel in Tiergestalt, die den Wilden das Leben schwermachten. Es gab noch andere unbeschreibliche Ungeheuer, so die Guaiazis, Coruqueamas, Maiturús (Menschen mit nach hinten gerichteten Füßen), Jiboiucús, die furchtbare Simiavulpina und endlich die schlimmsten von allen, die Hipupiaras oder Hupupiaras. Letztere waren Meeresungeheuer, welche die Küsten terrorisierten und auf ihre Art Feinschmecker waren, denn sie verschlangen nicht den ganzen Menschen, sondern nahmen nur hier und da Bissen von ihm, was allerdings genügte, um den Unglücklichen zu verstümmeln. Sie fraßen seine »Augen, Nase, Zehen- und Fingerspitzen und seine Genitalien«. Den Rest ließen sie am Strand verfaulen.

Das ganze Leben der Wilden war erfüllt von Animismus, Totemismus und sexueller Magie, von welchen die Eindringlinge zwangsläufig angesteckt wurden. Letztere konnten sie zwar verändern, doch nicht zerstören.

Von der totemistischen und animistischen Kultur der Ureinwohner ist dem Brasilianer, besonders dem kindlichen, die Neigung geblieben, den zahlreichen Tieren und Pflanzen unseres Landes totemistische und animistische Bedeutungen und Eigenschaften zuzulegen. Der Volksglaube und auch die kindliche Phantasie stattet sie mit menschlichen oder halbmenschlichen Qualitäten aus, mit Bösartigkeit, Intelligenz oder übermenschlichen Kräften. Das zeigt sich in unserer Folklore, unseren volkstümlichen Erzählungen, unserem Aberglauben und unseren Traditionen. Auch die zahlreichen Geschichten voller brasilianischer Atmosphäre, in denen Ehen von Menschen mit Tieren oder Freundschaft und Liebe zwischen denselben vorkommen, führt Hartland auf den Totemismus zurück. Es gibt Erzählungen, die von einer selbstverständlichen Toleranz, ja dem gänzlichen Fehlen jeden Abscheues gegen sexuelle Verbindungen von Mensch und Tier zeugen, einer Haltung, welche man bei Kindern im Inneren Brasiliens häufig beobachten kann. Diese Haltung scheint bei dem Nachwuchs des Bewohners des Hinterlandes offenbarer als bei dem des Plantagenbesitzers. Im Kind des letzteren wird sie oft genug als Komplex – in soziologischem wie Freudschem Sinne – erkennbar. Bei beiden – dem Kind des Grundbesitzers wie dem des Bewohners des Innern – geht der körperlichen Liebeserfahrung ein Mißbrauch von Tieren und Pflanzen voraus. In dem Drang, ihren mit elementarer Gewalt ausbrechenden Sexualtrieb zu befriedigen, vergehen sich die Jungen an Kühen, Ziegen, Schafen, Hühnern und anderen Haustieren, an Pflanzen und Früchten wie der Bananenstaude, der Wassermelone oder der Mandacarúfrucht. Diese Praktiken ersetzen dem jungen Landbewohner bis zu seiner Heirat das Fehlen privater oder öffentlicher Prostitution, wie Ammen, Mulattenmädchen, Negerjungen und käuflicher Frauen, welche dem Jungen auf den Plantagen und in den Küstenstädten schon sehr früh zur Verfügung stehen.

Es existieren noch weitere Spuren des ursprünglichen primitiven Lebens in der brasilianischen Kultur. Außer der Furcht vor den erwähnten Untieren und Ungeheuern gibt es anderen ebenso tief in der Vorstellungswelt der Brasilianer und speziell der Kinder wurzelnden Aberglauben, der darauf hinweist, daß wir uns den Tropenwäldern so verbunden fühlen wie kein zweites modernes zivilisiertes Volk. Fast jeder zivilisierte

Mensch trägt Spuren primitiver Ängste in sich, aber in uns Brasilianern machen sie sich stärker bemerkbar, weil wir immer noch im Schatten des Dschungels der Urwälder leben. Kein anderer Kolonisator der Neuzeit hat wie der Portugiese die Kulturen der tropischen Urwälder von Amerika und Afrika verarbeitet und assimiliert. Deswegen sind unsere Instinkte und Ängste stärker und unsere Rückfälle in die Mentalität der Primitiven häufiger. Hall behauptet, daß jeder zivilisierte Mensch als Erbe seiner Ahnen eine Tendenz zum Glauben an phantastische Wesen, Seelen von Verstorbenen, Gespenster und dergleichen mitbekommen hat: *»a prepotent bias, which haunts the very nerves and pulses of the most cultured to believe in ghosts«*. Insonderheit die Brasilianer glauben an das Übernatürliche. In allem, was uns umgibt, spüren wir das Walten geheimnisvoller Mächte, und wie oft berichten unsere Zeitungen von Geistererscheinungen und Zauberei. Daher hat auch der Spiritismus in seinen höheren und niederen Formen bei uns solch einen Erfolg.

Rückfälle in die wilde und primitive Zerstörungswut sind ebenfalls nicht selten unter uns. Sie zeigen sich in Morden, Plünderungen und Überfällen auf die Plantagen durch Cangaceiros oder Banditen. Selten gehen auch politische oder zivile Bewegungen ohne Gewalttaten ab, die in normalen Zeiten unterdrückt oder in Grenzen gehalten werden. Silvio Romero geht so weit, uns eine eigene Findigkeit vorzuwerfen, mit der wir »wüsten Racheakten den hochtrabenden Namen einer liberalen Revolution« zu geben wüßten. Der wahre Charakter solcher Bewegungen, welcher in dem Zusammenstoß zweier ungleicher oder antagonistischer Kulturen begründet liegt, scheint diesem scharfen Beobachter nicht entgangen zu sein: »Die wilden oder barbarischen Elemente, die im ethnischen Untergrund unserer Nation schlummern, kommen an die Oberfläche, erheben ihre Köpfe und verlängern Anarchie und spontane Willkür.« So schreibt Romero über die Revolten, welche unter den Namen Balaiada, Sabinada, Cabanada usw. in vergangener Zeit Brasilien erschütterten. Und trifft diese Charakterisierung nicht auch auf die Aufstände der Mata-mata-marinheiros, der Quebraquilos, der Farrapos zu? Wer sagt uns, ob wir nicht Bewegungen jüngster Zeit ebenfalls in diesem Sinne deuten müssen, wenn diese auch stärkere ideologische Impulse aufzuweisen hatten als frühere? In der Geschichte unserer Politik scheint mir mit Oliveira Limas Worten die Pernambuco-Revolution von 1817 »die einzige zu sein, die dieses Namens würdig ist«. Sie ist zweifellos diejenige, welche am wenigsten einem bloßen Krawall, einer Gelegenheit zu Plünderungen gleicht und bei der die politischen oder ideologischen Ziele am wenigsten verfälscht erscheinen. Nicht, daß ich ihr nur politische und keine ökonomischen Gründe zugestehen will; ich möchte nur sagen, daß sie sich grundsätzlich von Revolten wie der Abrilada unterscheidet, weil sie ein klares Programm und einen politischen Sinn hatte. Von dem Vinagrada-Aufstand in Pará 1836 schreibt Silvio Romero: »Das Tapuia-Element erhob sein Haupt und fiel entfesselt über fremdes Leben und Eigentum her.«

Hier wird nicht von Bewegungen gesprochen, die offensichtlich Sklavenaufstände, Rassenhaß-Ausbrüche oder Rebellionen sozial und wirtschaftlich unterdrückter Klassen waren wie z. B. der Aufstand der Neger in Minas. Noch haben wir es mit jenen kulturellen Vulkanausbrüchen zu tun, bei denen eine unterdrückte Kultur, um nicht zu ersticken, die Kruste der aufgezwungenen Kultur gewaltsam durchbricht, damit sie wieder atmen kann, wie zum Beispiel die Negerbewegung von 1835 in Bahía solchem Vorgang sehr ähnlich zu sein scheint. Bei letzterer handelt es sich um den Antagonismus zwischen mohammedanischer Negerkultur und portugiesischem Katholizismus. Diese sind besondere Bewegungen mit sozialer Zielrichtung und tiefer sozialer Bedeutung. So die der Canudos, welche eine Folge der Verschiedenheit der Kultur im Küstengebiet und im Landesinnern war. Rückfälle in den Furor der Wilden finden wir mehr in Bewegungen, die äußerlich Ziele politischen oder zivilen Charakters verfolgen. Diese Ziele sind aber in Wahrheit nur Vorwände für die Wiedererhebung einer primitiven Kultur, die zwar niedergetrampelt, doch nicht zerstört ist.

Es ist klar, daß Brasilien mit seinen widersprechenden Auffassungen von Eigentum, moralischen und materiellen Werten, auch vom Wert des menschlichen Lebens, ein Tummelplatz wilder Antagonismen sein muß. Hinsichtlich des Eigentums suchen wir ständig nach einem gemeinsamen Nenner für den indianischen Kommunismus und den europäischen Begriff von Privateigentum. Es ist ein Kampf zwischen dem Abkömmling des kommunistischen Indios, der praktisch persönliches Eigentum nicht kannte, und dem Nachkommen des portugiesischen Individualisten, der bis zu Beginn des XIX. Jahrhunderts in ständiger Angst vor Piraten und Straßenräubern lebte, sein Geld in irdenen Krügen zu vergraben und seine Wertsachen in Kellern zu verstecken pflegte und die Steinmauern, die er zum Schutz gegen Räuber um sich herumbaute, obendrein noch mit Glasscherben spickte. Kurz nach 1800 fand Saint-Hilaire auf seiner Reise ins Innere von São Paulo, wie er glaubte, eine Erinnerung an die Zeit der Entdeckungen. In Wirklichkeit handelte es sich um eine Auswirkung des vorerwähnten Konfliktes zwischen den beiden Eigentumsbegriffen: Es war der Umstand, daß in den Wirtshäusern und Läden am Weg die Ware nicht ausgestellt, sondern im Hintergrund des Ladens untergebracht war und der Kaufmann den Kunden die Waren durch ein Gitter reichte. Der französische Wissenschaftler gibt dafür folgende Erklärung: »Die Kneipenwirte müssen Vorsichtsmaßnahmen gegen die Begehrlichkeit der Indios und die Frechheit der Mamelucos ergreifen, denn letztere haben Begriffe von Mein und Dein, die nicht viel besser sind als die der Indios.«

Gabriel Soares, der kluge Praktiker, bezeichnet die Caboclos des XVI. Jahrhunderts, die er hier antraf, als »imstande, alles zu lernen, was die Weißen ihnen beibringen«. Eine Ausnahme jedoch macht er; und das sind die Gedächtnisübungen und der Unterricht in Logik und Abstraktion, auf denen die Patres der Gesellschaft Jesu in den Indianerschulen von Anfang an bestanden; »Sachen der Spekulation und des Verstandes«, wie der Chronist sich ausdrückt. Lesen, Rechnen, Schreiben, Buchstabieren und lateinisch zu beten brachten sie ihnen bei. Für solche Übungen eigneten sich die Eingeborenen nicht, und man kann sich leicht vorstellen, wie langweilig es für sie in den Instituten der Patres gewesen sein muß. Die Langeweile wurde nur vom Gesangs- und Musikunterricht, von dramatischen Vorstellungen von Wundern und Mysterienspielen sowie von dem handwerklichen Unterricht unterbrochen. Anchieta schloß daraus auf eine »Unfähigkeit« der Ureinwohner, während Gabriel Soares selbst die Tupinambás für »sehr barbarisch« und schwer von Begriff hält.

Der letztgenannte Chronist findet die Tupinambás »sehr gut veranlagt, Franziskaner zu werden«: Sie besaßen alles gemeinsam. Er könnte noch erwähnt haben, daß sie eine Begabung für manuelle Arbeit und eine Abneigung gegen Buchwissen hatten. Der brasilianische Eingeborene war gerade der Typ des Neugetauften oder Katechumenen, der, nachdem er den Sinn des Katechismus einmal begriffen hat, die Erwartungen der jesuitischen Ideologie enttäuscht. Ein Verfechter des Seraphischen Ordens sollte wohl annehmen, daß die idealen Missionare für ein Volk mit kommunistischen Tendenzen und einer Abneigung gegen jede geistige Disziplin, wie es die amerikanischen Eingeborenen waren, die Franziskaner wären. Theoretisch jedenfalls sind die Franziskaner gegen den Intellektualismus, gegen den Merkantilismus, lyrisch in ihrer Einfachheit,

Freunde manueller Arbeit und der Gewerbe und fast animistisch und totemistisch in ihrer Beziehung zur Natur, dem tierischen und pflanzlichen Leben.

Für den heiligen Franziskus waren die beiden größten Übel der christlichen Welt seiner Zeit der Hochmut der Reichen und der Hochmut der Gelehrten. Es wird erzählt, daß er, von dem Eintritt eines gewissen klugen und feinen Pariser Doktors in ein Franziskanerkloster hörend, ausrief: »Diese Doktoren, meine Kinder, werden der Ruin meines Weingartens sein.« Und gerade die Jesuiten wurden die Doktoren der Kirche, ihre scharfsinnigsten Intellektuellen; denn ihre großen Wissenschaftler wurden berühmt durch ihre grammatischen Studien, Regeln der Rhetorik, ihre Uhren, Landkarten und Erdgloben. Indessen, wie Freer bemerkt, *»with all their self-confidence they failed; for, unlike the Franciscans, their spirit was not the spirit of the coming ages«*.

Man kann wohl sagen, daß die Jesuiten in Amerika, d. h. in Paraguay und Brasilien, am meisten versagt haben. Es scheint, daß die brasilianischen Indianer von den Missionaren der Franziskaner besser unterrichtet worden sind und mehr von diesen gelernt haben. Wo die Franziskaner die Führung hatten, sagt Bruder Zephyrin Engelhardt, gaben sie der Arbeit der Indianer in den Missionen eine technische und praktische Richtung, die bei den Jesuiten fehlte.

Die Franziskaner waren vor allem bemüht, die Eingeborenen handwerklich und technisch zu unterweisen, und vermieden, sie durch *»mental exertion which the Indians hated more than manual labor«* zu überfordern. Mit Bezug auf die Christianisierung der Indianer fügt Bruder Engelhardt hinzu: *»We do not find that Christ directed His Apostles to teach reading, writing and arithmetic.«* Diese etwas ironische Bemerkung ist sicher für jene bestimmt, welche hinter ihre Namen die Initialen S. J. zu setzen pflegten. Auf den Vorwurf, die Franziskaner wären in ihren Missionen hauptsächlich daran interessiert, Lehrlinge und Techniker auszubilden, antwortet er: *»They gave the Indians the education which was adapted to their present needs and probable future condition in society.«* Demgegenüber geht aus den Berichten der Jesuiten in Brasilien hervor, daß sie sich beinahe schämten, mechanische Arbeit verrichten zu müssen. Sie hätten sich viel lieber der Aufgabe gewidmet, aus den Indianern Akademiker und Gelehrte zu machen. Aus dem, was Pater Simão de Vasconcelos in seiner *Chronik der Gesellschaft Jesu in dem Staat von Brasilien und das Werk ihrer Jünger in diesen Teilen von Brasilien* sagt, geht hervor, daß die Jesuiten nicht mit der

Absicht hierherkamen, Handwerk und Technik unter den Caboclos zu entwickeln, sondern mehr literarische und akademische Ziele verfolgten. Daß die Jesuiten notgedrungen zu Handwerkern werden, sich also franziskanisieren mußten, wird von Pater Simão wie eine Schwäche entschuldigt: »Und von da an wurde bei den Brüdern die Arbeit an mechanischen Aufgaben zum Wohl der Gemeinschaft eingeführt, denn sie lebten in großer Armut. Man soll es von den Gottesmännern nicht merkwürdig noch unpassend finden, sich mit solcher Beschäftigung zu befassen. Der heilige Josef als Christi Vater (wofür ihn die Menschen im allgemeinen halten) hielt solche Arbeit auch nicht für seiner unwürdig, noch fand der heilige Paulus es unziemlich, daß ein Apostel Jesu sich sein Brot durch seiner Hände Arbeit im Schweiße seines Angesichtes verdiente. Diesen Beispielen folgten die heiligsten Männer des Altertums und gewöhnten ihre Körper an schwere Arbeit und ihre Seelen an Demut, eine Himmelsregel, die die Engel dem heiligen Abt Pacomio diktierten.« Unter den ersten Jesuiten Brasiliens, scheint es, brachte nur Pater Leonardo aus dem Zivilberuf ein Handwerk mit, das eines Schmiedes. Alle anderen waren praktisch Akademiker oder Doktoren von der Art, wie sie der heilige Franz von Assisi so fürchtete, und mußten nun plötzlich Tischler oder Wundärzte werden. Sie waren nicht begeistert von der Mühsal manueller und handwerklicher Arbeit und fühlten sich bemüßigt, sie als unumgänglich notwendiges Übel zu entschuldigen, das durch die widrigen Umstände, unter denen sie die christliche Lehre verbreiten mußten, bedingt war.

Das System der Franziskaner würde besser für die Eingeborenen gewesen sein als das der Jesuiten, scheint mir. Gabriel Soares sagt, die Tupinambás seien »für das Erlernen dieser Berufe sehr geeignet« gewesen. Er bezieht sich dabei auf die »Schreiner, Holzhacker und -säger und Töpfer«. Sie waren ebenfalls »allen Aufgaben auf den Zuckerrohrplantagen« gewachsen, einschließlich der »Aufzucht von Kühen«, während die Frauen geschickter bei »Hühnerzucht, Nähen und Waschen« und »Nadelarbeiten« waren.

Als legitime Ehefrauen, Konkubinen, Mütter, Ammen und Köchinnen am Leben des Siedlers teilnehmend, konnten die Eingeborenenfrauen einen Wirkungskreis finden, der ihrem Geschlecht und ihrer Neigung zu Stetigkeit entsprach. Der indianische Mann andererseits wurde von den Fremdlingen fast immer nur vor zwei Alternativen gestellt: entweder für die Plantagenbesitzer in den Zuckerrohrfeldern zu arbeiten oder bei den Patres lesen, schreiben und rechnen zu lernen. In späteren Zeiten mußte er auf den Kakao- und Matefarmen Frondienst machen. Eine jede dieser den gefangenen Indios und Katechumenen aufgezwungenen Tätigkeiten richtete ihre Energie auf Dinge, die ihrer primitiven Mentalität zutiefst zuwider waren. Die Patres ließen sie zum Beispiel nicht an die europäischen Werkzeuge, welche sie so faszinierten, heran. Statt dessen langweilten sie sie mit Schreibheften und grammatischen Übungen. Eine andere Maßnahme, welche einen Instinkt beleidigt, der ebenso tief im wilden wie im zivilisierten Menschen wurzelt, war der nach Geschlechtern getrennte Einsatz der Arbeitskräfte. Sie wurden auf den Plantagen oder in Siedlungen nach Geschlechtern getrennt zusammengepfercht nach einem System, welches den Stämmen, die durch Exogamie und Totemismus an ein Gemeinschaftsleben in kleinen Gruppen gewöhnt waren, völlig unsinnig erscheinen mußte. Für die Wilden, die man ihrem primitiven Dasein im Dschungel entrissen hatte und nun an ein zweifelhaftes seßhaftes Leben gewöhnen wollte, wäre es besser gewesen, wenn man sie mit den europäischen Werkzeugen hätte umgehen lassen. Das wäre eine leichter zu ertragende Arbeit gewesen als das mühselige Hakken und hätte eine bessere Anpassung der Wilden an eine zivilisierte Lebensweise zur Folge gehabt.

Die Verwirklichung dieser Anpassung hätte die größte und vornehmste Aufgabe der Katechisten sein müssen. Bei solchem Vorgehen wäre viel von der Handfertigkeit, der künstlerischen und dekorativen Begabung der Eingeborenen erhalten geblieben und hätte mit Hilfe der großen Reserven europäischer Mittel und Technik in neuen Formen weitergelebt. So aber ist diesbezüglich fast alles verlorengegangen. Die Wahrheit ist, daß die Jesuiten zuzeiten ausschließlich von religiösen Zielen beherrscht waren und die Caboclos zu gefügigen sanften Seminaristen erziehen wollten, während sie zu anderen Zeiten wieder rein wirtschaftliche Absichten hatten und die indianischen Pfarrkinder als Mittel benutzten, um sich selbst und die Kolonisten durch den Mate-, Kakao-, Zucker- und Drogenhandel zu bereichern.

Als zuständigen Instanzen für indianische Angelegenheiten ist es den Jesuiten allerdings zu verdanken, daß die Eingeborenen von den Portugiesen nicht so hart und vernichtend traktiert wurden wie der rote Mann von den englischen Protestanten. Aber die Eingeborenen auf diesem Teil des Kontinents wurden von den Eindringlingen nicht gerade brüderlich und ideal behandelt, und die Jesuiten selbst predigten die Anwendung ausgesucht grausamer Methoden der Katechese. Aus dem Munde eines von ihnen – des frömmsten und gläubigsten von allen, José de Anchieta – stammen die harten Worte: »Schwert und Eisenrute sind die besten Prediger.«

Die Bemühungen der brasilianischen Jesuiten galten vorzüglich dem eingeborenen Kind. Vorzüglich waren die Bemühungen aber nur vom Standpunkt der Gesellschaft Jesu aus gesehen. Sie bestanden darin, in einer möglichst kurzen Zeit alle Eingeborenen-Werte, die mit der Theologie und Moral der Kirche unvereinbar waren, auszumerzen. Es ist die ewig naive Kurzsichtigkeit der Missionare, die nie die große Gefahr erkennen, welche darin liegt, daß einmal Zerstörtes von ihnen nicht mehr ersetzt oder repariert werden kann. Noch heute kann man diese Kurzsichtigkeit bei den englischen Missionaren auf den Fidschiinseln beobachten.

Der unmündige Indianerjunge, der von dem Pater aus seinem wilden Leben herausgeholt wurde, hatte nur seine Milchzähne, um dem Zivilisationsbringer damit in die aufdringliche Hand zu beißen. Er besaß noch keinen Moralkodex, und seine Neigungen waren nur sehr vage. Er war sozusagen die Achse der Missionsarbeit. Aus diesem Jungen wollte der Missionar ein künstliches Wesen so recht nach seinem Herzen machen. Die Zivilisierungsmethode der Gesellschaft Jesu bestand im großen und ganzen in der Umkehrung, daß der Sohn den Vater erziehen würde, indem das Kind dem Mann als Beispiel diente und die Jungen allgemein auf dem Pfad des Herrn als Führer dienen sollten, dem Pfad, den die Europäer ausgetreten hatten.

Der Culumim oder indianische Junge assistierte dem Eindringling, aus der Kultur der Eingeborenen einen Knochen nach dem anderen herauszuoperieren, damit sich die weichen Teile dann besser in die Formen katholischer Moral und europäischer Lebensweise kneten ließen. Er wurde der Feind der Älteren, der Pajés, der heiligen Zimbeln, der Geheimbünde, kurz, alles dessen, was an dieser Kultur stark und lebenstüchtig und dem europäischen Druck nur den leisesten Widerstand zu leisten imstande war. Es lag den Jesuiten fern, die indianische Rasse zu vernichten; sie wollten sie nur von Jesus gezähmt, zu Füßen Unseres Herrn liegen sehen. Dies jedoch war nur zu erreichen, wenn man dieser eigenen Kultur und Moral der Eingeborenen das Rückgrat brach und alle Bräuche und Aberglauben, die dem katholischen System Schwierigkeiten bereiteten, abschaffte. Die Patres der Gesellschaft Jesu bemühten sich – zuweilen erfolgreich –, die Jugend von der alten Kultur abzubringen, indem sie diese in den Augen der Katechumenen lächerlich machten. Sie erreichten dies in dem Fall eines Zauberdoktors, von dem uns Montoya erzählt. Die Missionare verleiteten einen alten Zauberer, eine groteske und verkrümmte Figur, vor der versammelten Jugend zu tanzen. Es war ein Erfolg. Die Jungen fanden ihn komisch und verloren ihren früheren Respekt vor dem Hexenmeister, der von da an sich damit abfinden mußte, den Patres als Koch zu dienen.

Die Culumins in der Hand zu haben bedeutete in etwa die Erhaltung der eingeborenen Rasse ohne die Erhaltung ihrer Kultur. Indessen gingen die Jesuiten weiter und wollten in der Treibhausatmosphäre der Schulen oder der Guaraní-Missionen des XVI. Jahrhunderts unnatürliche Wesen aus den Ureinwohnern machen – Individuen, welche nicht nur keine Bindungen mehr an die Formen der Moral ihrer Eigenkultur kannten, sondern auch von dem kolonialen Leben und seinen sozialen und wirtschaftlichen Realitäten und Möglichkeiten abgeschnitten waren. So bekamen die Erziehungs- und Zivilisierungsbemühungen der Jesuiten einen künstlichen Charakter, und ihr späteres System der Organisation der Indianer in Missionsdörfern (Aldeias) oder »Missionen« konnte den mächtigen Schlägen der antijesuitischen Politik eines Marquis de Pombal nicht standhalten.

Die künstliche Zivilisation der Ureinwohner Brasiliens war fast ausschließlich das Werk der Jesuiten, und das Ergebnis ihrer Arbeit bestand in der oberflächlichen Christianisierung einer großen Anzahl von Caboclos.

Ich wiederhole, der Prozeß der Christianisierung wurde nur möglich durch die indianische Jugend, die Culumins, die eine eminent wichtige Rolle bei der Bildung der brasilianischen Gesellschaft spielten, bei der Schaffung eines Brasilien, das verschieden von den portugiesischen Kolonien in Afrika mit einer völlig anderen Orientierung als der der afrikanischen Kolonialverwaltungen war. Joaquim Nabuco, der wie Eduardo Prado die Jesuiten oder besser die Anstrengungen der Mission der katholischen Kirche in Brasilien verteidigt, übertreibt nur wenig, wenn er behauptet: »Ohne die Jesuiten würde unsere Kolonialgeschichte aus einer einzigen Kette von zahllosen Grausamkeiten und Massakern, wie denen der Reduktionen, bestehen. Wie in Afrika würden Straßen das Land durchziehen, die aus dem Innern zu den Märkten an der Küste führen, und diese Straßen entlang würde man lange Reihen von Sklaven treiben.«

In Brasilien benutzte der Missionar den Indianerjungen vornehmlich dazu, seinem Mund das Material zu entnehmen, welches er zur Schaffung der Tupí-Guaraní-Sprache brauchte. Diese Sprache war das stärkste Band zwischen Eindringling und Besiegtem. Sie war Mitteilungsinstrument nicht nur für moralische, sondern auch für kommerzielle und materielle Zwecke. Die Sprache wurde trotz all ihrer Künstlichkeit eines der solidesten Fundamente für die brasilianische Einheit. Infolge des starken Drucks des religiösen Imperialismus der jesuitischen Missionare und ihrer Tendenz, moralische und materielle Werte zu vereinheitlichen, brachte das Tupí-Guaraní Stämme und Völker einander näher, die kulturell voneinander grundverschieden und in Kriegszeiten Feinde waren, und alle zusammen kamen sie dann auch durch dieselbe Sprache in näheren Kontakt mit den europäischen Kolonisatoren. Dieses Idiom, das durch die Zusammenarbeit des Culumim mit dem Pater entstand, wurde im ersten sozialen und kommerziellen Verkehr der beiden Rassen benutzt. Es sei erwähnt, daß die Eindringlinge sich für den täglichen Gebrauch auch der Sprache der Besiegten bedienten und ihre eigene Sprache für besondere Gelegenheiten und Staatsakte reservierten. Als später die portugiesische Sprache, die immer die offizielle war, über das Tupí vorherrschte und neben diesem Idiom der Eingeborenen zur Volkssprache wurde, hatten die Portugiesen ihrerseits schon so viel Urwaldeinfluß aufgenommen, daß sich die harten Ecken und Kanten der Sprache ihres Mutterlandes abgeschliffen hatten und zu einem weichen Portugiesisch ohne Doppel-R- und Doppel-S-Laute geworden war. Durch das Zusammenwirken der Jesuiten mit den indianischen Jungen hatte sie sich in eine infantile, ja fast eine Kindersprache verwandelt.

Das Ergebnis war eine anfängliche Zweisprachigkeit. Es gab eine Sprache der Herren und eine der Eingeborenen, eine der Oberklasse und eine andere populäre für den täglichen Gebrauch. Diese Zweisprachigkeit hielt sich anderthalb Jahrhunderte und blieb noch später getarnt bestehen in dem Antagonismus der Sprache der Weißen in den Herrenhäusern und der der Neger in den Sklavenhütten. Aus diesem Antagonismus ist bei uns eine linguistische Unart geworden, welche erst in jüngster Zeit unsere modernen Schriftsteller und Dichter zu korrigieren und zu mildern versuchen. Es ist die enorme Kluft zwischen geschriebenem und gesprochenem Wort, zwischen dem Portugiesisch der Akademiker, der Priester und der Leute mit Doktortitel, die fast immer Puristen sind und zu geschraubter und klassizistischer Ausdrucksweise neigen, und dem Portugiesisch des Volkes, der früheren Sklaven, der Kinder, der Analphabeten und der Bewohner von Urwald und Hinterland. Die Sprache der letzteren ist voller Eingeborenen-Ausdrücke, und in der der Ex-Sklaven glüht afrikanische Wärme.

Die Erklärung hierfür mag darin liegen, daß zur Zeit der Eroberung des Hinterlandes das Tupí die einflußreichste und vorherrschende Sprache war. »Die Kontingente, welche von der Küste aus auf Entdeckungen geschickt wurden«, schreibt Teodoro Sampaio, »sprachen meistens Tupí, und sie gaben den von ihnen entdeckten Flüssen und Gebirgen Tupí-Namen. Und die von ihnen gegründeten Dörfer waren neue, im Hinterland verstreute Kolonien, deren Einwohner ebenfalls Tupí sprachen und die natürlich diese Sprache weiter verbreiteten.«

Fast alle Tiere, Vögel, Flüsse und viele Gebirge Brasiliens sowie eine Menge häuslicher Geräte haben ihre Tupí-Namen bewahrt. Pater Antônio Vieira, der sich sehr um die Probleme der Beziehungen zwischen Siedlern und Eingeborenen kümmerte, sagte im XVI. Jahrhundert: »Erstens ist es gewiß, daß portugiesische und indianische Familien in São Paulo so eng miteinander verbunden sind, daß Frauen und Kinder frei miteinander verkehren. Die Umgangssprache in diesen Familien ist die indianische, aber die Kinder lernen Portugiesisch in der Schule. Diese natürliche oder natürlich gewordene Einheit zu zerstören würde für sie, die so viele Jahre zusammengelebt haben, grausam sein. Ich sage daher, daß all diese Indianer und Indianerinnen, die ihren sogenannten Herren soviel Liebe entgegenbringen und aus freiem Willen bei ihnen bleiben, nur zu halten sind in größter Freiheit und ohne jede Verpflichtung außer der der erwähnten Liebe, welche die sanfteste aller Fesseln ist.«

Während im Hause Portugiesen und Indianer in der Sprache der Sklaven oder der im häuslichen Bereich überwiegenden Halbfreien untereinander »frei verkehrten«, wurde in den Missionsschulen die Eingeborenensprache neben der Sprache der Weißen und des Kirchenlateins gelehrt und gepflegt, und auch Prediger und Evangelisten predigten in Tupí von den Kanzeln. »Die Patres sprachen die Zunge der Ureinwohner«, erzählt Teodoro Sampaio, »sie schrieben für sie eine Grammatik und ein Wörterbuch, sie lehrten und predigten in diesem Idiom. In den Schulen für Jungen und Mädchen (Culumins und Cunhatains, Nachkommen von Indianern, Mestizen oder Weißen) wurde gewöhnlich Portugiesisch und Tupí gelehrt, und dadurch konnten die am meisten geeigneten von den ersten Katechumenen angelernt werden, die Bekehrung in das elterliche Heim bringen.«

Im Verkehr von Katechist zu Katechumenen erhielten, wie gesagt, die Patres von den Kindern der Eingeborenen das Konstruktionsmaterial für die »Tupí-Sprache«.

Die Indiofrau überlieferte der brasilianischen Kultur den besten Teil der heute noch vorhandenen indianischen materiellen Werte, das Indiokind brachte uns mehr die sittlichen Werte, die unsere Kultur bereicherten: Kenntnisse der Stammessprachen, Ängste und Aberglauben, von denen das Leben der Indianer bedroht war, sowie verschiedene Spiele und fröhliche Tänze.

Pater Simão de Vasconcelos klärt uns über die Art des geistigen Austauschs zwischen Jesuiten und Culumim auf. So sagt er von Anchieta, daß dieser »Lehrer und Schüler zugleich« war und die Indianerjungen »ihm als Schüler und Lehrer dienten«. Es war so, daß der Pater, »während er Lateinstunden gab, selbst die meisten Kenntnisse der brasilianischen Sprache erwarb«.

Noch in einer anderen Sphäre waren die Culumins Lehrmeister. Sie waren die Lehrer ihrer eigenen Eltern, ihrer erwachsenen Verwandten und ihres Volkes. Sie waren die Verbündeten der Missionare gegen die Medizinmänner und bei der Bekehrung der Heiden. Von den ersten, die in die Jesuitenschulen aufgenommen wurden, sagt Pater Simão: »Nachts trollten sie sich in die Häuser ihrer Eltern zurück und sangen diesen statt der eitlen und heidnischen Gesänge, die sie früher zu singen pflegten, die frommen Kantaten von Joseph (Anchieta) in ihrer eigenen Zunge vor. Und so kam es, daß sie, die selbst noch Schüler waren, zu Lehrmeistern wurden.«

Und Varnhagen berichtet, wie die heidnischen Indianerjungen auf ihre getauften Kameraden bei den von den Jesuiten veranstalteten Prozessionen neidisch wurden: »Die ersten dieser gezähmten Piás (indian. Kosename für Junge) waren zu Meßdienern ernannt worden, und alle anderen kleinen Caboclos waren eifersüchtig auf sie. Und dadurch, daß die Prozession hinter erhobenem Kreuz und unter Absingen von Litaneien und Gebeten, eine Menge Schäflein um sich sammelnd, durch die Dörfer zog, betonten die Jesuiten noch die Bedeutung der Meßknaben, so daß sich manche ihrer Eltern hoch geehrt fühlten.« Pater Américo Novais, gestützt auf Southey, hat uns ein Bild einer dieser Prozessionen hinterlassen, das in den lebhaftesten Farben gemalt ist: »Weißgekleidete Kinder und Halbwüchsige, einige mit Blumenkörben, andere mit Duftwasservasen, wieder andere mit Weihrauchfässern, und alle priesen unter Glokkenläuten und Böllerschüssen Jesus den Erlöser.« Hier nahmen die für Brasilien so charakteristischen Kirchenfeste mit Weihrauch, Blumen, frommen Gesängen, Musikkapellen, Feuerwerk, läutenden Glocken und »Vivas« auf Unseren Herrn Jesus Christus ihren Anfang. Alles das war in den Prozessionen der Culumins embryonal schon enthalten. Es war ein Christentum portugiesischer Herkunft, voller heidnischer Überbleibsel, das hier noch zur Verführung des Indios mit lauten und sinnlichen Ornamenten ausgeschmückt wurde. Nóbrega kam zu dem Schluß, die Musik habe den nackten Wilden in den Schoß der katholischen Kirche geführt. Dadurch, daß er der Musik solche Kraft zuschreibt, sagt Varnhagen, wurde dieser ehrwürdige Pater »so etwas wie ein zweiter Orpheus«.

Die Katechumenen wurden mit Musik überschwemmt. Die Indianerjungen fingen schon frühmorgens an zu singen und priesen die Namen Jesu und der Jungfrau Maria. Sie sangen im Chor: »Gebenedeit und gepriesen sei der heiligste Name Jesu«, und andere antworteten: »Und der Name der Jungfrau Maria in Ewigkeit, Amen«, und dann fielen sie alle in imposantem Kirchenlatein zusammen ein mit »Gloria Patri et Filio et Spiritui Sancto, Amen«.

Aber die Lobpreisungen Jesu und der Jungfrau beschränkten sich nicht auf Portugiesisch und Latein, sondern griffen auch auf das Tupí zurück. Beim Ave-Maria-Läuten sagten praktisch alle mit lauter Stimme, sich dabei bekreuzigend: »Santa Caruçá rangana recê«, und danach pflegte jeder das Abendgebet in seiner eigenen Sprache zu sprechen. Auf Tupí grüßten sie sich auch untereinander mit »Enecoêma«, was »Guten Tag« bedeutet.

Aus dieser Kollaboration der Jesuitenpatres mit der Indianerjugend sollte die brasilianische Musik und Dichtkunst entstehen. Als später die »Modinha« (eine Art Schlager) aufkam, hatte sie noch etwas von der Würde des Kirchenlateins, der frömmelnden sentimentalen Sanftheit der Sakristeien, mit der sie die Erotik verzuckerten, und dem Mystizismus der Missionsschulen; aber dies war nur eine Tarnung ihrer eigentlichen indianischen und mehr noch afrikanischen Laszivität. Vom ersten Jahrhundert an jedoch war die geschickte Kompromißlösung zwischen dem religiösen oder katholisch-liturgischen Stil und den Gesängen der Eingeborenen klar erkennbar. In der brasilianischen lyrischen Poesie aus der Zeit der Kolonisation – bemerkt José Antônio de Freitas – »... lehrten die Jesuiten Formen, die den Gesängen der Tupinambás sehr ähnlich waren, um auf diese Weise die Eingeborenen zum katholischen Glauben zu bekehren«. Und er fügt hinzu: »In einer Zeit, da volkstümliche Lieder von der Kirche verboten wurden, in einer Zeit, da poetische Gefühle der Massen erstickt und beschnitten wurden, wiederholte der Kolonist unermüdlich jene von den Jesuiten gestatteten frommen Gesänge, um der Sehnsucht seines Herzens Luft zu machen.«

Dank Kaiser Dom Pedro II., der in Rom eine Abschrift der von den Jesuiten für die Jungen ihrer Schulen und Missionen in Brasilien geschriebenen Vierzeiler erlangte, kennen wir den folgenden von Taunay veröffentlichten Vers:

> O Virgem Maria
> Tupan ey êté
> Aba pe ara pora
> Oicó endê yabê.

Die Übersetzung von Taunay ist: »O Jungfrau Maria, wahre Mutter Gottes, die Menschen dieser Welt stehen wahrhaftig zu Dir.«

»Die Jesuiten«, schreibt Couto de Magalhães, »bewahrten keine Literatur der Eingeborenen, aber sie benutzten ihre Musik und ihre religiösen Tänze, um sie für das Christentum zu gewinnen ... Die tief schwermütigen musikalischen Weisen und der Tanz wurden von den Jesuiten übernommen und mit der ihnen eigenen großen Kenntnis der Menschenherzen für die Feste des Heiligen Geistes, Sankt Gonçalo, des heiligen Kreuzes, Sankt Johannis und Unserer Lieben Frau von der Unbefleckten Empfängnis umgearbeitet.«

Ein anderer Zug, der das Verhältnis der Jesuiten zu den jungen Indianern der ersten Zeiten charakterisiert und der denjenigen gefallen wird, welche die Christianisierungsbemühungen nicht als fromme Anhänger oder Verteidiger der Jesuiten lobenswert finden, sondern sie von brasilianischer Warte aus beurteilen, ist die Fraternisierung der Rassen. Namentlich die Gleichstellung von indianischen und portugiesischen Kindern, von Europäern und Mestizen, Caboclos aus den Eingeborenendörfern und Waisen aus Lissabon in den Schulen des XVI. und XVII. Jahrhunderts muß wohl als Werk der Jesuiten angesehen werden. Die Chroniken lassen keine Zeichen von Diskrimination oder Segregation der indianischen Rasse erkennen. Das System der Jesuiten scheint von einer brüderlichen Vermischung der Schüler bestimmt gewesen zu sein. So wurde die von Nóbrega gegründete Schule in Bahía nach Varnhagens Angaben von

Kolonistenkindern, Waisenkindern aus Lissabon und den Piás aus dem Lande besucht. Das Leben in diesen Schulen muß eine Erziehung zur Koexistenz der beiden Rassen, der Eroberer und der Besiegten gewesen sein, wobei ein kultureller Austausch zwischen den Söhnen des Landes und den Jungen aus Portugal stattfand. Die Schulhöfe waren vermutlich die Plätze, auf denen sich die Traditionen der Eingeborenen mit denen der Europäer trafen und vermischten, auf denen Spiele und Spielzeuge getauscht, der Wortschatz bereichert und der Aberglaube der Mestizen verbreitet wurde. Des Indianerjungen Bodoque oder doppelsehniger Bogen für die Vogeljagd, der Papierdrachen des portugiesischen Kindes, der Gummiball, die Tänze usw., alles fand sich hier zusammen. Die »Carrapeta« oder der brasilianische Kreisel, die Papayarohrflöte und vielleicht gewisse Spielsachen aus Kokos- und Cashewnußschalen sind sicher auch Ergebnisse dieses kindlichen Austausches.

Es ist bedauerlich, daß später, ob nach reiflicher Überlegung oder durch zwingende Umstände veranlaßt, die Patres dazu übergingen, die Eingeborenen in »Aldeias« (Missionsdörfern) oder Missionen streng zu isolieren. Verteidiger der Jesuiten rechtfertigen diese Segregation damit, daß sie sagen, diese Maßnahme habe lediglich bezweckt, die Indianer »dem demoralisierenden Einfluß liederlicher Christen« zu entziehen. Tatsache ist jedoch, daß die Katechumenen infolge ihrer Trennung vom Sozialleben ein künstlich gezüchteter Bevölkerungsteil wurden, der dem kolonialen Leben mit seinen Anforderungen, Interessen und Zielen fremd gegenüberstand. Sie waren wie gelähmte große Kinder: Männer und Frauen, unfähig, ein selbständiges Leben zu führen und sich normal zu entwickeln. Auch blieben die Patres der Gesellschaft, nachdem sie einmal zu Herrschern über Menschen geworden waren, nicht immer den Idealen der ersten Missionare treu. Viele von ihnen verfielen jenem Merkantilismus, den dann der rücksichtslose Marquis de Pombal aufdecken sollte.

Nach der Periode, welche Pires de Almeida als die heroische Zeit jesuitischen Wirkens in Brasilien bezeichnet, waren die Missionen wenig mehr als Exporthäuser, die mit Zucker und Drogen, im Süden hauptsächlich mit Mate und im Norden mit Kakao handelten, sehr zum Nachteil der moralischen und religiösen Kultur der Eingeborenen, die inzwischen zu einem bloßen Werkzeug der kommerziellen Ausbeutung geworden waren. General Arouche, der 1798 zum Generaldirektor der Indianerdörfer in Brasilien ernannt wurde, beschuldigte die Missionare – Jesuiten wie Franziskaner –, »Ehen zwischen indianischen und schwarzen Frauen und Männern zu begünstigen und die Nachkommenschaft als Leibeigene zu erklären«. Die guten Patres waren wieder einmal ausgerutscht: Sie waren der Versuchung des Sklavenhandels ebenso erlegen wie den Annehmlichkeiten des Warenhandels. Wären sie es nicht, wären sie keine guten Portugiesen – und vielleicht keine guten Semiten – gewesen, deren traditionelle Neigung zu Handel und Tauschgeschäften weder von Jesuitensoutanen noch Gelübden zur seraphischen Armut unterdrückt werden konnte.

Um dem isolierten, weltfremden Dasein, aber auch den zivilisatorischen Grausamkeiten, die selbst innerhalb der Missionsdörfer an ihnen verübt wurden, zu entgehen, flohen viele der getauften Eingeborenen in den Urwald, »ohne Rücksicht auf die zurückbleibenden Frauen und Kinder«, wie Arouche sagt. Die Zahl der Ausreißer nahm noch zu, als der mächtige Zivilisationsmechanismus der Jesuiten abgebaut wurde und der Indianer unter der ihm aufgezwungenen Moral und der ihm auferlegten Verpflichtung, für Weib und Kinder zu sorgen, sich Lebensbedingungen gegenübersah, die es ihm unmöglich machten, auch nur seinen eigenen Unterhalt zu verdienen. Die Ausbeutung des eingeborenen Arbeiters war zugunsten der Weißen und der Kirche so organisiert, daß dem Indio in den Missionen von seinen 100 Reis Tagelohn nur armselige 33 Reis ausgezahlt wurden, von denen er mit Weib und Kind leben sollte. Die Folge war, daß viele christliche Caboclofamilien auseinanderbröckelten, weil ihnen die Existenzbasis fehlte. Durch das Elend in den künstlich geschaffenen christlichen Familien erhöhte sich die Kindersterblichkeit, und gleichzeitig fiel die Geburtenzahl. Letztere Erscheinung ist aber nicht nur auf die »mangelnde Fortpflanzung« zurückzuführen, sondern auch auf die Abtreibungen, welche in Abwesenheit der Ehemänner und Väter von Frauen vorgenommen wurden, die die christlichen Skrupel von Keuschheit und Ehebruch verloren hatten. Es kann also gesagt werden, daß das jesuitische System der Bekehrung und Zivilisierung der Eingeborenen, unter dem diesen eine neue Familienmoral aufgezwungen wurde, ohne ihnen vorher eine solide Existenzbasis zu geben, ein künstliches Gebilde schuf, das ohne die Treibhausatmosphäre der Missionen nicht bestehen konnte und viel zur Degradation der indianischen Rasse beitrug, statt diese, wie beabsichtigt, zu erhalten. Diesem System verdankt Brasilien die Entvölkerung von seinen Ureinwohnern.

Die Methoden beim Einfangen der Eingeborenen, ganz zu schweigen von ihrer späteren Einpferchung und schweren Zwangsarbeit auf den Plantagen und Missionen, beschleunigten die Entvölkerung auf infernalische Weise. Es waren Methoden, welche große Menschenverluste brachten, größere vielleicht als der Sklavenfang und -transport in Afrika. Mit Bezug auf die Expeditionen in die Amazonasgebiete, welche die Aufgabe hatten, die Plantagen von Maranhão und Pará mit Sklaven oder »Helfern« (Administrados) zu versorgen, erzählt João Lúcio de Azevedo, daß, wenn die Unternehmungen erfolgreich waren, »nur die Hälfte ihren Bestimmungsort erreichte; man kann sich vorstellen, was bei anderen geschah«. Der Historiker erinnert uns an die Worte Vieiras: »Wie viele Sklaven sie auch fingen, die meisten starben immer.« Er erklärt weiter: »Einer der Gründe hierfür war, daß die Sklaven auf den Plantagen, und besonders auf den Zucker- und Tabakplantagen, Arbeit tun mußten, die für die an keine fortgesetzte Schwerarbeit gewöhnten Indianer zu hart war.« Außer den Krankheiten, für welche diese niedrigeren Rassen im Kontakt mit Weißen immer anfällig sind, war trotz der wiederholt erlassenen Verordnungen schlechte Behandlung eine Ursache für Krankheit und Tod. Was die Torturen angeht, denen die Eingeborenen unterworfen wurden, so brauchen wir nur an die ihnen aufgebrannten Stempel zu erinnern, mit denen sie zur Unterscheidung von Freigelassenen als Eigentum ihrer Herren markiert wurden.

Auch die Kriege der technisch überlegenen Portugiesen zur Unterwerfung und Bestrafung der Eingeborenen haben viel zur Dezimierung der Ureinwohner beigetragen. Die Sieger demonstrierten nicht selten ihre Überlegenheit über die Besiegten dadurch, daß sie jene vor die Kanonenmündungen banden und »ihre zerfetzten Glieder weithin zerstreuten«. Oder sie benutzten Torturen aus dem klassischen Altertum, die sie den Bedingungen in der Wildnis anpaßten. Eine dieser Methoden, welche von Tullus Hostilius angewandt wurde, bestand darin, daß man das Opfer an zwei feurige Pferde band und diese dann in entgegengesetzte Richtungen auseinandertrieb. Im Norden Brasiliens wurden bei dieser grauenhaften »Strafe« die Pferde durch Kanus ersetzt, an die der Indianer gebunden wurde. Die Kanus ruderte man dann so lange voneinander weg, bis der Unglückliche in zwei Teile zerriß. Die Grausamkeiten, welche man den Indianern von Maranhão und Pará zufügte, waren nicht geringer als die der Paulistas im Süden. Letztere betrachteten die »Kriege gegen die Indianer« als eine Art makabre Spezialität. Für die Finanzierung von Kirchenbauten veranstaltete die Regierung selbst Versteigerungen und Verkäufe von gefangenen Indianern, welche aus dem Hinterland unter solchen Bedingungen auf die Plantagen geschleppt wurden, daß nur die Hälfte oder ein Drittel von ihnen die Reise überlebte.

Über die Auswirkungen der Indio-Sklaverei in Maranhão berichtet João Lúcio de Azevedo, daß die Kolonisten »derart sich an die Ausbeutung des Indio gewöhnt hatten, daß sie nichts mehr ohne ihn tun konnten«. Das war im zweiten Jahrhundert der Kolonisation, und genauso war es im ersten Jahrhundert. Der Plantagenbesitzer war ein Schmarotzer am Indianer und der königliche Beamte seinerseits Schmarotzer am Plantagenbesitzer. Beide waren »Konjugationen des Verbums *rapio* (ich raffe)«, um die Worte des Predigers in der berühmten Predigt über die Barmherzigkeit zu zitieren.

Alles hing vom Sklaven und vom »Helfer« ab, dessen kräftiger Arm »der einzige Reichtum, das alleinige Objekt, von dem alle ehrgeizigen Hoffnungen der Siedler abhingen«, war. Aber dieser Reichtum war durch die neue Lebensweise und die unhygienischen Lebensbedingungen der Eingeborenen sehr gefährdet. Die feste und ständige Arbeit, die im Kontakt mit den Weißen erworbenen Krankheiten – Krankheiten wie Syphilis, Blattern, Dysenterie und Katarrh – wirkten verheerend auf die Indianer und zerstörten ihr Blut, ihre Vitalität und ihre Energie.

Aus São Paulo haben wir ein Dokument von 1585: »Dieses Land ist in einer solchen Bedrängnis, daß man kein Essen kaufen kann, was es noch nie gegeben hat, und alles nur deswegen, weil die Bewohner keine Sklaven zum Pflanzen und Ernten haben.« Wir erfahren weiter, daß »um 1580 eine schreckliche Epidemie von Dysenterie Tausende von Indianern hinwegraffte ... mehr als zweitausend Sklaven ...«

Die Indianer neigten nicht mit Unrecht dazu, die Schuld an diesen neuen Krankheiten den Jesuiten zuzuschieben. An gewissen Stellen pflegten die Eingeborenen, wenn die Patres im Anzug waren, Pfeffer und Salz als exorzistische Maßnahme zu verbrennen. Alles war indessen vergeblich. Die Sklavenhalter und die Missionare setzten zusammen ihr Werk der Rassenverwüstung fort, wenn auch langsamer und weniger grausam als im spanischen und englischen Amerika. Es gibt auch Anzeichen dafür, daß zerstörende durch aufbauende Kräfte ersetzt wurden.

Die Tendenz, die portugiesische Haltung gegenüber den Sklaven als eine fast biologische Differenzierung zu betrachten – eine Differenzierung, die Keller mit einer von Darwin bei gewissen Ameisen beobachteten vergleicht –, fand im Indianer eine leichte Beute. Die Anzahl der

Indianer, die ein Kolonist besaß, ob unter der Bezeichnung »Stück« oder »Administrados«, wurde der Index seiner Macht und seiner gesellschaftlichen Bedeutung. Die Sklaven wurden das Kapital, das er in seinem Land investierte. Das Land selbst hatte nur sekundären Wert. Gleichzeitig bekam jedes »Stück« seinen Geld- oder Handelswert, denn mit Sklaven oder der »Ablösung« derselben wurden Schulden bezahlt und der Unterhalt bestritten. Verkupferte Münzen ersetzten später im Handel die »Guinea-Goldstücke«, die in Wirklichkeit Münzen aus Fleisch und Blut, leicht verderblich und nicht sehr haltbar waren und keine sehr solide und wertbeständige Währung darstellten. Es war demnach natürlich, daß sich in der Wirtschaftspolitik ein großes Verlangen nach Sklaven, nach Indianern, nach Menschenwesen bemerkbar machte, die so gut wie Geld waren, und es leuchtet auch ein, daß dieses Kapital ständig erneuert werden mußte, denn Alter, Krankheit und schwindende Kräfte zehrten mit verheerender Wirkung an dem schwachen menschlichen Fleisch, das den Platz harter Metalle einnehmen mußte. »Der Verbrauch an Menschenleben hier in Bahía in den letzten zwanzig Jahren (1583)«, sagt ein von Taunay zitierter Jesuit, »ist unglaublich, denn niemand hätte annehmen können, daß ein so großer Vorrat je erschöpft werden könnte, noch dazu in so kurzer Zeit.« Er wurde verbraucht bei der Arbeit, durch Mißbrauch, durch die Transporte, dadurch, daß man ihn wie ein totes Objekt oder ein Lasttier von einer Hand zur anderen gehen ließ. Mit Bezug auf den Übergang vom eingeborenen Sklaven zu dem aus Guinea (der schließlich, wie wir noch sehen werden, die gesamte Arbeitsbürde auf den Plantagen und in den Minen ohne Hilfe des Indianers übernahm) erzählt Pater Cardim, daß die Plantagenbesitzer ständig verschuldet waren, weil ihnen »viele Sklaven« unter den Händen wegstarben. Die mörderischste Arbeit von allen war vielleicht die auf den Zuckerpflanzungen.

Daß die indianischen Sklaven und später die afrikanischen in Brasilien von Anfang an das Kapital waren, das die Weißen sich schafften – manche waren mit nichts hier angekommen –, geht aus folgenden Worten Gandavos hervor: »Wenn jemand in dieses Land kommt, und es gelingt ihm, zwei von ihnen aufzutreiben (wenn er auch sonst nichts hat, was er sein Eigentum nennen kann), kann er davon seine Familie anständig unterhalten, denn einer wird für ihn fischen, einer für ihn jagen, andere für ihn pflanzen und die Ernte einbringen, so daß er keine Ausgaben für ihren Unterhalt noch den seiner Familie, noch den eigenen hat.« Pater Nóbrega macht es noch deutlicher: »Die hierher kommen, können sich nur durch die Arbeit der Sklaven erhalten; diese fischen für sie und gehen auf Nahrungssuche. Und solche Faulheit beherrscht sie, und so sehr sind sie sexuellen Dingen und vielerlei Lastern ergeben, daß sie keine Angst haben, wegen Sklavenbesitzes exkommuniziert zu werden.«

Die Arbeit, welche die Kolonisten von den Indio-Sklaven verlangten, bestand in Holzfällen, Transport der Stämme auf die Schiffe, Ernten, Jagen, Fischen, Verteidigung ihrer Herren gegen feindliche Stämme und fremde Piraten und Führung der Entdecker durch den Urwald. Der Ureinwohner lernte nun, was Arbeitsdienst ist. Es war nicht mehr der ungebundene Wilde wie in den Tagen vor der Ankunft der portugiesischen Kolonisatoren, wurde aber auch noch nicht von seiner physischen und moralischen Welt, von seinen elementaren Passionen des Jagens, Fischens, Kriegführens, von seinem mystischen, fast sportlichen Verhältnis zu Wasser, Wald und Tier losgerissen. Diese Entwurzelung kam erst mit der landwirtschaftlichen, latifundären Entwicklung der Kolonisation, mit der Monokultur, die hauptsächlich in der Zuckerrohrpflanzung bestand. Der Zucker hat den Indianer umgebracht. Um ihn von der Tyrannei auf den Plantagen zu retten, steckte der Missionar ihn in seine Dörfer, aber das war nur eine weniger gewalttätige und subtilere Methode, den brasilianischen Eingeborenen auszurotten. Man konservierte ihn gewissermaßen in einer Salzlake, nahm ihm aber damit sein selbständiges Eigenleben.

Schlecht für die neue Form der Landwirtschaft geeignet, verfiel der Indianer in die Schwermut des Introvertierten, und es wurde notwendig, ihn durch den Neger zu ersetzen, der mit seiner jugendlichen Spannkraft, vitalen Energie und extrovertierten Lebhaftigkeit in auffälligem Kontrast zu dem Indio stand. Die Portugiesen des XVI. Jahrhunderts fanden hier nicht etwa eine Rasse vor, die zu keiner anderen Anstrengung als der, mit Pfeil und Bogen Vögel zu schießen und durch Seen und Flüsse zu schwimmen, fähig war. Die ersten Chronisten berichten ganz das Gegenteil. Léry betont die große körperliche Kraft der Eingeborenen; er berichtet, daß sie Riesenbäume fällten und die Stämme auf ihren bloßen Rücken zu den französischen Schiffen schleppten. Gabriel Soares beschreibt sie als »gut gebaut und gutwillig«. Cardim lobt ihre Schnelligkeit und Ausdauer auf langen Fußmärschen, und von den ersten Portugiesen, die sie nackt und harmlos an der Küste trafen, begeistert sich Pedro Alvares an ihrer robusten Gesundheit und Ansehnlichkeit: »wie Vögel oder wilde

Tiere ... sie hätten nicht sauberer, kräftiger, quicklebendiger sein können ...« Er vergißt nicht, diese robuste Gesundheit auf die Lebensweise und Kost der Eingeborenen zurückzuführen, auf die »Luft« – will sagen, auf das Leben in freier Natur –, »in der sie aufwachsen«, auf die »Yamswurzeln, von denen es hier viele gibt ... Sie pflügen die Erde nicht, noch halten sie Vieh. Es gibt hier keine Ochsen, Kühe, Ziegen, Schafe, Hühner noch andere Tiere, wie man sie sonst in der Nähe von menschlichen Behausungen antrifft. Sie essen nur Yamswurzeln, von denen es viele gibt, und Samen und Früchte der Erde und Bäume, die hier wachsen, und doch sind sie viel behender und kräftiger als wir mit all dem Weizen und Gemüse, das wir essen.«

Wenn die anscheinend so prächtige Gesundheit der Indianer unter dem aufgezwungenen Wirtschaftssystem der Kolonisatoren zusammenbrach, so hat das seinen Grund darin, daß der Übergang von nomadischer zu seßhafter Lebensweise, von sporadischer zu regelmäßiger Tätigkeit für sie zu plötzlich kam. Ihr Stoffwechsel wurde durch den neuen Rhythmus des wirtschaftlichen Lebens und die physische Anstrengung in katastrophaler Weise verändert. Auch reichte ihre ursprüngliche Ernährung von Yamswurzeln und Erdfrüchten für die Sklavenarbeit auf den Zuckerplantagen nicht mehr aus, und das Ergebnis davon war, daß der Indianer ein schlechter und gleichgültiger Arbeiter wurde, so daß man ihn durch den Neger ersetzen mußte. Letzterer, mit einem höheren Niveau als dem des Indianers, zeigte sich den Verhältnissen in Brasilien, der von ihm verlangten ständigen erschöpfenden Anstrengung als landwirtschaftlicher Dauerarbeiter besser gewachsen. Er war anderer Art und besser für die Landwirtschaft geeignet. Zudem brauchte er seine Ernährungsweise nur wenig zu ändern, denn viele der afrikanischen Nutzpflanzen, wie Bohnen, Bananen und Quiabos, sowie Ochsen, Schafe, Ziegen und Zuckerrohr von den portugiesischen Atlantikinseln waren in Amerika eingeführt worden.

Von der Kultur der Ureinwohner wurde sozusagen nur der weibliche Teil gerettet. Überhaupt lag der Komplex der technischen Organisation dieser Kultur mehr in den Händen der Frauen, denn die Männer beschränkten sich aufs Jagen, Fischen, Rudern und Kriegführen. Dies waren nützliche Tätigkeiten, aber sie hatten nur zweitrangigen Wert für die neue landwirtschaftliche Organisation, welche die Portugiesen in diesem Land errichteten. Was das portugiesische System vor allem brauchte, waren Arbeiter mit Hacken auf den Zuckerplantagen, verläßliche, an die Scholle gebundene und an ihre Lebensweise sich anpassende Arbeiter.

Es ist verständlich, daß, wenn zwei in Interessen und Tendenzen voneinander so verschiedene Kulturen zusammenstoßen, der Kontakt für beide Nachteile hat. Nur ein Zusammentreffen von besonderen Umständen hat in Brasilien eine mörderische Feindschaft zwischen Europäern und Eingeborenen verhindert und dazu geführt, daß sie zu einem Verhältnis von Mann und Frau und von Lehrer und Schüler fanden. Diese Form des Kontaktes ist von einem langsameren Rhythmus der kulturellen Degradation gekennzeichnet als in anderen Teilen des Kontinents.

Goldenweiser weist auf das Schicksal der Mongolen unter russischer Herrschaft hin, und das gleiche gilt von den Indianern, den Australnegern, Melanesiern, Polynesiern und Afrikanern. Es ist immer dasselbe Drama: Die rückständigen Kulturen brechen unter dem Joch oder Druck der höherentwickelten zusammen. Der schwindende Lebenswille, der Verlust des »Interesses ... an ihren eigenen Werten«, wie Goldenweiser es formuliert, bedingt durch die Veränderung ihrer Umwelt und die Zerstörung der Harmonie ihres Lebensrhythmus durch den weißen Mann, läßt die primitiven Völker sterben. W. H. R. Rivers schrieb schon vorher, daß die primitiven Melanesier »aus fehlendem Interesse starben«, am »Banzo«, d. h. an der Melancholie. Manchmal nehmen sie sich sogar selbst das Leben wie jene Indianer mit abgemagerten Gliedern und aufgedunsenen Leibern, welche Gabriel Soares beobachtete: Der Teufel war ihnen erschienen und hatte ihnen befohlen, Erde zu essen, bis sie starben.

Trotzdem ist Brasilien von allen amerikanischen Ländern dasjenige, in dem sich die Kulturgüter der Eingeborenen am zahlreichsten erhalten haben. Der portugiesische Imperialismus, der religiöse Imperialismus der Patres und der Wirtschaftsimperialismus der Pflanzer haben im ersten Kontakt mit der Eingeborenenkultur dieser einen tödlichen Schlag versetzt. Der Schlag kam aber nicht so plötzlich wie der Furor der Engländer in Nordamerika, sondern ließ ihr Zeit, einige nützliche Werte zu retten. Obwohl ein vollkommener Ausgleich zwischen den kulturellen Extremen in Brasilien nicht erreicht wurde – Extremen, die sich immer noch so feindlich gegenüberstehen, daß sie mitunter in dramatischen Auseinandersetzungen explosiv aufeinanderprallen wie in der von Canudos –, können wir uns doch beglückwünschen, es zu einem Ausgleich der Traditionen und Tendenzen gebracht zu haben, wie es bei anderen Völkern, deren soziale Form sich unter denselben Verhältnissen einer modernen

Ruine eines alten Herrenhauses bei Recife

imperialistischen Kolonisation in den Tropen entwickelt hat, selten zu beobachten ist.

Im Gegensatz zu den anderen amerikanischen Ländern und den Teilen Afrikas, welche in jüngerer Zeit von den Europäern kolonisiert wurden, haben sich die primitiven Kulturen in Brasilien – die indianische wie die afrikanische – nicht in solchen harten, eingetrockneten, unverdaulichen Klumpen abgesetzt, daß sie vom europäischen Sozialsystem nicht mehr assimiliert werden konnten. Auch wurden diese Kulturgüter nicht als geschichtliche und ethnologische Kuriositäten betrachtet, sondern machen sich als lebendige, nützliche und aktive Elemente mit schöpferischem Einfluß in unserer nationalen Entwicklung bemerkbar. Ebensowenig erreichten die sozialen Beziehungen zwischen Eroberer- und Eingeborenenrasse jemals das Stadium akuter Antipathie, des Hasses oder jenes Zähneknirschens, welches wir in den von angelsächsischen Protestanten kolonisierten Ländern wahrnehmen können. Die Reibung wurde hier vermindert durch das Schmieröl der geschlechtlichen Vermischung in den Formen der vom Klerus verdammten freien Liebe oder der regulären christlichen Eheverbindungen, welche, von Staat und Kirche gefördert, den Segen der Patres hatten.

Unsere sozialen Einrichtungen und unsere materiellen Kulturgüter wurden von indianischen und später auch afrikanischen Einflüssen durchzogen. Selbst unsere Gesetze wurden beeinflußt, natürlich nicht offen, sondern unmerklich und indirekt. Unser »juristisches Wohlwollen« läßt nach Clovis Bevilaqua afrikanischen Einfluß erkennen. Die für Brasilien charakteristische Milde bei der Bestrafung von Diebstahl scheint eine Konzession des Europäers an den Indianer zu sein, da dieser infolge seiner kommunistischen oder halbkommunistischen Lebensform und Wirtschaft dieses Vergehen nicht kannte.

Es gibt ganze für unsere moderne brasilianische Kultur charakteristische Komplexe, die offensichtlich rein indianischen Ursprungs sind, so die Hängematte, der Maniok, das Flußbad, die Cashewnuß, das »Bicho« (die Einstellung zum Tier), die »Coivara« (Abbrennen des Waldes), die »Igara« (kleines Boot oder Kanu), das »Moquem« (auf Kohlenglut gerösteter Fisch), die Schildkröte, der »Bodoque« (doppelsehniger Bogen zum Schießen mit kleinen Lehmkugeln nach Vögeln), das Kokosnußöl, die Hütte des Caboclos, den Mais, das Hocken auf den Fersen als Ruhestellung und bei der Verrichtung der Notdurft, die Kalabasse zum Aufbewahren des Mehls, der Eßnapf, die Trinkschale aus Kokosnuß usw.... Und noch andere Dinge eingeborener Herkunft finden wir: die Gewohnheit, barfuß zu laufen, die »Muqueca« (Fischsuppe), die Vorliebe für die rote Farbe, den Pfeffer usw., gar nicht zu reden von Tabak und Gummiball, welche beide weltweite Verbreitung gefunden haben und vom Indianer, wahrscheinlich vom brasilianischen Indianer, abstammen.

Die Einwirkung indianischer Kultur macht sich ebenfalls in der typisch brasilianischen Sitte bemerkbar – speziell im Innern des Landes und im Hinterland –, Frauen und Kinder vor Fremden zu verbergen, weil, wie Karsten sagt, diese nach ihrem Glauben bösen Geistern mehr ausgesetzt sind als Männer. Gastão Cruls erwähnte erst vor kurzem, daß die Frauen und Kinder der Caboclos des Amazonasgebietes »immer vor den Blicken von Fremden beschützt« werden.

Drittes Kapitel
Der portugiesische Kolonisator
Vorgeschichte und Bestimmung

Verschiedene Punkte, die im ersten Kapitel dieses Buches nur berührt wurden, sollen hier bei der Porträtierung des portugiesischen Kolonisators in Brasilien eingehender behandelt werden. Er ist eine recht vage Figur, der zur Einordnung unter die modernen Imperialisten Konturen und Farbe fehlen. In einer Hinsicht ähnelt er dem Engländer, in anderer dem Spanier. Er gleicht einem Spanier ohne kriegerischen Elan, ohne die dramatische Orthodoxie der Konquistadoren in Mexiko und Peru, und auch einem Engländer ohne die strengen Linien des Puritanertums. Es ist der Typ des Improvisators, ohne eiserne Ideale und ohne unumstößliche Vorurteile.

Derselbe grausame Sklaventreiber, der in vor Schmutz starrenden Schiffen, die sich durch ihren Gestank weithin bemerkbar machten, fast die ganze Negerbevölkerung Afrikas nach Amerika transportiert hat, war andererseits derjenige der europäischen Kolonisatoren, dem die Fraternisierung mit den sogenannten minderwertigen Rassen am besten gelungen ist. Er war der am wenigsten Grausame in der Behandlung seiner Sklaven. Zugegeben, dies ist hauptsächlich darauf zurückzuführen, daß ihm das menschliche Kapital – Männer weniger als weiße Frauen – fehlte, um eine europäische Aristokratie in den Tropen zu schaffen. Unabhängig jedoch von dem Mangel an weißen Frauen hat der Portugiese immer eine sinnliche Leidenschaft für exotische Frauen, für Rassenmischung und Mischehen gehabt. Diese Neigung rührt offenbar von seiner im Vergleich zu anderen europäischen Kolonisatoren größeren sozialen Anpassungsfähigkeit her.

Niemand war in seinen Konturen verwischter und charakterlich flexibler als er. Daraus erklärt sich die Tatsache seiner häufigen und tiefgehenden Wandlungen. Keine »schwarze Legende«, wie sie den spanischen Konquistador in den düstersten und gräßlichsten Farben malt und ihm eben dadurch einen unheimlichen Nimbus verleiht, umgibt den portugiesischen Kolonisator. Im Gegenteil, ihm sagt man eine fast traditionelle Unbrauchbarkeit, Dummheit und Laxheit nach. Die Deformation der ursprünglich gotisch vertikalen Haltung der Kastilier führte schließlich zu einem Typ im Stile El Grecos, zu krankhaft überschlanken Figuren, zu einer »eisernen Strenge«, die bis zur Grausamkeit überspitzt wurde. Stolz wurde Quijoterie, Mut wurde Bravour. Aber die aristokratische Würde blieb dabei gewahrt. Die Deformation beim Portugiesen hingegen vollzog sich stets in horizontaler Richtung. Sie war ein Verflachen, ein Abrunden, ein Fleisch, das Fett ansetzt. Sein wirtschaftlicher Realismus wurde zum Merkantilismus, zur Gewinnsucht, zu einer rohen Materialisierung aller Lebensgüter. Sein Kult der schwarzen Venus, dessen Entstehung ebenso romantisch wie die des Kults der blonden Jungfrau war, verfiel in vulgäre Liebesglut, in die Sucht des Don Juan der Sklavenhütten, des gewissenlosen Verfolgers der Negerfrauen und -mädchen.

Aus der Betrachtung des modernen Portugiesen, der so viele Merkmale des Verfalls zeigt, kommt man nicht zu einem klaren, ausgewogenen Bild des brasilianischen Kolonisators. Der Portugiese des XV. und XVI. Jahrhunderts verfügte noch über unverbrauchte Energien, Korruption und Dekadenz hatten erst etwa hundert Jahre vorher begonnen und seinen Charakter noch wenig degeneriert. Deshalb hält ihn Keyserling im Grunde für einen Plebejer und spricht ihm die Qualitäten eines Herrn ab. Selbst wenn das Plebejertum charakteristisch für den Portugiesen von heute wäre, so trifft dies gewiß nicht auf den Portugiesen des XV. und XVI. Jahrhunderts zu. Ohne jemals die aristokratische Verfeinerung des Kastiliers zu erreichen, war er ein Vorläufer des europäischen Bürgertums. Aber seine frühreife Bürgerlichkeit erlitt in Brasilien einen argen Rückschlag durch die Lebensbedingungen in diesem Land und den Kulturstand der Eingeborenen. Das Volk, das nach Herculano einen Feudalismus kaum gekannt hatte, mußte im XVI. Jahrhundert für die Kolonisation Amerikas auf das Feudalsystem und aristokratische Methoden zurückgreifen. Man könnte diese Erscheinung beinahe als eine Kompensation oder ein Nachholen der eigenen Entwicklungsgeschichte ansehen.

Mehr als in jedem anderen Teil Amerikas ging die Kolonisation in Brasilien aristokratisch vor sich. In Peru wurden vielleicht größerer szenischer Glanz, repräsentativere Formen europäischer Adelsherrlichkeit entwickelt. Durch Limas Straßen rollten viertausend Karossen, und in ihnen saßen Hunderte von prächtigen, aber nutzlosen spanischen Granden, davon allein fünfundvierzig Marquis- und Grafenfamilien. Aber in Nordbrasilien vollzog sich der Kolonisierungsprozeß vorwiegend aristokratisch. Das zeigt sich in der aristokratischen Lebensweise, im Patriarchat, in der Sklavenhaltung. Der Portugiese machte sich hier zum Herrn über Gebiete, welche an Größe und Menschenzahl von keinem anderen amerikanischen Kolonialgebiet übertroffen wurden. Wäre er essentiell Plebejer gewesen, hätte er an der aristokratischen Atmosphäre, in welcher sich sein Kolonialbesitz Brasilien entwickelte, scheitern müssen. Statt zu scheitern, schuf er jedoch die bedeutendste moderne Zivilisation in den Tropen.

Man muß dem Portugiesen in seinem Anspruch auf Größe manches nachsehen. Seit Ende des XVI. Jahrhunderts zehrte er von der vergoldeten Erinnerung an eine ruhmvolle Vergangenheit. Weil er fürchtet, daß fremde Kritik seine Bedeutung verringert oder gar nicht anerkennt, bläst er sich zu einem »Portugiesen für englische Augen« auf, obwohl sich die Engländer vor allen bemüht haben, sein Bild in Zeichnung und Farbe naturgetreu wiederherzustellen. Einige, wie Beckford und Bell, haben ausgezeichnete Bücher über ihn geschrieben, andere wieder, wie Kinsey, Bradford und Murphy, brachten wunderbar realistische Zeichnungen oder Aquarelle zustande.

Schon im XVI. Jahrhundert karikiert Buchanan den Portugiesen, indem er sich in lateinischen Versen über die mehr merkantile als imperiale Größe seines Königs lustig macht:

»Du bist der unvergleichliche Lusitanier,
Der Algarvier diesseits und jenseits der Meere,
Der Araber, Inder, Perser und der von Guinea,
Mächtiger Herr der afrikanischen Länder,
Des Congo und Manicongo und von Zalofo.«

Und die bitteren Folgen des amtlichen Merkantilismus vorausahnend, fährt der Gelehrte fort:

»Doch sollten sich einst gegen den König der Namen,
Von Wut entbrannt, Krieg oder See erheben
Und seinen Pfefferladen verheeren,
So kann er von seinem Ruhme zehren,
Den er mit Schacherei in Übersee erwarb! . . .
Von Schulden wird er erdrückt
Oder Hungers sterben.«

Und genau das traf ein, nachdem die asiatischen Quellen des Überflusses versiegt waren. Aber statt, wie später Holland nach Verlust seines Imperiums, sich mit der Armut ehrenhaft abzufinden und sich der Käse- und Butterproduktion zu widmen, lebte Portugal nach Alcácer Quebir weiter so, als sei es wie zu Dom Sebastiãos Zeiten ein üppiges Land. Es zehrte weiter von dem in den überseeischen Eroberungen erworbenen Ruhm. In einem Traum von imperialistischem Mystizismus verharrend, merkte es nicht, daß diesem längst jede Basis fehlte. Es fuhr fort, sich mit seinem Größenwahn zu vergiften. »Sie ergehen sich mit überschwenglichen Worten in Lobeshymnen auf Lissabon, um es den Hauptstädten der Welt gleichzustellen, und pflegen zu sagen: Wer Lissabon nicht gesehen hat, hat nichts Schönes gesehen.« So schrieben Ende des XVI. Jahrhunderts die venezianischen Gesandten Trom und Lippomani. Und sie fügten hinzu: »Die niederen Klassen lieben es, mit ›Senhor‹ angesprochen zu werden, wie es in Spanien allgemein Sitte ist.«

Vom XVI. Jahrhundert an bis heute versucht der Portugiese, sich das Ansehen eines europäischen Imperialisten zu geben; eine Position, die er nur für kurze Zeit einmal eingenommen hat. Das portugiesische Volk lebt davon, sich selbst für mächtig und bedeutend zu halten. Es glaubt, das zivilisierteste Volk Europas, eine große Kolonialmacht zu sein. Bell beobachtet Anfang des XX. Jahrhunderts, daß die portugiesischen Ideale von nationaler Machtentfaltung zwischen dem »Bau einer Kriegsflotte und der Eroberung Spaniens« schwanken. Die Schweiz soll ruhig weiter Milch kondensieren und Holland Käse machen, Portugal aber steht nach wie vor auf den Zehenspitzen und versucht angestrengt, sich das Aussehen einer europäischen Großmacht zu geben.

Diese Übertreibungen nimmt Keyserling in seiner impressionistischen Art zu ernst. Er reduziert die Portugiesen zu einem Volk ohne jede Größe, er macht Portugal zu einem Andorra oder San Marino, zu einer Operettenrepublik, in der die Leute einander mit »Herr Doktor« und »Eure Exzellenz« anreden. Er verkleinert die führende Rolle, welche die Portugiesen des XV. und XVI. Jahrhunderts nicht nur in der Navigationstechnik und im Schiffbau, sondern auch als wagemutige Entdecker und Eroberer, Kämpfer in Afrika und Indien mit ihren zahlreichen Reiseberichten und ihrer Geschicklichkeit als weltumspannende Kolonisatoren gespielt haben. Das einzige, was er ihnen an nationaler Eigentümlichkeit läßt, ist ihre volkstümliche oder plebejische Musik und ihr großer Haß gegen die Spanier, ein Haß, der ebenfalls plebejisch ist.

Dieser Haß oder Antagonismus gegen die Spanier soll die Portugiesen selbständig und unabhängig gemacht und erhalten haben.

Außer dem von Keyserling betonten Haß gegen die Spanier existierte noch ein anderer, der vielleicht tiefer und folgenschwerer auf den portugiesischen Charakter eingewirkt und ihn zu seinem Nationalismus und Imperialismus getrieben hat. Es ist sein Haß gegen die Mauren. Derselbe Haß, der sich später in Brasilien in den Kämpfen gegen »Bugres« (wilde Indianer) und Ketzer manifestierte. Besonders gegen den gemeinsamen Feind, den Ketzer, verbündeten sich sonst getrennte oder selbst feindliche Gruppen, wie Jesuiten und Pflanzer oder Paulistas und Bahíaner. Ohne die gemeinsame Furcht vor dem gleichen Gespenst würde sich möglicherweise nie ein Zusammengehörigkeitsgefühl zwischen Gruppen gebildet haben, die ohne politische Bindungen so weit voneinander entfernt waren wie die ersten lusitanischen Zivilisationszentren in diesem Land. Die moralische und politische Einheit wurde zum guten Teil durch die solidarische Frontbildung der verschiedenen Gruppen gegen die Ketzerei erreicht, eine Ketzerei, welche von den Franzosen, Engländern und Holländern oder einfach von den »Bugres« verkörpert wurde.

Es wiederholte sich in Amerika bei den auf so großem Gebiet verteilten Portugiesen der gleiche Einigungsprozeß wie auf ihrer heimatlichen Halbinsel. Die Parole hieß: Christen gegen Ungläubige. Unsere Indianerkriege waren keine Kämpfe der Bleichgesichter gegen Rothäute, sondern der Christen gegen die »Bugres«. Unsere Feindseligkeit gegen Engländer, Franzosen und Holländer hatte immer den Charakter des religiösen Abscheus der Katholiken vor den Ketzern. Die Patres von Santos, welche 1580 mit den englischen Piraten der »Minion« verhandelten, ließen sich ihren Haß nicht anmerken und zeigten sich höflich gegen sie. Ihr Haß war, wie gesagt, prophylaktischer Abscheu. Der Haß war nicht gegen den Sünder, sondern allein gegen die Sünde gerichtet, wie die Theologen sagen würden. Die Sünde, die Ketzerei, der Unglaube, sollte keinen Eingang in die Kolonie finden. Es war nicht der Fremde an sich, es war der im Indianer personifizierte Unglaube, den sie als Feind behandelten, nicht der Indianer als Vertreter einer anderen Rasse oder Hautfarbe.

Bryce weist auf diese religiöse Richtung in der sozialen Entwicklung Hispanoamerikas hin. *»Religion has been in the past almost as powerful a dissevering force as has racial antagonism«*, schreibt er und fügt hinzu: *»In the case of the Spaniard and the Portuguese, religion, as soon as the Indians had been baptized, made race differences seem insignificant.«* Speziell, hätte er sagen können, bei den Portugiesen, die noch weniger rassenbewußt waren als die Spanier. Letztere waren orthodoxere Katholiken als die Portugiesen und strenger auf Strafe bedacht, aber beiden war aus den Kämpfen gegen die Mauren ein angeborener Haß gegen die Ketzer geblieben.

Im Grunde ist dieser religiöse Purismus, genauso wie in jüngster Zeit der rassische Purismus der Angelsachsen und Deutschen, fast immer eine Folge ökonomischer Gegensätze. So waren auch die Kriege zwischen Christen und Mauren, aus denen sich der glühende Nationalismus der Portugiesen entwickelte, letzten Endes wirtschaftlich bedingt. Für die Untersuchung der religiösen Aspekte der Reconquista interessieren jedoch weniger die Grundmotive als ihre Mystik. João Lúcio de Azevedo bemerkte: »Der Hauptgrund der Wiedereroberung war weder religiös noch rassisch bedingt.« Und in seiner Studie über »Wirtschafts-Organisation« schlägt er den gleichen Ton an: In den Kriegen der Wiedereroberung wurden Mauren und Christen gleicherweise enteignet und versklavt. Die Folge war: »Zuzeiten fochten Christen an der Seite der Sarazenen gegen eigene Glaubensgenossen, um ihr Eigentum und ihre Freiheit zu verteidigen.« Es soll noch erwähnt werden, daß von den Enteignungen und Versklavungen hier weniger die alten Hispano-Romanen profitierten als vielmehr gewisse Elemente, welche »im Grunde mindestens ebenso landfremd waren wie die Sarazenen«.

Die große Mehrheit dieser Elemente war als fremde Einwohner auf die Halbinsel gekommen. Es waren blonde Abenteurer aus dem Norden, welche auf die willkommene Kunde von der christlichen Wiedereroberung gekommen waren, um durch die Kriege und Kreuzzüge gegen die Ungläubigen sich einen Platz in der besitzenden Klasse zu erkämpfen. Tatsächlich fanden diese Abenteurer ihr Anfangskapital oft in den mozarabischen, also christlichen Kriegsgefangenen, und es war deren, also der eigenen Glaubensgenossen, Vieh, Land oder sonstiger Besitz, den sie sich neben dem Eigentum der Ungläubigen aneigneten.

Die mystisch-religiöse Seite jedoch verleiht der Reconquista-Bewegung ihre endgültige Form als Bewegung von Christen gegen Ungläubige. »Wenn man denjenigen Bewohnern der Halbinsel, welche frei vom Joch des Islam waren, einen gemeinsamen Namen geben wollte, dann blieb nur übrig, sie Christen zu nennen«, sagt Alexandre Herculano mit Bezug auf die Kriegsperiode, die dem Zusammenschluß der Portugiesen und Spanier in Nationen vorangeht. »Das Glaubensbekenntnis galt als Ausweis der Nationalität.« Das trifft aber erst für die Zeit nach der politischen Formierung der Völker zu. Indessen ging die religiöse Bindung, der religiöse Stempel nicht ganz verloren, wenigstens noch lange Jahrhunderte nach der Wiedereroberung nicht.

Die Redensart »Geh dich beim Bischof beschweren«, welche heute in ironischem Sinne gebraucht wird – nach vergeblichen Vorsprachen bei Polizei, Regierung oder Gerichten –, ist ein Überbleibsel des alten, historisch fest in den Bewohnern der Halbinsel verankerten Glaubens, daß die Kirche mächtiger sei als der Staat. Das trifft vor allem auf Spanien zu. In Brasilien war das Prestige der Kirche nicht so groß. Die Kolonisation wurde durch das politische System erblicher Kapitanate und durch das Wirtschaftsregime der Bodenzuteilung und einer weiträumigen Landwirtschaft erhalten und hatte einen entschieden feudalen Charakter. Ein Überlegenheitsanspruch über die Regierung und die königliche Justiz machte sich höchstens in dem Mißbrauch des Asylrechts der großen Plantagenbesitzer bemerkbar, und dafür können die Kathedralen und Klöster nicht verantwortlich gemacht werden. Der Verbrecher oder entlaufene Sklave, der einen Plantagenbesitzer um Hilfe anging, war sicher, der Verfolgung von Gerichten und Polizei zu entgehen. Selbst wenn er als Gefangener nur in die Nähe eines Herrenhauses kam, brauchte er lediglich zu rufen: »Zu Hilfe, Oberst Soundso!« und sich am Zaun oder am nächsten Pfosten festhalten, wie früher in Portugal der Verbrecher, der dadurch der königlichen Justiz entkommen konnte, daß er sich in den Schutz einer Kirche flüchtete.

Die portugiesischen Kirchen gingen schließlich so weit mit ihrer Asylgewährung für Verbrecher, daß es zu skandalösen Zuständen kam, und waren also Vorbild für den Mißbrauch, den später die patriarchalischen Pflanzer in Brasilien mit dem Asylrecht trieben. Die Pflanzungen der Dona Francisca do Rio Formoso in Pernambuco und von Machado da Boa Vista in Bahía taten sich in dieser Hinsicht besonders hervor. Im XVII. Jahrhundert versuchte die kanonische Rechtsdisziplin im Verein mit der Krone (Afonso V.) das Asylrecht der portugiesischen Kirchen – wie später in Brasilien Kaiser Dom Pedro II. die Allmacht der Pflanzer, welche oft Mördern Schutz gewährten – zu beschneiden, um Mißbrauch zu verhindern. Innerhalb der den portugiesischen Kirchen im XVII. Jahrhundert gezogenen Freistattgrenzen herrschten unter denen, welche hier Schutz gefunden hatten, unglaubliche Zustände. Die Flüchtlinge veranstalteten Feste, lungerten am Kirchentor oder im Atrium herum und spielten Gitarre oder unterhielten sich mit Glücksspielen, führten schmutzige Reden, bändelten mit zweifelhaften Frauen an, und die Frechsten aßen, tranken und schliefen auf dem Hochaltar selbst.

In Brasilien traten die Herrenhäuser der Plantagen an die Stelle der Kathedralen oder der Kirchen, die mächtiger waren als der König selbst. Unsere Gesellschaft – wie die Portugals – wurde durch die Solidarität der Ideale und des religiösen Glaubens geformt. Sie ersetzten unseren Mangel an politischen und mystischen Bindungen sowie das fehlende Rassenbewußtsein. Aber die Kirche, welche unsere soziale Entwicklung beeinflußt und den Charakter unserer Gesellschaft geformt hat, war nicht die Kathedrale mit ihrem Bischof, in der die Flüchtlinge vor der weltlichen Justiz Unterschlupf fanden, noch war es die einzelne Kirche, das Kloster oder die Abtei, wo Verbrecher Aufnahme finden konnten und Bettler mit einigen Brosamen verpflegt wurden. Es war die Kapelle der Plantage. Es gab keinen Klerikalismus in Brasilien. Wohl hatten die Jesuiten einen Versuch in dieser Richtung unternommen, aber ihre Absichten wurden durch den Nepotismus der oligarchischen Großgrundbesitzer und Sklavenhalter vereitelt.

Von Anfang an spürten die Jesuiten, daß die Pflanzer ihre großen, unerbittlichen Feinde waren. Aber die übrigen Geistlichen einschließlich der Klosterbrüder wurden dick und fett von ihren Pfründen als Kapläne, geistliche Erzieher, priesterliche Onkel und Paten der Kinder, und es gelang ihnen, sich bis in angenehme Stellungen als Familien- und Haushaltsmitglieder hineinzudrängen, und als solche wurden sie dann Verbündete und Anhänger des patriarchalischen Systems. Im XVIII. Jahrhundert gab es viele dieser Geistlichen in den Herrenhäusern. Das war dem Jesuiten Andreoni sehr zuwider, denn er erkannte die Gefahr, daß die Geistlichen durch diese Intimität den Herren der Plantagen botmäßig würden, und er wies auch – zwar nicht offen, doch andeutend – auf die in diesem engen Kontakt drohenden Versuchungen durch die Negerinnen und Mulattenmädchen hin. Er meinte, der Kaplan sollte sich als »Mitglied des göttlichen und nicht eines weltlichen Hausstandes« betragen, er sollte für sich wohnen, außerhalb des Herrenhauses, und als Bedienung eine alte Negerin haben. Seine Vorschrift dürfte aber von den Vikaren und Kaplänen der Kolonialzeit nur selten befolgt worden sein.

In gewissen Gebieten im Innern Pernambucos gab es eine boshafte Überlieferung, welche den Plantagen-Kaplänen die nützliche, wenn auch nicht seraphische Funktion eines Erzeugers zusprach. Über diesen Punkt werden wir uns später noch auslassen, ohne, wie wir hoffen, damit die brasilianische Geistlichkeit der Sklavenzeit zu verletzen oder ihr unrecht zu tun. Ein Jesuit, der keine Soutane trug, wäre nicht durch Asketentum oder Strenggläubigkeit aufgefallen, wohl aber hätte er sein Brasilianertum nicht verleugnen können. Eine ganze Epoche hindurch trug er die Fackel der Kultur und des Bürgersinns, bis er unter Pedro II. durch die Akademiker und Rechtsdoktoren abgelöst wurde. Alles deutet darauf hin, daß Pedro II. einen Doktortitel dem des Kaisers vorgezogen und seinen Krönungsmantel mit Tukanbesatz gern gegen einen Universitätstalar vertauscht hätte.

In Ermangelung eines Bewußtseins rassischer Überlegenheit, welches beim Engländer so ausgeprägt ist, stützte sich der Kolonisator Brasiliens auf den Glauben. An Stelle seines Blutes schützte ihn sein Glaube vor der Gefahr der Ansteckung oder Verseuchung durch das Ketzertum. Er machte die politische Einheit vom Glauben abhängig. Aber diese Kriterien der Prophylaxis und Auslese dürfen nur aus dem Zeitgeist heraus verstanden und nicht mit der eugenischen Ausrichtung moderner Völker und reinem Fremdenhaß verwechselt werden.

Handelmann stellt den Portugiesen in Brasilien als von Xenophobie beherrscht dar. Aber die Vorgeschichte der Kolonisatoren und die Geschichte des lusitanischen Rechts – in dieser Hinsicht die liberalste der europäischen Gesetzgebungen – widerlegen diese Auslegung. Dieses Gesetzbuch war so liberal, daß es keine Paragraphen enthielt, nach denen der Staat das Eigentum eines im Lande verstorbenen Ausländers unter Ausschluß der Erben und Legatsempfänger konfiszieren konnte, noch durfte der Staat den vierten Teil des Vermögens des verstorbenen Fremden einbehalten, falls es ins Ausland transferiert werden sollte. Ebensowenig gab es ein Gesetz, das Königen und Herren des Landes erlaubte, sich der Personen und Ladungen der an Meeres- und Flußufern gestrandeten Frachtschiffe zu bemächtigen. Die portugiesische Gesetzgebung begann nicht damit, daß sie in ihrem Bereich rassische Minderheiten – Mauren und Juden – zugleich mit ihren Sitten und Gebräuchen unterdrückte und niedertrampelte, sondern sie erkannte den Minderheiten das Recht zu, sich nach eigenen Gesetzen zu verwalten, und gestattete ihnen sogar – wie später im Fall der englischen Protestanten im kolonialen Brasilien –, eigene Richter zu haben.

In den Verordnungen Afonsos *(Ordenações Afonsinas)*, welche, wie Coelho da Rocha in seinem *Ensaio sobre a Historia da Legislação de Portugal* und Cândido Mendes in seiner Einführung zum *Código Filipino* betonen, die seit dem Mittelalter erste komplette Zusammenfassung ihrer Art in ganz Europa darstellen, entstand auf Grund der Sonderrechte und des Gewohnheitsrechts die Tendenz, Mauren und Juden Privilegien zuzugestehen. Diese Tendenz muß zwar in den Verordnungen Manuels *(Ordenações Manuelinas)* dem Druck der in dieser Zeit aufflammenden religiösen Vorurteile, nicht aber dem Fremdenhaß nachgeben. So vorteilhaft waren die Urteile der Gerichte für ausländische Katholiken, daß sie von deren eigenen nationalen Gerichten angefochten wurden. Die Erklärung liegt darin, daß der Kampf gegen die Mauren wie auch die spätere separatistische Unabhängigkeitsbewegung im Charakter des Portugiesen, gleichzeitig und in Harmonie mit dem jungen Nationalgefühl, eine Entwicklung zum Kosmopolitentum begünstigte. Folglich können beide Haßrichtungen oder Antagonismen – gegen Mauren und Spanier – nicht dafür verantwortlich sein, daß der Portugiese den schlechten Weg eines beschränkten Nationalismus genommen hat, indem er sein Nationalgefühl engstirnig werden und verknöchern ließ, so daß sein Charakter gegen alles Fremde widerborstig und stachelig wurde.

In Ermangelung großer natürlicher oder anderer Schutzwälle gegen Überfall und Eroberung waren die Portugiesen gezwungen, sich mit den Wällen menschlicher Leiber gegen den islamitischen Imperialismus – und später gegen den kastilischen – zu verteidigen. Aber gerade die Anstrengungen, fast gänzlich fehlende geographische Verteidigungslinien – große Flüsse oder Gebirgszüge – durch menschliche Widerstandsketten zu ersetzen, führten dazu, Fremde zu Hilfe zu holen. In den Kreuzzügen und auch in den Unabhängigkeitskriegen wurde dies sehr üblich. Dieser Umstand erklärt die Eigenart des portugiesischen Nationalismus, der praktisch keine geographische Basis hat, und erklärt auch den kosmopolitischen Charakter der Portugiesen. Ein Kosmopolitentum, das sicherlich durch die geographische Lage des Königreiches, eines vorwiegend meerwärts orientierten Landes, welches von alters her Kontakt mit den verschiedensten Menschen hatte, gefördert wurde. Einmal wurde das Land selbst von aufeinanderfolgenden Wellen und auch häufig tropfenweise von Angehörigen seefahrender Völker besucht. Zum anderen befuhren seine eigenen Entdecker, Fischer und Kaufleute – auf Fischfang oder um neue Märkte aufzuspüren – die Meere bis zu den fernsten Küsten.

Kurz nach 1184, glaubt João Lúcio de Azevedo, müssen schon Handelsbeziehungen zwischen Portugal und Flandern begonnen haben, während solche mit England bis auf den Anfang des XIII. Jahrhunderts zurückgehen. Auch gab es »Kaufleute, welche levantinische Häfen besuchten, die damals als Überseehäfen galten«. In der Zeit von Dom Diniz pflegten portugiesische, für damalige Verhältnisse sehr große Schiffe – von über hundert Tonnen – Häfen des Nordens und des Mittelmeeres anzulaufen. Die Schiffahrts- und Handelsbedeutung von Porto nahm zu, und 1239 erreichten es seine Bürger, von der Wehrpflicht für die Eroberung von Algarve befreit zu werden, indem sie »Geld für diesen Zweck beisteuerten«. Daraus kann ersehen werden, wie früh schon sich ein kommerzielles Weltbürgertum auf die Entwicklung der portugiesischen Gesellschaft auswirkte. Kosmopolitentum, Finanz und bourgeoiser Merkantilismus spielen bei dieser Entwicklung eine bedeutende Rolle.

So ist es den »nichthispanischen« Elementen, wie Antônio Sérgio sagt – fremden Elementen verschiedener Herkunft –, zu verdanken, daß es Kastilien nicht gelang, sich den westlichen Teil der Halbinsel, »wo sich der Handel Nordeuropas mit dem des Mittelmeeres traf«, einzuverleiben. Diese fremden Elemente waren es, welche an diesem kritischen und wichtigen Treffpunkt von Nord- und Südeuropa und Levante für die Verbreitung kosmopolitischer, separatistischer, maritimer und kommerzieller Ideen sorgten, die sich dann bald in einer stürmischen Bewegung für Unabhängigkeit und Selbständigkeit Luft machen sollten.

Schiffahrt und Handel beeinflußten schon frühzeitig die Wirtschaft und die Politik Portugals, was auf die verschiedenartigsten maritimen Kontakte und kommerziellen Anreize zurückgeht. Die Kreuzfahrer waren die Initiatoren der Absonderungs- und Autonomiebewegung. Diese nordischen Abenteurer setzten sich als militärische und territoriale Aristokratie in der Grafschaft Portugal fest. Einer von ihnen wurde sogar zum Begründer der Monarchie. Doch wurde dieses Element später zu einer konservativen Oberschicht, die aus ökonomischem Eigeninteresse zu einer Wiedervereinigung mit Kastilien neigte. So konzentrierten sich nun die Unabhängigkeitsbewegung und die eingeborenen Heimatgefühle in den See- und Handelsstädten, in der Bourgeoisie und dem einfachen Volk von Lissabon und Porto. Nach Alberto Sampaio und Antônio Sérgio beginnt an dieser Stelle der Geschichte Portugals der Antagonismus zwischen der kommerziellen Schicht der Hafenstädte und dem begüterten Adel. Als dieser wirtschaftliche Klassengegensatz schärfer wurde und landwirtschaftliche und maritime Interessen immer weiter auseinanderstrebten, waren die Könige in dem Wunsch, sich von jeglichem Druck des Adels zu befreien, geneigt, eine Politik zu verfolgen, welche die Stadtbevölkerung und die Handelsbourgeoisie begünstigte. Die von Dom Fernando erlassenen Gesetze zum Schutz des Seehandels und zur Förderung des Schiffbaues, seine Unterstützung des Großmeisters des Militärordens von Aviz gegen den Landadel und die Eroberung von Ceuta sind alles Zeichen und Beweise für eine beginnende Machtentfaltung des Bürgertums in Portugal.

Die Entdeckung Brasiliens ist ein Teil des großen Seefahrts- und Handelsprogramms, welches durch die Reise Vasco da Gamas eingeleitet wurde. Die Kolonisation der weiten Landstrecken Amerikas jedoch stellt eine Abweichung von den merkantil-bourgeoisen Normen des portugiesischen Imperialismus der ersten hundert Jahre dar. Hier wird auf die Methoden einer selbständigen aristokratischen und landwirtschaftlichen Kolonisation zurückgegriffen, wie man sie seinerzeit in Portugal in den von den Mauren zurückeroberten Gebieten angewendet hatte. Brasilien war wie die Kreuzkarte in einem Spiel, bei dem Karo Trumpf ist. Es war eine Enttäuschung für den Imperialismus, der mit Vasco da Gamas Reise nach Indien begonnen hatte. Daher behandelte auch die Krone die Aufnahme des von Pedro Alvares Cabral entdeckten Landes der Farbhölzer in ihren Besitz fast gleichgültig und nebensächlich. Erst im Verlauf der fortschreitenden Kolonisierung, genauer gesagt, Ende des XVI. und in einem Teil des XVII. Jahrhunderts, wurde Brasilien zu einer Trumpfkarte im Spiel des imperialistischen Wettbewerbs der europäischen Nationen. Diese Wandlung brachte der Zucker zustande, der plötzlich für die europäischen Märkte interessant wurde. Zucker wurde ein Luxusartikel, erzielte die höchsten Preise und versprach Erzeugern und Zwischenhändlern enorme Gewinne. Selbst nichtraffinierter Rohzucker, bemerkt Dampier, als er Ende des XVII. Jahrhunderts in Bahía war, wurde nach Europa verschifft und war dort rund zwanzig Schilling die hundert Pfund wert.

Wir sind jedoch bei dieser Studie nicht – oder höchstens indirekt – an den ökonomischen oder politischen Aspekten der Kolonisation Brasiliens interessiert, sondern direkt interessiert uns nur die soziale, insbesondere die soziologische Seite. Und da gibt es an der Vorgeschichte des portugiesischen Kolonisators nichts Wichtigeres zu betrachten als die ungewöhnliche Reichhaltigkeit und Vielfalt seiner ethnischen und kulturellen Antagonismen und seines Kosmopolitentums.

Von Portugal hat Brasilien nicht die angebliche Freiheitsbeschränkung der Fremden übernommen, die von einigen in der lusitanischen Kolonisation von Amerika bemerkt wird. Die Segregationspolitik in Brasilien während des XVII. und vor allem des XVIII. Jahrhunderts war lediglich von der neidischen Gier nach Gold inspiriert, und der vorerwähnte angebliche Fremdenhaß war in Wirklichkeit nichts anderes als eine sozusagen sanitäre Schutzmaßnahme der Kolonie gegen die Ansteckungsgefahr der Ketzerei.

Als erst einmal der Anfang der Kolonisierung Brasiliens von den Portugiesen gemacht war, vermischte sich das Blut vieler europäischer Völker – Engländer, Franzosen, Florentiner, Genuesen, Deutsche, Flamen, Spanier – ohne Einschränkungen mit dem des offiziellen Kolonisators. Ich habe die Engländer zuerst genannt, weil sie als Vertreter des protestantischen Ketzertums stärker hervortreten, denn in den Augen der Spanier und Portugiesen des XVI. Jahrhunderts war die Ketzerei ebenso abscheulich wie Trachom, Negerblut und Bolschewismus in den Augen der nordamerikanischen Bürger von heute. Die Anwesenheit von Engländern unter den ersten Kolonisten von São Vicente zeigt, daß diese, sobald sie einmal frei von dem Verdacht der Ketzerei waren, brüderlich aufgenommen wurden. Coreal erzählt, daß er einmal im Gespräch mit einem Einwohner von Santos erwähnte, er hätte bei den englischen Freibeutern gedient. Da überlief den Mann ein Schauder des Entsetzens, und er fragte wohl über dreißigmal, ob Coreal auch gewiß kein Ketzer wäre. Dann, trotz aller gegenteiligen Versicherungen, konnte der Mann aus Santos sich nicht verkneifen, den Raum, in dem sie sich befanden, vorsichtshalber mit Weihwasser zu besprengen. Nehmen wir den Engländer John Whitall, der sich bei den ersten brasilianischen Kolonisten ganz zu Hause fühlte. Aus einem Brief, den er aus Santos an seinen Landsmann Richard Stapes in England schrieb, geht deutlich die Großzügigkeit hervor, mit welcher die Fremden in der portugiesischen Kolonie von Amerika behandelt wurden. »Ich danke Gott«, sagt Whitall, »daß er mir solche Ehre und Überfluß aller Art beschert hat.« Und zufrieden, ein Untertan Portugals in Brasilien geworden zu sein, fügt er hinzu: *»Now I am a free denizen of this countrey.«* Er heiratete die Tochter von »Signor Ioffo Dore«, einem gebürtigen Genuesen, der es in Brasilien zu einem fürstlichen Besitz gebracht hatte, denn er war in der Lage, seinem Schwiegersohn eine Pflanzung mit sechzig oder siebzig Sklaven zu schenken. Und so wie später der Name Henry Koster zum portugiesischen Henrique da Costa wurde, änderte Whitall seinen Namen in Leitão: »*Here in this countrey they have called me John Leitoan: so that they have used this name so long time that his present ist no remedie but it must remaine so.*«

Schon vor Whitall waren andere Engländer zu Handelszwecken oder auf der Suche nach Neuheiten in Brasilien gewesen: 1540 Robert Renigar und Thomas Borey; 1542 ein gewisser Pudsey; 1530 und 1532 Martin Cockeran und William Hankins. Hankins nahm, nach zeitgenössischen Berichten, einen indianischen Häuptling aus Brasilien mit zurück nach England und verursachte dort mit dessen Vorführung beim Königshof großes Aufsehen. Der arme Morubixaba aber hielt sich nicht lange und starb dahin – ob vor Kälte oder an den Folgen der fürchterlichen englischen Kochkunst, ist unbekannt.

Wegen der Nationalität oder Rasse an sich wurde im XVI. Jahrhundert keinem Engländer oder Flamen die Aufnahme in die Gesellschaft der Kolonial-Portugiesen in Amerika verweigert. Es wurde lediglich verlangt, daß er Katholik war, bzw. er mußte sich wegen der ihm anhaftenden Pest der Ketzerei mit Weihwasser desinfizieren und taufen lassen und sich zum römisch-katholischen apostolischen Glauben bekennen. Dies taten, wie wir hören, Thomas Avilkinson, sechsundzwanzig Jahre alt; Thomas Pratt, zweiunddreißig Jahre alt; Patricio Guatusmus, siebenundzwanzig Jahre alt; Thomas Perking, achtundvierzig Jahre alt. Alle waren »von englischer Nationalität« und erschienen vor dem vom Bischof von Pernambuco beauftragten Pater der Gesellschaft Jesu, Frei Luís de Santa Tereza, um sich als exkommunizierte Ketzer die Absolution erteilen zu lassen. Die Kirche war eine Art von Desinfizierungskammer des öffentlichen moralischen Gesundheitsamtes, eine Quarantänestation der Seelen.

Handelmann betont, daß die Hauptsache für die Erreichung einer Landzuteilung in Brasilien war, sich zur katholischen Religion zu bekennen. Whitall muß entweder Katholik gewesen sein oder vor seiner Heirat mit Adornos Tochter zum katholischen Glauben übergetreten sein, wie Gaspar van der Lei, bevor er in die Melo-Familie aus Pernambuco einheiratete, die Religion seiner Braut, einer reichen Pflanzerstochter, annehmen mußte. Seine Landsleute jedoch nahmen das diesem holländischen Herrn übel und tuschelten, er sei schon immer ein zweifelhafter Bursche und unsicherer Kantonist gewesen; sie vergaben dem berühmten Gründer der brasilianischen Wanderley-Familie nie, daß er zu den Portugiesen und Papisten übergelaufen war.

Die im XVI. Jahrhundert von Fremden genossene Freiheit in Portugiesisch-Amerika ist offensichtlich. Diese Toleranz geht bis auf die Anfänge portugiesischer Geschichte zurück. Sie ist keine Tugend, mit welcher der Himmel die Portugiesen gesegnet hat, sondern ein fast chemisches Produkt der kosmopolitischen und heterogenen Ursprünge dieses seefahrenden Volkes.

Die, welche Portugal in eine blonde aristokratische und eine dunkelhäutige oder negroide plebejische Bevölkerung zweiteilen wollen, zeigen, daß sie den Sinn der portugiesischen Geschichte nicht verstanden haben. Diese Geschichte ist ein ewiges Auf und Ab der Rassen, Kulturen und Klassen; bald herrscht die eine vor, bald eine andere. Der durch die geopolitische Lage zwischen Afrika und Europa bedingte fast permanente Kriegszustand gab der Nation eine vulkanische soziale Struktur, welche sich in der Wärme und Flexibilität seines Volkscharakters, seiner Gesellschaftsklassen und Institutionen ausdrückt, die nie verhärteten oder endgültig abgegrenzt wurden. Eroberung und Wiedereroberung, ewige Ebbe und Flut, verhinderten in Portugal jede Festsetzung einer Hegemonie, wenigstens einer dauerhaften. Niemals gab es eine Exklusivität – außer einer offiziellen oder oberflächlichen – einer Rasse oder Kultur.

Durch seine geographische Lage ein Knotenpunkt des Handels, des Verkehrs und des Konfliktes diverser ethnischer und sozialer Elemente, ist Portugal anthropologisch und kulturell der Tummelplatz einer Unzahl von Antagonismen, deren einige zu einem Kompromiß gekommen sind, während andere sich bekämpfen. Letztere haben nur Teile seiner Geschichte noch nicht verdaut, die Mehrzahl der Antagonismen lebt trotz ihrer Gegensätze harmonisch miteinander und bildet in ihrer sozialen Summe und mit ihrer Flexibilität den portugiesischen Charakter.

Wir werden sehen, daß diese ethnische und kulturelle Heterogenität auf den vorgeschichtlichen Ursprung des portugiesischen Volkes zurückgeht. Vom älteren Steinzeitmenschen in Portugal wissen wir zu wenig, um ihn genau bestimmen zu können. Einige halten ihn für europäischer, andere für afrikanischer Abkunft. Mendes Correia stimmt der ersten Hypothese für den Chelléen-Acheuléen-Menschen zu, lehnt sie aber für den Moustérien-Menschen ab. Wir erkennen hieran schon die seit frühesten Zeiten zwischen Europa und Afrika schwankende Position der Halbinsel. Diese Unentschiedenheit wird noch durch die Wahrscheinlichkeit akzentuiert, daß Europa in der Altsteinzeit beträchtlichen ethnischen und kulturellen Einflüssen afrikanischen Ursprungs ausgesetzt war (Capsenses), welche in den südlichen Zonen tiefere und deutlichere Spuren hinterlassen haben als in den nördlichen Gebieten. Zu den Anzeichen der afrikanischen Infiltration in dieser Periode gehören unter anderen die von capsensischer Kunst beeinflußten, auf der Halbinsel gefundenen Skulpturen von Frauen mit stark ausgebildeten Gesäßen, welche an die Steatopygie, den Hottentottensteiß, erinnern, die unter den Buschmann- und Hottentottenfrauen vorkommt. Dasselbe kann praktisch von der nachpaläolithischen Zeit der ethnologischen Geschichte Portugals gesagt werden, in der sich die Capsenses H. Taganus, ein kurzköpfiges Volk (Mugem) und die neueren Capsenses des Ostens mit einem langschädligen Volk vermischten – »vielleicht Abkömmlingen des europäischen dolichozephalischen Typs« –, den vermutlichen Trägern der »Grundelemente neusteinzeitlicher Kultur«, ohne von anderen, zwar nicht einwandfrei erwiesenen Unterwanderungen afrikanischen Ursprungs zu reden.

In der jungsteinzeitlichen und neojungsteinzeitlichen Periode wird auf der Halbinsel der intime Kontakt zwischen Europa und Afrika fortgesetzt. Die folgende Periode, die Bronzezeit, wird als eine Zeit der Stabilisierung angesehen. Der Halbinselbewohner konnte nach der Hitze der ersten Verschmelzungsphase einige Jahrhunderte abkühlen, ohne daß Invasionen aus Afrika oder vom Norden her den Prozeß der, sagen wir, kulturellen Festigung, welcher von der Bildung des körperlichen Typs charakterisiert wird, störten. Aber die letzte afrikanische Invasion – die von Almería – hinterließ Europa für lange Zeit genug zu assimilieren. Später führte der Kontakt zwischen Griechen und Karthagern der Halbinselkultur im Süden und Osten frisches Blut zu, während gleichzeitig im Zentrum und Westen Post-Hallstatt-Kulturformen, wahrscheinlich keltischen Ursprungs, aufkamen, denn die Kelten hatten Invasionen vom Nordosten her und auch über die westlichen Pyrenäen hinweg unternommen. Es zeichneten sich dadurch zwei Kulturkreise ab, einer unter nördlichem, keltischem und einer unter mediterranem Einfluß. Beide Zonen verloren aber nicht die gemeinsamen Züge bodenständiger Kultur, denn selbst in den Gebieten, wo der keltische Einfluß als vorherrschend erachtet wird, überlebte die gefundene schlecht gebrannte Keramik der ursprünglichen Kultur.

In der Zeit der römischen Invasion war die Halbinsel generell und das Gebiet des heutigen Portugal speziell von diesem Dualismus der Kulturformen gekennzeichnet. Es ist indessen wahrscheinlich, daß der braunhäutige, kraushaarige Typ, welcher mehr die mediterranen als nordischen, mehr die afrikanischen als europäischen Kulturformen repräsentierte, vorherrschte. Martials Selbstbildnis ist sehr bezeichnend: »*hispanis ego contumax capillis*«. Dieser braunhäutige und wahrscheinlich negroide Typ kam den Ureinwohnern am nächsten und war der verbreitetste. Er war jedoch nicht der alleinige Typ. Der Punkt, auf den es ankommt, ist der: Es gibt keinen einheitlichen Typ in der ethnischen Vergangenheit des portugiesischen Volkes, dessen Anthropologie von Ur- und prähistorischen Zeiten an eine Geschichte von Vermischungen gewesen ist, und wir müssen immer daran denken, daß eine außergewöhnliche Beweglichkeit die soziale Entwicklung dieses Volkes charakterisiert hat.

Auf die von Ferraz de Macedo gesammelten Daten gestützt, kommt Ripley zu der Annahme, daß sich ein dolichozephalischer Typ kleiner Statur in Portugal durchweg behauptet hat, ohne indessen in Reinkultur vorherrschend gewesen zu sein. Der gleichen Meinung ist Fonseca Cardoso. Quer durch die außerordentliche Vielfalt der Typen gibt letzterer der portugiesischen Bevölkerung folgende Charakteristik: unterdurchschnittliche Größe, Langschädel, dunkle Haare und Augen, lange schlanke Nasen mit etwas verlängerter Spitze. Diese Durchschnittsmerkmale weisen auf eine kleine, dolichozephalische, braunhäutige Rasse hin, von der man annimmt, daß sie das Urelement der Bevölkerung bildet. Es sind Abkömmlinge der Beaumes-Chaudes-Mugem, deren rassisch am reinsten erhaltene Vertreter heute in den Gebirgsregionen der oberen Minho-Provinz (Castro Laboreiro), in Tras-os-Montes und Beira angetroffen werden können. Im kantabrischen Oviedo-Gebiet, am rechten Ufer des unteren Guadalquivir und auch sonst im Norden stieß der portugiesische Anthropologe auf ziemlich rein erhaltene Exemplare der mesorhinen Rasse niederer Statur mit rundem Schädel und vertikalem Okziput, der die ersten Einwanderer angehört haben müssen, während an verschiedenen Punkten von Minho, Gaia und Póvoa de Varzim hochgewachsene, langschädlige oder mittellangschädlige nordische Typen mit langen, schmalen, feinmodellierten Nasen, rosa Haut, blondem oder rötlichem Haar und hellen Augen angetroffen wurden. Letztere sind die reinsten Vertreter der blonden nordischen Rasse, die verschiedentlich in das Gebiet des heutigen Portugal eingefallen sind. Dem Einfluß dieser Rasse auf die Bevölkerung Portugals schreibt Fonseca Cardoso das häufige Vorkommen von Mischlingsgesichtern unter den Portugiesen zu.

Zu diesen Elementen gesellen sich die semitischen Phönizier, deren besterhaltene Typen sich nach den portugiesischen Anthropologen unter den Fischern des zwischen den beiden Flüssen liegenden Teiles der Küste finden, sowie die Eindringlinge aus jüngerer Zeit, als da sind Juden, Berber, Mauren, Deutsche, Neger, Flamen und Engländer.

Während, wie Haddon behauptet, die Invasionen aus dem Süden den Grundcharakter der eingeborenen Bevölkerung verstärkten, führten die nordischen Einfälle der portugiesischen Anthropologie neue, ja antagonistische Elemente zu. Diese Elemente standen im Gegensatz zu den Eingeborenen und erreichten es mitunter, sie zu unterjochen, doch sie schlossen am Ende immer Frieden mit ihnen. Der resultierende Kompromiß ergab jenen bizarren Dualismus von Vermischung, der für die Portugiesen so charakteristisch ist.

Portugal ist, *par excellence*, das Land der vorübergehend Blonden oder Halbblonden. In diesen Gebieten, welche tief von nordischem Blut durchsetzt sind, gibt es viele Kinder, die blond und rosig wie flämische Jesuskinder geboren werden, um später braunhäutig und dunkelhaarig zu werden. In dieser typischen Erscheinung haben wir die Erklärung für den Dualismus, die Balance der Antagonismen, die den von Alberto Sampaio beschriebenen Einwohnern von Minho zu eigen ist: Männer mit blondem Bart und dunklem Haar und dunkelhäutigen Menschen mit blondem Haar. Diese zweifarbenen Mischlinge waren es meiner Meinung nach, welche im XVI. und XVII. Jahrhundert die Mehrzahl der portugiesischen Kolonisatoren Brasiliens stellten; nicht etwa eine reinrassige blonde oder nordische Elite oder nur Braunhäutige oder Dunkelhaarige. Es waren weder Oliveira Vianas blonde Langschädel noch Sombarts Juden, noch Debbanés Mozaraber, sondern typische Portugiesen, welche anthropologisch und kulturell ein Mischvolk sind. Die vorübergehende blonde Pigmentation ist nicht nur bei portugiesischen Kindern häufig, sondern beim mediterranen Typ überhaupt, und wird von Mendes Correa als mögliche »Spuren rassischen Erbgutes im mediterranen Typ, die eine frühe Kreuzung der nordischen mit der ur-äthiopischen Rasse vermuten lassen«, gedeutet. Diese Annahme wird von den italienischen Anthropologen geteilt.

In Brasilien sind die vorübergehenden Blonden, Halbblonden und falschen Blonden heute häufiger als in Portugal. Aber bevor Brasilien das Land der von Gabriel Soares im XVI. Jahrhundert beschriebenen rothaarigen Sarará-Indianer oder der von Eça de Queiroz vertraulich einem hohen brasilianischen Diplomaten gegenüber erwähnten »rosahäutigen Mulatten« wurde, hatte Portugal selbst schon merkwürdige Typen mit heller Pigmentation, rotem Haar und Lippen oder Nasen von Negern oder Juden hervorgebracht. Bei dem Thema »blonde Menschen in Portugal« sei nicht vergessen, daß man schon in sehr früher Zeit auch in Nordafrika Blonde entdeckt hat, daß unter der dunkelhäutigen Masse der muselmanischen Eroberer des Landes sich auch Individuen mit hellem Haar fanden und daß manche maurische Schöne gesehen wurde, wie sie sich abends ihre sonnengoldenen Locken kämmte. Portugal bekam also, als Einschlüsse in den mächtigen Schichten dunkler bis negroider Menschen von Afrika, auch aus dem Süden blonden Zuwachs.

So war die portugiesische Geschichte mit ihren rassischen und kulturellen Kontakten der unterschiedlichsten Art – Kontakten, welche religiöse Antagonismen zwar erschweren, aber nie verhindern konnten – von einem Liberalismus gezeichnet, der seinesgleichen sucht. Als die Halbinsel von den Römern überfallen wurde, leisteten die Einwohner zunächst verzweifelten und heroischen Widerstand, gaben aber schließlich dem Druck des Imperiums nach. Damit begann die Romanisierung oder Latinisierung Iberiens. Die Herrschaft Roms hatte hauptsächlich wirtschaftlichen und politischen Charakter und brachte den besiegten – nicht zerschlagenen – Völkern die Vorteile römischer Technik: Straßen, Bäder, Aquädukte, Gewölbebau und Tonwaren-Produktion. Sie drang in die Tiefe der Erde und beutete Bergwerke aus, sie übte einen merkbaren Einfluß auf moralischem Gebiet und zu einem geringeren Teil auch auf die Anthropologie des Landes aus. Unter dem Schutz Roms wurden im heutigen Portugal den römischen Göttern Tempel gebaut, und diese Götter wurden so populär, daß die katholischen Heiligen später eine Menge ihrer Eigenschaften übernehmen mußten, um sich Geltung zu verschaffen. Die Sprache der Halbinsel wurde latinisiert, und die alte Wohnweise wandelte sich zu römischer. Romanisiert wurden auch verschiedene andere Einrichtungen. Anato Lusitano fand sogar zwischen den Einwohnern von Lissabon und Rom physiognomische Ähnlichkeiten.

Der römischen Eroberung folgten die Einfälle der Alanen, Vandalen und Sueven. Nachdem die erste Welle der rothaarigen Barbaren den römischen Widerstand gebrochen hatte, wurde ein großer Teil der Halbinsel von nordischen Völkern überrollt, worauf später ohne Schwierigkeiten die Herrschaft der Westgoten errichtet wurde. Diese Herrschaft, welche drei Jahrhunderte dauerte, zerstörte den Einfluß der römischen Kolonisation nicht, sondern paßte sich auf der ganzen Linie eher der lateinisch-römischen Struktur an. Die Eroberer legten ihre eigenen arianischen Doktrinen ab und nahmen den katholischen Glauben der Hispano-Romanen an. Sie erlagen dem Einfluß des römischen Rechts, behielten aber ihre eigenen Sitten bei, welche feste Wurzeln im Boden der ehemaligen römischen Provinz schlagen sollten.

Zwischen die beiden Einflüsse – das schriftlich niedergelegte römische Gesetz und die ungeschriebenen Sittengesetze der Eindringlinge aus dem Norden – sollte sich, die Gegensätze ausgleichend, unmerklich ein dritter schieben, der schließlich der Justiz der Halbinsel eine ganz eigene Färbung gab: das kanonische Recht. Aus ihm entstand dann ein episkopaler Adel, der unter der Maske eines Segens- und Friedensbringers in Wirklichkeit regierte und herrschte. Denn die den Bischöfen verliehene Autorität, zivile Gerichtsfälle zu entscheiden, stellte tatsächlich eine Herrschaft dar.

Durch die Bekehrung der arianischen Goten zur katholischen Orthodoxie erlangte die Kirche mit ihren Bischöfen in Spanien einen höheren Rang als den der Könige, Richter und Adligen. Bei dem 633 in Toledo abgehaltenen Konzil hatten die Bischöfe das Vergnügen, den König zu ihren Füßen liegen zu sehen. In die neuen Gesetze der Halbinsel oder, besser, in den Kodex, der sich aus einer Verschmelzung des römischen Rechts mit den Gesetzen der Barbaren ergeben hatte – und *Fuero Juzgo* genannt wurde –, hatte es das kanonische Prestige fertiggebracht, Klauseln einzuschmuggeln, nach denen jeder Kläger oder Beklagte – wenn er »sich beim Bischof beschweren« wollte – berechtigt war, ein episkopales Gericht anzurufen. Denn, in den Worten des spanischen Rechtsgelehrten Sempere y Guarinos, die im Buch Buckles enthalten sind, *»los querellantes lesionados por la sentencia de un juez, podian quejarse a los bispos, y estos avocar a si las pendencias, reformarlas y castigar a los magistrados«*. In anderen Worten, die Bischöfe konnten in Verfahren eingreifen, die vor zivilen Gerichten anhängig waren, und Urteile rückgängig machen. Durham betont die ständige Überwachung, die von den Bischöfen über Justizverwaltungen und Richter ausgeübt wurde. Selbst über Könige, hätte er hinzufügen können. Einem portugiesischen Monarchen, Sancho II., der versuchte, ohne Hilfe der Bischöfe zu regieren, wurde sein Reich halbiert, und er selbst rettete nur mit genauer Not seinen Kopf. Seine kühne Rebellion schlug der Klerus mit der Hilfe seines eigenen Bruders nieder, welcher später unter dem Namen Afonso III. zum König gesalbt wurde.

Die höhere Geistlichkeit erlangte in Spanien und Portugal ein überragendes mystisches, moralisches und rechtliches Prestige. Dies ist dem Umstand zu verdanken, daß allen physikalischen und sozialen Geschehnissen, ob Erdbeben, Dürre, Hungersnot, Pest, Krieg oder fatalen Ereignissen, denen Durchgangs- und Konfliktzonen besonders ausgesetzt sind, eine religiöse Bedeutung unterlegt wurde. Diese Unterlegungen oder Ausdeutungen stellen laut Buckle in Spanien und Portugal eine große geistige und politische Kraft dar. Es war dies ein Abglanz der Kraft, die vom päpstlichen Rom über das ganze christianisierte Europa ausstrahlte. In Portugal gab es religiöse Orden, die zugleich militärisch waren und so das Prestige des Kriegers mit dem der Kirche vereinten. Mit Hilfe ihrer Militär-Orden nahm die Kirche in erster Linie die Gelegenheit wahr, sich durch die Kriege der Wiedereroberung der Halbinsel zu großem Grundbesitz zu verhelfen, denn sie überließ es nicht ausschließlich den Kreuzrittern selbst, die Verteilung der von den Ungläubigen gewonnenen Länder vorzunehmen. Ein fettes Stück bekamen die Templer, welche von Dona Teresas Zeiten an die Herren von Soure und des ganzen schönen Gebietes zwischen Coimbra und Leiria und später auch von Tomar, Almoral und Pombal wurden. Andere folgten ihrem Beispiel und nahmen Avis und Santiago in Besitz, während wieder andere weniger reiche Gegenden erwischten. Die latifundären und halbfeudalen Methoden der Kolonisatoren in Brasilien fanden in dieser halbgeistlichen Kolonisierung in Portugal ihr Vorbild. Der ganze Unterschied zu Brasilien ist der, daß die Kirche hier von der Privatinitiative der Duarte Coelho, Garcia d'Avila und Pais Barreto, der Bewohner des Hinterlandes vom Schlage eines Domingos Afonso Mafrense, mit dem Beinamen »der Sertão«, welcher nach seinem Tod in Piauí dreißig Vieh-Fazendas hinterließ, übertroffen wurde.

In Portugal erfüllten die religiösen Orden, außer der wirtschaftlichen Reorganisation der von den Mauren wiedereroberten Gebiete, noch die andere wichtige Funktion der politischen Organisation der heterogenen Bevölkerung. Mit kanonischer Disziplin sorgten sie für politischen Zusammenschluß. Die Nation bekam auf diese Weise eine religiöse Grundlage, welche aber keine Vorurteile gegen die beiden großen abseits stehenden Gruppen der Juden und Mauren einschloß. Diese wurden dank der politischen Toleranz der Mehrheit selbst von den einst Mauren mordenden Kriegern nicht angetastet. Diese Toleranz dauerte an bis zu der Zeit, da diese Sondergruppen – ob durch überlegene industrielle und kommerzielle Begabung oder weil sie als Volksfremde weniger Skrupel kannten – große Reichtümer auf der Halbinsel erwarben. Da schien der Mehrheit ihre Toleranz, mindestens von den Juden, mißbraucht worden zu sein.

Um den gegen die israelitische Minderheit sich erhebenden schwelenden und kochenden Haß in Grenzen zu halten, wurden die Inquisitionsgerichte eingesetzt, welche die Aufgabe hatten, die Gewissen zu erforschen, und ermächtigt waren, kühle und methodische Untersuchungen über die von den Ketzern erworbenen Vermögen anzustellen. Die Juden hatten sich weniger ihrer mit Abscheu betrachteten Religion wegen unbeliebt gemacht als vielmehr durch ihre Skrupellosigkeit den Christen gegenüber, wenn es um Geldsachen ging. Ihre Vermögen waren hauptsächlich durch Wucher erworben, der den Christen von der Kirche verboten war, oder dadurch, daß sie einträgliche Posten in der öffentlichen Verwaltung, den Adelspalästen, ja selbst in katholischen Organisationen besetzten. Es lag im Interesse der christlichen Großgrundbesitzer, diese Posten mit Leuten zu besetzen, die nicht den kirchlichen Gesetzen unterstanden und keine religiösen Skrupel hatten.

Unter der maurischen Herrschaft trat der Dualismus der portugiesischen Kultur und des portugiesischen Charakters besonders hervor, aber auch nach der Besiegung des afrikanischen Volkes blieb dessen Einfluß durch das Verhältnis der Sklaven und Knechte zu ihren Herren bestehen. Nicht als Mauren, Mohammedaner oder Afrikaner übten sie diesen Einfluß weiter aus, sondern in ihrer Eigenschaft als Sklaven, die sie nach dem Sieg der Christen geworden waren. Diese Einwirkung prädisponierte den Portugiesen wie keinen anderen zu der agrarischen, sklavenhalterischen und polygamen Kolonisation – kurz: der patriarchalischen Kolonisation – des tropischen Amerika. Die gegebenen Bedingungen dieses Teils Amerikas, der den Portugiesen zufiel, forderten eine solche Art der Kolonisation geradezu heraus, und ohne die Erfahrungen mit den Mauren wären die Portugiesen wahrscheinlich an dieser großen Aufgabe gescheitert. Sie hätten versagt, weil sie mit ihren europäischen Begriffen derart fremden Verhältnissen gegenüber einfach hilflos gewesen wären.

Es würde zu weit führen, auf die rassischen und kulturellen Beziehungen zwischen Muselmanen und Christen auf der Iberischen Halbinsel und speziell zwischen Mauren und Portugiesen im einzelnen einzugehen. Wir wollen uns darauf beschränken, auf gewisse Spuren maurischer Einwirkung auf Charakter und Kultur des portugiesischen Volkes hinzuweisen, welche meiner Meinung nach von ausschlaggebender Bedeutung für die erfolgreiche Kolonisation in den Tropen gewesen sind.

Es wurde schon erwähnt, daß die Invasion der Mauren und Berber nicht die erste Welle war, welche die Südspitze Europas und besonders Portugals mit Negern und Mulatten überschwemmte. Portugal war das gegebene Durchgangsland, über welches die ersten ungestümen afrikanischen Wogen leicht den Kontinent hätten überschwemmen können. Ich habe auch davon gesprochen, daß die rassische Grundschicht der Halbinsel, die als ursprüngliche angesehen wird, möglicherweise afrikanischer Abkunft ist. Von diesem Standpunkt aus gesehen, hätten Araber, Mauren, Berber und Muselmanen mit ihrer Invasion lediglich von einem Gebiet Besitz ergriffen, das bereits mit ihrem Blut und ihrer Kultur getränkt war und auf welches sie infolgedessen vielleicht mehr Anspruch hatten als Europa. Es war ein Land, das ihrer Heimat in der Bevölkerung und größtenteils auch in Klima und Vegetation sehr verwandt war.

Die afrikanischen Mohammedaner müssen bei ihrer Invasion der Halbinsel von hispanischen Elementen, welche gegen die Westgoten opponierten, unterstützt worden sein. Ich erwähne diesen Umstand hier, um die Tatsache zu unterstreichen, daß europäische und afrikanische Interessen von Anfang an eng miteinander verbunden waren. Mit Ausnahme einer kleinen Gruppe Unversöhnlicher in Asturien, dem Zentrum christlicher Unabhängigkeit, unterwarf sich der Großteil der Bevölkerung der Herrschaft der Mauren und knüpfte mit der Zeit enge Beziehungen mit ihnen, hielt indessen relativ treu an seinem Glauben fest.

Diese mozarabische Bevölkerung, die mit der Kultur der Eindringlinge durchtränkt war und in deren Adern das Blut der Eindringlinge pulste, sollte Grundlage und Nervenzentrum der portugiesischen Nationalität werden. Eine Nationalität, welche sich zunächst von Kastilien durch die separatistischen Interessen der rauhen nordischen Abenteurer differenzierte. Später aber, als letztere sich als Aristokratie etabliert hatten, waren sie, weniger aus Kastengeist als aus gemeinsamen ökonomischen Interessen, geneigt, mit dem kastilischen Adel zu paktieren, und da scheiterten sie an dem Eigensinn des niederen mozarabischen Volkes. João Lúcio de Azevedo sieht dieses unbeirrbare Nationalgefühl des Volkes und den Mangel eines solchen beim Adel als für die portugiesische Volksseele typisch an. Diese Tendenzen, schreibt Azevedo, offenbarten sich in den Krisen von 1383, 1580 und 1808, »als der Begriff Vaterland, der sich in der römischen Zeit verloren hatte, auf der Halbinsel wiedererweckt wurde und es sich erwies, daß das niedere Volk der Träger des Nationalgefühls war, der herrschenden Schicht hingegen ein solches fehlte«. Dem einfachen Volk schreibt dieser portugiesische Historiker neben seinem glühenden Patriotismus aber auch Friedfertigkeit, Nachlässigkeit und einen Hang zu semitischem Fatalismus zu, während er die Adligen als händelsüchtig und beutegierig bezeichnet.

Ich kann jedoch dieser ethnozentrischen Auslegung João Lúcio de Azevedo nur teilweise zustimmen. Denn wenn man berücksichtigt, welchen Anteil einerseits der Adel nordischer Herkunft an der Entwicklung Portugals hat und andererseits das einfache Volk, das weitgehend mit Mauren- und Berberblut durchsetzt war, so muß man zugeben, daß kein modernes Land eine solche Beweglichkeit der Klassen und, fast kann man sagen, der Rassen untereinander aufzuweisen hat wie Portugal. So wie ich es sehe, muß den sozialen und wirtschaftlichen Aspekten der portugiesischen Geschichte mehr Bedeutung zugemessen werden, und diese zeigen sich in der frühzeitigen Bildung eines Bürgertums, welches sich schon bald mit dem König gegen den Adel verband, dessen Prestige vor dem der Bourgeoisie schnell verblaßte. Außerdem wurde praktisch alle Kraft des begüterten Adels von den allmächtigen religiösen Orden mit ihrem enormen Besitz und von der Schlauheit jüdischer Kapitalisten in Anspruch genommen. Das erklärt auch, warum der Landadel Portugals nicht – wie in anderen Ländern mit feudalistischer Vergangenheit – von strengen und starren Vorurteilen beherrscht wird, weder gegen Bürger im allgemeinen noch gegen Juden und Mauren im besonderen. Durch den Druck der großgrundbesitzenden Geistlichen geschwächt, suchten nicht wenige Aristokraten nordischer Abkunft reiche Mädchen aus dem maurisch und hebräisch durchsetzten Mittelstand zu heiraten. Dadurch zeigt der portugiesische Adel fast dieselbe Rassenmischung wie die Bourgeoisie und die Masse. Der ständige Klassenwechsel von Familien und Individuen macht es folglich unmöglich, irgendwelche Schichten des portugiesischen Volkes, das in sozialer Hinsicht so unbeständig und flexibel ist, ethnologisch und soziologisch zu klassifizieren.

Während der maurischen Herrschaft übernahm die einheimische Kultur von den Eindringlingen mit zunehmender Blutvermischung eine ganze Reihe von Kulturgütern. Wenn Pontes de Miranda in einer kürzlich erschienenen gelehrten Arbeit feststellt: »Die Araber schwammen wie Öl auf der Oberfläche der Bevölkerung und kamen nie zu einer ausreichenden Vermischung mit ihr«, so, muß ich sagen, versagt mein Verständnis für seine Auslegung des Wortes »Vermischung«. Denn wenn die »Araber« – Mauren hätte der junge Rechtsgelehrte, der sonst in seiner Terminologie so penibel ist, richtiger gesagt –, wenn also die Mauren sich nicht ausgiebig mit der lusitanischen Bevölkerung vermischt haben, dann weiß ich nicht, was Rassenvermischung ist. Überdies berichtigt sich derselbe Pontes de Miranda dreißig Seiten nach dieser seltsamen Behauptung und sagt: »Nur die festestbegründete und beständigste aller Religionen verhinderte eine vollständige Rassenvermischung.« Und in diesem Zusammenhang zitiert er Alexandre Herculano, der gerade die soziale Fusion zwischen besiegten Christen und siegreichen Mauren so meisterhaft beschreibt.

In den großen Gebieten, wo die arabische oder maurische Herrschaft bestimmend war – und wo später, als der Spieß umgedreht wurde, gefangene Afrikaner versklavt wurden –, haben sich die von den Invasoren überkommenen Elemente der Halbinselkultur am besten bewahrt und geben diesem Teil Europas das ganz besondere und eigene Gepräge. Während Religion und Zivilrecht größtenteils von den Eroberten weiter beibehalten wurden, war in anderen Sphären des wirtschaftlichen und sozialen Lebens der arabische und maurische Einfluß sehr stark. Die Masse der hispano-romano-gotischen Bevölkerung – mit einziger Ausnahme der unbeugsamen Minderheit, die sich nach Asturien zurückgezogen hatte – ließ sich bis in die intimsten Sphären von den Arabern und Mauren beeinflussen, und als diese nun zu Mozarabern umgeschmolzene Mehrheit dann im christlichen Europa wieder eine Rolle spielte, entwickelte sie in Portugal ein ganz eigenes Nationalgefühl. Die Begründung des militärischen und politischen Nationalismus wurde von anderen vorgenommen, die wirtschaftliche und soziale Entwicklung aber war die Aufgabe der Mozaraber, und sie haben sie bis zu der ruhmreichen Ära der Entdeckungsreisen und Eroberungen mit ihrem Blut und Schweiß getränkt. Als diese sozial so bewegliche – in der Tat außerordentlich bewegliche – Bevölkerung dem christlichen Europa wieder angegliedert wurde, war sie so reich an kulturellen Gütern und so von Energien maurischen und negroiden Blutes geladen, daß diese sich bis heute im portugiesischen Volk und Nationalcharakter auswirken. Auch Brasilien hat dieses Blut und diese Kultur empfangen, was erklärt, daß der Brasilianer weder Europäer noch Eingeborener, noch das Produkt des Kontaktes mit Afrika durch die Negersklaven ist. Es erklärt, warum das Privatleben des Brasilianers der Kolonialzeit so viel Maurisches an sich hat, das sich bis heute selbst im Körpertyp noch bemerkbar macht.

Martim Francisco de Andrada, der Anfang des XIX. Jahrhunderts als Generaldirektor der Bergwerke und Wälder des Landes das Innere des Kapitanats São Paulo bereiste, beobachtete, daß es dort sehr viel ausgesprochen maurische Gesichter gab. Wenn der rassische Ursprung des Portugiesen im Heimatland verlorenginge, so geht doch aus dem, was Martim Francisco de Andrada erzählt, hervor, daß in unserem Lande, wie das Beispiel der maurischen Züge der Paulistas andeutet, viel von der ursprünglichen portugiesischen Art reinrassig erhalten blieb.

So groß der Einfluß des maurischen Herrschers war, der des maurischen Kriegsgefangenen steht ihm nicht nach. Seine Arbeitskraft war es, die Portugal das Regime der agrarischen Selbstkolonisierung auf der Grundlage des Großgrundbesitzes und der Sklavenhaltung – genau wie später in Brasilien – ermöglichte. Dank den Mauren und Geistlichen, sagt J. M. Estêves Pereira, wurde in Portugal schon in frühesten Zeiten die »Landwirtschaft sein Hauptwirtschaftszweig, weiter entwickelt als in den nördlichen Ländern«. Hauptsächlich ist dies den Mauren zu verdanken. Die »Picata« oder »Cegonha«, dieser einfache und primitive Mechanismus, um Brunnenwasser zu schöpfen, ist ihr Werk. Die andere Methode, Wasser heraufzuziehen, die »Nora«, die mit ihren Seilzügen und Eimern zur ländlichen Idylle gehört, ist ebenfalls eine Erfindung der Araber oder jedenfalls ein Mechanismus, den sie auf der Halbinsel eingeführt haben. Die Kreuzfahrer brachten Spanien die Windmühle. Sie wird in manchen Teilen Amerikas – in Westindien zum Beispiel – für die Zuckerherstellung gebraucht. Die Mauren führten die Wassermühle ein. Sie ist die Ahne der durch Wasser angetriebenen Zuckerrohrpressen der Kolonialzeit. João Lúcio de Azevedo behauptet sogar, daß die Olivenkultur in Portugal von den Mauren verbessert worden sei. Er erklärt ferner: »Der Name der Bäume kommt vom Lateinischen: *Oliveira* (Olivenbaum), *Olival* (Olivenhain), *Olivedo* (Olivenpflanzung), während die Namen der Produkte arabischer Herkunft sind: *Azeitona* (Olive), *Azeite* (Olivenöl). Alles dies läßt uns vermuten, daß die Ausnutzung dieser Pflanze von den Muselmanen verbessert wurde.« Bezeichnend ist auch, daß das Verb *mourejar* (von Mouro = Maure) im Portugiesischen die Bedeutung von »arbeiten« und »schuften« angenommen hat, und »arbeiten wie ein Maure« ist in Portugal und Brasilien eine gebräuchliche Redensart. Die Erklärung dafür ist, daß der Maure in Portugal die allgemeine Arbeitskraft, der

Techniker, der Landwirt war. Er war verantwortlich für die größere und bessere Ausnutzung der gegebenen Möglichkeiten, er bearbeitete den Boden und bewahrte ihn durch ein ausgeklügeltes Bewässerungssystem vor der Dürre. Nicht nur Wert und Nutzen der Olive wurde durch maurisches Geschick verbessert, sondern auch der Weinbau. Der Orangenanbau, die Baumwolle und die Seidenraupenzucht wurden ebenfalls von den Mauren auf der Halbinsel eingeführt. Ihre Leistung erschöpfte sich nicht in der Muskelkraft – wie später die der Guinea-Sklaven –, sondern sie erfüllten auch die Funktion der Techniker und ließen sich dabei nicht, wie die Juden, von kommerziellen Interessen leiten.

Nicht nur der Orangenbaum, die Seidenraupe und die Baumwolle wurden von Arabern und Mauren eingeführt, sondern sie entwickelten auch den Zuckerrohranbau. Das Zuckerrohr, von Madeira in Brasilien eingeführt, ermöglichte erst die wirtschaftliche und soziale Entfaltung der amerikanischen Kolonie Portugals, gab ihr seine landwirtschaftliche Organisation und begründete seinen Bestand. Es waren also wieder die Mauren, welchen der brasilianische Kolonisator die technische Ermöglichung der Produktion und der wirtschaftlichen Ausbeutung des Zukkerrohrs verdankt.

Die Portugiesen diesseits des Atlantiks, welche wie die Templer in Portugal Großgrundbesitzer wurden, folgten einerseits dem Beispiel der Kreuzritter und speziell der Ordensbrüder – die größtenteils mit einem Anfangskapital von Gütern, Vieh und Menschen, das sie den Ungläubigen geraubt hatten, zu Vermögen und Grundbesitz kamen – und trieben andererseits nach dem Muster der afrikanischen Invasoren Raubbau an dem Land; nur ließen wir uns diesbezüglich gern von den Eingeborenen anleiten, mindestens, was die Ausbeutung nützlicher Rohprodukte angeht. Aber der Geist der Mauren, die ja mehr schöpferisch als ausbeuterisch tätig gewesen waren, hielt seine wohltätige Hand über die Anfänge der brasilianischen Landwirtschaft. Das Wirtschaftssystem in Brasilien war dem in Portugal von den nordischen Abenteurern nach der Wiedereroberung durch die Christen errichteten fast gleich, nur daß hier nicht der einzelne, die Familie und der Feudalherr unter die Herrschaft der Geistlichkeit gerieten. Aber die technischen Methoden, so die des Wasserrades, waren maurisch.

Bis zu welchem Ausmaß das rassische Erbgut der Portugiesen, das schon durch frühere Unterwanderungen durch Juden und Phönizier viele semitische Elemente aufgenommen hatte, durch das Auf und Ab der islamitischen Invasion der Mauren beeinflußt wurde, kann praktisch heute unmöglich mehr festgestellt werden. Aber die Transfusion des Blutes der Ungläubigen muß sehr wirksam gewesen sein, wenn man bedenkt, daß ja nicht nur während der Invasionszeit intime Beziehungen zwischen Eroberern und Besiegten bestanden, sondern sich anschließend zwischen Christen und maurischen Gefangenen sowie Hispano-Romanen und Mozarabern immer weiter fortsetzten. Durch ihre technische Überlegenheit arbeiteten sich die Mozaraber auf der wirtschaftlichen und sozialen Leiter immer höher empor, und ihr Aufstieg wurde von dem frühen Aufschwung des Bürgertums, der einsetzenden Landflucht und dem Zug in die Städte noch begünstigt. Im Laufe dieser Entwicklung spielten Gewerbe und Handwerk mehr städtischen als ländlichen Charakters eine außerordentlich bedeutende Rolle, und gerade in diesen Künsten und Fertigkeiten waren die Mauren Meister.

Noch ein anderer Umstand war ihrem Aufstieg günstig, und das waren die Kriege, Dürren, Seuchen und Hungersnöte, von welchen das portugiesische Volk lange Zeit heimgesucht wurde; denn durch die Lage der Häfen, die Verbindungspunkte zwischen den nördlichen und Mittelmeerhäfen darstellten, kam es zu vielerlei unhygienischen Kontakten. Zwei große Pestseuchen warfen ihre Schatten auf die Herrschaft Sanchos I. Eine von ihnen (die von 1348) war von verheerender Wirkung und wurde aus dem Orient eingeschleppt. Azevedo zitiert eine Klosterchronik von 1356, nach der zwei Drittel der Bevölkerung durch eine Hungersnot umkamen. Klimastörungen und Milieuveränderungen zusammen mit den Übeln des latifundären Regimes – einschließlich des Abholzens der Wälder – verursachten in Portugal häufig soziale Krisen als Folge von Nahrungsmittelknappheit.

Das 1375 von Dom Fernando erlassene Gesetz über die Landverteilung versuchte zwei Probleme zu lösen, das des Großgrundbesitzes und das der Abwanderung der Landarbeiter in die Städte. Es sah die Enteignung des Grundbesitzers vor, wenn dieser, ob aus Nachlässigkeit oder Unvermögen, sein Ackerland brachliegen ließ. Diese Gesetze ließen zwar die Tür nicht mehr weit offen, schlossen sie jedoch auch nicht ganz, so daß Mauren und Mozaraber noch bequem hindurchschlüpfen konnten und in die Städte abwanderten, wo die Häfen voller Leben und Bewegung waren und der König selbst den Fortschritt förderte. Die Söhne und Enkel von Bauern und Landarbeitern waren zwar durch Verordnungen in gewisser Weise an die Scholle gebunden, aber es wurde den mit Intelligenz und Geschick begabten Technikern verhältnismäßig leichtgemacht, die Statuten zu umgehen, um sich davonzumachen und in den See- und Handelsstädten zu verschwinden. An dieser Stelle sei erwähnt, daß die mittelalterlichen Städte zur Ernährung ihrer Einwohner sogenannte »Brotäcker« und Gärten besaßen, für deren Bebauung man landwirtschaftliche Arbeitskräfte benötigte, so daß selbst in der Landwirtschaft tüchtige Kräfte der Mauren und Araber, die, dem demütigenden Frondienst entflohen, unter den Fittichen der Bürger und ihrer Gesetze Schutz suchten, ihr gutes Auskommen fanden. Alles deutet darauf hin, daß zu dieser Zeit das maurische und mozarabische Element, welches durch die Wiedereroberung an die Scholle gebunden worden war, vertikal und horizontal eine enorme Ausbreitung erfuhr. Es stieg von niederen Gesellschaftssphären in höhere auf und breitete sich wirtschaftlich aus. Und sicherlich hat dieses Element mit seiner höheren technischen Begabung die Gelegenheiten, das erniedrigende Dasein auf dem Land, auf dem sie als Gefangene oder Sklaven gehalten wurden, mit einer auch landwirtschaftlichen oder halbstädtischen Existenz zu vertauschen, mehr als andere ausgenutzt, war doch die neue Position weit besser als die verlassene. Sie wurden nun freie Bauern, und ein wirtschaftlicher Erfolg wurde durch die neuen Umstände erleichtert.

Das erklärt auch, warum das eingeborene hispanische Element, dessen Blut von den Mauren und Berbern eine dunkle Tönung bekommen hatte, nicht mehr nur auf das unterste Niveau unter der siegreichen hispano-gotischen Schicht beschränkt blieb, sondern, an keinerlei Klasse mehr gebunden, sich vorteilhaft über die ganze Bevölkerung verbreitete und mitunter bis in höchste gesellschaftliche Stellungen aufstieg. Man darf außerdem nicht vergessen, daß dieses hispanische Element, welches nach dem Kontakt mit den Mauren zum mozarabischen wurde, unter der islamitischen Herrschaft eine wirtschaftliche und soziale Erniedrigung erlitten hatte und daß diese Erniedrigung für viele während der Wiedereroberung anhielt, denn letztere wurde fast ausschließlich von nordischen Fremdlingen geleitet, welche sich als eine Art von Neureichen und neuen Machthabern aufspielten. Was dann vor sich ging, war weniger ein Aufstieg als eine Rehabilitierung, die zum Teil auf die Tatsache zurückging, daß sich unter der mohammedanischen Herrschaft die technischen und gewerblichen Fähigkeiten des hispanischen Elements, das mit dem Eindringling zusammenarbeitete, im Kontakt mit der höheren nordafrikanischen Kultur bereichert und verfeinert hatten.

Diesem Prozeß sozialer Neuordnung jedoch war schon im ersten Kontakt der mohammedanischen Eindringlinge mit der christlichen Bevölkerung, sowohl im einfachen Volk wie in den Oberschichten, eine Infiltration der Eroberer vorausgegangen. Diese Infiltration war nicht allein die Folge der Machtstellung der afrikanischen Rasse, sondern wurde auch begünstigt durch ihre Neigung zur Polygamie. Abdul-Aziz ibn-Muza nahm nicht nur Roderichs Witwe zur Frau, er hielt sich nebenbei noch zahlreiche christliche Jungfrauen als Konkubinen. Andererseits war Ramiro II. von León so hingerissen von der Schönheit eines Sarazenenmädchens edler Herkunft – zweifellos eine jener »zauberischen Maurinnen« –, daß er seine legitime Gattin tötete, das exotische Geschöpf heiratete und mit ihr einen zahlreichen Nachwuchs zeugte. Beide Fälle sind typisch: einerseits gewaltsame Infiltration der Besiegten – d. h. ihrer Frauen – durch die polygamen Eroberer, andererseits die Anziehungskraft, welche die Sarazeninnen, besonders solche adliger Geburt, auf die Männer der Besiegten ausübten.

Die adligen Familien von Spanien und Portugal, die arabisches und maurisches Blut aufgenommen haben, sind nicht zu zählen. Manche der Ritter, die sich in den Kriegen der Wiedereroberung besonders mit ihrem christlichen Eifer des Mauren-Mordens hervortaten, hatten selbst das Blut der Ungläubigen in ihren Adern. Andererseits müssen jene Mohammedaner, die nach Afrika auswanderten, auch das Blut spanischer und portugiesischer orthodoxer Christen in sich getragen haben. Es ist bekannt, daß sich in der Rückflut nach Afrika selbst polygamische Franziskanerbrüder, die auf Frauen nicht verzichten wollten, befanden. Es gab viele Mem oder Mendo, manche Pelagio, Soeiro, Egas, Gonçalo, die, nach ihrem christlichen Eifer zu urteilen, Hispano-Goten reinsten Wassers ohne eine Spur islamitischer Bluttrübung schienen, doch in Wirklichkeit Portugiesen mit maurischen und arabischen Großmüttern und Großvätern waren. Von dem Grafen von Coimbra, Dom Sesnando, berichten die Chronisten, daß er ein Mischblut von Christen und Mauren war, er wurde sogar Wesir bei den Sarazenen. Ein anderes Mischblut, Dom Fifes Serrassim, wurde durch seine Heirat mit einer Mendes de Bragança in den christlichen Adel aufgenommen.

Nichts wäre irreführender, als Hispanier und Mauren, Christen und Ungläubige, Sieger und Besiegte, Adlige und Plebejer in Portugal nach ihren Vor- oder Familiennamen identifizieren zu wollen. Rassen, Kulturen und Klassen wurden auf der Halbinsel derart durcheinandergeworfen, daß die Ketten der Sklaverei und Niederwerfung nie ausreichten, um eine von ihnen an ihrem Platz festzuhalten. Alexandre Herculano bemerkt, daß die intensive Rassenvermischung, welche die Invasion begleitete, eine Menge Namen unterschiedlicher Herkunft zusammenbrachte: Pelagio Iban Alafe, Egas Abdallah Argeriquiz usw. Diese Namen geben ein anschauliches Bild von dem gesellschaftlichen Kompromiß zwischen den Siegern und Besiegten, sie zeigen, wie flexibel, knetbar und immer in Fluß die mozarabische Gesellschaft in Portugal wirklich war. Was für die Mauren zutrifft, gilt auch in gewisser Hinsicht für die Juden. Beide drangen in alle Schichten ein. Und niemals – in keinem einzigen Fall – konnte sich eine einzige Schicht bis zu dem Punkt isolieren, daß ein Individuum oder eine Familie durch den Namen allein als adlig oder plebejisch, jüdisch oder christlich, hispanisch oder maurisch ausgewiesen werden konnte.

In den Kriegen gegen Mauren und Kastilier wurden viele Portugiesen geadelt und erhielten Titel und Länder. Wenige jedoch konnten ihren Besitz behalten, da eine rentable Bewirtschaftung desselben durch die Konkurrenz der großen kapitalistischen Unternehmen der geistlichen und Ritterorden schwer war. Als die maritimen Interessen Portugals zunahmen, wechselten viele von ihren durch Geburt bedingten Dienststellen auf dem Lande auf Positionen als freizügige Arbeiter in der Stadt über. In der gleichen Zeit, da sie aufstiegen, stiegen andere ab, und unter diesen befanden sich die Eigentümer kleinerer Landbesitze, die ihnen für Kriegsdienste verliehen worden waren, denn diese kleinen Grundbesitzer kamen gegen die Konkurrenz der großen Latifundien nicht an und wurden von ihnen aufgesaugt. Selbst die Gesetze Dom Fernandos, die eigens für den Zweck der Beschneidung der Latifundien geschaffen worden waren, hatten fast nur die Wirkung, die Besitze des kleinen Landadels verschwinden zu lassen, da dieser sich mangels Kapitals und Arbeitskräften außerstande sah, seine Ländereien rentabel zu bewirtschaften, und sie schließlich den allmächtigen Domänen der Monopolisten überlassen mußte. Daher kommen die zahllosen »Johann-ohne-Land«, welche damals in die Städte oder an den Königshof zu ziehen begannen, um dank der Nähe des Königs ein öffentliches Amt oder später ein Pöstchen in Übersee zu ergattern.

Alberto Sampaio versorgt uns mit wertvollen Daten über das gänzliche Fehlen eines aristokratischen Standesdünkels oder einer Exklusivität des Adels unter den Portugiesen der ersten Zeit. Einfache und vornehme

Personen trugen – wie in gewisser Weise noch heute – in Portugal und Brasilien die gleichen Namen. Es waren hauptsächlich germanische Namen, »denn nach dem Einfall der Sueven und Westgoten nahmen die Hispanier statt ihrer römischen deren Namen an«. Sampaio fügt hinzu: »In den Dokumenten des späten Mittelalters sind die Eigennamen für alle gleich und so uniform, daß in den Urkunden kein Rechtsunterschied zwischen Rittern und anderen gemacht wird, und besonders bemerkenswert ist, daß bei gerichtlichen Verhören außer den allgemein üblichen Vatersnamen bei Edlen und Gemeinen die heute gebräuchlichen Zunamen aufkommen ... Eine herrschende Schicht, die sich rassisch von den Einwohnern unterscheidet«, sagt der Schreiber weiter, »ist undenkbar ohne Eigennamen, welche ihr persönliches Eigentum sind, und der Gegenbeweis wird offenbar in der Mixtur von Namen und Körpertypen der Masse der Bevölkerung.« Der portugiesische Historiker zitiert in diesem Zusammenhang eine allgemein interessierende Stelle aus dem *Alten Buch* oder *Livro Velho*, einem Werk über Abstammung, die lautet: »Da mögen manche von gutem Stamm sein, und sie wissen es nicht ... und manche mögen durch ihre Abkunft Anspruch auf Anteile an manchen Klöstern, manchen Kirchen, manchen Zufluchtsstätten und manchen Ehren haben, aber sie sind ihrer verlustig gegangen, weil sie nicht wissen, von welchem Stamm sie kommen.«

Es lag überdies im Interesse der Könige, die sich in Portugal so schnell gegen ein aufkommendes Feudalsystem durchsetzten, die Gesellschaftsklassen soweit wie möglich zu nivellieren und keine Vorherrschaft einer einzelnen Schicht aufkommen zu lassen. Sie erreichten dies zum Teil dadurch, daß sie die Bürgerschaft auf Kosten des Adels begünstigten, indem sie den Handwerkern Sonderrechte gaben und, soweit es anging, dem begüterten Adel seine Rechte beschnitten. Die einzige Ausnahme bildete der geistliche Adel, der beizeiten mit Hilfe des Papstes den Unternehmungsgeist der beiden Sanchos zu bremsen und sich selbst enorme wirtschaftliche Privilegien zu sichern wußte.

Ein bloßer Edelmann war in Portugal weniger als ein »Bruder«, d. h. jemand, der Ritterschwert und geistliches Habit eines der mächtigen Ritterorden auf seine Person vereinte. Der verarmte Adel bekam dann bei Ausgang des Mittelalters von Dom Diniz die Quittung, indem dieser den Adel seiner Ehren für verlustig erklärte, solange er von handwerklicher oder landwirtschaftlicher Arbeit für andere lebte: »wer das Schmiede-, Schuhmacher-, Schneider- oder Kerzenzieherhandwerk oder ein ähnliches Gewerbe aus Mangel an Mitteln betreibt oder für Lohn das Land eines anderen bearbeitet«. Dieser Zustand blieb sogar noch in Brasilien bestehen. Hochgeborenen Kolonisten wurden Vorrechte aberkannt, wenn sie sich im Wettkampf um die besten Länder und die meisten Sklaven hatten schlagen lassen. Anfang des XIX. Jahrhunderts traf Martim Francisco im Innern des Kapitanats von São Paulo auf Männer edler Geburt, die mechanische Arbeit verrichteten, als wären sie Plebejer. Die Gesetze des Königreiches hatten ihnen daher ihre Adelsrechte abgesprochen.

Nach fünf Jahrhunderten war Portugal immer noch ohne festgefügte Schichten und ohne exklusive Gesellschaftsklassen mit unübersteigbaren Barrieren. »Wie anmaßend er auch einst gewesen sein mag«, schreibt Alberto Sampaio, »es gelang dem Adel nie, eine geschlossene Kaste zu bilden. Das weitverbreitete Vorkommen der gleichen Namen für Personen verschiedenster Lebensstellungen, wie es bei den heutigen Familiennamen der Fall ist, ist nichts Neues in unserer Gesellschaft. Es erklärt sich aus der ständigen Verschiebung der einzelnen; einige kommen zu Ansehen, andere sinken in die Masse, aus der sie kommen, zurück. In dieser Hinsicht ist das Gesetz von Dom Diniz ein die Geschichte bestätigender Meilenstein zwischen zwei Epochen.«

All dies bestärkt mich in meiner Überzeugung, daß die Gesellschaft Portugals beweglicher und fließender war als irgendeine andere. Die unterschiedlichsten Elemente diverser Herkunft pulsierten ständig in vertikaler wie horizontaler Zirkulation durcheinander. Portugal wäre das beste Laboratorium für Sorokin zum Studium und zur Bestätigung seiner Theorie von der Beweglichkeit. Seine ethnische und soziale Geschichte weist nie eine exklusive oder absolute Vorherrschaft einer einzigen Komponente auf, sondern ist immer eine Kette von Kompromissen und gegenseitigen Durchdringungen.

Eine weitere Bemerkung über die Mauren und Mozaraber bezüglich eines Prozesses, in dem diese beiden Elemente ihren Wert bewiesen haben, sei mir gestattet. Die Epoche des portugiesischen Handels – ein Handel, der sich zunächst auf Europa erstreckte und höchstens bis zur Levante reichte, sich aber vom XV. Jahrhundert an durch kühne Übersee-Expeditionen auszeichnete –, diese Epoche war, wie gesagt, für die Ex-Sklaven besonders günstig, da sie ihnen erlaubte, nun als freie Menschen auf Abenteuer auszugehen, welche wirtschaftlichen und gesellschaftlichen Aufstieg in Aussicht stellten. Unter den ersten Siedlern in

Brasilien fanden sich wahrscheinlich mit Neu-Christen und Alt-Portugiesen auch viele Individuen maurischer oder mozarabischer Abstammung. Debbané nimmt an, daß sie hauptsächlich die Kolonisatoren unseres Landes waren: *»De l'an 1550 à l'an 1600, les premiers colons de l'Amérique du Sud appartiennent à l'Espagne et au Portugal méridional, c'est à dire à la partie fortement orientalisée et arabisée de l'Espagne et du Portugal.«* Und wieder: *»Ce n'étaient pas en effet les Espagnols ni les Portugais du Nord descendants des Visigoths qui émigraient en Amérique: ceux-ci étaient les triomphateurs, les vainqueurs des guerres livrées contre des populations arabisées du sud de la péninsule Ibérique.«* Es mag sein, daß Debbanés Annahme im Gegensatz zu der Oliveira Vianas etwas zu weit geht. Viana glaubt, daß Brasilien größtenteils und hauptsächlich von blonden Langschädeln kolonisiert wurde, aber die gründlichsten Untersuchungen auf diesem Gebiet sowie Studien der Inventarien und Testamente aus dem XVI. Jahrhundert, die man in São Paulo findet, ergeben höchstens, daß die Kolonisierung Brasiliens typisch portugiesisch vor sich ging, d. h. in rassischer und sozialer Beziehung heterogen. Es gab weder ein Vorherrschen von Dunkelhäutigen noch von Blonden, noch von Mozarabern, wie Debbané glaubt, noch von Aristokraten, wie Oliveira Viana mit seinem quasi mystischen Ariertum sich einbildet, noch der vergoldeten Edelleute von Frei Gaspar, noch der Hefe des Königreichs – Verbrecher und Huren –, mit der Brasilien in den ersten Jahrhunderten der Kolonisation angefüllt zu haben Portugal so oft beschuldigt wird. Diese Abkömmlinge von Mozarabern und getauften Mauren, welche nach Brasilien gelangten – unter ihnen waren, meint Debbané, sogar Kriegsgefangene aus den Marokko-Feldzügen und Mauren, die 1610 ausgewiesen wurden –, kamen nicht direkt aus ländlichen Dienstverhältnissen, sondern aus städtischen Stellungen bei den Mächtigen des Königreiches, zu denen viele zwecks Umgehung der Gesetze Dom Fernandos ihre Zuflucht genommen hatten. Andere hatten für eigene Rechnung Pachtland bearbeitet, und wieder andere betrieben nützliche Gewerbe als Schuhmacher und Schneider. Unter den Neuankömmlingen in den Städten des XVI. Jahrhunderts hatten einige schon ihre Lage ökonomisch und sozial verbessert, denn sie handelten mit Kaninchenfellen und waren nicht nur Schuhmacher und Schneider, sondern auch Schmiede und Kürschner. Andere aber hatten immer noch zu kämpfen und suchten nach einer Gelegenheit, ihre Situation zu verbessern.

Ihre technischen Kenntnisse waren zweifellos bei den kolonisatorischen Expeditionen der heruntergekommenen Edelleute und Abenteurer von großem Wert, denn diese wußten wohl einen Degen zu führen, aber das war auch alles; nützliche Fertigkeiten gingen ihnen ab. Über Portugal schreibt João Lúzio de Azevedo: »Der Mangel an Arbeitskräften ist verantwortlich für die bedeutende Stellung der Meister und Handwerker und ihren Einfluß bei unseren Ratsversammlungen.« Schmiede, Schuhmacher, Kürschner, Steinmetzen, Gold- und Silberschmiede, Münzschläger, Faßbinder bildeten eine richtige Aristokratie der Techniker, die sich bei einer Gesellschaft Respekt verschaffte, welche aus der Monotonie des einfachen ländlichen und landwirtschaftlichen Lebens, einer Existenz, in der die wenigen technischen Erfordernisse oder Haushaltseinrichtungen dem eigenen Personal oder den Frauen überlassen werden konnten, herausgewachsen war und sich nun in neuen städtischen Milieus einer vielfältigen und raffinierten industriellen Aktivität gegenübersah. Hier liegt der Grund für die soziale Machtstellung, zu der die Techniker, Arbeiter und Handwerker neben den Kaufherren der Hafenstädte kamen. Straßennamen in Lissabon erinnern noch heute an ihr unter dem Mantel religiöser Formen geführtes Regime. Sie konzentrierten sich auf gewisse sozusagen strategische Punkte, auf Viertel und Plätze, die jeweils eine Zunft repräsentierten und von der Schuhmacher-, Leinenhändler-, Hufschmied-, Fischer- oder Vergoldergilde beherrscht wurden. Jedes Gewerbe und Handwerk hatte seinen eigenen Heiligen, sein Banner, seine besonderen Privilegien. Und durch ihren Rat der Gildenmeister übten diese Handwerker und Gewerbetreibenden einen spürbaren Einfluß auf die Stadtverwaltung aus. Verschiedene Privilegien, welche ihnen den sozialen und politischen Aufstieg ermöglichten, wurden ihnen von den Königen verliehen. Aus den Zünften der Handwerksmeister gingen auch die religiösen Bruderschaften und Vereine hervor, die später in Brasilien große Verbreitung fanden und in die man dort auch Sklaven aufnahm. Nur bekamen sie in Brasilien keinerlei Vorrechte, wie sie solche in Portugal als Ausdruck ihres Standesbewußtseins genossen hatten.

Bei der Analyse der ersten Siedlerschicht von São Vicente durch Inventarien der Erbschaftsurkunden des XVI. und XVII. Jahrhunderts bemerkt Alfredo Ellis jr., daß »der Süden Portugals, und zwar die Gebiete von Alentejo, Portugiesisch-Estremadura und Algarve« – die am stärksten maurisch beeinflußten Zonen –, »28 Prozent unserer Siedler, deren Herkunft nachgewiesen werden konnte, ergab; dieser Prozentsatz ist dem des lusitanischen Nordens gleich«. Im Gegensatz zu der Theorie von Lapouge, die Oliveira vertritt, daß nämlich die nordische Rasse die größte Initiative und den höchsten Wagemut besitze, haben die Untersuchungen des eben zitierten Autors ergeben, daß die 28 Prozent aus dem Süden bzw. ihre Nachkommen eugenisch den 28 Prozent aus dem Norden überlegen waren, und zwar überlegen in ihrer Tüchtigkeit als Besiedler und Erforscher des Hinterlandes, in ihrer Fruchtbarkeit, Langlebigkeit und Virilität.

Viele der Schreiner, Hufschmiede, Schneider, Schuhmacher und Metzger, die einen großen Teil der Gesellschaft von São Paulo repräsentierten, müssen mozarabischen Ursprungs gewesen sein, Mozaraber, welche in zweihundert Jahren zu Vermögen und gesellschaftlicher Stellung gekommen waren. Wir haben jedoch gesehen, daß während der ersten Jahrhunderte portugiesischen Nationallebens die Klassen sich nie endgültig fest abgegrenzt haben. Der König Dom Diniz ehrte die Schuhmacher und Schneider, und nur wegen fehlender Mittel wurden ihnen Adelsprädikate vorenthalten. Ihnen ist sicher die Auswanderung nach Amerika und die Kolonisation eines jungfräulichen Landes als willkommene Gelegenheit erschienen, ihr Glück zu machen und gesellschaftlich hochzukommen. Der Baumeister, welcher Tomé de Souza nach Brasilien begleitete, wurde für seine geleisteten technischen Dienste reichlich belohnt, und die beteiligten Schreiner, Kalkfabrikanten und Steinmetzen werden nicht leer ausgegangen sein.

Neben den Vertretern der mozarabischen Massen unter den ersten Siedlern Brasiliens sollte noch die kleine, aber gewichtige Gruppe des Landadels erwähnt werden, die sich in Pernambuco um die patriarchalische Persönlichkeit von Duarte Coelho scharte. Außerdem gab es einige Repräsentanten des militärischen und unsteten Adels, welche die Abenteuerlust nach Brasilien gelockt hatte oder die gekommen waren, eine Exilzeit in der tropischen Wildnis abzudienen. Wichtig ist nur die Anwesenheit von Abkömmlingen der Mozaraber unter den ersten Siedlern – und nicht nur hier und da verstreut, sondern in großer Zahl –, denn sie waren die Vertreter der schaffenden und schöpferischen Kräfte des einfachen Volkes. Durch dieses Element wurden viele maurische Kulturgüter – geistige wie materielle – nach Brasilien gebracht. Debbané nennt nur die milde Behandlung der Sklaven, welche wirklich bei den Brasilianern wie bei den Mauren mehr Haushaltsmitglieder als Arbeitstiere waren. Ein anderes Zeichen maurischen Einflusses auf die Brasilianer ist, daß dicke Frauen ihr Schönheitsideal sind, ein Ideal, an dem Generationen der Kolonialzeit und des Kaiserreiches festgehalten haben. Weitere maurische Attribute sind die üppigen Badewannen oder »Kanus« und die Vorliebe für das Geräusch plätschernden Wassers in den Gärten der Herrenhäuser. Burton stieß in dem Brasilien des XIX. Jahrhunderts auf viele Reminiszenzen maurischer Sitten. Daß man die Schulkinder Multiplikationstabellen und Lesetexte im Chor rezitieren ließ, erinnert ihn an mohammedanische Schulen. Auf seiner Reise in das Innere von Minas und São Paulo sah er Frauen mit Mantillas zur Messe gehen, die ihre Gesichter nach Art der arabischen Frauen fast ganz verhüllt hatten. Im XVI., XVII. und XVIII. Jahrhundert konnte man überall in Brasilien Schleier und Mantillas sehen. Sie gaben der Damenmode eine mehr orientalische als europäische Note. Die Schleier waren wie schwarze Dominos, Bahrtücher, mit denen sich die portugiesischen Schönheiten verhüllten, so beschreibt Sebastião José Pedroso in seinem *Itinerario* die Frauen des Königreiches.

Nicht vergessen sei auch, daß unsere Großmütter aus der Kolonialzeit jederzeit Teppiche und Matten dem Armsessel oder gepolsterten Sofa vorzogen und damit mehr eine Vorliebe für orientalische Sitten als für Raffinements europäischen Geschmacks bewiesen. Im Haus und sogar in der Kirche saßen sie auf kühlen Pipiri-Matten, die Beine nach maurischer Sitte gekreuzt und ihre kleinen Füße vom Rock bedeckt. »Wenn sie Besuche machen«, lesen wir in einem holländischen Bericht des XVII. Jahrhunderts über luso-brasilianische Frauen, »senden sie erst jemanden voraus, der sie ankündigt. Die Dame des Hauses setzt sich dann auf einem herrlichen seidenen türkischen Teppich auf dem Boden zurecht und erwartet ihre Freundinnen. Diese nehmen dann neben ihr auf dem Teppich im Schneidersitz, aber mit bedeckten Füßen, Platz, denn es wäre eine große Schande, wenn jemand ihre Füße sehen könnte.«

Verschiedene materielle Werte maurischer und arabischer Kultur, die von den Portugiesen aufgenommen wurden, übertrugen sich auch auf Brasilien: die kunstvoll glasierten Kacheln, von denen in unseren Kirchen, Klöstern, Wohnhäusern, Badezimmern, Springbrunnen und Wasserspielen so ausgiebig Gebrauch gemacht wird, maurische Dachziegel, viergeteilte oder Schachbrett-Fenster, Jalousien, der vergitterte maurische Balkon und die dicken Hauswände. Dem gleichen Einfluß verdanken wir eine Reihe von Delikatessen und Zubereitungen kulinarischer Genüsse wie auch unsere Vorliebe für Süßigkeiten und mit Fett und Öl zubereitetes Essen. Das Kuskus, welches in Brasilien so populär ist, kommt aus Nordafrika.

Der Schreiber, welcher Kardinal Alexandrino 1571 nach Lissabon begleitete, bemerkt den übermäßigen Gebrauch von Zucker, Zimt, Gewürzen und Eidotter in der portugiesischen Küche. Es wurde ihm gesagt, daß die meisten der fraglichen Gerichte von den Mauren stammten. Ihm fällt auch auf, daß mitten während des Essens die Servietten gewechselt wurden, ein Reinlichkeitsraffinement, das in Italien wahrscheinlich unbekannt war. Die alten portugiesischen Kochbücher wie das *Arte de Cozinha* von Domingos Rodrigues, dem Küchenchef Seiner Majestät (Lissabon 1692), sind voll von maurischen Rezepten: »Maurisches Lammfleisch«, »Maurische Wurst«, »Huhn, maurisch«, »Fisch, maurisch«, »Maurischer Fleischtopf«.

Was die übrigen maurischen Einflüsse auf der Hispanischen Halbinsel angeht – Medizin, Hygiene, Mathematik, Architektur und bildende Künste –, so will ich mich darauf beschränken, zu sagen, daß sie trotz der Unterdrückungsmaßnahmen der katholischen Reaktion die Reconquista überlebt haben. Die maurische Kunst der Ornamentik erhielt sich an Palästen und Häusern durch Jahrhunderte größten christlichen Glanzes hindurch, um vorteilhaft mit dem Rokoko-Stil des XVIII. Jahrhunderts zu konkurrieren. In Portugal vorherrschend, erlebte sie in den brasilianischen Herrenhäusern des XIX. Jahrhunderts eine zweite Blüte.

Die kolonialen Künstler, denen Brasilien die Entwürfe seiner ersten Wohnbauten, Kirchen, Brunnen und künstlerischen Portale verdankt, waren Männer, die in maurischer Tradition aufgewachsen waren. Ihre Hände überlieferten uns das kostbare Erbe der glasierten Ziegel. Wenn ich diese Einzelheit neuerlich erwähne, dann deswegen, weil sie mit der Hygiene und dem Familienleben in Portugal und Brasilien untrennbar verbunden ist. Die maurischen Kacheln sind mehr als bloße Wanddekoration, die mit den Gobelintapeten rivalisieren will, sie repräsentieren für den Portugiesen und seinen brasilianischen Nachkommen der Kolonialzeit einen Rest jener Sauberkeit und Ordnung, jener Vorliebe für Helligkeit und Wasser, jener instinktiven Tropenhygiene, die für den Mauren so charakteristisch ist. Diesen Sinn oder Instinkt hatte der Portugiese im Verlauf der Re-Europäisierung durch die Wiedereroberung größtenteils verloren. Durch die Christianisierung wurden glasierte Kacheln und Fliesen praktisch zum rein dekorativen Mittel, dessen sich der Künstler in reichlichem Maße zur frommen Ausschmückung von Kapellen, Klöstern und Profanbauten bediente. Sie behielten indessen allein ihrer Materialbeschaffenheit wegen ihre für Araber und Mauren charakteristischen hygienischen Qualitäten: Sie sind kühl, sauber und leicht rein zu halten.

Der Kontrast zwischen den wirklich katzenhaften Hygienegewohnheiten der Mohammedaner und der Unsauberkeit ihrer christlichen Eroberer ist bemerkenswert. In seiner Geschichte der Herrschaft der Araber in Spanien – einem Werk, das oft von Buckle zitiert wird – beschreibt Condé die Christen, d. h. die Unnachgiebigen des VIII. und IX. Jahrhunderts, als Individuen, die nie badeten, nie ihre Wäsche wuschen und ihre Kleider nicht eher ablegten, als bis sie ihnen in Lumpen vom Leib fielen. Die Wasserscheu, die Vernachlässigung der Körperhygiene und der Kleidung haftet dem Portugiesen heute noch an, und ich möchte behaupten, daß diese Eigenschaften besonders stark in den Gebieten verbreitet sind, welche am wenigsten dem günstigen Einfluß der Mauren ausgesetzt waren. Alberto Sampaio weist auf die unsauberen Gewohnheiten der Bewohner von Minho hin, und diese repräsentieren den hellsthaarigen, europäischsten und christlichsten Typ in Portugal. Wahr ist, daß Estanco Louro in einer kürzlich herausgegebenen Monographie von Alportel, einer kleinen Pfarrei im Süden Portugals, von »offensichtlicher Vernachlässigung körperlicher Sauberkeit« bei den Bewohnern dieser Gegend berichtet: »Fehlen von Körperpflege, das Waschen beschränkt sich in den meisten Fällen auf eine sehr oberflächliche Gesichtswäsche am Sonntag; Fehlen öffentlicher Toiletten und Pissoirs in den Städten, auf dem Lande keine Toiletten in nächster Nachbarschaft der Wohnhäuser ... Schweineställe und Misthaufen gleich bei den Wohnungen, die auch Verbindungen mit den Pferdeställen haben.« Andererseits schreibt dieser Autor auch von gewissen Reinlichkeitsfimmeln derselben Menschen, die schon fixe Ideen genannt werden können und wahrscheinlich aus maurischen Zeiten herrühren. »Sie zeigen sich in dem häufigen Schrubben des Fußbodens, im ständigen Tünchen von Häusern und Wänden, im genau eingehaltenen wöchentlichen Wäschewechsel ...« Nun muß man die Wasserknappheit in Südportugal berücksichtigen, die diese Leute in die gleiche Lage versetzt wie die, in welcher sich die Bewohner unseres Hinterlandes befinden. Diese nehmen auch selten ein Bad, obwohl sie großen Wert auf reine Wäsche legen und Menschen wie Häuser immer adrett aussehen.

Die franziskanische Freundlichkeit der immer frisch geweißten Häuser in Südportugal kontrastiert auffallend mit dem schmierigen, häßlichen und schmutzigen Anblick der Behausungen im nördlichen und mittleren Teil des Landes. Das Innere bietet dasselbe Bild. Es ist ein Vergnügen, ein Haus im Süden zu betreten, die Küchengeschirre an den Wänden sind spiegelblank geputzt, und man hat den angenehmen Eindruck von sauberen Tellern und frisch gewaschenen Handtüchern. Auch hier macht sich der maurische Einfluß deutlich geltend.

Noch einen Einfluß der Mauren auf die Portugiesen sollten wir erwähnen, den Einfluß des Mohammedaners auf die christliche Moral. Kein Christentum zeigt sich so menschlich und lyrisch wie das portugiesische. Vom Heidentum und Islam her hat es wie kein anderes europäisches ein Verständnis für die fleischlichen Dinge des Lebens. Es ist ein Christentum, das das Jesuskind dem Cupido gleichsetzt und bei dem die Jungfrau Maria und die Heiligen mehr an Fortpflanzung, Zeugungskraft und Liebe interessiert sind als an Keuschheit und Asketentum. In dieser Hinsicht übertrifft das portugiesische Christentum noch das Mohammedanertum. Asexuelle Zeichen auf den Kacheln der Anhänger des Propheten werden in den Klosterhöfen und an der Täfelung der Sakristeien zu sinnenaufpeitschenden Formen und nackten Leibern. Nonnen ziehen es vor, in dem göttlichen Jesuskind den heidnischen Liebesgott zu verehren, statt den düsteren Nazarener, der voller Wunden am Kreuz starb, anzubeten. Eine dieser Nonnen, Schwester Violante do Céu, war es, die das Christuskind mit Cupido verglich:

Göttliches Schäferlein,
Tötest mit Liebe.
Ach, laß die Pfeile doch,
Schieße nicht, nein!
Es gehen mehr Pfeile
Nicht in mein Herz hinein!

So schieße denn, triff,
Und töte mich mit der Liebe,
Will ich doch vom Leben nichts,
Als für Dich vergehen!

Die Verehrung des Jesuskindes, der Jungfrau und der Heiligen hat stets eine idyllische, ja sinnliche Note, ist von Liebe und menschlichem Verlangen erfüllt. Der mohammedanische Einfluß ist sicher durch das milde, fast kann man sagen, verführerische Klima Portugals gefördert worden. Unsere Liebe Frau von der Unbefleckten Empfängnis wird als schwangere Frau verehrt. Sankt Gonçalo do Amarante fällt es sicherlich schwer, nicht allzu menschlich zu werden und die unfruchtbaren Frauen zu schwängern, die ihn mit Gelübden quälen und sich an ihm reiben. Sankt Johannes der Täufer wird an seinem Namenstag von heiratsfähigen Mädchen wie ein Liebhaber und Bräutigam umschwärmt und mit albernen Sprüchen gehänselt:

Wo warst du, Sankt Johann,
Du hast dich naß gemacht?
Oder: Woher kommst du, o Täufer,
Du riechst ja so nach Rosmarin?

Und die jungen Burschen drohen dem heiligen Beschützer der Liebenden und Liebesverhältnisse mit Prügeln:

Wenn die Mädchen mich nicht woll'n,
Hau' ich dir die Hucke voll, du kleiner Heiliger!

Diese Intimität zwischen Gläubigen und Heiligen ist aus dem portugiesischen und luso-brasilianischen Christentum nicht wegzudenken. Der Sankt-Antonius-Kult entwickelte schon obszöne Bräuche, und das Bild São Gonçalos' wurde zur Kolonialzeit an Kirchenfesten wie ein Ball herumgeworfen. In Portugal und in Brasilien werden die beliebtesten Figuren der Jungfrau mit dem Kinde mit Geschenken, Juwelen, Armreifen, Ohrringen und goldenen, mit Edelsteinen besetzten Kronen geschmückt, wie wenn sie verehrte, lebendige Monarchen, Königinnen, Väter, Mütter, Söhne oder Geliebte wären. Das interessanteste Ergebnis des jahrhundertelangen Kontakts zwischen dem Christentum und der Religion des Propheten aber – ein Kontakt, der sich mitunter bis zum Wettkampf steigerte – ist der militärische Charakter, den einige Heilige in Portugal und später in Brasilien annahmen. Wunderwirkende Heilige wie Antonius, Georg und Sebastian wurden bei uns zu heiligen Hauptleuten oder Anführern, mächtig und stark wie die großen Herren der Plantagen. Die Prozessionen, in denen die Heiligen auf schweren goldenen Prunksänften herumgetragen wurden, glichen Triumphzügen glorreicher Heerführer. Einige dieser Heiligen wurden sogar auf ein Pferd gesetzt und mit Generalsuniform bekleidet. Und zu der Prozession drängte sich die feiertägliche Menge in friedlichem und demokratischem Durcheinander von vornehmen Damen mit Kirchgangs-Häubchen, Freudenmädchen mit Schwären an den Beinen, Edelleuten und Sklavenjungen.

Die Kirchenfeste in Brasilien und Portugal sind sowenig nazarenisch wie möglich – in dem Nietzsche so verhaßten Sinn. Man läßt die ganze strenge und düstere Seite der Religion tunlichst weg. Allgemein kann man vom hispanischen Christentum sagen, daß es dramatisch kulminiert in dem festlichen Kult der Heiligen in Waffen und Generalsuniform – St. Jakob, St. Isidor, St. Georg, St. Emilian, St. Sebastian –, in dieser Verehrung von Heiligen, die gleichzeitig Maurentöter und Helden der Unabhängigkeitsbewegung sind. In Brasilien ist Sankt Georg, hoch zu Roß, das Schwert in der Faust, bereit zum Kampf gegen die Ketzer, und Sankt Antonius – wir wissen nicht genau warum – wurde militarisiert und zum Oberstleutnant befördert. Durch die ganze Kolonial- und Kaiserreichzeit hindurch hat sich dieser nationalistisch-militaristische und zivil-patriotische Kult des Christentums der Halbinsel hier erhalten, eines Christentums, das gezwungen war, für den Kampf gegen Mauren und Juden sich zu bewaffnen und Rüstung und Helmbusch des Kriegers zu tragen. Inschriften wie »Gelobt sei das Allerheiligste Sakrament« – noch heute an der Ecke einer alten Straße von Salvador da Bahía zu lesen – sind Erinnerungen an die Schlachtrufe der Zeit, da sich die portugiesischen Christen von Feinden ihres Glaubens umringt sahen.

Entsprechend dem maurischen Einfluß hat auch die soziale Berührung mit den Juden bei den portugiesischen Kolonisatoren Brasiliens Spuren hinterlassen und ihr wirtschaftliches, soziales und politisches Leben sowie ihren Charakter beeinflußt. Dieser Einfluß war, wie der maurische, europafremd. In beiden Fällen hatte aber, als es zwischen beiden Völkern zu blutigen Konflikten kam, der in einen Mantel von Mystizismus gehüllte Streit nichts mit Rassenbewußtsein zu tun, wie in einem Großteil von Europa, sondern war eine reine Glaubensangelegenheit. Publizisten, welche heute versuchen, die ethnische und politische Geschichte Portugals nach europäischem Muster zu deuten, indem sie den Konflikt mit den Juden aus dem Rassenhaß erklären, widersprechen sich am Ende immer selbst. So Mário Sáa, der, nachdem er diese These schwungvoll und heftig vertreten und verteidigt hat, schließlich zugeben muß: »Überall sind sich die Juden bewußt, daß sie Juden sind, nur in Portugal nicht. Dort wurden sie von alters her als Neuchristen bezeichnet, und es ist erst etwa über hundert Jahre her, daß diese abfällige Bezeichnung durch das Dekret von Pombal geächtet wurde. Die Folge war, daß sie ihre religiöse Einheit verloren und sich selbst vergaßen.« Im Grunde war das jüdische Problem in Portugal immer nur ein wirtschaftliches, hervorgerufen durch einen aufreizenden und mächtigen Mechanismus, der ständig an der Mehrheit des Volkes saugte, aber nicht nur zum Wohl der israelitischen Minderheit, sondern ebenso zugunsten der gewaltigen plutokratischen Interessen der Könige, der großen Herren und der geistlichen Orden.

So haben geschichtliche Gegebenheiten die Juden geformt. Max Weber schreibt ihre Entwicklung zu einem Volk von Händlern rituellen Bestimmungen zu, welche ihnen nach der Austreibung jegliche Niederlassung in einem anderen Land und auch landwirtschaftliche Arbeit untersagten. Weber weist besonders auf den – von ihm so gesehenen – Dualismus ihrer Geschäftsmoral hin, die ihnen zweierlei Maß erlaubt, eines für die Glaubensgenossen und eines für Fremde. Natürlich mußte eine derartige Sonderbehandlung auf wirtschaftlichem Gebiet zum Haß herausfordern. Auf Grund dieser doppelten Ethik oder Moral gaben sich die Juden in Portugal dazu her, in höchst unsympathischer Weise an der Ausbeutung der Kleinen durch die Großen mitzuwirken. Hieraus erklärt sich auch der ihnen von Königen und Großgrundbesitzern gewährte Schutz, unter dem sie sich zu mächtigen Plutokraten und Kapitalisten entwickeln konnten. Auf die großen Städte und Häfen konzentriert, trugen sie zum Sieg der Bürger über die Grundbesitzer bei, welch letztere eher mit der Kirche als mit dem König verbunden waren. Aber es ist interessant, zu beobachten, daß selbst der begüterte Adel, als er durch die Seefahrts- und antifeudalistische Politik der Krone geschwächt wurde, nicht zögerte, bei der israelitischen Plutokratie wiederbelebende Hilfe durch die Mitgift reicher jüdischer Bräute zu suchen. Das Blut der höchsten portugiesischen Aristokratie wurde mit dem der hebräischen Plutokratie vermischt, weil vom Ruin bedrohte Edelleute die Töchter reicher Börsenjobber zur Frau nahmen. So kam es auch, daß vornehme Juden, die schon durch eheliche Verbindungen dem Adel nahestanden, eine eigentlich nur der Aristokratie vorbehaltene Position beziehen konnten, kraft deren sie imstande waren, Königin Leonor gegen die von Volk und Bürgerschaft geforderte Thronfolge Seiner Majestät Dom Fernandos zu unterstützen.

Varnhagen erzählt, daß in Spanien und Portugal die Marktspekulation schließlich »Schweiß und Arbeit des ganzen landwirtschaftlichen Fleißes, des Schiffbaus und sogar der Staatseinnahmen« monopolisierte. Er sagt weiter: »Die rasche, durch Wechsel ermöglichte Zirkulation des Geldes; die Schnelligkeit, mit der, durch ein gutorganisiertes und vielbenutztes Kuriernetz, Kredite von Lissabon nach Sevilla, zur Messe nach Medina, nach Genua und Flandern gegeben wurden, verschaffte dieser Klasse eine solche geschäftliche Überlegenheit, daß niemand mit ihr konkurrieren konnte. Sie halfen sogar dem Staat, wenn dieser in Schwierigkeiten war, und diese Dienste wurden hoch bewertet und entsprechend belohnt. Oder der Erbe eines erlauchten Namens und Nachkomme von Heldenahnen fand es, dem Zeitgeist folgend, nicht unter seiner Würde, sich mit der Enkelin eines getauften Henkers, dessen Nachkommen reiche Händler oder Wucherer geworden waren, ehelich zu verbinden, ohne sich an dem übelbeleumundeten Wort ›Wucherer‹ zu stoßen.« Man sieht also, daß bei den Juden – wie bei den Mauren – eine vertikale Durchdringung zu bemerken ist, die in einer vielfältigen Verästelung von Ehen mit diversen rassenfremden Elementen endet.

Durch Handel, Spekulation, strategische Verwaltungsposten, Blutbande mit dem alten militärischen Adel und der Hocharistokratie und endlich durch ihre intellektuelle und wissenschaftliche Überlegenheit übten die Juden einen tiefen und weitgehenden Einfluß in Portugal aus. Speziell ihre Ärzte waren durch einflußreiche Beziehungen zu Familien und Monarchen mächtige Rivalen der Priester. Die bürgerliche und kosmopolitische Richtung, welche die portugiesische Monarchie entgegen ihren erstweiligen agrarischen und militärischen Tendenzen so früh schon eingeschlagen hatte, ist vor allem der Wirtschaftsinteressenvertretung der Juden zu verdanken, welche mit ihrer ererbten Abneigung gegen die Landwirtschaft sich in den strategisch wichtigen Seestädten sammelten, wo sie leichten und dauerhaften Kontakt mit den internationalen Zentren der jüdischen Finanz unterhalten konnten.

Sicher protegierten die Könige von Portugal die Juden nicht aus Liebe oder ihrer schönen orientalischen Augen wegen. Sie taten es aus eigenem Interesse, indem sie die Juden mit schweren Steuern und Abgaben zwangen, ihre Privatschatulle und den Staatssäckel zu füllen. Es ist erwähnenswert, daß der Bau der portugiesischen Handelsflotte zum großen Teil aus Sonderabgaben finanziert wurde, welche die Hebräer für jedes Schiff, das gebaut wurde und vom Stapel lief, zahlen mußten. Auf diese Weise nahmen Krone und Staat an der israelitischen Vermögensbildung zur eigenen Bereicherung teil. Portugals Imperialismus und Weltreich wurde von jüdischem Wohlstand begründet.

Chamberlain behauptet, die Juden hätten sich schon vom Beginn der Westgotenzeit an als Sklavenhändler und Geldverleiher in der Bevölkerung der Halbinsel breitgemacht, so daß der Hang der Portugiesen, von Sklaven zu leben, eine Folge der Aktivität der iberischen Juden sei. Von jeher der Handarbeit abgeneigt, seien die Juden schon immer für die Sklaverei gewesen. Chamberlain sagt, Jesaja habe die Idee aufgebracht, Fremde sollten für die Hebräer den Boden beackern und die Weinberge bearbeiten. Tatsächlich haben wir schon aus der frühesten Zeit der Geschichte Iberias Kunde von Juden, die sich Christensklaven und christliche Konkubinen hielten.

Was ihre Spezialisierung auf das kaufmännische Gebiet angeht, so scheint es, daß diese später auf den Nahrungsmittelhandel ausgedehnt wurde. »Getrockneter Fisch und viele Dinge« heißt es in einer Eingabe von 1602, die sie als Ausbeuter »der kleinen Leute, die von Trockenfisch leben«, hinstellt.

1589 beschäftigte sich das »Tribunal für Gewissensfälle und Ritterorden« in Beratung mit dem König mit einem Problem, welches sich daraus ergeben hatte, daß die Neuchristen neben ihrer anderen Geschäftigkeit auch Arzt- und Apothekerberuf monopolisiert hatten und außerdem das Königreich mit Akademikern überschwemmten. Beide Fälle scheinen Folgen von Bestrebungen der Neuchristen gewesen zu sein, getreu ihrer sephardischen Tradition durch Intelligenz und kluge Verfolgung höherer Ziele die rauhen Söhne des Landes zu überspielen und die soziale Leiter höher hinaufzuklettern. Dem jüdischen Einfluß ist viel von dem Geschäftssinn in Charakter und Neigung des Portugiesen zuzuschreiben, aber er kann auch verantwortlich sein für das gegenteilige Extrem der Vorliebe für gelehrte Floskeln, Verklausulierungen und juristischen Mystizismus. Allein der Smaragd- oder Rubinring am Finger des brasilianischen Akademikers oder Doktors scheint uns eine orientalische und jüdische Reminiszenz zu sein. Ein anderer Beweis sephardischen Einflusses ist offenbar die Manie, Brillen und Pincenez zu tragen als sichtbare Zeichen von Bildung oder intellektuellen und wissenschaftlichen Errungenschaften. Der Abt von La Caille erzählt 1751 aus Rio de Janeiro, daß jeder Doktor oder diplomierte Theologe, Jurist und Mediziner eine Brille auf der Nase trug, *»pour se faire respecter des passans«*. Und der Titelstolz, den in Portugal und Brasilien alle Doktoren, aber auch Buchhalter – als Diplomkaufleute – und Agronomen, Ingenieure, Veterinäre haben, was ist der anderes als eine sephardltische Reminiszenz?

Varnhagen erinnert daran, daß die Monarchie in Portugal sich nur mit Hilfe der Mittelklasse und der gebildeten Laien von dem Druck des Klerus und des alten begüterten Adels befreien konnte. Er sagt: »Diese gebildete Verwaltung mit ihrem Wissen, ihrer Planung, ihrer Aktivität, ihrer Verhandlungstechnik kam unter dem Schutz der Verordnungen, die von Leuten ihres eigenen Standes verfaßt wurden, mit der Zeit dazu, eine dominierende Rolle im Lande zu spielen, und sicherte sich schließlich einen Platz an der Seite der Hocharistokratie, die sie bis dahin nur bekämpft hatte.« Es war wirklich eine beschleunigte soziale Beförderung. Aber diese gebildete Bourgeoisie, welche infolge ihrer akademischen Bildung, ihrer intellektuellen und juristischen Dienste in der Monarchie so schnell Adelsrang bekam, setzte sich größtenteils aus Neuchristen oder Juden, den Überresten eines anderen Bürgertums, der Kaufleute, Händler, Spekulanten und Vermittler, zusammen. So eifrig waren die Neuchristen, ihren Söhnen als Doktoren zu Lehrstühlen und Verwaltungsposten zu verhelfen, daß Ende des XVII. Jahrhunderts das »Tribunal für Gewissensfälle und Ritterorden« die Zahl der Akademiker in Portugal zu beschränken beschloß und dem König vorschlug, von Adelspersonen nur je zwei Söhne zum Universitätsstudium in Coimbra zuzulassen, bei Handwerksmeistern nur jeweils einem Sohn ein Studium zu erlauben und die Immatrikulation von Neuchristen von einer königlichen Sonderlizenz abhängig zu machen, denn »auch dann wird es noch einen Überfluß an Gelehrten im Königreich geben«. Neuchristen stellten die Mehrheit der Lektoren in den Hochschulen – einer von ihnen war der berühmte Doktor Antonio Homem. Es gab ihrer prominente Rechtsanwälte, Richter und Ärzte, und Coimbra wurde nach João Lúzio de Azevedo eine »Höhle der Ketzer«, so groß war dort die Zahl der Juden in Studentenröcken und Professorentalaren.

Es ist verständlich, daß die Neuchristen mit ihrer Vergangenheit als Wucherer, Sklavenhändler und Spekulanten in den Universitätsdiplomen, den Doktor- und Professorentiteln einen ihrer jüdischen Neigung und Tradition genehmen Ausweis ihrer sozialen Anerkennung sahen, und es ist nur natürlich, daß sie über Justiz, Medizin und höhere Bildung zu einer Art von Aristokratie wurden. Es ist auch interessant, zu beobachten, wie sich ihre Nachnamen langsam zu Altchristen-Namen germanischen und lateinischen Ursprungs umwandelten. Dom Manuel I. machte es den Neuchristen zudem leicht, sich naturalisieren zu lassen und bei dieser Gelegenheit ihre Familiennamen durch solche mehr aristokratischen Klanges zu ersetzen, indem er ihnen erlaubte, die adeligsten Namen in Portugal zu benutzen. Anderen war es untersagt, »die Namen von Edelleuten von Rang, die ihre Sitze innerhalb der Gerechtsame unseres Reiches haben«, anzunehmen, aber Neuchristen bekamen dieses Privileg ohne weiteres: »Diejenigen jedoch, welche unseren heiligen Glauben erst kürzlich angenommen haben, dürfen, ohne eine Strafverfolgung fürchten zu müssen, jedwelche Namen annehmen, die sie wollen, und diese auf Lebenszeit behalten und auf ihre Söhne vererben.« All dies zeigt, wie äußerst beweglich und frei fließend selbst im Fall der Juden Rassen, Klassen und Sozialsphären untereinander zirkulierten.

Die Juden trugen in Portugal und in Teilen von Spanien zu der Scheu vor Handarbeit und zu der Neigung für Sklavenhaltung bei, welche für beide Länder charakteristisch ist. Sie trugen auch zu dem künstlichen Wohlstand bei, welcher dem italienischen Geschichtsschreiber Francesco Guicciardini auffiel, der Anfang des XVI. Jahrhunderts als florentinischer Botschafter beim König von Aragón auf die Iberische Halbinsel kam: »Die Armut ist groß. Sie ist aber, wie ich es sehe, nicht so sehr Folge der Natur des Landes als der Einstellung seiner Einwohner, die die Arbeit ablehnen. Sie ziehen es vor, das Rohmaterial, das ihr Königreich produziert, in andere Länder zu schicken und es dann in anderer Form wieder zu kaufen, was bei Wolle und Seide der Fall ist, welche sie an Ausländer verkaufen und dann als Tuch und Webwaren zurückkaufen.« Ausgenommen werden von Guicciardinis Verallgemeinerung müssen die landwirtschaftlichen Zonen, welche lange unter dem Einfluß maurischer Wissenschaft und Technik gestanden haben, u. a. auch das Gebiet um Granada. Dies waren privilegierte Zonen, die ein anderer Reisender, Navajero, in wahrhaft lyrischer Weise beschreibt: Ein dicht mit Bäumen bepflanztes Land, die Zweige beladen mit reifen Früchten. Man sieht eine große Vielfalt von Trauben und dichte Olivenhaine. Und mitten im üppigen Grün die Häuser der Maurenabkömmlinge. Klein sind sie, das ist wahr, aber bei keinem fehlen Wasser und Rosenbüsche, »woran man sehen kann, daß das Land unter der maurischen Herrschaft noch schöner gewesen sein muß«. Dem Fleiß des maurischen Volkes stellt Navajero die Nachlässigkeit und Faulheit der hispanischen Bevölkerung gegenüber, die gar nicht arbeitsam sei und keine Liebe zur Erde habe, die sich nur für kriegerische

Unternehmungen und gewinnversprechende Abenteuer in Indien begeistere. Was für Andalusien zutrifft, gilt auch für Südportugal und Algarve. Hier gab es Gebiete, die ebenfalls von den Mauren profitiert hatten. Der polnische Reisende Nicolaus von Popielovo fand Ende des XV. Jahrhunderts fast keinen Unterschied zwischen dieser Zone und Andalusien: »In allen Gebieten von Andalusien, Portugal und Algarve ... sind die Behausungen und Einwohner gleich, und ein Unterschied von Bildung und Sitten bei Sarazenen und Christen ist nur in religiösen Dingen zu bemerken ...« Nebenbei bemerkt, war bei den Christen nicht viel Frömmigkeit zu spüren, sie beichteten, bevor sie starben, und fasteten selten. Es war auch nicht einfach, die Fastenzeit zu halten in einem Gebiet, das, im Gegensatz zu der Nahrungsmittelknappheit im anderen größeren Teil der Halbinsel, dank des maurischen Erbes noch lange Zeit reich an Korn, Fleisch und Wein blieb.

Es muß hervorgehoben werden, daß Portugal anfangs ein reines Agrarland war, auch in seiner Frühzeit, und erst später durch die Geschäftstüchtigkeit der Juden und die imperialistische Politik der Herrscher pervertiert wurde. Auch seine ersten Exportwaren sind landwirtschaftliche Produkte gewesen: Olivenöl, Honig, Wein und Weizen. Wie wir gesehen haben, rangen die Mauren dem Boden ab, was möglich war. Besonders der Süden, in dem eine Bewässerung erforderlich war, erzielte dank der Könnerschaft der Eindringlinge einen maximalen Bodenertrag.

Die Verleihung großer Landstrecken an die Helden der Wiedererоberung brachte in Portugal nicht die typischen und charakteristischen Erscheinungen eines Feudalsystems hervor. Gesondert von den Landkonzessionen für Privatpersonen schaffte sich die Krone königliche Domänen, die von Pächtern oder für einen Anteil an der Ernte bewirtschaftet wurden. Der König bekam also aus den Domänen entweder einen Pachtzins oder einen Ernteanteil, welcher mitunter übermäßig groß war und die Hälfte der Weinlese sowie ein Drittel der Weizenernte ausmachte. Auf den Besitzen der großen Herren mußten die Pächter die Burgen, Mühlen, Öfen und Lagerhäuser errichten und instand halten. Hinter dem Herrenhaus aus Lehm oder Erdziegeln – dem Vorläufer des Herrenhauses auf den brasilianischen Plantagen – befanden sich die Wirtschaftsgebäude. Man kann nicht sagen, daß das Wirtschaftssystem von Anfang an ein latifundäres gewesen sei, in dem der König, die kirchlichen Institutionen und alle die, welche an der Kriegsbeute aus der Wiedereroberung teilhatten, die Großgrundbesitzer waren. Es war vielmehr eine Kombination dieses Regimes und einer Parzellenbewirtschaftung: »Der Boden jedes Rittergutes wurde unterteilt. Die einzelnen Teilstücke, die anfangs von Leibeigenen bearbeitet wurden, gab man später Pächtern oder Halbpart-Bearbeitern.« So erfreute sich Portugal in der ersten Phase seiner landwirtschaftlichen Entwicklung einer Ausgeglichenheit und Stabilität, die keines der beiden Systeme allein hätte aufrechterhalten können. Kleinbesitz einerseits wäre nicht imstande gewesen, sich militärisch zu organisieren für den Fall, daß die Gegend von mächtigen Feinden bedroht wurde, und Großgrundbesitz ohne Unterteilung andererseits hätte Portugals Landwirtschaft nicht zu der anfänglichen Blüte gebracht. Ein weiterer Vorteil lag in der Tatsache, daß den Besitzern großer Güter in Portugal niemals ein hemmungsloser Individualismus gestattet wurde, da die Macht der Krone und der großen religiösen Orden, die das beste Ackerland kontrollierten, sich häufig gegen die Einzelinteressen durchsetzten. Das Recht der Kirche auf ihre Ländereien war durch die Kriegserfolge der Ritterorden in der Reconquista entstanden und wurde später durch Schenkungen und Legate der Monarchen und Leute, die am Landleben uninteressiert waren, erweitert: »An der Besiedlung und Kultivierung des von den Kriegen verwüsteten Landes hatte die Kirche bedeutenden Anteil«, schreibt João Lúcio de Azevedo und fährt fort: »Um die Klöster herum begann die landwirtschaftliche Arbeit. Ein bedeutender Teil Estremaduras wurde von den Mönchen von Alcobaça urbar gemacht und besiedelt, und dasselbe kann von anderen Plätzen und Zonen gesagt werden. Bischöfe, Mönche und einfache Pfarrer waren große Baumeister und Wiederaufbauer von Brücken und beschäftigten sich in diesen rauhen Zeiten mit höchst verdienstvollen Werken.«

In der unruhigen Zeit des Kampfes gegen die Mauren fand die Landwirtschaft hauptsächlich im Weichbild der Abteien und Klöster bei den Mönchen Schutz und Unterstützung, während Handwerk und Kunst in den Klöstern selbst eine Heimstatt bekamen. Estêves Pereira sagt, daß die portugiesischen Klöster »ebenso Häuser des Gebetes und der Wissenschaft wie Zentren und Schulen handwerklichen Könnens wurden und fleißige landwirtschaftliche Kolonien bildeten, die das Hinterland pflügten, unkultivierte Felder beackerten und Gebiete fruchtbar machten, die bis dahin Wüste waren oder brachgelegen hatten«. Der gleiche Schreiber berichtet, daß Einzelpersonen den Klöstern und klösterlichen oder religiösen Orden Land zu schenken pflegten, »da ihnen die Mittel fehlten, es zu bearbeiten«. Hieraus ist ersichtlich, daß der Großgrundbesitz über kolonisatorische und zivilisatorische Mittel verfügte, welche die kleineren Eigentümer und die nicht auf ihrem Besitz wohnenden Grundherren nicht aufbringen konnten. Letztere wurden von den großen Gütern aufgeschluckt, nicht nur, wenn man sich des eigenen Unvermögens bewußt wurde, durch Schenkungen, sondern auch infolge der drückenden Anleihen, welche ihnen von den vermögenden religiösen Orden in deren Funktion als landwirtschaftliche Bankiers, die sie lange Zeit im Wirtschaftsleben Portugals ausübten, freigebig gewährt worden waren. Diese Funktion der geistlichen Körperschaften war insofern den Agrarinteressen günstig, als sie verhinderte, daß Ländereien und Güter in die Hände jüdischer Kapitalisten oder reicher Bürger aus den Städten übergingen.

Eines wird klar und deutlich, und das ist der wirksame und keineswegs parasitäre Anteil der großen religiösen Körperschaften – der Ordensritter, der Kartäuser, der Mönche von Alcobaça und der Zisterzienser des hl. Bernhard – an der wirtschaftlichen Entwicklung Portugals. Sie waren nebenbei die wahren Vorfahren der brasilianischen Plantagenbesitzer, deren Herrenhäuser gleicherweise Zentren des Handwerks und der Wohltätigkeit wurden, waren sie doch Werkstätten, Waisenhäuser, Hospitäler und Herbergen in einem. Die portugiesischen Brüder waren nicht, wie sie manchmal karikiert wurden, Berge sterilen Fleisches, die im eigenen Fett erstickten, sondern sie und die Landesherren bildeten in der landwirtschaftlichen Epoche der Afonsos das schöpferischste und aktivste Element.

Zusammen mit der maurischen Tradition waren diese großagrarischen Brüder die Kraft in Portugal, welche dem jüdischen Einfluß am stärksten entgegenwirkte. Wenn sich später in den Klöstern ein Schmarotzertum breitmachte, dann nur, weil nicht einmal gewaltige Kräfte wie die der Mönche gegen den Strom, ja gegen die Flut des Atlantiks selbst, kann man buchstäblich sagen, ankamen und sich endlich erschöpfen mußten, zumal die mächtigen jüdischen Interessen – traditionell maritimen und antiagrarischen Charakters – vom Strom auf das weite Meer hinaus, überseeischen imperialistischen und kommerziellen Abenteuern entgegengetragen wurden.

In seiner ersten agrarischen Phase wirtschaftlichen Wohlstandes, in welcher die Klöster am aktivsten waren, konnte Portugal sogar Weizen exportieren. »Von der Regierung des Königs Dom Diniz bis zu der des Königs Dom Fernando haben wir den Engländern Brot geschickt«, erinnert uns in Verteidigung der Brüder der erleuchtete Verfasser einer Broschüre vom Ende des XVIII. Jahrhunderts. Wie dieser Publizist die Sache ansah, ist der Niedergang der Landwirtschaft den von ihrem Landbesitz abwesenden Grundherren zuzuschreiben, die sich einem Luxusleben in den Hauptstädten hingaben. Bei den kirchlichen Besitzungen war es nicht so leicht, sich der Nachlässigkeit oder Abwesenheit schuldig zu machen. Die Folge war, daß die Besitzungen der Brüder »gewöhnlich besser bewirtschaftet waren, weil ein Prälat, wenn er seine Aufgaben nachlässig behandelt, bei der Visitation seines Vorgesetzten gerügt und von seinen Kollegen wegen Unkenntnis oder Nachlässigkeit angeklagt wird. So haben diese Besitze immer Augen und Arme, die ihnen helfen, und daher werden auch ihre Erträge ständig größer.« Der landwirtschaftliche Wohlstand Portugals wurde demnach von den Klöstern besser erhalten als von den Privatbesitzern. Die Verwaltung der Brüder war gut und die der Herren großer und steriler Besitze sehr schlecht. Bei einem Besuch Portugals im XVIII. Jahrhundert – damals schon das Land der ruinierten Edelleute – schienen Beckford die Klöster noch sehr reich zu sein. Die Küche von Alcobaça, zum Beispiel, war für ihn ein Objekt größter Bewunderung. Er gesteht, daß er weder in Italien, Frankreich oder Deutschland der Bereitung kulinarischer Genüsse soviel Raum gewidmet gesehen hätte. Da gab es Berge frischer Fische aus des Klosters eigenen Gewässern, eine Fülle von Wildbret aus den benachbarten Wäldern, Gemüse und Früchte aller erdenklichen Art aus den von den Mönchen gepflegten Gärten, Haufen von Mehl und Zucker, Riesenkrüge mit Olivenöl. Und inmitten dieses ungeheuren Überflusses an Backwerk, Obst und Grünzeug arbeitete emsig ein zahlreicher Stamm von Knechten und Laienbrüdern lustig und singend, Torten und Kuchen für die gastliche Tafel von Alcobaça bereitend. Als der Gast seinem Erstaunen über die Üppigkeit Ausdruck gab, meinte der Abt: »In Alcobaça verhungert niemand.«

Es gibt keine Anzeichen dafür, daß irgendwelche Landhäuser in Portugal – es wäre denn das von Marialva – eine ähnliche Fülle und Vielfalt von frischen Lebensmitteln bester Qualität zur Bewirtung eines englischen Gastes zu bieten hatten; Lebensmitteln, die zum Unterhalt von Hunderten von Geistlichen bestimmt waren, die aber auch zahlreichen Reisenden und Bedürftigen angeboten wurden. Doch dasselbe Portugal, welches es so weit gebracht hatte, daß es Weizen nach England exportieren konnte, mußte in einer späteren Wirtschaftsperiode alles, was es für seinen Tisch brauchte – außer Salz, Wein und Olivenöl –, importieren. Es wurden Weizen, Roggen, Käse, Butter, Eier und Geflügel eingeführt. Die letzten Enklaven landwirtschaftlicher Produktion und damit frischer und gesunder Nahrung blieben die Klöster.

Man ersieht hieraus, daß die merkwürdige Theorie Ramalho Ortigãos von dem bedeutsamen Einfluß der Klöster auf den Fortschritt des Landes etwas für sich hat. Die Mönche, argumentiert er, waren für Jahrhunderte der denkende Kopf der Nation, und als die religiösen Orden unterdrückt wurden, war die portugiesische Zivilisation führerlos, da keine andere Klasse ihre Rolle einer geistigen Autorität übernehmen konnte. Verantwortlich für alles, schließt Ortigão, ist die regelmäßige und vollkommene Kost der Brüder. Die anderen Klassen wurden durch unregelmäßige und unvollkommene Nahrung bzw. durch unzureichende Ernährungsweise in ihrer Kapazität für Arbeit und Studium geschwächt.

Brasilien wurde von einem Volk von Unterernährten kolonisiert. Die vorherrschende Vorstellung von dem überernährten Portugiesen ist falsch. Ortigão deckt diesen Irrtum, wenn auch über Irrwege, auf. Er spricht von dem geringen Fleischkonsum in Portugal. Es wäre unhygienisch, wenn in einem Land mit afrikanischem Klima dieselbe Fleischmenge konsumiert würde wie in nördlichen Ländern.

Der große Publizist hätte es jedoch ideal gefunden, wenn der Portugiese die gleiche Fleischmenge verzehren würde wie der Engländer. Das ist absurd. Aber der durch seine Nachforschungen festgestellte geringe Fleischkonsum in Lissabon ist erschreckend, weil er den Grad der Armut erkennen läßt: anderthalb Kilogramm pro Monat auf jeden Einwohner.

Die Knappheit beschränkte sich jedoch nicht auf Fleisch, sondern galt auch für Milch und Gemüse. Die überwiegende Ernährung von Trockenfisch und Konserven schien nachteilige Wirkungen auf den Gesundheitszustand des portugiesischen Volkes zu haben. »Die unteren Klassen leben ärmlich, ihre tägliche Nahrung besteht aus gekochten Sardinen«, hören wir von Trom und Lippomani, die 1520 in Portugal waren. »Sie kaufen selten Fleisch, denn diese Fische sind das billigste Nahrungsmittel...« Und das Brot »war gar nicht gut... voller Erde«. Kalbfleisch war rar, und Weizen kam aus dem Ausland, aus Frankreich, Flandern und Deutschland.

Strabo stellt fest, daß vor der römischen Besatzung die Bewohner der

Halbinsel drei Viertel des Jahres von Eichelbrot lebten, d. h. von einem Teig aus dem Mehl zerstampfter und nach dem Trocknen zerriebener Eicheln. Wein gab es nur an Festtagen, bei Banketten oder festlichen Gelegenheiten, wenn das Menü etwas üppiger und abwechslungsreicher gewesen zu sein scheint.

In der Tat datiert der krasse Unterschied zwischen festlichen Banketten und der Alltagskost von jenen Tagen her. Unterschiede bestehen auch zwischen dem Essen der kleinen Gruppe der Wohlhabenden und der großen Masse der Bevölkerung und zwischen Stadt und Land. Verallgemeinerungen auf diesem Gebiet stützen sich gewöhnlich auf Ausnahmefälle, über welche Chronisten berichtet haben. Daher auch die schon traditionell gewordene Vorstellung, der Portugiese sei ein Lebenskünstler, der immer gutmütige dicke Menschen findet, die ihn mit guten Sachen, gebratenen Ochsen, Geflügel, Schweinen und Lammfleisch traktierten. Dabei beweist das alles lediglich, daß Chronisten über außergewöhnliche und außerordentliche Ereignisse zu berichten pflegen.

Alberto Sampaio sagt, daß in der Römerzeit Roggen, Gerste, Hafer und Weizen auf der Halbinsel angebaut wurden. Weizen war wegen seiner geringen Menge den Reichen vorbehalten, »während sonst allgemein Roggen mit hellem Mais gemischt wurde«. Von Gemüse sind nach demselben Historiker mit Gewißheit Bohnen, Erbsen, Linsen und Kichererbsen nachzuweisen. Die Römer führten in diese Provinzen verschiedene neue Arten von Früchten ein und verbesserten die Kultur eingeborener Obstsorten, aber die Araber brachten die Apfelsine, die Zitrone und die Mandarine und auch jene Trocken- und Konservierungsverfahren für Früchte, die im XVI. Jahrhundert in Brasilien von den portugiesischen Frauen zur Herstellung von Süßigkeiten aus tropischen Früchten erfolgreich angewandt wurden.

Ein Umstand darf nicht außer acht gelassen werden, der selbst in den Blütezeiten der Wirtschaft die Landwirtschaft Portugals ungünstig beeinflußt hat und daher auch eine ausreichende Versorgung des Landes mit naturfrischen Nahrungsmitteln immer wieder verhinderte. Es waren dies die Krisen, die Portugal durchmachen mußte, einmal klimatische Krisen und dann Sozialkrisen und Unruhen, wie Kriege, Epidemien, Invasionen und dergleichen. Trotz alledem kann man aber sagen, daß das portugiesische Volk in der Zeit vor seiner Entwicklung zu einer Seemacht ein ausgeglichenes Ernährungsniveau erreicht hatte, und das erklärt wohl auch seine Tüchtigkeit und die hervorragenden Beispiele von

Kühnheit und Unternehmungsgeist bis zum XVI. Jahrhundert. Diese Annahme wird durch alte, von Alberto Sampaio angeführte Dokumente bekräftigt. Da haben wir zum Beispiel die Menüs, mit welchen die königlichen Majordomos, wenn sie kamen, um den Pachtzins einzuziehen, empfangen wurden: Brot, Fleisch und Wein; oder Brot, Wein, gekochte Milch, zarte Hähnchen, Pfannkuchen, Schweinefleisch, Käse, Butter, Eier usw. Alberto Sampaio ist der erste, der bemerkt hat, wieviel mehr Milchprodukte früher die portugiesische Kost enthielt. Heute indessen ist sie arm an diesen ebenso wie an frischem Fleisch. Letzteren Umstand schreibt der hervorragende Historiker »der durch die Einführung des Maismehls hervorgerufenen kulturellen Revolution« zu.

Meiner Meinung nach gehen die Ursachen der Verarmung tiefer und sind komplexer. Sie ist ein Reflex der sich in Spanien ausbreitenden Armut, die ihren Grund in der Vernachlässigung der Landwirtschaft zugunsten der maritimen und kommerziellen Abenteuer hat, welche später noch durch die Monokultur verschärft und in Portugal durch den Vertrag von Methuen mit England besiegelt wurde. Die Berichte über Gastmähler in den Chroniken, über Festtagsgebräuche und über Verordnungen gegen Völlerei dürfen uns nicht den Eindruck eines überernährten Volkes vermitteln. Sampaio selbst gibt uns bezüglich der Bevölkerung von Minho einen Begriff von der Diskrepanz zwischen der frugalen unzureichenden Alltagskost und den üppigen Gelagen bei festlichen Gelegenheiten: »An Festtagen gibt es Haufen von Lebensmitteln, große Terrinen und Schüsseln voll Essen, endlose Folgen großer Platten mit Riesenportionen. Dazwischen werden Karaffen und Krüge mit jungem Wein getrunken, der, obwohl er ein bißchen kratzig schmeckt, unnötigerweise weiter appetitanregend wirkt.« Alles dies weist auf eine normalerweise ärmliche Kost hin, denn wir dürfen nicht vergessen, daß diese Feste etwas Außergewöhnliches waren und daß die bei ihnen übliche Unmäßigkeit auf leere Mägen hinweist, welche sich für die Hungerdiät des Alltags schadlos halten mußten.

Auch den Fastenzeiten muß beim Studium der Ernährungsweise des portugiesischen Volkes Rechnung getragen werden, vor allem in den Jahrhunderten, da das häusliche Leben von den strengen Augen der Inquisition und der Jesuiten bewacht wurde, zweier tyrannischer Augenpaare, die das Auge Gottes ersetzten.

Möglicherweise können Fastenzeiten und häufige Fischtage mit gewichtigen Staatsgründen erklärt werden. Die Fastenvorschriften können zum Ziel gehabt haben, einen Ausgleich zwischen dem Mangel an frischen Nahrungsmitteln und den Bedürfnissen der Bevölkerung zu erreichen und das Volk an Trockenfisch und konservierte Nahrungsmittel, die größtenteils importiert wurden, zu gewöhnen. Der 1255 von Afonso III. erlassene königliche Freibrief von Gaia zeigt, daß selbst in jenen Tagen relativen Wohlstandes Trocken- und Salzfisch eine überragende Rolle in der Ernährung Portugals spielte. Die Fischer warfen ihre Netze nicht nur vor der eigenen Küste, sondern auch vor Galicien aus, salzten ihre Fänge ein und schickten sie für den Konsum auf die heimatlichen Märkte. Schon im XIII. Jahrhundert begann Fleisch ein Luxus und eine Sünde zu werden, und der Salzfisch fing an, sich durchzusetzen und als tugendhaft zu gelten. Léon Poinsard erinnert in seiner Studie *Le Portugal inconnu* daran, daß die Portugiesen im Mittelalter Salzfisch nach Riga ausführten und daß ihnen 1353 Eduard III. von England das Fischereirecht vor der englischen Küste zusprach. Aber der übermäßige Konsum von Trockenfisch als Folge des Mangels an Frischfleisch und Frischmilch wurde noch deutlicher nach dem Niedergang der Landwirtschaft in Portugal und muß in engen Zusammenhang mit der verminderten Wirtschaftskapazität Portugals vom XV. Jahrhundert an gebracht werden, ein Umstand übrigens, der vielfach der rassischen Dekadenz und auch der Inquisition zugeschrieben wird.

Pompeyo Gener behauptet, daß »durch die Fastenpredigten des Klerus wenig und schlecht zu essen zur Gewohnheit« wurde. Er bezieht sich auf Spanien, aber seine merkwürdige Theorie, mit der er erklärt, wie es dazu kam, daß »die einst kräftigen und intelligenten Rassen der Halbinsel derart schwach und welk, physisch und moralisch minderwertig, unproduktiv und traumversunken« geworden seien, könnte ebensogut für Portugal gelten. Nach diesen Worten zu urteilen, scheint mir der spanische Kritiker der Kirche denn doch eine zu große Schuld an der unzureichenden Ernährung der Spanier aufzubürden. Zweifellos hat der Appell der Kirche an die Tugenden der Mäßigkeit, der frugalen Lebensweise, der Abstinenz und die von ihr auferlegte Zurückhaltung vor übervollen Tafeln außer an besonderen Festtagen bewußt oder unbewußt im Interesse des erwünschten Ausgleichs zwischen den beschränkten Unterhaltsmitteln und dem Hunger und den Bedürfnissen des Volkes gewirkt. Man kann daher dem Klerus oder der Kirche diesbezüglich keinen Vorwurf machen, denn das Übel liegt tiefer. Es begann mit dem anomalen Aufschwung des Seehandels und dem Niedergang der Landwirtschaft.

Die Verarmung fing an, als die Mauren das Land aufgaben und die Juden zu schmarotzen begannen. Beobachter des Lebens auf der Halbinsel in moderner Zeit – nach der Entdeckungs- und Eroberungsepoche und nach der Vertreibung der Mauren – heben immer wieder die äußerste Sparsamkeit der portugiesischen und spanischen Küche hervor. »Mäßigkeit oder, besser, Enthaltsamkeit wird bis an die äußerste Grenze getrieben«, schreibt einer von ihnen. Ein anderer betont das karge und einfache Essen der Armen: eine Scheibe Brot und eine Zwiebel. Im XVII. Jahrhundert hielt der Hunger seinen Einzug auch in die Paläste: Die Frau eines damaligen französischen Botschafters in Madrid erzählt, daß sie mit acht oder zehn Hofdamen zusammenkam, die lange Zeit nicht gewußt hatten, wie Fleisch schmeckt. Menschen verhungerten auf den Straßen.

Schon während des vorangehenden Jahrhunderts – der Zeit, als Brasilien entdeckt wurde – bemerkt Clenardus, daß sogar die Edelleute der Lusitanier »Rübenfresser« seien und nicht viel zu beißen hätten, und das wenige, was sie hätten, sei sehr schlechter Qualität. Clenardus' Briefe sind nebenbei bewundernswerte Beispiele von Wirklichkeitssinn und Genauigkeit. Sie sind besser als die Sassetis, der einen Hang zu karikierender Verdrehung der Dinge hat und die Daten, welche er bringt, pittoresk verzerrt. Clenardus hingegen zügelt seinen Witz und zeichnet uns ein gutes und wahrheitsgetreues Bild des lusitanischen Lebens seiner Zeit. Bevor Alexandre de Gusmão gegen das Sklaverei-Regime in Portugal Alarm geben und es für die Indolenz der Portugiesen, ihre Bewegungsfaulheit und Sterilität verantwortlich machen konnte, hatte Clenardus schon die schädliche Auswirkung der Versklavung der Kriegsgefangenen auf die lusitanische Moral und Wirtschaft erkannt. Zum Unterschied von Alexandre de Gusmão, der seine Diagnose auf die beginnenden Verfallserscheinungen eines Imperiums stützte, beschrieb Clenardus die ersten Anzeichen einer Ausblutung: »Ein Volk, das der Faulheit ergebener ist als das portugiesische, kenne ich nicht... Diese Leute nehmen alles auf sich, wenn sie nur vermeiden können, einen richtigen Beruf zu erlernen.« Eine derartige Indolenz kann nur auf die Sklavenhalterei zurückzuführen sein: »Alle Arbeit wird von Neger- oder maurischen Gefangenen getan. Portugal wimmelt von ihnen. Man könnte fast glauben, in Lissabon lebten mehr Sklaven beider Geschlechter als freie Portugiesen. Die Reichsten haben Sklaven beiderlei Geschlechts, und es gibt Leute, die mit dem Verkauf der im Hause geborenen jungen Sklaven gute Gewinne erzielen. Ich vermute sogar, daß sie sie wie Tauben für den Verkauf züchten, ohne sich um die Eifersüchteleien der Sklavenmädchen zu kümmern.« Clenardus führt auch die schreckliche Lebenshaltungsverteuerung in Portugal auf die zahlreichen Sklaven zurück. Allein seine Bartpflege kostete ihn wöchentlich ein Vermögen, und der Barbier benahm sich wie ein Lord und ließ ihn auch noch warten. Dienstleistungen und Eßwaren mußten den Handwerkern und Händlern abgerungen werden, und beim Metzger stand man zwei bis drei Stunden an.

Indessen, wenn die Portugiesen Not litten, so taten sie das innerhalb ihrer vier Wände. Wenn sie ausgingen, traten sie mit Air und Pomp des Adels auf. Zu Haus mochte man fasten und entbehren, aber auf der Straße paradierte man mit Größe, wie das Sprichwort sagt: *»Por fora muita farofa, por dentro mulambo só«* (Außen hui, innen pfui).

Clenardus beschreibt sie in seinen Briefen als prahlerische Rübenfresser, die sich auf der Straße von einer Menge Dienerschaft begleiten lassen, »deren Anzahl die der Reale übersteigt, welche sie für ihren Haushalt ausgeben«. So weit wurde der Aufwand an Sklaven getrieben, daß einige Herren sich von einer Reihe spezialisierter Diener begleiten ließen, einem zum Hut-Tragen, einem zum Cape-Ablegen, einem dritten, ihm den Staub von der Kleidung zu bürsten, und einem vierten mit einem Haarkamm. Aber die prächtigen Kleider, die auf der Straße getragen wurden, gingen auf Kosten eines wahren Asketentums innerhalb des Hauses. Auch mußte man sich ihretwegen in Schulden stürzen, ein Dilemma, das in Spanien und später in Hispanoamerika sowie bei den brasilianischen Plantagenbesitzern sehr häufig vorkam. Über die hispanischen Leute Anfang des XVI. Jahrhunderts äußert der Historiker Guicciardini verallgemeinernd: »Wenn sie etwas zum Ausgeben haben, dann hängen sie es auf ihren eigenen Rücken oder den ihrer Rösser, damit sie nach mehr aussehen, als sie haben. Zu Haus leben sie so erbärmlich und sparsam, daß ihre bloße Existenz schon ein Wunder ist.« Ein anderer italienischer Humanist, Lucio Marineo, macht die gleiche Beobachtung: »Eines darf ich nicht vergessen festzustellen: Die Mehrheit der Spanier legt größeren Wert auf Kleidung und persönlichen Schmuck als auf Essen oder sonstiges, selbst wenn diese Dinge noch so dringend notwendig wären.« Dasselbe berichten englische und französische Reisende aus dem Brasilien des XVII. und XVIII. Jahrhunderts, wo der Reichtum an Seide und Sklaven selten dem häuslichen Wohlstand nordeuropäischen Standards entsprach. Ende des XVIII. Jahrhunderts fand Dampier in Bahía sehr weitläufige, aber sehr spärlich möblierte Herrenhäuser vor, was aber, wie er bemerkt, den Portugiesen und Spaniern wenig bedeutete. Es gab viele dieser Plantagen-Herrenhäuser mit lückenhafter Einrichtung und wenig Bildern an den Wänden, nur hier und da traf man auf Häuser mit mehr Anspruch auf Wohnkultur.

So wie ich es sehe, ist es ein Irrtum, anzunehmen, daß die Portugiesen durch die Kolonisation in Afrika, Indien und Brasilien korrumpiert wurden. Zu der Zeit, als Portugal der große Sklavenhalter war und seinen Schatten über zwei Drittel der Welt breitete, waren die Wurzeln seiner Wirtschaft und seiner Gesundheit schon von Fäulnis befallen. Es war sein eigener Totengräber, nicht das Opfer der Kolonisation. Der Zusammenbruch kam nicht von der Anstrengung, ein tropisches Weltreich zu kolonisieren, eine Aufgabe, die dieses kleine Volk zwar erschöpfte, sondern ergab sich aus dem internen Sieg des Handels über die Landwirtschaft. Der Seehandel führte zum Imperialismus, und es ist wahrscheinlich, daß unabhängig von letzterem der exzessive maritime Handel allein die agrarische und wirtschaftliche Autonomie Portugals ruiniert hätte. Die Korruption durch die Sklavenhaltung fand nicht in den Kolonien, sondern in der Heimat, nicht durch die Guinea-Neger, sondern durch die gefangenen Mauren statt. Man kann verstehen, daß die, welche die Zuckerindustrie in den amerikanischen Tropen unter mörderischen klimatischen Bedingungen begründeten, zu der Ansicht kamen, daß »Arbeit nur für den Schwarzen bestimmt ist«. Aber lange vorher hatten schon ihre in mildem Klima lebenden Ahnen das Verbum *trabalhar* (arbeiten) durch *mourejar* (wie ein Maure arbeiten) ersetzt.

Wann genau Portugals Wirtschaft anfing, sich für eifrigen Handel und schmarotzerisches Ausbeutertum auf Kosten einer gesunden Produktion zu begeistern, ist schwer zu sagen. Zwei Antagonismen hatten in Portugals heißem Kessel der Kriege und Revolutionen gekocht und gebrodelt, bis Bourgeoisie und Handel den Sieg davontrugen. Poinsard unterscheidet in Portugal zwei Gesellschaftsgruppen mit verschiedenem Hintergrund, die Feudalen und die Gemeinen. Doch die beiden Antagonismen, die sich bekämpften, waren wirtschaftlicher Art. Hie Landwirtschaft, hie Handel hießen ihre Parolen.

Der Niedergang der Landwirtschaft in Portugal und die Art und Weise, wie die Portugiesen zu einer Nation von Händlern wurden, bis sich das ganze Land zu einem einzigen kommerziellen Unternehmen entwickelte, in dem der König und die Hocharistokratie selbst nur noch Geschäftemacher waren, das alles ist von Costa Lôbo, Alberto Sampaio, Oliveira

Martins und João Lúcio de Azevedo wunderbar beschrieben worden. Vor ihnen jedoch hatten schon Wirtschaftler des XV. und XVI. Jahrhunderts auf die Gefahren des Großgrundbesitzes einerseits und des Merkantilismus andererseits hingewiesen. Letzterer beraubte die Landwirtschaft ihrer menschlichen Arbeitskräfte und Energien. Ersterer erschwerte die Nutzbarmachung großer unkultivierter und brachliegender Gebiete. »Weil es das Erbe vieler Söhne ist«, schreibt Severim de Faria in seinen *Notícias de Portugal* (Lissabon 1655), »bleibt es zu zwei Dritteln ohne Saat. Der Ertrag, der hierdurch verlorengeht, könnte den vielen zugute kommen, die nicht über einen Boden verfügen, welcher solche Ernten bringt.« Noch ein anderer Wirtschaftler des XVI. Jahrhunderts verdient Bewunderung wegen seiner Intuition und seines gesunden Menschenverstandes. Er versteht, daß Portugal trotz der Herrschaft über Indien und Brasilien durch fehlende Produktion und weil es mit seiner Stellung als nur Handel treibende Nation zufrieden ist, zum bloßen Ausbeuter und Vermittler von Gütern werden könnte: »Ausländer werden den Nutzen von unserem Entdeckerfleiß (in den Kolonien) haben und die Früchte unserer Arbeit ernten. Wir werden in Brasilien nur Verwalter für Europa werden, wie es bei den Kastiliern der Fall ist, die Gold und Silber für Europa aus der Erde schürfen.« Diese prophetische Stimme, die so deutlich die Ausbeutung Portugals durch England voraussagt, gehört Ribeiro de Macedo, der 1675 seinen Essay *Über die Einführung der Künste* schrieb.

Es ist viel über den ozeanischen Charakter des portugiesischen Territoriums gesagt worden, als das unwiderstehliche Motiv, das die Lusitanier dazu verführte, ihre landwirtschaftliche Existenz einem kommerziellen Leben und den überseeischen Eroberungen zu opfern. Nach dieser Theorie wäre der portugiesische Merkantilismus und die Unabhängigkeit des Königreiches selbst die unabwendbare Folge geographischer Bedingungen gewesen. Es wäre also alles, wie islamitisches Fatum, schicksalsbedingt gewesen, und der alte Mann von Restêlo, dem Camões dramatische Worte über den Konflikt zwischen Agrar- und Überseeinteressen in den Mund legt, hätte nur die naive Geste von König Canuto wiederholt, mit der dieser versuchte, den Wellen Halt zu gebieten.

Aber geographische Bedingungen sind nicht allein entscheidend für die Geschichte eines Volkes, und auch heute verlassen wir uns nicht auf die geographischen und ethnischen Besonderheiten Portugals innerhalb der Halbinsel. Die ozeanische Lage Portugals im Gegensatz zum Kontinentalcharakter Spaniens ist nur ein unbedeutender Faktor, »denn auch die spanische Domäne hat ozeanische Interessen, wie die portugiesische kontinentale besitzt«, bemerkt Professor Fidelino de Figueiredo. Der gelehrte Geschichtsforscher fährt fort: »Es gibt maritime Völker wie die Engländer und Franzosen, die Jahrhunderte hindurch an der Seefahrt uninteressiert waren.« Die See allein war weder für die Unabhängigkeit noch für die Kommerzialisierung Portugals ausschlaggebend. Es darf nicht vergessen werden, daß im Gegenteil Portugal aus der Gemeinschaft der Halbinsel ausbrach, indem es die Landwirtschaft und nicht den Seehandel zur Grundlage seiner politischen Autonomie machte. Es waren die wirtschaftlichen Ähnlichkeiten und nicht die Unterschiede, welche Portugal zur Absonderung von Spanien bestimmten. Wahr ist, daß Ähnlichkeiten und Differenzen gleicherweise von dem fremden Element der Einwanderer aus dem Norden ausgenutzt wurden, um im Verrat an Kastilien das portugiesische Königreich zu gründen.

Diese Auslegung ist nur scheinbar extravagant. Ganivet kam ihr nahe, als er in seinem *Idearium Español* auf »die historische Antipathie zwischen Kastilien und Portugal, die wohl der Ähnlichkeit der Charaktere entspringt«, anspielte. Der Spanierhaß ist als psychologischer Faktor für die politische Abtrennung Portugals schon genannt worden, aber es war weder dieser Haß noch der tiefer gehende Maurenhaß, der den Portugiesen von den beiden Kulturen, auf die er Anspruch hatte, trennte, mütterlicherseits von der hispanischen und väterlicherseits von der Berberkultur, um es so auszudrücken. Aus einer Reaktion gegen diese ergab sich die politische Bildung Portugals, und ihr Einfluß hat den portugiesischen Charakter geformt. Die intensive Romanisierung konnte die hispanischen Elemente in diesem Charakter nicht ersticken, und der christlichen Wiedereroberung gelang es nicht, die tiefen Spuren der Berber und Mauren zu löschen. Ich betone dies, weil ich darauf bestehe, daß der soziale und kulturelle Hintergrund des von Spaniern und Portugiesen kolonisierten Teiles Amerikas hispanischer Natur ist, hispanischer und nicht lateinischer Natur. Er war ein mit Mystizismen und mohammedanischen Kulturelementen gefärbter Katholizismus und nicht das Resultat der Französischen Revolution oder der italienischen Renaissance. In diesem Punkt stimme ich mit Antônio Sardinha überein und nicht mit F. García Calderón. Es kann unmöglich abgestritten werden, daß der Wirtschaftsimperialismus Spaniens und Portugals auf das engste mit Kirche und Geistlichkeit verbunden war. Die Gewinnung der Märkte, Länder, Sklaven und die Gewinnung der Seelen sind nicht voneinander zu trennen. Religiöse Eiferer haben die Möglichkeiten Brasiliens viel eher erkannt als wirtschaftlich Interessierte. Fast widerwillig gegründet mit Menschenüberbleibseln, mit Resten einer Adelsklasse, die fast ganz nach Indien ausgewandert war, blieb Brasilien eine Zeitlang das arme Nazareth unter den portugiesischen Kolonien. Es bot weder Gold noch Silber, besaß nur Farbholz und Seelen für Jesus Christus.

Ich sage es noch einmal, der Portugiese brauchte keine Aufmunterung für die Errichtung des Sklavenregimes. Er war wie kein anderer Europäer für die Sklavenhalterei geradezu prädisponiert. Im Falle Brasiliens jedoch erscheint es mir ungerecht, seine hohen Verdienste um die Kolonisation tropischer Gebiete mit dem Makel dieser uns heute verabscheuungswürdig vorkommenden Einrichtung zu beflecken. Milieu und Umstände machten Sklaven erforderlich. Anfangs mußte der Indianer herhalten. Als dieser dann wegen Untauglichkeit und Nachlässigkeit den Anforderungen der tropischen Landwirtschaft nicht mehr genügte, wurde er durch den Neger ersetzt. Mit viel kolonisatorischem Spürsinn begabt, erkannte der Portugiese, daß nur der Neger dem Aufbau einer tropischen Agrikultur gewachsen war. Um den Neger zum afrikanischen Arbeiter zu qualifizieren, mußte man nur seinen ungebundenen Energien durch die Disziplin der Sklavenarbeit eine einheitliche Richtung geben.

Lassen wir einmal die lyrischen Lobeshymnen auf den Indianer, geben wir es doch auf, ihn auf die gleiche Stufe mit dem Portugiesen zu stellen. Ich betone es noch einmal: Daß sein Platz von dem Neger eingenommen wurde, ist nicht jenen moralischen Motiven zu verdanken, welche seine begeisterten Bewunderer zu entdecken pflegen, seiner stolzen und überlegenen Haltung im Gegensatz zu der Passivität des Negers dem Europäer gegenüber. Der wahre Grund war die niedrige Kulturstufe des Indianers, eine Nomadenkultur, die kaum die ersten unsicheren Schritte in Richtung einer landwirtschaftlichen Bodenständigkeit zu tun im Begriffe war. Der Indianer war zu regelmäßiger Arbeit unfähig. Die unanfechtbare Überlegenheit des Afrikaners gegenüber dem Indianer hatte ihren Hauptgrund darin, daß er einem höheren kulturellen Niveau mit einem Leben entschieden landwirtschaftlichen Charakters entstammte. Es kann hier nicht von Stolz einerseits und Passivität andererseits die Rede sein.

War es wirklich »ein Verbrechen, den Neger zu versklaven und ihn nach Amerika zu bringen?« fragt Oliveira Martins. Wenn man gewissen

Publizisten glauben soll, war es ein ungeheurer Fehler. Aber bis auf den heutigen Tag hat uns niemand erzählt, welche andere Methode zur notwendigen Beschaffung von Arbeitskräften der portugiesische Kolonisator in Brasilien denn hätte anwenden sollen. Varnhagen kritisiert den latifundären und sklavenhalterischen Charakter unserer Kolonisation und bedauert, daß wir nicht einem System kleinerer Landzuteilungen gefolgt sind. »Kleine Landkonzessionen würden eine dichtere Besiedlung ergeben haben, und Brasilien würde heute besser bevölkert sein, vielleicht dichter als die Vereinigten Staaten. Seine Bevölkerung wäre homogener, und wir hätten nicht die Rivalitäten zwischen einzelnen Provinzen gehabt, die, soweit sie heute noch existieren, größtenteils auf die Kapitanate zurückzuführen sind.« Er führt als Beispiele Madeira und die Azoren an. Würden aber kleine Konzessionen in einem Land wie Brasilien mit seinem für Europäer so schwer zu ertragenden Klima, mit seiner ungeheuren Ausdehnung, Insektenplagen, Dürren und Überschwemmungen Erfolg gehabt haben? Die »Sáuva« oder Blattschneiderameise allein – ohne andere Plagen nur zu erwähnen – würde den kleinen Besitz eines Kolonisten in einer einzigen Nacht ruiniert und in wenigen Stunden sein mühselig erarbeitetes Kapital und die Arbeit vieler Monate weggefressen haben. Geben wir doch ehrlich zu, daß nur latifundäre Bewirtschaftung und Sklaverei imstande waren, die enormen Hindernisse, welche der europäischen Zivilisierung Brasiliens im Wege standen, zu überwinden. Die Kolonisation war nur möglich mit Herrenhaus und Sklavenhütten, mit reichen Plantagenbesitzern und schwersten landwirtschaftlichen Frondienst überstehenden Negersklaven.

Weitblickende Persönlichkeiten in Portugal waren sich nach den ersten Berichten aus dem neuentdeckten Brasilien darüber klar, daß dieser Teil Amerikas nur durch die Landwirtschaft kolonisiert werden könne. Eine von ihnen, Diogo de Gouveia, schrieb in diesem Sinne an Dom João III., und als Seine Majestät sich erst einmal entschlossen hatte, die amerikanische Wildnis zu besiedeln, folgte er der Methode der Bodenerschließung durch Sklavenarbeit nach dem Muster der atlantischen Inseln.

Alles blieb jedoch privater Initiative überlassen, ob es sich um Installationskosten oder militärische Verteidigung der Kolonie handelte. Mit den Pflichten waren allerdings die Privilegien der Befehlsgewalt und Gerichtsbarkeit über große Territorien verbunden. Allein die Weite dieser Gebiete lockte machthungrige Menschen an, die wenig Geld, aber viel Mut besaßen, dazu wurden sie noch Feudalherren über jene, die für sie arbeiteten – wie Mauren (*mourejar*). Die Absicht der Krone ist klar erkennbar: Sie wollte, ohne sich dabei selbst zu engagieren, die Wildnis besiedeln, den Urwald roden, das Land gegen Korsaren und Wilde verteidigen und es zu einem produktiven Gebiet machen lassen, alles auf Kosten und Gefahr von Leuten, die kühn genug waren, dieses wilde Stück Erde zu entjungfern. Und es ist in der Tat dem Mut und Unternehmungsgeist dieser Menschen, ihrer Ausdauer und ihren organisatorischen Fähigkeiten zu verdanken, daß Brasilien sich zu einer reichen Plantagen-Kolonie entwickelte.

Angesichts der Erfolge der ersten Pflanzer begann der Krone ein Licht über die Möglichkeiten kolonialen Reichtums, die in der Zuckerproduktion liegen könnten, aufzugehen. Wie João Lúcio de Azevedo bemerkt: »Das nur dem Grundbesitzer zustehende Vorrecht, Zuckerpressen und Wasserkraftanlagen zu bauen oder zu besitzen, zeigt, daß man es auf den Zuckerrohr-Anbau abgesehen hatte.« All diese Konzessionen sowie später die Verordnungen von Tomé de Sousa waren eine Bestätigung der gleichen Politik, dem Zuckerpflanzer den Vorrang zu geben. Das Ergebnis konnte daher nicht anders sein, als es war: auf der positiven Seite Förderung privater Initiative, verstärkt durch Besitz- und Machtinstinkte, und auf der negativen Seite eine unkontrollierte Monokultur, Machtmißbrauch und Gewaltakte seitens der Autokraten aus den Herrenhäusern, Herrschsucht der Großgrundbesitzer und Sklavenhalter, übertriebener Besitzerstolz und Individualismus als Eigenschaften, die mit der königlichen Landkonzession gekoppelt waren.

Immerhin gab die in den ersten zweihundert Jahren praktizierte Kolonialwirtschaft Brasiliens Portugal einen Teil seines Wohlstandes zurück, der schon eine Weile infolge der morbiden Leidenschaft für Raubbau, Raub und Plünderungen geschwunden war. Schon Ende des XVI. Jahrhunderts erkannten einige wenige die Vorteile der brasilianischen Kolonisationsmethode gegenüber der in Indien und Mina (Westafrika) befolgten und wünschten sie einheitlich auch auf die anderen Kronkolonien übertragen zu sehen. Im *Diskurs in Sachen Indiens und Minas* (1573) argumentiert der Autor: »Es hat Gottes Ratschluß gefallen, daß Euer Majestät Schatz durch den in Brasilien gewonnenen Zucker, Baumwolle, Hölzer und Papageien viel Gold verlieren wird.« Diese Worte leuchteten dem König als gewiegtem Geschäftsmann ein; seine Passion für die Länder, welche reich an Edelmetallen waren, blieb stärker.

Die Wahrheit ist, daß Portugal überfordert gewesen wäre, wenn man von ihm verlangt hätte, eine auf ein Agrarland passende Sozialpolitik zu betreiben. Wie groß auch die Elastizität des Portugiesen war, diese Forderungen überstiegen seine menschlichen Reserven. In einer Faktorei ist die Menschenmenge ziemlich konstant; in einer Agrarkolonie mußte sie viel größer sein, trotz Vermehrung durch Polygamie und Mischehen. Portugal war von frühesten Zeiten an von Bevölkerungskrisen heimgesucht. Die unhygienischen Bedingungen einer Durchgangszone, Pestwellen, Epidemien, Kriege und zusätzlich eine in weiten Teilen durch Dürren, Erdbeben und Überschwemmungen menschlichem Leben und wirtschaftlicher Stabilität ungünstige Umgebung, all diese Bedingungen gestatteten nur einen für das nationale Bestehen notwendigen Bevölkerungsstand, sie hatten keinen Platz für die überzähligen Abkömmlinge der polygamischen afrikanischen Eroberer oder der patriarchalischen Fruchtbarkeit der Bauern und Viehzüchter, welche andernfalls in dem milden Klima des Landes und auf seinem fruchtbaren Boden eine Existenz gefunden hätten.

Der Menschenmangel Portugals macht sich auch in seinem Recht bemerkbar, und es scheint, daß mitunter sogar katholische Strenggläubigkeit dem Wunsch, diesem Mangel abzuhelfen, geopfert wurde. Die Kirche selbst sanktionierte manchmal *de jure* heimliche Verhältnisse oder wilde Ehen, wenn Geschlechtsverkehr stattgefunden hatte, und die Verordnungen Manuels sowie später die Philipps erlaubten Paaren, als verheiratet zu gelten, wenn diese zusammenlebten und als Mann und Frau angesehen wurden. Kurz, es herrschte weitestgehende Toleranz für jede Art von Verbindungen, die einen Bevölkerungszuwachs versprachen, und uneheliche Kinder waren keine Schande. Reisende aus dem XVI. und XVII. Jahrhundert berichten, daß man in Spanien offenen Unwillen gegen die Gesetze wider das Konkubinat zeigte und in vielen Häusern die legitimen und unehelichen Kinder gemeinsam erzog. Auch kann man nicht sagen, daß das Asketentum der Brüder und Priester ein Hindernis für das nationale und königliche Interesse an Bevölkerungszuwachs und Fortpflanzung gewesen wäre. Ein guter Teil, wenn nicht sogar die Mehrheit von ihnen half an dem Werk der Vermehrung mit, und ihre Mitarbeit wurde in Portugal dankbar angenommen, denn die Gerichte verhafteten und verfolgten keinen Kleriker oder Bruder, nur weil er eine Geliebte hatte.

Es sei noch einmal festgestellt, daß das Interesse an der Fortpflanzung nicht nur moralische Vorurteile, sondern auch Bedenken der katholischen Orthodoxie beseitigte, und es fand diesbezüglich einen starken Verbündeten im Christentum selbst, das in Portugal schon oft halb heidnische Charakterzüge angenommen und Sympathien für den Phalluskult gezeigt hatte. Die großen nationalen Heiligen sind jene, welche nach dem Volksglauben besondere Gaben für die Kopulation der Geschlechter besitzen, indem sie der Frauen Leiber segnen und Beschützer der Mutterschaft sind: St. Antonius, St. Johannes, St. Gonçalo do Amarante, St. Petrus, das Jesuskind, die Jungfrau der Erwartung, der Unbefleckten Empfängnis, des gesegneten Ereignisses, der guten Geburt. Weder kriegerische Heilige wie St. Georg noch die Schutzpatrone gegen die Pest, wie St. Sebastian, noch St. Onuphrius gegen den Hunger – Heilige, welche wegen der kummervollen Erfahrungen des portugiesischen Volkes doch sehr populär sind –, haben je das Prestige und die Beliebtheit der Patrone der Menschenliebe und der animalischen Fruchtbarkeit erreicht. Ihr Prestige und ihre Beliebtheit übertrug sich auch auf Brasilien, wo die Probleme des Bevölkerungsbestandes, die in Portugal so beängstigend akut waren, wegen der Schwierigkeit, weite Strecken Landes mit so wenig Menschenreserven zu besetzen, weiter andauerten. Einer der ersten kirchlichen Feiertage mit fast Volksfestcharakter, berichten Kolonialchroniken, war St. Johannis, und es wurde schon mit Freudenfeuern und Tanz gefeiert. Denn dieser höchst populäre Heilige ist Spezialist für Manneskraft und Fruchtbarkeit, und zu seiner Verehrung gehören sexuelle Lieder und Gebräuche. Er ist der Ehestifter *par excellence:*

> »Gib mir einen Bräutigam, St. Johann, gib mir einen Bräutigam,
> Gib mir einen Bräutigam, bitte, denn ich will heiraten.«

Am Vorabend oder in der Morgendämmerung von St. Johannis läßt man sich die Zukunft voraussagen – das Fest selbst wird in Portugal und Brasilien mit Raketen, Knallfröschen und Vivas gefeiert –, und die Weissagungen versprechen immer bis dahin noch nicht gefundenes Glück in der Liebe und baldige Heirat. In Brasilien wird die Zukunft aus dem Eiweiß in einer Tasse Wasser gelesen, ein Maiskolben wird unter das Kopfkissen gelegt, damit der Schläfer im Traum sehe, wer ihn essen kommt, oder ein Messer wird im Dunkeln bis ans Heft in einen Bananenstamm gestoßen, und am nächsten Morgen kann man dann die auf der Klinge entstandenen Flecken und Rostspuren leicht deuten. Auch aus einer Schüssel mit Wasser, mit Nadeln, mit einem Mundvoll Wasser usw. kann man weissagen. Andere Herzensanliegen finden bei St. Antonius ein williges Ohr, z. B. verlorene Liebe, Liebchen, Ehegatten und Liebhaber oder wenn die Liebe erkaltet oder gestorben ist. Er ist einer jener Heiligen, die eine große Rolle bei der Bereitung von Aphrodisiaka und entsprechenden Hexenkünsten spielen. Sein Bild wird häufig kopfabwärts in einen Brunnen oder eine Zisterne gehängt, damit er einem möglichst rasch die erbetenen Wünsche erfüllt. Die ganz Ungeduldigen hängen ihn in ein altes Nachtgeschirr. St. Gonçalo do Amarante läßt sich noch respektloser behandeln, überhaupt ist sein Kult mit den freiesten und sinnlichsten Praktiken verbunden; sie sind mitunter ausgesprochen obszön und schmutzig. Ihm fällt die Aufgabe zu, Ehemänner oder Liebhaber für alte Frauen zu finden, so wie St. Peter sich damit befaßt, Witwen wieder unter die Haube zu bringen. Fast alle verliebten Burschen wenden sich an Gonçalo:

»Laß mich heiraten, laß mich heiraten,
Heiliges Gonçalinolein,
Sieh, ich bitte dich so sehr,
Mein heiliger kleiner Freund.«

Und die Mädchen singen:

»Sankt Gonçalo do Amarante,
Du Verkuppler alter Weiber,
Kümmere dich lieber um junge Mädchen,
Was haben sie dir denn getan?«

Für unfruchtbare, vertrocknete und impotente Menschen war St. Gonçalo die letzte Hoffnung. Früher wurde an seinem Namenstag sogar in den Kirchen getanzt – eine Sitte, die auch aus Portugal nach Brasilien kam. Man führte auch Liebeskomödien in den Kirchen auf. In einem Hirtenbrief aus dem Jahre 1726 empfiehlt Dom Frei José Fialho, von Gottes und des heiligen apostolischen Stuhles Gnaden Bischof von Olinda, der Priesterschaft von Pernambuco, »nicht zu gestatten, daß Komödien, Versammlungen, Schaustellungen oder Bälle in den Kirchen, Kapellen oder ihren Vorhöfen veranstaltet werden«, und das zu Beginn des XVIII. Jahrhunderts! Le Gentil de la Barbinais übertreibt also nicht bei der Beschreibung der Weihnachtsfeier von 1717, an der er mit den Nonnen des Klosters Santa Clara in Bahía teilnahm. Die Schwestern sangen und tanzten und lärmten, als seien sie von bösen Geistern besessen. Danach führten sie eine Liebeskomödie auf.

In Pernambuco verhallte jedoch die Stimme Dom Frei Fialhos offenbar ungehört, denn Anfang des XIX. Jahrhunderts fand Tollenare, daß die Leute immer noch in der Kirche von St. Gonçalo de Olinda tanzten. Erst 1817 verboten die Domherren diese Tänze, »weil Europäer sie als Indezenz, die eines Gotteshauses unwürdig ist, kritisieren«. In Bahía tanzte man nicht nur im Destêrrokloster, sondern auch in der Einsiedelei von Nazareth, in den Kirchen von São Domingos und Amparo und vielen anderen. Wenn auch dann das Tanzen verboten wurde, die Liebe in den Kirchen, sogar von Personen höheren Standes, hielt an. Max Radiguet sah junge Damen aus den besten Familien Rio de Janeiros mit Jünglingen in der kaiserlichen Kapelle flirten: *»accroupies sur leur chaise de tapisserie prenaient sans scrupule des sorbets et des glaces avec les jeunes gens qui venaient converser avec elles dans le lieu Saint«*. Sie flirteten und tranken Limonade in der Kirche wie neunzig Jahre später in einer Konditorei oder am Badestrand.

Heidnische Gebräuche um den Kult des heiligen Gonçalo haben sich auch in Portugal erhalten. Unter anderem ist es Brauch, aus Teig phallusähnliche Rosenkränze zu backen und zu verkaufen. Diese Backwaren werden, wie Luís Chaves sagt, von den Süßwarenhändlerinnen an den Kirchentüren »mit obszönen Anpreisungen« ausgerufen. Ich habe schon auf die unfruchtbaren Frauen hingewiesen, die sich »splitternackt an den Beinen des liegenden Gekreuzigten reiben, während die Gläubigen leise beten und die Augen niederschlagen, damit sie nicht sehen, was man nicht sehen soll«. Es ist dies das sexuelle Sichreiben aus heidnischen Zeiten, dem man eine katholische Form gegeben hat.

Natürlich wurden diese heiligen Schutzherren der Menschenliebe und -fruchtbarkeit auch die Schutzpatrone der Landwirtschaft. Sankt Johannes und die Jungfrau der Erwartung – letztere wird oft als schwangere Frau dargestellt und verehrt – sind den Bauern ebenso hold wie den Verliebten. In Brasilien wie in Portugal pflegt man auf dem Lande, wenn man Regen wünscht, den heiligen Antonius ins Wasser zu tauchen. In gewissen Zonen des Nordens setzt man, wenn ein Zuckerrohrfeld brennt, ein Standbild des Heiligen in ein Fenster des Herrenhauses, damit er die Flammen beruhige. Wenn die Flüsse anschwellen und es eine Überschwemmung gibt, soll sein Bild das Wasser daran hindern, die Saat zu zerstören. In Brasilien ist der Sankt-Johannis-Tag nicht nur ein Fest der fleischlichen Liebe, sondern auch ein Festtag für die Landwirtschaft. Es ist das Fest des Maises, dessen kulinarische Produkte Canjica, Pamonha und Maiskuchen die patriarchalischen Tafeln auf den Mitternachtsfesten füllten.

Wenn im Norden die Baumwolle von Raupen befallen wird, ist es heute noch Brauch, daß der Pflanzer in jeder der vier Ecken des Feldes murmelt: »Heilige Jungfrau während der Geburt des Kindes; Heilige Jungfrau vor der Geburt des Kindes; Heilige Jungfrau nach der Geburt des Kindes.« Danach betet er drei Ave-Maria. Hier haben wir wieder die Ideenverbindung zwischen der Fruchtbarkeit des Menschen und der Erde.

Das Fest des heiligen Gonçalo do Amarante in Bahía, dessen Zeuge im XVIII. Jahrhundert La Barbinais war, nimmt sich auf den Seiten dieses französischen Reisenden in allen Einzelheiten wie eine heidnische Orgie aus alter Zeit aus. Es war ein Liebesfest und Kult der Fruchtbarkeit mit lasziven Tänzen rund um das Heiligenbild. Unter den Tänzern sah der Besucher den Vizekönig persönlich, umgeben von Brüdern und Edelleuten, zusammen mit Negern und sämtlichen Freudenmädchen von Bahía, eine buntes Gemisch, wie es noch heute charakteristisch für unsere Kirchenfeste ist: Gitarrenmusik, singendes Volk, Jahrmarktsbuden, viel zu essen, sexuelle Erregung, all das drei Tage lang mitten im Urwald. Von Zeit zu Zeit wird eine fromme Hymne gesungen, ein Heiligenbild wird vom Altar genommen, von Hand zu Hand weitergegeben oder wie ein Federball herumgeworfen. »Genauso«, sagt La Barbinais, »behandelten die Heiden auf den jährlichen Opferfesten den alten Herkules, indem sie das Bildnis des Halbgottes verprügelten und mit Schmähungen überhäuften.«

Dieses Gonçalo-Fest in Bahía steht offensichtlich schon unter dem Einfluß orgiastischer Elemente, die Brasilien von den Afrikanern übernommen hat. Aber die charakteristischen heidnischen Grundzüge brachte der weiße Kolonisator aus Portugal herüber, aus seinem heimatlichen, lyrischen und festlichen Christentum mit seinen fröhlichen Prozessionen, die geschmückt waren mit Bacchus, der Jungfrau auf der Flucht nach Ägypten, Merkur, Apollo, dem Christuskind, den zwölf Aposteln, den Satyrn, Nymphen, Engeln, Patriarchen, Königen und Kaisern und ganz zum Schluß mit dem Allerheiligsten Altarsakrament. Die Prozessionen im kolonialen Brasilien waren nicht weniger prunkvoll und nicht weniger heidnischen Charakters. Froger beobachtete in Bahía bei der Fronleichnamsprozession Musiker, Tänzer und Maskierte, die höchst aufreizend mit den Hüften wackelten. Ein anderes Fest, das 1733 in Minas gefeiert wurde, war eine richtige Parade von heidnischen und christlichen Symbolen nebeneinander: Türken und Christen, die Schlange im Paradies, die vier Himmelsrichtungen, der Mond, von Nymphen umgeben, und am Schluß, wie zur Ehrung der farbigen Rassen, kamen Caiapó-Indianer und Kongo-Neger, welch letztere in hemmungsloser Hingabe ihre heidnischen und orgiastischen Tänze zu Ehren der Heiligen und des Altarsakraments vorführten.

Ein asketischer, orthodoxer Katholizismus, der die Sinnlichkeit und den Fortpflanzungstrieb unterdrückt hätte, würde Portugals Weltreichgründung verhindert haben. Die heidnischen Überreste im portugiesischen Christentum spielten daher in der imperialistischen Politik eine gewichtige Rolle. Dieselben heidnischen Kulturelemente und polygamischen Tendenzen hatten den engen und sinnlichen Kontakt mit den Mauren herbeigeführt.

In Portugals Küche wie auch in der Hagiologie hat sich vieles von der erotischen Spannung, dem Zeugungswillen, den das Land während der Ära der waghalsigen Weltreicheroberung für so notwendig erachtete, in den alten Namen für Konfekte, den halbphallischen Formen und Garnierungen von Süßigkeiten, den scharfen, als Aphrodisiaka wirken sollenden Gewürzen der Ragouts, Schmorgerichte und Saucen erhalten. Dasselbe trifft auf die brasilianische Kolonialküche zu, in der viele sexuelle Stimulanzien für Liebe und Zeugung zu finden sind. Sogar die Namen der von seraphischen Händen bereiteten Süßigkeiten und Backwaren aus den Nonnenklöstern sind zuweilen zweideutig und haben versteckte Bedeutungen: Nonnenseufzer, Himmelsspeck, Nonnenbauch, Himmelsspeise, Engelsbissen. Das waren die Leckereien, die den Liebhabern der Schwestern vor der Klosterpforte schmeckten. Da es ihnen nicht möglich war, sich allen Verehrern fleischlich hinzugeben, trösteten die Nonnen sie mit Gebäck und Bonbons. Daher bekamen diese sexuell symbolische Namen. Von den Desserts auf den Tischen der Patriarchen sprechend, sagt Afrânio Peixoto in einem seiner brasilianischen »Sittenromane«: »Nicht wir, die wir sie genossen, gaben ihnen diese Namen, sondern ihre Schöpferinnen, die betreffenden Äbtissinnen oder Nonnen der portugiesischen Klöster, die sich mehr mit der Herstellung von Leckereien als mit dem Gottesdienst beschäftigten.« Vorher nennt er einige bezeichnende Namen dieser Süßigkeiten: Küßchen, Entwöhnte, Hilft-dem-Alten-

Hoch, Mädchenzungen, Jungvermählte, Liebeszeichen. Die Reihe könnte endlos fortgesetzt werden. Es ist auch bemerkenswert, daß brasilianische Väter, wenn ihre Söhne in das Alter kommen, wo sie »über Frauen Bescheid wissen sollen«, ihnen »Geld für ein Törtchen« zu geben pflegen, d. h., sie sollen sich nun mal mit einer Torte bekannt machen, die nicht aus Mehl oder Teig gemacht ist. Dies alles zeigt die enge Beziehung zwischen sinnlicher Lust und Gaumengenuß.

Ein weiterer Beweis für die Tatsache, daß fleischliche Liebe für den Portugiesen zur Besessenheit wurde, ist der, daß vielleicht in keinem anderen Land schmutzige und obszöne Witze ein so dankbares Publikum finden. Auch ist die portugiesische Sprache so reich wie keine andere an schmutzigen Schimpfwörtern, obszönen Ausdrücken, Redensarten und Gesten. Während seines kurzen Aufenthaltes in Lissabon lernte Byron einige dieser Ausdrücke kennen und bediente sich ihrer in seinen Briefen an seinen Freund Reverend Francis Hogson. Glücklicherweise wußte er nicht genau, was sie bedeuten: *Carracho, Ambra di merdo* usw. *Carracho* soll nach D. G. Dalgado – in seinen Kommentaren zu Byrons Briefen – *Caramba* bedeuten. Es scheint mir gar nicht, daß er damit das Richtige getroffen hat. Meiner Meinung nach wollte der englische Dichter einen Ausdruck gebrauchen, der nicht so harmlos und portugiesischer war als *Caramba.* Dieser gemeine und sehr häßliche Erotizismus war in allen Ständen Portugals sehr gebräuchlich, denn Männer, die sich keiner obszönen Worte und Gesten bedienen, gelten als weibisch. Genauso war es in Brasilien, wo die lusitanische Vorliebe für erotische Dinge in dem schlüpfrigen Milieu des Sexualrausches der ersten Kolonisatoren auf fruchtbaren Boden fiel. Das größte Vergnügen des Brasilianers ist es, schmutzige Anekdoten zu erzählen, Witze von Mönchen und Nonnen, Weißen und Negerinnen und impotenten Engländern. Ich glaube aber, daß nur in Portugal Tafelbelustigungen wie die, von denen ein Freund mir erzählt hat, möglich sind. Vor dem Abendessen wurde in einem der vornehmsten Häuser Lissabons den Gästen eine Überraschung angekündigt. Diese Überraschung bestand darin, daß man auf jeden Platz statt der Teller ein Stück Toilettenpapier gelegt hatte, auf welchem eine braune wurstähnliche Süßigkeit lag, die in Stücke geschnitten war. Man stelle sich das mit englischen oder nordamerikanischen Gästen vor! Sie wären vor Scham gestorben. Aber in Portugal und Brasilien ist es gang und gäbe, mit solchen oder ähnlichen Dingen Scherze zu treiben, weil wir im Gegensatz zu der charakteristischen übertriebenen Zurückhaltung der Angelsachsen diesbezüglich mit einer gewissen rauhen Natürlichkeit begabt sind.

Jedenfalls ist Reverend Creary, der zur Zeit der Sklaverei in Brasilien war und dessen Tagebuch in der Handschriftenabteilung der Kongreßbibliothek zu Washington aufbewahrt wird, entsetzt über die Schamlosigkeit der Brasilianer. Er führt das Beispiel eines Mädchens von elf oder zwölf Jahren an, das er zu seinem Befremden, von einem jüngeren Bruder, der noch ein Schoßkind war, sprechend, bemerken hörte, das Kind habe in seine Kleider »Pipi gemacht«. Eine andere Sache, über die er sich entsetzte, waren Anzeigen in den Zeitungen Rio de Janeiros, mit welchen unbekümmerte Junggesellen nach Haushälterinnen suchten, wobei zu verstehen gegeben wurde, daß ihre Pflichten nicht nur auf Küche und Haus beschränkt bleiben sollten. Nun glaube ich nicht, daß Reverend Creary ein besonders prüder Puritaner gewesen ist, aber er lebte im Viktorianischen Zeitalter, das ist alles. D. h., er lebte in einer Ära, da englische Anstandsbücher jungen Damen von Stand empfahlen, Bücher von männlichen und weiblichen Autoren nicht zusammen auf dasselbe Bücherbord zu stellen; er war Mitglied der guten Gesellschaft, in der man es vermied – in England wie in den Vereinigten Staaten –, von Stuhl- und Tischbeinen zu sprechen, um keine sinnliche Ideenverbindung zu einem Frauenbein aufkommen zu lassen. In einem Antwortbrief an den Chemiker Charles B. Mansfield – einen Engländer praktisch derselben Sorte wie Creary – schrieb 1861 mein Landsmann A. D. de Pascual: »Unsere brasilianischen Frauen sind nicht, wie die Engländerinnen, schockiert, wenn in ihrer Gegenwart Worte wie ›Bein‹ oder ›Schoß‹ gebraucht werden, indessen zeigen sie sie auch nicht auf der Straße oder in ihren Kutschen und Salons.« Nachdem er so mit Genugtuung eine Gesellschaftskonvention gegen die andere ausgespielt hat, gibt Pascual zu, daß »die Anwesenheit von Sklaven in unseren Haushalten große Probleme für die Erziehung unserer Töchter und die Familie« mit sich bringen können.

Durch die soziale Institution der Sklaverei wurde die Sinnlichkeit der Portugiesen, wie später der Brasilianer, stark gereizt. Am meisten wohl in Portugal, wo ständig Menschen für die Kolonisierung gebraucht wurden. Dieser Bedarf konnte mit dem normalen Bevölkerungszuwachs nicht gedeckt werden, so daß im Interesse einer starken Vermehrung dauernd ein abnormer Erregungszustand wachgehalten werden mußte.

Die Sklaverei, deren sich die portugiesische Wirtschaft immer – auch in den Tagen, als sie sich noch einer robusten Gesundheit erfreute – bedient hat, nahm mit Beginn der merkantilen und imperialistischen Ära des Königreiches bedenklich morbide Formen an. Alexandre Herculano schreibt im XVI. Jahrhundert: »Die Lebensbedingungen der Sklaven in dieser Zeit waren wirklich furchtbar in Portugal.« Es war dies die Folge der Notwendigkeit, das durch Eroberungen und überseeische Abenteuer entstandene Bevölkerungs- und Haushaltsdefizit wieder auszugleichen. Die Arbeitsbedingungen korrumpierten und vergifteten das Verhältnis zwischen Herren und Sklaven, ein Verhältnis, das früher zwar nicht ideal, aber erträglich war. Den neuen Impulsen folgend, waren die Herren die ersten, die eine gewisse Zügellosigkeit förderten, »die Nachkommenschaft der Schwarzen zu vermehren, wie man eine Viehherde vergrößert«. »Das Konkubinat unter ihnen [den Sklaven] war erlaubt, Getaufte konnten sich mit Ungetauften mischen, und unerlaubte Beziehungen selbst mit frei geborenen Personen wurden toleriert.« Den gleichen Eindruck vermittelt uns der Italiener Gianbattista Venturino, der 1571 den päpstlichen Legaten Kardinal Alexandrino nach Portugal begleitete. Die Portugiesen dieser Zeit betrachteten die Sklaven wie die Italiener Rennpferde und behandelten sie auch so. »Sie wollen«, schreibt der Italiener, »möglichst viele Füllen haben, um sie für dreißig oder vierzig Escudos pro Stück verkaufen zu können.« Da die Einwanderung abgebrochen war, wurde durch den Mangel an Arbeitskräften im Königreich selbst wie in den Kolonien der Menschenhandel zu einem ausgezeichneten Geschäft.

Nun kann man der Sklavenarbeit nicht allein die Schuld an der moralischen Zügellosigkeit der portugiesischen Gesellschaft geben, wie das seit dem XV. Jahrhundert von ausländischen Reisenden immer wieder behauptet wurde. Diese Hemmungslosigkeit liegt schon in der Natur des Portugiesen und des Iberiers überhaupt. Ihre Akzente und groben Auswüchse findet man allerdings mehr bei den Portugiesen. Nicht von Portugal, sondern von Spanien schreibt Mme. d'Aulnoy im XVII. Jahrhundert, gestützt auf verläßliche Informationsquellen, daß junge Adlige mit zwölf oder vierzehn Jahren Konkubinen zu nehmen begannen und daß es wenige ihres Alters gab, die nicht an einer Geschlechtskrankheit litten, daß die Konkubinen öffentlich mit ihrer Stellung prahlten und legitime Kinder mit Bastarden oft kunterbunt gemischt zusammen aufgezogen wurden, daß in den Häusern des höchsten Adels offen über die weltlichen Krankheiten gesprochen wurde, welche man mit Geduld ertrug, ohne daß man sich seines Mißgeschicks schämte.

Die Berührung mit exotischen Völkern und zurückgebliebenen Rassen übte bei den Eroberungen und Beziehungen zu Übersee einen ausgesprochen demoralisierenden Einfluß auf die Kolonisatoren aus, und zwar nicht nur in Amerika, sondern auch in allen anderen Kolonien. Das war die moralische Belastung durch den Imperialismus.

Bei aller Anerkennung des allgemeinen Einflusses des Imperialismus auf die Lebensweise und die Sexualmoral des hispanischen Volkes darf man indessen nicht vergessen, daß diese Erscheinungen auch mit Bedingungen der Umwelt, der geographischen Lage und der geschichtlichen Entwicklung verknüpft waren, welche die christliche Moral besonders beeinträchtigten: der konstante Kriegszustand auf der Halbinsel mit seinen hin- und rückflutenden Bevölkerungswogen, die Verlagerung der Hegemonie, die außerordentlich lebhaften Sozialverschiebungen, die wirtschaftliche Unsicherheit, die kosmopolitischen Kontakte durch die Seefahrt und das Zusammenleben mit den polygamen Mohammedanern. Diesen Umständen sind noch hinzuzufügen die dem afrikanischen Klima Portugals und großer Teile Spaniens Rechnung tragenden Bekleidungs- und Hygienenormen, welche von der christlichen Sexualmoral des nördlichen Europa abwichen. All diese Einflüsse vereinten sich, um bei der Jugend Portugals und Spaniens einen früheren Ausbruch des Geschlechtstriebes zu bewirken als bei der des Nordens.

Was den schon von Kindheit an das weibliche Geschlecht liebenden Brasilianer angeht, so waren bei ihm größere Kräfte sozialer Natur als Haltung, Asketentum und Monogamie wirksam. Bei uns trägt das tropische Klima zwangsläufig zu einer Überreizung des Sexualtriebes der Kinder und Jugend bei und führt zu einer zuweilen krankhaften Vorwegnahme sexueller und konjugaler Funktionen. Aber die Einflüsse der Natur sind nicht so stark wie die rein sozialen. Ich werde im nächsten Kapitel versuchen zu zeigen, wie ungeheuer mächtig letztere waren.

Montesquieu und später Treitschke, der im imperialistischen Vorkriegsdeutschland so beliebte politische Schriftsteller, schrieben dem tropischen Klima unsere Sinnlichkeit, Polygamie und Sklaverei zu. So soll die Sinnlichkeit eine Folge der Tatsache sein, daß junge Mädchen in den Tropen offenbar früher reif werden als in kalten oder gemäßigten Zonen, und die Sklaverei, meint Treitschke, sei ein »ausgedehnter Harem«, der eine frühreife Sinnlichkeit zur Folge habe.

Die Frage, ob das tropische Klima direkten Einfluß auf das Sexualleben hat, ist nicht mit einem Wort zu beantworten. Es gibt Leute, die es für

Rassen-, Klassen- und Sozialunterschiede verantwortlich machen. Daß die Sexualorgane von Neulingen in diesem Klima leichter reizbar und die Menstruationsperioden der Frauen beschleunigt werden, scheint zweifellos richtig zu sein. Ob diese erhöhte Reizbarkeit bei akklimatisierten Personen anhält, ist fraglich. Hinsichtlich des früheren Einsetzens der Menstruation in den Tropen überrascht uns die Statistik übrigens mit der Tatsache, daß bei den Eskimos die Pubertät schon in sehr frühem Alter eintritt. Daher werden von einigen rassische Gründe den klimatischen vorgezogen. Aber trotz dieser auffallenden Ausnahme zeigt doch die Statistik allgemein, daß die Menstruation in den Tropen früher einsetzt als in kalten oder gemäßigten Zonen.

Bei der Untersuchung der Einwirkungen des afrikanischen Klimas auf das Sexualleben der hispanischen Völker wollen wir nicht so sehr die direkten als die indirekten Einflüsse betrachten, da diese weittragende und schwerwiegende Folgen gehabt haben. Da sind zunächst die ihrem Milieu, ihren Lebensbedingungen und ihrem Klima angepaßten Sozialeinrichtungen der Nordafrikaner, unter anderen die Polygamie und die Sklaverei. Tatsache ist, daß diese Einrichtungen mit ihren sexuellen Auswüchsen speziell auf die islamitische Zone oder, man kann sagen, auf Nordafrika sich beschränkten, also auf ein Klima, das der hispanischen Bevölkerung mehr lag als das des christlichen Europa und infolgedessen auch die Iberer den Mauren näherbrachte als den Europäern und daher wiederum die Spanier und Portugiesen für die polygame und sklavenhaltende Kolonisation der amerikanischen Tropen prädestinierte.

Was häusliche und Körperhygiene anbetrifft, so paßte sich der portugiesische Kolonisator in Brasilien den Normen der Eingeborenen in vielen Dingen an. Er gewöhnte sich an das tägliche Bad und befreite seine Kinder von lästigen Windeln und stickigen Kleidern. Bezüglich seiner Behausung übernahm er von den Indianern das Strohdach, wie er von den Asiaten die dicken Hauswände und die Vorlaube übernommen hatte. Er bewies auch Instinkt genug, die eingeborenen Heilkundigen nicht ganz zu verachten und sich nicht immer nur auf die offiziell anerkannte portugiesische Medizin zu verlassen, und das, obwohl die Jesuiten den Kurpfuschern einen Krieg auf Leben und Tod erklärt hatten. Die Priester selbst indessen, gerade durch ihren Kampf gegen die geheimnisvolle Pharmakologie der Medizinmänner, erwarben von diesen eine Menge Kenntnisse über Pflanzen und Kräuter. Wahrscheinlich war ein Patient im kolonialen Brasilien in den Händen eines eingeborenen Heilpraktikers besser aufgehoben als bei einem approbierten portugiesischen Arzt, dem Milieu und Pathologie des Landes fremd waren. Frei Caetano Brandão, Bischof von Grão-Pará, ein Mann mit sehr gesundem Menschenverstand, bemerkte, daß es »besser sei, jemanden von einem Tapuia aus dem Innern behandeln zu lassen, weil dieser mit untrüglichem Instinkt eine Krankheit eher erkennt als so ein Doktor aus Lissabon«. Auch Joaquim Jerônimo Serpa, der in Lissabons Hospitälern Chirurgie studiert hatte, neigte nach seiner Rückkehr in die Kolonie mehr der Heilkunst der Tapuias zu als der ärztlichen Wissenschaft aus der Hauptstadt und versäumte keine Gelegenheit, »Pau cardoso« statt Eibischwurzel oder »Pau tacagé« als zusammenziehendes Mittel oder Cashewsaft statt Gummiarabikum zu verschreiben. Diese Beispiele zeigen, daß der Portugiese zur Anpassung neigte.

Bis zu welchem Grad eine vorteilhafte Akklimatisierung in Brasilien erreicht wurde, ist schwer zu bestimmen, denn Akklimatisierung ist von Anpassung kaum zu trennen. Es ist auch schwierig festzustellen, bis zu welchem Punkt es Südeuropäern und insbesondere Portugiesen gelungen ist, sich besser zu akklimatisieren als Nordeuropäern. Praktisch ist ein solcher Vergleich ohnehin ausgeschlossen, da sich kaum eine Familie im tropischen Brasilien weiß oder fast weiß erhalten hat. Im Norden jedoch, der ja ausgesprochen tropisch ist und der mehr als andere Teile eine aristokratische Vergangenheit hat, gibt es einen Fall, der vielleicht einer näheren Betrachtung wert ist, und das sind die Wanderleys von Serinhaém und Rio Formoso. Diese Familie, die Anfang des XVII. Jahrhunderts von Gaspar van der Lei, einem Kammerherrn des Grafen Moritz von Nassau, begründet wurde, ließ sich im äußersten Süden des Kapitanats nieder und hat sich dort durch Inzucht relativ rein nordisch erhalten. Dies geht aus der vorherrschenden rosa Hautfarbe, den hellblauen Augen und dem blonden bis rötlichen Haar ihrer Mitglieder hervor. Die Inzucht war bei den alten Familien der ländlichen Bezirke wohlgemerkt nicht so sehr eine Folge rassischer als vielmehr sozialer Vorurteile, und Heiraten zwischen Vetter und Cousine sowie Onkel und Nichte waren in ihnen durch Generationen hindurch üblich. Maria Graham war überrascht von den häufigen Verbindungen gleichen Blutes, und sie fand sie, scheint es, mit einem gewissen üblen Geruch von Unzucht behaftet, zumal Mitte des XIX. Jahrhunderts gegen das Heiraten dieser Art von den medizinischen Fakultäten des Kaiserreiches wissenschaftlich begründete Warnrufe erhoben wurden.

Die Wanderleys jedenfalls stellten einige Männer, die sich in Politik, Richteramt und Kirche Verdienste erworben haben, wenn sie auch – mit Ausnahme vielleicht des Barons von Cotegipe, der einer der tüchtigsten Staatsmänner des Kaiserreiches war – keine Genies hervorbrachten. Der erwähnte Baron scheint einen Tropfen Negerblut mitbekommen zu haben. Andererseits findet man unter den authentischen Wanderleys, den blondesten und rosigsten, eine Menge Beispiele für alkoholische Degeneration, eine Familienschwäche, die sogar von der ländlichen Folklore besungen wird. Genauso waren die Albuquerques für ihre Lügenhaftigkeit bekannt, die Cavalcantis – eine Familie aus Pernambuco, welche von dem florentinischen Edelmann Filippo Cavalcanti abstammt – für ihre Abneigung, Schulden zu zahlen, sowie die Sousa Leãos und Carneiro da Cunhas als Erotomanen. Im Volksmund heißt es: Es gibt keinen Wanderley, der nicht säuft, keinen Albuquerque, der nicht schwindelt, keinen Cavalcanti, der keine Schulden hat, keinen Sousa Leão und keinen Carneiro da Cunha, der ein Negermädchen verschmäht.

Gegen die allgemeine Behauptung, der Alkoholismus der Wanderleys sei der typische Fall einer durch das heiße Klima bedingten nordischen Degeneration, spricht die Tatsache, daß wir nicht wissen, inwieweit diese Exzesse auf Schwierigkeiten in der Akklimatisierung zurückzuführen sind. Alkoholismus kann ebensogut eine Familienschwäche sein, die noch von sozialen Bedingungen gefördert wird. Aber in unserem Land fallen genealogische Studien meist sehr oberflächlich aus und werden hauptsächlich nur unternommen, um der Eitelkeit der kaiserlichen Barone oder der republikanischen Snobs zu schmeicheln. Sie sind unwahr und seicht, d. h., sie sind wissenschaftlich nicht ernst zu nehmen. Im Falle der Wanderleys müßte man Gaspars Vorfahren sehr genau untersuchen. Über ihn selbst wissen wir von Wätjen, daß er von Adel, aber ein Mann mit schwachem Charakter war. Das ist wenigstens die Meinung der holländischen Chronisten. Welcher Art war seine Charakterschwäche? War er ein Mitgiftjäger, ein Mann, der vor irgend etwas ausgerückt war, oder ein Trinker? Wieweit können wir den Behauptungen der Holländer trauen, die Gaspar gegenüber voreingenommen sind und ihn als eine Art umgekehrten Calabar ansehen, der sein eigenes Volk verriet und auf die Seite der Pernambucaner und seiner Braut überlief? Es ist wahr, sie war eine reiche Braut, die Tochter eines Plantagenbesitzers. Es gab noch andere Holländer, die Brasilianerinnen zu Frauen nahmen, berichtet der

Marquis de Basto, aber diese kamen aus weniger vornehmen Familien.

Die Tatsache, daß die Wanderleys degenerierte Alkoholiker wurden und ihr früheres Prestige als Aristokraten verloren, ist hauptsächlich sozialen und ökonomischen Ursachen zuzuschreiben, unter denen auch andere berühmte Familien der Kolonialzeit gelitten haben und in Dekadenz verfallen sind: die Unsicherheit des landwirtschaftlichen Reichtums infolge Monokultur und Sklaverei, die Erbschaftsgesetze, welche die Aufteilung der Besitze begünstigten, die Abschaffung der Sklaven, ohne daß die Besitzer entschädigt wurden, ein Gesetz, welches das mit europäischen Einwanderern angefüllte São Paulo wenig bekümmerte, aber den Norden völlig unerwartet traf, denn die Pflanzer dort verfügten über kein anderes Vermögen als das ihrer Negersklaven.

Die Familie Pais Barreto zum Beispiel, wie auch die Wanderleys in Serinhaém und Rio Formoso, von Pernambuco, war seit Jahrhunderten an derselben Stelle des Staates, in dem heutigen Bezirk Cabo, ansässig. In ihr wurde im Gegensatz zu anderen brasilianischen Familien durch das Recht des Erstgeborenen der ungeteilte Besitz und die Reinheit des Stammbaums garantiert. Und doch ist diese so gegen die Gefahr der Zersplitterung geschützte und umhegte Familie heute eine der dekadentesten und am weitesten im Lande zerstreuten. Wo sind heute die Pais Barretos, die bis zu Beginn des XIX. Jahrhunderts einen so beherrschenden Einfluß auf die Geschicke Pernambucos ausübten? Viele von diesem vornehmen Geblüt sitzen heute in bescheidenen Büros oder sind armselige kleine Farmer.

Die Frage, inwieweit diejenigen Europäer, welche sich in Brasilien rassisch relativ rein erhalten haben, degeneriert sind, ist deshalb schwierig zu beantworten, weil wir immer einer sozialen Unsicherheit unterworfen waren, die durch die landwirtschaftliche Entwicklung bedingt war. Wir waren erst abhängig vom Zuckermarkt, dann vom Kaffeemarkt und immer von den Negersklaven.

In Gebieten mit anderem, mit gutem, ja mit bestem Klima in technischem Sinn sind ähnliche Erscheinungen von Degeneration und Verfall beobachtet worden als Folge der gleichen sozialen Einwirkungen: Sklaverei und Monokultur. In unserem Lande bemerkte Joaquim Nabuco, der sich mit dem Sklavenhaltersystem seiner Zeit beschäftigt hat, daß große Vermögen aus den Händen derer, die sie gegründet haben, immer mehr auf Kreditgeber übergehen, und er sagt: »Wenig Enkel der Plantagengründer haben den von ihren Vätern ererbten Besitz erhalten können. Das Sprichwort ›Reicher Vater, nobler Sohn, armer Enkel‹ ist eine Weisheit, die auf der Erfahrung unseres Volkes mit der Sklaverei beruht, deren Resultat ist, daß mit ihr erworbener Reichtum zerfällt und nicht selten in fremde Hände gerät.« In der gleichen Situation waren die Südstaaten der USA, sie litten unter demselben Druck von Unsicherheit und Unbeständigkeit, und im Norden trugen andere Faktoren zur Degradierung von Familien bei. Auch in São Paulo kann diese beobachtet werden, obwohl es für die Nordeuropäer klimatisch günstiger ist als Pernambuco, Bahía oder Maranhão.

Die Familie Leme mag hier als Beispiel dienen, die, auch nordischen Ursprungs, einst berühmt war und heute recht dekadent ist. Alles, was von ihrem früheren Glanz erhalten blieb, ist die Redegewalt des Kardinals Dom Sebastião Leme. »Und was ist aus dieser Familie geworden? Wie kam es denn überhaupt dazu?« waren die Fragen, die vor Jahren Antonio A. da Fonseca mit Bezug auf den Patriarchen Leme und seine direkten Nachkommen und Namensträger stellte: »So wie es ihnen ergangen ist, wird es fast allen heute noch bedeutenden Familien ergehen. In der zweiten oder dritten Generation werden sie zu sogenannten Caipiras oder Caboclos werden, geradeso wie die Nachkommen der mächtigen Lemes von 1720 ... Ich kannte im Cajurú-Viertel einen Caipira oder Caboclo, der sein Leben mit der Hacke fristete, meinen Vater auf seinen Hirschjagden als Hundeführer zu begleiten pflegte und für seine Dienste mit ein paar Pfennigen bezahlt wurde. Dieser Caipira hieß Apolinário Leme und war ein Nachkomme jener Potentaten, denen Seine Majestät der König von Portugal ihre Verbrechen vergeben hatte ...« Es war nicht nur Apolinário Leme, den Fonseca kannte, der zum Hundeführer degradiert war; es gab Abkömmlinge von Generalkapitänen, die von niederster Arbeit lebten, die einen als Aufseher, die anderen als einfache Arbeiter. »Der Sohn eines der Unterzeichner des Verfassungsentwurfs« war jetzt einfacher Bote in Itú, der legitime Enkel eines kaiserlichen Barons Aufseher auf einer Kaffeeplantage. Andererseits arbeiteten sich Nachkommen europäischer Plantagenarbeiter hoch und besetzten die Plätze der einstigen Barone Pedros II. mit den vom Papst persönlich verliehenen Grafentiteln.

Der Verfall der Familien war hauptsächlich eine Folge der Unbeständigkeit des landwirtschaftlichen Reichtums, welcher auf einer Monokultur basierte. Das Produkt dieser Monokultur, Zucker oder Kaffee, wurde durch Sklavenarbeit erzeugt und war großen Marktschwankungen unterworfen. Degeneriert oder dekadent wurden nicht nur die Familien nordischer Abkunft, die durch Inzucht einigermaßen reinrassig blieben. Auch Familien, die rein portugiesisch waren oder farbige Blutauffrischungen erhalten hatten, zerfielen; Familien, die einst hochberühmt waren und heute keinerlei Bedeutung mehr haben.

Bezüglich der großen Bedeutung der brasilianischen Familie in der Sozialgeschichte bleibt mir noch, darauf hinzuweisen, daß Brasilien entdeckt und kolonisiert wurde – vom Ende des XVI. Jahrhunderts an selbstkolonisiert und sein eigener Verteidiger gegen Angriffe von außen – zu einer Zeit, da die Portugiesen die Herren vieler Länder in Afrika und Asien waren und in den Besitz einer reichen Vielfalt von tropischen Produkten kamen, die zwar Europa nicht alle brauchen konnte, welche aber nichtsdestoweniger Produkte feiner, üppiger und alter asiatischer und afrikanischer Zivilisation waren. Und von allen Teilen des lusitanischen Weltreiches profitierte Brasilien vielleicht am meisten und besten von diesen neu entdeckten Kulturgütern: Sonnenschirm, Sänfte, Fächer, bengalisches Rohr, seidene Zierbettdecken, das sino-japanische Dach, das über die Hauswände hinausragt und an den Ecken sich halbmondförmig aufschwingt, chinesisches Porzellan und indische Keramik, Pflanzen, Gewürze, Tiere, Süßfleisch, Kokospalme, Jaqueira, Mangobaum, Zimt, Brotfruchtbaum, Kuskus, indische und chinesische Möbel.

Der brasilianische Aristokrat des Küstengebietes von Pernambuco und der Umgebung von Bahía erfreute sich dieser Raffinements schon zu einer Zeit, als in Europa nur Herrscherhäuser des XVI. Jahrhunderts sich solchen Luxus leisten konnten. Der Portugiese war der erste, der Fächer, Tischporzellan, seidene Zierdecken, Teeservices und Sonnenschirme aus dem Orient, aus China und Indien nach Europa brachte. Es ist sogar wahrscheinlich, daß er das tägliche Bad aus dem Fernen Osten in England eingeführt hat. Sollte das wahr sein, dann entbehrt dieser Umstand nicht einer gewissen Ironie und erinnert an die Geschichte des Missionars, der bei der Rettung der Seelen anderer seine eigene verlor. Es ist auch möglich, daß der Portugiese aus China Raketen und Feuerwerk, ohne die kein portugiesisches oder brasilianisches Kirchenfest denkbar wäre, sowie die Mode, viel Juwelen und Schmuck zu tragen, in Europa eingeführt oder verbreitet hat.

Die Geschichten über die Üppigkeit und den Luxus, den im XVI. und XVII. Jahrhundert Plantagenbesitzer von Bahía und Pernambuco trieben, lesen sich wie Lügengeschichten, die von kolonialen Mönchen mit

Spuren maurischer Architektur in Brasilien:
Balkon eines alten Hauses in Olinda

kalligraphischer Sorgfalt und Liebe zur Sache ausgemalt wurden. Diese Geschichten handeln nicht von einem, sondern von vielen Landedelleuten jener Tage, speziell der ganz großen unter ihnen, welche an den Kirchenfesten ihre Pflanzungen zu verlassen pflegten, um die Tage in Olinda zu feiern. Diese Feste der alten Zeit fielen in die Regenzeit, von Karneval bis St. Johannes. Die Berichte über diese Feiern sind sicher ein bißchen übertrieben. Sie erzählen von Mahlen, bei denen mit der Gabel gegessen wurde, eine Raffinesse, die es damals selbst an europäischen Königshöfen selten gab; von mit Silber und Porzellan beladenen Tafeln, von mit schwerer Seide bedeckten Betten, von goldenen Türklinken, von mit Edelsteinen beladenen Damen. Aber wenn wir bedenken, daß viel von diesem Luxus auf den Tischen, im Hause und am Leibe, der in Europa im XVI. und XVII. Jahrhundert aufkam, aus dem Orient herbeigeschafft wurde, dann wird die Zurschaustellung von Reichtum und das Aufkommen unerhörter Raffinements in dem neuen Land schon verständlicher. So merkwürdig war das ja gar nicht, nachdem Bahía und Pernambuco schnell Anlaufhäfen für mit wertvollen Waren vollbeladene Schiffe aus dem Osten geworden waren, Schiffe, die schwerfällig wie schwangere Frauen, bis an die Lukendeckel gefüllt mit kostbarer Ladung, welche die Portugiesen den Aristokraten und Bürgern Europas brachten, die Meere kreuzten. Nichtsdestoweniger ist die bloße Anwesenheit von Tafelsilber bei den Pflanzern von Olinda im XVI. Jahrhundert ein Grund zum Staunen: ein solcher Luxus bei Menschen, die nach den ersten Urwaldrodungen gerade die ersten Zuckerpressen errichtet hatten!

Es sind indessen nicht nur die Kapläne, die von diesen Dingen in einer Weise berichten, welche an Lobpreisungen der Heiligen erinnern; ausländische Reisende wie Pyrard de Laval verweilen auch bei ihnen. Pyrard ist vielleicht der erste Europäer, der die brasilianischen Herrenhäuser bewundert – *»de belles maisons nobles«* –, wobei er sich auf die Umgebung von Bahía bezieht. In einem dieser Häuser war der Franzose zu Gast, aber er nennt uns nur den Familiennamen des Gastgebers, und auch den scheint er nicht richtig behalten zu haben: Mangue la Bote. Wie dem auch sei, jedenfalls lebte dieser Mangue la Bote Anfang des XVII. Jahrhunderts auf seiner Plantage wie ein vornehmer Herr. Er hielt sich sogar eine eigene Musikkapelle, die ihn bei Tisch unterhielt, und zwar ein Orchester von dreißig Mann – alles Neger – mit einem Marseillaiser als Dirigenten. Mangue la Bote wurde auf ein Vermögen von über dreihunderttausend Escudos (*»riche de plus de trois cent mille exus«*) geschätzt, ein Vermögen, das durch Zucker und Neger gewonnen war. Diese beiden Güter waren übrigens die Grundlage der Aristokratie des kolonialen Brasilien.

Auch jene »an Ländereien reichen Einwohner«, von denen Gabriel Soares spricht, dürften ihre Vermögen mit dem Zucker und dem schwarzen Mann gemacht haben, und das gleiche gilt von den mehr als hundert Einwohnern von Bahía im XVI. Jahrhundert, die ein jährliches Einkommen von ein- bis fünftausend Cruzados hatten, während ihre Plantagen Werte von zwanzig-, fünfzig- oder sechzigtausend Cruzados repräsentierten. Diese Pflanzer, erzählt der Chronist, »lebten sehr vornehm mit vielen Pferden, Dienern und Sklaven und einem Überfluß an Kleidern, speziell die Frauen trugen nichts als Seide ...« Auf ihren Tischen gab es »Tafelsilber«. Viele dieser prächtigen Besitze hatten Wassermühlräder, wie der des Sebastião de Faria am Ufer des Cotegipe: »große Zuckermühlen, große Wohnhäuser, eine Kirche des heiligen Hieronymus, ganz aus Stein und Mörtel, die ihn mehr als zwölftausend Cruzados gekostet hatte«. Oder es gab durch Ochsen betriebene Mühlen, wie bei Vasco Rodrigues Lobato, »ganz von Zuckerrohrfeldern umgeben, aus denen sie viele Arrobas Zucker herausholen« (Arroba = ca. 32 englische Pfund).

Pater Fernão Cardim hat also vielleicht nicht übertrieben, wenn er die ihm bekannten Plantagenbesitzer von Pernambuco 1583 für »sehr reiche Männer, die vierzig-, fünfzig- und achtzigtausend Cruzados wert sind«, hält, mit Gütern, größer und reicher als die von Bahía. In Wahrheit aber waren selbst in diesen Zeiten, da die Zuckerpreise noch hoch waren – 460 Reis die Arroba für weißen Zucker und 320 für braunen –, viele dieser Pflanzer schwer verschuldet, und zwar infolge des »Aufwandes und der großen Ausgaben für private Lebenshaltung«. Pferde, die zwei- und dreihundert Cruzados kosteten, damastüberzogene vergoldete Betten, indische Zierdecken, viel mehr Sklaven, als gebraucht wurden, Gastmähler, Hochzeitsfeste und Kindtaufen mit extravaganten Genüssen und teuren Speisen und Getränken verschlangen das Geld.

Ein erstaunlich üppiges Leben führten diese portugiesischen Kolonisten, die ihr Kapital im Boden stecken hatten und denen es in Brasilien in der ersten Zeit gelang, von Zucker und Negern zu prosperieren. In Pernambuco gab es dreiundzwanzig Zuckermühlen, die mit Ochsen- oder Wasserkraft arbeiteten und 1576 fünfzig- bis siebzigtausend Arrobas Zucker produzierten. Bahía hatte achtzehn solcher Anlagen. Jede dieser Anlagen hatte ungefähr zehntausend Cruzados gekostet und beschäftigte fünfzig Stück Sklaven und fünfzehn bis zwanzig Joch Ochsen. Die Jahresproduktion der besten von ihnen belief sich auf sechs- bis zehntausend Arrobas Rohzucker.

Im vorigen Jahrhundert bemerkte Silveira Martins: »Brasilien heißt Kaffee, und Kaffee heißt Neger.« So hätte man im ersten Jahrhundert sagen können: »Brasilien bedeutet Zucker, und Zucker bedeutet Neger«, denn in Bahía und Pernambuco, den beiden Zentren wirtschaftlicher und sozialer Üppigkeit, den beiden großen internationalen Häfen im Brasilien des XVI. Jahrhunderts, wurde der Indianer wegen seiner kulturellen Minderwertigkeit beiseite geschoben. Wegen seiner mangelnden Fähigkeit war er für das kolonisatorische System, das den Grundstein für die brasilianische Wirtschaft legte, unbrauchbar. Der Anbau von nahrungsnotwendigen Pflanzen wurde von immer neuen Reihen Zuckerrohrs eingeengt. In diesen Reihen sahen die von den Schätzen Indiens enttäuschten Portugiesen ihr *»In hoc signo vinces«*, und von dieser auf den Zucker angewendeten Devise war die auf Sklaverei aufgebaute landwirtschaftliche Kolonisation besessen.

Viertes Kapitel
Der Negersklave im Sexual- und Familienleben des Brasilianers

Jeder Brasilianer, auch der hellhäutige und blondhaarige, trägt auf seiner Seele und oft auch auf seinem Körper das Mischlingsmal des sogenannten Mongolenflecks (*jenipapo*) als Schatten oder Kennmarke seiner Abstammung vom Indianer oder Neger. Wenigstens an der Küste von Maranhão bis Rio Grande do Sul und in Minas Gerais ist es das Mal des Negers, der direkte, unbestimmte oder weit zurückliegende Einfluß des Afrikaners.

Dieser Einfluß macht sich in unserer Zärtlichkeit, unserer übertriebenen Ausdrucksfähigkeit, unserem in Gefühlen schwelgenden Katholizismus, unserem Gang, unserer Sprache, unseren Wiegenliedern, unserer Musik und in allen unseren wesentlichen Lebensäußerungen bemerkbar. Es ist der Einfluß unserer schwarzen Kindermädchen oder Ammen, die uns in den Schlaf wiegten, die uns die Brust gaben, die uns mit dem eigenhändig bereiteten Brei fütterten. Es ist der Einfluß der alten Frau, die uns Kindern von Geistern und Tieren erzählte, des Mulattenmädchens, das uns von unserem ersten »Bicho de pé« (Zeckenart) erlöste, das uns beim Knarren des Feldbettes die Liebe lehrte und uns zum erstenmal unsere Männlichkeit erleben ließ; des Negerjungen, der unser erster Spielkamerad war.

Es ist auch von anderer Seite auf die Möglichkeit hingewiesen worden, daß die bei den Söhnen aus Familien der sklavenhaltenden Länder zu bemerkende Vorliebe für farbige Frauen auf die intimen Beziehungen des weißen Kindes zu seiner schwarzen Amme zurückzuführen ist. Die psychische Bedeutung, welche im Akt des Saugens liegt, und seine Wirkung auf das Kind ist nach dem Urteil moderner Psychologen enorm, so daß Calhoun mit seiner Meinung, der Einwirkung der schwarzen Amme auf das weiße Kind sei eine große Bedeutung zuzumessen, schon recht haben kann.

Tatsächlich erklären schon allein die sozialen Bedingungen auf den alten Zuckerplantagen Brasiliens und den einstigen Pflanzungen in Virginia und Carolina, wo die Jungen ständig von Neger- und Mulattenmädchen, die leicht zu haben waren, umgeben waren, die erwähnte Vorliebe. In Brasilien ist es bekannt, daß es weiße Männer gibt, die nicht nur Negerfrauen vorziehen, sondern auch unfähig sind, bei anderen Frauen Befriedigung zu finden. So wird uns der Fall eines Sohnes einer angesehenen Pflanzerfamilie aus Pernambuco überliefert, dessen Eltern es unmöglich war, für ihn eine Heirat mit einer Cousine oder einem anderen weißen Mädchen aus ebenbürtiger Familie zu arrangieren, weil er nur Negerinnen haben wollte. Raoul Dunlop erzählt von einem anderen Beispiel, das einen jungen Mann aus einer sehr bekannten Sklavenhalterfamilie des Südens betrifft. Dieser Jüngling brauchte das nach dem »Budum«, der typischen Körperausdünstung, riechende verschwitzte Nachthemd eines Negermädchens, mit dem er ein Verhältnis gehabt hatte, um sich für seine weiße Braut erregen zu können, und nahm dieses Hemd mit in sein eheliches Schlafgemach. Dies sind ausgesprochene Fixierungen, die morbid anmuten, aber sie lassen den Schatten des Negers, der über dem Sexual- und Familienleben des Brasilianers liegt, ahnen.

Dieser Essay soll sich nicht, oder nur indirekt, mit der ästhetischen Seite der Bedeutung des Negers und noch weniger mit dem rein wirtschaftlichen Fortschritt Brasiliens befassen. Wir müssen jedoch am Rande bemerken, daß die Rolle des Negers außerordentlich bedeutend war und meiner Meinung nach in den Agrarzonen der Küste bedeutender als die der Eingeborenen und in gewisser Hinsicht auch der Portugiesen.

Des Negers Überlegenheit über den Indianer, ja über den Portugiesen, was kulturelle und moralische Werte sowie technische und künstlerische Begabung angeht, erscheint den konservativen und offiziellen Kreisen Brasiliens ein ausgefallener Gedanke. Aber ein Akademiker hat bereits die erste These – die Überlegenheit des Negers über den Indianer – in ein Lehrbuch aufgenommen. Mit Recht erkennt er an, daß der von dem portugiesischen Kolonisten nach Brasilien gebrachte Afrikaner ein höheres Kulturniveau besaß als der Eingeborene: »Sie [die Afrikaner] standen auf einer höheren Stufe soziologischer Entwicklung als unsere Indianer.« Diese Kühnheit hat natürlich dem Professor Afrânio Peixoto seitens der *Revista do Instituto Histórico e Geográfico Brasileiro* einen heftigen Tadel eingetragen. Professor Peixotos Buch kommentierend, sagt diese Gelehrten-Zeitschrift: »Tatsache ist, daß unsere Ureinwohner schon die Sterne verehrten, als die hier eingeführten Söhne des Schwarzen Kontinents noch nicht über das Stadium des reinen Fetischismus hinausgekommen waren, einige von ihnen waren so primitiv, daß sie Bäume anbeteten.«

Der Schreiber fährt in souveräner Verachtung der Wahrheit fort: »Weder hinsichtlich Kunst und Handwerk noch im Anbau von Nutzpflanzen, noch in der Zähmung von Haustieren, noch in Familien- und Stammesorganisation, noch an astronomischen Kenntnissen, noch in Sprache und Legenden waren die Schwarzen unseren Waldbewohnern überlegen«, und er schließt mit Genugtuung: »Was die Trennung der natürlichen von den übernatürlichen Kräften und erste Formen einer politischen Organisation angeht, so können auch hierin die brasilianischen Eingeborenen nicht tiefer eingestuft werden als die Kinder des sonnenversengten Landes von Cham.«

Das Studium der primitiven Gesellschaftsformen Amerikas zeigt, daß die Kulturerrungenschaften ungleichmäßig über den Kontinent verteilt waren. Sie erreichten in den Halbzivilisationen Mittelamerikas ihre größte Verdichtung, nahmen in den kulturarmen Gebieten der tropischen Urwälder ab und versickerten schließlich mehr oder weniger in Patagonien. Die Untersuchungen ergeben, daß ein großer Teil der eingeborenen Bevölkerung Brasiliens zu den weniger begünstigten Kulturgebieten gehört. Nur in Marajó ist als natürliche Folge des engeren Kontaktes mit den mittelamerikanischen Gebieten eine höhere kulturelle Entwicklung zu bemerken.

Die von Kroeber gezeichnete Landkarte der Kulturkreise Amerikas gibt uns ein genaues Bild von der jeweiligen Menge und den unterschiedlichen Graden der hervorgebrachten Kulturgüter, der höheren und niederen Qualitäten unserer Kulturen. Aus dieser Karte geht hervor, daß Patagonien und auch die Gebiete der tropischen Urwälder in bemerkenswertem Kontrast zu den zwei oder drei amerikanischen Kulturzonen stehen, die ein sehr ausgearbeitetes Relief zeigen.

Der Reliefunterschied auf der Karte ist so groß, daß die stark voneinander abweichenden Kulturhöhen ins Auge springen. Ebenso darf man bei der Betrachtung von Afrika Ägypten mit seiner zweifellos üppigen Zivilisation nicht weglassen und einfach in Bausch und Bogen von der auf niedriger Stufe stehenden afrikanischen Kultur sprechen, denn auch Afrika weist bedeutende kulturelle Niveauunterschiede auf, deren Werte wie in Amerika ständig quantitativ und qualitativ variieren. Eine Karte der verschiedenen Zonen, welche von Leo Frobenius und auch in etwa von Melville J. Herskovits bestimmt wurden, erleichtert uns, die mitunter wesentlichen Veränderungen der Kulturen des afrikanischen Erdteils, mehr als es die trockene Sprache der Anthropologen und Ethnologen vermöchte, zu erkennen. Solch eine Karte mit Gipfeln und Niederungen sollte uns gegen die Gefahr eines verallgemeinernden Urteils über den afrikanischen Kolonisator in Brasilien wachsam machen.

Nichts wäre unwissenschaftlicher, als die Minderwertigkeit des afrikanischen Negers im Verhältnis zum Indianer zu deklarieren, ohne zunächst zu definieren, welcher Indianer und welcher Neger – ob Tapuia, Bantu oder Hottentotte – gemeint ist. Es wäre absurd, abzuleugnen, daß z. B. der Sudanneger, der in beträchtlichen Mengen nach Brasilien gebracht wurde, ein höheres Kulturniveau besaß als der fortgeschrittenste Eingeborene. Zu behaupten, daß »weder hinsichtlich Kunst und Handwerk noch im Anbau von Nutzpflanzen, noch in der Zähmung von Haustieren, noch in Familien- und Stammesorganisation, noch an astronomischen Kenntnissen, noch in Sprache und Legenden die Schwarzen unseren Waldbewohnern überlegen waren«, ist eine Äußerung, die gerade umgekehrt richtig wäre, denn alle Beweisstücke materieller und moralischer Kulturwerte der Negersklaven bezeugen, daß sie kulturell höher entwickelt waren und geeigneter als die Indianer, zur wirtschaftlichen und soziologischen Entwicklung Brasiliens beizutragen, mitunter sogar besser geeignet als die Portugiesen selbst.

Über ihre technische und kulturelle Überlegenheit hinaus waren die Neger auch biologisch und seelisch für ein Leben in den Tropen geeigneter. Da ist zu nennen ihre größere Fruchtbarkeit in heißen Zonen, ihre Liebe zur Sonne, ihre Energie, welche im tropischen Urwald frisch und unverbraucht bestehenblieb. Diese ihre Qualitäten und Energie stehen nach Bates in auffälligem Gegensatz zu den raschen Ermüdungserscheinungen der Indianer und der Caboclos unter der heißen Sonne Nordbrasiliens. Bates bemerkt bei den Indianern, die er nicht nur oberflächlich, sondern sehr genau kannte, denn er lebte von 1848 bis 1859 unter ihnen, *»a constitutional dislike to the heat«*. Er fügt hinzu, daß er sie immer an Regentagen, wenn das Wasser an ihren nackten Körpern herablief, am fröhlichsten, am glücklichsten und am lebhaftesten gesehen habe. Möglicherweise ist dies ein Zeichen für einen Ursprung aus kälteren Zonen. *»How different all this is with the negro, the true child of tropical climes!«*

In einem vor kurzem herausgegebenen Essay bestätigt Waldo Frank das hohe Lob, das Bates dem Neger als dem wahren Sohn der Tropen zollt, der von Gott für das Ertragen intensiver Hitze erschaffen wurde und sich am besten von allen an das Klima Brasiliens und seine Lebensbedingungen gewöhnt hat. Diese Anpassung ist vielleicht in der Hauptsache durch psychische und physiologische Faktoren bedingt. McDougall versichert, sie sei eine Frage der seelischen Konstitution, aber auch körperlich bedingt, insofern als es dem Neger gegeben ist, nicht nur in der Achselhöhle, sondern am ganzen Körper zu schwitzen, und zwar nicht wie der weiße Mann tropfenweise, sondern in einem kontinuierlichen Strom, ein Umstand, der dadurch erklärt wird, daß Neger über ein Maximum und Weiße über ein Minimum an Verdunstungsfläche verfügen.

Ungefähr wie Bates stellt Wallace den stillen und in sich gekehrten Indianer in Gegensatz zu dem fröhlichen, lebhaften und plappernden Neger. In der modernen Fachsprache der Psychologie würde man den Indianer als introvertiert und den Neger als extrovertiert bezeichnen. Das ist auch die Theorie von McDougall in seinen Studien über *National Welfare and National Group* und *Group Mind*. Es ist eine kühne Theorie, welche die Anwendungen eines Kriteriums voraussetzt, das bisher nur bei Einzelfällen üblich war und praktisch sich auf die psychiatrische Klinik beschränkte. Dieses Kriterium soll hier der Unterscheidung und Bestimmung ethnischer Charakteristika dienen. Diesem Unterschied in der seelischen Veranlagung schreibt es McDougall zu, daß der Indianer mehr als der Neger die Tendenz zeigte, vor dem zivilisierenden Kontakt mit dem Europäer zurückzuweichen und schließlich in dem ungleichen Kampf zu erliegen. Der amerikanische Eingeborene als introvertierter Typ findet eine Anpassung natürlich schwierig. Der Neger hingegen ist ein extrovertierter, leichtlebiger, schmiegsamer und anpassungsfähiger Typ. Doch selbst wenn dieses Kriterium allgemein anerkannt wäre, würden die Indianer-Enthusiasten immer noch Gründe finden, an eine moralische Superiorität der Ureinwohner zu glauben. Verweigerten die Indianer nicht die Hackarbeit auf den Zuckerrohrfeldern mit dem Hochmut spanischer Granden? Gleichen sie doch in ihrer unnachgiebigen Festigkeit, in ihrer Anpassungsfähigkeit, in ihrem ganzen Temperament den spanischen Granden.

Indessen zeigt das historisch-kulturelle Kriterium, das so oft das psychisch-physiologische bei der Bestimmung ethnischer Züge korrigiert hat, daß die Unfähigkeit der Indianer mehr soziologischer und technischer als biologischer und psychischer Natur war, wenn man auch keineswegs vergessen darf, daß der nomadische Charakter ihrer wirtschaftlichen Existenz als sehr schwerwiegender Faktor dazu beigetragen hat, daß der Indianer sich für eine ständige landwirtschaftliche Arbeit als unbrauchbar erwies, während die afrikanischen Gemeinschaften, aus denen wir große Mengen unserer Sklaven bezogen, schon an derartige Arbeit gewöhnt wie auch mit der Viehzucht und deren Nutzbarmachung zur Fleisch- und Milchproduktion vertraut waren.

Eines soll jedoch unmißverständlich klargestellt werden: Ich verneine keineswegs die möglichen Vorteile einer Anwendung des Kriteriums für die psychologische Typenlehre auf die Bestimmung ethnischer Unterschiedsmerkmale. In dem wohlausgestatteten Labor, das Brasilien darstellt, kann jederzeit mit Versuchen zum Beweise der Theorie von der Introversion der Indianer und der Extroversion der Neger begonnen werden. Wenn man das negroide Bevölkerungskontingent, z. B. von Bahía, das fröhlich, aufgeschlossen, freundlich und mitteilsam ist, mit anderen, weniger von den Negern und mehr von Indianern beeinflußten Volksgruppen – wie den Einwohnern von Piaui, Paraíba und selbst von Pernambuco – vergleicht, so hat man den Eindruck, es seien voneinander grundverschiedene Völker. Die Menschen der letzterwähnten Landesteile, hauptsächlich im Hinterland des Nordostens, erscheinen stumpf, schweigsam reserviert, hinterhältig bis eigensinnig ohne jene ansteckende Heiterkeit der Bahíaner und ohne ihre mitunter gefährlichen Temperamentsausbrüche, ohne ihren Charme, ihre Spontaneität, ihre Höflichkeit, ihr herzhaftes und mitreißendes Lachen. In Bahía scheint jeder Tag ein Fest zu sein, ein brasilianisches Kirchenfest mit Zimtblättern, Kuchen, Feuerwerk und Liebeständelei.

Pitt-Rivers sagt, die Tänze der Neger unterscheiden sich von denen der Indianer durch die spontane Bewegung großer Massen im Kontrast zu der rituellen Strenge und den gehaltenen, gemessenen Bewegungen der Indianertänze. Letztere haben fast rein dramatischen Charakter, sind apollinisch, wie Ruth Benedict sagen würde, der wir interessante Volksstudien verdanken und die den Ausdruck »apollinisch« im Gegensatz zu »dionysisch« anwendet. Dieser Kontrast ist besonders zu bemerken in den afro-brasilianischen Xangô-Sekten, welche sich laut und überschäumend gebärden, praktisch ihren jeweiligen Gefühlen hemmungslos freien Lauf lassen und gar nichts von dem gefühlsstarren Zeremoniell der Eingeborenen haben.

Diese Gegensätze, die mit der seelischen Veranlagung und möglicherweise mit der biologischen Anpassung an das heiße Klima zusammenhängen, erklären zum Teil die Rolle des Negers in Portugiesisch-Amerika als des weißen Mannes eifrigster und brauchbarster Helfer bei der Aufgabe der landwirtschaftlichen Kolonisierung. Gleichzeitig erklärt sich hieraus, warum er auch eine zivilisatorische Mission im Sinne der Europäisierung der Eingeborenen erfüllte, eine Mission, die es verdiente, unseren Indiolobsängern besser bekannt zu sein. Roquette-Pinto konnte Beweise für die Europäisierung von Bevölkerungsteilen Mittelbrasiliens durch die Einwirkung von Neger-Quilombos, den Kolonien entflohener Sklaven, finden. Geflohene Sklaven hatten unter den Indianern portugiesische Sprachkenntnisse und den katholischen Glauben verbreitet, bevor weiße Missionare den Weg zu ihnen fanden. Nachdem sie sich im Hochland unter den Parecí-Indios in ihren Quilombos niedergelassen hatten, vermischten sich diese flüchtigen Sklaven mit geraubten Indianerinnen. Eine Bandeira (bewaffnetes Expeditionskorps), die im XVIII. Jahrhundert ausgeschickt wurde, sie zu zerstreuen, traf auf die ehemaligen Sklaven, wie sie in den Quilombos über eine Cafuso-Bevölkerung geboten. Sie fanden große Pflanzungen, Geflügelzucht, Baumwollanbau und die Anfertigung grober Stoffe vor. Weiter entdeckten die »Bandeirantes«, daß alle Erwachsenen dieser Mischlinge von Negern und Indios »etwas vom christlichen Glauben wußten. Die Neger hatten ihnen diesen beigebracht... Alle sprachen sie portugiesisch mit derselben Fertigkeit der Schwarzen, die ihre Lehrer gewesen waren.«

Selbst wenn man eine überwiegende Extroversion der Neger als gegeben annimmt, so kann doch diese nicht allein maßgebend sein, sondern man muß auch der Vorgeschichte und den sonstigen kulturellen Veranlagungen der Afrikaner eine größere Bedeutung zumessen sowie die Kost und Ernährungsweise des schwarzen Mannes berücksichtigen.

Körpergröße und Gewicht des Menschen sind weitgehend von seiner Ernährung abhängig, und zwar variieren sie nicht nur gebiets-, sondern auch klassenweise. Individuen aus den Oberklassen sind fast immer größer und korpulenter als solche der unteren Schichten; es ist dies eine Erscheinung, die von den Spezialisten damit erklärt wird, daß Menschen der Oberschichten größere Mengen von an »Wachstumsvitaminen« reicher Nahrung zu sich nehmen. F. P. Armitage unternimmt es sogar, zu beweisen, daß auch Farbe und Form des Schädels von der Qualität der Nahrung abhängig sind. Sorokin berichtet, daß in Rußland infolge der Hungersnot von 1921–22 die Durchschnittskörpergröße zurückging, während nach Otto Ammon in Holland und nach Ales Hrdlicka in Amerika, wahrscheinlich auf Grund von Veränderungen der sozialen und Ernährungsbedingungen, die durchschnittliche Körpergröße zunahm. Die im Vergleich zu den brasilianischen Eingeborenen größere wirtschaftliche und eugenische Tüchtigkeit der Neger ist zum Teil auf ihre Ernährungsweise zurückzuführen, die reicher und vielseitiger war als die von Völkern, welche sich noch im Nomadenstadium befanden und keine geregelte Landwirtschaft und Viehzucht kannten. Überdies wurden die wichtigsten Nährmittel der Neger, wenigstens was pflanzliche Kost anbetrifft, mit ihnen nach Amerika gebracht, und dies trug zu einem Afrikanisierungsprozeß der Weißen und Eingeborenen bei und wirkte gleichzeitig erleichternd und ausgleichend an der Verpflanzung der Neger mit. Als die Neger einmal in Brasilien waren, wurden sie in gewissem Sinne die Herren des Landes, sie beherrschten die Küche und bewahrten sich weitgehend ihre eigene Ernährungsweise.

Natürlich sind auch bei ihnen Tendenzen zu bemerken, sich den Bräuchen der Eingeborenen anzupassen, aber in geringerem Umfang als bei den Einwanderern aus Europa, für welche die Verpflanzung viel einschneidender war, weil diese klimatisch, biochemisch und umweltmäßig größere Unterschiede zu überwinden hatten.

Leonard Williams wies 1909 in einem von den orthodoxen Ideen der Weismann-Biologie belasteten Werk auf die Möglichkeit hin, daß Klimaeinflüsse sich durch die endokrinen Drüsen auf den rassischen Charakter auswirken könnten. Er glaubte hierin den Grund für die Unterschiede zwischen Asiaten und Europäern, Romanen und Angelsachsen gefunden zu haben. Wenn auch eines seiner Beispiele – das übrigens von W. Langdon-Brown ohne Einschränkung übernommen wurde – recht unglücklich gewählt ist, und zwar jenes, daß die Juden in den kälteren Zonen Europas rothaarig und zarthäutig wurden, so findet doch seine Theorie in anderen Punkten die Beachtung moderner Anthropologen. Die endokrinologische Basis der Theorie von Leonard Williams ist, daß die Haut eine für äußere Reize empfindliche Antenne darstellt, die auf Grund aufgenommener Reize Reflextätigkeit bei entfernten Organen auslöst. Nach dieser Theorie hat sich das Hautpigment als Schutz gegen übermäßige Reize entwickelt, und jene entfernten Organe, welche mit den wichtigsten Reflexfunktionen auf die erwähnten Reize reagieren, sind die endokrinen Drüsen. Die Williamssche Theorie, welche 1909 kaum Beachtung fand, wird mittlerweile mit Interesse untersucht. In einer recht bemerkenswerten medizinischen Monographie, die von Prof. Maclean von der Universität London herausgegeben wurde, befaßt sich W. Langdon Brown mit dem Verhältnis der endokrinen Drüsen zum allgemeinen Stoffwechsel. Er glaubt, daß die Nebennieren und die Hypo-

Herrenhaus, Negersiedlung und Nebengebäude von São Joaquim da Grama, einem großen Gut im Süden des Landes

physe zweifellos an der Bildung des Pigments beteiligt sind und daß beide auch im Pigmentationsprozeß eine Rolle spielen, und beweist es durch seine Experimente mit Kaulquappen, die nach Extraktion dieser Drüsen zu Albinos wurden. Er ist der Meinung, daß die enge Beziehung zwischen hitzeerzeugenden Drüsen und Pigmentation nicht mehr bestritten werden kann, welche Überzeugung ihn zu dem Glauben bringt, daß dunkelhäutige Typen für heiße Klimata besser geeignet sind als Blonde und Albinos. Brown weist in diesem Zusammenhang auf die Haltung der französischen Regierung hin, die keine weißhäutigen und blonden Typen für den Tropendienst anstellt, sondern Südfranzosen vorzieht, »da sie imstande sind, ein schützendes Pigment zu entwickeln«.

Laut Leonard Williams werden Neulinge durch Klimawechsel und daraus folgende chemische Prozesse – denen er große Bedeutung zumißt – noch anderen Veränderungen unterworfen. Wie wir noch sehen werden, werfen die in den erwähnten Veränderungen liegenden Möglichkeiten dramatische Probleme in der modernen Anthropologie und Soziologie auf. So scheinen sich die Nachkommen der Europäer in Nordamerika den Zügen der Ureinwohner anzugleichen: *»The stereotyping by the climate of the North American continent of the descendants of its widely dissemblant annual European recruits into the hatchet-shaped face and wiry frame of the red Indian aborigins.«*

Die Sache ist noch lange nicht restlos geklärt. Was man mit Bestimmtheit davon weiß, ist sehr wenig und gerade genug, um vor voreiligen Hypothesen und über das Ziel hinausschießenden Theorien zu warnen. Die wahre Beziehung des Pigments zur physischen Umwelt bleibt weiter ein ungelöstes Problem der Anthropologie. Die verallgemeinernde Feststellung, die Menschen der heißen Zonen seien dunkel oder schwarz und die der nördlichen Halbkugel rosig und weißhäutig, gilt nur mit großen Einschränkungen. Haddon weist darauf hin, daß Völker verschiedener Hautfarbe und unterschiedlicher physischer Charakteristika unter gleichen Umwelt- und Klimabedingungen angetroffen werden, und er zitiert das Beispiel eines sehr schwarzen Kongonegers, dessen Milieu sich nur wenig von dem Inneren Borneos und des Amazonasgebietes unterscheidet, obwohl die Einwohner der letztgenannten Gebiete blaßgelb oder zimtbraun sind. Auch kann er sich nicht erklären, warum die Eingeborenen Australiens und Tasmaniens eine derart dunkle Haut haben. Nach dem Urteil der Anthropologen ist zu sagen,

a) daß die Pigmentation spontan auftritt, unabhängig von Milieuein-

Reise einer Gutsherrin in einer von Negersklaven getragenen Hängematte

flüssen, in variablen Zeiträumen, und daß Individuen mit dunkler Pigmentierung tropische Lebensbedingungen besser und länger aushalten als andere;

b) daß andererseits die Pigmentation sich nach der Umgebung richtet und die Folge einer langen Einwirkung der letzteren während einer Epoche ist, da die Gewebe des Menschen noch plastischer und empfänglicher waren als heute; die so erworbene Eigenheit ist wohl erblich geworden, obwohl wir nicht wissen, wie sich Keimzellen durch äußere Einwirkung verändern.

Und hier kommen wir zu einem anderen Problem, vielleicht dem wichtigsten der modernen Biologie, nämlich dem der Vererbung erworbener Eigenschaften. Niemand bestreitet heute mehr, wie noch vor wenigen Jahrzehnten Weismann, daß solche Eigenschaften erblich sein können. Im Gegenteil, selbst in den wissenschaftlichen Labors, wo man über Lamarck nur zu lächeln pflegte, kommt ein Neo-Lamarckismus auf, und die Atmosphäre hat eine gewisse Ähnlichkeit mit der der katholischen Kathedralen des XVII. Jahrhunderts. Nach Ansicht Bertrand Russells führt uns der wissenschaftliche Skeptizismus, dessen hervorragendster Verfechter vielleicht Eddington ist, dem Ende der wissenschaftlichen Ära entgegen, genau wie der theologische Skeptizismus der Renaissance zum Ende der katholischen Ära führte. Der kultivierte Wissenschaftler unserer Tage lächelt nicht nur über den orthodoxen Darwinismus seiner Großeltern, er fängt auch an, über die Begeisterung seiner Eltern von den Weismann-Theorien zu lächeln. Aber dieser tiefe Skeptizismus braucht nicht das Ende der wissenschaftlichen Ära zu bedeuten; es ist möglich, daß sich die Wissenschaft dieses Skeptizismus bedient, um sich zu erneuern, statt sich von ihm schwächen zu lassen. Nie wieder jedoch wird sie sich zu solch allumfassender Selbstherrlichkeit aufblasen, wie sie Ende des vorigen und Anfang dieses Jahrhunderts für sie charakteristisch war.

Im Lichte des neuen wissenschaftlichen Skeptizismus muß also das Problem der erworbenen Eigenschaften weiter ungelöst und zur Diskussion offen stehenbleiben. Weismanns Wort, daß solche Eigenschaften nicht erblich sind und somatogene Züge nicht zu blastogenen werden können, klingt nicht mehr so überzeugend wie einst. Die Experimente von Pawlow in Rußland und von McDougall in den Vereinigten Staaten sind geeignet, den Neo-Lamarckismus zu stärken oder jedenfalls die Weismann-Thesen zu erweitern. In einem Referat vor dem Physiologischen Kongreß in Edinburgh diskutierte der russische Gelehrte das Problem der Reflexe, d. h. der »automatischen Reaktionen auf Reize verschiedener Art, die durch das Nervensystem übermittelt werden«. Pawlow unterschied bedingte Reflexe – d. h. individuell erworbene – von unbedingten und legte Untersuchungsergebnisse bezüglich der durch Sehen und Riechen von Essen hervorgerufenen Reize vor. Gewisse charakteristische Reaktionen setzten ein: Speichelbildung, der Mund wurde wässerig, ganze Reihen von unbedingten Reflexen setzten ein. Aber als einem Tier das Fressen jedesmal bei gleichzeitigem Läuten einer Glocke gereicht wurde, verbanden sich bei dem Tier beide Reize derart miteinander, daß nach genügender Wiederholung die Reaktion auf die Fresserwartung schon beim bloßen Läuten der Glocke eintrat. In Pawlows eigenen Worten: »Wir riefen bei weißen Mäusen einen bedingten Futterreflex hervor, indem wir den Klang einer elektrischen Klingel benutzten. Mit der ersten Gruppe von weißen Mäusen war es nötig, die Kombination von Klingeln und Fütterung dreihundertmal zu wiederholen, bis der Reflex regelmäßig einsetzte. Die nächste (zweite) Generation erwarb den Reflex nach hundert Wiederholungen, die dritte nach dreißig, die vierte nach zehn, die fünfte nach nur fünf ... Auf Grund dieser Ergebnisse glaube ich, daß sich bei einer der nächsten Generationen unserer Mäuse der Futterreflex beim Hören des ersten elektrischen Klingelzeichens einstellen wird.«

Die soziologische Bedeutung der Versuche des russischen Wissenschaftlers hervorhebend, lenkt Prof. Arthur Dendy die Aufmerksamkeit auf einige interessante Einzelheiten indirekter Bestätigung einer möglichen Vererbung erworbener Eigenschaften, zum Beispiel auf das Verhärten der Haut oder die Hornhaut an der menschlichen Ferse. Es ist bekannt, führt er aus, daß Hornhäute dieser Art durch Reibung oder Druck entstehen. Folglich läßt uns die Tatsache, daß ein Kind schon mit verhärteter Fußsohle geboren wird und daß diese Verhärtung schon lange Zeit vor der Geburt festgestellt werden kann – Reibung oder Druck sind also hier ausgeschlossen –, vermuten, daß eine Veränderung, die ursprünglich durch den Gebrauch des Fußes verursacht wurde, gewissermaßen erblich gemacht wurde. Mit anderen Worten, dies wäre ein Fall, in dem eine somatogene Eigenschaft im Laufe vieler Generationen blastogen geworden ist.

Gleicherweise eindrucksvoll sind Kammerers Versuche, die sich mit Farbwechsel und Fortpflanzungsgewohnheiten und deren Reaktionen auf Reize aus neuer Umgebung und Atmosphäre bei Amphibien und Reptilien befassen. Von den neuesten Studien seien genannt: die von Guyer und Smith in bezug auf erworbene Sehfehler, die sich ganz nach Mendelschen Regeln vererben, sowie die von Little, Bagg, Harrison und Müller. Diese Experimente bedürfen zweifellos noch einer Bestätigung, weisen aber schon auf den sehr variablen und labilen Charakter dieser Materie hin. Weismannianer und Neo-Lamarckianer sind heute in Physiologie und Biologie dasselbe wie die Verfechter der Prädestination und des freien Willens in der Theologie.

Angesichts der Vererbungsmöglichkeit erworbener Eigenschaften erhebt sich die brennende Frage, ob nicht die Umgebung physisch und biochemisch imstande ist, rassische und geistige Besonderheiten, die man bisher fest mit dem Körper verbunden glaubte, zu verändern. Die Forschungen von Franz Boas scheinen zu verraten, daß der »biochemische Gehalt«, wie Wissler es nennt, in der Lage ist, den Körpertyp des Einwanderers zu verändern. Wenn diese Veränderungen einmal anerkannt werden und sich der Neuankömmling im Verlauf von Generationen allmählich zu einem neuen Körpertyp umformt, dürfte die Theorie

Herrenhaus und Turm von Casa-Forte (Pernambuco), in dessen Nähe schwere Kämpfe zwischen Holländern und Brasilianern stattfanden

Szene aus dem XVII. Jahrhundert: Auspeitschung eines Sklaven

von den erblich bedingten Mentalitätsunterschieden der einzelnen Rassen und auch der allgemeine Glaube an die an Körpertypen oder -charakteristika gebundene Überlegenheit oder Minderwertigkeit erheblich an Bedeutung verlieren.

In der Frage nach rassischer Minderwertigkeit oder Überlegenheit ist die Schädelform nicht mehr maßgebend, und mit dem Wegfall dieses Kriteriums stürzen viele der bisherigen wissenschaftlichen Vorurteile bezüglich einer eingeborenen und erblichen geistigen Überlegenheit der Weißen über die Schwarzen. Die Theorie von der Überlegenheit der blonden Langschädel ist inzwischen von schweren Schlägen aus der eigenen Heimat erschüttert worden. Gestützt auf die Untersuchungsergebnisse von Nyström mit fünfhundert Schweden, hat Hertz eben bewiesen, daß selbst in der Hochburg der blonden Langschädel die große Mehrheit der Oberschicht brachyzephalisch ist, und das gleiche gilt für hervorragende Männer, die aus den untersten Schichten kommen. Hertz war es auch, der darauf hinwies, daß weder Kant, Goethe, Beethoven, Ibsen, Luther, Schopenhauer, Schubert, Schumann noch Rembrandt reine nordische Typen waren, wie kaum einer der berühmtesten Männer des Nordens.

Die Bedeutung des Hirngewichtes und des Schädelrauminhaltes ist ungewiß. Von Hunt während des Bürgerkrieges in der amerikanischen Armee durchgeführte anthropometrische Untersuchungen, welche später von Bean fortgesetzt wurden, ergaben, daß das Hirn des Negers leichter und kleiner ist als das des Weißen, während Pearson dazu neigt, zu sagen, die Schädelhöhle des Negers sei kleiner als die des weißen Europäers, aber irgendwelchen Schlußfolgerungen daraus auf die Minderwertigkeit der schwarzen Rasse stehen beträchtliche Mengen von anderen Faktoren entgegen. Wenn wir das durchschnittliche Hirngewicht des Negers mit 1292 Gramm annehmen und das des Weißen mit 1341 Gramm, dann müssen wir auch berücksichtigen, daß das Hirn der weißen Frau 1250 Gramm und das Hirn des Chinesen 1428 Gramm wiegt. Nach diesen Zahlen ist also das Hirn der weißen Frau kleiner als das des männlichen Negers und das des Chinesen größer als das des Weißen.

Was über die Unterschiede der Schädelstruktur zwischen Weißen und Schwarzen bekannt ist, erlaubt keine allgemeingültigen Aussagen. Es ist jedenfalls einige Male vorgekommen, daß gewisse berühmte Männer einen kleinen Schädel, dagegen ausgesprochene Idioten enorme Schädel besaßen.

Der Aberglaube, daß der Neger auf Grund seiner Körpermerkmale der Rassentyp sei, welcher dem Urmenschen am nächsten komme und dessen Anatomie der des Schimpansen ähnele, verdient keine Beachtung. Indessen stützen sich viele für den Neger ungünstige Urteile hinsichtlich seiner geistigen Kapazität auf eben diesen Aberglauben. Aber, erinnert uns Prof. Boas, Affenlippen sind dünn wie die der Weißen, nicht dick wie die der Schwarzen. Unter den Menschenrassen haben die Europäer und Australier die meiste Körperbehaarung und nicht die Neger. So bleiben von der ganzen Ähnlichkeit nur noch die Nasenflügel übrig, die beim Neger flacher und breiter sind als beim Europäer.

So sind physische Charakteristika wie die vorerwähnten, doch hauptsächlich die Schädelform dazu benutzt worden, die Minderwertigkeit der Neger hinsichtlich intellektueller und technischer Initiative und Errungenschaften durch ein rassisches Manko zu erklären; ernsthafte Forscher aber, welche die Intelligenz von Negern und Weißen sorgfältigst verglichen haben, sind zu einem anderen Resultat gelangt. Bryant und Seligman zum Beispiel sind nach vergleichenden Studien über Schulkinder von Bantus und Europäern in Südafrika der Meinung, daß die geistige Entwicklung der Bantus bis zum zwölften Lebensjahr schneller ist, während die der Europäer bis zur Erreichung der Pubertät langsamer, schleppender bleibt und von da an größere Fortschritte macht. Sie finden im übrigen, daß, während der Europäer den Afrikaner an Denken, Urteilsfähigkeit und Verstand übertrifft, der Neger sich in Erinnerungsvermögen, Intuition oder sofortigem Erfassen einer Situation und Assimilationsfähigkeit als überlegen erweist. Diese unterscheidenden Merkmale, sagt Pitt-Rivers, sind als Faktoren einer allgemeinen Intelligenz schwer zu verwenden und bieten keine Basis für eine vergleichende Betrachtung der Überlegenheit oder Minderwertigkeit der beiden Rassen.

Anthropologen haben im Neger Züge enthüllt, die beweisen, daß er keineswegs anderen Rassen unterlegen ist. »Ein bemerkenswerter Grad von persönlicher Initiative, Organisationstalent und Phantasie, gepaart mit technischer und wirtschaftlicher Begabung«, wie Prof. Boas sich ausdrückt. Es könnten noch andere hervorragende Eigenschaften genannt werden. Schwierig ist nur, den Europäer mit dem Neger in gleichen Sparten und unter gleichen Bedingungen zu vergleichen. Auf einer neutralen Ebene und ohne Konventionen müßten ihre Werte und Qualitäten einander gegenübergestellt werden. Afrikanische Skulpturen zum Beispiel, die große Schönheit und Kraft ausstrahlen, waren in den Augen der Europäer lange Zeit nur grotesk, einfach weil ihre Linien, Ausdrucksformen und ihre künstlerischen Proportionen und Beziehungen sich mit dem konventionellen griechisch-römischen Stil in Europa nicht vertrugen. In Brasilien drohte diese Engstirnigkeit des Urteils unsere ersten spontanen und kraftvollen schöpferischen Versuche künstlerischen Ausdrucks, hauptsächlich von Mischlingen, deren Mütter oder Großmütter noch Sklaven waren, zu ersticken. Es ist schon fast ein Wunder, daß noch gewisse Werke von Aleijadinho* erhalten geblieben sind, denn die in ihrer katholischen Strenggläubigkeit Übereifrigen, die Geschmack für die raffinierteste europäische Kunst zeigten, haben wiederholt die Zerstörung dieser »Figuren, welche mehr wie Fetische aussehen«, verlangt.

Von den sogenannten Intelligenztesten sind viele ungünstig für den Neger ausgefallen, weil ihre Methoden sehr beschränkt sind. Goldenweiser hat sie als Methode zur Bestimmung rassischer Qualitäten lächerlich gemacht; sie lassen dem Neger nur wenig mehr als dem Affen, sagt er. »Die statistische Tendenz, der Wunsch, die Dinge in Zahlen und Kurven auszudrücken, das Ergebnis von objektiven und kritischen Methoden sind sehr löbliche Absichten, aber sie bringen auch Gefahren mit sich. Wenn jemand Unsinn schwatzt und sich dabei einfacher Worte bedient, nun, das ist harmlos, aber wenn einer Blödsinn redet und ihn in mathematische Formeln kleidet, dann besteht die Gefahr, daß der unter dem respektablen mathematischen Gewand versteckte Blödsinn der Entdekkung entgeht.« Auch Kelsey kritisiert die Teste und ihren Anspruch auf Unfehlbarkeit und weist auf schwere Defekte und Unzulänglichkeiten der Technik hin, welche sich für den Neger ungünstig auswirken.

Mehr noch, die Ergebnisse dieser Teste widersprechen sich, sie bescheinigen bei weitem nicht einheitlich eine »geistige Minderwertigkeit« des Negers, wie Sorokin annimmt. Prüfungen bei 408 Negerkindern einer Schule in Missouri ergaben, daß die Differenz in der geistigen Auffassungsgabe zwischen ihnen und weißen Kindern mit zunehmendem Alter abnimmt, während das Resultat eines in Atlanta durchgeführten Tests eine Vergrößerung dieser Differenz ausweist. Freemans Untersuchungen führten ihn zu dem Schluß, daß weiße Amerikaner den Negern in allen Altersklassen überlegen sind, mit Ausnahme der Zehnjähri-

* Aleijadinho (Krüppelchen), Spitzname des brasilianischen Bildhauers und Architekten Antonio Francisco da Costa Lisboa (1730–1814).

gen, aber er ist auch der Meinung, daß amerikanische Neger mit Ausnahme von zwei Testgruppen den Italienern überlegen sind. Pintner und Keller fanden den IQ (Intelligenzquotienten) der Neger dem der Schotten gleich und höher als den der Griechen, Italiener und Polen, und Hirsh fand einen höheren IQ bei den Negern als bei den Portugiesen. Die Teste der amerikanischen Armee, deren Resultate so oft benutzt werden, um den Neger zu diskriminieren, weisen größere Differenzen auf zwischen den Negern der Nord- und Südstaaten der USA als zwischen Weißen und Negern, wobei die Neger aus Ohio ein höheres Niveau einnehmen als die Weißen aller Südstaaten mit Ausnahme von Florida.

Daß geistige Unterschiede zwischen Weißen und Negern bestehen, soll nicht bestritten werden, aber inwieweit diese Differenzen zurückzuführen sind auf angeborene Gaben einerseits und milieubedingte Fähigkeiten oder wirtschaftliche und kulturelle Umstände andererseits, dürfte schwer zu bestimmen sein. Sorokin neigt dazu, dem Vererbungsfaktor eine größere Bedeutung als dem Milieufaktor zuzusprechen, und kommt damit der biologischen Position nahe. Niemand greift Huntington und den geographischen Determinismus heftiger an als er. Es scheint mir jedoch, daß er vergißt, daß die zwei Faktoren sich in vielen Punkten überschneiden und es infolgedessen nicht einfach ist, Vererbung von Umwelt sauber zu trennen, besonders wenn man die Möglichkeit von Einflüssen aus neuer Umwelt oder von bereits wirksam gewordenen biochemischen Einflüssen einräumt.

Soweit ich sehe, formuliert Lowie die Frage richtig. Wie Franz Boas sieht er das Phänomen der Geistesdifferenzen mehr vom kulturhistorischen Standpunkt und vom Milieu jeder Gruppe her und orientiert sich weniger nach Vererbung oder rein geographischen Umständen. Wie anders als geschichtlich, fragt er, sind die großen Oszillationen in der Kultur Britanniens zu erklären? »Enthielten die Sexualzellen der Elisabethaner einen Extraschuß animalischer Lust, der von den Puritanern durch eine Dosis Anti-Humor gelähmt wurde, aber dann während der Restauration wieder auflebte? Und wie war es in Japan? 1867 erfolgte ein plötzlicher Einbruch neuer Materie, und ebenso plötzlich vollzog sich ein Kulturwechsel, weil neuen Ideen der Eingang freigegeben wurde ... Dieselbe Frage kann für Athen und seine rasch sich entwickelnde kulturelle Hochblüte von 530 bis 430 v. Chr. gestellt werden. Und wie kam Deutschland zu einer überragenden Vorherrschaft in der Musik? War sie durch rassische Überlegenheit bedingt? Deutsche und Engländer sind doch im Grunde rassisch gleich, aber die Engländer sind kaum imstande, in der Badewanne zu pfeifen oder in der Kirche Hymnen zu singen. Ein ethnischer Vergleich müßte zugunsten der Engländer ausfallen, denn sie stehen den Griechen näher ... Die deutsche Gesellschaft hatte seit einiger Zeit die Musik gefördert, während die englische sie im Gegenteil vernachlässigte. In Deutschland wurden also einer musikalischen Begabung Wege der Entwicklung geebnet, in England hatte man für sie wenig Sympathie ... Die Musiküberlegenheit Deutschlands ist noch gar nicht alt. Vor ein paar Jahrhunderten war Deutschland musikalisch eher rückständig und rangierte diesbezüglich hinter Holland, Italien und selbst England. Mozart stand im XVIII. Jahrhundert noch unter dem Einfluß italienischer Traditionen.«

Was nun die Afrikaner angeht, die vom Anfang des XVI. bis zur Mitte des XIX. Jahrhunderts nach Brasilien gebracht wurden, so werden wir versuchen herauszubekommen, welcher Abstammung diese Einwanderer waren und welches Kulturniveau sie mitbrachten. Der Kulturstand der verschiedenen Stämme schwankte beträchtlich während der rund 300 Jahre mohammedanischer Infiltration in Afrika. Die Differenz der Kulturhöhen an sich wiederum ist zwischen Sudanesen und Bantus sehr groß. Wichtig ist es auch, die Kulturzone, aus der die Sklaven stammten, zu bestimmen und nicht den Fehler zu begehen, im Afrikaner lediglich ein nicht näher definiertes »Stück von Guinea« oder einfach »den schwarzen Mann von der Küste« zu sehen.

Tatsache ist, daß die nach Brasilien eingeführten mohammedanischen Neger aus Teilen Afrikas kamen, die zutiefst vom Islam durchdrungen waren. Diese Neger waren nicht nur den Indianern, sondern auch den meisten portugiesischen Kolonisten kulturell überlegen, denn die Portugiesen und Söhne von Portugiesen hatten fast keine Erziehung, einige waren Analphabeten und die meisten Semi-Analphabeten. Unter letzteren verstehe ich Personen, die nur mit Hilfe von Pater und Schulmeister oder unter Anleitung eines Buchhalters einen Brief schreiben oder eine Rechnung ausstellen konnten. Kaum seine Unterschrift konnte einer geben, und wenn, dann in ungelenken Buchstaben, wie ein Kind, das Schreiben lernt.

Der Abbé Etienne deckt einige Aspekte des Malê-Aufstandes von Bahía im Jahre 1835 auf, die andeuten, daß diese angebliche Sklavenrevolte in Wirklichkeit der Vulkanausbruch einer von Minderwertigen niedergetrampelten fortgeschrittenen Kultur war. Wir wollen jedoch nicht romantisieren; es handelte sich lediglich um eine mohammedanische Bewegung der Malês oder einen Zusammenschluß verschiedener Gruppen unter gemeinsamen mohammedanischen Führern. Sicher aber ist dieser Aufstand keine einfache Sklavenrevolte gewesen, er verdient einen Platz unter den religiösen, sozialen und kulturellen Freiheitskämpfen. Der Bericht von Dr. Francisco Gonçalves Martins, dem während dieses Aufstandes amtierenden Polizeichef der Provinz Bahía, betont, daß alle Aufständischen eine unbekannte Schrift lesen und schreiben konnten. Buchstaben, die »wie arabische aussehen«, fügt der gebildete Kommentator hinzu und ist natürlich erstaunt, daß Sklaven schreiben können. »Offensichtlich hatten diese Aufstände politische Hintergründe, denn es wurde kein Raub begangen, noch erschlugen sie ihre Herren heimlich.« In Wirklichkeit gab es wahrscheinlich 1835 in den Sklavenhütten mehr Personen, die lesen und schreiben konnten, als oben in den Herrenhäusern. Nach zehn Jahren Unabhängigkeit begann sich das Volk gerade aus dem Zustand tiefster Unwissenheit zu erheben, in dem es durch die Krone das ganze XVIII. Jahrhundert und während der ersten Jahre des XIX. Jahrhunderts gehalten worden war. In der vorangegangenen Epoche »waren elementarste Kenntnisse so selten, daß wohlhabende Pflanzer aus dem Inneren häufig Freunde an der Küste beauftragten, ihnen einen Schwiegersohn zu sichern, der an Stelle irgendeines Vermögens nur lesen und schreiben können sollte«.

Historiker des XIX. Jahrhunderts hielten alle nach Brasilien gebrachten Neger für Bantus. Das muß richtiggestellt werden. Sklaven in großer Anzahl wurden auch aus anderen Kulturgebieten Afrikas importiert, und viele dieser Gebiete hatten ein höheres Kulturniveau als die Bantus. In ihrem Anfangsstadium hat die brasilianische Gesellschaft vom Besten, was afrikanische Kulturen zu bieten hatten, profitieren können, sie nahm jene Elite-Elemente auf, die, so möchte man sagen, den Südstaaten der USA fehlen. *»I have often thought that slaves of the United States are descended not from the noblest African stock«*, bemerkt Fletcher beim Vergleich der Sklaven in den Hütten Brasiliens mit denen in den USA.

Sá Oliveira irrt, wenn er feststellt, daß in der soziologischen Schichtung Brasiliens »eine mächtige Woge von Afrikanern die untersten Schichten besetzt, fast alle stammen sie von den primitivsten Kaffern ab und wurden von den Sklavenhändlern aus den Küstengebieten Afrikas hergebracht«. Das ist eine Übertreibung, denn Sudanesen sind ebenso zahlreich, ja nach den Forschungen von Nina Rodrigues waren sie das maßgebende Element bei der Bildung der bahíanischen Gesellschaft, bis zu einem gewissen Grad jedenfalls. Nina Rodrigues glaubt, daß Spix und Martius schuld an dem Irrtum sind, die afrikanischen Kolonisten Brasiliens seien alle Bantus gewesen, und dem verdienten Professor der medizinischen Fakultät Bahías ist der erste kritische Versuch zur Bestimmung der verschiedenen Stämme zu verdanken.

In seinem bis dato unveröffentlichten Werk *Das Problem der Negerrasse in Portugiesisch-Amerika* schreibt Nina Rodrigues: »In den wertvollen Studien über unser Land beschränken diese Autoren [Spix und Martius] die Ursprungsländer des brasilianischen Sklavenhandels auf die portugiesischen Kolonien in Südafrika und die Inseln im Golf von Guinea. Nach ihnen waren alle Afrikaner, die nach Brasilien kamen, Congos, Cabindas, Angolas von der Westküste, Macuas und Angicos von der Ostküste. Auch halten sie Cacheo und Bissao für die Ursprungsgebiete der Neger von Pernambuco, Maranhão und Pará. Diese können jedoch einwandfrei und richtiger festgestellt werden an Hand der Unterlagen der Handelsgesellschaft von Grão Pará und Maranhão, welche die Transportkontrakte für die Schwarzen besaß. Aber sie befassen sich nicht ernstlich mit den letztgenannten Negern und denen, die von den Inseln Fernando Poó, Príncipe, São Tomé und Ano Bom kamen, obwohl sie sie erwähnen. Es ist schwer verständlich, wie die Sudanneger den scharfen Augen von Spix und Martius entgangen sein können. Sie waren so interessiert an dem Sklavenhandel von Bahía und just zu der Zeit in dieser Provinz, als die Sudanesen dort vorherrschend waren.«

Unglücklicherweise sind Nachforschungen über Negersklaventransporte nach Brasilien in historischem und anthropologischem Interesse sehr erschwert worden, seitdem der erlauchte Ratsherr von Bahía und Minister der provisorischen Regierung, Rui Barbosa, nach der Proklamierung der Republik im Jahre 1889 die Archive über die Sklaverei verbrannt hat. (Seine Motive waren offensichtlich ökonomischer Art, wie aus dem Rundschreiben Nr. 29 des Finanzministeriums, datiert vom 13. Mai 1891, hervorgeht.) Durch dieses republikanische Autodafé ist wahrscheinlich kostbares genealogisches Material verlorengegangen.

Selbst ohne Hilfe der wertvollen Daten, welche die Zollisten des Bestimmungshafens der Sklaven hätten liefern können, ist es Nina Rodrigues gelungen, den Mythos, die afrikanischen Kolonisten Brasiliens seien ausschließlich Bantus gewesen, zu zerstören. Man braucht wirklich nur eine kleine Ahnung von der von den Portugiesen hinsichtlich der Verteilung der Sklaven in der Kolonie verfolgten Politik zu haben, um diese These bezweifeln zu müssen. Jene Politik bestand darin, daß keine Ansammlung einer übermäßigen Anzahl von Sklaven des gleichen Volkes oder Stammes in einem Kapitanat gestattet wurde. »Woraus leicht gefährliche Folgen entstehen können«, wie Dom Fernando José von Portugal in einem Brief an Luís Pinto de Sousa schreibt. Daß Sudanesen in Bahía und Bantuneger in Rio und Pernambuco vorherrschend waren, heißt nicht, daß diese Gebiete nicht auch mit anderen Stämmen von den drei großen Einlaufs- und Verteilungszentren aus aufgestockt wurden.

Der Brief, den Henrique Dias im Jahre 1647 an die Holländer schrieb, enthält einen wertvollen Beitrag zu diesem Thema: »Dieses Regiment setzt sich aus vier Völkern zusammen: Minas, Ardas, Angolas und Creolen. Letztere sind so bösartig, daß sie weder Furcht noch Pflicht kennen; die Minas sind solche Draufgänger, daß sie die, für welche ihre Fäuste nicht ausreichen, allein durch ihren Ruf verjagen, die Ardas so wütig, daß sie am liebsten alles zugleich zerfetzen würden, und die Angolas so widerstandsfähig, daß keine Arbeit sie ermüden kann.«

Nun, die Ardas oder Ardras waren Geges von Dahomey aus dem alten Königreich Ardia, die Minas waren Nagos, allein die Angolas waren Bantus.

Nina Rodrigues erinnert daran, daß Barléus sich auf die Ardrenser bezogen hat. Er bezieht sich in der Tat auf sie, aber er sagt nur, daß sie schlechte Ackerbausklaven waren, sie, die Calabrenser und die von Guinea, Kap Verde und Sierra Leone. Die Kongoneger, die Sombrenser und die Angolas waren gute Feldsklaven, während die von Guinea, Kap Verde und Sierra Leone schlechte Sklaven, aber gut gebaut waren, besonders die Frauen, weshalb man diese im Haushalt und für Arbeiten in den Herrenhäusern beschäftigte. Nach den Andeutungen des Chronisten kann man sich leicht vorstellen, daß sie auch als vergnügliche Konkubinen und Liebchen jenen Verhältnissen dienten, die bei unseren Patriarchen allgemein üblich waren.

Ein offenbar wenig bekanntes, aber wertvolles Beweisstück für die These von Nina Rodrigues produziert Jan van Laet in seinem Werk *Geschichte und Annalen der Errungenschaften der privilegierten Westindien-Compagnie von ihren Anfängen bis Ende 1636*, das erstmalig 1644 in Leiden erschien. Daten, die er von dem politischen Berater an dem Kapitanat von Paraíba, Servacius Carpentier, bekommen hatte, zusammenfassend, berichtet Laet, daß die Angola-Neger viel für Feldarbeiten benutzt wurden, aber »mit viel Hieben angetrieben« werden mußten, und er fügt hinzu: »Die Guinea-Neger sind ausgezeichnet, weswegen sie meistens für häusliche Dienste verwandt werden. Die von Kap Verde sind die besten und die kräftigsten von allen und auch die teuersten hier.« Von dem Kapitanat von Pernambuco steht in den Annalen, daß zwischen Recife und Angola, aber auch »anderen Regionen Afrikas«, das ganze Jahr über ein reger Verkehr bestand, obwohl natürlich die Verbindung mit Angola besser war als mit anderen Teilen Afrikas. Der Graf von Nassau wollte den Hafen von Recife zum Hauptumschlagplatz für die Sklavenbelieferung der amerikanischen Plantagen und der Bergwerke von Peru machen und Angola zum unmittelbaren Hoheitsgebiet der Regierung von Pernambuco. Er meinte, Pernambuco hätte sich Rechte auf Angola, São Tomé und Ano Bom insofern erworben, als brasilianisch-holländische Streitkräfte diese afrikanischen Kolonien den Spaniern entrissen hätten. Der Sklavenhandel müßte daher von Recife und nicht von Amsterdam aus dirigiert werden. Der Plan des Grafen kam jedoch nicht zur Ausführung, wahrscheinlich weil man in Amsterdam fürchtete, Nassau wollte den Boden für die Gründung eines tropischen Fürstentums ebnen, das Nordbrasilien und diese afrikanischen Kolonien in sich vereinen sollte. Gewiß ist indessen, daß der Sklavenimport auf breiter Grundlage von den Holländern beherrscht wurde, und wie Laet andeutete, kamen die Sklaven nicht ausschließlich aus Angola.

Es ist also historisch erwiesen und wird durch anthropologische und linguistische Forschungen unter den Negern Bahías von Nina Rodrigues bekräftigt, daß die Behauptung, es seien nur Bantus nach Brasilien gekommen, auf schwachen Füßen steht. Neben der Bantusprache und »Quimbunda«, dem Idiom der Kongoneger, waren andere afrikanische Sprachen bei unseren Negern allgemein üblich, z. B. Gege, Haussa und Nago oder Yoruba, welch letztere nach Varnhagen in der ersten Zeit bei den Bahía-Negern weiter verbreitet war als das Portugiesische. Noch heute genießt die Yoruba-Sprache besonderes Prestige, weil sie das Latein des Gege-Yoruba-Kultes ist.

Unter den brasilianischen Negern der Sklavenzeit, die er noch gekannt, spricht Nina Rodrigues von den sogenannten »Schwarzen von weißer Rasse« oder Fullahs, nicht von den Fula-Fulos oder reinen Fullahs, sondern von den Mestizen aus Senegambien, Portugiesisch-Guinea und angrenzenden Küstengebieten. Es waren kupferrotfarbene Menschen mit welligem, fast glattem Haar. Neger dieser Rasse wurden von

Das Gutshaus von Rio São João in Santa Barbara (Minas)

manchen als Mischlinge mit hamitischem und arabischem Blut anthropologisch höher eingeschätzt als gewöhnliche. Sie kamen hauptsächlich in die Nordprovinzen, und von da müssen einige von ihnen nach Minas und São Paulo ausgewandert sein.

Jene Phantasten, die an der Theorie rassischer Überlegenheit festhalten, werden vielleicht aus dieser heraus erklären wollen, daß die Mestizenfamilien des Nordens und auch einiger Regionen von Minas und São Paulo mit einer großen Anzahl von talentierten Männern am Fortschritt Brasiliens beteiligt sind. Aus diesen Familien gingen mehr Staatsmänner des Kaiserreichs, Schriftsteller, Bischöfe, Künstler, Präsidenten und Vizepräsidenten der Republik hervor als aus dem Süden, einschließlich von Rio de Janeiro, den anderen Gebieten von Minas und São Paulo, und Rio Grande do Sul. Sie sollten jedoch anerkennen, daß diese Familien einen guten Schuß Berberblut haben und vielleicht sogar von Berbern abstammen. Laut Haddon ist dieses afrikanische Volk vorwiegend als nicht negroid anzusehen, und sein richtiger Name ist, wie er sagt, Fulbe; die anderen (Fuláh, Fulani, Felava, Filani, Fube) seien degenerierte Formen der ursprünglichen Bezeichnung. Haddon beschreibt sie als von großer Gestalt, mit gelber bis rötlicher Haut, welligem Haar, ovalem Gesicht und hervortretender Nase.

Die Haussas, die auch in großer Zahl nach Brasilien kamen, besonders nach Bahía, sind ebenfalls Mischlinge mit hamitischem und wahrscheinlich Berber-Einschlag, obwohl bei ihnen der Negercharakter vorherrschend ist. Das gleiche gilt von den Niam-Niam, den Mangbatus, den Kanembus, den Bagirmis, den Bornús und den Kanuris.

Brasilien erhielt ferner verschiedene Ladungen von Mandingos, die ihrerseits Spuren arabischen und Tuareg-Blutes zeigen, während die Yorubas einen nichtnegroiden Einschlag aufweisen, der noch nicht identifiziert werden konnte. Selbst bei den Bantus gibt es in der großen Skala ihrer verschiedenen Typen eine Anzahl von hamitischen und Negrillo-Mischungen. Andere Merkmale der Bantus sind dunkelbraune oder schokoladenfarbene Haut, deren Ton sich von dem schmutzigen Gelb oder dem hellen Rotbraun der Fullahs wie auch von der Lederfarbe der Hottentotten und Buschmänner und dem tiefen Schwarz der Eingeborenen von Guinea unterscheidet. Sie sind dolichozephalisch – mit mesozephalischen Gruppen darunter –, und es ist bei ihnen weniger Prognathismus zu bemerken als bei den »reinen« Negern, ihre Nasen sind vorspringender und gerader.

Verschiedene Invasionen und Unterwanderungen haben in historischer Zeit die Bevölkerung von Angola – dem Ursprungsland zahlreicher Sklavenexporte nach Brasilien – verändert, und zwar in anthropologischer wie in kultureller Hinsicht. Eine dieser Invasionen war die der Jagas im Jahre 1490. Es fand jedoch keine große rassische Veränderung statt, da beide Völker sich ähnlich waren und beide schon von alters her Mischvölker waren.

Von allen afrikanischen Völkern, welche nach Brasilien gebracht wurden, sind die Bantus – abgesehen von Ausnahmen und in ihrer ethnischen Gesamtheit betrachtet – die typischsten Neger, nicht ihrer Hautfarbe wegen, das wäre ein relativ unwichtiges konventionelles Kriterium, sondern auf Grund bedeutenderer ethnischer Charakteristika, wie das des Haares vor allem. Letzteres ist bekanntlich bei den Ulotrichi Africani äußerst krauswollig. Dieses Charakteristikum zeigt sich weniger stark bei den verschiedenen von Hamiten und Berbern beeinflußten Mischrassentypen, die nach Brasilien kamen. Die Fullahs und andere Eingeborene Ostafrikas, welche Anteil an der Bildung der brasilianischen Familie haben, gehören dem Haar nach zu den Cynotrichi. Ihr Haar ist nicht so kraus, ihre Nasen sind spitzer, sie sind in diesen Zügen den Europäern ähnlicher. Sie sind auch sanfter, »zahmer«, wie der Anthropologe sagen würde.

Jedoch sind wir im Rahmen dieses Essays anthropologisch weniger am Körpertyp als vielmehr kulturell und soziologisch interessiert, denn meiner Meinung nach können physische Unterschiede keine menschlichen Minder- und Hochwertigkeiten erklären, wenn Familienerbanlagen durch rassische Eigenheiten ersetzt werden. Die anthropologisch-kulturellen und die historisch-soziologischen Aspekte des afrikanischen Lebens scheinen darauf hinzuweisen, daß Brasilien einen kolonisatorisch besseren Typ vom Schwarzen Kontinent erhielt als andere Länder, die Vereinigten Staaten zum Beispiel. Nina Rodrigues ist sich des Unterschiedes der afrikanischen Kontingente in den beiden Ländern wohl bewußt, er ist jedoch prinzipiell fest von der rassischen Minderwertigkeit der Neger überzeugt. »Die Haussas, welche der Sklavenhandel nach Brasilien brachte, waren keine unwissenden Neger«, schreibt der Professor der medizinischen Fakultät von Bahía. Von seinem rassischen Vorurteil beherrscht, erwähnt er mit Genugtuung neben den Haussas, die einen hamitischen Bluteinschuß haben, die Fula-Fulos oder »Neger weißer Rasse«, die bei weitem nicht in der großen Menge nach den Vereinigten Staaten wie nach Brasilien gebracht wurden.

Bei dieser Gelegenheit bemerken wir, daß Professor Oliveira Viana, der wohl der größte Verfechter des mystischen Ariertums ist, den es bei uns gibt, nicht so sicher ist wie der Wissenschaftler von Maranhão, wenn er in einem seiner brillanten Essays schreibt: »Selbst die nordamerikanischen Neger, die insofern den unseren überlegen sind, als sie im Kampf gegen einen so überlegenen Feind wie den Angelsachsen geistig wuchsen, blieben weit unter dem Durchschnittsniveau der nordamerikanischen Zivilisation zurück« usw. Vorher schreibt er: »Das rassische Potential des Homo Afer« ist nicht nur »von Anfang an geringer, sondern wenn es sich innerhalb einer von der weißen Rasse organisierten Zivilisation beweisen soll, nimmt es weiter ab«. Da widerspricht er sich. Nach der letzten Behauptung werden die zivilisatorischen Fähigkeiten der Neger im Kontakt mit der Gesellschaftsordnung der überlegenen Rasse noch geringer, während nach der ersteren sich die Kapazität des Negers in einem solchen Kontakt entwickelt.

Im großen und ganzen können aber wohl die Arier mit großer Freude feststellen, daß Brasilien weniger als die Vereinigten Staaten unter den angeblichen Übeln der »minderwertigen Rasse« gelitten hat, dank des größeren Kontingentes von Fula-Fulos und Semi-Hamiten – falschen Negern, also für jeden guten Arier rassisch wertvolleren Elementen als authentischen Negern –, die von Afrika kamen und auf die Pflanzungen und Bergwerke Brasiliens verteilt wurden.

In einem schon klassischen Werk über die Negersklaverei in den Vereinigten Staaten nennt Phillips als Ursprungsgebiete der Plantagensklaven seines Landes: Sierra Leone, die Kornküste, die Elfenbeinküste, die Goldküste, die Sklavenküste, Rio do Eleo, Kamerun, Gabun und Luanga. In Süd-Carolina wurden Neger aus Gambia, hauptsächlich Mandingos, bevorzugt, aber auch solche von Angola wurden gern genommen. Nach Christopher Codrington, dem Gouverneur der Leeward-Inseln, zu urteilen, müssen, wie Phillips schreibt, die Carromantes von der Goldküste bei den Engländern in Kolonialamerika sehr hoch im Kurs gestanden haben; auch findet man Hinweise, daß Senegalneger mit etwas arabischem Einschlag wegen ihrer »höheren Intelligenz« für den Haushalt bevorzugt wurden. Es läßt sich jedoch nicht nachweisen, daß Fula-Fulos in die britischen Kolonien Amerikas eingeführt wurden, wenigstens nicht in der Menge wie in Portugiesisch-Amerika, noch war die mohammedanische Kultur so zahlreich vertreten. Nur in Brasilien schaffte sich diese Kultur ihren Ausdruck in Schulen und Gebetshäusern und wurde Anlaß zu Bewegungen und Organisationen, die die Anwesenheit einer wahren Malê-Elite unter den afrikanischen Kolonisatoren unseres Landes verraten.

Es scheint, daß die Importe afrikanischer Sklaven in die englischen Kolonien fast ganz auf landwirtschaftliche Interessen ausgerichtet waren. Was verlangt wurde, war rohe, tierische Kraft, waren Neger, die stark, widerstandsfähig und billig waren. In Brasilien spielten noch andere Bedürfnisse und Interessen eine Rolle: der Mangel an weißen Frauen und die technischen Erfordernisse, die im Zusammenhang mit der Metallverarbeitung auftauchten, als die Minen entdeckt wurden. Dies waren zwei sehr bedeutende Faktoren, die bei der Auswahl der Sklaven berücksichtigt wurden.

Oliveira Viana sagt, daß man noch heute bei den Negern des Gebietes von Minas Gerais »zarte Gesichtszüge und eine gewisse Schönheit« bemerken kann im Gegensatz zu den »Affengestalten..., wie sie so häufig in den Niederungen westlich von Rio de Janeiro anzutreffen sind«, welche Bemerkung vermuten läßt, daß Negerstämme von besonderer Häßlichkeit, wahrscheinlich die Bisagos oder Yebus oder Mandingos, sich hier in größerer Anzahl ansiedelten. Es muß bemerkt werden, daß die ersterwähnte Region Neger anzog, die zu Metallarbeiten fähig waren und daher auch ein höheres Kulturniveau besaßen, während im letzteren Fall die Zucker- und Kaffeepflanzer lediglich daran interessiert waren, große und kräftige Schwarze zu bekommen, welche durch ihre Feldarbeit eine gute Rendite abzuwerfen versprachen. Selbst die Hottentotten und Buschmänner mit ihren breiten Nasen und enormen Hinterteilen waren dafür gut genug. Diesen Umständen ist es, wie ich sehe, zu verdanken, daß die Bergwerksdistrikte mit besserem Negermaterial versorgt wurden. Andererseits liegt es vielleicht am höheren wirtschaftlichen Standard, daß Pernambuco und Bahía mit Afrikanern von höherem Niveau besiedelt wurde als Rio de Janeiro, denn die Pflanzer aus dem Norden konnten sich den Luxus erlauben, teurere Sklaven zu importieren.

Oliveira Viana zitiert einige Worte von Luís Vaía Monteiro, der 1730 Gouverneur von Rio de Janeiro war, welche meine Vermutung in bezug auf Minas Gerais bekräftigen: »Und aus demselben Grund gibt es keinen Bergmann, der ohne eine Mina-Negerin leben kann, und man sagt dort, daß man allein mit einer solchen glücklich sein kann.« Diese Minas und Fullahs, die nicht nur eine hellere Hautfarbe hatten, sondern deren Kultur und Sanftheit sie auch den Weißen näherbrachte, waren die bevorzugten Frauen in Zonen wie Minas Gerais, wo weiße Kolonisten sie unbekümmert zu »Freundinnen«, Konkubinen und »Haushälterinnen« nahmen. Die negroiden Züge prominenter Familien dieses Staates gehen bis auf diese ersten Verbindungen von Weißen mit Mina-Negerinnen zurück, die als Sklaven von Afrika gekommen, dann aber, nach Vaía Monteiro, zu »Hausherrinnen« geworden waren. Andere blieben trotz der zärtlichen Beziehungen zu ihren weißen Herren Sklavinnen und waren »als Mägde und Köchinnen beliebt«. Araripe jr. beobachtete, daß die Mina-Negerin in Brasilien allgemein als »großartige Gefährtin« galt. Sie war gesund, phantasievoll, intelligent und zärtlich. »Mit diesen Eigenschaften«, schreibt Araripe, »und den bezüglich des schwachen Geschlechts in den ersten zweihundert Jahren in Brasilien herrschenden heiklen Zuständen mußte die Mina zwangsläufig die Situation beherrschen.« In vielen Regionen herrschten die Minas wirklich, überhaupt im XVIII. Jahrhundert.

In der Mitte des XIX. Jahrhunderts besuchte Burton in Minas Gerais eine Stadt von fünftausend Einwohnern, unter denen nur zwei Familien rein europäischer Abstammung existierten. An der Küste, fand der Engländer, war es den Kolonisten noch möglich, ihre Töchter mit Europäern zu verheiraten, aber in den Kapitanaten des Innern »wurde der Mulattismus zum notwendigen Übel«. Zunächst entwickelte sich der »Mulattismus« vermutlich nicht so sehr durch Mischehen als vielmehr durch außereheliche Verbindungen zwischen Weißen und Negerfrauen, die oft ihre Sklaven waren. Daher die »seltsame Abneigung gegen die Ehe«, die Burton bei den Leuten von Minas feststellt: Die Männer »wollen sich nicht ewig verheiraten« und ziehen wilde Ehen oder illegitime Verhältnisse vor, wobei noch hinzukommt, daß die portugiesischen und brasilianischen Gesetze die Adoption des außerehelichen Nachwuchses erleichterten und damit dem Konkubinat und den flüchtigen Verbindungen Vorschub leisteten. Tatsache ist, daß brasilianische Moralisten schon begonnen hatten, diese Zustände zu bekämpfen, und einige von ihnen verlangten sogar, daß Personen, die im Konkubinat lebten, von öffentlichen Ämtern ausgeschlossen sein sollten.

Die Sklaven, welche aus Gebieten mit höherer Negerkultur stammten, waren aktiv und schöpferisch, ja man kann sagen, ein edles Element in der Kolonisation Brasiliens. Wenn sie einen niederen Rang einnahmen, dann nur deswegen, weil sie Sklaven waren. Bei weitem nicht nur mit der Hakke in der Hand oder als Zug- und Arbeitstiere im Dienst der Landwirtschaft erfüllten sie eine zivilisatorische Aufgabe. Sie waren gewissermaßen die rechte Hand beim Aufbau der brasilianischen Landwirtschaft, und die Indianer – und in gewissem Sinn auch die Portugiesen – waren die linke.

Ihre Verdienste liegen nicht allein auf landwirtschaftlichem Gebiet. Eschwege betont, daß der brasilianische Eisenerzabbau seine Existenz den Afrikanern verdankt, und Max Schmidt unterscheidet zwei Aspekte der afrikanischen Kolonisation, die uns einen Blick auf die technische Überlegenheit des Negers über den Eingeborenen und selbst über den weißen Mann werfen lassen: seine Geschicklichkeit in der Metallverarbeitung und seine Fähigkeit in der Viehzucht. Eine dritte sollte man hinzufügen: seine Begabung für die Kochkunst, eine Kunst, die in Brasilien durch den afrikanischen Beitrag sehr bereichert und verfeinert wurde.

Schmidt beobachtete im Mato Grosso, daß die Praktiken bei der dortigen Viehzucht viele Züge afrikanischen Ursprungs aufweisen. Dasselbe gilt von den Werkzeugen der Schmiede. Diese müssen sich von den Negersklaven auf die Mischlinge der Indianer und Weißen übertragen haben. Ich habe schon auf das interessante von Prof. Roquette-Pinto erwähnte Beispiel der zivilisatorischen Einwirkung von geflohenen Sklaven auf die Indianer des Parecí-Hochlandes hingewiesen. Im allgemeinen kann gesagt werden, daß die Neger im Urwald und Hinterland eine nützliche Rolle als Zivilisationsbringer spielten. Fast immer erhöhten sie das Kulturniveau der eingeborenen Bevölkerungen, und selten ließen sie sich von den Kulturen, mit denen sie in Kontakt kamen, in negativem Sinne beeinflussen. Bezüglich der Caboclos waren die Neger eine europäisierende Kraft. Sie waren die Mittelsmänner der Portugiesen und der Kirche. Sie waren die ausgleichenden Mittler zwischen Europäern und Eingeborenen, von denen José Maria dos Santos spricht, aber in einigen Fällen war ihre Funktion auch eigenständig und schöpferisch, und sie trugen wertvolle Elemente ihrer eigenen afrikanischen Kultur und Technik zur Formation der Gesellschaft bei.

Der intimere Kontakt, welcher zwischen einigen fortschrittlichen Negerkulturen und Brasilien bestand, erklärt meiner Meinung nach den Umstand, der von Prof. Nina Rodrigues beobachtet wurde und den er dem Rassenfaktor, d. h. dem hamitischen Einschlag zuschreibt, nämlich die Überlegenheit des Negerkolonisators in Brasilien gegenüber dem der Vereinigten Staaten. Schon vorher war dieser Umstand dem Amerikaner J. C. Fletcher aufgefallen und noch vor diesem dem englischen Naturalisten George Gardner.

Brasilien bekam aus Afrika nicht nur die Humusschicht der schwarzen Bevölkerung und konnte damit seine Zucker- und Kaffeepflanzungen fruchtbar machen, seine Brachflächen kultivieren und den Reichtum seiner Massapé-Erden vergrößern (Massapé = fette schwarze Erde, speziell für Zuckerrohr geeignet). Aus der gleichen Schicht kamen auch »Hausfrauen« für Kolonisten ohne weißen Frauen, Bergleute, Metallarbeiter, schwarze Viehzüchter und Hirten, Tuch- und Seifenhändler, mohammedanische Schulmeister, Priester und Prediger. Die Nähe von Bahía und Pernambuco zur afrikanischen Küste gab dem Verhältnis zwischen Brasilien und dem dunklen Kontinent einen besonders intimen Charakter. Dieses Verhältnis war brüderlicher als das von Afrika zu den englischen Kolonien. Von dem britischen Konsul O'Sullivan Beare, der neben Sir Roger Casement eine der besten Informationsquellen in puncto Brasilien darstellt, erfuhr Sir Harry Johnston einige höchst interessante Daten über den Handel zwischen Bahía und den afrikanischen Städten Lagos und Dahomey Anfang des XIX. Jahrhunderts. Dieser Handelsverkehr war sehr rege und lag in den Händen von Fulos und Mandingos, die meist früher Sklaven gewesen waren.

Melville J. Herskovits afrikanische Studie, die auf einem Konzept von Kulturkreisen basiert, erlaubt uns, Höhe- und Tiefpunkte der afrikanischen Kultur aufzudecken und festzustellen, und wie diese durch die ständigen Sklavenimporte verschiedener Herkunft und die engen Handelsbeziehungen mit den afrikanischen Häfen auf Brasilien übertragen wurden und es bereichert haben. Auf Grund dieses Kriteriums können wir folgende Hauptkreise unterscheiden:

a) Der Hottentotte, charakterisiert durch die Viehzucht, den Gebrauch von Ochsen für Lastentransporte, die Benutzung von Kuhfellen als Bekleidung, den erhöhten Konsum von Rindfleisch usw.

b) Der Buschmann, auf niedrigerer Kulturstufe als der Hottentotte, armseliger Nomade, ohne Haustiere außer dem Hund, ohne irgendwelche regelmäßige landwirtschaftliche oder Hirtentätigkeit, ähnlich den Charakteristika der Kultur der brasilianischen Eingeborenen, aber diesen in künstlerischem Ausdruck überlegen, wenigstens in der Malerei, wie die von Frobenius beigebrachten Beispiele zeigen.

c) Die Viehzüchter-Zone von Ostafrika (Bantus), charakterisiert durch die Landwirtschaft mit einer übergeordneten Viehzucht, den Besitz großer Herden, die ihren Eigentümern ein soziales Prestige auch über Großgrundbesitzer verleihen, Eisen- und Holzverarbeitung, Polygamie, Fetischismus.

d) Das Kongogebiet (wo ebenfalls Bantu gesprochen wird, obwohl an seiner Westgrenze Ibi, Franti usw. vorherrscht), von Leo Frobenius in seinem Werk über den *Ursprung der afrikanischen Kulturen* behandelt, in dem er betont, der Unterschied des Kongo zu den umliegenden Gebieten liege in der Kleidung, dem Wohnbau, der Tätowierung, den Musikinstrumenten, dem Genuß der Banane usw. Diesen Eigenschaften fügt Herskovits hinzu: die Landwirtschaft in Ergänzung der Jagd und des Fischfangs, die Zähmung der Ziege, des Schweines, des Huhns und des Hundes sowie Märkte, auf denen landwirtschaftliche Produkte, Eisenwaren, Besen usw. angeboten werden, Landbesitz in Gemeinschaft, Fetischismus, der interessante künstlerische Ausdruck der Holzskulpturen und der Ehrenplatz der Künstler innerhalb der Gemeinschaft.

e) Östliche Horn-Region, schwierig zu bestimmen, da sich hier schon Kontakte der Negerkultur des Südens mit der mohammedanischen Kultur des Nordens bemerkbar machen. Hirtenleben, große Anzahl von Haustieren: Kühe, Ziegen, Schafe, Kamele; Gesellschaftsorganisation vom Islam beeinflußt.

f) Östlicher Sudan, ein Gebiet, das noch mehr unter dem Einfluß des Islam steht als das vorige. Arabische Sprache, zahlreiche Tiere im Dienst des Menschen, Hirtenleben, ausgiebiger Gebrauch von Kamelmilch, Nomadentum, Zelte, Bekleidung der der Berber ähnlich.

g) Westlicher Sudan, wieder ein Gebiet der Kreuzungen von Negerkulturen mit mohammedanischen Elementen, ein Gebiet großer Kaiser- und Königreiche: Dahomey, Benin, Aschanti, Haussa, Bornú; Geheimbünde üben großen Einfluß auf das politische Leben aus; Landwirtschaft, Viehzucht, Handel, beachtliche Kunstwerke in Stein, Eisen, Terrakotta und Weberei; Fetischismus und mohammedanische Religion.

h) Wüstenzone (Berber).

i) Ägypten. Charakterisierung entfällt, da nicht von unmittelbarem Interesse für die Kolonisation Brasiliens. Es sei lediglich darauf hingewiesen, daß die Ägypter einen großen Einfluß auf den afrikanischen Kontinent ausgeübt haben.

Aus obiger Beschreibung ist ersichtlich, daß kein afrikanischer Kulturkreis, nicht einmal der des Buschmanns, bei einem Vergleich mit der Kultur der Eingeborenen Brasiliens schlecht wegkommt. Es muß jedoch hervorgehoben werden, daß die afrikanische Kolonisation unseres Landes vornehmlich durch Bantu- und sudanesische Elemente erfolgte, und diese waren mit Milch, Fleisch und Pflanzenkost wohlgenährte Völker aus Ackerbau und Viehzucht treibenden Ländern. Die Westsudanesen brachten wertvolle sittliche und materielle Kulturgüter mit. Einige davon waren ihre eigenen, andere hatten sie von den Mohammedanern übernommen.

Nina Rodrigues spricht den Sudanesen eine »intellektuelle und soziale Vorrangstellung« unter den nach Brasilien gebrachten Negern zu. Seiner Ansicht nach sind nicht nur die bahíanische Bewegung von 1835, sondern auch andere Sklavenrevolten auf die religiöse Organisation der sudanesischen Mohammedaner zurückzuführen. Er unterstreicht die Bedeutung des Einflusses der mohammedanischen Fullahs und Haussas auf die Yorubas (Nagos) und Ewes (Geges) und meint, die Fullahs und Haussas seien die Aristokraten der Sklavenhütten gewesen und hätten die verschiedenen Sklavenaufstände angeführt. Sie stammten aus den Königreichen Wurno, Sokotô und Gandô, verfügten über eine fortschrittliche politische Organisation, eine ausgeprägte religiöse Literatur von Werken der Eingeborenen in arabischer Sprache und eine eindrucksvolle und originelle Kunst, die höher zu bewerten ist als die anämischen portugiesischen Nachahmungen maurischen Stils. Von solchen Sklaven konnte man nicht erwarten, daß sie sich mit der Rolle von Marionetten der Portugiesen zufriedengeben würden, noch reichte das Weihwasser der christlichen Taufe aus, den mohammedanischen Feuerbrand, der in ihnen loderte, zu löschen.

Der Islam, bemerkte Abbé Etienne, hatte sich über ganz Brasilien in Form einer mächtigen Sekte ausgebreitet, die im Dunkel der Sklavenhütte florierte und über Lehrer und Priester aus Afrika verfügte, welche in mohammedanischen Schulen und Gebetshäusern Unterricht im Koranlesen gaben und die arabische Sprache lehrten.

Die Atmosphäre in der Zeit vor der Bewegung von 1835 in Bahía war erfüllt von einem glühenden religiösen Eifer der Sklaven. In der Mata-Porcos-Gasse, an der Praça-Böschung, beim Kreuz des heiligen Franziskus, ja buchstäblich im Schatten der katholischen Kirchen und Klöster und der Nischen der Jungfrau Maria und des heiligen Antonius von Lissabon wurden Sklaven im Koran geschult und hörten die Lehre des Propheten, welche über und gegen die christliche Religion und deren Gefolgschaft, die weißen Herren oben in den Prachthäusern, gestellt wurde. Sie wandten sich gegen die katholische Messe und sagten, sie sei die Anbetung eines Stückes Holz. Den christlichen Rosenkranz mit dem Kreuz ersetzten sie durch ihren eigenen, der fünfzig Zentimeter lang war, aus neunundneunzig Holzperlen bestand und an Stelle des Kruzifixes eine Kugel besaß.

Infolgedessen saugte der brasilianische Katholizismus den mohammedanischen Einfluß genauso auf, wie er den Animismus und Fetischismus der Eingeborenen und die kleineren Negerkulte assimiliert hatte. Ein Zeichen dieses Einflusses sind die Gebetszettel, die den Menschen vor dem Tod und das Haus vor Dieben und Übeltätern bewahren sollen und die man immer noch im Inneren Brasiliens nach alter Sitte sich um den Hals hängt oder an Türen und Fenstern der Häuser befestigt. Es ist auch möglich, daß ein gewisser Hang der Neger und Mestizen zum Protestantismus, dem Feind der Messe, der Heiligen und der Rosenkränze mit dem Kruzifix, zurückgeht auf die traditionell gewordene hartnäckige antikatholische Haltung des Mohammedaners. Melo Morais Filho beschreibt eine Totenfeier in Penedo (Alagôas), die nach Nina Rodrigues ausgesprochen muselmanische Züge aufweist: lange Gebete und Fastenzeit, Alkoholverbot, Festlegung des Festes nach den Mondphasen, Opfer von Hammeln, lange, weiße tunikaähnliche Kleider.

Im Laufe meiner eigenen Beobachtungen der Praktiken und Riten afrikanischer Sekten in Pernambuco habe ich häufig bemerkt, daß sich die Teilnehmer, bevor sie an den Zeremonien teilnehmen, ihrer Schuhe und Pantoffeln entledigen, und auf dem »Terreiro« (Ort der Zeremonien bei Fetischkulten), dem ich in Rio de Janeiro beiwohnte, sah ich, daß es von Bedeutung war, ob jemand auf die alte Matte in der Mitte des Raumes trat oder nicht. In der Mitte dieser Matte saß mit gekreuzten Beinen nach Muselmanart der greise »Vater des Terreiro«. Neben ihm stand ein irdenes Gefäß mit dem im Blute eines schwarzen Huhns schwimmenden heiligen Essen. Im Zusammenhang mit den Feiern der afrikanischen Sekten, die ich in Recife kennengelernt habe – bei einem von ihnen war Eloy der Anführer, ein siebzehnjähriger Bursche von fast weißer Hautfarbe, der von alten Negerfrauen großgezogen worden war; andere Male dirigierte Anselmo die Zeremonien, ein fünfzigjähriger Neger und Sohn afrikanischer Eltern, die häufig »im Interesse der Religion« nach Bahía gingen –, auf diesen Feiern also sah ich u. a. tanzende Frauen mit gelben Halstüchern, genau wie sie von Manuel Querino bei fastenden Mohammedanern beschrieben werden, und das betreffende Fest fiel in die Woche der Kirchenfeiern für den Heiligen Geist. Wenn bei den Feiern von Anselmo eine Frau aufhörte zu tanzen, gab sie ihr Halstuch an eine andere ab, die ihrerseits den Tanz fortführte. Bei anderen Festen habe ich rote Tücher gesehen, die offensichtlich eine tiefere mystische Bedeutung hatten. Unter den Sektenanhängern wie unter den Gläubigen der Kirche werden Farben oft auf mystische Weise mit den Gelübden, die man den Heiligen gemacht hat, verbunden. Manuel Querino erwähnt auch eine von Afrika importierte »blaue Tinte«, die die Malês bei ihren Zaubereien verwenden. Mit dieser Tinte malten sie kabbalistische Zeichen auf eine schwarze Tafel; diese wurde abgewaschen und das Abwaschwasser den an dem Zauber Interessierten zu trinken gegeben oder denen, die sich mit dem Zauber schützen wollten, über den Weg gesprengt.

Bis vor kurzer Zeit wurde eine Reihe von Dingen für diese Kulte aus Afrika importiert: »Tecebas« oder Rosenkränze, heilige Instrumente wie das »Heré« oder »Chéchéré« – eine kupferne Rassel, die bei den Xangô-Zeremonien von den »Heiligen-Töchtern« betätigt wird – und heilige Kräuter als Aphrodisiaka oder nur zur Aufheiterung.

Der Katholizismus in den Herrenhäusern wurde mit muselmanischen Elementen bereichert, gegen die der Pater Kaplan ebenso machtlos war wie der Pater Schulmeister gegen die Korruption der portugiesischen

Sprache durch Eingeborenen- und afrikanische Dialekte. Diese wechselseitige Durchdringung der kulturellen Einflüsse und ihre Wirkung auf den brasilianischen Katholizismus und die Nationalsprache soll später noch eingehend behandelt werden. An dieser Stelle will ich nur auf die kulturelle Einwirkung des von Malê-Sklaven nach Brasilien gebrachten Islam auf die Bildung der brasilianischen Gesellschaft aufmerksam machen.

Auch nachdem sie in den Sklavenhütten der Herrenhäuser untergebracht waren, verloren die mohammedanischen Neger in Brasilien nicht den Kontakt mit Afrika, noch verfehlten die Negerfetischisten, mit den weiter fortgeschrittenen Kulturkreisen ihres Heimatlandes in Fühlung zu bleiben. Die Nagos aus dem Königreich Yoruba zum Beispiel scheuten wie die Mohammedaner keine Mühe, religiöse Objekte und auch persönliche Gebrauchsartikel wie Kolanüsse, Kauris, Stoffe, Küstenseife und Dendê-Palmöl zu importieren.

Es ist außerdem eine interessante Tatsache, daß bis zum Ende des XIX. Jahrhunderts Rückwanderungen von Haussa- und Nagô-Freigelassenen von Bahía nach Afrika stattfanden und die Rückwanderer in Ardra die Stadt Porto Seguro gründeten. So eng waren die Beziehungen zwischen Bahía und diesen Städten, daß Chefs von Handelshäusern in Salvador ehrenvolle Auszeichnungen von der Regierung Dahomeys erhielten.

In Bahía, Rio, Recife und Minas trugen die Schwarzen lange Zeit afrikanische Gewänder, die mohammedanisch beeinflußt waren, speziell die schwarzen Süßwarenhändlerinnen und Aluá-Verkäuferinnen (Aluá = fermentiertes Erfrischungsgetränk aus Mehl und Zucker). Einige, welche die Geliebten reicher portugiesischer Kaufleute waren, kleideten sich in Seide und Satin und waren schmuckbeladen mit Juwelen, goldenen Ketten, Amuletten aus Guinea gegen den bösen Blick, Symbolen des Phalluskultes, Glasperlenketten, Muschelhalsbändern und goldenen Ohrringen. Noch heute kann man in den Straßen von Bahía diese Negerfrauen in langen Schals aus »Pano da Costa« (Stoff von der Küste) sehen, wie sie ihre Waren anbieten. Über ihren weißleinenen Unterkleidern tragen sie Röcke aus grellbunten Damasten, ihre prallen Brüste drohen aus den Leibchen zu springen, so wippen sie beim Gehen. Schmuckstücke, Amulette, Armreifen, muselmanische Turbane auf den Köpfen, Sandalen an den Füßen, Silber-Seemuscheln und goldene Armbänder tragen sie. In den ersten Jahren des XIX. Jahrhunderts bewunderte Tollenare in Pernambuco die wahrhaft königliche Haltung der Negerfrauen, und Mrs. Graham war entzückt von ihren graziösen Figuren und dem Rhythmus ihres Ganges.

Diese Frauen, allgemein als »Baianas« oder Bahíanerinnen bekannt, sind durchweg sehr groß, wappenbildähnliche Erscheinungen von adeliger Haltung. Ihre Figuren sind charakteristisch und bemerkenswert deswegen, weil die Sudanesen zu den höchstgewachsenen Völkern der Erde zählen. Im Senegal gibt es Neger, die aussehen, als ob sie auf Stelzen gingen. In ihren langen Kleidern, die an Kindernachthemden erinnern, kommen sie einem wie Wesen aus einer anderen Welt vor. Sie sind hager, großzähnig, eckig und von ernster Strenge. Die Menschen Südafrikas hingegen sind klein und breit, hier gibt es Frauen mit ausladenden Hüften und aphrodisischen Kurven. Die Hottentotten- und Buschmannfrauen wirken grotesk mit ihren hervorstehenden Hinterteilen (Steatopygie).

Interessant ist es, die Körpermerkmale der nach Brasilien gebrachten Neger an Hand des bildreichen Volksjargons, wie er uns durch die Anzeigen der Verkäufe von Sklaven für Haus- und Feldarbeit überliefert wurde, zu studieren. In dieser Hinsicht ist die Sammlung der Exemplare des *Diário de Pernambuco* – der ältesten Zeitung Lateinamerikas, gegründet 1825 – von besonderem Wert für den anthropologischen Wissenschaftler. Aus den Anzeigen der Jahre 1825, 1830, 1835, 1840 und 1850 können wir eine sehr bestimmte Vorliebe für männliche und weibliche Neger, die groß und gut gebaut waren, herauslesen: »von angenehmem Gesicht und Leibe« und »mit vollständigen Vorderzähnen«. Das zeigt, daß man sich bei der Wahl von Dienern und Hausmädchen von rassischen und ästhetischen Gesichtspunkten leiten ließ. Schließlich wurden ja die Mädchen durch engsten Kontakt mit den weißen Männern der Herrenhäuser Mütter von Mulattenkindern, die im Hause aufwuchsen, und viele von diesen wurden später gelehrte Doktoren, Akademiker und sogar katholische Priester.

Nachdem ich so die Punkte, welche mir für das Studium der afrikanischen Einwirkung auf die brasilianische Kultur und Rasse von grundlegender Wichtigkeit erscheinen, beleuchtet habe, will ich es jetzt unternehmen, die intimen Aspekte dieses ansteckenden Einflusses aufzudecken.

Zunächst jedoch muß unterschieden werden zwischen reinem Negereinfluß (der meiner Ansicht nach fast unmöglich zu isolieren ist) und dem Einfluß des Negers in seiner Eigenschaft als Sklave. »Erstens war das schlechte Bevölkerungselement nicht die Negerrasse an sich, sondern diese zu Sklaven herabgewürdigte Rasse«, schrieb Joaquim Nabuco im Jahre 1881. Bewundernswerte Worte, wenn man bedenkt, daß zur gleichen Zeit Oliveira Martins in einem dicken Folianten erklärte: »Zweifellos und durch unzählige Dokumente bewiesen, stellt der Neger einen anthropologisch minderwertigen Typ dar, der häufig besser als anthropoid bezeichnet würde und es kaum verdient, ein Mensch genannt zu werden.«

Wenn wir den Einfluß des Negers auf die private Sphäre des brasilianischen Lebens betrachten, dann handelt es sich meistens um die Einwirkung des Sklaven und nicht des Negers an sich. Rüdiger Bilden unternimmt es, alle Eigenheiten des wirtschaftlichen und sozialen Hintergrundes des Brasiliens durch den Einfluß der Sklaverei zu erklären. Zusammen mit der Monokultur hat die Sklaverei zutiefst unsere soziale Struktur beeinflußt. Mitunter scheint es, als käme der rassische Einfluß rein und ausschließlich von den Sklaven her, von dem Sozialsystem der Sklaverei, als sei alles eine unheimliche Rückwirkung jenes Systems, das auf Herren und Sklaven gleichermaßen entwürdigend sich auswirkt. Der brasilianische Neger scheint uns während der ganzen Kolonialepoche und in der ersten Zeit der Unabhängigkeit durch die Sklaverei und die Monokultur, deren Werkzeug er war, zum Nur-Sklaven geworden zu sein, und dieses traditionelle Bild vom Neger, im Gegensatz zum stets beweglich gebliebenen Indianer, ist haftengeblieben.

Goldenweiser sagt, es sei absurd, den Neger, seine Arbeitskapazität und seine Intelligenz nach seiner unter dem Regime der Sklaverei auf den amerikanischen Plantagen bewiesenen Energie zu beurteilen. Der Neger verdiene vielmehr, daß man ihn nach seiner Tatkraft im Milieu seiner eigenen Kultur, wo er mit Interesse und Begeisterung an seine Aufgaben herangeht, einschätzt.

Ebenso absurd erscheint es mir, die Moral des brasilianischen Negers nach seinem schädlichen Einfluß als Sklave zu verurteilen. Diesen Irrtum beging Nina Rodrigues beim Studium der afrikanischen Einwirkungen auf unser Land. Er machte sich nicht klar, in welcher Weise die Stellung des Negers diesen seiner Energien beraubte. »Abgesehen von ihrer Stellung als Sklaven«, schreibt er auf den ersten Seiten seines Werkes über die Rasse der Neger in Portugiesisch-Amerika, »und abgesehen von den Bedingungen, unter denen sie nach Brasilien gebracht wurden, und ihre Qualitäten als Kolonisten so beurteilend wie die Qualitäten derer, welche anderswoher kamen ...« Ja, aber das ist unmöglich! Man kann den nach Brasilien geschleppten Neger nicht von den Umständen trennen, unter denen er hergebracht wurde.

Wenn die Kutte den Mönch formt, dann trifft dasselbe auf den Sklaven zu, denn der Afrikaner wurde oft gezwungen, sein Malê-Kamisol abzuwerfen und dafür die »Tanga« (Lendenschurz) der schmierigen Sklavenschiffe umzubinden. Er mußte die Tanga oder Sackleinenhosen anziehen und wurde zum »Tigre«-Träger. Die Sklaverei entriß den Neger seinem sozialen und familiären Milieu und lieferte ihn einer fremden und oft feindlichen Welt aus. Unter solchen Umständen, solchen zerstörenden Kräften ausgesetzt, wäre es absurd, von den Sklaven ein anderes als unmoralisches Betragen, dessen sie immer beschuldigt werden, zu erwarten.

Ausschweifung, Wollust und sexuelle Hemmungslosigkeit wurden als rassisch bedingte Fehler der Afrikaner angesehen und sollen von diesen in Brasilien eingeführt worden sein. Inzwischen mußte man sich aber davon überzeugen, wie ich im vorigen Kapitel erwähnte, daß bei den Negerstämmen Afrikas, wie generell bei allen primitiven Völkern, der Geschlechtstrieb geringer ist als bei den Europäern. Die Sexualität des afrikanischen Negers muß ständig angestachelt werden mit scharfen Stimulantia, aufreizenden Tänzen, Phalluskulten und Orgien, während der zivilisierte Mensch normalerweise ohne großen Anreiz und mühelos zu sexueller Erregung kommt. Die verbreitete Ansicht, daß Neger mehr als andere Rassen sich sexuellen Exzessen hingeben, wird von Ernest Crawley dem überschäumenden Temperament der Neger und dem orgiastischen Charakter ihrer Feste, die den Eindruck ungezügelter Erotik erwecken, zugeschrieben. In Wirklichkeit »weist dies eher auf das Gegenteil hin«, sie beweisen das echte Bedürfnis nach »künstlicher Erregung«. Havelock Ellis nennt die Negerin eher kalt als leidenschaftlich: »gleichgültig gegen Liebesraffinement«. Und wie Ploss betont Ellis die Tatsache, daß die Sexualorgane bei primitiven Völkern oft »vergleichsweise unentwickelt« sind.

Allgemein wird gesagt, die Negerin habe das Sexualleben der brasilianischen Gesellschaft verdorben, weil sie die Herrensöhne vorzeitig in die Geschlechtsliebe einweihte. Doch nicht die Negerin an sich ist dafür verantwortlich zu machen, sondern die Neger-Sklavin. Und was die Afrikanerin versäumte, wurde von der ebenfalls versklavten Indianerin vollbracht. In seinem *Leben des Paters Belchior de Pontes* gibt Pater Manuel

Fonseca die Schuld an der leichten Verführbarkeit der Kinder der Kolonialzeit der Indianerin. Und aus einer Zone, die fast frei von Negereinschlag war, schrieb der Bischof von Pará im XVIII. Jahrhundert: »Der Verfall der Sitten in diesem Lande gemahnt mich an das Ende der fünf Städte und läßt mich glauben, daß ich in der nächsten Umgebung von Gomorrha und nicht weit von Sodom lebe.«

Es ist absurd, die Neger oder die Indianer für etwas verantwortlich zu machen, an dem sie so wenig Schuld hatten, statt die Ursache des Übels bei dem Sozialsystem zu suchen, in dem beide eine passive und mechanische Rolle spielten. Es gibt keine Sklaverei ohne sexuelle Ausschweifungen, die unausbleibliche Folgen eines solchen Regimes sind. Schon die wirtschaftlichen Interessen begünstigen sie, indem sie in den Herren den maßlosen Wunsch nach einer möglichst großen Anzahl von unehelichen Nachkommen erwecken. Aus einem von den sklavenhaltenden Plantagenbesitzern herausgegebenen Manifest zitiert Nabuco die bedeutungsvollen Worte: »Die produktivste Seite des Sklavenbesitzes sind die fruchtbaren Leiber.«

Aus dem schon sehr lasterhaften Portugal kam die Sklaverei nach Brasilien. »Den maurischen und schwarzen Sklaven sowie jenen aus anderen Regionen wurde nach der Taufe nicht die geringste religiöse Erziehung zuteil«, berichtet Alexandre Herculano. Die Herren begünstigten lose Sitten, um »die Zahl der Nachkommen zu vermehren und so die Herde zu vergrößern«. Kann man in einer solchen von der Gewinnsucht der Herren geschaffenen Atmosphäre, ob es sich nun um Mauren, Neger, Indianer oder Malaien handelt, etwas anderes von den Sklaven erwarten als Sittenlosigkeit, Sinnenlust und Ausschweifung? Wir haben ja gesehen, es wurde gewünscht, daß die Frauenleiber produzierten, denn aus den schwarzen Leibern erhielten ihre Herren neue junge Sklaven.

Joaquim Nabuco betont »die Wirkung afrikanischer Seuchen auf unsere Volksgesundheit«. Es war dies eine der schrecklichen Folgen des Kontaktes von Brasilien mit dem Schwarzen Erdteil, aber es ist bemerkenswert, daß die Neger erst in Brasilien syphilitisch wurden. Der eine oder andere mag die Krankheit mitgebracht haben, aber erst in den kolonialen Sklavenquartieren begann die Massenverseuchung. Die »minderwertige Rasse«, die der heutige Brasilianer gewohnheitsmäßig für alle Mißstände verantwortlich macht, bekam diese verbreitete Geschlechtskrankheit, welche unser Volk seit den ersten Tagen der Kolonialzeit geschwächt und dezimiert hat, von der »Herrenrasse«. Es waren die Herren aus den

Haupthäusern, welche den Negermädchen aus den Sklavenhütten die Ansteckung brachten. Letztere, oft unberührte Mädchen von zwölf, dreizehn Jahren, wurden weißen Burschen überantwortet, die schon von der Syphilis der Städte angefault waren. Daher auch der lange in Brasilien erhalten gebliebene Glaube, es gäbe kein besseres Heilmittel für diese Krankheit als ein jungfräuliches Negermädchen. Dr. João Alvares de Azevedo Macedo jr. berichtet 1869 von diesem seltsamen Aberglauben, der offenbar aus der Kolonialzeit stammt und den man noch heute auf den alten Zuckerplantagen in Pernambuco und Rio de Janeiro antreffen kann. Laut Dr. Macedo besagt dieser »barbarische Aberglaube«, daß die, welche an Gonorrhöe leiden, geheilt werden, wenn es ihnen gelingt, Verkehr mit einem Mädchen im Pubertätsalter zu bekommen; »die Impfung eines halberwachsenen Mädchens mit dem Virus ist das sicherste Mittel, ihn bei sich selbst abzutöten«.

Es wird auch angenommen, daß manche Negeramme von ihren Brustkindern angesteckt wurde und dann den Makel der Syphilis aus dem Herrenhaus in die Sklavenhütte brachte. In einer 1877 herausgegebenen Studie meinte Dr. José de Góis e Siqueira, man sollte jeden, der gewissenlos kerngesunden Ammen syphilitische Kinder anvertraut, bestrafen und schadenersatzpflichtig machen. »Die Ansteckungsgefahr durch Nähren an der Brust ist bekannt, und es liegt auf der Hand, daß mit dieser einfachen und leicht durchzuführenden Maßnahme gute Resultate bei der Bevölkerung erzielt werden können.« Den Negerammen »müßte verboten werden, sich ohne Gesundheitszeugnis oder Untersuchung durch einen guten Arzt zu verpflichten«, andererseits aber »müßten sie das Recht haben, von den Eltern oder Vormündern, bei deren Kindern sie sich mit Syphilis angesteckt haben, Schadenersatz zu verlangen«.

Es ist klar, daß diese Sklavenmädchen, nachdem sie sich bei ihren weißen Herren angesteckt hatten – viele von ihnen vor Erreichung der Pubertät –, ihrerseits als erwachsene Frauen die Geschlechtskrankheit weiter auf Weiße und Schwarze übertrugen und verbreiteten, woraus sich leicht erklärt, warum unser Land zur Zeit der Sklaverei von Syphilis und Gonorrhöe verseucht war.

Genauso war es im Süden der Vereinigten Staaten. In seinem Buch *The Stranger in America* erwähnt Janson die wahre Flut von Quacksalbern, die während der ersten Hälfte des XIX. Jahrhunderts die Vereinigten Staaten mit ihren Anpreisungen von Heilmitteln für Geschlechtskrankheiten überschwemmten. Ein Zeichen dafür, daß viele an den fraglichen Krankheiten litten. Auch Odum macht die sklavenhaltenden Südstaaten für die erschreckende Verbreitung der Syphilis verantwortlich. In unserem Küstenstreifen, also der Zone, in der es die meisten Sklaven gab, war die Syphilis immer weit verbreitet und ist es noch heute. Bis heute werden Medikamente, Elixiere und Hausmittel zur Heilung dieser Leiden aufdringlich und ziemlich schamlos angepriesen. Sogar fromme Bilder, mit dem von Engelchen umgebenen Jesuskind gibt es, und unter dem Bild heißt es dann, daß dieses oder jenes Mittelchen die »Syphilis heilt«, und wenn »Christus selbst heute auf die Welt zurückkäme, würde Er Seine heilige Stimme erheben, um dieses Mittel zu empfehlen ... denen, die da leiden an Krankheiten, welche von unreinem Blut kommen«. Die Professoren an den medizinischen Fakultäten von Brasilien empfehlen ihren Studenten und Assistenzärzten in den Kliniken, immer »syphilitisch zu denken«, d. h., immer bei einer Diagnose zunächst zu prüfen, ob die zu untersuchende Krankheit möglicherweise syphilitischen Ursprungs ist.

Die Syphilis herrschte unumschränkt im patriarchalischen Brasilien, sie tötete, machte blind, verstümmelte, verursachte Fehlgeburten, nahm »kleine Engelchen« zurück in den Himmel, ganz wie sie es wollte. Sie war ein giftiges Reptil im Hause, auf dessen Gift niemand achtete. Wenn das vergiftete Blut in Schwären ausbrach, kratzten sich die Opfer nur die Wunden oder »Pickel« und nahmen Medizinen oder Cashewnüsse. Wie schon auf den ersten Seiten dieses Essays erwähnt, datiert die Syphilisverseuchung Brasiliens – ihr außeramerikanischer Ursprung vorausgesetzt – vom Anfang des XVI. Jahrhunderts, aber in der Wollust-Atmosphäre der Herrenhäuser, die voll von Negermädchen, Mulecas und Mucamas waren, wurden Syphilis und andere Geschlechtskrankheiten durch die private Prostitution, die immer unhygienischer ist als die der Freudenhäuser, schnell weit verbreitet. Lassance Cunha schrieb 1845, die Brasilianer beachteten die Syphilis nicht sonderlich, für sie sei sie ein Übel, das »fast erblich ist und so üblich, daß die Leute es nicht als Geißel ansehen und auch keine Angst vor ihm haben«. Für sie war die Syphilis eine gewöhnliche, vertraute Krankheit, so etwas wie Masern oder Würmer. Cunha protestierte nachdrücklich gegen die häufigen Heiraten von Syphilitikern, denn »wir Ärzte kennen die pathologischen Familiengeheimnisse«. In seinen *Reflexões sôbre alguns dos meios propostos por mais conducentes para melhorar o clima da cidade do Rio de Janeiro* (Überlegungen bezüglich der besten Vorschläge für Mittel zur Klimaverbesserung in der

Stadt Rio de Janeiro) hatte Manuel Vieira da Silva, später Baron von Alvaesar, Anfang des XIX. Jahrhunderts bemerkt, daß man auf »Hautentzündungen in dieser Stadt nichts gab; allgemein glaubte man, daß man nichts dagegen zu unternehmen brauchte, und es ist möglich, daß die kränkliche Konstitution, die die Bewohner der Stadt von Kind an zu haben scheinen, auf diese Haltung zurückzuführen ist«. Vieira da Silva war jedoch nicht der erste, der Verstand genug hatte, zu vermuten, daß das, was allgemein dem Klima oder der »Hitze« zugeschrieben wurde, in Wahrheit Syphilis oder deren nichtbeachtete Folgen waren. Schon Ende des XVIII. Jahrhunderts hatte Luís dos Santos Vilhena, Professor der griechischen Sprache in Bahía, den Gedanken, daß die »Hitze« die Hauptursache der Lustseuchen in der Kolonie sei, verworfen. »Nichts als Ausreden«, schrieb er. Die wahre Ursache schien ihm in der »wahllosen geschlechtlichen Leidenschaft« zu liegen, nicht nur der der Straße, sondern auch der der Herrenhäuser, welche von den Sklaven aus den Hütten angesteckt worden seien. Die Sklaven, meint Vilhena, hätten das gesunde Klima Brasiliens in ein mörderisches verwandelt, ein Klima, das »wunderbar gesund war, aber sich heute kaum von dem Angolas unterscheidet...«

Anfang des XVIII. Jahrhunderts bereits wurde Brasilien in Büchern ausländischer Schriftsteller als das klassische Land der Syphilis bezeichnet. Der Autor von *Histoire générale des pirates* schreibt: *»Presque tous les brésiliens sont atteints d'affections vénériennes.«* Oscar da Silva Araújo übersetzt eine kuriose Passage über das Thema Syphilis aus der Feder von John Barrow, einem englischen Reisenden, der um 1700 Brasilien, Java und Cochinchina besuchte. Laut Barrow wütete die »gallische Pest« sogar in den Klöstern. Er erzählt von einer Klosteräbtissin, die von einem mit Barrow bekannten Arzt eine Büchse mit Quecksilbersalbe erhielt. Die Büchse wurde indiskreterweise von dem Überbringer, einem »lustigen Benediktinerbruder«, unterwegs geöffnet, und der Reisende beschreibt, wie der erwähnte fromme Mann, nachdem er sich die Büchse an die Nase gehalten hatte, beziehungsvoll mit den Augen zwinkerte und ausrief: *»Ah! Domine! Mercurialia! Ista sunt mercurialia!«* und erläuternd hinzufügte, daß die Äbtissin wie die anderen Damen von Rio *»pronae sunt omnes ac deditae veneri«*.

Von Silva Araújo übernehme ich ferner die Worte des alten Arztes der Kolonialzeit Bernardino Antônio Gomes in Beantwortung einer Rundfrage durch den Gemeinderat Rio de Janeiros im Jahre 1798, die den

Zweck hatte, zu untersuchen, welche ansteckenden Krankheiten in der Stadt vorkamen. Des Arztes Antwort lautete dahin gehend, daß »das bekannte Beispiel der Sklaven, die fast keinen anderen als den Naturgesetzen folgen«, zum guten Teil an der Prostitution und den Geschlechtskrankheiten in Brasilien schuld sei. Dr. Bernardino hätte hinzusetzen müssen, daß die Wollust der Neger, ihr hemmungsloses Triebleben und die Prostitution bis ins eigene Heim hinein von den weißen Herren eingeführt worden war, und zwar einmal im Interesse einer Nachwuchsversorgung auf breiter Basis und zum anderen lediglich zur Befriedigung ihres eigenen Sexualtriebes. Nicht der Neger war der Wüstling, sondern der Sklave, der den kommerziellen Interessen und der Wollust seines untätigen Herrn gehorchte. Nicht die »minderwertige Rasse« war die Quelle des Sittenverfalls, sondern der Mißbrauch, der von einer Rasse an der anderen getrieben wurde, ein Mißbrauch, der vom Neger verlangte, sich dienstbeflissen den Gelüsten der allmächtigen Herren des Landes zu unterwerfen. Diese Gelüste wurden durch zunehmende Untätigkeit, durch »nicht durch Arbeit erworbenen Reichtum« anspruchsvoller, wie Dr. Bernardino es formuliert. »Untätigkeit« und »Faulheit« hätte Vilhena gesagt, gemeint ist aber die Wirtschaftsstruktur des Regimes der Sklaverei.

Wenn es wahr ist, wie moderne Anthropologen sagen, daß »gelockerte sexuelle Beziehungen gemeinhin eine Aufwärtstendenz der Zivilisation anzeigen«, daß die Sexualorgane bei Haustieren entwickelter sind als bei wild lebenden, daß bei diesen Haustieren, die durch den fehlenden Kampf ums Dasein verweichlicht worden sind, die Fortpflanzungsdrüsen mehr Nahrung aufnehmen und daß ferner die Fortpflanzungskapazität des Menschen sich wie bei den Haustieren durch die Zivilisation vergrößert hat – wenn all dies richtig ist, dann kann man doch wohl analog schließen, daß unter einem Regime wie dem der mit Sklaven betriebenen Monokultur, in dem die Mehrheit arbeitet und eine Minderheit nichts tut als Befehle gibt, zwangsweise durch die relative Muße der Minderheit sich bei dieser eine größere Betätigung auf sexuellem Gebiet, ein stärkerer Sexualtrieb und raffiniertere Liebeskünste entwickeln werden als bei der schwer arbeitenden Mehrheit. Ein gutes Beispiel bietet Indien: Je höher die Kaste und je größer die Muße, um so raffinierter, ja perverser ist die Kultivierung der Liebeskunst.

Nichts berechtigt uns zu der Annahme, daß es der Neger war, der die lasterhafte Geilheit, deren Fangarme wir alle in unserer Jugend gespürt haben, nach Brasilien gebracht hat. Diese frühreife Wollust, diese Gier nach Frauen, die schon im Alter von dreizehn bis vierzehn Jahren aus jedem Brasilianer einen Don Juan macht, kommt nicht von dem anstekkenden Kontakt oder der Vermischung mit der »minderwertigen Rasse«, sondern von unserem Wirtschafts- und Sozialsystem. Vielleicht hat auch das Klima etwas zu tun damit: Die schwüle, schwere, entnervende Luft, die wir atmen, verführt uns zeitig, die Süße der Liebe zu kosten, und erstickt gleichzeitig jeden Willen zu regelmäßiger Anstrengung. Man kann die Wirkung des Klimas auf die gesellschaftliche Sexualmoral nicht abstreiten. Das Klima ist zwar diesbezüglich kein Hauptfaktor, aber es akzentuiert oder schwächt doch vorhandene Tendenzen, die sich dann zu sozialen Charakterzügen erhärten oder solche auflösen. Wir alle haben schon erfahren, wie die Stimme in heißem Klima rauh und heiser wird, und unter der Wirkung des höheren oder niedrigeren atmosphärischen Drucks, unter dem Einfluß der Luftfeuchtigkeit verändern sich Körpertemperatur, Blutzirkulation und die Ausscheidung von Kohlendioxyd beim Menschen. All dies hat Rückwirkungen auf die gesellschaftliche Einstellung des Menschen, auf seine Lebenstüchtigkeit, auf seine Sexualmoral. Man kann danach Kelsey zustimmen darin, daß gewisse Klimata den Menschen zu größeren Anstrengungen und demgemäß zu größerer Produktivität befähigen, während andere seine Energien schwächen. Wenn wir das gelten lassen, heißt das jedoch nicht, daß wir mit den Übertreibungen Huntingtons oder anderer Extremisten in puncto »Klimatische Einflüsse« einverstanden sind. Noch soll es bedeuten, wir wollten uns der schweren Verantwortung entziehen, die wir letzten Endes für unsere soziale und wirtschaftliche Struktur tragen; denn soziale und wirtschaftliche Kräfte sind es, die die Kulturen, Gesellschaftsorganisationen und auch die Typen der Gesellschaften formen. Manchmal gibt es so etwas wie ein geheimes Einverständnis zwischen diesen Kräften und denen der Natur, und manchmal arbeiten sie, ohne sich praktisch um die Natur zu kümmern.

Der Neger in seinen Beziehungen zu der sich hier entwickelnden Kultur und Gesellschaftsform muß vornehmlich im Licht der sozialen und wirtschaftlichen Geschichte beurteilt werden, nach einem Kriterium kultureller Anthropologie. Daher ist es unmöglich – ich muß darauf bestehen –, ihn von seiner entwürdigenden Stellung als Sklave zu trennen, einer Stellung, die viele seiner besten, fruchtbarsten, seiner normalen Eigenschaften erdrosselt hat und andere, künstliche bis morbide, über-

Herrenhaus der Plantage Agua Vila Bela (São Paulo)

entwickelte. So kam es, daß der Afrikaner entschieden ein pathogenetisches Agens im Schoß der brasilianischen Gesellschaft wurde. Wegen seiner »rassischen Minderwertigkeit«, werden die Anhänger des Ariertums unter den Soziologen rufen. Aber ihre Rufe werden erstickt von den historischen Tatsachen, den kulturellen und vor allem den wirtschaftlichen Bedingungen, unter denen der Kontakt des Negers mit dem weißen Mann in Brasilien sich vollzog. Ja, der Neger war pathogen, aber nur durch seine Fron unter den Weißen und als schuldloser Teil eines Systems, das von anderen errichtet worden war.

Die Mißhandlung der Neger durch die Weißen hatte ihren eigentlichen Grund in den zum Masochismus und Sadismus verführenden wirtschaftlichen und sozialen Bedingungen, unter denen sich die portugiesische Kolonisation vollzog. Erstens gab es fast keine Frauen, und dann entwickelte das brasilianische Sklavensystem mit seinen allmächtigen Herren und wehrlosen Sklaven ganz automatisch jene sadistischen Formen der Liebe, die uns so geläufig wurden und die allgemein der afrikanischen Sinnenlust zugeschrieben werden.

Auch der Venus-Urania-Kult, den die ersten portugiesischen, spanischen, italienischen und jüdischen Kolonisten nach Brasilien brachten, muß erwähnt werden. Dieser fand hier in den Sexualbräuchen der Eingeborenen, unter den verworrenen Verhältnissen der ersten Kolonisationsperiode fruchtbaren Boden für seine Abart der Liebe und Ausschweifung. Europäer mit erlauchten Namen figurierten als Sodomiten in den Prozessen, welche die Folge der Inspektionsbesuche des hochnotpeinlichen Gerichts der Inquisition in Brasilien waren. Dies ist angesichts der während der Renaissance in Italien verbreiteten Sodomie nicht verwunderlich. Aus dieser Epoche stammen die Termini technici der Spielarten jener »unaussprechlichen Sünde« und wurden von Italien aus international verbreitet. In den Akten spanischer Prozesse aus dem XVI. und XVII. Jahrhundert fand Arlindo Camilo Monteiro zahlreiche Fälle von italienischen Sodomiten. João Lúcio de Azevedo erwähnt speziell die Caorsinos – von Caorsa oder Cahors in der Gascogne, aber italienischer Abstammung –, die eine ansehnliche Kolonie in Lissabon gebildet hatten und die sokratische Liebe in Portugal verbreitet haben müssen.

Jedoch war dieser Zweig der Sexualität zur Zeit der Entdeckung und Kolonisierung Brasiliens auch schon bei Portugiesen und Spaniern selbst sowie unter den Mauren und Juden auf der ganzen Halbinsel weit verbreitet. In den Gerichtsakten jener Zeit erscheinen in diesem Zusammenhang Klosterbrüder und andere Kleriker, Edelleute, hohe Beamte, Professoren und Sklaven. Etliche wurden nach Brasilien verbannt, u. a. ein gewisser Fruitoso Alvarez, Vikar von Matoim, der am 29. Juli 1591 vor dem Vertreter des Inquisitionsgerichts in Bahía bekannte, »daß er während der fünfzehn Jahre, die er in diesem Kapitanat der ›Bucht aller Heiligen‹ (Bahía) zugebracht, mit einigen vierzig Personen unkeuschen Verkehr mit Umarmen und Küssen gehabt habe ...«

Wegen solchen »Umarmens und Küssens« – einer sehr beschönigenden Umschreibung für alle möglichen Auswüchse des Priapismus – wurde mancher von Portugal in die Kolonie abgeschoben, und die brasilianische Sinnlichkeit ist mehr diesen weißen Elementen als den Negern zuzuschreiben. Ein Element innerhalb der portugiesischen Kolonisation Brasiliens gab es, das offenbar rein und unschuldig war und doch einen schädlichen Einfluß ausübte, und das waren die Waisenkinder, welche von den Jesuiten für ihre Schulen herübergebracht wurden. Monteiro berichtet, daß »sie in den Büchern der Unaussprechlichen verhältnismäßig oft genannt werden«.

Es ist bekannt, daß selbst portugiesische Haudegen des XV. und XVI. Jahrhunderts, vielleicht infolge der langen Überfahrt und ihrer Berührung mit der sexuellen Hemmungslosigkeit orientalischer Länder, allen Arten der Wollust ergeben waren. Von aller Welt bewunderte Helden übertrugen ihre eigenen erotischen Laster und Raffinements bereitwillig auf andere Gesellschaftsschichten. Lopo Vaz de Sampaio läßt uns glauben, daß sogar Afonso de Albuquerque – der »schreckliche Albuquerque« – sich wollüstigen Vergnügungen dieser Art hingab.

Die bei uns häufig vorkommenden Arten von Hexerei und Liebeszauber werden auch als ausschließlich afrikanischen Ursprungs angesehen. Indessen enthalten die ersten Akten von der Tätigkeit der heiligen Inquisition in Brasilien viele Fälle von portugiesischen Hexen. Ihre Praktiken mögen afrikanisch beeinflußt gewesen sein, aber ihrem innersten Wesen nach waren sie der Ausdruck europäischer Teufelskulte, die noch heute hierzulande, vermischt mit Neger- und Indianerbräuchen, angetroffen werden können. Antônia Fernandes, bekannt unter dem Namen Nóbrega, behauptete, mit dem Teufel im Bunde zu stehen, und die Anweisungen für ihre Handlungen bekäme sie von »einem gewissen Ding in einem Glas, das zu ihr spräche«. Das ist mittelalterliche europäische Magie reinsten Wassers. Eine andere Portugiesin, Isabel Rodrigues, mit dem Spitznamen »Schiefmaul«, präparierte wunderbare Pülverchen und lehrte wirksame Zaubersprüche. Die berühmteste von allen war Maria Gonçalves, »Feuerschwanz« genannt. Sie unterhielt die besten Beziehungen zu Satanas selbst und pflegte Krüge ein- und auszugraben. Ihre Hexerei befaßte sich fast nur mit den Problemen der Impotenz und der Unfruchtbarkeit, so daß man den Eindruck bekommt, daß die Kundschaft der Hexen der Kolonialzeit hauptsächlich aus an Liebeskummer Leidenden bestand, solchen, welche unglücklich verliebt waren oder von unersättlichen Leidenschaften geplagt wurden.

Tatsache ist, daß in Portugal kultivierteste und berühmteste Persönlichkeiten der Hexerei ergeben waren. Júlio Dantas beschreibt, wie Dom Nuno da Cunha persönlich, Großinquisitor im Reiche von João V., obwohl eingehüllt in seinen Kardinalspurpur »wie eine Seidenraupe im Kokon« – so drückt sich der Chronist aus –, vor Hexenmeistern und Hexen angstvoll zitterte. Berühmte Ärzte, hervorragende Geister ihrer Zeit, wie Curvo Semedo, empfahlen ihren Patienten als Schutz gegen eheliche Untreue »einen gewissen Hexensud aus den Schuhsohlen der Frau und ihres Ehegemahls«. Geschäftstüchtige Apotheker in Capes mit schwarzen Punkten und großen silbernen Schuhschnallen verdienten Vermögen mit dem Verkauf eines Krautes, das als »Pombinha« bekannt war. Es wurde zusammen mit den Zähnen eines Toten auf glühenden

Ziegeln verräuchert. – Eine merkwürdige Methode, die verfallenen Organismen alter Männer mit neuer Liebeskraft zu beleben und Jünglinge von beschämender Frigidität zu befreien.

Die Liebe war der Hauptgrund für das Blühen der Hexenkunst in Portugal. Die Erklärung dafür, daß Zauberer, Hexen, Hexenmeister und Spezialisten in Aphrodisiaka florierten, liegt in einem Land, das bevölkerungsmäßig ausgeblutet und nur durch ein verzweifeltes Aufbäumen seiner Virilität noch imstande war, Brasilien zu kolonisieren, auf der Hand. Hexen und ihre Kunst trugen mit ihren Stimulantia auf ihre Weise zur Überbetonung des Sexualtriebes bei, um legitim oder illegitim die Riesenlücken, welche Krieg und Pest in der spärlichen Bevölkerung des Königreiches gerissen hatten, wieder auszufüllen. Infolgedessen kamen die portugiesischen Kolonisatoren schon mit dem Hexenglauben belastet nach Brasilien. Was die Zauberei direkten afrikanischen Ursprungs angeht, so wurde diese hier auf der Basis mittelalterlicher europäischer Aberglauben und Bräuche weiterentwickelt.

Wie in Portugal beschäftigten sich Hexenkunst und Zauberei auch in Brasilien, nachdem die Neger in ihnen führend geworden waren, hauptsächlich mit den Liebesbeziehungen und den Wünschen nach Fortpflanzung und Fruchtbarkeit. Sie gaben vor, das Leben der schwangeren Frau und des Kindes zu schützen, welches durch Fieber, Krämpfe, Blutvergiftungen, Schlangenbisse, fallende Dornen und den bösen Blick bedroht war. Die Schwangere wurde vor diesen und anderen Gefahren vorsorglich bewahrt durch eine Reihe von Praktiken afrikanischen Ursprungs, die Spuren katholischer Liturgie und Reste von Riten der Eingeborenen enthielten.

Der aus Portugal mitgebrachte Aberglauben und die diversen Formen von Sexualmagie wurden weiter ausgebaut: Die Mandrágora-Wurzel machte fruchtbar, trieb böse Geister aus dem Haus und erlöste Familien von dem lähmenden Bann unheilvoller Flüche; schwangere Frauen hängten sich kleine Beutel mit »Altar-Steinen« um den Hals und vermieden, unter einer Leiter herzugehen, damit das Wachstum des Kindes nicht gefährdet würde; sie legten Sankt-Franziskus-Gürtel um, wenn die Wehen einsetzten; sie legten der Jungfrau von der Unbefleckten Geburt, des gesegneten Ereignisses, der Erwartung, der Empfängnis, der Schmerzen Gelübde ab, damit die Geburt leichter und das Kind gesund und wohlgestaltet würde. Wenn dann die Jungfrau das Gebet erhört hatte, wurde das Gelübde erfüllt. Es bestand manchmal darin, daß man versprach, das Kind Maria zu nennen. Daher die vielen Marias in Brasilien; Maria der Schmerzen, Maria der Engel, Maria der Empfängnis, Maria von Lourdes, Maria der Gnaden. Oder es wurde versprochen, das Kind bei einer bestimmten Prozession als Engel oder Heiligen mitgehen zu lassen, es Priester oder Nonne werden zu lassen, ihm das Haar lang wachsen zu lassen und die Strähnen dann dem Bilde unseres Herrn Jesus am Kreuz zu opfern oder das Kind bis zum zwölften oder dreizehnten Lebensjahr nur weiß und blau oder in Verehrung der Jungfrau Maria ganz weiß zu kleiden.

Die Opfergaben der schwangeren Frauen sollten noch erwähnt werden: kleine Wachs- und Holzpuppen für die Gnadenbilder der Heiligen Jungfrau und weiblichen Heiligen, welche als Beschirmerinnen der Mutterschaft galten. Viele Kapellen auf den Plantagen enthalten ganze Sammlungen dieser Votivgaben.

Doch die große Mehrheit der Zaubereien und Praktiken von Sexualmagie, welche sich in Brasilien entwickelten, waren von dem tiefen Mystizismus der Neger durchtränkt. Manches war aus Afrika mitgebracht worden, in anderem zeigt sich die auf einheimische Pflanzen und Tiere angewandte afrikanische Technik. Nichts ist charakteristischer als die Bedeutung der Kröte für die Beschleunigung der Vollziehung der ehelichen Gemeinschaft. In der afro-brasilianischen Sexualmagie schützt die Kröte auch das treulose Weib: Um ihren Mann zu betrügen, braucht sie nur eine Nähnadel mit grünem Seidenfaden, schlägt damit über dem schlafenden Ehegatten das Kreuz und vernäht dann mit diesem Faden die Augen einer Kröte. Um andererseits ihren Liebhaber an sich zu binden, muß die Frau eine Kröte in einem Topf unter ihrem Bett halten, und die Kröte muß mit Kuhmilch ernährt werden. Die Kröte ist noch heute in der Sexualmagie Brasiliens in Gebrauch: Die Essensreste vom Teller des Opfers werden ihr ins Maul gestopft und letzteres dann zugenäht. Andere Tiere, die bei afro-brasilianischen sexuellen Riten Rollen spielen, sind Fledermäuse, Schlangen, Eulen, Hennen, Tauben, Kaninchen und Schildkröten. Auch verschiedene Kräuter werden benutzt, einheimische und auch aus Afrika eingeführte. Manche von diesen sind von so starker Wirkung, erzählt Manuel Querino, daß sie schon berauschen, wenn man sie nur in der Hand zerreibt. Andere werden zu Tränken verarbeitet oder gekaut. Wieder andere, wie die Maconha, werden geraucht und der Rauch verschluckt. Sogar der Krebs dient dem Liebeszauber: Wenn er mit drei oder sieben Küstenpfefferkörnern gewürzt vor einem Haus über den Boden geschleift wird, gibt es Ärger bei den betreffenden Bewohnern. Durch ihre Fertigkeit im Präparieren von Aphrodisiaka und anderen sexuellen Stimulanzien kamen die Macumbeiros oder Liebeszauber-Hexenmeister zu großem Ansehen bei den alten und verbrauchten Lustgreisen des Landadels. In den Kaffeeplantagen-Gebieten von Rio de Janeiro sammelte Agripino Grieco überlieferte Anekdoten von siebzig bis achtzig Jahre alten Pflanzern, die, von den Aphrodisiaka der schwarzen Macumbeiros angeregt, sich mit jungen Negermädchen umgaben, welche noch nicht die Pubertät erreicht hatten und aus ihren Herren nun die letzte Männlichkeit herauskitzelten. Grieco erzählt von einem achtzigjährigen kaiserlichen Baron, daß er zehnjährige und jüngere Hausmädchen liebkoste. Er unterhielt »gute Beziehungen zu Hexen und Zauberern, die ihn mit Aphrodisiaka versorgten«. Beckford berichtet von dem Marquis de Marialva aus Portugal, der im gleichen Alter von »kleinen Engeln« umgeben war – von weißgekleideten Kindern –, die ihm jede Art von Zärtlichkeiten erwiesen.

Man sollte auch nicht die wichtige Rolle vergessen, die der Kaffee in der afro-brasilianischen Sexualmagie spielte. Wir haben z. B. einen »Teufelskaffee« (Café Mandingueiro). Es ist dies ein Kaffee, der einen »Zauber« enthält; er wird sehr süß getrunken unter Zusatz »einiger Tropfen Menstruationsausfluß von der Hexe persönlich«. Er ist eher ein Liebesals Teufelstrank. Ein anderer Liebestrank, der nur in Brasilien denkbar ist, ist sehr starker Kaffee mit viel Zucker und dem Blut einer Mulattin. Auch filtert man den Kaffee durch den unteren Teil eines Nachthemdes, in dem eine Frau zwei Nächte hintereinander geschlafen hat, und der betreffende Mann muß diesen Kaffee zum Frühstück und nach dem Essen trinken. Schmutzige Frauennachthemden und andere unappetitliche Sachen spielen bei vielen Liebeszaubern eine Rolle: Haare aus den Achselhöhlen, Schamhaare, Schweiß, Tränen, Speichel, Blut, abgeschnittene Finger- oder Fußnägel sowie Sperma. Alfredo de Carvalho nennt sogar »von den Bartholin-Drüsen ausgeschiedenen Menstruationsschleim, selbst Exkremente«. Bringt man dem Hexenmeister – Catimbozeiro, Mandingueiro oder Macumbeiro – solche Ingredienzien, dann wird er einem versprechen, damit »das Herz der gleichgültigsten Person zu erweichen«.

Ferner gibt es Catimbozeiros, welche mit Stoff- oder Wachspuppen arbeiten, eine für das Opfer schon hygienischere Form der Zauberei. Diese »Calungas«, wie die Puppen genannt werden, werden von dem Hexenmeister in der Form bestraft und gezüchtigt, wie man es der fraglichen

Person wünscht. Man muß nur kräftig genug wünschen, das übrige ist einfach und besteht lediglich darin, daß man der Puppe allerlei antut, sie kneift, schlägt oder ihr Arme und Beine verrenkt. Alles wird sich dann auf das abwesende Opfer übertragen.

Bei einer anderen Zauberei stiehlt man das Hemd des betreffenden Mannes aus dem Wäschebeutel und schneidet genau mitten in den Brustteil mit der Schere ein Loch hinein.

Nicht nur was die Liebe betrifft, sondern auch bezüglich von Neugeborenen trafen sich in Brasilien mystische Ströme portugiesischer Herkunft mit solchen afrikanischen und indianischen Ursprungs. Die Repräsentanten sind im ersten Fall die weißen Väter oder Eltern und im zweiten die Indianer- oder Negermütter, Ammen, die »Negermammies«, also afrikanische Sklaven. Die vorbeugende Sorge von Mutter und Amme vereinigen sich hier zu einem gemeinsamen Strom mütterlicher Zärtlichkeit, ob es nun um Körperhygiene oder abergläubischen Schutz gegen Zauberei und bösen Blick geht.

Hinsichtlich der abergläubischen Abwehrmaßnahmen zum Schutz der Neugeborenen jedoch ist der afrikanische Einfluß maßgebend. Einige portugiesische Erinnerungen sind durch die weißen Kolonisatoren überliefert worden; so der Brauch, die Nabelschnur durch ein Feuer oder einen Bach zu ziehen, damit die Ratten sie nicht fressen und das Kind dadurch ein Dieb wird; die Sitte, dem Kind eine Münze oder einen Schlüssel um den Hals zu hängen, daß ihm die Milch bekomme; auch läßt man ein Licht beim Kind so lange brennen, bis es getauft ist, damit kein böser Zauberer, Werwolf oder eine Hexe ihm im Dunkeln das Blut aussaugt; oder man nennt das Kind mit Namen von Heiligen, um Werwölfe abzuschrekken. Doch all diese Bräuche wurden hier durch den Einfluß der schwarzen Sklavenfrau, der afrikanischen Sklavin, der alten Negerfrau, die des Kindes Amme war, modifiziert und verbrämt.

In gleicher Weise formte der Mund der schwarzen Amme die portugiesischen Wiegenlieder um. Die Worte wurden verändert, der Text der neuen Umgebung angepaßt, indem man ihn zum eigenen Glauben und dem der Indianer in Beziehung brachte. So wurde der alte Reim »Hör zu, hör zu, Kleines« zum sanfteren »Schlaf, mein Kleines, schlaf«, der »Springbrunnen« (*fonte*) von Belem zum brasilianischen »Flüßchen« (*riacho*). Es war der Fluß oder Bach der Plantage mit einer »Mãe d'água« darin statt des verwunschenen Maurenmädchens, der Fluß, in dem die Babywindeln gewaschen wurden. Im Walde wohnte »ein Tier, genannt Carrapatú«. An Stelle eines Gespenstes (Papão) oder »Buhmanns« (Coca) begannen nun abends »Cabras cabriolas«, der Boitatá, der »Negro de surrão«, der »Alte Schwarze« und der »Papa-figos« über die Dächer der Herrenhäuser zu schleichen, um die Kinder zu erschrecken, die in ihren Hängematten quäkten und nicht einschlafen wollten oder sich heimlich in der Speisekammer mit Marmelade beschmiert hatten.

Man sang nicht mehr wie in Portugal:

»Geh weg, Coca, geh weg, Coca!
Geh übers Dach, geh weg.
Laß den Kleinen schlafen,
Ein ruhiges Schläfchen tun.«

Man zog nun vor:

»Sieh den Alten Schwarzen
Oben auf dem Dach.
Er will das Kind, sagt er,
Braten auf dem Rost.«

Nicht daß der Coca oder Cuca vollkommen aus den Wiegenliedern Brasiliens verschwunden wäre. Amadeu Amaral Sr. konnte den folgenden, offensichtlich aus dem Süden stammenden Vierzeiler auftreiben:

»Schlaf, mein kleiner Süßer,
Ich habe den Cuca gesehen.
Papa ist auf dem Feld,
Doch Mama kommt schon bald.«

Der Coca war nicht verschwunden, aber sein Prestige war vor schrecklichen Gespenstern, neuen Ängsten und Ungeheuern verblichen.

Neue Schrecken aus Afrika oder von den Indianern, welche die weißen Kolonisten und Neger übernahmen, gesellten sich nun zum portugiesischen Buhmann, Gespenst und Werwolf. Es waren der Olharapos, die Cocaloba, die Farranca, die Maria-da-Manta, der Trangomango, der Mann-mit-den-sieben-Gebissen und die verlorenen Seelen. Das brasilianische Kind der Kolonialzeit war von mehr und furchtbareren Gespenstern umringt als jedes andere Kind der Welt. An der Küste gab es den

»Homen-marinho« (Meermann), ein grausames Ungeheuer, das den Menschen Finger, Nase und Geschlechtsteile abbiß. In den Wäldern lauerten der »Saci-Pererê« (mythischer einbeiniger Negerzwerg, der Wanderer aus dem Hinterhalt überfiel), der Caipora, der Mann mit den rückwärts gerichteten Füßen, der Boitatá. Die Welt war voll von bockenden Ziegen, kopflosen Mauleseln, Tutú-marambás, Negern mit Säcken, Tatú-gambetas, Xibambas und Gespenstern mit Haarhänden. In den Flüssen und Seen lebte die Wassernixe, an den Ufern der Krötengeist, bei Nacht erschienen die verlorenen Seelen. Letztere verfehlten nie, die Gesichter kleiner Kinder mit »Geisterbrei« zu beschmieren, weshalb kein Kind versäumen durfte, sich morgens das Gesicht zu waschen oder zu baden. Sehr gefährlich war es auch für ein Kind, sich zu später Stunde auf die Straße zu begeben. Es konnte leicht weißen, wachsenden Gespenstern von der »groß und klein werdenden« Sorte begegnen. Oder aber es wurde in seiner Hängematte von pockennarbigen Wesen erschreckt. Und dann natürlich konnte auch der Papa-figo kommen, der den Kindern die Leber herausfraß. Noch heute wird in Pernambuco die Geschichte eines reichen Mannes erzählt, der nichts anderes essen konnte als Kindesleber und Schwarze mit Säcken ausschickte, um Kinder zu fangen. – Und erst der Quibungo, er kam, so wie er ist, aus Afrika: ein entsetzliches Geschöpf, halb Tier, halb Mensch mit einem Riesenkopf, und wenn er diesen Kopf beugte, dann öffnete sich mitten auf seinem Rücken ein gähnendes Loch. Das war seine Manier, Kinder zu fressen. Er beugte den Kopf, das Loch ging auf, und hinein rutschten die Kinder. Bums, aus, die Kinder waren weg. Wenn irgendwo ein Kind ungezogen war, pflegte der Quibungo in die Nähe zu kommen und zu fragen:

»Wessen Haus ist das,
  übrigens?
Krieg' ich was zu fressen?
Krieg' ich was zu fressen?
  Oder was?«

Auch Cabeleira, der Bandit von den Zuckerrohrfeldern von Pernambuco, der gehängt wurde, war schließlich zu einer gespenstischen Figur geworden, beinahe so etwas wie der Quibungo. Vom Ende der Kolonialzeit an bis zum Beginn des XX. Jahrhunderts – des Jahrhunderts des elektrischen Lichts, das manchen ehrwürdigen Geist verscheuchte und nur die langweiligen Geister der spiritistischen Sitzungen übrigließ – gab es kein Kind in Pernambuco, das nicht bei der bloßen Nennung des Cabeleira vor Furcht zitterte. Die alte Negerin brauchte nur einem heulenden Kind zuzurufen: »Gleich kommt der Cabeleira!« – sofort hörte es auf zu weinen und fing unter Schluchzen an zu singen:

»Tür zu, Rosa, bitte,
Sonst kommt Cabeleira,
Verprügelt die Frauen
Und Kinderchen auch.«

In den ländlichen Bezirken des Südens hat sich bis heute der Aberglaube an den Türken, der Kinder frißt, erhalten, ein Aberglaube, welcher im Norden nicht vorkommt. Der alte Neger mit dem Sack hinwiederum hat nichts von seinem alten Ruf eingebüßt. Es gibt immer noch Kinder, die erschauern, wenn sie von ihm hören:

»Sing mir was, Säckchen, singe,
Sonst kriegst du von mir Senge!«

Dem alten Neger mit dem Sack möchten Kinder auf keinen Fall begegnen, denn sie erinnern sich sehr gut an das »Kleine Mädchen mit den goldenen Ohrringen«. Das kleine Mädchen hatte eine bitterböse Stiefmutter. (Stiefmütter kommen in brasilianischen und portugiesischen Märchen immer sehr schlecht weg, siehe das Märchen von der Feige und dem Feigenbaum.) Eines Tages wollte die Kleine im Fluß baden und nahm, wie sie es gewohnt war, ihre goldenen Ohrringe ab und legte sie auf einen Stein. Als sie nach dem Baden nach Haus kam, merkte sie plötzlich, daß ihre Ohrringe weg waren. »Oh, hilf mir, heilige Mutter Gottes, wo sind meine allerliebsten Ohrringe? Meine Stiefmutter wird mich umbringen, wenn ich die Ohrringe verloren habe.« Also ging sie zum Fluß zurück, danach zu suchen. Als sie aber an den Fluß kam, wen traf sie da? Einen alten, häßlichen Neger. Er packte die Kleine und steckte sie in seinen Sack. Er schleppte sie in dem Sack fort, und als er dahin gekommen war, wohin er wollte, warf er den Sack ab und rief:

»Sing mir was, Säckchen, singe,
Sonst kriegst du von mir Senge.«

Und mit zarter Stimme begann das Mädchen im Sack zu singen:

»In seinen Sack hat er mich gesteckt,
In seinem Sack muß ich nun sterben.
Weil ich die goldenen Ohrringe
Am Fluß habe liegenlassen.«

Und jedem gefiel die Stimme aus dem Sack sehr, und alle gaben dem alten Neger Geld. Eines Tages kam der Neger zu der Stiefmutter Haus. Sie lud ihn ein, sich auszuruhen, gab ihm zu essen und zu trinken, und da es schon spät war, forderte sie ihn auf, über Nacht zu bleiben. Indessen waren aber die Schwestern des Mädchens auf die Stimme im Sack neugierig geworden, und als der alte Neger in der Nacht tief eingeschlafen war, gingen sie heimlich hin, öffneten den Sack und holten das Mädchen heraus, das schon ganz mager war, denn es hatte nur Schuhsohlen zu essen bekommen. Den leeren Sack aber stopften sie voll Cocô (Kot). Nichts ahnend erhob sich der Neger am anderen Morgen, trank Kaffee und ging seines Weges. Als er aber an das nächste Haus kam und dem Sack zu singen befahl, blieb der Sack still. Der Neger dachte nun, das Mädchen schliefe wohl noch, und begann den Sack mit einem Knüppel zu verprügeln. Da platzte der Sack mit einemmal, und der Alte wurde über und über mit eklem Schmutz bespritzt.

Portugiesische Märchen wandelten sich beträchtlich im Munde der alten Negerfrauen und schwarzen Ammen. Sie waren die großen Märchenerzähler. Die Afrikaner, sagt Sir A. B. Ellis, haben eigene Geschichtenerzähler, deren Beruf es ist, herumzuziehen und überall Erzählungen zum besten zu geben. Da gibt es den »Akpalô«, der ein »Alô« (Geschichte) zu erfinden weiß; den »Arokin«, einen Chronisten, der von vergangenen Geschehnissen berichtet. Die afrikanische Figur des »Akpalô« lebte in den alten Negerfrauen Brasiliens fort. Sie wanderten von einer Plantage zur anderen und erzählten ihre Geschichten anderen schwarzen Frauen und den Ammen der weißen Kinder. In seinem Roman *Der Junge von der Plantage* spricht José Lins do Rêgo von diesen denkwürdigen Alten, welche an den Bangüês (gemauerte Abflußkanäle für den ausgepreßten Zuckerrohrsaft) von Paraíba auftauchten, ihre Geschichten erzählten und dann wieder weiterzogen. Sie verdienten sich damit ihren Lebensunterhalt und führten das gleiche Leben wie die afrikanischen Akpalôs.

Herrenhaus der Plantage Megaípe aus dem XVII. Jahrhundert

Die afrikanischen Märchen, vielfach Tiergeschichten, in denen Tiere mit Menschen auf gleichem Fuß verkehrten, wie Menschen sprachen, heirateten, Feste feierten und so weiter, wurden durch diese alten Negerfrauen und schwarzen Ammen Trancosos Sammlung portugiesischer Erzählungen angefügt. Letztere, welche von den Großmüttern der Kolonialzeit auf die Enkelkinder übertragen worden waren, handeln fast alle von Stiefmüttern, Prinzen, Riesen, Prinzessinnen, Däumlingen, verwunschenen maurischen Prinzessinnen und maurischen Hexen.

Auch die Sprache der jungen Generation wurde durch den Umgang des Kindes mit seiner Negeramme runder und weicher. Bestimmte Worte, die, von Portugiesen gesprochen, hart und scharf klingen, wurden in Brasilien durch den Einfluß der Negeraussprache weich und sanft. Die afrikanische Zunge ist zusammen mit dem Klima ein weiterer Faktor, der für das Abschleifen europäischer Sprachen in den warmen tropischen und subtropischen Zonen Amerikas sorgte.

Die für Primitive und Kinder charakteristische Neigung, tontragende Silben von Worten doppelt zu sprechen, verleiht unserer Kindersprache einen eigenen Charme. Zum Beispiel wird das *dói* (tut weh) der Erwachsenen bei Kindern zu *dodói* und klingt viel kindlicher.

Die Negeramme verfuhr mit den Worten oft wie mit dem Essen: Sie entfernte die Knochen und Gräten, weichte sie ein und machte leichtverdaulichen Brei aus ihnen, bis die Silben so sanft und angenehm waren, daß sie dem Kind schmeckten. Daher ist das hiesige Portugiesisch, besonders das von Nordbrasilien, eine der sanftesten Sprachen der ganzen Welt. Es enthält kein Doppel-R, kein Doppel-S, die Endsilben zergehen auf der Zunge, und die Wörter werden fast im Mund verschluckt. Die brasilianische Kindersprache und auch die portugiesische hat beinahe etwas Afrikanisches: *cacá* (Kot), *pipi*, *bumbum* (Krach), *tentem* oder *tem-tem* (Bewegungsrhythmus beim Gehenlernen), *nenem* (Kind), *tatá* (Papa), *papá*, *papato* (Schuh), *lili* und *mimi* (Kosenamen), *au-au* (Hund), *bambanho* (Bad), *cocó* (Kot), *dindinho* (Patenonkel oder Großvater), *bimbinha* (kindlicher Penis). Dieses Aufweichen der Sprache ist weitgehend dem Einfluß der Negeramme auf das Kind, des schwarzen Sklaven auf den weißen Herrensohn zuzuschreiben. Diese Sanftheit zeigt sich am meisten bei den Vornamen, sie verloren ihre Feierlichkeit und wurden im Munde des Negers zu sanften Zärtlichkeiten. Antonias wurden Dondons, Toninhas, Totonhas; Teresas zu Tetés; Manuels zu Nezinhos, Mandús, Manés; Franciscos zu Chicos, Chiquinhos, Chicós; Pedro zu Pepé; Alberto zu Bebeto, Betinho, ohne die Iaiás, Ioiôs, Sinhás, Manús, Calús, Bembens, Dedés, Marocas, Nocas, Nonocas, Gegês zu erwähnen. Nicht allein die Kindersprache wurde sanfter, sondern die Sprache überhaupt, auch die ernste, würdige der Erwachsenen. Durch den im Kontakt von Herren zu Sklaven sich vollziehenden Prozeß der Abschleifung bekam die brasilianische Sprache ein eigenes Timbre, das dem Ohr zum Teil wunderbar angenehm ist. Auch die englische und französische Sprache wurde in anderen Teilen Amerikas durch den afrikanischen Neger und das heiße Klima – doch hauptsächlich durch den Neger – in ähnlicher Weise beeinflußt. Auf den Antillen und in Louisiana nahmen die *»bonnes vieilles négresses«* dem Französischen die Härte, die unangenehmen Nasallaute und die rollenden R, während die *»old mammies«* der Südstaaten der USA den rauhen und kratzigen englischen Silben eine ölige Glätte verliehen. In den Straßen von New Orleans und seinen alten Restaurants hört man noch heute französische Namen von Torten, Süßigkeiten und anderen Kulinarien, deren Französisch lyrischer ist als das in Frankreich selbst: *»pralines de pacanes«*, *»bon café tout chaud«*, *»blanches tablettes à la fleur d'oranger«*. Das ist das Fluidum jener *»bonnes vieilles négresses«*.

Caldcleugh, der Brasilien Anfang des XIX. Jahrhunderts besuchte, war entzückt von dem Kolonialportugiesen, der fett und faul geworden war und sich wesentlich von dem des Mutterlandes unterschied. Der brasilianische Akzent der Sprache beeindruckte ihn als weniger nasal als das Original-Portugiesisch, als »nicht so jüdisch« in der Aussprache des S, *»and on the whole is a more agreeable language than in the mouth of a native«*. Caldcleugh schreibt dies allein dem Klima und der tropischen Hitze zu. Nicht nur auf die Sprache des Brasilianers, sagt er, hat das Klima eingewirkt, sondern auch auf seine Mentalität; es gab ihm eine durch nichts zu erschütternde Lässigkeit. Merkwürdig ist indessen, daß Caldcleugh, obwohl ihm doch offensichtlich der jüdische Einfluß auf das S in Portugal aufgefallen war, nichts von dem Einfluß des Negers auf den brasilianischen Portugiesen bemerkte. Waren doch die Schwarzen größere Feinde des Doppel-S und Doppel-R und wirksamere Zersetzer der Sprache, was nachlässige Aussprache angeht, als das Klima. Als Verbündete der Negerammen und Sklavenmädchen schufen die Jungen und Mädchen, die jungen Damen der Herrenhäuser, ein Portugiesisch, das sich sehr von dem steifen und grammatikalisch korrekten Idiom unterschied, welches die Jesuiten den kleinen Indianern und Mischlingskindern in ihren Schulen beizubringen sich bemühten. Sie hatten den Ehrgeiz, das königliche Hochportugiesisch in Brasilien zu erhalten und zu bewahren. Nach ihnen, aber schon weniger konsequent, versuchten die geistlichen Schullehrer und Plantagen-Kapläne dem Einfluß der Sklaven entgegenzuwirken, indem sie gegen den Dialekt der letzteren eine Art Treibhaus-Portugiesisch propagierten. Ihre Bemühungen waren indessen vergeblich.

Die Bemühungen der Jesuiten waren zwar vergebens, aber sie trugen doch bei zu der schon erwähnten Diskrepanz zwischen dem geschriebenen und gesprochenen Wort in Brasilien. Die Schriftsprache vermeidet wie eine alte Jungfer zimperlich jede leiseste Berührung mit der allgemeinen Umgangssprache. Es gab zuzeiten sogar zwei Sprech-Sprachen: die der Herrenhäuser und die der Sklavensiedlungen. Aber die Verbundenheit der Negeramme mit dem weißen Kind, des Sklavenmädchens mit seiner jungen Herrin und des Herrensöhnchens mit dem Negerjungen verwischte schließlich diese Zweisprachigkeit, denn keine gläsernen Trennwände der Puristen vermochten das durch Gewohnheit und Intimität enge Miteinander-Verwachsen beider Elemente zu verhindern. In der friedlichen Atmosphäre der brasilianischen Sklaverei wurden die afrikanischen Idiome, da für sie kein Grund bestand, sich im Widerstand gegen die Sprache der Weißen zu erhalten, langsam in der portugiesischen Sprache aufgelöst und bereicherten diese mit ihrer bilderreichen Ausdrucksweise und einer ganzen Reihe von entzückend phantasievollen Redewendungen, die frischen Wind in die portugiesische Sprache brachten und vielfach deren verbrauchte und abgenutzte Worte vorteilhaft ersetzten. Hören wir, was João Ribeiro darüber sagt, eine Autorität auf dem Gebiet der portugiesischen Sprache und Etymologie: »Eine große Menge afrikanischer Wörter haben sich in die portugiesische Sprache eingeschlichen, speziell in Brasilien infolge der engen Beziehungen zu der Negerrasse.« Nicht nur mit Einzelvokabeln wurde die Sprache des europäischen Kolonisators bereichert, sondern es fanden Veränderungen statt, »tief genug, nicht allein bezüglich des Wortschatzes, sondern auch in grammatikalischer Hinsicht«.

Zugegeben, der afrikanische Einfluß war es nicht allein, welcher die Unterschiede zwischen dem brasilianischen Portugiesisch und der Sprache in Portugal nach und nach vergrößerte. Die Eingeborenen trugen hierzu auch bei, die »Zigeuner«, die »Spanier« und, wie Ribeiro anfügt, »das Klima, die neuen Notwendigkeiten, neue Perspektiven, neue Dinge, neue Gewerbe«. Aber keiner dieser Einflüsse kann sich an Bedeutung mit dem des Negers messen. Die afrikanischen Wörter aus unserem heutigen täglichen Leben, wenn wir uns auch keines peinlichen exotischen Odeurs mehr bewußt werden, sind Legion. Weniger puristische Personen schämen sich nicht mehr, wie früher einmal, solche Worte in Büchern oder öffentlichen Reden zu gebrauchen. Sie erscheinen uns heute wie echte portugiesische Worte aus dem Wörterbuch oder der klassischen Literatur mit edlem lateinischem, griechischem oder arabischem Stammbaum. Nichtsdestoweniger sind sie Waisenkinder, die wir, ohne die Eltern zu kennen, aus den Negerdialekten adoptiert haben, welche keine Geschichte und keine Literatur aufweisen können. Es sind Worte, deren Aufkommen wir stillschweigend geduldet haben, so wie wir den Sklavenburschen und Negerfrauen erlaubten, aus ihren Hütten ins Herrenhaus herüberzukommen. Welcher Brasilianer, überhaupt im Norden, macht sich schon Gedanken über die Fremdartigkeit von Worten wie: *caçamba* (Brunneneimer), *canga* (Tasche, Beutel), *dengo* (affektiert, anmaßend), *cafuné* (jemanden beziehungsvoll durch Schnippen der Fingerspitzen an den Kopf tippen), *lubambo* (Tumult oder Verschwörung), *mulambo* (Fetzen oder Knoten), *caçula* (jüngster Sohn), *quitute* (delikates Konfekt), *mandinga* (Teufel oder Teufelskraft), *muleque* (Negerjunge; später: gemeiner Kerl oder Schuft), *camondongo* (Maus), *muganga*

(Grimasse, Fratze), *cafajeste* (Mensch niederer Herkunft, Rüpel), *quibebe* (eßbares Kürbisfleisch), *quengo* (Gefäß aus der Hälfte einer Kokosnußschale), *batuque* (Negertanz), *banzo* (für Neger typische sehnsüchtige Melancholie), *mucambo* (Hütte), *bangüê* (Gestell, Zuckersaftkanal, Zuckerplantage), *bozô* (Würfelspiel), *mocotó* (Pflanze aus der Familie der Acanthazeen - Elyctoria alagoana), *bùnda* (Hinterteil), *zumbi* (Nachtgespenst), *vatapá* (Maniokteig), *carurú* (Pflanze aus der Familie der Amarantazeen), *banzé* (störender Krach), *jiló* (Frucht des Jileiro aus der Familie der Solanazeen), *mucama* (Lieblingssklavenmädchen im Herrenhaus), *quindim* (Liebesverlangen, auch Süßspeise aus Eidotter, Kokosnuß und Zucker), *catinga* (schlechter Geruch, Gestank), *mugunzá* (Gericht aus Mais und Milch), *malungo* (Kamerad, Gefährte), *birimbau* (verachteter, gemeiner Mensch), *tanga* (Lendentuch der Negersklaven), *cachimbo* (Tabakpfeife), *candomblé* (afrikanische fetischistische Zeremonie). Gibt es etwas Treffenderes als *catinga* für schlechten Geruch oder Gestank? - Oder sollte man *garôto* (unzuverlässiger Kerl, Lump) statt *muleque* sagen? - Und *trapo* für Fetzen und Lumpen an Stelle von *mulambo*? - Diese Worte liegen uns besser als die portugiesischen, sie passen zu unserer Erfahrung, unserem Geschmack, unserer Mentalität und unserem Gefühl.

Die Patres-Schulmeister und die Kapläne auf den Plantagen, die, nachdem die Jesuiten weg waren, die Verantwortung für die Erziehung der brasilianischen Kinder trugen, suchten sich der Flutwelle des Einflusses der Neger zu erwehren, die von den Sklavensiedlungen her die Herrenhäuser überschwemmte und die Sprache der Herrensöhne und jungen Damen durchtränkte. Mit all ihrem Latein, all ihrer Grammatik und ihrer Autorität, unterstützt von Ruten und Gerten, gelang es ihnen nicht, dieser Überschwemmung Herr zu werden. Frei Miguel do Sacramento Lopes Gama war einer der Männer, die sich erbosten, wenn sie die »wohlerzogenen kleinen Mädchen« *mandá, buscá, comé* statt *mandar, buscar, comer* sagen hörten, wenn sie *mi espere, ti faço, mi deixe* sagten statt *espere-me, faço-te, deixe-me* oder *muler* statt *mulher, coler* statt *colher* und Ausdrücke wie *le pediu, cadê ele* (statt *onde está ele*), *vigie, espie* und dergleichen gebrauchten. Falls sich ein Bursche erdreistete, in Gegenwart von Frei Miguel etwa *pru mode* oder *oxente* zu sagen, dann war eine Kopfnuß von den harten Knöcheln des zornigen Paters fällig.

Denn Bruder Miguel - ein Pater Schulmeister, wie er im Buche steht - war der Meinung, wir hätten uns sprachlich nach den berühmten und klassischen portugiesischen Vorbildern zu richten und nicht nach »Tante Rosa«, »Mammy Benta« oder irgendeiner schwarzen Küchenmagd aus dem Sklavenviertel. Artige Jungen und Mädchen hatten gefälligst die Ohren vor dem *oxente* und *mi deixe* fest zu verschließen und sollten korrekt portugiesisch sprechen, wie sich das gehörte. Er duldete keine Ausdrücke aus dem Bunda oder Caçanje.

Indessen wurde die portugiesische Sprache durch den Einfluß der Negersklaven und ihre plastische und lebendige Ausdruckskraft weder vollkommen verdorben, noch wurden die Flügeltüren der Herrenhaus-Salons unter den strengen Blicken der Patres hermetisch verschlossen. Aus beiden Quellen zusammen ging unsere Nationalsprache hervor, aus den »Mammy Bentas« und »Tante Rosas« ebenso wie aus Pater Gama und Pater Pereira. Das brasilianische Portugiesisch wurde durch die Beziehungen von Herrenhaus zu Sklavenquartier, von Sklaven zu Herren, von Negermädchen zu jungen Herren mit einer Vielzahl von gegensätzlichen Elementen bereichert, die der europäischen Muttersprache fremd sind. Ein überzeugendes Beispiel ist die Stellung der Fürwörter. In Brasilien gibt es zwei Möglichkeiten, Pronomina zu plazieren. Das Portugiesische erlaubt »streng und imperativ« nur eine einzige: *diga-me, faça-me, espere-me* (sag mir, tu mir, warte auf mich). Ohne die portugiesische Regel zu verachten, haben wir aber nebenbei eine neue, typisch brasilianische Form herausgebracht: *me diga, me fąca, me espere,* und damit eine weichere, verbindlichere Art der »Befehlsform« gefunden. Wir benutzen je nach Bedarf beide. Es kommt darauf an, ob ein Befehl oder ein offizieller Anlaß die eine Form erheischt oder Vertrautheit und Charakter der Bitte die andere Form erfordert. Mir erscheint gerade dieses Beispiel besonders typisch für die psychologischen Beziehungen, die im Laufe der Bildung unserer patriarchalischen Gesellschaft sich zwischen Herren und Sklaven, den jungen Damen der Herrenhäuser und ihren Zofen, zwischen Weißen und Schwarzen entwickelten. *Faça-me* (tu dies oder jenes) ist die Sprache des Herrn, des Vaters, der Patriarchen. Me dê (gibst du mir [?]) sagt der Sklave, die Frau, der Sohn, das Hausmädchen. Meines Erachtens ist diese Pronomenversetzung hauptsächlich das Werk der Sklaven im Bunde mit der Jugend aus dem Herrenhaus. Es ist die familiäre, halb kindliche Art, sich an den Familienvorstand zu wenden. Im Gegensatz dazu hat die portugiesische Form, deren sich der Herr bediente, für uns heute einen unangenehmen harten Ton: *Faça-me-isso* (tu das [für mich]), *dê-me-aquilo* (gib mir jenes). Der hervorragende Wissenschaftler João Ribeiro wird mir vielleicht verzeihen, daß ich seiner psychologischen Untersuchung der Pronomenfrage diese meine kulturhistorische Auslegung angefügt habe, und gleichzeitig wollen wir uns seine Worte zu eigen machen: »Warum sollen wir also zwei Formen auf eine reduzieren und zwei verschiedene Gefühle in ein und dieselbe Wendung pressen?« Nein, das wollen wir auch nicht. Die Stärke oder, besser, das Potential der brasilianischen Kultur scheint mir allein im Reichtum seiner gegeneinander abgewogenen Antagonismen zu liegen, wofür der Fall der Fürwörter ein gutes Beispiel ist. Sollen wir nur der sogenannten »portugiesischen Regel« folgen und das Brasilianische als illegitimes Kind betrachten? Das wäre absurd. Es würde uns lähmen oder jedenfalls die Hälfte unseres emotionellen Lebens, unseres Gefühls, ja unseres Verstandes verstopfen, wenn wir nicht mehr *me dê* und *me diga* sagen dürften. Ein Teil von uns würde absterben, da wir nur immer dem anderen Ausdruck geben könnten. Nicht, daß im Brasilianer wie im Anglo-Amerikaner zwei feindliche Brüder in einer Brust wohnen, der Weiße und der Schwarze, der frühere Herr und der ehemalige Sklave. Wir bestehen aus zwei einander zugeneigten Hälften, die sich gegenseitig mit diversen Werten und Erfahrungen beschenkt haben, und wenn wir als geschlossenes Ganzes auftreten, dann geschieht das nicht mit Unterdrückung des einen oder anderen Elements. Lars Ringbom gibt der Entwicklung der Mischlingskultur große Chancen, aber nur, wenn erreicht wird, daß eine Persönlichkeitshälfte nicht länger versucht, die andere zu unterdrücken. Von Brasilien darf gesagt werden, daß es diesen Punkt bereits erreicht hat. Der Umstand, daß wir *me diga* sagen und nicht ausschließlich *diga-me*, ist ein sicheres Zeichen dafür; ebenso die Tatsache, daß wir inzwischen afrikanische Worte so selbstverständlich wie portugiesische gebrauchen, ohne Anführungsstriche oder abweichenden Druck.

Die liebenswerte Gestalt der Negeramme, welche in patriarchalischen Zeiten das Kind aufzog, es an der Brust nährte, es in Hängematte oder Wiege leise schaukelte, ihm in gebrochenem Portugiesisch die ersten Worte beibrachte; es lehrte, das Vaterunser und Ave-Maria zu sprechen, ohne dabei auf kindliche Aussprache- und Grammatikfehler sonderlich zu achten; es zum erstenmal vom *pirão com carne* (Maniokpaste mit Fleisch) oder *molho de ferrugem* (dem »rostigen Brei«, steifer Brei mit Fleischsaft), den sie eigenhändig bereitet hatte, kosten ließ – diese fürsorgliche schwarze Amme wurde von anderen Negern abgelöst, die das Leben des Brasilianers von gestern umgaben. Es kam der Negerjunge als

Spielkamerad, der alte schwarze Märchenerzähler, das Hausmädchen oder die Mucama, die schwarze Köchin. Eine lange Reihe solcher Kontakte schenkten dem Brasilianer neue Aspekte seiner Umwelt, des Lebens, seines Weltbildes. Der Einfluß des Sklaven als Lehrer, Kumpan, Heilkundiger oder Verführer bereicherte seine Erfahrungen.

Im vorigen Kapitel wurde schon der Negerjunge als Spielkamerad des weißen Herrensöhnchens – Spielkamerad und Prügelknabe – erwähnt. Er war eine gehorsame Marionette und ganz von den Launen des Herrenkindes abhängig. Er wurde gekniffen, mißhandelt, gequält, als ob er eine mit Sägemehl gefüllte Puppe wäre, wie die Judasse vom Ostersamstag, und nicht aus Fleisch und Blut wie weiße Kinder. Koster, der ein guter Beobachter des kolonialen Lebens in den Herrenhäusern war, schreibt: »Sobald das Kind herumzukriechen beginnt, wird ihm ein Sklavenkind im gleichen Alter und vom gleichen Geschlecht als Spielgefährte oder vielmehr als Spielzeug gegeben. Die Kinder wachsen zusammen auf, und der Sklave ist das Objekt, an dem der kleine Eigentümer seine Launen ausläßt. Der Sklave dient für alles, und wenn irgend etwas schiefgeht, wird er dafür verantwortlich gemacht, ja, das weiße Kind wird durch die Affenliebe der Eltern geradezu zu einem unmöglichen Despotismus erzogen.« – »Es gab kein Haus, in dem nicht ein oder mehrere Muleques oder Curumins den Kapricen des jungen Herrchens preisgegeben waren«, schreibt José Veríssimo in Erinnerung an die Tage der Sklaverei. »Sie waren Pferd, Prügelknabe, Freund, Kamerad und Sklave.« Und Julio Belo erzählt von dem beliebten Zeitvertreib der Plantagenjungen von einst, dem Reiten auf Schafen, und wenn gerade kein Schaf da war, mußte der Muleque als solches herhalten. Die Negerjungen wurden für jeden Zweck gebraucht, und die Spiele waren oft grausam. Sie dienten als Zugochsen, Sattelpferde, Zugtiere zum Drehen der Mühlen, Lastesel mit schwersten Bürden, aber vornehmlich als Kutschpferde. Bis auf den heutigen Tag kann man in jenen ländlichen Gegenden, in denen das Automobil noch nicht so häufig ist und der Pferdewagen von der Plantage noch zwischen den Zuckerrohrfeldern über den fruchtbaren Ackerboden rollt, kleine weiße Jungen »Pferd und Wagen« spielen sehen, »mit Negerjungen, ja sogar kleinen Negermädchen, den Töchtern ihrer Ammen«, in der Deichselgabel. Ein Stück Kordel dient als Zügel und eine Gerte vom Gujavebaum als Peitsche.

Es liegt auf der Hand, daß solche Verhältnisse im Kindesalter Rückwirkungen auf die Psyche der Erwachsenen ergaben, die der Entwicklung sadistischer und masochistischer Tendenzen förderlich waren. Infolge der festeren Bande und der Eintönigkeit der Beziehungen zwischen Herrin und Sklavenmädchen wurde besonders das weiße Mädchen zur Sadistin. Es ist geradezu erstaunlich, schrieb Koster am Anfang des XIX. Jahrhunderts, »daß man noch so viele ausgezeichnete Frauen unter ihnen findet«, und es darf »keineswegs verwundern, daß diese unselige Erziehung im Kindesalter dem Charakter mancher von ihnen geschadet hat«. Ohne mit der Welt in Berührung zu kommen, die ihren Horizont hätte erweitern und ihre verdorbenen Ansichten über menschliche Beziehungen hätte ändern können, sahen diese jungen Damen – wie die jungen Herren – die Sklavenhütten nur aus der Perspektive der Herrenhaus-Veranda und bewahrten oft die in der Kindheit an der kleinen schwarzen Spielgefährtin geübte grausame Tyrannei auch gegenüber ihren Hausmädchen. So sagt wieder Koster von den brasilianischen Damen: »Von Sklaven umgeben werden sie geboren und aufgezogen. Niemand erteilt ihnen Verweise. Sie haben die feste Überzeugung absoluter Überlegenheit. Es kommt ihnen nie der Gedanke, sie könnten etwas falsch machen.« Mehr noch, sie bekamen häufig Wutanfälle, schrieen und kreischten. Fletcher und Kidder, die sich um die Mitte des XIX. Jahrhunderts in Brasilien aufhielten, schrieben die durchdringenden, unangenehmen Stimmen der Frauen unseres Landes ihrer Gewohnheit zu, Befehle an Sklaven nur mit erhobener Stimme zu erteilen. Das gleiche kann man übrigens im Süden der Vereinigten Staaten beobachten, wo sich eine ähnliche soziale und wirtschaftliche Entwicklung vollzog wie in Brasilien zur Zeit der Sklaverei. Noch heute pflegen die jungen Damen von Carolina, Mississippi und Alabama infolge von Generationen sklavenhaltender Ahnen genauso laut zu schreien wie die Töchter und Enkelinnen der Plantagenbesitzer in Nordbrasilien.

Daß die Herrinnen ihre Sklaven grausamer behandelten als die Herren, ist eine allgemein beobachtete Erscheinung in sklavenhaltenden Ländern und wird von Chronisten, reisenden Fremden, der Folklore und der Überlieferung bestätigt. Es gibt nicht zwei oder drei, sondern viele Beispiele von Grausamkeiten der Damen aus dem Herrenhaus gegen ihre wehrlosen Schwarzen; Erzählungen von »Sinhámoças« (gnädigen Frauen), die hübschen Mucamas die Augen ausstechen ließen und diese dann ihren Ehemännern zum Nachtisch servierten, als Aspik und schwimmend im noch warmen Blut; Geschichten von erwachsenen jungen Baronessen, die aus Eifersucht oder Haß fünfzehnjährige Mulattenmädchen an alte Wüstlinge verkauften. Andere traten ihren Sklavinnen mit ihren Stiefelchen die Zähne aus dem Mund, ließen ihnen die Brüste abschneiden, die Nägel ausreißen oder Gesichter und Ohren versengen. Es gab eine erkleckliche Auswahl von Torturen.

Das Motiv war fast immer die Eifersucht auf den Gatten und Vergeltung für betrogene Liebe, Rivalität zwischen Frauen.

Burlamaqui schrieb in den ersten Jahren des vorigen Jahrhunderts: »Wenn bei uns eine Frau ihren Ehemann oder Liebhaber verdächtigt, sagt sie gleich: Ich werde sie braten, lebendig rösten lassen, ich lasse sie ins Feuer werfen, oder ich schneide ihr dies und jenes ab usw. Und wie oft werden diese Drohungen auf einen bloßen Verdacht hin in die Tat umgesetzt!« Auch Anselmo Fonseca betont ein halbes Jahrhundert später die Grausamkeit der »sklavenbesitzenden brasilianischen Frauen«, denen »es besonderen Spaß macht, ein eisernes und tyrannisches Regiment über sie [die weiblichen Sklaven] zu führen, und das unter den härtesten Bedingungen, denn die Opfer werden gezwungen, ständig in nächster Nähe ihrer Herrin zu bleiben und zu Füßen ihres weiblichen Scharfrichters zu leben«. Als ein Beispiel zitiert Fonseca den Fall einer gewissen Frau F. de C., die ihre Unmenschlichkeit gegen die Sklavinnen so weit trieb, daß, nachdem sie eine Sklavin mit Namen Joana umgebracht hatte, ein gerichtliches Verfahren gegen sie eröffnet wurde.

Vielleicht war die arabische Abgeschlossenheit, in welcher die brasilianische Frau in früheren Jahren lebte, vor allem die Herrin auf einer Zukkerplantage mit demütigen Sklavenmädchen als ihren einzigen Gefährtinnen, sowie die muselmanische Unterwerfung der Frau ihrem Mann gegenüber, der immer schüchtern mit »Senhor« von ihr angeredet wurde, mit für den wuchernden Sadismus verantwortlich, der sich in schauerlichen Racheakten und hysterischen Ausbrüchen der Herrinnen auf Kosten ihrer Mucamas und Mulecas Luft machte. Wie in manchen rauhen Spielen »gaben sie es weiter«, denn vor ihnen waren ja die Männer Sadisten gegen ihre Frauen gewesen.

Pater Schulmeister Lopes Gama und auch der Engländer Koster wunderten sich darüber, daß die brasilianischen Frauen, obwohl rings umgeben von »Roheit, Schamlosigkeit, Ausschweifung und skandalösem Verhalten der Sklaven . . ., den Auspeitschungen und Schlägen, welche letztere fast täglich von unseren Vorfahren erhielten«, noch so tugendhaft und zart geblieben waren. »Man könnte fast behaupten, daß von allen Frauen die Brasilianerinnen am tugendhaftesten sind, weil sie schon als

Kind soviel Wollust mit ansehen mußten. Tatsache ist, daß es sehr viele anständige und wirklich ehrbare Frauen gibt. Was wäre aus ihnen geworden, hätten sie eine behütete und sorgfältige Erziehung gehabt?«

Natürlich gab es auch illegitime intime Beziehungen zwischen Herrinnen und männlichen Sklaven. Es wird erzählt, so etwas sei Mitte des vorigen Jahrhunderts in einer bekannten Familie von Pernambuco vorgekommen. Ein alter Plantagenbesitzer hat mir versichert, er habe selbst einen Bericht über diese Angelegenheit mit allen Details in einem alten privaten Schriftstück gelesen. Aber weder irgendwelche Überlieferungen noch Berichte von glaubwürdigen Ausländern oder Kritikern, die oft nur Verleumdungen oder zynische Schwätzereien nach der Art Pater Lopes Gamas sind, berechtigen dazu, die Behauptung von M. Bonfim in seinem *América Latina* ernst zu nehmen, daß nämlich »sich die junge Herrin, welche dazu erzogen wurde, sich an den kräftigen Sklavenburschen zu reiben, nicht selten, wenn das unstillbare Verlangen zu groß wird, sich diesen hingibt. Darauf greift dann die väterliche Moral ein. Der Neger oder Mulatte wird mit einem stumpfen Messer kastriert, die Wunde gesalzen und das Opfer dann lebendig begraben. Das Mädchen bekommt eine höhere Mitgift und wird an einen armen Vetter verheiratet ...«

Nicht, daß ich dem väterlichen Despotismus jener Tage solche Infamie nicht zutraute, noch daß ich bestreite, daß die Iaiás oder jungen Damen der Herrenhäuser nicht oft eine morbide Sinnlichkeit und wollüstige Wünsche gehabt hätten, aber die Umstände, denen sie unterworfen waren, würden doch solche Abenteuer äußerst schwierig gemacht haben. Das »nicht selten« des M. Bonfim scheint mir erfunden oder doch zumindest übertrieben. Wir brauchen nur an die Tatsache zu erinnern, daß tagsüber weiße Mädchen jedweden Alters immer von einer älteren Person oder einer vertrauenswürdigen Mucama bewacht wurden, und die Wache wurde über Nacht verdoppelt. Sie hatten einen kleinen Raum oder ein Schlafzimmer, das mitten im Haus lag und von allen vier Seiten von Räumen älterer Familienmitglieder umgeben war. Das Zimmer glich eher einem Gefängnis als der Wohnung eines freien Wesens, es war eine Art Krankenzimmer, das stets beaufsichtigt wurde. Ich will hier kein System loben, ich will lediglich den Leser darauf aufmerksam machen, daß Abenteuer, wie sie M. Bonfim beschreibt, kaum mit diesem System vereinbar sind. Sie mögen vorgekommen sein, aber nur sehr selten.

Den Einwand, der einmal entfesselte Geschlechtstrieb kenne keine

Herrenhaus und Kapelle von Piranhenga (Maranhão)

Hindernisse, will ich absolut nicht ablehnen. Aber ich kann auch die recht massiven Hindernisse hier nicht übersehen; nämlich die dicken Wände und echt schmiedeeisernen Klostergitter, hinter denen die jungen Damen der Herrenhäuser verwahrt wurden. Hierher führte man den Bräutigam, wenn das Mädchen dreizehn bis fünfzehn Jahre alt war. Es blieb also den kleinen Mädchen nicht viel Zeit, große Leidenschaften in ihren jungen Körpern zu entwickeln, und die Leidenschaft, die sie entwickelten, wurde bald im ehelichen Schlafgemach befriedigt oder erstickt, erstickt unter den Zärtlichkeiten von Männern, welche zehn, fünfzehn, zwanzig Jahre älter und den Bräuten oft gänzlich fremd waren. Es waren Gemahle, die von den Eltern bestimmt und ausgesucht wurden: diplomierte Akademiker mit von Brillantine glänzenden Schnurrbärten und Rubinringen, die eine politische Karriere vor sich hatten. Oder es waren portugiesische Kaufleute, dick und fett, mit enormen Bakkenbärten und großen Brillanten in Hemdbrust, Manschetten und an den Händen, sowie Offiziere, Ärzte, Plantagenbesitzer. Und doch waren diese von den Eltern arrangierten Ehen nicht immer unglücklich oder endeten in häuslichen Dramen. Vielleicht kam das daher, weil die reiferen und kühler denkenden Ehemänner die Ehe realistischer und praktischer nahmen, als romantische, verliebte Jünglinge es gekonnt hätten.

Auch fügten sich die Töchter nicht immer den Wünschen der Eltern.

Es gibt einige Fälle – zwar wenige, das ist wahr – von geraubten Bräuten und romantischen Entführungen. Sellin versichert, daß diese Fälle von der Mitte des XIX. Jahrhunderts an häufiger wurden. Fast immer hat ein Neger oder eine Mucama, als Komplice des Entführers oder der Entführten, dabei die Hand im Spiel. Durch die Beihilfe einer erfahrenen Mucama ließ sich um 1860 die schöne Tochter der Familie C... aus Pernambuco entführen, und zwar am Vorabend ihrer von ihren Eltern arrangierten Hochzeit mit einem namhaften Herrn der Gesellschaft. Die Eltern boten dem betrogenen Bräutigam sofort die Hand ihrer anderen Tochter an, die ohne Zögern akzeptiert wurde, und so konnte die geplante Hochzeit, zwar verhältnismäßig gedämpft, aber ohne weiteren peinlichen Zwischenfall doch programmäßig stattfinden.

Es ist bekannt, daß die Mucamas sich eines enormen Prestiges hinsichtlich des Gefühlslebens bei ihren jungen Herrinnen erfreuten. Von der vertrauten Negerin oder Lieblingsmulattin wurde das junge Mädchen in die Mysterien der Liebe eingeweiht. In der Mitte des XIX. Jahrhunderts schrieb der berühmte Romancier und Autor von *Die kleine Brunette,* Joaquim Manuel de Macedo, daß »das als Mucama bekannte Sklavenmädchen, obwohl Sklavin, höheres Vertrauen bei ihrer jungen Herrin genießt als Beichtvater und Arzt zusammen, denn der Beichtvater kennt nur ihre Seele und der Arzt nur in Zeiten, da ihre Gesundheit gefährdet ist, ihren kranken Körper, und auch diesen nur unvollkommen, aber die Mucama kennt ihre Seele so gut wie der Pater und ihren Körper besser als der Arzt«.

An heißen Tagen wurden die langen Stunden süßen Nichtstuns mit Liebes- und Heiratsgeschichten oder weniger romantischen, aber ebenso spannenden Erzählungen von Mucamas und Sinhazinhas ausgefüllt. Die junge Herrin saß dabei nach maurischer Art auf der Pipirimatte und nähte oder stickte oder lag lässig in der Hängematte mit offenem Haar, während das Negermädchen sie kraulte oder nach Läusen durchsuchte und letztere mit den Fingernägeln zerdrückte. Vielleicht verscheuchte die Negerin auch mit einem Fächer die Fliegen von der Herrin Gesicht. Die Plaudereien waren ein Ersatz für das Lesen bei einer Aristokratie, welche praktisch analphabetisch war. Von den Mucamas lernten die weißen Mädchen auch die Liedchen, welche gerade *en vogue* waren, jene so erregend erotischen Modinhas aus Herrenhäusern und Sklavenhütten, die von den heißen Leidenschaften der jungen Herren oder Ioiôs für zarte Mulattenmädchen oder kleine weiße Cousinen handelten – sinnliche Lieder, für die uns Eloi Pontes ein sehr eindrucksvolles Beispiel von der Liebe zwischen Weiß und Schwarz gibt:

»Mein kleiner weißer Magier,
Mein süßer Gebieter und Bruder,
Deine Sklavin betet dich an.
Dein heller Schein erleuchtet mein Herz.
Du nennst das arme schwarze Mädchen
Schwesterlein,
Daß sie erschauert vor Glückseligkeit.
Und abends gehst du zum Fischen,
Bringst Piau und Corvina [Fischarten],
Damit deine schwarze Kleine zu essen hat.«

Keine andere alte Modinha zeigt wie diese die intimen Beziehungen zwischen den jungen Herren des Herrenhauses und den Mulattenmädchen der Sklavenhütte, Beziehungen, welche oft blutschänderisch waren, denn es war leicht möglich, daß weißer Sohn und Mulattentochter desselben Vaters sich liebten. Walsh stieß bei seinen Reisen in Brasilien auf eine Familie, welche offen Inzucht trieb: Ein Bruder hatte ein Liebesverhältnis mit seiner Schwester. Und in Mantiqueira wurde der empörte englische Geistliche Zeuge eines Tanzes, der ihm auf anstößige Weise unzüchtige Beziehungen von Mitgliedern einer Mestizenfamilie untereinander enthüllte.

An sich hätte ihn ein einzelner Fall von Inzucht gar nicht zu schockieren brauchen, denn seit dem Anfang der Kolonisation waren bei uns Heiraten zwischen Onkel und Nichte, Vetter und Base allgemein üblich. Diese Heiraten wurden im Interesse der Erhaltung des Vermögens und der Reinheit des adeligen und berühmten Stammbaums geschlossen. Alles deutet darauf hin, daß Jerônimo de Albuquerque, Patriarch der gleichnamigen Pernambucenser Familie, seine beiden ältesten Söhne – die ihm die kleine indianische Prinzessin, Dona Maria do Espírito Santo Arcoverde, geschenkt hatte – aus dem erwähnten Grunde mit den Schwestern seiner legitimen Ehefrau, Dona Filipa de Melo, einer Tochter von Cristóvão de Melo, verheiratete. Dona Filipa war ihm als passende Braut von Ihrer Majestät Dona Catherina, die über das ausschweifende muselmanische Leben seines Schwagers Duarte Coelho entsetzt war, nahegelegt worden. Es handelte sich also in erster Linie um Ehen, die den Zweck hatten, die Familienbande und die Macht des Patriarchen zu festigen, und nicht um Inzucht-Verbindungen, die sexueller Hemmungslosigkeit entsprangen. Daher auch die Heiraten zwischen Onkel und Nichten.

Maria Graham war von gewissen Seiten des Familienlebens in Brasilien sehr angetan: Der Zusammenhalt, die Intimität, die Verbundenheit zwischen Personen gleichen Blutes erinnerte sie an den Clangeist der Schotten. Aber die Heiraten zwischen Verwandten und besonders solche zwischen Onkel und Nichten erschienen ihr bedenklich. Diese Ehen, schrieb sie, verfehlen, die Verwandtschaft zu erweitern und die Vermögen angemessen zu verteilen, sie häufen statt dessen letztere in den Händen weniger einzelner an und verengen und beschränken die erstere. Ganz davon abgesehen, sagte sie, daß solche Verhältnisse »der Gesundheit schaden«.

Einer, der seine Stimme voller Empörung gegen die Inzucht in Brasilien und gegen die Kirche und die Priester, welche sie duldeten, erhebt, ist Captain Richard Burton. *»Lizenz für Inzest«* nennt er das Verhalten der Kirche in dieser Frage. Er gibt indessen zu, daß ihm kein Fall »furchtbarer Resultate« dieser entsetzlichen Sünde bekanntgeworden sei. Nicht, daß Burton – als englischer Freidenker, wenn auch mit einem eisernen Weib von sehr strengen Grundsätzen gestraft – an »Sünden« im theologischen Sinne glaubte; er war lediglich überzeugt, daß schlimme Folgen in eugenischer Hinsicht aus Ehen dieser Art zu erwarten seien.

Doch selbst die in den Tagen der Sklavenzeit in Brasilien so häufigen Ehen unter Verwandten konnten die blutigen Fehden, die Vettern, ja leibliche Brüder, Schwiegersöhne und Schwiegerväter, Onkel und Neffen voneinander trennten und zu Todfeinden machten, nicht unterdrücken. Sie konnten große Familien nicht davon abhalten, wegen Erbschafts- und Besitzstreitigkeiten, wegen Zuckerrohrfeldeckchen, die auf Grund überspitzter Ehrbegriffe oder aus Gründen der Lokalpolitik beansprucht wurden, wegen Frauen, Sklaven, Ochsen oder auch nur wegen Meinungsverschiedenheiten bei Wahlen offenen Krieg miteinander zu führen. Andreoni (André João Antonil) schrieb im XVIII. Jahrhundert: »In vielen Gebieten Brasiliens sind die Plantagenbesitzer wohl durch Blutsbande vereint, aber kaum in Nächstenliebe verbunden. Eigennutz ist die Ursache der Uneinigkeit. Um schwelenden Haß zum Ausbruch zu bringen, Prozesse und blutige Kämpfe zu entfesseln, bedarf es nur eines entwendeten Holzstückes oder eines in ein Zuckerrohrfeld eingebrochenen Ochsen.« All dies sind jedoch natürliche Folgen eines Systems, das auf persönlichem Eigentum basiert. Der überbetonte Sinn für Privatbesitz führt zwangsläufig zunächst zu blutigen Reibereien mit den anliegenden Großgrundbesitzern und endet schließlich mit der Balkanisierung des ganzen Kontinents.

Es sind Kolonialchroniken über die Fehde der Pires und Camargos in São Paulo erhalten geblieben. Im XIX. Jahrhundert entstanden furchtbare Kämpfe zwischen den Montes und Feitosas im Nordosten. Die Sklaven fochten immer treu und tapfer an der Seite ihrer Herren und starben auch für sie. Während der Kaiserzeit waren bei den Parteikämpfen Negersklaven wie weiße Herren in »Liberale« und »Konservative« gespalten, die sich in den Tumulten – besonders anläßlich von Wahlen – gegenseitig die Köpfe einschlugen und blutig stachen.

Die Fehde zwischen den Pires und Camargos begann 1640 und dauerte über hundert Jahre, während welcher auch andere Familien in den Streit hineingezogen wurden; so auf der Seite der Pires die Taques, Lemes, Laras und bei den Camargos die Buenos und die Rendons. An diesen großen Familienfehden nahmen Indianer mit Pfeil und Bogen sowie Negersklaven und Cabras teil. In der Zeit dieser Kämpfe entstanden die farbigen »Bravos«. Es waren Cabras, Neger und Caboclos, welche anfänglich die Aufgabe hatten, das Herrenhaus gegen Überfälle von Indianern zu verteidigen. Später wurden sie in den Kriegen gegen die Holländer eingesetzt, bei Strafexpeditionen gegen Quilombos und im Krieg gegen Paraguay. Sie waren es, die dem Geist ihrer Herren – vom Schlage des Majoratsherrn von Cabo – Nachdruck verliehen gegen die Demagogie der Städte. Sie waren die Bannerträger der brasilianischen Unabhängigkeit im Befreiungskampf gegen die Portugiesen, welche Brasilien als bloße Agrarkolonie verwalten wollten. Allein, nicht nur die farbigen »Bravos« – die »Schweizer Amerikas« nannte ein argentinischer Offizier einmal die Neger der Estancias und Schlachthäuser Südbrasiliens – nahmen an diesen Kämpfen aktiv teil, sondern auch ihre weißen Herren, ihre furchtlosen und furchteinflößenden Anführer. Sie waren die Condottieri Brasiliens, Führer vom Schlage eines Pedro Ortiz de Camargo, der dem portugiesischen Gouverneur von Rio de Janeiro verkündete, daß seine Anwesenheit in São Paulo unerwünscht wäre; Führer wie jene Pflanzer von Pernambuco, die 1666 die Kühnheit besaßen, in der Rua de São Bento Hand an den vierten Gouverneur und Generalkapitän von Pernambuco, Jerônimo de Mendonça Furtado, zu legen, ihn aus dem Kapitanat auszustoßen und heim ins Königreich zu expedieren. Es waren

Führer wie Antonio Cavalcanti, Vidals de Negreiros und Fernandes Vieira, die den Krieg gegen die Holländer fast allein und ohne Hilfe des Mutterlandes, nur mit ihren Negern und Cabras gewannen.

Doch zurück zu den brasilianischen Plantagengesängen, jenen Liedern, die von der Erotik der Patriarchen, ihren glühenden Leidenschaften für Negerfrauen, Mulattenmädchen und weiße Cousinen inspiriert waren. Sie schufen in den portugiesischen Salons des XVIII. Jahrhunderts, wo sie abwechselnd mit Novenen, Dauerandachten und Kirchenfesten vorgetragen wurden, eine erregende Atmosphäre. Im Hause eines Edelmannes, welches auch der Erzbischof von Algarve, Don José Maria de Melo, zu besuchen pflegte – ein großer Bewunderer der zu den Klängen der Viola gesungenen Modinhas –, hatte William Beckford Gelegenheit, diese Weisen zu hören, und unternahm es, uns ihren einzigartigen Zauber ahnen zu lassen: »Sie gehen einem in ihrer kindlichen Unbefangenheit zu Herzen, ehe man noch Zeit hat, sich ihrem aufregenden Einfluß zu entziehen. Du glaubst, unschuldige Milch zu trinken, und schlürfst indessen das Gift der Wollust, das schnell, bis in die letzten Winkel deines Wesens hinein, von dir Besitz ergreift.«

Nicht alle Modinhas singen von der Liebessehnsucht der Mulattenmädchen der Sklavenhütten. Viele von ihnen lobpreisen die jungen Damen der Herrenhäuser, die Töchter der Pflanzer – zwölf-, dreizehn-, vierzehnjährige Mädchen. »Blonde Englein«, »unschuldige Heilige«, »blasse Madonnen«, »himmlische Maria«, »gnadenreiche Maria«, »schmerzensreiche Maria«, »glorreiche Maria« werden sie darin genannt. Und sie glichen in der Tat kleinen Madonnen, wenn sie aus ihren Sänften stiegen, sich von ihrem Lager erhoben oder auf den Schultern livrierter Neger getragen wurden wie Muttergottesbilder in einer Prozession, mit goldenen Ohrringen, Juwelen, Anhängern und Amuletten geschmückt. Mitunter schritten Mucamas vorweg und trugen die übrigen Juwelen und Schmuckstücke; solche Mengen von goldenen Ketten, Armbändern und -reifen und frommen Medaillen, daß sie »ohne Übertreibung«, wie Vilhena sagt, »ausreichen, zwei bis drei Negerinnen oder Mulattinnen dafür zu kaufen«. Am Tag ihrer ersten heiligen Kommunion waren die Mädchen keine Kinder mehr, sondern junge Damen. Es war ein großer Tag in ihrem Leben, fast so bedeutend wie der Hochzeitstag: langes weißes gefälteltes und plissiertes Kleid, hinten eine große blaue Schleife mit langen Enden, taftener Geldbeutel mit Almosenpfennigen, Spitzenschleier, Orangenblüten-Kränzchen auf dem Scheitel,

Satin-Pumps, lange weiche Handschuhe, Gebetbuch mit Perlmutterdekkel und einen goldenen Rosenkranz mit goldenem Kruzifix.

Nicht immer waren sie imstande, das Gebetbuch auch zu lesen. Anfang des XIX. Jahrhunderts schrieb Tollenare, da »es viele Eltern gibt, die nicht wünschen, daß ihre Töchter lesen und schreiben lernen«. Andere Eltern wieder vertrauten sie den Klosterschulen an, wo sie lesen, nähen und beten lernten. In der von dem großen Bischof Azeredo Coutinho gegründeten »Schule Unserer Glorreichen Jungfrau« in Pernambuco lernten sie sogar Sklaven christlich zu behandeln, nämlich als »Brüder und Kinder des gleichen Vaters«. Denn der »zufällige Unterschied« zwischen Weißen und Schwarzen »wäre eine Folge des nach Menschengesetzen geregelten Bedarfs der einen und des Sklaventums der anderen und stelle vielleicht eine Strafe für die Sünden oder die Verhütung eines größeren Übels dar«. Viele brasilianische Damen im Kaiserreich jedoch wurden, ohne je eine Klosterschule von innen gesehen zu haben, Freifrauen und Gräfinnen. Manche von ihnen waren Analphabeten, rauchten wie die Schlote und spuckten auf den Boden, andere ließen ihren Sklavenmädchen auf den leisesten Verdacht hin, daß sich etwa ihre Ehemänner für diese interessieren könnten, die Zähne ausreißen.

Das war im XIX. Jahrhundert. Danach kann man sich ungefähr vorstellen, wie es im XVI., XVII. und XVIII. Jahrhundert zuging. Eine Engländerin, welche im XVIII. Jahrhundert in Brasilien war, fand die Situation der Frauen dort einfach schrecklich. Sie wären unwissend, bigott und verständen nicht einmal sich anzuziehen. Nach dem zu urteilen, was Mrs. Kindersley erzählt – und sie hatte selbst nichts von pariserischem Chic –, müssen unsere weiblichen Vorfahren im XVIII. Jahrhundert Kleider getragen haben, deren sich selbst ein Pavianweibchen geschämt haben würde. Kalikorock, blumenbordierte Bluse, Samtleibchen und Gürtelband sowie zur Krönung dieser Schrecken noch möglichst viel Gold, zahllose Halsketten, Armbänder und Kämme. Dabei waren die jungen Damen und Mädchen an sich nicht häßlich, nur, bemerkte Mrs. Kindersley, alterten die brasilianischen Frauen schnell.

Sicher war dies eine Folge der vielen Kinder, die sie ihren Männern gebaren, und des stumpfen, melancholischen und indolenten Daseins in ihren vier Wänden. Wenn sie sich einmal ins Freie wagten, dann nur in schwere Decken vermummt in der Hängematte – *modus gestandi lusitanas,* sagte Barléus im XVII. Jahrhundert – oder aber auf dem »Bangüê« (Tragbett) und im XIX. Jahrhundert in Sänften oder Ochsenwagen. Manche Damen ließen sich sogar in der Hängematte in die Messe bringen und hielten, von Sklaven getragen, stolzen und triumphalen Einzug in die Kirche. Weil dies als Brüskierung der Heiligen aufgefaßt wurde, fanden es die Bischöfe schließlich angezeigt, diese Schaustellungen der Faulheit zu verbieten. »Da wir es für unschicklich halten, daß gewisse Personen weiblichen Geschlechts sich in Serpentinas oder Hängematten in die Kirche tragen lassen, verbieten wir hiermit derartige Einzüge«, schrieb der Bischof von Pernambuco, Dom Frei José Fialho, in einem Hirtenbrief vom 19. Februar 1726. Wenn man den Worten Dom Frei Josés über die Frauenmode in Pernambuco glauben darf, dann zeigten jene Damen aber nicht den Affengeschmack, welchen Mrs. Kindersley an den Bahíanerinnen bemängelte. Der Bischof fand nämlich die Art, wie die Frauen sich anzogen, eher teuflisch: »Es erfüllt unser Herz mit großer Besorgnis, zu sehen, auf welch weltliche Weise die Mehrheit der Personen weiblichen Geschlechts sich kleidet, indem sie von teuflischen Moden und Erfindungen Gebrauch machen. Wir warnen daher die betreffenden Personen; sie mögen sich solcher Kleidungen enthalten.« Die Frauen von Pernambuco, um die es hier geht, waren die Nachkommen jener »großen Damen«, welche Pater Cardim im XVI. Jahrhundert kennenlernte, mehr »große« als fromme Damen. Sie pflegten sich als Gutsherrinnen in jenen Tagen, als der Chronist seine »Dialoge« schrieb, ihr Gesicht rot anzumalen. Sie waren jene liebreizenden »Iaiás«, um derentwillen die holländischen Ketzer im XVII. Jahrhundert dem Kalvinismus abschworen und zum katholischen Glauben übertraten.

Es war allgemein üblich in Brasilien, daß die Mädchen früh heirateten, und zwar mit zwölf, dreizehn oder vierzehn Jahren. Wenn Eltern eine Tochter im Hause hatten, die mit fünfzehn noch nicht verheiratet war, begannen sie sich Sorge zu machen und dem heiligen Antonius oder Johannes allerlei zu versprechen. Ein Mädchen mit zwanzig – oder schon darunter – ohne Mann galt als alte Jungfer. Heute würde man solche Mädchen als unreife Früchte ansehen, aber damals lebte man in steter Angst, die Frucht könnte überreif und faul werden, wenn man sie nicht beizeiten pflückte. Ein Reisender des XVII. Jahrhunderts erzählt aus Salvador, daß dort allgemein geglaubt wurde: *»La fleur de virginité doit se cueillir... dans les premieres années, afin qu'elle ne se flétrisse pas.«* Er sagt auch, es wäre *»fort ordinaire aux mères de questionner leurs filles sur ce qu'elles sont capables de sentir à l'age de douze ou treize ans et les inviter à faire ce qui peut émousser les aiguillons de la chair«*.

Was die Angst angeht, die Jungfräulichkeit könnte ihren Reiz verlieren, scheint Coreal recht zu haben. Seit dem XVI. Jahrhundert hat sich diese Überzeugung in Brasilien erhalten. Jeder, der eine Tochter hatte, verheiratete sie so jung wie möglich, weil man glaubte, daß die Mädchen nach einem gewissen Alter nicht mehr die gleiche jungfräuliche Anziehungskraft besäßen wie mit zwölf oder dreizehn Jahren, nicht mehr den Reiz der Halbreife, welche von Männern mit dreißig, vierzig, ja zuweilen sogar mit fünfzig, sechzig und siebzig so sehr geschätzt wird. Burton erklärt, daß es noch in der Mitte des XIX. Jahrhunderts keineswegs ungewöhnlich war, fünfzehnjährige Mädchen mit siebzigjährigen Greisen zu verheiraten.

Pater Anchieta, der wie jeder Jesuit des XVI. Jahrhunderts ein fleißiger Heiratsvermittler war, wurde eines Tages von einem gewissen Alvaro Neto angesprochen, dessen Tochter in einer sehr üblen Lage war. Sie war fünfzehn Jahre alt und immer noch unbemannt. »Alvaro Neto, ein Bürger der Stadt São Paulo, klagte ihm bitterlich sein Leid«, berichtet Pater Simão de Vasconcelos in seinem *Leben des hochwürdigen Paters Joseph de Anchieta von der Gesellschaft Jesu,* »daß er eine Tochter habe, die schon fünfzehn Jahre alt sei, und er wisse nicht, wie er sie verheiraten sollte.« Von einer anderen Maid in der gleichen Not wie Alvaro Netos Tochter lesen wir in einer jesuitischen Chronik: Eine gewisse Filipa da Mata war einem Joseph Adorno versprochen worden, aber die Heirat hatte sich zerschlagen, und die Familie war untröstlich, denn die unglückliche Filipa war dadurch ja mit noch nicht fünfzehn Jahren zur bemitleidenswerten alten Jungfer geworden. Doch der gute Missionar tröstete sie und die gramgebeugten Eltern und prophezeite nicht nur, daß sie bald einen jungen Burschen aus Lissabon heiraten werde, sondern auch mit diesem glücklich bis an ihr seliges Ende sein würde, »mit so vielen Söhnen, daß sie nicht mehr wissen werde, wem von ihnen welches Hemd gehörte«.

Noch heute singt die ländliche Folklore von diesen Kinderheiraten und hält den Glauben lebendig, daß Jungfräulichkeit unreif gepflückt werden müsse, wenn sie nicht ihren Reiz verlieren solle. Im Innern von Pernambuco kann man heute noch folgende Weise hören:

»Sankt Johann, gib mir schnell einen Mann,
Solang ich noch ein Mädchen bin, hörst du?
Denn wenn das Korn zu spät gedroschen wird,
Ist Stroh und Frucht verdorben.«

Dieser Vierzeiler hat in anderen Teilen Brasiliens folgende Variante:

»Mütterchen, verheirate uns schnell,
Solang wir noch jung an Jahren.
Zu spät gesätes Korn, sagt man,
Trägt nur noch taube Ähren.«

Fast allen Ausländern, die Brasilien in der Zeit der Sklaverei besuchten, fiel der Gegensatz zwischen der entzückenden Frische unserer jungen Mädchen und den verblühten Gesichtern, der vernachlässigten Körperpflege der über achtzehn Jahre alten Matronen auf. Mrs. Kindersleys Urteil, daß »sie frühzeitig alt aussehen«, kennen wir schon. Ihre Gesichtszüge verloren Charme und Frische. John Luccock beobachtete das gleiche in Rio de Janeiro. Ausdrucksvolle Augen, schöne Zähne, Fröhlichkeit sind die Attribute, die er den Mädchen von dreizehn und vierzehn Jahren zuspricht. Mit achtzehn aber haben sie ihre volle Reife erreicht und sind bereits Matronen. Danach kommt der Verfall, sie werden fett und schwammig mit Doppelkinn und fahler Haut, oder aber sie vertrocknen und verwelken. Einige von ihnen wurden so massiv und korpulent wie ein gewisses Porträt in der Galerie des Historischen Instituts von Bahía: häßlich, mit Barthaaren und grobem männlichem oder Mannweibgesicht.

Aus Pernambuco berichtete im XVII. Jahrhundert ein holländischer Beobachter, daß die Frauen sehr frühzeitig die Zähne verlören und daß sie von Mucamas und Negerfrauen umgeben wären, die ihnen die kleinste Handreichung abnähmen – infolge ihrer meist sitzenden Lebensweise gingen sie, »als ob sie Ketten an den Beinen hätten«. Sie hätten nicht die Beweglichkeit der Holländerinnen. Auf seinen Reisen in das Innere Brasiliens fiel auch Mawe bei den Frauen, besonders den jungen, die Tendenz auf, schnell an Lebhaftigkeit zu verlieren. Und Mrs. Graham bemerkte in Bahía, sie würden *»almost indecently slovenly after very early youth«*.

In der Mitte des XIX. Jahrhunderts war Burton in Südbrasilien begeistert von den Frauen in Minas, allerdings nur solchen, welche ihm dreizehn bis sechzehn Jahre alt zu sein schienen. In Minas Gerais, sagte er, sieht man keine *»beauté du diable«*. Alle jungen Mädchen strahlen schon fraulichen Charme aus, noch bevor sie das in Europa so unsympathische Pubertätsalter erreichen.

Auch von Steinen, der 1885 bei uns war, zeigt sich von dem Liebreiz

Palast der Viscondes do Livramento (Pernambuco) aus der Mitte des XIX. Jahrhunderts

der kleinen brasilianischen Mädchen hingerissen. Es ist »ein Engel von einem Mädchen«, sagt er von einem; eine Formulierung, die eines Jüngers der Akademie der Künste von Olinda würdig gewesen wäre und wert, vor der schönen Dalila im Hause ihrer Base, in anmutigen Versen eingeschlossen, rezitiert zu werden. »Diese brasilianischen Mädchen« – es ist immer noch der poetische Steinen, der hier spricht – »sind, wenn sie mit zwölf bis dreizehn Jahren das Pubertätsalter erreicht haben und ihre Mütter ernsthaft daran zu denken beginnen, sie zu verheiraten, wahrhaft bezaubernd und verführerisch in ihrer blühenden Schönheit.« Für diesen Mann der Wissenschaft ging »von diesen tropischen Geschöpfen vor ihrer vollen Reife ein so zarter, so zauberischer Duft von Weiblichkeit aus, wie ihn unsere europäischen Rosenknospen nicht besitzen«. Wie schade, daß diese halbgeöffneten Knospen so bald verblühten und ihr exotischer Zauber so schnell verwelkte. Zu schade, daß ihr Liebreiz kaum bis zum fünfzehnten Lebensjahr anhielt.

Denn in diesem Alter waren sie bereits verheiratete Frauen und manchmal schon Mütter. Man sah sie in der Kirche ganz in Schwarz unter der Last der Unterröcke, die Gesichter von Schleiern oder Mantillas verhüllt, nur die Augen waren sichtbar, ihre großen, traurigen Augen. Aber zu Hause im Kreise der Mucamas und vor ihrem Ehemann ließen sie sich gehen: ein geblümter loser Überwurf, Pantoffeln an den Füßen, ohne Strümpfe und mitunter den Busen unbedeckt. Maria Graham hätte die Frauen, die sie morgens zu Hause gesehen, abends im Theater fast nicht wiedererkannt, so groß war der Unterschied zwischen Hauskleidung und Gala.

Diese Frauen hatten oft weiter nichts zu tun, als ihren Sklaven Befehle zuzuschreien, mit ihren Papageien, Äffchen und den kleinen Negerkindern zu spielen. Andere widmeten sich der Zubereitung delikater Süßigkeiten für ihre Ehemänner oder beschäftigten sich mit ihren Kindern. Die Frommen unter ihnen nähten Kleidchen für das Jesuskind oder stickten Altardecken für Unsere Liebe Frau. Als Kompensation gab es hinwiederum Nonnen, die man mit Näharbeiten für die Aussteuer oder mit der Anfertigung prunkvoller Taufkleidchen beauftragen konnte.

»Ehen werden geschlossen, wenn die Partner noch sehr jung sind«, schrieb der Engländer Alexander Caldcleugh von Brasilien, »und keineswegs selten sieht man Mütter, die noch keine dreizehn Jahre alt sind. Das Klima und die zurückgezogene Lebensweise der brasilianischen Frau haben sich merklich auf ihre äußere Erscheinung ausgewirkt. Bei den ganz jungen werden allgemein die schönen dunklen Augen und die hübsche Figur bewundert, aber wenige Jahre verändern ihre Erscheinung so, wie es in Europa kaum infolge langjährigen Siechtums möglich wäre.« Und Walter Colton schreibt in seinem Reisetagebuch, daß man ihm in Rio de Janeiro ein zwölfjähriges Mädchen gezeigt habe, das bereits eine ehrbare und verheiratete Dame war, und nicht nur Dame, sondern auch Mutter! Man denke, in einem Alter, da andere Kinder mit Puppen spielen, lag sie in den Wehen.

Hochzeiten waren während unseres patriarchalischen Zeitalters ganz außergewöhnlich festliche Anlässe. Die Feiern dauerten sechs oder sieben Tage, und mitunter wurde eine Entführung der Braut durch den Bräutigam vorgetäuscht. Man staffierte das »Hochzeitsbett« sorgfältig mit Kissen, Decken und Laken aus, alles in feinster Handstickerei – meistens von Nonnen – reich ausgearbeitet, und am Hochzeitstag wurde all dies mit den übrigen Geschenken für die Gäste zur Schau gestellt. Man schlachtete Ochsen, Schweine und Truthähne, man machte alle Arten von Torten, Süßigkeiten und Puddings. Und die Gäste kamen so zahlreich, daß man Zelte errichten mußte, um sie alle unterzubringen. Im Hause selbst wurde europäisch getanzt, draußen auf dem Rasen afrikanisch. Einige Neger wurden zur Feier des Tages freigelassen, andere übereignete man der Braut als Mitgift: »Soundso viele Schwarze, so viele Hausdiener, ein junger Cabra.«

Leider starben viele fünfzehnjährige Bräute noch als kleine Mädchen schon bald nach ihrer Hochzeit; kleine Mädchen, die gerade zur ersten heiligen Kommunion gegangen waren, wurden dahingerafft, ehe sie Gelegenheit hatten, sich zu Matronen zu runden und Doppelkinne zu entwickeln, ehe sie Zeit hatten, zu verwelken und zu dreißig- oder vierzigjährigen alten Weibern zu werden. Trotz aller Gebete und Gelübde für die Madonna der Gnaden oder der gebenedeiten Geburt starben sie im Kindbett. Es war ihnen nicht vergönnt, ihren Erstgeborenen aufwachsen zu sehen, ja auch nur einmal zu spüren, welches Glück es bedeutet, ein lebendiges Kind in den Schlaf zu wiegen, statt mit Stoffpuppen zu spielen, welche die Negerfrauen aus Lumpen fabrizierten. – Das Kleine wurde den Mucamas zum Aufziehen überlassen. Selten wuchs ein brasilianischer Junge anders auf als an der Brust einer schwarzen Amme, und kaum einem waren seine eigenen Eltern so vertraut wie sie. Seine Kindheit verbrachte er fast nur mit schwarzen Jungen, die seine Kameraden waren. Von den schwarzen Küchenmädchen lernte er die ersten Obszönitäten, und dann dauerte es nicht mehr lange, bis er auch seine Unschuld verlor, die Unschuld des Körpers und des Geistes. Seine Augen wurden scham- und seelenlos, aus seinem Munde quoll, wie bei den Schwestern der Maria Borralheira, schmutziger Unrat. Alle Jungen führten schmutzige Redensarten, wenn sie nicht gerade über Pferde, Hahnenkämpfe oder Kanarienvögel sprachen.

Das war auch bei solchen Jungen so, deren Mütter noch lebten und sich eifrig und energisch bemühten, verdorbene Neger oder schamlose Negerweiber, wenn sie ihren Kindern derartige Sachen beibrachten, schwer zu strafen. Wie es denen, die keine Mutter, Stiefmutter und Großmutter hatten, erging, kann man sich vorstellen. Sie blieben den Mucamas überlassen, die nicht immer eine Mutter zu ersetzen in der Lage waren.

In seiner Zeitung »O Carapuceiro« schrieb 1837 der Priester und Schulmeister Miguel do Sacramento Lopes Gama: »Zuvörderst bin ich davon überzeugt, daß die Sklaverei, welche unglücklicherweise bei uns eingeführt ist, die Grundursache für unsere sehr schlechte Erziehung ist. Seien wir doch ehrlich: Wer sind denn unsere Lehrer gewesen? – Zweifellos die Afrikanerin, die uns ihre Brust gab, die für uns dachte, uns die ersten Begriffe lehrte. Und wieviel andere Schwarze haben uns alles in allem in unseren ersten Lebensjahren umgeben? Wir sind durch und durch imprägniert mit den Sitten, der Sprache, den Lastern dieses groben und rohen Volkes, in dem sich Primitivität und Wildheit mit der für Sklaven typischen Servilität und indolentem Sich-Gehenlassen paart. Unter unwissenden Schwarzen männlichen und weiblichen Geschlechts sind wir aufgewachsen, von der Zeit an, als wir die Augen zum erstenmal öffneten. Kann da unsere Erziehung gut gewesen sein? ... Unsere kindlichen Spielgefährten waren kleine Schwarze, die in unserem Vaterhaus geboren waren, und ihre Mütter waren unsere ersten Lehrerinnen. Manchmal waren sie unsere Ammen, manchmal unsere Gouvernanten. Welche Art von Moral und welche Sorte von Tugenden hätten wohl diese Sklaven in unsere unschuldigen jungen Herzen pflanzen können?« – In seiner »Eingabe an die konstituierende Generalversammlung« fragte José Bonifácio 1823: »Was für eine Erziehung können Familien haben, die sich dieser unglücklichen Geschöpfe ohne Ehre und ohne Religion bedienen, Familien, welche Sklavenmädchen halten, die sich dem erstbesten hingeben? Alles in diesem Leben wird vergolten. Wir tyrannisieren die Sklaven, erniedrigen sie zu wilden Tieren, und sie verseuchen uns mit ihrer ganzen Unmoral und all ihren Lastern. Sehen wir doch die Dinge, wie sie wirklich sind, meine Herren: Wenn Moral und Recht eines Volkes einerseits auf seinen religiösen und politischen Institutionen und andererseits auf der häuslichen Moral jeder einzelnen Familie beruhen: welches Bild macht sich wohl angesichts dieser beiden Kriterien die übrige Welt von Brasilien?« – Fünf Jahre später schlug der Marquis von Santa Cruz, Erzbischof von Bahía, in einer Parlamentsrede den gleichen Ton an: »Nach wie vor bin ich überzeugt davon, daß das Wort Sklaverei alle Arten von Lastern und Verbrechen in uns wachruft, und ich kann letzten Endes die in zartem Alter stehende brasilianische Jugend, welche schon in frühester Kindheit dem unheilvollen Einfluß und dem ansteckenden Beispiel dieser verdorbenen Wesen ausgesetzt ist, nur immer wieder bedauern. Oh, wenn ich doch unrecht hätte! Oh, gäbe es doch weniger Triumphe der Verführungen, weniger Schiffbrüche Unschuldiger! Oh, wenn doch nicht so viele Familien Unglück und Schande, mit denen sie durch die Unmoral der Sklaven geschlagen wurden, zu beweinen hätten!«

Auch wenn man von den Worten des Patriarchen der Unabhängigkeit absieht, die Übertreibungen parlamentarischer Polemik in der Rede des Marquis und Erzbischofs von Bahía subtrahiert und die moralistischen und eifernden Ergüsse von Pater Lopes Gama mit vorsichtiger Skepsis betrachtet, so widerspiegeln doch diese Worte, auch nachdem man sie ihrer dialektischen Blüten beraubt hat, wirklich durchlebte Erfahrungen, beobachtete Tatsachen und tiefgefühlte Eindrücke. Bemerkenswert ist, daß keiner der drei für die »bösen Folgen« des Einflusses der Sklavenquartiere auf die Herrenhäuser den Neger, den Afrikaner, die »minderwertige Rasse« an sich verantwortlich macht. Sie schreiben sie dem Sklaven, also dem sozialen, nicht dem ethnischen Faktor zu. Ihre Feststellungen liefern das erste Beweismaterial für solche, die, wie Rüdiger Bilden, die Übel und Laster in der sich entwickelnden brasilianischen Gesellschaft nicht so sehr auf den Neger und Portugiesen als vielmehr auf den Sklaven als solchen zurückführen.

Es entzieht sich unserer Kenntnis, ob José Bonifácio sich bei seiner strengen Verurteilung der Sklaverei der eigenen Charakterfehler und Laster, die er auch dem Kontakt mit der Sklaverei verdankte, bewußt war, seines Sadismus zum Beispiel. Diesen Zug verriet er dadurch, daß er, aus reinem Vergnügen und ohne irgendwie verpflichtet zu sein, hinging, die von Kaiser Dom Pedro I. befohlene exemplarische Bestrafung portugiesischer Soldaten im Campo de Santana anzusehen: fünfzig Peitschenhiebe jedem. Die gleiche Strafe ließen übrigens die Pflanzer diebischen Schwarzen zukommen. Man stellte die Soldaten in Fünfergruppen nach Größen zusammen, zog ihnen Uniformen und Hemden aus, so daß sie von den Schultern bis unter das Kreuz nackt waren, und ließ sie sich vornüberbeugen. Dann begannen die Auspeitschungen. Einige Soldaten sanken immer schon vor Erfüllung der verhängten Strafe vor Schmerz ohnmächtig zu Boden. José Bonifácio aber gefiel dieses Schauspiel, er blieb bis zum Ende der letzten Auspeitschung, bis zum Nachteinfall. Sicher hat ihm anschließend sein Abendessen gut geschmeckt. Es könnten noch andere Charakterzüge von ihm nachgewiesen werden, die auf einen Einfluß der Sklaverei hindeuten. Wenn ich ihn besonders erwähne, so nur, um einen Begriff davon zu geben, wie weit erst bei weniger festen und starken Persönlichkeiten dieser Einfluß gegangen sein mochte.

Wenn wir aber zugeben, daß die Sklaverei auf die Moral und den Charakter des Brasilianers der Herrenhäuser hauptsächlich nur schädlich gewirkt hat, dann müssen wir auch die sehr besonderen Umstände berücksichtigen, die in unserem Lande die Übel dieses Systems änderten oder abschwächten. Zunächst möchte ich da die friedliche Milde, welche die Beziehungen zwischen Herren und Haussklaven allgemein bestimmte, hervorheben. Die Behandlung der Sklaven war jedenfalls in Brasilien milder als in jedem anderen Teil Amerikas.

Eine ganze Gruppe von Personen, wie Ammen, Kindermädchen, Hausmädchen, Milchbrüder für die Söhne usw., wurden aus den Sklavenquartieren in das Herrenhaus abkommandiert und für Vertrauensposten und feinere Arbeiten im Hause des Pflanzers und seiner Familie eingesetzt. Diese Leute nahmen mehr die Stellung von Familienmitgliedern als von Sklaven ein. Sie waren – auf europäische Verhältnisse übertragen – eine Art von armen Verwandten. Manche kleine Mulatten setzten sich an den patriarchalischen Tisch, als wären sie wirklich Familienangehörige: die Crias (im Hause aufgezogene Kinder), Malungos (Milchbrüder), Muleques de estimação (bevorzugte Hausboys). Es gab sogar welche, die in der Kutsche mit ihrem Herrn zusammen ausfuhren und ihn wie eigene Söhne auf seinen Vergnügungstouren begleiteten.

Die »schwarzen Mammies« ihrerseits nahmen, wie wir durch Überlieferungen wissen, tatsächlich einen Ehrenplatz im Schoß der patriarchalischen Familie ein. Als Freigelassene füllten sich ihre Rundungen immer mehr aus, bis ihre Figuren enorme Ausmaße annahmen. Diesen Frauen

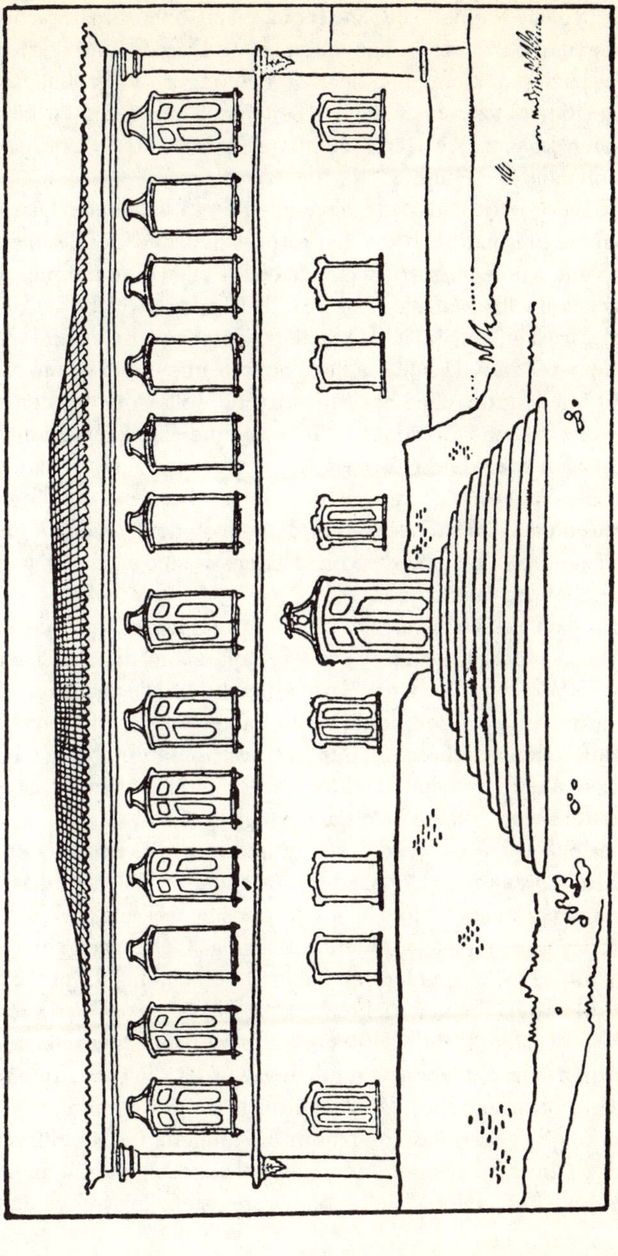

Herrenhaus der Plantage Embiara (Bahía)

ließ man völlige Freiheit, die Kinder gingen zu ihnen, um ihren Segen zu empfangen, die Sklaven behandelten sie als Damen, und der Kutscher fuhr sie spazieren. Wenn man sie so an Feiertagen sah, großflächig, stolz und selbstbewußt zwischen den weißen Familienmitgliedern, hätte man annehmen können, sie wären achtbare Damen, aber keineswegs Exsklavinnen aus den Hütten.

Diese Beförderung aus den Sklavenquartieren zu feineren Diensten im Herrenhaus hing natürlich von den körperlichen und moralischen Qualitäten ab und wurde nicht zufällig oder leichtfertig vorgenommen. Es versteht sich von selbst, daß die Negerin oder Mulattin, welche dem Herrensohn die Brust geben, ihn in den Schlaf wiegen, sein Essen und sein warmes Bad bereiten, auf seine Kleidung achten, ihm Geschichten erzählen und mitunter Mutterstelle bei ihm vertreten sollte, nur aus den besten, saubersten, bestaussehenden, kräftigsten und intelligentesten weiblichen Sklaven oder »Ladinas« ausgewählt wurde. »Ladinas« nannte man damals die Negermädchen, welche schon christianisiert und brasilianisiert waren und sich auch sonst vorteilhaft von den Neuankömmlingen aus Afrika unterschieden oder von solchen, welche eigensinnig an ihrer afrikanischen Art festhielten.

In Brasilien, dessen historischer Hintergrund stockkatholisch ist, spielte die Religion der Sklaven eine größere Rolle als auf den Antillen und im Süden der Vereinigten Staaten. Koster berichtet: »Die von Angola eingeführten Afrikaner wurden, bevor sie ihr Land verließen, dort massenweise getauft, und nach ihrer Ankunft in Brasilien unterrichtete man sie in der Kirchenlehre und den Pflichten der Religion, welche sie angenommen hatten. Man drückte ihnen die königliche Krone auf die Brust zum Zeichen dafür, daß sie getauft waren und auch die Kronsteuer für sie entrichtet worden war. Die Sklaven aus anderen Teilen Afrikas kamen ungetauft in Brasilien an, und bevor die christliche Taufe an ihnen vorgenommen werden konnte, mußten ihnen einige Gebete beigebracht werden. Dafür wurde ihren Herren eine Frist von einem Jahr gesetzt, nach deren Ablauf der Herr verpflichtet war, die Sklaven in der Pfarrkirche vorzuführen.« Koster glaubte, daß es mit dieser Frist nicht immer so genau genommen wurde, aber im wesentlichen wurden die Vorschriften erfüllt, denn kein brasilianischer Sklavenbaron hätte gewagt, die kirchlichen Verordnungen gegen das Heidentum zu umgehen. »Der Sklave selbst wünscht, Christ zu werden, denn seine Mitgefangenen könnten ihm sonst wegen irgendeines Streites oder geringsten Anlasses zu den sachlichen Beschuldigungen noch das Schimpfwort ›Heide‹ anhängen.« Heide oder Maure, hätte Koster sagen können. Er fährt fort: »Der ungetaufte Neger fühlt, daß er als minderwertiges Wesen angesehen wird, und wenn er auch keine Ahnung hat, welche Bedeutung die Taufe für die Weißen hat, so spürt er doch den Makel, der ihm anhaftet, und möchte davon befreit werden. Daher liegt ihm sehr viel daran, seinen Kameraden gleichgestellt zu werden. In jenen Afrikanern, welche schon vor langer Zeit herübergekommen sind, wurzelt das Bewußtsein ihres Katholizismus so tief, daß sie zu vergessen scheinen, daß sie selbst einmal in der gleichen Lage waren. Die Sklaven werden nicht gefragt, ob sie sich taufen lassen wollen oder nicht. Der Eintritt in die katholische Kirche wird als selbstverständlich angesehen, aber sie werden nicht als Menschen, sondern als eine Art wilder Tiere betrachtet, die das Vorrecht genießen, die Messe hören zu dürfen und das Sakrament zu empfangen.«

Welchen Grad der Christianisierung die Masse der Sklaven erreichte, will ich im nächsten Abschnitt gesondert untersuchen. Sicher ist aber, daß der Negersklave durch Kontakt und sozialen Druck die herrschende Religion schnell annahm, brachte sie ihn doch der Kultur seines Herrn und moralischen Vaters näher. Manche wurden ebenso gute Christen wie ihre Herren und konnten der weißen Jugend die christliche Lehre so gut beibringen wie die eigene Mutter.

Sich an seine Jugend auf einer Zuckerplantage im Norden erinnernd, bemerkte Silvio Romero einmal, daß er niemals jemand so viel beten gesehen habe wie die Sklavin Antonia, seine schwarze Amme. Sie machte ihn fromm. »Ich verdanke sie [die Religion] der Mucama de estimacão [bevorzugten Magd], die im Hause meiner Großeltern die Aufgabe hatte, meine Kindheit zu behüten. Diese Antonia, die ich auch Mutter nannte, lebt heute noch neunzigjährig zusammen mit meiner richtigen Mutter in Lagarto ... Nie lernte ich ein Menschenwesen kennen, das so demütig war und so viel betete. Sie schlief mit mir zusammen im selben Zimmer, und wenn ich einmal mitten in der Nacht aufwachte, sah ich sie auf den Knien liegen ... und beten ... Gern gebe ich zu, daß ich frühzeitig beten lernte und daß ich noch heute die Religion für die unerläßliche Grundlage der menschlichen Erziehung halte. Jetzt, weh mir, bete ich nicht mehr, doch mein religiöses Bewußtsein ist fest und unerschütterlich in mir verankert geblieben.« Andere Brasilianer aus der Generation Silvios könnten dasselbe von sich sagen. Von seiner alten Negeramme auf der Plantage von Maçangana wird wohl auch Joaquim Nabuco das Vaterunser gelernt haben, das er am Ende seines Lebens in der Oratorianerkirche in London wieder betete. Als seine Pflegemutter starb – ein Ereignis, das er als »Schiffbruchsszene« in bewegten Worten in seinem Buch *Meine Entwicklung* beschreibt –, war sein einziger Trost die alte schwarze Amme, welche weiter für ihn sorgte. »Der Junge ist jetzt ganz zufrieden, nachdem ich ihm versprochen habe, daß seine Amme ihn begleiten wird«, schrieb ein Freund der Familie an Nabucos Vater, als er den Jungen in die Hauptstadt bringen sollte.

Aber ich wollte nicht eigentlich die fast dem Verhältnis von Mutter zu Kind gleichende tiefe Zuneigung zwischen Negeramme und Herrensohn beschreiben, sondern lediglich die Auffassung korrigieren, daß die Kinder durch ihre Ammen nur üblen Einflüssen der Sklavenhütten ausgesetzt waren und sich schon mit der Milch der schwarzen Ammen mit den Viren der ganzen afrikanischen Laster und des Aberglaubens infizierten. Die Seuchenbazillen, die der weiße Junge aufnahm, gab er später anderen weiter, andererseits aber wurde ihm auch durch die Zärtlichkeit der Mucama eine menschliche Güte eingeimpft, die vielleicht größer war als die, deren die Weißen von sich aus fähig gewesen wären. Es war eine den Europäern fremde tiefe Zärtlichkeit, gepaart mit glühenden, sinnlichen und verführerischen Mystizismen, welche die Empfindsamkeit, die Einbildungskraft und das Religionsgefühl des Brasilianers außerordentlich bereichert haben.

Werte und Gefühle verschiedener Provenienz haben sich in unserer Seele innigst vermengt. Aus dem Sklavenquartier kamen hauptsächlich kollektivistische Tendenzen, das Herrenhaus hingegen neigte zu Individualismus und Privateigentum. Diese Art von Vermischung wäre unter einer anderen Form von Christentum als der zur Zeit seiner Entwicklungsperiode in Brasilien herrschenden, etwa einer klerikal strengeren, strenggläubigeren, asketischeren oder kalvinistischen, kaum möglich gewesen. Jene Formen wären jedenfalls nicht so günstig gewesen wie unsere milde Sorte von Hausgebrauch-Religion, welche die Hauskapellen der Herrenhäuser verbreiteten, die brasilianische Gesellschaft formte, sozusagen familiäre Beziehungen zwischen Heiligen und Sterblichen schuf durch Feste, Kindstaufen, Hochzeiten, »Fahnentage«, Namenstage, Firmungen und Novenen. Dieses familiäre, lyrische, festefeiernde Christentum mit seinen ganz menschlichen Heiligen männlichen und weiblichen Geschlechts, in dem die Muttergottes als Patentante für die Kinder zur Verfügung stand, knüpfte die ersten geistigen, moralischen und ästhetischen Bande zwischen den Negern und der brasilianischen Familie und Kultur. »Die christlichen Sklaven machen größere zivilisatorische Fortschritte«, bemerkt Koster, »man braucht sie nicht zu zwingen, sich den Gewohnheiten ihrer Herren anzupassen, sie imitieren und nehmen sie ganz von selbst an. Gleichzeitig übernehmen die Herren manche von den Gebräuchen der Sklaven, und so kommen Herr und Diener zu einem besseren Verständnis füreinander. Mir ist vollkommen klar, daß das Taufsystem für die frisch importierten Neger von den Portugiesen seinerzeit eher aus Frömmigkeit eingeführt wurde als politisch konzipiert war, aber es hat die besten Resultate gezeitigt.«

Nicht allein das »Neger-Taufsystem« hat diese Assimilation gefördert, sondern eine gleichzeitig von den Sklavenhaltern Brasiliens verfolgte Politik der Kompromisse: Diese Politik bestand im wesentlichen darin, den Negern Raum zu lassen, neben den europäischen Sitten, katholischen Riten und Lehren Formen und Bräuche ihrer eigenen afrikanischen Kultur und Mythologie zu pflegen. João Ribeiro hebt die Tatsache hervor, daß der brasilianische Katholizismus den Sklaven Teile seines Kultes übereignete: Die schwarzen Heiligen Sankt Benediktus und die Madonna mit dem Rosenkranz wurden die Schutzpatrone der schwarzen Brüderschaften, in denen sich die Sklaven zu richtigen straff organisierten Bünden mit »Congokönigen« und »Vasallen« zusammengeschlossen hatten.

Schon Koster hatte bemerkt, daß die Einsetzung der brasilianischen »Congokönige«, statt eine Widerstandsbewegung der Neger gegen die Zivilisation zu werden, ihre Zivilisierung erleichterte und der Disziplin der Sklaven förderlich war: »Die brasilianischen Congokönige verehren die Madonna mit dem Rosenkranz und sind wie Weiße gekleidet. Gewiß, ihre Untertanen haben sich die Tänze ihres Landes bewahrt, aber an ihren Festen läßt man auch afrikanische Sklaven aus anderen Regionen teilnehmen sowie Kreolen und Mulatten, die auf die gleiche Art tanzen. Zudem sind diese Tänze in Brasilien schon genauso heimisch wie in Afrika.« Hieraus kann man ersehen, wie klug und verständig die den Neger betreffende Sozialpolitik unseres Landes war. Die Religion war der Katalysator für die Berührung und Vereinigung der beiden Kulturen von Herren und Sklaven. Niemals gab es zwischen ihnen starre und unüberwindliche Barrieren. Selbst die Patres waren davon überzeugt, daß es von Vorteil war, den Negern ihre afrikanische Kurzweil zu lassen. Ein Jesuit riet im XVIII. Jahrhundert den Sklavenherren, nicht nur die Feste der

Schwarzen zu erlauben, sondern sogar »ihre Zwanglosigkeit zu unterstützen«. – »Stört sie [die Neger] nicht, wenn sie sich eigene Könige schaffen und an gewissen Tagen im Jahr in ehrbarer Weise stundenlang singen und tanzen oder am Nachmittag nach den Feiern zu Ehren Unserer Lieben Frau mit dem Rosenkranz, des heiligen Benediktus oder des Schutzpatrons der Plantagenkapelle sich harmlosen Vergnügen hingeben ...«

Diese dem Sklaven gewährte Freiheit, die Sitten und Gebräuche seiner mystischen, fetischistischen und totemistischen Kulturen bewahren und öffentlich üben zu lassen – erst am Vorabend von Epiphanias und dann am Heiligen Abend, zu Silvester und in den drei Karnevalstagen –, gibt einen guten Begriff von dem Annäherungsprozeß, der sich zwischen den beiden Kulturen vollzog. Indessen heißt das nicht, daß die Kirche jemals in ihrem moralischen und doktrinären Druck auf die Sklaven nachließ. Koster berichtete aus Pernambuco: »Die Religion, welche sie [die Herren] den Sklaven in Brasilien beibrachten, hatte auf diese eine günstige Wirkung insofern, als sie ihr blindes Vertrauen in die heimischen Zaubereien schwächte oder zerstörte. Die Aberglauben aus ihrem Heimatland wurden so durch andere, harmlosere ersetzt. Die mitunter schlimmen Folgen des Glaubens an die Obeah-Männer auf den Antillen braucht man bezüglich der Mandingueiros in Brasilien nicht zu fürchten.« Bei uns fehlte es nie an Leuten, die an magische Kräfte glaubten, doch der Engländer beachtet solchen »Aberglauben« überhaupt nicht, weder als Phänomen noch bezüglich »schädlicher Folgen«. Tatsache ist, daß mancher Pflanzer, dessen Lendenkraft zur Bewältigung seines Neger- und Mulattenharems nicht mehr ausreichte, auf Grund von Liebestränken, welche ihm von schwarzen Mandingueiros bereitet wurden, vorzeitig sterben mußte. Manch einer starb an den in solchem Gebräu enthaltenen afrikanischen Giften. Allerdings kamen diese Fälle selten vor.

Bei seiner Behandlung des Themas der Christianisierung der Neger in Brasilien geht meines Erachtens Nina Rodrigues zu weit und irrt, wenn er sagt, die Bekehrung der Neger sei eine Illusion. Selbst angesichts des von diesem Wissenschaftler aus Maranhão – gebürtig aus Maranhão, gearbeitet hat er in Bahía – gesammelten, seine These erhärtenden Beweismaterials kann die breite erzieherische, brasilianisierende und in europäischem Sinne moralisierende Wirkung der katholischen Religion auf die Masse der Sklaven nicht bestritten werden. Ich halte sogar die Voraussetzungen, von denen Nina Rodrigues ausgeht, für falsch: die Annahme, Neger seien unfähig, die Abstraktionen im Christentum zu begreifen. Er war einer von jenen, die an das Märchen von des Negers Nichtbefähigung für höhere Verstandesleistungen glaubten, und konnte daher nicht zugeben, daß es dem Neger möglich wäre, die Höhen des Katholizismus zu erreichen.

Und doch hat die Wärme der katholischen Katechese auf die härteren und gröberen Züge der Eingeborenenkultur bei jenen Afrikanern, welche aus den dem Fetischismus ergebenen Gebieten stammten, beruhigend gewirkt, obwohl sich der Katholizismus – um auf die Indianer anziehend zu wirken – in üppigen Farben frisch bemalt hatte und die Patres selbst oft den Mummenschanz eingeborener Medizinmänner nachahmten. Die Katechese brachte den Negern den ersten Hauch menschlicher Wärme, bevor sie der offiziellen christlichen Zivilisation, die hier so viele unterschiedliche Elemente barg, unterworfen wurden. Obwohl die Kirche diese Elemente mit Gewalt und Härte unterdrückte, nahm sie ihnen nicht ihre potentiellen Kräfte.

Die Kräfte, welche in dem Sklaverei-System Brasiliens auf den Neger einwirkten, waren in der Reihenfolge ihrer Bedeutung: erstens die Kirche (und zwar nicht so sehr die Kirche an sich als vielmehr ihre kleinen Ableger auf den Plantagen und Patriarchaten); zweitens die Sklavenhütte oder die Sklavenquartiere; drittens das Herrenhaus als Teil, doch nicht als Zentrum des Kolonialsystems und der sich in Brasilien formierenden Gesellschaft. Die Methode, nach der hier der »neue« Neger entafrikanisiert wurde, bestand darin, daß man ihn unter die »Ladinos« oder Alteingewöhnten steckte, auf welche Weise die Sklavenhütten praktisch zu Schulen der Brasilianisierung wurden. Die Einführung des »neuen« Negers in Sprache, Religion, Moral und Sitten der Weißen oder, besser, der »Ladinos« vollzog sich in den Hütten und auf den Feldern, wo der »Neue« die Veteranen einfach zu imitieren versuchte. Die Ladinos lehrten auch die »Dummen« Technik und Routine der Zuckerpflanzung und Zuckerherstellung. Ein holländischer Chronist aus dem XVII. Jahrhundert lobt die Ladinos aus Angola als Lehrmeister und Einarbeiter der »neuen« Schwarzen. So beeindruckt von ihnen war er, daß er empfahl, nur noch Angolaneger zu importieren. Die Männer von Arda waren dickköpfig, langsam und schwer an die Routine des Plantagenlebens zu gewöhnen. Sie meuterten häufig und verprügelten ihre Aufseher.

Erwähnung verdienen auch noch andere Kräfte, welche mit zur Brasilianisierung der Neger beigetragen haben und nicht nur deren Moral, sondern möglicherweise auch ihre Körper modifizierten, weil sich ihre

Einwirkung nicht nur auf den Typ und die Funktionen des Sklaven beschränkte, sondern auch eine Anpassung an brasilianische Verhältnisse verlangte. Es handelt sich um den Einfluß der physischen Umwelt, der Ernährungsweise, der Natur und des Arbeitssystems.

Die Auswirkung all dieser teils naturgegebenen, teils künstlichen bis perversen Einflüsse auf Geist und Körper des Negers ist ein Studium für sich. Leider fehlt das Material für eine vergleichende anthropologische Untersuchung des brasilianischen Negers – einer hochinteressanten Kreuzung in Reinkultur – und des afrikanischen Negers. Roquette-Pintos Studien enthüllen eine erstaunliche Ungleichheit, die vielleicht eine Folge von Peristase ist, zwischen den beiden Typen: Bei uns ist der brachyzephale Typ vorherrschend, in Afrika der dolichozephale. Auch gibt es Unterschiede im Nasenindex. Die brasilianischen Melanodermen haben flachere Nasen, welche mehr denen der Bastardtypen aus Südafrika und von den Philippinen gleichen. Sie differenzieren sich dadurch von dem Großteil der Neger.

Roquette-Pinto schreibt den anderen Nasenindex dem Umstand zu, daß wirklich reine Neger in Brasilien selten sind. Was den brachyzephalen Typ angeht, so glaubt er, daß dieser wohl eine »lokale Eigenart ist, die sehr wahrscheinlich auf alte Kreuzungen zurückzuführen ist«. Er unterläßt es jedoch nicht, auch die Möglichkeit einer Angleichung (Davenport) oder eines Einflusses von Peristase (Boas) in Betracht zu ziehen.

Interessant ist ferner die von Prof. Roquette-Pinto festgestellte Tatsache, daß brasilianische Mulatten größenmäßig »in der Nähe der kleinsten Weißen« rangieren, während in den Vereinigten Staaten, welche offenbar größere Schübe hochgewachsener Sudanesen erhielten, die Mulatten durchschnittlich von mittlerer Größe sind. Es kann aber auch sein, daß die brasilianischen Neger kleiner geworden sind aus diätischen Gründen, denn Kost und Ernährung des brasilianischen Negers sind von der des nordamerikanischen natürlich verschieden. Oder es kann einfach an den Kreuzungen mit den Weißen liegen, welche in Nordamerika besser ernährt sind.

In einem 1895 veröffentlichten Werk weist Sá Oliveira auf verschiedene bei Individuen der Negerrasse beobachtete Einwirkungen hin, die durch die neuen Lebensumstände – wir würden heute sagen: wirtschaftliche Verhältnisse – ihrer häuslichen Arbeit und Fron in Brasilien, erst als Sklaven und dann als Parias, verursacht wurden. Zum Beispiel: Bei ihrer langstündigen täglichen Feldarbeit mußten die Negerfrauen ihre Kleinkinder, auf dem Rücken festgebunden, immer mitschleppen. Eine afrikanische Sitte, aber dort nur auf Reisen oder einen kleinen Teil des Tages. Das Resultat war, »ihr Nachwuchs bekam später krumme Beine, die so gebogen waren, daß sie eine längliche Ellipse formten«. Da fast alle von ihnen gezwungen waren, landwirtschaftlichen oder häuslichen Arbeiten nachzugehen, betteten sie ihre Kleinen in eine Wiege, auf eine Matte oder in die Hängematte und ließen sie den ganzen Tag allein dort liegen. Was nach Sá Oliveiras Meinung zur Folge hatte, daß viele Neger und Mulatten in Brasilien anzutreffen sind, deren »okzipitaler Teil wie bei den Afrikanern über die Schädelbasis hinausragt, während er bei anderen flach und der Hinterschädel irgendwie verkümmert erscheint«. Dies ist das Resultat von dem fast ganztägigen ständigen und gleichen Druck auf den Hinterkopf.

F. A. Brandão jr. erzählt von einem Plantagenbesitzer in Maranhão, der seine weiblichen Sklaven zwang, ihre Brustkinder während der Arbeit in dem Tejupabo zu lassen, wo diese in Erdgruben, halb eingegraben, gesteckt wurden. Die Idee war offenbar, die Kinder unbeweglich zu machen, um so zu verhindern, daß sie davonkrabbelten und sich in Wald, Wiesen, Hof oder Ställen verirrten. Ich könnte mir vorstellen, daß diese Gepflogenheit auch auf anderen Pflanzungen üblich war. Jedoch war sie sicher – selbst in Maranhão, das besonders für Grausamkeiten gegen die Neger bekannt war – nicht allgemein verbreitet. Wäre diese Praxis die Regel gewesen, dann würde sie eine weitere Ursache für körperliche Deformierungen der Negersklaven und ihrer Nachkommen geworden sein. Durch die Umstände ihrer wirtschaftlichen Verhältnisse sowie die Gegebenheiten und Auswüchse des auf den brasilianischen Plantagen herrschenden Arbeitssystems wurden die Neger ohnehin oft genug in physischer, moralischer und eugenischer Hinsicht geschädigt. Andererseits sollte nicht unerwähnt bleiben, daß die Negerfrauen in Brasilien soweit wie möglich an gewissen alten Sitten festhielten, die ihnen heilig waren, Sitten, welche verlangten, die Kinder absichtlich zu deformieren, wie z. B. das »Kopfkneten«. Diese Sitten wurden in den Sklavenhütten lebendig gehalten und schlichen sich sogar zuweilen in die Herrenhäuser ein, denn manche Negeramme der weißen Kinder waltete dort fast vollkommen nach ihrem Gutdünken.

Ein hochinteressanter Aspekt der Beziehung von Herren zu Sklaven in Brasilien ist – insonderheit bei der Sklavin als des Kindes Amme – die Hygiene. Die Gewohnheit, das Kind einer Amme zu übergeben, stammt schon aus Portugal, wo wohlhabende Mütter ihre Kinder nicht selbst zu nähren pflegten, sondern sie dem Busen einer Bauersfrau oder einer Sklavin anvertrauten. Die Studien Júlio Dantas aus dem Portugal des XVIII. Jahrhunderts enthalten folgende Feststellung: »Fast immer wird die kostbare Muttermilch ersetzt von der Milch der geschäftstüchtigen Ammen.« Er hält dies für eine Zeiterscheinung. Bezüglich Brasiliens wäre es jedoch absurd, den offensichtlichen Mangel an mütterlicher Hingabe bei den vornehmen Damen als Modelaune zu deklarieren. Bei diesen Damen handelt es sich um ihre körperliche Unfähigkeit, dieser ersten der Mutterpflichten nachzukommen. Bekanntlich wurden sie zu jung verheiratet, so daß es manchen einfach physisch unmöglich war, Mütter im vollen Sinne des Wortes zu werden. Einmal verheiratet, folgte eine Schwangerschaft auf die andere, ständig kamen Kinder. Es war eine schmerzerfüllte fortgesetzte Anstrengung, die Art zu vermehren. Viele Kinder wurden tot geboren – »Engelchen«, die sofort in himmelblauen Särgen beerdigt wurden. Andere entgingen dem Tod nur durch ein Wunder. In jedem Fall aber wurde aus der Mutter ein menschliches Wrack.

Unsere Urväter waren fast durchweg fleißige Erzeuger und manchmal fürchterliche Satyrn, denen ein Muttergottes-Amulett vom Halse hing und auf die behaarte Brust baumelte. Diesen unersättlichen Kerlen, für die es ein seltsamer sinnlicher Kitzel war, kleine Mädchen zu heiraten, war selten die Freude beschieden, dieselbe Frau bis in ihr Alter hinein zu behalten. Denn die Frauen, obwohl sie viel jünger als ihre Männer waren, starben früh, worauf der Witwer eine jüngere Schwester seiner ersten Gemahlin oder eine ihrer Cousinen heiratete. Unsere Großväter und Urgroßväter waren richtige Blaubarts. In jenen Zeiten gab es viele Pflanzer, Generalkapitäne von Provinzen, Latifundienbesitzer, Barone und Grafen des Kaiserreiches, welche drei- und viermal heirateten und eine zahlreiche Nachkommenschaft hinterließen. Letztere wird geradezu stolz in den Testamenten und auf Gräbern und Grabsteinen in den alten Friedhöfen und Grabstätten der Plantagenkapellen erwähnt. Demnach wurde die Vermehrung der Arten nur auf Kosten schwerer Opfer seitens der Frauen erreicht. Sie waren die wahren Märtyrer des Fortpflanzungswillens, der rasch ihre Jugend verzehrte und bald dann auch ihr Leben nahm.

Diesen Umständen also – und nicht einer Mode – muß man die bedeutende Stellung der Amme in unserem Familienleben zuschreiben, der Sklavenamme, die aus dem Sklavenquartier in das Herrenhaus befohlen worden war, um den schwächlichen fünfzehnjährigen Müttern beim Aufziehen der Kinder beizustehen. Imbert bemerkt, die weißen Damen litten in Brasilien, abgesehen vom vorzeitigen Mutterwerden, besonders unter »der ständigen Einwirkung des tropischen Klimas«, das »ihre Lebenskraft erschöpft« und »das Nervensystem angreift«, während die Negerammen mit einer »für das Leben in heißen Gegenden geeigneten körperlichen Konstitution begabt sind. Solche klimatischen Bedingungen sind sogar ihrer Gesundheit förderlich, und sie entwickeln unter diesen eine Stillfähigkeit, wie sie weißen Frauen in diesen Zonen versagt bleibt, weil sich ihre Konstitution nicht so harmonisch den extremen Temperaturen der äquatorialen Zonen anzupassen vermag.« Die Beobachtung stimmt mit der von Bates überein, der die Melancholie des Indianers und des Weißen in den Tropen der ausgelassenen Fröhlichkeit, Lebhaftigkeit und blendenden Gesundheit des Negers gegenüberstellt. Das von Imbert erwähnte größere Nährvermögen der Brust der schwarzen Frau im Vergleich zur weißen ist nicht ganz von der Hand zu weisen. In Brasilien wissen wir jedenfalls aus Erfahrung: Die Negerin ist als Amme nicht zu übertreffen.

Der Hauptgrund aber für die größere Lebenskraft der Negerinnen dürfte in ihrer besseren rassischen Veranlagung zu suchen sein, welche mehr soziale als klimatische Gründe hat. Im Portugal des XVII. und XVIII. Jahrhunderts wurden sich die Meister der »Kunst, Kinder zu pflegen und aufzuziehen«, nicht einig über die bestgeeignete Haarfarbe von Ammen, was nebenbei beweist, daß die Ärzte das Problem »Blond oder Braun« schon beschäftigte, lange bevor »Talentsucher« ausgeschickt wurden, um – nach ästhetischen Gesichtspunkten – Tanzgirls für Revuetheater in Paris und New York zu rekrutieren. Dr. Francisco da Fonseca Henriques – eine große medizinische Kapazität im Portugal des XVIII. Jahrhunderts – war gegen dunkel- und braunhaarige Frauen und empfahl Blonde. Der Autor der *Polyanthea* hingegen war sehr für Brünette. Er behauptete: »Außer, daß sie vollblütiger sind, sind sie auch besser imstande, Nahrung in Blut und Milch umzusetzen, genau wie Erde, welche auch je schwärzer, je fruchtbarer ist.«

Die Ratschläge des Verfassers der *Polyanthea* hätten den Portugiesen von Amerika gefallen, denn sie waren aus verschiedenen Gründen geneigt, ihre Kinder an der Brust von Negersklavinnen oder Mulattinnen nähren zu lassen. So wie die aufrechtstehenden Brüste einer gesunden Frau (Negerin) ist die Farbe des besten Ackerbodens der Kolonie: Massapé und dunkelrote Erde. Neger- und Mulattenammen empfahlen sich jedoch nicht nur wegen ihrer besseren Milchproduktion, sie erfüllten noch andere von den vielen Bedingungen, die von den portugiesischen Hygienikern zu Zeit Dom Joãos V. zusammengestellt worden waren. Eine von diesen waren gesunde weiße Zähne. Unter den weißen Damen fand sich selten eine mit guten Zähnen, und solche waren, nach den Chroniken, Anekdoten und Überlieferungen der Kolonialzeit zu urteilen, vielfach Hauptgründe für Eifersucht und Rivalität zwischen Senhoras und Mucamas. Eine andere Bedingung war, sie durften nicht Erstgebärende sein. Eine weitere, sie durften keine Hautentzündungen haben. Und schließlich mußten sie Mütter von gesunden und kräftigen Kindern sein.

In seinem *Ärztlichen Ratgeber* beginnt J. B. A. Imbert das heikle Problem der Ammen in etwas geschraubten Wendungen zu behandeln: »Die Brüste sollten angemessen entwickelt sein, nicht prall, nicht schlaff, die Warzen nicht zu spitz, nicht zu stumpf, sondern den Lippen des Kindes angepaßt.« Imbert findet es auch angemessen, daß die Ammen Sklavinnen sein sollten, denn er hält es für unzutreffend, daß »brasilianische Mütter, die noch sehr jung sind, im allgemeinen die Strapazen einer längeren Stillzeit ohne großen Schaden für die eigene Gesundheit sowie die der Kinder überstehen können«. Er empfiehlt hingegen den Damen angelegentlich, die schwarzen Ammen immer zu überwachen.

Die Plantagenbesitzer hatten allen Grund, um die vorgeburtliche und Kindeshygiene im Herrenhaus wie im Sklavenquartier besorgt zu sein. Manches Negerkind starb wegen der Unwissenheit seiner Mutter. Der Verfasser des Werkes *Handbuch des Pflanzers oder häuslicher Ratgeber für Krankheiten der Neger* unterrichtet uns, daß »die Negerfrauen die Nabelschnur gewöhnlich sehr weit vom Nabel weg abschneiden und mehr und mehr der schädlichen Sitte frönen, Pfeffer darauf zu streuen und sie mit Rizinusöl und anderen Reizmitteln einzureiben. Danach drücken diese pervertierten Wesen dem Kind den Bauch, bis es fast erstickt. Diese barbarische Sitte schneidet vielen, vielen Kindern den Lebensfaden ab und trägt auch bei zu den Nabelentzündungen, die in Brasilien unter dem Namen Sieben-Tage-Krankheit bekannt sind.« Außerdem haben die Negerfrauen in den Sklavenhütten, »gleich nach der Geburt des Kindes, die Gewohnheit ..., dessen Kopf zu kneten, um ihm eine schönere Form zu geben; und ohne an die zarten Verdauungsorgane der Neugeborenen zu denken, geben sie ihren Kindern wenige Tage nach der Geburt dasselbe grobe Essen, das sie selbst zu essen pflegen«. Vor Praktiken dieser Art waren die weißen Mütter auf der Hut; sie suchten nicht nur zu verhindern, daß diese rohen Gebräuche ihren Weg ins Herrenhaus fanden, sondern unterbanden auch deren Ausbreitung in den Sklavenhütten. Schließlich, wie Imbert sagt: »Die Negerfrauen, welche gebären . . ., vergrößern das Kapital ihrer Herren . . .« Die Kindersterblichkeit in den Sklavenquartieren bedeutete einen ernst zu nehmenden Kapitalschwund.

Imbert war ziemlich intolerant gegen alles, was bei der Kinder- und Krankenpflege unwissenschaftlich war. Er wollte nichts hören von irgendwelchen Hausmitteln, Elixieren, Salben und Pomaden afrikanischer Medizinmänner gegen Beulen, Geschwüre, Juckreiz, Gelbsucht, Rose, Rötung von Leib, Hüften und Hinterteil der Babys (infolge unregelmäßigen Windelwechsels), Mundfäule, Grind, Pocken, Masern, Bandwurm und dergleichen mehr. Es verwundert daher um so mehr, ihn ein unfehlbares Mittel gegen Bettnässen empfehlen zu hören: gegrilltes Fleisch und ein kleines Schlückchen guten Weines oder natürlich »Furcht, Strafandrohung«. »Die Strafandrohung und die Furcht haben manchmal eine sehr gute Wirkung, besonders, wenn die Ursache der Bettnässerei Faulheit oder schlechte Angewohnheit ist . . .« Zwischen Ärzten und Medizinmännern gab es also in der zweiten Hälfte des vorigen Jahrhunderts noch gar keine so großen Unterschiede.

Im kolonialen Brasilien und in der Kaiserzeit wurde von afrikanischen Sklaven, die als Barbiere und Zahnzieher auftraten, die Kunst des Aderlasses praktiziert, und Negerinnen übten neben ebenso unwissenden weißen Frauen und Caboclas das Handwerk von Hebammen aus und wurden Comadres genannt. Neben der Geburtshilfe behandelten diese Comadres auch Frauenkrankheiten mit Zauberei, Besprechungen und Beschwörungen. Die Häuser, in denen sie wohnten, hatten ein weißes Kreuz an der Tür, und wenn sie beruflich unterwegs waren, trugen sie lange Mäntel oder kapuzenähnliche Schals und »unter ihren Mantillas Liebesbriefe, Liebeszauber und Liebestränke«. Viele hatten auch bei sich »die Ergebnisse der illegalen und verbrecherischen Tätigkeiten, zu denen sich ihr Beruf hergab und die sie bedenkenlos ausübten, um dann diese auf der Straße oder in stillen Winkeln auszusetzen«.

Die unwissenden brasilianischen Mütter früherer Tage, unerfahrene Mädchen, die sie waren, fanden bei den Comadres wohl nicht die rechte Beratung. Man findet indessen keine Anzeichen dafür, daß diese Hebammen und afrikanischen Zauberdoktoren aus der Kolonialzeit die

Schmutzereien und Heucheleien der offiziell anerkannten europäischen Medizin des XVI., XVII. und XVIII. Jahrhunderts etwa übertrafen.

Kein anderer als der Doyen der medizinischen Literatur Brasiliens, Dr. Joam Ferreyra da Rosa, ein Arzt aus dem XVII. Jahrhundert, verschrieb seinen Patienten, »Pulver von verbrannten Krebsen in Citronella-Wasser zu trinken«. Ferner empfahl er ihnen, »in den Achselhöhlen ... Auripigmentpaste« oder »Gummiarabikum« und für »Harnzwang« »Blasengegend, Harnröhre und Leib« mit Kopaiva-Öl einzureiben. Für die Pest, welche Ende des XVII. Jahrhunderts in Pernambuco wütete, machte er die Sterne verantwortlich: »Die Luft kann ... Fäulnis oder ansteckende Partikel von den Sternen enthalten.« Oder aber sie kann eine gerechte Strafe Gottes sein, »weil wir so schlecht sind und uns nicht bessern«. Die Bevölkerung solle die Pest mit Feuern bekämpfen, »aromatische Sachen« verbrennen und »aromatische Früchte in der Hand« tragen. Dies aus den Schriften von Ferreyra da Rosa, der beileibe kein Quacksalber war, sondern einer der fortschrittlichsten Ärzte seiner Zeit, und welcher seine Heilmittel und Rezepte »nicht nach Erfahrung, sondern nach Methode und Vernunft« verschrieb.

Fonseca Henriques, ein berühmter Kinderarzt in Portugal, ließ sich noch im XVIII. Jahrhundert in seiner Praxis von den Sternen leiten. Wer seine berühmte *Delphische Antwort auf die Rufe der menschlichen Natur* öffnet, wird auf die feierlichen Worte über den Mond stoßen: »Sein Licht schadet den Kleinen.« Kleider und Windeln der Kinder durfte man nicht im Mondlicht liegenlassen. Kinder, welche bei der Geburt laut schrien, wurden später gesund und kräftig, »besonders solche, die mit einem runzligen Scrotum geboren werden«.

In den *Observações Doutrinárias* von Curvo Semedo stieß Luis Edmundo auf Rezepte, die denen afrikanischer und indianischer Medizinmänner verzweifelt ähnlich sehen, und in einer gewissen *Pharmacopéa Ulysiponense* von João Vigier fand er noch ekelhaftere. In Portugal allgemein übliche Hausmittel, die sich auf Brasilien übertrugen, waren Tees oder Tränke mit Ingredienzien wie Bettwanzen und Rattenküttel gegen Darmverstimmungen, ein Kasuarschnabel zum Auflösen von Gallensteinen, Menschen- oder Eselurin, verbrannte Haare, pulverisierter Hundedreck, Haut, Knochen und Fleisch von Kröten, Eidechsen, Krebsen usw.

Eine medizinische Wissenschaft, welche durch den Mund ihrer seriösesten Vertreter ihren Patienten derartige Übelkeit erregende Mittel verschrieb, konnte wohl kaum den Anspruch erheben, über die Heilkunst

Herrenhaus in Pombal (Pernambuco), in dem lange Zeit der Visconde de Suaçuna wohnte

der Afrikaner und Indianer erhaben zu sein. Tatsache ist, daß die offiziell anerkannte Medizin von den von ihr so verachteten Medizinmännern wertvolles Wissen und eine Reihe von Heilmitteln annahm, wie Quinin, Kokain, Ipecacuanha. Ich glaube, ich gehe nicht fehl in der Annahme, daß im kolonialen Brasilien Ärzte, Hebammen, Hexenmeister und blutabzapfende Sklaven mit ziemlich gleichen Quoten an den hohen Sterblichkeitsziffern, besonders der Kinder und Mütter, beteiligt waren. Jedenfalls haben sie es fertiggebracht, die Menschenproduktion in jenen Zeiten ungefähr auf die Hälfte zu senken, und zwar in Herrenhäusern wie in Sklavenhütten.

Daß die Kindersterblichkeit unter der Indianerbevölkerung vom XVI. Jahrhundert an enorm anstieg, wurde bereits erwähnt. Sie war eine verständliche Folge des störenden und unhygienischen Kontaktes mit den Eroberern. Auch die Sterblichkeit der Kinder aus den Herrenhäusern war groß, denn die Kindeshygiene war eines der Gebiete, auf dem es den Europäern besonders schwerfiel, sich den Erfordernissen des tropischen Amerika anzupassen. Sie brachten aus der Heimat feste und starre Begriffe mit, wie man sich die Gesundheit erhalten müsse. Sie hatten zum Beispiel eine abergläubische Abscheu vor dem Baden und vor frischer Luft. Das waren Vorstellungen, die schon in gemäßigtem Klima den Kindern schadeten, in den Tropen aber oft ihren Tod bedeuteten. Man braucht sich nur im Vergleich dazu die Behandlung der Kinder bei den Caboclos anzusehen, und es wird einem gleich einleuchten, daß die Methode der Eingeborenen weit besser war. Zu dieser Einsicht gelangte auch der Franzose Jean de Léry, der kein Arzt war, sondern einfach ein vernünftiger Mensch.

Die Kindeshygiene der Eingeborenen und Afrikaner – Befreiung des Kindes von schweren Kleidern und erstickenden Windeln – wurde den Europäern von den indianischen oder Negersklavinnen beigebracht, aber nur ganz allmählich und nach großen Opfern menschlichen Lebens.

Nieuhof hebt die hohe Kindersterblichkeit in den ersten Jahrhunderten der Kolonisation hervor, aber er hat Verstand genug, dafür nicht so sehr das Klima oder die afrikanische Amme verantwortlich zu machen als vielmehr die falsche Diät. Fernandes Gama wiederholt praktisch Nieuhofs Worte, wenn er schreibt, daß »die portugiesischen Frauen zuerst sehr wenig Kinder aufgezogen haben« und daß »zwei Drittel von ihnen kurz nach der Geburt starben«. Weiter erzählt er: »Die Töchter dieser Frauen, wenn sie am Leben blieben, paßten selbst später die Pflege ihrer

Kinder dem Klima an, indem sie bei diesen die schwere Bekleidung wegließen, die Sitte aufgaben, die Köpfe der Babys zu vermummen, und sich angewöhnten, sie lauwarm zu baden. Von ihnen hörte man keine Klagen mehr, daß das Klima so mörderisch für Neugeborene sei.«

Die Kindersterblichkeit in Brasilien ging allerdings in der zweiten Hälfte des XVI. Jahrhunderts etwas zurück, aber sie blieb dennoch alarmierend groß. Im XVIII. Jahrhundert befaßte sich Dr. Bernardino Antônio Gomes damit, und im XIX. Jahrhundert war sie eines der Probleme, das die Hygieniker des zweiten Kaiserreiches am meisten beunruhigte. Sigaud, Paula Cândido, Imbert und der Baron von Lavradio beschäftigten sich damit, bis 1887 José Maria Teixeira darüber eine wirklich bemerkenswerte Abhandlung schrieb, die *Ursachen der Kindersterblichkeit in Rio de Janeiro.*

Auf der Tagung der Medizinischen Akademie vom 18. Juni 1846 wurde das Thema unter folgenden Überschriften zur Diskussion und Debatte gestellt:

1. Welche Ursache hat die hohe Kindersterblichkeit in den ersten Lebensjahren? Ist die Gewohnheit, Kinder von wenig sorgfältig ausgesuchten Sklavinnen stillen zu lassen, als eine der Hauptursachen anzusehen?

2. Welches sind die häufigsten Kinderkrankheiten? –

Die Akademiearchive enthalten wohl kaum Material von höherem sozialem Interesse als die Protokolle dieser denkwürdigen Tagung.

Die verschiedensten Meinungen wurden laut. Dr. Reis bemängelte speziell Sitte und Unsitte zu schweren Essens, ungeeigneter Kleidung und des Nährens der Säuglinge durch Ammen, welch letzteres ihm als besonders schädlich für die Gesundheit der brasilianischen Kinder erschien, nicht zuletzt wegen der ansteckenden Krankheiten der afrikanischen Ammen als Träger von Syphilis, Bubo und Skrofulose. Dr. Rêgo dagegen gab die Schuld an der großen Kindersterblichkeit in Brasilien nicht so sehr den Sklavenammen und der Kinderkleidung als vielmehr dem Brauch, die Kleinen nackend herumlaufen zu lassen. Er wies ferner auf einen anderen wichtigen Faktor hin: mangelhafte medizinische Maßnahmen zur Bekämpfung der Krankheiten. Dann erhob sich Dr. Paula Cândido, um die Gefahr zu betonen, die darin lag, daß man die Sklavenammen zu leichtfertig und ohne vorherige Untersuchung auswählte, und erwähnte u. a. schlechte Zähne und Würmer. Noch viele Ärzte und Hygieniker meldeten sich zu Wort. Dr. De Simone befaßte sich ebenfalls mit den Ammen und der falschen Ernährung. Dr. Jobim machte seine Zuhörer auf die gesundheitsschädigenden Wirkungen der »Feuchtigkeit der Wohnungen« aufmerksam. Dr. Feital sprach von der ungeeigneten Kost. Dr. Nunes Garcia bestätigte dieses Argument und warnte dabei vor dem Stillen der Kinder durch Ammen. Dr. Lallemant entgegnete ihm darauf, daß nach seinen Beobachtungen brasilianische Kinder besser ernährt würden als europäische. Als letzter Referent machte schließlich Dr. Marinho Luftfeuchtigkeit, radikale Temperaturschwankungen, Bekleidung, vorzeitiges Füttern und die Negerammen für die Kindersterblichkeit in Brasilien verantwortlich.

Im Jahre 1847 veröffentlichte Baron von Lavradio im Journal der Kaiserlichen Akademie eine Artikelserie unter dem Titel *Betrachtungen über die Ursachen der Kindersterblichkeit in Rio de Janeiro und über die in den ersten sechs bis sieben Monaten des Lebens am häufigsten auftretenden Krankheiten.* Er behandelt darin das Thema erschöpfend und kommt zu dem Schluß, daß die Hauptursachen folgende sind: falsche Behandlung der Nabelschnur, ungesunde Kleidung, zu geringe Beachtung im Anfangsstadium von Krankheiten weiblicher Sklaven und älterer Kinder, zu üppige, unzureichende oder ungeeignete Kost und die Vernachlässigung von Säuglingskrankheiten im ersten Stadium, die dazu führt, erst zum Arzt zu gehen, wenn Gastroenteritis, Hepatitis und Mesenterialtuberkulose bei den Kindern schon so weit fortgeschritten sind, daß sie nicht mehr gerettet werden können.

Nun nahm man in der patriarchalischen Familie den Verlust eines Kindes nicht so schwer wie heutzutage. Es würden schon noch andere kommen. Das »Engelchen« war in den Himmel zurückgegangen, weiter nichts. Der liebe Gott, der ja so viele Engel brauchte, hatte es zu sich gerufen. Oder vielleicht war es auch der böse Blick? Jedenfalls war man machtlos dagegen. Möglicherweise war es Hexerei und Zauberei. Dagegen halfen nur Amulette, Alligatorzähne, Gebete und Beschwörungen.

Dr. Teixeira erzählt, daß er häufig von den Eltern die Worte hörte: »Der Tod eines Kindes ist ein Segen Gottes.« Tatsache ist, daß die »Engel«-Begräbnisse noch das ganze XIX. Jahrhundert hindurch anhielten. Manche wurden in himmelblauen oder roten Särgen beerdigt. Ihre kleinen Körper wurden karminrot angestrichen, wie es Ewbank in Rio de Janeiro beobachten konnte. Die ganz Armen trug man auf einem mit Blumen geschmückten Brett zu Grabe oder sogar in einer großen Pappschachtel, die früher Männerhemden enthalten hatte.

Daß in den Tagen der Sklaverei so viele Kinder in Brasilien sterben mußten, hatte soziale Gründe, die Dr. José Maria Teixeira mit kritischem Scharfsinn aufgedeckt hat. Er schrieb die große Sterblichkeit hauptsächlich dem Wirtschaftssystem der Sklaverei zu oder, genauer, den sozialen Bräuchen, die sich aus diesem System ergaben: mangelnde körperliche, moralische und geistige Schulung der Mütter, Altersunterschiede der Ehepartner und Häufigkeit unehelicher Geburten. Er hätte anfügen sollen: falsche Diät, Stillen durch Sklavinnen, die oft in hygienischer Hinsicht nicht einwandfrei waren, und syphilitische Eltern und Ammen. Offensichtlich wurden die Resultate dieser Einflüsse von vielen für Folgen des Klimas gehalten. Luccock bemerkte im Anfang des XIX. Jahrhunderts in Brasilien eine »augenscheinlich große Gleichgültigkeit gegenüber dem Wohlbefinden der Kinder, ihrem Leben und Tod«.

Die Kinder jener Tage wurden von zahlreichen Krankheiten befallen: »Sieben-Tage-Krankheit« (Nabelentzündung), Grind, Räude, Flechten, milchiger Schorf, Masern, Windpocken, Würmer. Diese Übel wurden mit Klistieren, Abführmitteln, Blutegeln, Aderlässen, Brechmitteln und Senfpflaster bekämpft. Sicher haben viele dieser Heilmittel und Prophylaktika einen fatalen Ausgang der Krankheiten insofern verhindert, als sie dem »Engelchen« schon vorher zur Reise in den Himmel verhalfen.

Einige Chronisten behaupten, daß viele weiße Kinder durch ihr Zusammensein mit den Negerjungen deren üble Gewohnheit, Erde zu essen, angenommen hätten. Diese Unsitte stammt von den Tagen der Indianer her und hat im kolonialen Brasilien manchem Sklaven den Tod gebracht. Koster schreibt: »Eine der Arten, wie diese Unseligen versuchen, sich selbst zu vernichten, ist, Erde und Kalk zu essen. Seltsam ist nur, daß auch schon Afrikaner und Kreolenburschen und ebensohäufig freigelassene Kinder und Sklaven diese Gewohnheit angenommen haben. Diese Sitte wird nicht als Übel, sondern als Laster angesehen, das die, welche die Aufsicht über die Kinder haben, durch Wachsamkeit bekämpfen können, ohne die Medizin in Anspruch zu nehmen. Ich habe mich in verschiedenen Fällen davon überzeugen können, daß, ohne Inanspruchnahme ärztlicher Behandlung, die Kinder durch Bestrafung und Überwachung davon kuriert wurden. Aus Unterhaltungen über dieses Thema erfuhr ich, daß viele freie Personen dieses Laster bei eigenen oder Nachbarskindern beobachtet hatten, und immer hielten sie es nur für eine schlechte Gewohnheit. Unter Erwachsenen hingegen ist es bei den Sklaven weiter verbreitet als bei freien Personen.«

Es scheint, daß Koster nicht Gelegenheit hatte, zu sehen, wie dem Laster ergebene farbige Kinder und Burschen sowie auch weiße Kinder davon geheilt wurden, indem man ihnen Blechmasken anlegte. Auch kannte er wohl nicht die Methode der Lianenkiepe: In einem Riesenkorb wurde der betreffende Neger mit einem Seilzug zum Firstbalken bis hoch unters Dach gezogen und dort in schwebender Quarantäne gehalten. Das Ende des Seiles befestigte man an einem Ring am Türpfosten. Die schaukelnden Lazarette konnte man auf den Plantagen im Norden noch bis zur Mitte des XIX. Jahrhunderts antreffen. Faelante da Câmara hat sie als Kind noch gesehen: »Der Patient wurde in einem Lazarett oder Krankenzimmer eigener Art isoliert, in dem es ihm ganz unmöglich war, dem abscheulichen Laster der Geophagie zu frönen.« Der Sklave, welcher so in seinem Korb hoch über dem Boden baumelte, »mußte eine Quarantänezeit von vielen Tagen aushalten, während deren man ihm Jaracatiá-Milch (Jaracatiá = Pflanze aus der Caricazeen-Familie, auch ›Dschungelpapaya‹ genannt) zu trinken gab, um die Blutarmut zu bekämpfen, und ein kräftiges Essen wurde ihm zu festgesetzten Zeiten mit einer Stange hinaufgereicht, falls keine verläßliche Vertrauensperson zugegen war, die ein Herablassen des Korbes beaufsichtigen konnte«.

Es scheint, daß die Kinder jener Zeiten ihre Leiden im zarten Alter – Krankheiten, Strafen für Bettnässen, monatliche Abführkuren – schnell vergaßen, denn sie wurden im Alter von fünf bis zehn Jahren zu wahren kleinen Teufeln. Kinderspiele und Zeitvertreib zeigen, wie schon erwähnt, ausgesprochen sadistische Tendenzen. Und es war nicht allein der Sohn des Pflanzers, welcher »Kutscher« spielte, Vögel mordete und seinen kleinen schwarzen Spielkameraden quälte, die Kinder in den Städten gaben ihm nichts nach.

Selbst beim Kreisel-Spiel und beim »Drachen-steigen-Lassen« fand der kleine Junge aus dem Herrenhaus einen Weg, um seinem Sadismus Luft zu machen. Spiele wie »Das-Ende-Abraspeln« oder »Den-Papagei-Fressen«, den Papagei (Drachen) des anderen nämlich, sind heute noch im Norden verbreitet. In dem Schwanz des Drachens wurde zu diesem Zweck ein scharfer Glassplitter oder Flaschenscherben befestigt. Auch die Spiele im Salon zeigten sadistische Neigungen. So das »Zwick-mich«-Spiel, welches bei den brasilianischen Kindern im XVIII. und XIX. Jahrhundert sehr beliebt war. Da es den Jungen gute Gelegenheit bot, ihre kleinen Cousinen und Sklaven nach Herzenslust zu kneifen, ist die Beliebtheit dieses rohen Zeitvertreibs nicht verwunderlich:

»Ein, zwei kleine Angolinchen,
Tretet auf ein kleines Stachelinchen.
Sag an, was soll ich machen?
Mach' oder spiel' ich ein'n Kapaun?
Kapaun, Kapaun, Kapäunchen!
Es sind schon ihrer zwanzig.
Du mußt jetzt dein Füßchen heben,
Es mit deinen Händen packen,
Daß ich kann dich richtig zwacken ...«

Und der, auf welchen die letzte Zeile »Daß ich kann dich richtig zwakken« des Auszählverses traf, wurde dann nach Kräften gekniffen. D. h., die Sklavenkinder kniffen nur schüchtern, aber die weißen Kinder um so schmerzhafter. Aber das Schlimmste kam erst, wenn alle anderen Kinder über das eine unglückliche herfielen, es zu Boden warfen und, während sie es dort knufften und pufften, lauthals sangen:

»Nun geht's bing-bang-bong,
Immer nur bing-bang-bong.
Haut ihn, daß die Fetzen fliegen!
Dörrfleisch mit Bohnen woll'n wir kriegen!«

Man kann sich vorstellen, was die kleinen Sklavenjungen und -mädchen bei diesem Spiel aushalten mußten. In dieser Hinsicht ist eines der von mir gesammelten Dokumente aus der Zeit des Sklavenregimes, und zwar das von Leopoldo Lins, sehr aufschlußreich.

Bei einem anderen Spiel, »Kneif-das-Küken«, geht es ähnlich zu; es beginnt mit Kneifen und endet mit Schlägen, wie sie die Aufseher den armen Sklaven zu geben pflegten. Und bezüglich des Spiels »Peia queimada« (heißer Riemen) ist es sehr gut denkbar, daß mit diesem Riemen oft die Auspeitschungen entlaufener Sklaven, das »Gebt's-dem-schwarzen-Teufel« imitiert wurde, so wie bei dem »Pferd-und-Wagen«-Spiel Guajave-Gerten die Kutschpeitsche ersetzten.

»Und was«, fragt Pater Lopes Gama mit Bezug auf die Nachkommenschaft der Pflanzer, »sind die Söhne dieser Faulpelze wert? Viele von ihnen lernen nicht einmal lesen und schreiben ... Die Unmenschlichkeiten und Greueltaten, die sie von Jugend auf an den unglücklichen Sklaven begehen sehen, machen sie gegen die Leiden ihrer Nächsten unempfindlich . . . Wie soll denn auch in den Herzen von uns Brasilianern ein menschliches Mitgefühl aufkommen, wenn wir von dem Augenblick an, da wir die Augen öffnen, nichts anderes sehen als die grausame Unterscheidung zwischen Herren und Sklaven und daran gewöhnt werden, daß Mitmenschen von uns wegen der geringsten Verfehlung, ja oft ohne jeden Grund, der Rücken mit Peitschenhieben zerfleischt wird? Wie sollten wir wissen, was Anstand ist, wenn wir sehen müssen, daß ein Sklavenmädchen sich auszieht oder wir ihr die Kleider vom Leibe reißen lassen, damit sie ausgepeitscht werden kann?« Der gleiche Schulmeister sagt in einer seiner kritischen Betrachtungen über brasilianische Sitten am Anfang des XIX. Jahrhunderts: »Kaum fangen wir an zu denken, sehen wir schon einerseits den Mangel an Zartgefühl, die Schamlosigkeit, Sittenlosigkeit oder Unbotmäßigkeit der Sklaven und auf der anderen Seite, wie roh man sie behandelt, die Schläge und Auspeitschungen, welche sie fast täglich von unseren erwachsenen Angehörigen erhalten, obgleich diese unglücklichen Geschöpfe wohl nur körperlichen Schmerz und selten eine moralische Regung dabei empfinden. Und was anderes können wir bei alledem werden als roh, starrsinnig und hochmütig?« Der Visconde von Taunay, der fast so weich und sanft wie ein Mädchen war, bekennt in seinen Erinnerungen, daß er als Kind ein Vergnügen daran fand, Negerjungen zu quälen. Und in einem der Romane von Machado de Assis, der ein sehr feiner Beobachter des gesellschaftlichen Lebens im Brasilien der Kaiserzeit war, porträtiert dieser den Typ eines sadistischen Kindes, das – stets umgeben von wehrlosen Sklaven, die unterwürfig jeder seiner Launen gefällig sind – durch die sozialen Bedingungen seiner Erziehung pervertiert ist. Es gibt wohl keinen Brasilianer aus den oberen Klassen, welcher, selbst wenn er geboren und aufgezogen wurde, nachdem die Sklaverei offiziell aufgehoben war, nicht eine Seelenverwandtschaft mit dem jungen Brás Cubas fühlt wegen dessen teuflischer Vorliebe, Neger zu quälen. (Brás Cubas = Titelheld eines bekannten Romans von Machado de Assis.) Das morbide Vergnügen, Untergebene und Tiere schlecht zu behandeln, ist uns angeboren und charakteristisch für jeden brasilianischen Jungen, der mit dem Einfluß des Sklavensystems in Berührung gekommen ist. »Schon mit fünf Jahren machte ich meinem Spitznamen ›Kleiner Teufel‹ Ehre«, bekennt der Held der *Nachgelassenen Aufzeichnungen des Brás Cubas.* »Zum Beispiel schlug ich einmal einer Sklavin ein Loch in den Kopf, weil sie mir keine Kostprobe von einem Kokosnuß-Dessert geben wollte, das sie gerade machte. Ich war aber mit dieser

Untat noch nicht zufrieden und warf auch noch schnell eine Handvoll Asche in den Topf. Und selbst dies schien mir noch unzureichend, so daß ich zu meiner Mutter lief und ihr sagte, das Mädchen habe die Süßspeise ›aus Gemeinheit‹ verdorben. – Damals war ich gerade sechs Jahre alt. – Auf Prudêncio, einem schwarzen Hausboy, ritt ich jeden Tag. Er mußte die Hände auf den Boden stützen, sich von mir eine Schnur als Zügel durch den Mund ziehen lassen, und dann kletterte ich mit einer Gerte in der Hand auf seinen Rücken und zog ihm kräftig welche über, viele, viele Male – links und rechts –, und er gehorchte – er stöhnte zwar manchmal, aber er gehorchte ohne einen Mucks –, ein ›oh, kleiner Herr!‹ brachte er höchstens mal hervor, worauf ich ihn anschrie: ›Halt 's Maul, Bestie!‹ – Besuchern die Hüte verstecken, ehrbare Persönlichkeiten mit Papierkügelchen bewerfen, ihnen die Perücken hinterrücks abreißen, Matronen in den Arm zwicken und derlei Schabernack mehr waren Zeichen meiner rebellischen Veranlagung, aber man ließ mich gewähren und meinte, darin zeige sich mein starker Charakter. Mein Vater tadelte mich zwar hin und wieder vor den Erwachsenen, doch war das reine Formsache; wenn wir allein waren, küßte er mich.«

Daß die Eltern diese Dummheiten und Gemeinheiten duldeten, ja ihre Sprößlinge bei deren Flegeleien noch ermunterten, war etwas, was Pater Lopes Gama weder verstehen noch verzeihen konnte. Er konnte nicht begreifen, daß sie ihre Kinder wie junge Katzen auf dem Dach aufwachsen ließen, ihnen erlaubten, herumzustreunen, mit Steinen zu werfen oder den Kreisel zu schlagen »zusammen mit den schmutzigsten und verkommensten Straßenbengels«. Er spricht hier von den Städten und Vororten. »In unserem Hinterland (mit wenigen löblichen Ausnahmen) ist die Erziehung der Jugend beklagenswert. Dort ist das erste, was man einem Jungen zum Spielen gibt, ein Messer mit scharfer Spitze. So wie zur Ritterzeit die Eltern ihre Söhnchen, kaum konnten sie laufen, als höfische Pagen anzogen und die Frommen ihre Kinder mit Ordensmänteln bekleideten, so stecken unsere Hinterwäldler ihren jungen Knappen, kaum daß sie die ersten Hosen anziehen, Dolche zu.« Mit Bezug auf die Art und Weise, wie Pflanzer ihre Söhne erziehen, äußert sich der gleiche Autor: »Der Junge dort ist ein grausamer Verfolger unschuldiger kleiner Vögel; er holt ihre Jungen aus den Nestern, und wenn er auch noch kein Gewehr handhaben kann, so wird er doch dafür als sicherer Schütze gelobt. Schon in früher Kindheit werden diese Jungen auf perverse Art und Weise an Blut, Mord und Grausamkeit gewöhnt, und so töten sie aus purem Vergnügen kleine harmlose Tiere, die uns erfreuen und die wie wir das Werk des Schöpfers preisen. – Das heißt, meiner bescheidenen Meinung nach, die jungen Herzen zu Barbarei und Unmenschlichkeit erziehen. Von den Spielgefährten, die fast nur Sklaven sind, lernen die Jungen eine rohe und lasterhafte Sprechweise sowie rüpelhafte Manieren, und nicht wenige nehmen auch die schreckliche Gewohnheit an, Erde zu essen.«

Die Herrensöhne hatten noch andere Laster, die vielleicht teilweise klimabedingt waren, jedoch in der Hauptsache aus den Lebensbedingungen des Sklavensystems erklärt werden müssen. Sie verfielen vorzeitig sadistischen und bestialischen Formen des Sexualtriebes. Ihre ersten Opfer waren die Sklavenjungen und die Haustiere, doch bald kam dann die große Orgie des Fleisches, das Neger- und Mulattenmädchen. Es war dies ein Sumpf, in dem viele unersättliche Jünglinge rettungslos versanken.

Soll man aber die schwarzen Frauen für das frühreife und zügellose Sexualleben der brasilianischen Jungen verantwortlich machen? Mit der gleichen Logik müßte man dann auch die Haustiere, die Bananenstengel, die Wassermelone, die Mandacarú-Frucht, deren schleimiges klebriges Fleisch fast menschlichem gleicht, beschuldigen, denn all dies sind Objekte, an denen der brasilianische kleine Junge seine sexuelle Frühreife ausließ – und noch heute ausläßt.

In einem Traktat *Allgemeiner Überblick über Pernambuco im Jahre 1817* berichtet der unbekannte Verfasser von der »großen Sinnlichkeit« der Plantagenneger, erinnert aber daran, daß diese ermuntert wurde »von den Herren, die darauf aus waren, ihre Herden zu vermehren«. Es ist keineswegs abwegig, wenn man aus diesem und anderen Berichten folgert, daß unsere Vorfahren, von ihrer Gewinnsucht als Sklavenhalter beherrscht, ein Auge zudrückten und es ihnen nicht unsympathisch war, wenn ihre Söhne in der beschriebenen Weise vorzeitig für ihre Fortpflanzungsmission trainierten, und daß sie den jungen Hengsten solche Übungen sogar erleichterten. Ländliche Überlieferungen wollen von Müttern wissen, welche unbekümmert um die Moral ihren schüchternen und unberührten Söhnen junge Neger- und Mulattenmädchen in die Arme drückten, von welchen sie annehmen durften, daß diese die offensichtliche Frigidität und sexuelle Gleichgültigkeit der Jungen zu kurieren in der Lage waren.

Kein Herrenhaus der Sklavenzeit wünschte weibische Söhne oder altjüngferliche Töchter zu haben. Wo in den volkstümlichen Liedern der alten Zucker- und Kaffeeregionen von unberührter Jugend die Rede ist, werden eventuell vorkommende wohlerzogene zimperliche Jünglinge immer in Spottversen lächerlich gemacht. Vor einem Burschen, der den Mädchen möglichst schon als Junge nachstellte, hatte man Hochachtung. Ein Schürzenjäger und Mädchenschänder, würden wir heute sagen, der ohne Federlesens die Negermädchen nahm, um die Herde und damit das väterliche Kapital zu vergrößern, war ein Held.

Wenn dies also der Standpunkt im Herrenhaus war, warum erzählt man dann, die Negerin sei verantwortlich gewesen für die frühreife Unzucht des Herrensohnes auf den Plantagen in patriarchalischen Zeiten? Alles, was sie tat, war, daß sie in sklavischer Ergebenheit seiner Geilheit insofern entgegenkam, als sie auf sein Verlangen ihre Beine spreizte. Denn was er wünschte, war für sie Befehl. Brasilianische Publizisten, selbst Wissenschaftler, die sich mit dem Thema der Sklaverei befaßten, waren immer schnell bei der Hand, den schlechten Einfluß der Neger- und Mulattenfrauen zu übertreiben und sie zu Verführerinnen der Herrensöhne zu stempeln. »Sie haben die weibliche und männliche Jugend verdorben«, schreibt F. P. do Amaral. Und Burlamaqui behauptet, sie hätten »die Moral der Herrensöhne korrumpiert«. Von jenen Mulattenmädchen sprechend, denen es gelang, freigelassen zu werden, sagt Antonil, daß sie ihre Freiheit bezahlt hätten mit Mitteln, die »selten aus anderen Quellen kamen als aus ihrem eigenen Körper, d. h. mit wiederholten Sünden, mit denen sie auch nach ihrer Freilassung viele verdarben«. In einer Mitteilung an die Medizinische Gesellschaft von Paris bemerkt Prof. Moniz de Aragão, daß er die »große Anzahl« von ansteckenden Geschwüren an den Geschlechtsteilen von brasilianischen Negern und Mestizen für eine Folge der »hemmungslosen affenmäßigen Sinnlichkeit« der Neger- und Mulattenfrauen hält. Er steht mit dieser Ansicht keineswegs vereinzelt da: Nina Rodrigues glaubte auch, die Mulattin sei abnorm sexuell überhitzt.

Eine subtilere Art von Diskriminierung bringt im XVIII. Jahrhundert Vilhena an: »Die Negerinnen und auch der größere Teil der Mulattinnen, denen der Begriff Ehre Schimäre ist und nichts bedeutet, sind gemeinhin die ersten, welche die jungen Herren frühzeitig verderben, indem sie ihnen den ersten Unterricht in Lasterhaftigkeit erteilen, der sie selbst von Kindheit an verfallen sind. Die Folgen sind ein ganzer Haufen von kleinen Mulatten, welche später einen sehr schädlichen Einfluß auf die Familie ausüben.« Indessen fügt er hinzu: »Es kommt jedoch oft vor, daß die alten Herren, wie sie zum Unterschied von den jüngeren Herren genannt werden, durch ihren eigenen Umgang mit den weiblichen Sklaven ihren Familien als Beispiel vorangehen ...« Sexuell überhitzt waren also eher diese Herren und nicht die passiven Frauen aus den Sklavenhütten. Aber auch sie sind nicht allein verantwortlich zu machen; das Wirtschaftssystem der Monokultur und die Sklaverei in heimlichem Bund mit dem Klima schufen die Atmosphäre eines Sexualrausches, wobei Wirtschaftssystem und Sozialstruktur einflußreicher waren als das Klima.

»Les jeunes Brésiliens«, schrieb Alp. Rendu, *»sont souvent pervertis presque au sortir de l'enfance.«* Dies schien ihm zum Teil eine Folge des Klimas zu sein: *»la chaleur du climat hâte le moment de la puberté«*, doch hauptsächlich von sozialen Gründen im Zusammenhang mit dem Wirtschaftssystem verursacht: *»les désirs excités par une éducation vicieuse et le mélange des sexes souvent provoqués par les négresses«*. Niemand bestreitet, daß die Neger- und Mulattenfrau an der frühen Verderbtheit des weißen Jungen der sklavenbesitzenden Klasse beteiligt war, aber sie selbst darf dafür nicht verantwortlich gemacht werden, noch trifft die Schuld ihre Rasse oder ihr Mischblut; diese ist eine Folge des Wirtschafts- und Familiensystems, des brasilianischen patriarchalischen Systems.

Pater Lopes Gama sagt von den Plantagenknaben seiner Zeit: »Kaum sind sie mannbar geworden, lassen sie auch schon ihren schweinischsten Wünschen die Zügel schießen, sie sind wie Deckhengste ...« Wenn diese jungen Deckhengste gerade nicht als solche funktionierten, dann befaßten sie sich mit Roßtäuschen, feilschten um Ochsen oder spielten im Zuckeraufbereitungsschuppen Karten. Dies jedoch – es soll noch einmal betont werden – nach einer Kindheit, die ausgefüllt war von Verstopfungen, Klistieren, Darmwürmern und Krankenlagern, einer Säuglingszeit voller Verhätschelung durch Mucama und Mutter, morgendlicher Waschungen durch die Negerin, Liebkosung und Verwöhnung, Neckereien der Mulattin, zufriedenen Saugens an der schwarzen Brust manchmal noch über das Säuglingsalter hinaus, Pfannkuchen und Maniokspezialitäten, mit denen die schwarzen fetten Hände der Ammen sie fütterten, dem angenehmen Lausen und Kratzen der Mulattin, wenn es juckte und biß, und Nickerchen im weichen Schoß des farbigen Hausmädchens.

Diese Verhätschelung wurde manchmal über die Kindheit hinaus verlängert, und Mütter und Mucamas zogen sich mehr oder weniger verzärtelte, weibische Jungen heran, die verweichlicht waren und keine Lust

Herrenhaus der Plantage Santa Rosa in Campos (Rio de Janeiro)

hatten, zu reiten oder sich mit den Negerbengels herumzubalgen. Sie hatten Angst, allein zu schlafen, und krochen zur Mucama ins Feldbett. Sie blieben immer im Haus, spielten Priester und Taufe oder beschäftigten sich mit den Puppen ihrer Schwester. Pater Gama kannte einige solcher Jungen, die »immer fest vermummt« sind und von allen Seiten behütet werden durch »Vorsichtsmaßnahmen gegen Sonne, Regen, Tau und alles mögliche, so daß die Armen eine schwächliche Gesundheit bekommen, sich beim geringsten Luftzug erkälten, von einem bißchen Sonne Fieber kriegen und dauernd von irgend etwas Magenverstimmung haben. Jeder Spaziergang ist für sie zu anstrengend und erschöpft sie.« Mancher Junge bekam daher zwangsläufig von all dieser Verzärtelung seitens der Mütter und Negerfrauen eine ungesunde Gesichtsfarbe und wurde genauso bleich und fahl wie seine ständig in geschlossenen Räumen lebende Mutter und Schwester. Andererseits gab es auch im Herrenhaus aufgezogene schwarze Babys aus den Sklavenhütten, die mit der gleichen Zärtlichkeit verwöhnt wurden. Vertrocknete Jungfern oder unfruchtbare Frauen, denen eigene Kinder versagt waren, nahmen mitunter ein Neger- oder Mulattenkind zu sich und überschütteten es mit übertriebener Mutterliebe. Von einem dieser privilegierten Kinder erzählt Pater Gama: »Der Junge macht alles kaputt, was er in die Hände bekommt, und alles, was er tut, ist ›süß‹. Er ist jetzt sieben oder acht Jahre alt, aber er kann nicht zu Bett gebracht werden, ehe er nicht vorher im Schoß seiner Yayá in den Schlaf gewiegt worden ist. Diese muß ihn dabei auf den Knien schaukeln und mit einer ganzen Serie von monotonen Liedchen und Balladen vom Kapitän Frigideira einlullen ... Ich kenne eine respektable alte Sibylle, welche ein Negermädchen aufzieht, das mittlerweile vierzehn Jahre alt sein muß. Dieses Mädchen geht nie schlafen, ohne vorher auf den Schoß ihrer dicken Yayá zu klettern. Diese krault dann dem Kind den schwarzen Wollschopf – der fettig von Pomade ist – und dreht dem Herzchen aus den Säumen seines Kleidchens Schnullerchen, damit es daran nuckeln kann, bis es einschläft. Das alles ist nur Unsauberkeit und schlechte Erziehung.« Der Schulmeister erzählt noch halb im Ernst, halb im Scherz von einem anderen Fall von weißen Jungen aus einer guten Familie, welche, bevor sie zu Bett gingen, sich an dem Geruch ihrer eigenen Achselhöhlen zu berauschen pflegten; eine Perversität, die sie offenbar als Säuglinge an der Brust ihrer Amme gelernt hatten.

Vilhena verwunderte sich über die große Zahl von Neger- und Mulattenkindern, welche in den Herrenhäusern »mit übergroßer Liebe« aufgezogen wurden. In einem Brief aus Bahía schrieb er: »Es herrscht hier eine große Vorliebe, Neger und Mulatten im Hause zu halten. Wenn einer im Hause geboren wird, verläßt er es vor seinem Tode nicht mehr. Es gibt viele Familien, deren Häuser sechzig, siebzig und mehr überflüssige Personen bergen. Ich spreche hier von der Stadt, denn auf dem Lande wäre derartiges ja nicht verwunderlich.«

Auch Maria Graham fielen die schwarzen Kinder in den Herrenhäusern auf, und zwar auf den Zuckerplantagen Südbrasiliens, die sie besuchte. Eine dieser Plantagen war die der Afonsos und gehörte der Marcos-Vieira-Familie. Es war ein schöner Besitz mit 200 Ochsen und 170 Sklaven für die Feldarbeit, der 3000 Arrobas (ca. 48 Tonnen) Zucker und 70 Faß Branntwein brachte. Hier sah Mrs. Graham Kinder jeden Alters und aller Farbschattierungen, welche im Hause aßen und spielten und genauso zärtlich behandelt wurden, als seien sie Familienmitglieder.

Die übertriebene Verhätschelung der kleinen Weißen und Braunen seitens der Frauen sowie im anderen Extrem die den weißen Jungen gelassene Freiheit, sich mit den Negermädchen in den Scheunen herumzudrücken und sie zu entjungfern, Sklavinnen zu nehmen oder Tiere zu mißbrauchen, waren Erscheinungen, welche jene Kindererziehung zwangsläufig mit sich brachte und welche wahrscheinlich untrennbar zum Sklavereisystem gehörte, in dessen Schatten die brasilianische Gesellschaftsform entstand. Die auf solche Weise entstandenen Laster waren es – nicht das Klima oder die zweifelhaften Effekte der Rassenvermischung auf den Sexualtrieb des Mestizen –, welche zur vorzeitigen Entwicklung des Sexuallebens bei den brasilianischen Jungen führten. Der Einfluß des Klimas soll jedoch nicht bestritten werden, denn im brasilianischen Hinterland, das frei von den Einflüssen der Sklaverei mit Neger- und Mulattenfrauen blieb, ist die Jugend gleicherweise frühreif. Die Jungen mißbrauchen auch hier schon frühzeitig Tiere, Wassermelonen und Mandacarús in pervertierter Befriedigung ihrer Triebe. Unberührt sind sie nur in bezug auf Frauen und stehen lediglich in dieser Hinsicht über den Plantagenjungen.

Gewisse Charakterzüge des Bewohners des Hinterlandes zeigen diesen enthaltsam. Es sind dies ein gewisses gewohnheitsmäßiges Mißtrauen in seiner Haltung, das Air, welches ein Seminarist sein ganzes Leben hindurch behält, eine außerordentliche körperliche Widerstandskraft, seine quijoteske hagere Gestalt, die stark kontrastiert zu den runderen, weicheren Formen der Bewohner der fruchtbaren Ebenen und Küstenzonen, und sein unverdorbenes Blut, das erst jetzt anfängt, durch Syphilis und andere Geschlechtskrankheiten vergiftet zu werden. All diese Eigenheiten hängen sehr wesentlich damit zusammen, daß der Bewohner des Innern, speziell der aus den weit von den Städten und Viehmärkten entfernten Gebieten, bis vor kurzem Frauen sehr spät und meist erst durch die Heirat kennenlernte. Gustavo Barroso schreibt in einer Studie über das Hinterland des Nordostens, daß dort allgemein zwanzigjährige junge Burschen noch unberührt sind, was in den Ebenen oder an der Küste zu Spott und Witzen Anlaß gäbe. Der direkte Einfluß der Sklaverei macht sich also in den letztgenannten Gebieten bemerkbar, während das Hinterland davon nur indirekt und schwach berührt wurde. Dieser Gegensatz auf sexuellem Gebiet – ein Kontrast, welcher für die Statistiker mit Umfragen unter den Studenten und Oberschülern beider Zonen hochinteressant wäre – hat erst in den letzten Jahren angefangen, geringer zu werden. Unberührte Jünglinge über Zwanzig werden langsam selten im Hinterland, und die Syphilis macht Fortschritte. José Américo de Almeida meint, die Bordelle von Itabaiana und die berühmten sechshundert Freudenmädchen von Campina Grande – »zwei Kontaktzentren der Leute aus dem Innern mit Neulingen aus Recife und Paraíba« – seien verantwortlich für die im Hinterland von Paraíba neuerlich rasch sich verbreitende Syphilis.

Wäre das Klima die Hauptursache für die Sinnlichkeit der Brasilianer, dann würde diese sich bei den Bewohnern des Hinterlandes, der Flußniederungen und der Küstenzonen gleichzeitig entwickelt haben und nicht bei den ersteren dreihundert Jahre später. Seien wir Modernen doch nicht naiver als ein Vilhena des XVIII. Jahrhunderts, der in einem seiner Briefe aus Bahía jene Eltern kritisiert, welche, während sie selbst dazu beitragen, »ihren eigenen Söhnen die Unschuld zu rauben«, steif und fest darauf bestehen, die Hitze sei schuld »an gewissen Seitensprüngen, welche nichts weiter als das Ergebnis ihrer eigenen Erziehungsmethoden sind«.

Wenn man zudem die Moral oder besser die sozialen Folgen der Monokultur und des Sklavensystems beim brasilianischen Volk mit dem Einfluß des gleichen Systems auf Völker anderer Rassen unter unterschiedlichen Bedingungen von Klima und Umwelt vergleicht – auf den Antillen und den Südstaaten von Nordamerika zum Beispiel –, wird das Übergewicht von wirtschaftlichen und sozialen Ursachen – die Produktionstechnik der Sklavenwirtschaft und der durch das Patriarchat bedingte Familientyp – gegenüber den rassischen und klimatischen Einflüssen zur Gewißheit.

Im Süden der Vereinigten Staaten entwickelte sich vom XVII. bis zum XVIII. Jahrhundert ein Typ einer aristokratischen Grundbesitzerfamilie, der dem Familientyp in Nordbrasilien vor der Sklavenbefreiung ähnlicher war als dem der puritanischen Bourgeoisie in dem anderen Teil Nordamerikas. Letzterer war zwar auch angelsächsischen Ursprungs, hatte sich aber unter anderen wirtschaftlichen Bedingungen entwickelt. Die Südstaatler waren fast dieselben Landedelleute wie in Brasilien – chevaleresk in ihrer Art, stolz auf Sklaven- und Landbesitz, legitime Söhne und braune Bastarde zeugend, ihren Amouren mit Mulattenmädchen nachgehend, kartenspielend und sich für Hahnenkämpfe begeisternd. Sie heirateten Fünfzehn- oder Sechzehnjährige, befehdeten sich gegenseitig wegen Besitzrechtsfragen, fielen im Duell für eine Frau und betranken sich mit Rum auf den großen Festen, deren Tafeln unter der Last der von den *»old mammies«* gebratenen Truthähne mit Reis, den Aspiks, Puddings, Schmorbraten, eingemachten Birnen und Maiskuchen fast brachen.

Im Süden der Vereinigten Staaten und in Kuba ertrugen Kind und Frau das gleiche unheilvolle Geschick wie auf den Zuckerplantagen und sonstwo in Brasilien, wo es weniger auf das »Klima« oder die »affenartige afrikanische Geilheit« als auf das Wirtschafts- und Patriarchalsystem zurückgeht. Nur daß hierzulande die Jungen von den Plantagen frühreifer als die des Hinterlandes in Erfahrung mit Frauen waren. Auf diesem Gebiet waren auch die Jungen aus dem Süden der USA ihren Altersgenossen aus dem Norden überlegen. Calhoun berichtet von einem Geschäftsmann aus den Südstaaten, der in New York, nach einem Besuch auf der Plantage seines Bruders, Freunden erzählte, die Haussklaven seines Bruders wären alle geschlechtskrank und die Söhne des Pflanzers ständen hinter ihnen nicht zurück in jener Hinsicht. *»I told him he might as well have them educated in a brothel at once.«* Calhoun zitiert auch die interessante Feststellung eines alten Sklavenhalters aus Alabama, der meinte, auf seiner Pflanzung *»every young man ... became addicted to fornication at an early age«*. Das gleiche gilt von den brasilianischen Pflanzungen.

Die Negerfrauen hatten es nicht nötig, sich lüstern an den jungen Weißen zu reiben, denn letztere waren – wie die brasilianischen Herren-

Herrenhaus in Pombal mit Wappen der Viscondes de Suaçuna

söhne – zu Deckhengsten erzogen worden, und den farbigen Mädchen hatte man eingebleut, daß sie nur »reproduktive Bäuche« seien. Calhoun sagt: *»Slave women were taught that it was their duty to have a child once a year, and that it mattered little who was the father.«* Wie in Brasilien und Portugal korrumpierte das gleiche wirtschaftliche Interesse der Herren an der Vermehrung der Sklavenherde auch die Familie im Süden der Vereinigten Staaten. Es gibt Reiseberichte von dort mit Anekdoten aus der Sklavenzeit, die ebensogut aus Brasilien stammen könnten. Natürlich gab es dort wie hier solche, die Ursache und Wirkung verwechselten und die Negerin mit ihren *»strong sex instincts«* sowie besonders die Mulattin, *»the lascivious hybrid woman«*, für die Verderbtheit der weißen Jungen verantwortlich machte. Bei uns hielt, wie erwähnt, Nina Rodrigues die Mulattin für ein abnorm sexuell überhitztes Wesen, und sogar der sonst kühl urteilende José Veríssimo schrieb über die brasilianische Mestizin, sie wirke »zersetzend auf unsere körperliche und sittliche Lebenskraft«. Mit anderen Worten, wir sind ganz unschuldig, aber sie, diese Teufel, zersetzen unsere Moral und zerstören unsere Körper.

Dabei waren wir die Sadisten, das aktive Element bei der Verderbnis des Familienlebens; die Sklavenjungen und Mulattenmädchen verhielten sich passiv. Und letzten Endes war weder der Weiße noch der Neger, nicht die Rasse und nicht das Klima, bestimmend für das sexuelle und menschliche Verhältnis zwischen Herren und Sklaven in Brasilien. Dieses Verhältnis war der Ausdruck des Geistes eines Wirtschaftssystems, das uns wie ein mächtiger Gott aufteilte in Sklavenhalter und Sklaven. Diesem System verdanken wie die übertriebene Neigung zum Sadismus, die für den im Herrenhaus geborenen und erzogenen Brasilianer – besonders den von einer Zuckerplantage – so charakteristisch ist und auf welche ich in diesem Kapitel immer wieder hingewiesen habe.

Man stelle sich ein Land vor, in dem Kinder mit zweischneidigen Jagdmessern bewaffnet sind! So war es in Brasilien der Sklavenzeit. In seiner *Histoire des Indes Orientales* sagt Monsieur Souchu de Rennefort, der im XVII. Jahrhundert Brasilien besuchte: *»Tous les habitants de ce Pays jusques aux enfants, ne marchent point en campagne, qu'ils ne portent de grands couteaux nuds, trenchans des deux côtez ...«* Der französische Autor glaubte, das allgemeine Tragen eines Jagdmessers wäre notwendig, damit Kinder wie Erwachsene sich gegen Giftschlangen verteidigen könnten: *»pour couper ces serpens nommez cobreveados ...«* Sie töteten leider nicht nur Schlangen, sie erstachen mit diesen Messern auch Männer und Frauen.

Das Messertragen ist eine Gewohnheit aus den ersten Tagen der Kolonialzeit. Damals mußten Kinder und Erwachsene ständig auf plötzliche Überfälle von Indianern und reißenden Tieren gefaßt sein. Daraus entwickelte sich bei den Kindern der Kolonialzeit eine gewisse Altklugheit, denn sie waren von klein auf gewohnt, Ängste und Sorgen der Erwachsenen zu teilen. Sie lernten auch, deren Freuden zu teilen, und diese bestanden in erster Linie in sexuellen Vergnügungen.

Alle Reisenden, welche unser Land im XIX. Jahrhundert besuchten, fiel unweigerlich ein putziges Detail an der brasilianischen Lebensart auf: die Tatsache, daß kleine Jungen von neun oder zehn Jahren sich wie kleine Herren gaben. Sie wurden dazu erzogen, sich wie Erwachsene zu benehmen. Mit sorgfältig gekämmtem Haar, zuweilen à la Jesuskind frisiert, steifem Kragen, langen Hosen, schwarzem Anzug, schwarzen Schuhen stolzierten sie feierlich mit sorgenvoller Miene einher, als nähmen sie an einem Begräbnis teil.

Kleine Teufel waren sie nämlich nur bis zum zehnten Lebensjahr. Von da an wurden sie junge Herren, kleideten sich wie Erwachsene und frönten den Lastern von Männern. Ihre Sorge war, sich so schnell wie möglich die Syphilis zu holen, um jene ehrenvollen Narben aus den Kämpfen mit der vulgären Venus vorweisen zu können, mit denen die Brasilianer zum Entsetzen von Spix und Martius so gern prahlten.

Dr. Rendu, ein französischer Arzt, welcher Brasilien in den ersten Jahren des XIX. Jahrhunderts aufsuchte, wunderte sich nicht wenig über die Frühreife dieser Herrchen und fand sie einfach grotesk. In seinen *Études Topographiques, Médicales et Agronomiques sur le Brésil* bemerkt er darüber: »*A sept ans le jeune Brésilien a déjà la gravité d'un adulte; il se promène majestueusement, une badine à la main, fier d'une toilette qui le fait plutôt ressembler aux marionettes de nos foires qu'à un être humain.*« Einige zwanzig Jahre später sollte Fletcher über den kleinen Brasilianer um die Jahrhundertmitte schreiben: »*He is made a little old man before he is twelve years of age, – having his stiff black silk-hat, standing collar, and cane; in the city he walks along as if everybody were looking at him, and as if he were encased in corsets. He does not run, or jump, or play hoops, or throw stones as boys in Europe and North America.*«

Das Brasilien unserer Groß- und Urgroßväter war ein sozusagen kinderloses Land. Siebenjährige Stöpsel wußten die Namen der europäischen Hauptstädte herzusagen, nannten die »drei Feinde der Seele«, konnten addieren, subtrahieren, multiplizieren und dividieren, lateinische Deklinationen herunterrasseln und auf französisch deklamieren. Wir können sie uns in ihren Kommunionsanzügen gut vorstellen: schwarzer Überrock, schwarze Stiefel oder Halbschuhe, wobei das fahle Gelb ihres blutarmen Aussehens von der Trauerkleidung seltsam pathetisch abstach. Bei dieser feierlichen Gelegenheit wurden die Kinder zu Jünglingen.

Luccock fiel Anfang des XIX. Jahrhunderts bei kleineren Jungen die fehlende Fröhlichkeit und bei größeren der Mangel an Lebhaftigkeit auf. Sie waren, so schien ihm, zu melancholischen Marionetten erzogen worden und hatten jede Spontaneität verloren. Im Hause bemerkte er, daß Kinder bis zu fünf Jahren wie die Negerbrut nackend herumliefen, aber später wurden sie mit feierlichen und schweren Kleidern behängt, um sie als Söhne des Hauses von den Muleques der Sklavenhütten zu unterscheiden. Man kleidete sie wie Erwachsene.

Mit einer Knabenschule, die er in Rio de Janeiro besichtigte, verband der englische Beobachter für immer traurige Erinnerungen. Er sah dort die Kinder in festverschlossenen stickigen Räumen sitzen und laut im Chor ihre Lektion ablesen. Luccock lernte in Rio noch eine von Patres geleitete Schule kennen, das São-José-Seminar. Hier beobachtete er Gruppen von Seminaristen während der Pause. Alle trugen scharlachrote Soutanen, und manche von ihnen hatten eine Tonsur. Die meisten waren noch Kinder, und er konnte bei ihnen keinerlei geistiges Interesse oder intellektuelle Wißbegierde entdecken. Sie hatten nicht einmal gute Manieren. »Sie glotzen uns blöde an«, sagt Luccock, und außerdem schienen sie ihm nicht allzu sauber zu sein. Stumpfe Augen und sicherlich schlechte Zähne hatten sie. Der Unterricht kam ihm religiös beschränkt vor, weil die Lehrer wohl wenig Ahnung von exakten Wissenschaften hatten. Zur gleichen Zeit jedoch drückte der berühmte Bischof Azeredo Coutinho dem Seminar von Olinda einen Stempel auf, der einen ganz anderen Eindruck erweckte als den, welchen der Engländer von São José erhielt.

Bis in die Mitte des XIX. Jahrhunderts, als die ersten Eisenbahnen gebaut wurden, pflegte man auf den Plantagen die Kinder daheim unterrichten zu lassen, und zwar durch den Kaplan oder einen Privatlehrer. Die Herrenhäuser hatten alle ein Schulzimmer und viele auch einen dunklen Karzer für jene faulen Burschen, die ihre Lektion wieder nicht gelernt hatten. Oft saßen die Negerkinder des Herrenhauses mit den weißen Kindern zusammen auf der Schulbank, und alle lernten gemeinsam lesen und schreiben, addieren und beten. Manchmal wuchsen weiße und schwarze Kinder auch ohne Schule auf und blieben gleich unwissend.

Während der ersten zweihundert Jahre waren die Jesuitenschulen und später die Schulen und Seminare der Priester die Hauptzentren der Verbreitung brasilianischer Kolonialkultur. Diese Institute streckten ihre Fühler bis in die Urwälder des Hinterlandes aus. Die ersten Missionare, die sich halbnackt durch den Urwald kämpften, stießen auf Normannen- und Portugiesenabkömmlinge, deren Kinder fast weißhäutig waren, und sie gingen daran, diese kleinen Wilden in ihre Erziehungsstätten aufzunehmen. Die Patres des XVI. und XVII. Jahrhunderts sammelten um sich schon eine recht bunte Kinderschar: von den Eltern requirierte kleine Caboclos, Normannensöhne aus den Wäldern, Portugiesenkinder, Mamelucos und Waisen aus Lissabon. Blonde, sommersprossige, hellbraune, dunkelbraune Kinder, alle durcheinander.

Nur Neger waren offenbar in den ersten Jesuitenschulen nicht erwünscht, Neger und sehr dunkle Mulatten. Denn im XVII. Jahrhundert mußte der König erst ein Machtwort zugunsten der »Pardos« sprechen, welches eine Ehre für die portugiesische Kultur darstellt und gleichzeitig ein sehr schlechtes Licht auf das Christentum der Jesuiten wirft. Es ist nur bedauerlich, daß das so bedeutungsvolle Dokument die ganze Zeit unveröffentlicht geblieben ist.

»Wohledler Marquis von Minas und Freund«, schrieb Seine Majestät im Jahre 1686 an den Vertreter der Krone in Brasilien, »Wir, Euer König, schicken Euch unsere wohlgeneigten Grüße, deren Ihr würdig seid. Die jungen Pardos in Eurer Stadt betreffend, hat man uns hier zur Kenntnis gebracht, daß, wenngleich selbige seit vielen Jahren berechtigt sind, an den öffentlichen Schulen des Kollegiums der Geistlichen von der Gesellschaft zu studieren, solche neuerlich von jenen ausgeschlossen und ihnen der Zutritt zu denselben verwehrt wird, dessenungeachtet sie an den Schulen von Evora und von Coimbra zugelassen werden, ohne daß die Farbe der Pardos ihnen ein Hindernis wäre. Man hat Uns derowegen bewogen, solchen Geistlichen zu befehlen, jene in ihren Schulen in Eurem Staat wieder aufzunehmen, wie sie aufgenommen werden in den anderen Unseres Reiches. Und es gefällt Uns, Euch den Auftrag zu geben (welches Wir hiermit tun), daß Ihr veranlaßt, die Patres der Gesellschaft zu unterrichten, sie seien verpflichtet, in den Schulen dieses Staates zu lehren, und wir beschweren mit allem Nachdruck, verpflichtet, diese Knaben allein wegen der Beschaffenheit ihrer Pardo-Haut nicht abzuweisen, alldieweil die Lehranstalten der Wissenschaften gleicherweise Gemeingut sind und ohne jedwelche Ausnahme allen Arten von Personen dienen sollen. Geschrieben zu Lissabon am 20. November des Jahres 1686. Der König.«

»Denn die Schulen der Wissenschaften sollen ohne jedwelche Ausnahme Gemeingut sein und allen Arten von Personen offenstehen.« Fast glaubt man, seinen Ohren nicht trauen zu können, wenn diese Stimme aus dem fernen XVII. Jahrhundert zu uns herüberdringt. Jene, die Portugal beschuldigen, es habe Brasilien immer wie ein Land von Strauchdieben, Bastarden, Curibocas, Negern und Indianern behandelt, sollten sie sich gut merken. Zum Beispiel haben wir da die demagogische Einstellung von Luís Edmundo in seinem Werk *Rio de Janeiro zur Zeit der Vizekönige.* Hierin versucht der brillante Belletrist zu behaupten, legale Ehen seien im kolonialen Brasilien selten gewesen – weil jene Konkubinate und lockeren Liebesverhältnisse üblich waren, die Burton in der Mitte des XIX. Jahrhunderts in Minas Gerais noch häufig antraf – und für diese Zustände sei am meisten verantwortlich gewesen »das Vorurteil vieler Portugiesen gegen die Eingeborenen des Landes, ein Vorurteil, das dem portugiesischen Recht entstammte, nach welchem jene, die Verbindungen mit den abscheulichen sogenannten Caboclos eingingen, als Zweitrangige verachtet wurden«. Nun, ich glaube nicht, daß die Häufigkeit der Konkubinate dem erwähnten Vorurteil zugeschrieben werden kann, denn das hieße ja, hie Portugiesen, hie Brasilianer. Und die »Mazombos«, die sich hier mit Caboclas und schwarzen Frauen vereinten, hatten sicher die gleichen Gründe für die Vermeidung einer legalen Ehe wie die weißen Brasilianer späterer Zeiten. Viele nahmen sich, statt zu heiraten, Negerinnen von Minas oder Mulattinnen zu Geliebten. Es waren nicht Vorurteile des Mutterlandes gegen die Kolonie, nicht einmal der Weißen gegen farbige Frauen, sondern Vorurteile der Herren gegen ihre weiblichen Sklaven und gegen Töchter von Sklaven. Was das portugiesische Recht angeht, das jene, die sich mit Caboclas verbanden, eine Stufe herabsetzen soll, so möchte ich wissen, wann je portugiesische und brasilianische Verordnungen zu Papier gebracht wurden, damit sie buchstabengetreu befolgt werden? Portugiesische Gesetze haben auch Mauren- oder Negerblut bei Priestern verboten, und wie Pandiá Calógeras versichert, wurden sie sogar befolgt, denn die Priesterschaft Brasiliens bildete eine Art geschlossene, rein weiße Aristokratie; und vielleicht war sie das auch bis zum XVIII. Jahrhundert. Jedoch haben glaubwürdige ausländische Beobachter – Koster und Walsh zum Beispiel – nachgewiesen, daß es trotzdem Priester mit negroidem Einschlag, sogar einige sehr dunkle Neger unter ihnen gab, jedenfalls im XIX. Jahrhundert. Einer jener Priester, den Walsh das Hochamt zelebrieren sah, war so dunkel, daß seine *»jet-black visage«* auffallend von den weißen Spitzen seines Ornates abstach. Nebenbei fiel dem Engländer auf, daß seine Gesten feierlicher waren als jene der weißen Priester.

Um dem Gesetz »Verrucht die Portugiesen, welche sich mit Caboclas verbinden« ein anderes gegenüberzustellen, soll das von dem Marquis von Pombal proklamierte erwähnt werden, welches genau das Gegenteil bestimmt. Es wurde ausdrücklich zu dem Zweck erlassen, Heiraten mit

Indianerfrauen zu fördern. Es gibt genug Tadelnswertes an der Politik des portugiesischen Kolonisators, so daß man, will man ihn unverzeihlicher Fehler beschuldigen, wirklich nicht seine Einbildungskraft zu überanstrengen und aus dem schmiegsamsten und biegsamsten aller Europäer einen eifernden Fanatiker zu machen braucht, der von rassischem Dünkel beherrscht ist. Dieses Vorurteil ist in Portugal fremder als bei anderen Nationen, und portugiesische Gouverneure Brasiliens, welche hart und intolerant waren – nicht gegen Indianer, aber wohl gegen Neger –, gab es selten. Eine intolerante Haltung zeigte der achte Vizekönig, Marquis von Lavradio, der mit Dekret vom 6. August 1771 einen Indianer seines Postens als Generalkapitän enthob, da dieser eine Negerin geheiratet und so »sein Blut beschmutzt und sich seines Amtes unwürdig gezeigt hatte«. Es gab auch noch nach der Unabhängigkeitserklärung Brasiliens Priester – Priester und Standesbeamte –, die sich weigerten, Weiße und Schwarze zu trauen. Einer von diesen war der Pernambucaner Castelo Branco. Aber all dies waren Einzelfälle und nicht maßgebend für die allgemeine portugiesische und brasilianische Haltung, die immer tunlichst und soweit wie möglich den gesellschaftlichen Aufstieg des Negers begünstigte. Aber hiermit verlasse ich schon das behandelte Thema und begebe mich auf ein Gebiet, welches im folgenden behandelt werden soll.

So, wie Schwarze und Mulatten in den Herrenhäusern Brasiliens Schul- und Klassenkameraden der weißen Kinder waren, so gab es auch weiße Jungen, die bei schwarzen Lehrern lesen, schreiben und nach der Rechentafel laut zählen lernten. Artur Orlando erzählt, daß sein erster Elementarschullehrer in Pernambuco ein Neger mit Namen Calisto war, der sich anzog wie ein Lord, mit grauem Zylinder, schwarzem Cutaway und weißen Hosen. Wie ein Lord oder wie die gelehrten Doktoren und vornehmen Herren der Kolonialzeit, die in steter Angst vor Hämorrhoiden lebten, wenn sie dieses verdammte Leiden nicht schon hatten, welches im XVI. Jahrhundert die reichen oder gelehrten Portugiesen und ihre Nachkommen in Brasilien verfolgt zu haben scheint. Verwunderlich war es nicht, trugen doch die Kolonisten des XVI., XVII. und XVIII. Jahrhunderts Kleider, die für das Klima Brasiliens völlig unsinnig waren: Plüsch, Seide, Damast, reichverzierte Palanquine, außen Seide, innen mit Samt oder Damast gefüttert. Ihre Luxussänften waren wahre ambulante Backöfen, mit schweren blauen, grünen oder scharlachroten Draperien und Vorhängen ausstaffiert. In ihnen oder auch in Hängematten ließen

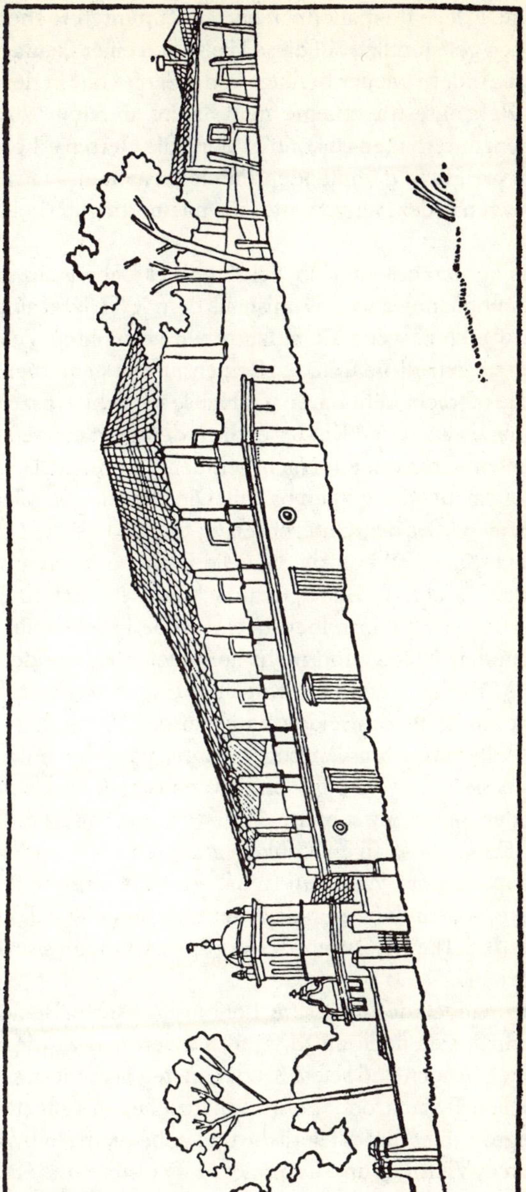

Herrenhaus und Kapelle von Columbandê

sich die Edelleute manchmal tagelang ununterbrochen tragen, denn sie pflegten gelegentlich auf diese Weise von einer Plantage zur anderen zu reisen. Andere wieder benutzten die Sänfte nur in der Stadt, und wenn man Bekannte traf, pflegte man Sänfte an Sänfte zu parken, um sich bequem unterhalten zu können, denn die Herren erhoben sich nicht von ihren vor Hitze dampfenden Pfühlen. Auch zu Haus saßen sie immer oder lagen in der Hängematte, die mit unerträglich heißen Kissen vollgestopft war.

Die Frauen brachten so viel Zeit ihres Lebens sitzend zu, daß ihnen, wie ein holländischer Chronist aus dem XVII. Jahrhundert bemerkt, die Knie wankten, wenn sie aufzustehen versuchten. Auch in der Kirche ließen sie sich mit gekreuzten Beinen auf den steinernen Grabplatten nieder, die oft recht kühl waren. Zu Hause zur Schlafenszeit entledigten sich Männer, Frauen und Kinder endlich der überflüssigen Kleider. Die Kinder liefen nackt oder in Nachthemden herum, die Erwachsenen zogen Pantoffeln an oder gingen barfuß. Die Hausherren pflegten Schlafröcke aus Kaliko über den Unterhosen zu tragen, und die Frauen warfen sich Negligés über. »Wenn sie offizielle Besuche machen«, schrieb Vilhena von den Damen aus Bahía, »dann schmücken sie sich mit solchem Pomp, daß sie, ohne zu übertreiben für eine Robe, in der sie nur einmal auftreten, vierhundert Milreis und mehr ausgeben«: Atlasseide, bestickter Batist oder Musselin. Auch ihre Mucamas trugen »schwere Satinunterröcke, Röcke aus kostbaren Seiden, Batistblusen«. Vernünftig wie immer, verteidigte Vilhena die brasilianischen Frauen vor den Kritikern, die ihnen vorwarfen, sie liefen »daheim ziemlich unanständig gekleidet herum in ihren Hemden, deren Ausschnitte oft so weit sind, daß sie die Brüste sehen lassen«. Diese »bösartigen Kritiker« scheinen nach der Meinung des Griechischprofessors vergessen zu haben, daß wir uns in Brasilien und nicht in Europa befinden, »gerade unterhalb der heißen Zone, wo die größte Kälte den Temperaturen des dortigen [portugiesischen] Monats Mai entspricht«.

Die mangelnde Anpassung der brasilianischen Bekleidung an das Klima erhielt sich noch im XIX. Jahrhundert und wurde sogar schlimmer. Männer, Frauen und selbst Kinder hielten daran fest, sich für Kirchgang, offiziellen Besuch oder Schule anzuziehen, als ob ständige Trauer sie zwänge, immer dieses feierliche und unbequeme Schwarz zu tragen. Sie fuhren in Viktorias und Cabriolets auf Polstern und Kissen, die genauso heiß waren wie früher jene der Sänften. Die Männer setzten schon morgens um sieben den Zylinder auf, und bis zum Anfang des XX. Jahrhunderts trugen die Jurastudenten von São Paulo und Olinda, die Medizinstudenten von Rio und Bahía sowie alle Ärzte, Rechtsanwälte und Professoren Zylinder und Cutaway. Ganz selten wagte sich mal ein vorwitziger heller Hut unter die Zylinder zu mischen. Den einzigen Kompromiß mit dem tropischen Klima schlossen diese Doktoren und Edelleute weiter unten: Sie trugen weiße Hosen. Sie wurden in der Mitte des XIX. Jahrhunderts in Recife und Bahía von Zucker- und Kaffeegroßhändlern, hohen Beamten, Ärzten, Rechtsanwälten und Professoren eingeführt. Es mag daraus ersehen werden, daß Calisto in seiner früher beschriebenen Kleidung lediglich der allgemeinen Mode folgte. Es war dies sozusagen die korrekte Kleidung der oberen und gebildeten Klassen jener Zeit.

»Er hat ein Abkommen mit meinem Vater getroffen«, schreibt Artur Orlando von seinem schwarzen Lehrer, »mich als Entgelt für eine Ebenholzflöte mit Silberklappen das Lesen zu lehren.« Die Schwarzen waren die Musiker der Kolonialzeit und auch des Kaiserreiches. Die Meßdiener waren Negerjungen, und viele Plantagenkapellen hatten Negerchöre. Einige kultivierte Herrenhäuser, wie das von »Mangue la Bote«, hielten sich zur Unterhaltung der Weißen ganze Orchester aus afrikanischen Sklaven. Auf der Monjope-Plantage in Pernambuco, welche lange Zeit im Besitz der Carneiro da Cunhas, der späteren Barone von Vera Cruz, sich befand, gab es nicht nur eine Negerkapelle, sondern sogar einen Zirkus mit Ponys und Sklaven, welche als Akrobaten und Clowns auftraten. Brasilianische Sklaven waren Musiker, Zirkusakrobaten, Aderlasser, Dentisten, Barbiere und nicht nur Hacker auf dem Zuckerrohrfeld oder Küchenjungen. Das Ideal manches brasilianischen Jungen war sicher nicht ein weißer Arzt, Marineoffizier oder Gelehrter, sondern ein Akrobat aus dem Sklavenquartier, den er schwierige Pirouetten im Plantagen-Zirkus und bei den »Bumbas-meu-boi« hatte drehen sehen, oder vielleicht ein schwarzer Trompeter oder Flötenspieler.

Glücklich die Kinder, denen es vergönnt war, bei den sanften und freundlichen schwarzen Schulmeistern lesen und schreiben lernen zu dürfen. Sie haben sicher weniger ausgestanden als die anderen, welche in die Priesterschule gingen, zu den Brüdern, den »verdrehten Professoren« oder offiziellen Schulmeistern. Letztere waren ein fürchterliches Volk von Querköpfen, lächerliche Typen mit Schnallenschuhen, die ewig Schnupftabak nahmen und immer eine Quittenstrauchrute oder ein Lineal zur Hand hatten. Mit Rute und Stock wurden in der »guten alten

Zeit« unseren Großvätern und Urgroßvätern Latein, Grammatik, biblische Geschichte und Religion eingebleut.

Nach der Unabhängigkeitserklärung begannen Privatschulen aus dem Boden zu schießen – manchmal mit ausländischen Vorstehern, die Pädagogen oder Scharlatane sein konnten. Diese Schulen wurden besucht von den Söhnen der Verwaltungsbeamten, hohen Funktionäre öffentlicher Ämter, Geschäftsleute und auch Plantagenbesitzer. Man stelle sich die Gefühle eines Plantagenjungen vor, der an ein freies Leben gewöhnt ist, im Fluß badet, Vögel fängt, Hahnenkämpfen zusieht, mit den Negern im Schuppen Karten spielt, Cousinen und farbigen Mädchen nachstellt – man stelle sich vor, wie dem zumute war, wenn er die Abenteuer im Kahn oder zu Pferd aufgeben und auf die Schule gehen mußte, um etwas zu lernen. Auf der Reise dahin durfte er vielleicht noch einmal auf einer Plantage von Freunden oder Verwandten Station machen, und dann, wenn es kein Internat, sondern eine Tagesschule war, wurde er im Hause eines Zucker- oder Kaffeemaklers einlogiert, und jener wurde oft so etwas wie ein zweiter Vater für ihn. Diese Geschäftsleute aber waren keineswegs immer schreckliche Blutsauger der Grundbesitzer, sondern wurden mitunter sogar zu treuen Freunden.

Im Hinblick auf die von Ausländern geleiteten Institute schrieb der geistliche Schulmeister Lopes Gama 1842: »Jeder Franzose, jeder Engländer, jeder Schweizer usw., jeder Schlaukopf, der aus diesen Ländern nach Pernambuco kommt und nicht weiß, wie er sein Leben hier fristen soll, erklärt, daß er seine große Weisheit mit uns teilen will.« Der kluge Pater ahnte schon die schlimmen Folgen, die uns aus diesen Schulen erwachsen sollten: »Schon bald werden aus diesen Zentren der Verwirrung alle Arten von Sektierern, Wiedertäufern, Presbyterianern, Methodisten usw. . . . hervorgehen.«

Nach 1850 erleichterte die Eisenbahn den Jungen von den Plantagen den Besuch der hauptstädtischen Internatsschulen. Die 1858 in Recife von dem Universitätsdozenten Joaquim Barbosa Lima gegründete »Schule Unserer Lieben Frau vom Guten Rat« ist typisch für die wachsende Verbreitung dieser Institute. In diesen Internatsschulen wurde Arithmetik, Geographie, Latein, Französisch, Schönschreiben und Musik gelehrt. Die Schüler erschienen zum Unterricht in schwarzen Röcken, braunen Hosen, Segeltuch- oder Lederschuhen und mit blauen Krawatten. An Sonn- und Feiertagen mußten sie schwarzen Frack, schwarze Hose, schwarzen Hut, weiße Weste, schwarzseidene Krawatte, schwarze Schuhe oder Halbschuhe tragen. Sie wurden angehalten, mittwochs und samstags ihre Füße zu waschen und einmal in der Woche ein Vollbad zu nehmen.

Mit der Verbreitung der Schulen begannen die Hygieniker jene Epoche sich Sorgen um die Lebensbedingungen der Internatsschüler zu machen. Mancher Junge aus dem Inneren starb an Fieber oder ansteckenden Krankheiten in diesen Instituten. In seiner Schrift *Anregungen für die Schulhygiene, auf uns selbst anwendbar* erklärt 1855 José Bonifacio Caldeira de Andrade jr.: »Bedauerlicherweise liegen viele Schulen im Herzen unserer Stadt [Rio de Janeiro] und in engen, krummen Straßen, deren Sauberkeit meist zu wünschen übrigläßt. Dieser Umstand und die hygrometrischen und Temperaturbedingungen sowie unsere Lage wenige Meter über dem Meeresspiegel müssen einen fatalen Einfluß auf die Gesundheit der Zöglinge ausüben... Die Beleuchtung in unseren Schulen erfolgt gewöhnlich mit Hilfe von Öl oder Gas, und gerade diese – besonders das letztere – sind am wenigsten empfehlenswert.« Eine andere Arbeit über das Problem der Internatsschulen, diesmal von Frutuoso Pinto da Silva, einem Doktoranden an der Medizinischen Fakultät von Bahía, befaßt sich vornehmlich mit dem Thema der Moral und der Sexualhygiene der Schüler. Die Aufmerksamkeit der Eltern, Lehrer und Schulinspektoren wird eindringlich auf die Gefahren der Onanie gelenkt, desgleichen auf die Homosexualität. Pinto da Silva schrieb 1864: »Das Päderastentum scheint schnell voranzuschreiten und hat verheerende Wirkungen unter den Jungen unserer Internatsschulen...« Noch ernster war die zunehmende Verbreitung von Gonorrhöe und Syphilis – ein Zeichen dafür, welchen Grad sexuelle Exzesse unter den Schülern erreicht hatten. Wenn wir einem Bericht von Pater Cepeda aus dem XVIII. Jahrhundert – der jetzt in den Archiven des Historischen Instituts von Rio de Janeiro diskret verkramt liegt – glauben dürfen, dann war der Park von São Cristóvão in der Umgebung der Hauptstadt, in dem damals Philosophiestunden abgehalten wurden, ein wahres »Sodom«. Die Schüler von Pater Cardim und Pater Fária, »bar jeder Gottesfurcht und menschlichen Scham«, pflegten den ganzen Tag herumzuspringen wie junge Ziegenböcke, kletterten über Zäune und Hecken, um auf Sklavenmädchen und »andere Frauenzimmer, die sie sich zu diesem Zweck aus der Stadt bestellten«, Jagd zu machen.

In den Schulen jener Tage herrschte, wie man an diesen Unbotmäßigkeiten, Auswüchsen und Perversitäten klar erkennen kann, eine gewisse

Laxheit. Andererseits handelt es sich auch vielfach um den Mißbrauch kindlicher Schwäche. Den Lehrern war es eine wahre Freude, ein Kind zu demütigen, indem sie ihm körperlich Gewalt antaten. Wir sehen hier wieder die allgemeine Neigung zum Sadismus, die der Brasilianer der Sklaverei und dem Mißbrauch des Negers verdankt. Der Lehrer war der allmächtige Herr und Meister. Von seinem Stuhl aus – dieser wurde nach der Unabhängigkeitserklärung ein richtiger Thron mit eingeschnitzter Kaiserkrone – teilte er mit finsterer Miene Strafen aus, fast wie die Plantagenbesitzer ihre entlaufenen Sklaven prügeln ließen. Wer nicht aufpaßte, mußte sich mit ausgebreiteten Armen hinstellen, wer beim Lachen erwischt wurde, wurde mit einer Narrenkappe gedemütigt, so daß die ganze Schule ihn auslachte, oder er mußte auf den Knien über Maiskörner kriechen, ganz abgesehen von Stock und Gerte, welche oft am Ende einen Dorn oder eine Zacke hatte, womit der Lehrer den Schülern von weitem in die Waden stach. Der Schüler, welcher seine Lektion in Portugiesisch nicht gelernt hatte, einen Fehler in Latein machte oder gar sein Schreibheft bekleckste – dies galt fast als Sakrileg –, riskierte furchtbare Strafen seitens des geistlichen Schulmeisters, Hauptlehrers oder Schuldirektors – alles Schreckensgestalten in Cutaway oder Soutane. In diesen alten Schulen wurde großes Gewicht auf Schönschreiben gelegt, und die Unterrichtsmethode in diesem Fach hatte etwas Liturgisches an sich. Man schrieb mit Gänsekielen. Pater Antunes de Sequeira erzählt: »Der Schulmeister pflegte Stunden damit zuzubringen, die Feder auszuprobieren, nachdem er sie erst mit einem Federmesser zugeschnitten hatte. Wenn alles bereit war, konnte die Tortur beginnen. Das Kind mit schief gehaltenem Kopf, die Zungenspitze im Mundwinkel, strengte sich an, absolute Perfektion zu erreichen, während der Lehrer danebenstand und darauf wartete, daß einmal ein Buchstabe nicht so ausfiel, wie er sollte. Beim kleinsten Fehler gab's Schläge auf die Finger, Knüffe in die Seite, oder die Ohren wurden langgezogen – es war schrecklich.« Diese Jungen waren es, welche der Visconde de Cabo Frio lieber als Legationssekretäre beschäftigte; er zog sie denen mit einer »Doktorkralle« vor, diese Jungen, die von den furchteinflößenden Schulmeistern erzogen worden waren, welche einen Kult aus dem Schönschreibunterricht machten und für welche dieser etwas Verehrungswürdiges und Heiliges hatte.

Ein weiteres geheiligtes Studienfach war Latein. Man ließ buchstabieren »mit ermüdender Stotterei«, wie Pater Siqueira sagt, und zwar in lautem Singsang:

B-a-ba
B-e-be
Ba! Be!

Mit der Valdetaro-Methode, welche im XIX. Jahrhundert eingeführt wurde, besserten sich die Dinge etwas. Dann kamen die Silbentafeln mit Übungen vorn an der Tafel, der *Simão de Mantua,* der *Markthändler, Heilige Gedichte* von Lopes Gama und der *Synonimus* von Bruder Luís de Sousa. Die lateinische Grammatik war von Pater Pereira, der Katechismus von Montpellier. Jeder, der sich, wenn er einmal nichts Besseres zu tun hat, die Mühe macht, die Kompendien, Lese- und Rechenbücher unserer kolonialen Vorfahren durchzublättern, wird schnell eine Idee davon bekommen, wie furchtbar traurig es gewesen sein muß, damals lesen und schreiben zu lernen. Man sehe sich diese fürchterlichen Schwarten an und stelle sich dabei die von der Krone bestallten Schulmeister und Internatslehrer jener Zeiten vor, die alle nach Schnupftabak stanken, sich in große rote Sacktücher schneuzten, deren Hände immer mit einem Stock oder einer Quittengerte spielten und die Fingernägel hatten, besonders am rechten Daumen und Zeigefinger, so lang wie die eines chinesischen Mandarins.

Jene weißen Kinder sowie auch die schwarzen und braunen, welche von den Iaiás im Hause erzogen wurden, waren Opfer anderer Torturen. »Die Gesellschaft hat auch ihre Grammatik.« Diese 1845 geschriebenen Worte stammen von dem Autor eines gewissen *Kodex des guten Tons,* der bei den Baronen und Grafen des Kaiserreiches sehr *en vogue* war. Jene ließen nämlich nicht nur jetzt in die Innenräume ihrer Herrenhäuser Plafonds einziehen – bis dahin war die Unterseite des Ziegeldaches offen zu sehen gewesen –, sondern bemühten sich auch, ihren Kindern britische Lebensart und französischen guten Ton eintrichtern zu lassen. Und sie erreichten dies auch – bis zum Exzeß. Das Opfer dieses freiherrlichen Snobismus war der Sohn des Hauses. Es war zwar sein gutes Recht, Negerjungen und -mädchen zu quälen, aber bei den Erwachsenen war er der Prügelknabe. An Feiertagen hatte er im Herrenanzug zu erscheinen, mußte sich gesetzt und korrekt benehmen, durfte seinen schwarzen Anzug beim Spielen nicht verknittern, mußte in Gegenwart Erwachsener den Mund halten und mit Engelsgeduld eisern ertragen, daß er jedem Erwachsenen, der hereinkam, die von Tabaksaft beschmierte Hand küssen mußte. Er hatte immer »Herr Vater« und »Frau Mutter« zu sagen, denn »Papa« und »Mama« gehörten zur verflossenen Kindheit. Diese strengen Sitten wurden dann im XIX. Jahrhundert etwas gemildert. Die Frauen hörten auf, ihre Männer ausschließlich mit *Senhor* anzureden, und die kühnsten unter ihnen wagten sogar manchmal ein vertrauliches »Du«, während die übrigen sich mit dem formellen »Ihr« begnügten. Kurz, Frauen und Kinder wandten sich nicht mehr mit so großer Feierlichkeit an den Hausherrn wie früher, denn bis dahin hatten Frauen und Kinder dem Hausherrn gegenüber fast auf Sklavenebene gestanden.

Jedoch auch schon in alter Zeit wurde aus dem *Senhor* das weichere *Sinhô, Nhonhô* und *Ioiô*, gerade wie aus dem Wort *Negro* bei den Weißen gefühlvolle und zärtliche Kosenamen wie *Meu nego, Minha nega* (mein Negerchen) entstanden – ja, man findet sogar Briefe aus der Kolonialzeit, die mit *Saudoso primo e muito seu negro* (In Verehrung, Dein Vetter und ganz Dein Neger) oder mit *negrinho humilde* (Dein unterwürfiges Negerlein) enden.

Erst nach seiner Verheiratung wagte der Sohn in Gegenwart seines Vaters zu rauchen, und für seine erste Rasur brauchte er dessen ausdrückliche Erlaubnis. Diese war schwer zu erlangen und wurde erst gegeben, wenn der Bartwuchs des Jungen keine Verzögerung mehr zuließ.

Den Mädchen war prinzipiell alles verboten, was nur entfernt nach Selbständigkeit aussah. Sie durften in Gegenwart von älteren Familienmitgliedern nicht einmal laut sprechen. War ein Mädchen vorlaut oder frech, wurde es sofort entsprechend bestraft. Gern gelitten waren dagegen schüchterne Mädchen mit demütigem Aussehen. Sie mußten nach Möglichkeit das ganze Jahr über so tun, als seien sie Marienkinder in den Prozessionen oder bei den frommen Übungen in der Karwoche. Gewiß, manche flirteten auch ein bißchen auf dem Fest von Gonçalo oder bei den Kirchenkonzerten, aber das gab es nur in den Städten, in Rio, Recife, Bahía; und auch diese Flirts beschränkten sich meistens auf kokette Fächerbewegungen ohne Worte und Händchenhalten.

Die Mädchen lebten in der strikten patriarchalischen Atmosphäre unter dem strengen Regiment ihrer Väter und später unter der Tyrannei ihrer Ehegatten, und wenn auch fast immer die Mucamas und Muleques die treuen Verbündeten der Kinder gegen die Herreneltern sowie der fünfzehnjährigen Ehefrauen gegen ihre vierzig- bis siebzigjährigen Eheherren waren, so gab es doch auch Fälle von hinterlistigen und verräterischen Mucamas, die, vielleicht aus Rache, Liebesaffären ihrer »Gnädigen« erfanden und dem Herrn und Gebieter Geschichten erzählten. So mußten die Frauen immer auf der Hut sein und durften sich nie unbeobachtet fühlen, nicht einmal bei einem harmlosen Fächer- oder Taschentuchflirt, ganz zu schweigen von Billets d'amour, welche von Negerinnen, die mit Spitzen und Kurzwaren handelten, besorgt wurden.

In Portugal gab es ein Sprichwort, um unvorsichtige Schwätzer und Briefschreiber zu warnen; es besagte, daß hinter jedem Tintenfaß eine Kutte lauere. Gemeint sind die Augen und Ohren eines Bruders der Heiligen Inquisition, der solche bespitzelte, welche nicht so strenggläubig waren, wie man es von ihnen erwartete. In Brasilien war das wachsame Auge des ränkeschmiedenden Bruders in den Häusern stets gegenwärtig, und es war ein Geistlicher, welcher der Matrone Veronica Dias Leite aus dem São Paulo des XVII. Jahrhunderts hinterbrachte, daß ihre Tochter eine Weile am Fenster gestanden habe. Dies war ein entsetzliches Verbrechen und wurde – wie die Überlieferung berichtet – dadurch geahndet, daß die Mutter ihre Tochter erschlagen ließ. Antônio de Oliveira Leitão, ein Patriarch, wie er im Buche steht, brauchte keinen Bruder oder Sklaven als Ohrenbläser; kaum hatte er ein Stück von einem flatternden Taschentuch hinten im Hausgarten erspäht, schloß er blitzschnell, daß dies ein Zeichen irgendeines Don Juan wäre, der zweifellos darauf aus war, seine Vaterehre zu schänden, zog ohne Zögern sein langes Messer und stieß es seiner Tochter in den Busen. Später stellte sich dann heraus, daß es sich um ein Taschentuch handelte, welches das Mädchen zum Trocknen aufgehängt hatte.

Doch gewöhnlich spielt bei den von den Patriarchen ermordeten Frauen und Töchtern immer ein Bruder oder eine Sklavin eine Rolle. Wer in Brasilien eine Liebesaffäre oder ein süßes Geheimnis hatte, mußte sich nicht nur vor der Kutte hinterm Tintenfaß hüten, sondern sich vor allem vor den großen Konfitüre-Kesseln in acht nehmen, denn hinter diesen lauerten oft versteckt die verführerischen schwarzen Augen einer Negerin. Den Benediktinerpater Dom Domingos de Loreto Couto, der in seiner Schrift *Rechtfertigung Brasiliens und Glanz Pernambucos* viele interessante Aspekte des patriarchalischen Lebens in unserem Lande beleuchtete, erzählt eindrucksvolle Fälle von Frauen, die wegen ehelicher Untreue ermordet worden waren. Diese Morde wurden begangen auf Grund von »falschen Zeugnissen« von Personen, die zwar »selbst ein recht lockeres Leben führen, aber ihren Herren gegenüber sehr gewissenhaft sind«. Die Kappe, die Dom Domingos so den Sklaven aufsetzte, hätte auch manchem Geistlichen gut gepaßt.

Hierher gehört der Fall des Obersten Fernão Bezerra, Besitzer der Plantage von Várzea, »einem Ort, den man heute Massenmord nennt«. Dieser jähzornige Mann hörte auf die Verleumdungen seines Sklaven, der einer Strafe zu entgehen suchte, welche die Hausfrau für ein in Abwesenheit des Herrn begangenes Verbrechen über ihn verhängt hatte. Darauf zögerte er nicht, Frau und Tochter zu erschlagen. »Von seinem ältesten Sohn und ein paar Sklaven begleitet, machte er sich eilig nach Várzea auf, betrat sein Haus durch die Vordertür und ging hinauf.« Es wurde ein grauenhaftes Gemetzel. Eine einzige Tochter entging dem Tode, und das war ausgerechnet diejenige, an welcher der hinterlistige Sklave am meisten Rache zu nehmen beabsichtigt hatte. Eine Sklavin – wahrscheinlich ihre schwarze Amme – rettete sie vor dem väterlichen Zorn. Fernão Bezerra »wurde verhaftet, dem Oberappellationsgericht in Bahía überwiesen und mußte seinen verblendeten und jähzornigen Irrtum mit seinem grauen Haupt bezahlen«. Dasselbe Schicksal erfuhr übrigens auch Antônio de Oliveira Leitão.

Eine Sklavin im Bunde mit einer schrecklichen Schwiegermutter war auch für die Ermordung von Dona Ana verantwortlich, einer »selten schönen Frau«, wie der Chronist berichtet, Tochter des Feldwebels Nicolau Coelho und Ehefrau des André Vieira de Melo aus Pernambuco. Eine Sklavin erzählte der Mutter von André Vieira de Melo, daß Dona Ana »heimlich den João Paes Barreto einließ, der in frevlerischer Mißachtung des Sakramentes und heiligster Gesetze das Ehebett schändete«. André Vieira wollte diese Nachricht erst nicht glauben. Als aber seine Mutter und sein Vater immer dringender wurden, ließ er schließlich João Paes Barreto ermorden und seine Frau vergiften. Bevor Dona Ana das Gift nahm, verlangte sie nach einem Priester, um zu beichten, und nach einer Franziskanerkutte, um darin begraben zu werden. Sie beichtete, zog die Kutte an, und dann gaben sie ihr das Gift. Weil sie aber der Wirkung mißtrauten, gaben sie ihr noch eine Dosis. Das Resultat war, daß wohl ein Gift das andere aufhob und Dona Ana erst starb, als »sie von ihrer Schwiegermutter mit einem Knebel erwürgt wurde ... Die Sage will wissen, daß, als man Jahre später ihr Grab öffnete, sich ihr Körper frisch und unverwest erhalten hatte«, sagt Loreto Couto, der darauf besteht, daß »Keuschheit, Schamhaftigkeit, Zurückhaltung, Schüchternheit, Sittsamkeit und Bescheidenheit« immer »die charakteristischen Kennzeichen brasilianischer Frauen« gewesen seien. »Gewiß«, fügt er hinzu, »läßt das Benehmen vieler schwarzer und Mulattenfrauen zu wünschen übrig; es ist im allgemeinen zu frei.« Und er fährt fort: »Wir bestreiten nicht, daß sie [die farbigen Frauen] eine Versuchung darstellen, aber Gott hat es so gewollt, daß in diesem Krieg der Sieger sich die Ruhmeskrone holt.« Diese Worte bedeuten ein großes – wenn auch indirektes – Lob der Schönheit der schwarzen und braunen Frauen, denn es ist offenbar ihre Schönheit, deren sich Gott bedient, um die Standhaftigkeit der weißen Männer zu prüfen.

Immerhin erzählt derselbe Dom Domingos auch von Fällen, in denen sich die Mulattinnen äußerst tugendhaft zeigten, von der schönen Joana de Jesús zum Beispiel. Sie blühte »in dem neuen Kloster der Stadt Iguarassú«, wo sie sich als »eifrigste und ergebenste Dienerin unserer Herrin, der Heiligen Jungfrau«, auszeichnete. Sie hatte ihr Leben als große Sünderin begonnen und beendete es fast als Heilige. Als sie starb, waren die, welche die Tote sahen, erstaunt über »ihr wunderbar blühendes Antlitz, aus dem alle Zeichen des Todes und alle Spuren harter Kasteiungen verschwunden waren«.

Ein interessanter Fall ist auch der von Clara Henriques, einer schwarzen Sklavin, die der Maria Henriques gehörte, und diese hatte es nicht nur unterlassen, sie in der Kirchenlehre zu unterrichten, »sondern forderte sie noch mit schlechten Beispielen heraus. Denn das Benehmen ihrer vierzehnjährigen Herrin verführte Clara Henriques zu einem törichten Leben . . .« Von solchem Leben konnte sich Clara dank der Madonna mit dem Rosenkranz, der Schutzpatronin der Schwarzen, befreien. Sie wurde darauf eine heilige Frau. Ihre afrikanischen Instinkte ausnutzend, verlieh ihr der Herr »die Gabe des Weissagens, und sie sagte manchem Dinge voraus, die später eintrafen«.

Französische Reisende, die im XVII. und XVIII. Jahrhundert in Brasilien waren, zeigten sich nicht so überzeugt von der Keuschheit und ehelichen Treue der brasilianischen Damen wie der Benediktiner Dom Domingos, aber dieser hat dafür die Feststellungen englischer Besucher auf seiner Seite. Natürlich galten die Franzosen in Dingen der Liebe für kompetenter als die Engländer, die andererseits als offene, verläßliche und wahrheitsliebende Reiseberichterstatter die Siegespalme davontragen. Ein Rendu, ein Saint-Hilaire, ja sogar ein Pyrard ist selten bei den Franzosen; viele von ihnen übertreiben, und nicht wenige liefern skrupellose Berichte oder Phantasiegebilde, wie zum Beispiel Thévet, Dabadie und Expilly.

Pyrard erzählt, daß sich ihm eines Tages, als er ganz in seidener Gala mit dem Air eines Edelmannes durch die Straßen von Salvador stolzierte, eine Negerin näherte. Sie bat ihn, sie zu begleiten, denn sie wolle ihn zu einem Herrn führen, der ihn dringend zu sprechen wünsche. Pyrard folgte ihr durch enge und krumme Gäßchen und schmutzige Straßen, bis er sich, wie in Tausendundeiner Nacht, vor einem prächtigen Haus, einem richtigen Palast, stehen sah. Und statt eines Herrn wurde er von einer »jungen portugiesischen Dame« empfangen, die ihn alsbald herzte und liebkoste und ihm zum Abschied obendrein einen neuen spanischen Filzhut schenkte. Dieses Erlebnis verführte Pyrard de Laval zu der Verallgemeinerung, daß die brasilianischen Frauen zu Ausländern freundlicher wären als die Männer.

Niemand aber verallgemeinerte unbedenklicher als Coreal zuungunsten der kolonialen Damen. Er war ein Reisender, den man noch nicht recht identifizieren konnte. Er fand die Frauen zwar zurückgezogener als in Mexiko, aber den Umständen entsprechend recht liebestoll. So heiß wäre ihr Liebesverlangen, daß sie ihre Ehre und sogar ihr Leben für ein Abenteuer riskierten. Der Erfolg wäre, daß immer einige von ihren Männern erstochen würden, andere hingegen zu öffentlichen Huren würden, und zwar für Weiße und Neger.

Frézier und Froger hatten den gleichen Eindruck von den Frauen Bahías wie Coreal: Sie lebten sehr zurückgezogen und verließen das Haus nur zum Kirchgang, wären aber nichtsdestoweniger »fast alle wollüstig« und erfänden ewig neue Schliche, um ihre wachsamen Ehemänner und Väter zu hintergehen. Dabei, sagt Frézier, würde ihnen von den Müttern geholfen; aber in den galanten Abenteuern, die Pyrard und Coreal erwähnen, waren es Sklavinnen, welche den weißen Damen bei ihren Liebesabenteuern assistierten. Sehr wahrscheinlich waren die Negerinnen auch die Kupplerinnen. Nichtsdestoweniger deutet doch alles darauf hin, daß derartige Affären den kolonialen Damen äußerst schwierig gemacht wurden, denn sie wurden Tag und Nacht von Argusaugen bewacht, von den Geistlichen, den Negern, den Schwiegermüttern. Die Augen spionierender Neger konnte man zuweilen unter dem einen oder anderen Vorwand ausstechen lassen, bei den Brüdern und Schwiegermüttern wäre dies jedoch auf erhebliche Schwierigkeiten gestoßen.

John Mawe jedenfalls, der in der Erwartung nach Brasilien kam, daß die Frauen dieses Landes eine sehr laxe Moral hätten und daß hier kupplerische Sklavinnen sich den Fremden mit Briefchen und Angeboten von

Herrenhaus, Negersiedlung und Zuckermühle aus dem XVII. Jahrhundert

liebestollen Damen näherten, mußte sich eines ganz anderen belehren lassen. Er erzählt, daß er weder in São Paulo noch in irgendeinem anderen von ihm besuchten Teil des Landes auf eine Spur jener lockeren Sitten gestoßen sei, die laut gewissen Schreibern ein hervorstechender Charakterzug der brasilianischen Frauen sein sollten. Die gleiche Beobachtung machte der englische Arzt John White, welcher Ende des XVIII. Jahrhunderts Brasilien besuchte. Nach einmonatigem Aufenthalt in Rio de Janeiro meinte er, die Frauen, welche sich unschicklich betrügen, gehörten den unteren Klassen an. Gewiß, einige Jahre später in Botafogo, auf einer Gesellschaft im Hause von Luís José de Carvalho e Melo – einem Ereignis, das von Baroninnen, Baronessen, Gräfinnen, französisch oder englisch sprechenden jungen Damen, prächtig gekleideten Matronen und schwarzen Bedienten, welche den Tee auf silbernen Tabletts servierten, verschönt wurde –, erzählte ein Landsmann Mrs. Graham unter vorsichtigem Nippen am Teetäßchen skandalöse Sachen über die Hofdamen, von denen an diesem Abend wenigstens zehn anwesend waren. Der Sprecher sah sich verstohlen um und unterbrach sich plötzlich: »Natürlich nicht hier, nein, aber in Rio ...!« Hier zeigt sich wieder einmal, wie schwer es ist, für Gerüchte und Klatsch konkrete Beweise aufzutreiben, man kann sie jedenfalls nicht aus dem Handgelenk schütteln. Derselbe Engländer bemerkte zu Mrs. Graham, die Ursache aller Korruption in Brasilien wären die Sklaven, und zwar die weiblichen Sklaven, Negerinnen und Mucamas. Aber waren denn die Hofdamen Brasiliens so viel lasterhafter als die von europäischen Königshöfen?

Loreto Couto, der offensichtlich eine übertriebene Bewunderung für die Frauen des sklavenhaltenden Brasilien hegte, schrieb, die »Liebestollheit« wäre ein »erbliches Übel« der Söhne Adams – welches die Evastöchter zwar verbreiten könnten –, aber nicht charakteristisch für heiße Zonen und Klimata. »Die sinnlichen Einwirkungen« schienen ihm »von überall« herzukommen, und »überall und immer brennt ihre Glut, wenn sie nicht erstickt werden durch Gebete und viel Kasteiung, und deshalb wird der Gläubigste und der Bußfertigste der Keuscheste sein«. Er verstand nicht, wie man Brasilien – nach dem Autor einer gewissen »Geschichte« – das Land eines »heißen Klimas, das sinnliche Laster provoziert«, nennen könnte. Welchen Beweis hätte denn der Historiker für diese These? Doch nur das Beispiel eines gewissen »von seiner Religion wegen seiner törichten Unmäßigkeit Ausgestoßenen«, der, nach Brasilien verbannt, hier seine »wollüstige Zügellosigkeit« weiter ausgelassen hätte. Als ob das Klima, kommentiert der Frater, »das höllische Feuer« in der Seele dieses unseligen Wesens noch hätte vergrößern können. Es wurde jedoch schon gesagt, daß Loreto Couto in den schwarzen und braunen Frauen Brasiliens eine Versuchung sah, die dazu diente, Seelen abzuhärten. Diese Frauen waren also Öl auf das »höllische Feuer« und daher immer gefährlich. Er glaubt, nicht das Klima, sondern diese Frauen wären hierzulande eine Versuchung zur Sünde, welcher schwer zu widerstehen wäre. Jedoch wurde der Benediktinerbruder diesen selben von der Sklaverei degradierten Neger- und Mulattenfrauen wenigstens darin gerecht, daß er ihre Verdienste um den Aufbau Brasiliens hervorhob. Nicht nur praktische Dienste leisteten sie bei der Ausführung »schwieriger und mühevoller Unternehmen«, sie waren auch selbst Unternehmer, die sich auszeichneten durch »Mut und Umsicht«.

Was in Brasilien passierte – ich muß das noch einmal ausdrücklich betonen, und zwar mit mehr Bezug auf die Neger- und Mulattenfrauen als auf die Indianerinnen und Mamelucas –, war eine Degradierung von rückständigen Rassen durch die Herrschaft einer fortgeschrittenen Rasse. Diese Herrschaft machte von Anfang an die Eingeborenen zu Gefangenen und Prostituierten und schuf zwischen weißen Männern und farbigen Frauen ein Verhältnis von Siegern und Besiegten, was für die Sexualmoral immer gefährlich ist.

Den Jesuiten gelang es, den Abscheu der ersten Kolonisten vor Ehen mit Indianerfrauen zu überwinden. Pater Nóbrega schrieb 1551 aus Pernambuco: »Die meisten hier haben schon lange eine Indianerin, von der sie auch Kinder bekommen haben, und sie haben es für eine große Verruchtheit gehalten, sie zu heiraten. Aber jetzt heiraten sie und fangen ein ordentliches Leben an.« Es gab aber eine »große Menge derer, die Frauen in Portugal haben, während andere hier ein sehr sündhaftes Leben führen; einige von ihnen schicken wir weg, und andere veranlassen wir, ihre Frauen herüberkommen zu lassen«. Von den Mestizinnen erzählt er: »Sie heirateten vorher nicht, weil die Männer fortfuhren, offen in Sünde zu leben, und manche von ihnen sagten, es wäre keine Sünde, weil der Erzbischof von Funchal ihnen Lizenz gegeben hätte.« Diese sogenannte »Lizenz« des Erzbischofs machten sich einige lüsterne Kleriker zunutze, um in einer Art von Konkubinat leben zu können. Acht Jahre später schrieb der verdiente Missionar von Salvador: »Mit den Christen dieses Landes ist wenig anzufangen, denn wir haben ihnen die Türen zu den Beichtstühlen verschlossen wegen der Sklaven, von denen sie nicht lassen wollen, und weil fast alle, ob verheiratet oder unverheiratet, daheim in Konkubinaten leben mit ihren Negerinnen. Und alle ihre Sklaven leben im Konkubinat, ohne daß sie sich in irgendeinem Fall ein Gewissen daraus machen, und es gibt Priester, die freigebig Absolution erteilen und selbst in dieser Weise leben ...« Und aus der gleichen Stadt Bahía, Mitte des XVI. Jahrhunderts: »Die Leute des Landes leben in Todsünde, und es ist nicht einer, der nicht viele Negerfrauen hat, die ihm viele Kinder gebären; und das ist ein großes Übel.«

Zugunsten der afrikanischen Frauen, die unter unmöglichen sexuellen Bedingungen nach Brasilien gebracht wurden, erhob sich die mächtige Stimme der Gesellschaft Jesu nicht ein einziges Mal, so wie sie es im Interesse der Indianerin tat. Infolgedessen wurden die Beziehungen von Kolonisten zu schwarzen Frauen von einer offenen bestialischen Geilheit bestimmt. Die Negerinnen dienten lediglich der Entladung des Geschlechtstriebes. Das bedeutete nicht, daß sie aus ihrem Heimatland – instinkt-, blut- oder sinnesmäßig – eine Sexualität mitbrachten, die größer war als die der Portugiesen oder Indianer.

Dampier, der im XVII. Jahrhundert in Bahía war, kannte manche Kolonisten, welche uneheliche Beziehungen zu Negerinnen unterhielten: *»Plusieurs des portugais, qui ne sont pas marrez, entretennent de ces femmes noires pour leurs maitresses.«* Zu dieser Zeit waren die Beziehungen von Portugiesen zu Negerinnen schon nicht mehr so rein tierisch wie in den ersten Tagen, denn manche Afrikanerin hatte sich die Achtung des weißen Mannes erworben, einige durch seine Angst vor ihren »Mandingas« oder Hexenkünsten und andere, wie die Minas, durch ihre sexuellen Reize und weiblichen Verführungskünste. Eine Minderheit von ihnen hatte demgemäß eine Position erreicht, die praktisch jener gleichkam, welche die keineswegs unparteiische Moral der Jesuiten der Indianerin zubilligte: eine Position als »Haushälterin« und »Konkubine« des weißen Mannes. Sie waren nicht länger lediglich Tiere, welche für den fleischlichen Genuß ihres Herrn und zum Zweck der Vermehrung seines menschlichen Kapitals in den Sklavenschuppen gemästet wurden.

Als zu Ende des XVI. Jahrhunderts durch die größeren Zuckerexporte und die höheren Zuckerpreise auf den europäischen Märkten das Leben für die Kolonisten leichter und bequemer wurde, entwickelte sich zu jener Zeit und zu Beginn des folgenden Jahrhunderts unter den Zuckerpflanzern Brasiliens ein nicht nur wollüstiger, sondern auch extravagant luxuriöser Lebensstil. In Pernambuco stieg die Zuckerproduktion rapid von 200 000 Arrobas (ca. 3200 Tonnen) im Jahre 1584 auf »mehr als 120 Schiffsladungen« im Jahre 1618 an. Die Zahl der Plantagen wuchs von 30 im Jahre 1576 auf 66 in den Jahren 1584 und 1590 und auf 120 im ersten Viertel des XVII. Jahrhunderts. Das bedeutete eine entsprechend höhere Menge von afrikanischen Sklaven, und dies trug wieder dazu bei, das Leben für die Plantagenbesitzer noch müßiger zu machen und diese als Wüstlinge noch weiter zu perfektionieren. So faul wurde das Leben in den Zuckeranbauregionen, daß bestimmte gelehrte Moralisten jener Zeit das Lotterleben der Pflanzer mit ihrem großen Zuckerkonsum in Zusammenhang brachten: »Vielleicht kommt diese vorherrschende phlegmatische Lebensweise, die Faulheit dieser unglückseligen Wesen, von dem übermäßigen Zuckergenuß.« So schrieb einer dieser Moralisten und setzte hinzu: »Diese Haltung ist wahrhaftig in Brasilien bei vielen Menschen weit verbreitet. Es gibt deren viele, die ihr ganzes Leben damit verbringen, die Hände in den Schoß zu legen; obwohl der Mensch zum Arbeiten auf der Welt ist, ist alles, was sie wollen, faulenzen. Es gibt welche, die den ganzen Tag lang keinen Schritt tun.« Er schließt mit dem guten Rat, weniger Zucker zu essen, der außerdem Würmer entwickle.

Aber der Zucker war sicherlich nicht so direkt für die Faulheit des Mannsvolkes verantwortlich. Er war jedoch indirekt ein bedeutender Faktor, insofern als er Sklavenarbeit verlangte und einer Mehrfruchtkultur feindlich war. Sklaven waren nötig als »Hände und Füße des Plantagenbesitzers«, sagte Antonil. Und nicht allein der portugiesische Pflanzer war dem Sklavensystem verfallen: Als die Holländer sich im XVII. Jahrhundert auf den Zuckerplantagen von Pernambuco einrichteten, erkannten sie die Notwendigkeit der Schwarzen an. Ohne Sklaven kein Zucker, sagten sie. Und sie brauchten eine große Menge Sklaven, um das Zuckerrohr zu pflanzen, zu schneiden, es zu den mit Wasserkraft betriebenen Mühlen zu transportieren – den *engenhos de agua,* wie diese genannt wurden – oder den *almanjarras* oder *trapiches,* den durch Ochsen oder andere Zugtiere angetriebenen Mühlen, und danach mußte der Saft in Kochkesseln gereinigt, der heiße Sirup abgekühlt, der Zucker raffiniert und in Lehmformen gebleicht sowie das *aguardente,* der Zuckerrohrschnaps, herausgezogen werden.

Die Sklaven wurden buchstäblich die Füße der Herren, sie wurden von diesen herumgejagt und trugen sie in den Hängematten und Sänften. Sie wurden auch die Hände ihrer Herren, zumindest ihre rechten Hände, denn sie zogen sie an, halfen ihnen in die Hosen, zogen ihnen die Schuhe an, badeten und bürsteten sie und suchten ihnen die Flöhe ab. Es wird überliefert, daß ein Pflanzer aus Pernambuco des Negers Hand selbst für die intimsten Details der »Toilette« benutzte, und von den Steinen erzählt, daß ein distinguierter Edelmann der Kaiserzeit die Gewohnheit hatte, sich von einem Sklavenmädchen seine Zigarren anstecken und sich dann in den Mund stecken zu lassen. Jeder Weiße in den Herrenhäusern hatte zwei linke und jeder Neger zwei rechte Hände. Der Herr konnte seine Hände zu nichts weiter gebrauchen, als die Perlen seines Rosenkranzes zu zählen, Karten zu spielen, aus der Tabaksdose, *corriboque* genannt, Prisen zu nehmen oder die Brüste der kleinen Neger- und Mulattenmädchen aus seinem hübschen Harem zu befingern.

Der ganze Körper des Plantagenbesitzers war kaum mehr als ein männliches Glied. Hände hatte er wie eine Frau, Füße wie ein Kind, nur das Sexualorgan war anmaßend männlich. Ganz im Gegensatz zu den Negern, denn viele von diesen mächtigen Riesen hatten einen Penis wie ein kleiner Junge. Imbert riet den Sklavenkäufern ausdrücklich, besonders auf die Sexualorgane der Neger zu achten und keine Stücke zu kaufen, bei denen solche unterentwickelt oder mißgestaltet wären, denn es wurde befürchtet, daß diese Schwarzen keine guten Erzeuger wären.

Faul, doch bis zum Übermaß von sexuellen Interessen erfüllt, führte der Herr fast nur noch ein horizontales Hängemattenleben, entweder in der stationären Hängematte, in welcher er ausruhte, schnarchte oder döste, oder in der beweglichen Hängematte, in welcher er unter schweren Draperien und Vorhängen zu reisen oder spazierengetragen zu werden geruhte. Dann gab es noch die knarrende, quietschende Hängematte, in der der Herr seine Geschlechtsakte vollzog. Der Herr verließ die Hängematte weder um den Sklaven Befehle zu erteilen, noch um seinem Plantagenschreiber oder Kaplan Briefe zu diktieren, noch um mit einem Verwandten oder Kumpan ein Spielchen zu machen. Fast immer reiste er auch in der Hängematte, denn er hatte keine Lust zu reiten, lieber ließ er sich in der Hängematte schütteln wie ein Pudding in der Schüssel. In der Hängematte verdaute er, stocherte in den Zähnen herum, rauchte eine Zigarre, rülpste laut, furzte, ließ sich dabei befächeln und von Negerkindern nach Läusen absuchen oder die Füße kraulen und seine Genitalien kratzen – entweder aus lasterhafter Gewohnheit oder wegen einer Haut- oder Geschlechtskrankheit. Lindley erzählt, daß er in Bahía Männer und Frauen beobachtete, die sich die Läuse absuchen ließen, und Männer, die sich dauernd ihren syphilitischen Ausschlag kratzten.

Tatsache ist jedoch, daß diese schwabbeligen männlichen Wesen mit Frauenhänden, die so in ihren Hängematten hingen und so träge und so geil waren, diese Aristokraten, die sich schämten, Beine zu haben, und die es verachteten, ihre Füße auf den Boden zu setzen wie jeder x-beliebige Sklave und Plebejer, daß diese Herren, wenn es darauf ankam, sehr hart und tapfer sein konnten. Sie konnten sich kurzentschlossen ihre Degen umschnallen und freche Eindringlinge zurückschlagen, sich gegen »Bugres« verteidigen, Generalkapitäne Seiner Majestät aus der Kolonie jagen. Pernambucaner Pflanzer kolonisierten Paraíba und Rio Grande do Norte und standen dabei im Kampf gegen die wildesten und tapfersten Indianerstämme; sie waren es auch, welche Maranhão von den Franzosen befreiten und die Holländer aus Nordbrasilien vertrieben.

Und das gilt nicht allein von den Männern, denn auch die Frauen, die Damen der Herrenhäuser hatten ihre Anfälle von Energieausbrüchen und Stoizismus. »Sie haben bei dieser Aktion gewiß nicht weniger Mut gezeigt als unsere Soldaten«, sagt der Marquis de Basto von den Pernambucaner Frauen, die an dem Rückzug von Alagoas teilnahmen und ihre Plantagen und Häuser in Ruinen zurücklassen mußten.

Aber mit Ausnahme dieser kriegerischen Schauspiele war das Leben der Zuckerbarone weich und bequem. Es wurde höchstens belebt durch ein »Stöckchen«- oder »Ringel«spiel, einen Ausritt oder Ball, wenn auch selten. Gewöhnlich verging ein Tag wie der andere in ewiger Monotonie, es war eine eintönige und sinnliche Hängemattenexistenz. Männer wie Frauen bekamen eine fahle Gesichtsfarbe, die Frauen vom ewigen Im-Hause-Hocken, die Männer von ihren geschlossenen Hängematten und Sänften. In den Vereinigten Staaten, wo die Hängematte nie die Bedeutung erlangte wie hier, begnügten sich die trägen Sklavenbesitzer mit dem Sofa und dem Schaukelstuhl (letzterer wurde später von den brasilianischen Patriarchen übernommen). Nichtsdestoweniger beeindruckten diese unter dem Einfluß der Negersklaven groß gewordenen Männer die Europäer sehr mit ihren entspannten Bewegungen, ihrem lässigen Gang, ihrem ganzen unverkrampften, natürlichen Sich-Gehenlassen, das sie mit ihren hängenden Schultern oft engbrüstig und schmal erscheinen ließ. Nur ihre Stimmen klangen voll und befehlend. Frances Trollope zeichnet uns das Bild eines nordamerikanischen Südstaatlers dieser Zeit, das auch auf einen Nordbrasilianer passen würde: *»I never saw an American man walk or stand well ...«* Und selten war auch ein Europäer nicht beeindruckt von der krankhaften Blässe der Männer und Frauen aus dem

Süden vor dem Bürgerkrieg. Das Wirtschaftssystem der Sklaverei und Monokultur schuf im Süden der Vereinigten Staaten trotz verschiedener Klimaeinwirkung, Rasse und religiöser Moral den Typ eines zarten, weichen Aristokraten, der sich in den Lastern, im Geschmack und sogar in der Gestalt kaum von seinem brasilianischen Gegenstück unterschied. Die Ingredienzien waren verschieden, aber die Lebensform war gleich. Das heiße Klima mag zu der größeren Sexualität und Kraftlosigkeit des Brasilianers *beigetragen* haben, aber es hat diese Eigenschaften nicht hervorgebracht, *nicht geschaffen.*

Souchu de Rennefort schrieb von den Pernambucaner Kolonisten: »*Ils vivent dans une grande licence...*« Eine orientalische Nonchalance, die der Sklavenbarone: »*Ils dorment & fument & n'ont guères d'autres meubles que des brambes de cotton & des nattes; les plus somptueux ont une table & des chaises de cuir façonné; quelques-uns se servent de vaisselles d'argent, la plus grande partie de vaisselles de terre.*« Es ist bemerkenswert, daß weder Rennefort aus Pernambuco noch Pyrard, noch Dampier und Mrs. Kindersley aus Bahía etwas von großem Luxus in Möbeln oder Silbergeschirr erwähnen. Dampier und Pyrard sprechen nur von der Größe des Hauses und der Anzahl der Sklaven, und alle verweilen bei dem bequemen und verweichlichten Leben, das die Pflanzer führen; sie berichten, daß sie den ganzen Tag im Haus verbringen oder sich von Negern durch die Straßen und zur Kirche tragen lassen. Dampier kam sogar zu dem Schluß, daß die portugiesischen wie auch die spanischen Kolonisten an Möbeln und Bildern wenig Interesse hätten, es käme ihnen nur auf weitläufige Häuser, viele Sklaven, Kirchenfeste, Frauen und Sklavenmädchen an.

Coreal staunte über die Wollüstigkeit der Kolonisten von Bahía. Sie wären eine Bande von dicken Faulenzern, die den ganzen Tag in der Hängematte lägen. Diese Wollüstigkeit und Trägheit wurde jedoch von dem Geist christlicher Gläubigkeit durchbrochen, die erst im XIX. Jahrhundert bei dem Mannsvolk abnahm und von da an sich auf die Frauen, Kinder und Sklaven beschränkte. Im XVII. und auch noch im XVIII. Jahrhundert gab es kaum einen weißen Herrn, der sich der Mühen seiner religiösen Pflichten entzogen hätte, vor den Bildern seiner Heiligen in den Nischen kniend im Gebet zu verharren – Gebeten, welche von Negern und Mulatten oft endlos hingezogen wurden mit Rosenkranz, Kyries und Litaneien. Man wälzte sich aus der Hängematte und beeilte sich in den Oratorien zu beten, denn das war Pflicht. Man machte sich auf mit Rosenkranz, gesegneten Medaillen, Reliquien, Amuletten und dem Sankt

Antonius um den Hals gehängt, um die vorgeschriebenen Gebete und Andachtsübungen zu absolvieren. Maria Graham erzählt, wie sie in den abendlichen Straßen von Recife den Singsang der Litaneien hörte. Weiße, Neger und Mulatten beteten alle zusammen zu dem gleichen Gott und derselben Jungfrau Maria. Besonders fromme Herren pflegten das Sakrament bis zu den Häusern der Sterbenden zu begleiten. Daheim beteten sie morgens, mittags und zu jeder Mahlzeit. Abends betete man gemeinsam mit sämtlichen Sklaven im Gebetsraum den Rosenkranz und das Salve-Regina. Wenn man einen Kaplan hatte, wurde das Mater-purissima-ora-pro-nobis gesungen. In dem Hause des Gutsbesitzers Joaquim das Lavrinhas in Cantagalo fand Mathison es sehr schön, daß der Herr des Hauses in echt patriarchalischer Art, an der Spitze der vollzählig anwesenden Verwandten, Pächter und Sklaven der Plantage, niederkniete und um Gottes Segen und den Schutz der Heiligen Jungfrau bat. Für den Engländer scheint es nichts Lobenswerteres am kolonialen Brasilianer gegeben zu haben als die Tatsache, daß er der Verehrung Gottes immer einen besonderen Platz im Hause reservierte. Der Besucher schloß daraus auf einen »Respekt vor der Religion«, und er vergaß nicht, die Einhaltung der Kirchenpflichten durch die Neger zu betonen. Ein Chronist berichtet, daß beim Mittagessen, nachdem der Hausherr ein Gebet gesprochen hatte, jeder sich das Essen in Kreuzform auf den Teller legte. Andere segneten das Wasser und den Wein, indem sie mit dem Glas vor dem Trinken ein Kreuzzeichen in der Luft beschrieben. Nach dem Essen schließlich kam die Danksagung in Latein:

»Per haec dona et coetera data
Sit Sancta Trinitas semper laudata.«

Die Weißen im Herrenhaus sprachen vor dem Schlafengehen ihr Nachtgebet, und in den Sklavenhütten beteten die älteren Neger:

»Mit Gott leg' ich mich nieder, erheb' mit Gott mich
wieder,
Mit Gottes Gnade und dem Heiligen Geist
Schlafe ich ruhig, er wacht über mich.
Und wenn ich sterben soll, leuchtet der Herr mir
Mit dem Licht der Dreieinigkeit
In das Haus der Ewigkeit.«

Auch morgens erhoben sie sich mit dem Namen des Herrn auf den Lippen: »Mein Gott, durch Deine Gnade sehe ich das Licht dieses neuen Tages. Mach, daß ich sicher schreite, und führe mich nach Deiner unfehlbaren Vorsehung.« Wenn einer niesen mußte, sagte man: »Gott helfe Euch.« Und wenn die Neger den Segen ihres Gebieters empfingen, sagten sie: »Gelobt sei der Name unseres Herrn Jesus Christus«, und der Herr antwortete: »Jetzt und immerdar«, oder: »Gelobt sei er.«

Wenn es laut donnerte, versammelten Weiße und Schwarze sich in der Kapelle oder dem Gebetsraum und sangen das Benedictum, das Magnifikat und beteten zu St. Blasius, St. Hieronymus und zur heiligen Barbara. Gewisse Leiden wurden mit Gebeten besprochen und, wie in apostolischen Zeiten, mit Salböl behandelt, wie die Wundrose zum Beispiel.

»Peter und Paul gingen nach Rom,
Da trafen sie Jesus Christus,
Der also zu ihnen sprach:
Sagt an, was führt euch her? –
Die Wundrose ist's, Herr, fürchten wir. –
So salbt sie denn mit gutem Öl,
Und bald wird sie vergehn.«

Man nagelte Gebetszettel an Fenster und Türen, um die Familie vor Dieben, Mördern, Blitzschlag und Sturm zu bewahren, es waren Gebete an Jesus, Maria und Josef. Und auf den alten Plantagen sang man Hymnen an die Heilige Familie. Unter den nachgelassenen Papieren und Manuskripten des Generalkapitäns Manuel Tomé de Jesus – eines Patriarchen aus Pernambuco, der Ende des XVIII. bis Mitte des XIX. Jahrhunderts lebte – fand ich einige fromme Zeilen zum Preis der heiligen Anna, »Marias Mutter und Großmutter Jesu«: -

»Laßt uns alle singen,
Laßt das Lob erklingen
Der gütigen Sankta Anna

Für die Heilige Familie
Sankta Anna ward geboren.
Gott hat sie auserkoren,
Die Großmutter Christi zu sein.

Gebenedeite Sankta Anna
Ach, bitte sehr für uns,
Für uns, die armen Sünder,
Beim göttlichen Enkelsohn.
Gepriesen seist Du, Anna,
Gepriesen auch Dein Mann,
Und der Dreieinigkeit Namen
Gepriesen in Ewigkeit, Amen.«

Diese Hymne ist insofern interessant, als sie enthüllt, daß man der heiligen Anna ein direktes Verwandtschaftsverhältnis mit der Heiligen Jungfrau und Jesus zuschrieb.

Auf den Plantagen wurde vorschriftsmäßig gefastet und wurden die kirchlichen Gesetze eingehalten. Natürlich paßte man die Gottesdienste und Fastenvorschriften der Feldarbeit und den »Arbeitspersonen« an. Sogar der erwähnte Manuel Tomé de Jesus, der ein sehr gottesfürchtiger Mann war und sein Haus wie ein Kloster gebaut hatte mit einem großen Kreuz vorn und seitwärts einer Kapelle – eine Art rustikales Escorial –, sogar Dom Manuel also zögerte nicht, sich an D. João, den Bischof von Pernambuco, zu wenden mit der Bitte, ihm die Lizenz zu erteilen, seinen Negern auch an Fasttagen Fleisch verabfolgen zu dürfen:

»Manoel Tomé de Jesus, Herr der Plantage Noruega, erklärt, daß er auf besagter Pflanzung über eine zahlreiche Menge von Sklaven und anderen Personen verfügt und daß es nicht möglich ist, an den Fasttagen alle so ausreichend zu ernähren, wie es für Arbeitspersonen nötig ist, wobei ihm in respektvoller Ehrfurcht zu bemerken erlaubt sei, daß Obengenannter sich den Vorschriften der heiligen Kirche willig unterwerfen und diese getreu, wie bisher, befolgen möchte.

Er bittet daher Eure Hochwürdige Exzellenz, Exzellenz möge kraft der Ihr vom Heiligen Stuhl verliehenen Autorität den Bittsteller und seine Familie sowie die in seinem Dienst stehenden Personen auf seiner Plantage von der Vorschrift der Fleischenthaltung mit Ausnahme einiger weniger Tage, welche Eure Exzellenz bestimmen mögen, entbinden.«

Dom João gab dem Gesuch statt und schrieb:

»In Ausübung des Uns vom Heiligen Stuhl übertragenen Amtes erteilen Wir dem Antragsteller die Lizenz, samt seiner Familie und seinen Sklaven, Fleisch zu essen an allen von der Kirche bestimmten Fasttagen, einschließlich der Fastenzeit, jedoch mit Ausnahme von Heiligabend,

HERRENHAUS DER NORUEGA-PLANTAGE
(PERNAMBUCO)

PLAN DES 1. STOCKS

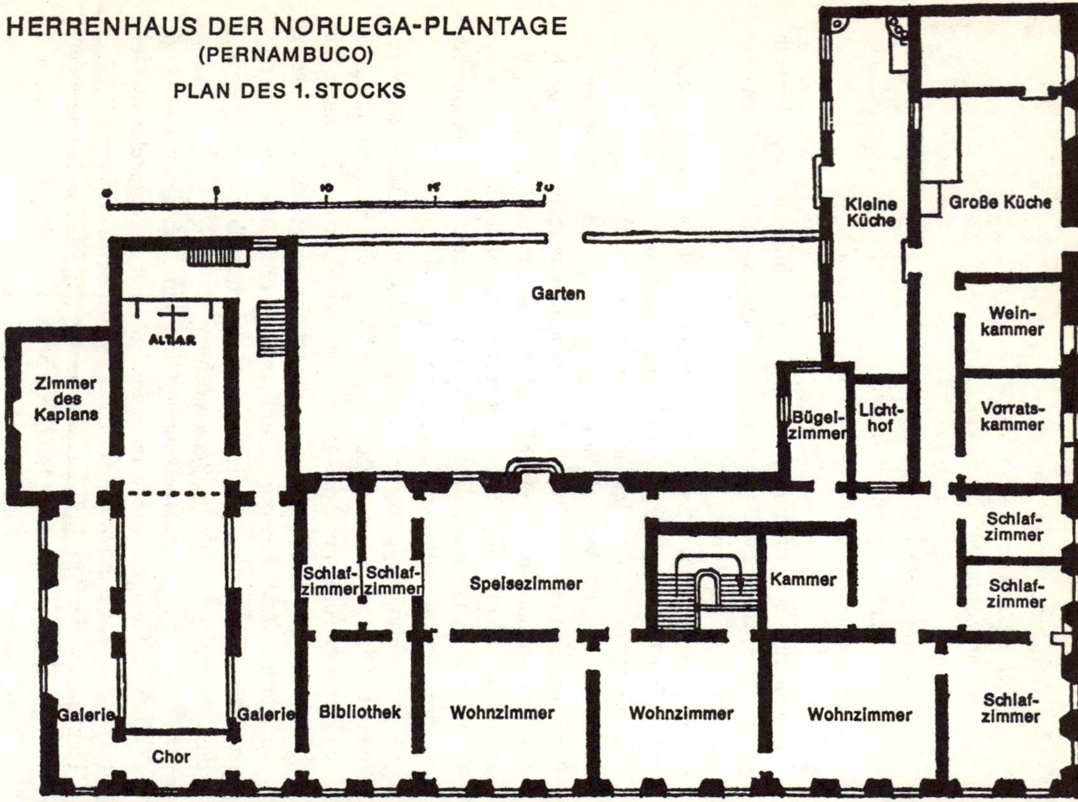

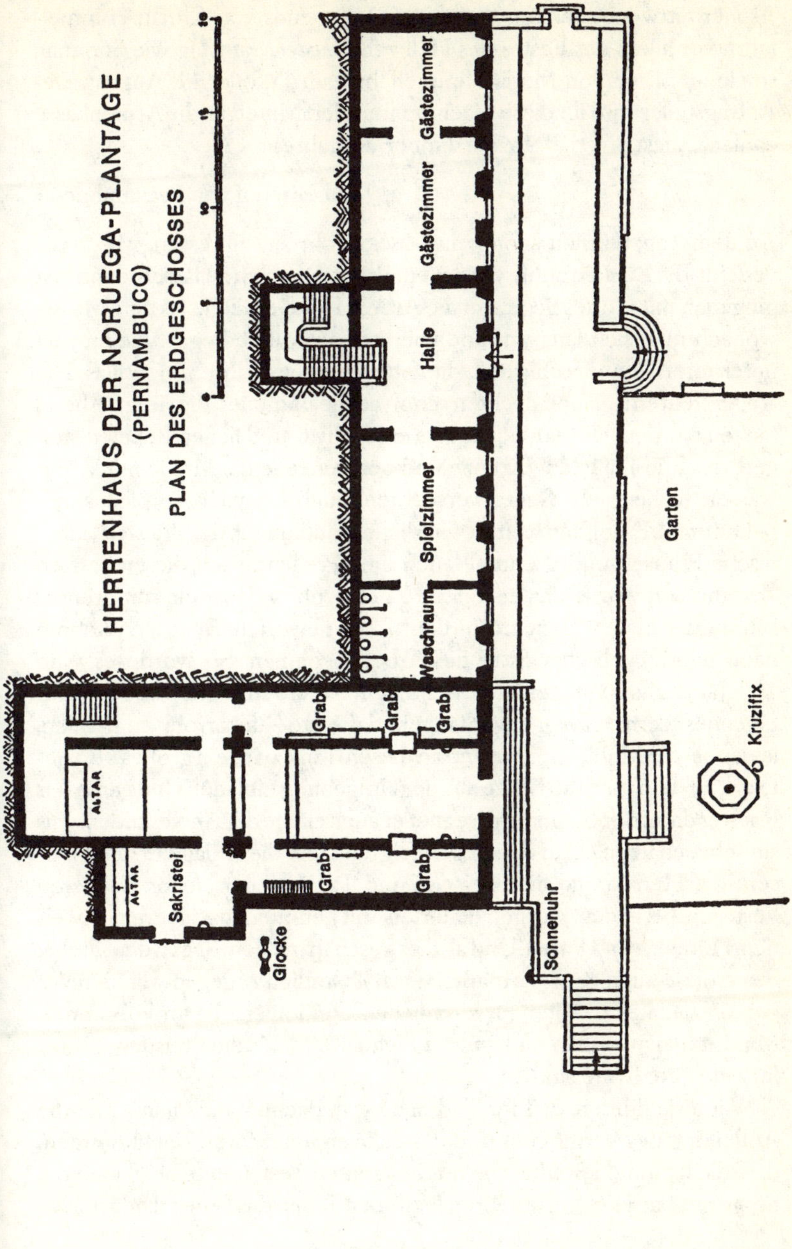
HERRENHAUS DER NORUEGA-PLANTAGE
(PERNAMBUCO)
PLAN DES ERDGESCHOSSES
0
5
10
15
20
Gästezimmer
Gästezimmer
Halle
Spielzimmer
Waschraum
Grab
Grab
Grab
Grab
Grab
ALTAR
ALTAR
Sakristei
Glocke
Sonnenuhr
Garten
Kruzifix

Aschermittwoch, der Karwoche, des Vorabends von Christi Himmelfahrt, vor allem des Festes des Heiligen Geistes, Samstag wie Sonntag, sowie am Tage von Mariä Himmelfahrt, am 13. oder 14. August. Der Antragsteller wird für diese Lizenz einhundert Milreis an die Armenkasse zahlen. Palast Soledad, 16. Dezember des Jahres . . . 18 –.

João, Bischof von Pernambuco.«

An dem Tag, da man anfing, das Zuckerrohr auszupressen, wurde nie verfehlt, die Zuckermühle von einem Priester segnen zu lassen, dann erst ging man mit Gottes Segen an die Arbeit. Der Geistliche las eine Messe, wonach man sich langsam und feierlich zur Mühle begab, die Herren unter ihren Sonnenschirmen, die fetten Frauen in ihren Mantillas. Die Neger freuten sich und dachten schon an die Batuques, die sie am Abend tanzen würden. Die Muleques schrieen »Viva« und ließen Raketen steigen, der Priester schlug Kreuze und besprenkelte die Mühle mit Weihwasser, wobei viele Neger versuchten, auch ein paar Tropfen abzubekommen. Es folgten weitere feierliche Handlungen des Priesters, lateinische Phrasen und eventuell auch eine Predigt. Nach diesen ganzen Zeremonien wurde das erste reife Zuckerrohr in Bündeln mit grünen, roten oder blauen Bändern in die Mühle geworfen. Erst dann konnte nach patriarchalischer Sitte die Arbeit beginnen. So wurde es vom XVI. Jahrhundert an gehalten. Schon Pater Cardim sagte von den Plantagenbesitzern: »Bevor sie anfangen, das erste Zuckerrohr zu mahlen, lassen sie die Mühle segnen, und an diesem Tage wird ein großes Fest gefeiert, zu dem man die Leute aus der Umgebung einladet. Und wenn der Priester darum gebeten wird, segnet er auch einige der Anwesenden, was sie sehr schätzen.« Auf den Segen folgten dann die Gelage in den Häusern der Herren und die Fresserei und Tanzerei der Neger. Es waren Feste, die bis in den Morgen dauerten, mit gebratenen Kälbern, Schweinen, Hühnern und Puten. Und all dies geschah mit dem Segen der Kirche, wenn diese auch gewissermaßen nur halbamtlich zugegen war, denn es gab offiziell keine »Riten für kirchliche Zeremonien, die im Volksmund Mai-Litaneien heißen und welche nichts weiter als die Preisung Gottes für eine gute Ernte sind«.

Wenn sie fühlten, daß ihr Tod nahe war, dachten die Pflanzer an die Aufteilung des Vermögens und der Sklaven unter ihren Nachkommen, d. h. die legitimen Söhne. Die uns bekannten Testamente bezeugen die Sorge der Patriarchen, nur ihren legitimen Erben das Erbe zu bewahren.

Manchmal jedoch sieht man auch ein warmes und christliches Gefühl für die Bastarde und Schwarzen gegen den Willen zur Erhaltung der legitimen Erbfolge rebellieren. Jerônimo de Albuquerque bestimmt in seinem Testament, verfaßt in Olinda »am dreizehnten Tag im Monat November im Jahre unseres Herrn Jesus Christus fünfzehnhundertvierundachtzig: Es ist mein Wille, daß alle meine natürlichen unverheirateten Söhne fünfhundert Milreis erhalten, die sie brüderlich miteinander teilen sollen.« Und sich an seine legitimen Söhne wendend: »Zweitens empfehle ich ihnen alle ihre natürlichen Brüder und Schwestern an, wobei es genügen soll, sie verstehen und wissen zu lassen, daß sie meine Kinder sind ...« Als großer Sünder um sein Seelenheil besorgt, bittet Jerônimo »Unsere Herrin, die Heilige Jungfrau, und alle Heiligen der himmlischen Heerscharen, daß, wenn meine Seele den irdischen Leib verläßt, sie dieselbe vor den Richterstuhl Gottes führen mögen«, und den Meister und die Brüder der Brüderschaft von der Göttlichen Barmherzigkeit, seine irdische Hülle zu begleiten »zu der Kirche meiner Plantage ›zur Hilfreichen Jungfrau‹, allwo ich meine Ruhestätte habe«. Sein Geld verteilt er auf vielerlei Weise: eine Spende von fünfzig Milreis für die Misericordia-Brüder, zwanzig Cruzados an die Armen, Seelenmessen, dreißig Milreis für einen silbernen Kerzenleuchter in der Plantagenkapelle, zwanzig Cruzados für die Brüderschaft des Allerheiligsten Sakraments, je drei bis sechs Milreis für andere Brüderschaften. Wenn man bedenkt, wie die Patriarchen auf die Erhaltung des Familienvermögens und dessen Konzentrierung auf die legitimen Nachkommen bedacht waren, ist dies schon eine beachtliche Geldvergeudung.

Selten starb ein Plantagenbesitzer, ohne in seinem Letzten Willen die Freilassung einiger Neger und Mulattenfrauen verfügt zu haben. Wohl war der Freigelassene, wie Alcântara Machado mit Bezug auf die Plantagensklaven von São Paulo im XVI. und XVII. Jahrhundert bemerkt, »meist ein Bastard und Kind der Liebe des Erblassers oder anderer Familienangehöriger mit einer Negerin des Hauses«. Welcher Plantagenherr ließ nicht zahlreiche Bastarde und natürliche Kinder zurück? Selten waren die Patriarchen, die zur »Gewissenserleichterung« wie Manuel Tomé de Jesus aus Pernambuco hätten schreiben können: »Im Namen des Herrn, Amen. Vater, Sohn, Heiliger Geist, drei verschiedene Personen in dem einen wahrhaftigen Gott vereint. Denen kund und zu wissen, die dieses Testament lesen, daß im Jahre unseres Herrn Jesu Christi eintausendachthundertfünfundfünfzig am zweiten Tage des Monats Oktober selbigen Jahres ich, Manoel Tomé de Jesus, im Vollbesitz meiner geistigen Kräfte und im Hause meiner neuen Pflanzung von Noruega, im Pfarramtsbezirk Unserer Frau der Stufen usw. . . . mein feierliches Testament mache in folgender Art und Weise und Form«. Anschließend empfiehlt der fromme Gläubige und strenge Katholik seine Seele unserem Herrn Jesus Christus, »meinem Erlöser, Retter und Glorreichen«, sowie der Heiligsten Jungfrau Maria, dem Erzengel Michael, Fürst der himmlischen Heerscharen, und den Gott näherstehenden und auf seine Befehle wartenden Vasallen und Boten, den Heiligen Gabriel, Raphael, Uriel, Theatriel und Barakiel – wonach diese sensationelle Erklärung kommt: »Ich erkläre, daß ich dreimal verheiratet war und immer mit den Segnungen der Kirche . . .« und »daß ich keinen einzigen natürlichen Sohn oder Bastard habe . . .«

Manuel Tomé verfügte ferner, daß zu Ehren des Todes seines Enkelsohnes André verschiedene Sklaven freizulassen seien, darunter die Mulattin Filipa, Frau des Vicente, »weil sie genug Kindern das Leben geschenkt hat«: also als Belohnung für den »fruchtbaren Bauch«. Es folgen zahlreiche Legate an Brüderschaften und Kirchen.

Perdigão Malheiro schrieb 1886 in seinem »historisch-juristisch-sozialen Essay« mit dem Titel *Die Sklaverei in Brasilien:* »In Testamenten und Kodizillen sind Freilassungen üblich; ich darf sogar als Prokurator von Urkunden an diesem Gerichtshof feststellen, daß selten eine sklavenbesitzende Person nicht einige freiläßt, das beweisen am besten die Akten in der Registratur.« Dasselbe gilt vom XIX. Jahrhundert, wie ich in Pernambuco feststellen konnte, und zwar nicht nur in den Archiven der Plantagen, sondern auch in den alten Registraturämtern der Sklavenregionen.

Von der Zeit des Jerônimo de Albuquerque, eines Schwagers des Gründers des Kapitanats von Pernambuco, bis zu den Tagen des Manuel Tomé de Jesus, Generalkapitäns von Dom Joãos VI. Gnaden – eines Patriarchen, der mit einundachtzig Jahren an einer Beinwunde starb, nach einem Leben, das ebenso entsagungsvoll wie das des Jerônimo wüst und ausschweifend gewesen war –, war es Brauch, Herren und Familienangehörige sozusagen im Hause zu begraben, d. h. in Kapellen, die den patriarchalischen Wohnhäusern angebaut waren. Tote und Lebende befanden sich unter einem Dach, bis die Hygieniker im zweiten Kaiserreich die Frage erhoben: »Wie lange noch sollen die Toten die traurige Genugtuung haben, die Lebenden zu vergiften?«

Mit bunten Kacheln verzierte Kapelle des alten Herrenhauses von Piranhenga (Maranhão)

Begräbnisse fanden nachts statt und zeichneten sich durch einen großen Wachskerzenverbrauch, viel lateinischen Gesang der Patres und das laute Klagen der Damen und Neger aus. Diese wußten nicht, was ihnen von dem neuen Herrn blühte, und heulten weniger aus Trauer über den Verstorbenen als aus Sorge um ihre eigene ungewisse Zukunft.

Ewbank beschreibt die prächtigen Begräbnisse der Adligen in Rio de Janeiro, die kostspielige Aufmachung der Leichen mit Uniformen, Seide, kostbaren Kleidern und Heiligenstatuen, Orden, Medaillen, Juwelen; die Kinder mit viel Rouge bemalt, mit langen blonden Locken und Engelsflügeln; die Jungfrauen ganz in Weiß mit Orangenblütenkränzchen und himmelblauen Schleifen. Inmitten dieses vergoldeten, scharlachroten und seidenen Gepränges vollzog sich die Überführung der Toten zu ihren Grabstätten in den Kirchen, welche an feuchten Tagen dann von einem so pestilenzartigen Verwesungsgestank erfüllt waren, daß man fürchten mußte, die Toten könnten jeden Moment aus den Särgen platzen.

Für die Neger gab es natürlich weder Seide noch Blumen, selbstverständlich begrub man sie auch nicht in der Kirche. Ihre Leichen wurden in Matten gewickelt, und ihre Gräber befanden sich in der Sklavenabteilung des Kirchhofes bei der Plantagenkapelle und wurden mit schwarzen Holzkreuzen markiert. Bei altgedienten Haussklaven allerdings war es anders. Sie starben wie Weiße mit Beichte, Kommunion und Empfehlung der Seele an Jesus und Maria, an die Heiligen Michael, Gabriel, Raphael, Uriel, Theatriel und Barakiel. Dies waren die blonden Erzengel, von denen man hoffte, daß sie die greisen Schwarzen aufnehmen würden, wie Sankt Peter die Negerin Irene aus Manuel Bandeiras Gedicht: »Komm herein, Irene, komm herein, Cosme, komm herein, Bendito, komm herein, Damião!« Es gab Herren, die für ihre Lieblingssklaven Messen lesen ließen, ihre Gräber mit Blumen schmückten und um sie weinten wie um Freunde oder geliebte Verwandte. Aber es gab auch manchen hartherzigen Herrn, und in der Stadt, wo es in kolonialen Zeiten keine Friedhöfe gab, war es selbst für barmherzige und christliche Gebieter nicht so leicht wie auf den Plantagen, ihre Neger einigermaßen anständig zu begraben. Viele Neger wurden am Strand verscharrt, so oberflächlich, daß Hunde und Geier wenig Mühe hatten, die Leichen zu finden. Am Strand zwischen Olinda und Recife sah Maria Graham einmal entsetzt, wie ein Hund einen Negerarm ausgrub. Wie die Engländerin berichtet, wurde den »neuen Negern« nicht einmal ein solches eingeebnetes Grab gegönnt, ihre Leichen wurden auf Holzbalken gebunden und mit einsetzender Ebbe ins Meer gestoßen. Dies ist ein anderer Punkt, in dem man wohl die Kirche, die Priester und die Misericordia-Brüder in Brasilien beschuldigen kann, ihre Pflicht versäumt zu haben.

Lange Zeit bestand ein Konflikt zwischen den Doktrinen der Kirche und den Interessen der Sklavenbarone über die Einhaltung der Sonntagsruhe. Loreto Couto widmet diesem Thema in seinem Buch *Rechtfertigung Brasiliens und Glanz Pernambucos* ein ganzes Kapitel und kommt zu dem Ergebnis, daß es »für Aufseher und Sklaven keine Todsünde ist, an Sonn- und Feiertagen auf den Zuckerplantagen Brasiliens zu arbeiten«. Er stützt sich darauf, daß, wie jeder Zuckerpflanzer und -produzent bestätigt, die Verarbeitung des Rohrs während der Sommerzeit vorgenommen werden muß, »denn wenn der Winter mit seinen Regenfällen einsetzt, verstopfen sich die Mühlen, und das Rohr bleibt auf den Feldern stehen oder wird durch die Nässe unergiebig, das heißt, es wird grün, was ein sicheres Zeichen für seine spätere Unergiebigkeit ist«. Und Dom Domingos schreibt: »Außer dieser Notwendigkeit gibt es verschiedene andere Gründe, warum die Arbeit an jenen Tagen nicht als Todsünde angesehen werden kann, als da sind Brauch, Nutzen, die Angst, viel Geld einzubüßen, und anderes mehr; alles Gründe, die, wie die Doktoren fast einstimmig betonen, in vorliegendem Fall eine Rolle spielen.« Nebenbei bemerkt, besaßen die Benediktiner, zu denen Dom Domingos gehörte, sowie die Karmeliter große Ländereien und viele Sklaven in Brasilien. Sie waren Zuckerpflanzer im Mönchshabit. Die Benediktiner behandelten die Neger sehr anständig, erlaubten den Kindern, den größten Teil des Tages zu spielen, bekümmerten sich um die alten Leute, vermittelten Heiraten zwischen vierzehn- und fünfzehnjährigen Mädchen und siebzehn- oder achtzehnjährigen Burschen und unterstützten ihre Bemühungen um Freilassung. Die Karmeliter hingegen zeichneten sich nicht immer durch eine gute Behandlung ihrer Sklaven aus; einer von ihnen wurde in Bahía von den Negern auf bestialische Weise umgebracht und in Stücke gehackt.

Nicht alle Sklavenhalter nahmen es auf sich, den Bischof um die Aufhebung der Fastenvorschriften für ihre Neger zu bitten, wie es der Generalkapitän von der Noruega-Plantage bei Dom João da Purificação Marques Perdigão getan hatte. Für manche mögen die Festtage einen Ausgleich ihrer schmalen Haushaltskasse dargestellt haben. Sie sparten an diesen Tagen, wo nur Dörrfisch und Mehl erlaubt war, nicht nur das Fleisch, sondern jegliche kräftige Kost. Außerdem mußten sicherlich manche unserer weniger begüterten Grandseigneurs, in heimatlicher Tradition befangen – sie waren schließlich die Nachkommen jener »Rübenfresser«, wie Clenardo so gehässig sagte –, häuslichen Komfort und anständige Ernährung ihrer Familien und Sklaven dem Dekor und einer vorgetäuschten Fassade opfern. Während manche Herren die Bilder ihrer Schutzpatrone und ihre schwarzen Mätressen mit Juwelen behängten und sie selbst in Samt und Seide beim Kirchgang prangten, liefen daheim die Feld- und Haussklaven halbnackt herum, besonders nach dem Vertrag von Methuen, als Stoffe in Portugal und Brasilien sehr teuer wurden. Der Bischof von Pernambuco, Dom Frei José Fialho, mußte schließlich seine Pfarrer anweisen, halbnackten Negerinnen den Zutritt zur Kirche zu verbieten, weil diese in »beklagenswert indezentem« Aufzug erschienen. »Ferner auferlegen wir den Besitzern jener Sklaven, nicht zu gestatten, daß sie wie üblich daherkommen, sondern ausreichend und nicht sinnlich provozierend gekleidet sind.« So heißt es in einem Hirtenbrief vom 19. Februar 1726. In einem anderen Brief vom 16. August 1738 kommt der Bischof auf dasselbe Thema zurück und tadelt diesmal die Sklavenbesitzer nicht allein wegen der Blöße gewisser Negerinnen, sondern auch dafür, daß manche von ihnen »lange Ausschnitte in ihren Hemden hätten, welche gemeinhin als Maneiras bekannt seien . . .« (Maneira – hemdartiger Überwurf mit bis zur Taille reichendem rückwärtigem Schlitz.) Schmuck zu tragen war verboten, unter Androhung »der Strafe dauernder Exkommunikation«.

Hundert Jahre später kann man aus den im *Jornal do Comércio* von Rio de Janeiro und im *Diário de Pernambuco* veröffentlichten Steckbriefen entlaufener Sklaven ersehen, wie die Haussklaven von Pernambucaner Familien gekleidet waren. Viele liefen halbnackt herum, »nur mit einer Tanga«, dem Lendentuch, die meisten aber »mit fleischfarbenem Hemd und baumwollener Unterhose« oder »mit grobem Baumwollhemd und Nankinghosen« bekleidet. Die Mädchen trugen »einen rotgestreiften Baumwollüberwurf« und die alten Negerinnen »violette Kattunbluse, lila Rock, oben schwarz, einen blauen Baumwollschal mit weißen Dreiecken, blaues Kopftuch«. Manche Neger hatten Ohrringe, die sie von Afrika mitgebracht hatten und behalten durften.

Le Gentil de la Barbinais bemerkte, daß die brasilianischen Siedler sehr reich wären, wenn sie nicht ihre Heiligen und ihre Mätressen hätten. Aber alles Geld reichte nicht aus, um sich bei den großen Kirchenfesten, die mit kostspieligem Pomp gefeiert wurden, entsprechend in Szene zu setzen. Da gab es Prozessionen, Feuerwerk, Wachskerzen, Weihrauch, Komödienspiel, Predigten, Tanz, und dann mußten die Neger- und Mulattenmädchen mit ihrem goldenen Tand und Balangandans ja auch noch berücksichtigt werden.

An solchen Festtagen wurden Freßorgien gefeiert, aber alltags war Schmalhans Küchenmeister, und mancher Simili-Lord mußte hungrig vom Tisch aufstehen. Das war die Situation der Aristokratie und im allgemeinen auch des Bürgertums im kolonialen, kaiserlichen und noch im republikanischen Brasilien. Wie ihre portugiesischen Ahnen benahmen sie sich, welche lieber hungerten, als darauf zu verzichten, immer in Samt und Seide zu paradieren und sich von zwei, drei oder acht Sklaven begleiten zu lassen, die ihnen Bürste, Sonnenschirm und Kamm nachtrugen. In Indien lernte Pyrard ein Trio portugiesischer Edelleute kennen, die zusammen nur über einen einzigen Anzug verfügten, so daß, wenn einer von ihnen ausging, die anderen beiden in Unterhosen daheim bleiben mußten. Noch heute verzichtet der Brasilianer eher auf häuslichen Komfort und regelmäßiges Essen als auf äußerliche Pracht und gute Kleidung. Es ist noch gar nicht lange her, daß viele unserer Studenten sich nur unregelmäßig ernähren konnten und ab Mitte jeden Monats hungerten. Fast alle lebten mit anderen zusammen in sogenannten »Republiken«, die äußerst primitiv eingerichtet waren und nichts enthielten als an Wandhaken aufgehängte Hängematten, einige Kleiderhaken und Petroleumkanister-Kisten für ein paar unentbehrliche Bücher. Auf der Straße aber stolzierten sie herum wie Prinzen mit Frack, Zylinder, dicker Zigarre und führten mit Siegermiene teure Liebchen aus.

Nichts aber war für den Portugiesen und Brasilianer je wichtiger als die Freuden des Venuskultes und speziell des Kultes der schwarzen Venus. Frézier sagt übertreibend: *»Est etiam fusco grata colore Venus«*, und geht noch weiter: *»Matres omnes filiis in peccato adjutrices«* usw. Das ist nicht nur Übertreibung, sondern fast schon Verleumdung.

Froger meint von den Brasilianern: *»Ils aiment le sexe à la folie ...«* Das trifft nicht nur auf gewöhnliche Sterbliche zu, sondern gilt auch von Mädchen und Geistlichen, denn sie führten ein ebenso orientalisch ausschweifendes Leben wie die Plantagenbesitzer unter der ständigen Versuchung durch kleine Neger- und Mulattenmädchen, die im Hause mit knospenden Brüsten zu holder Weiblichkeit erblühten und sich auf den leisesten Wink gefügig zeigten. Offensichtlich war dieser Umstand einer der Gründe, weswegen Antonil seinen Kaplänen empfahl, »außerhalb des Herrenhauses der Plantage« Wohnung zu nehmen und auch in ihren separaten Häuschen nur ältere schwarze Bedienerinnen zu halten. In diesem Sinne riet auch Dom Frei José Fialho seinen Pfarrern in Pernambuco, sie sollten keine Sklavinnen »unter vierzig Jahren« im Hause haben. Negerinnen über vierzig wurden schon als ungefährlich angesehen.

Über das gefährliche Alter von Sklavinnen hat sich jedoch Dom Frei José vielleicht getäuscht. Es scheint nämlich, daß Negerinnen in den Tropen nicht so schnell altern wie weiße Frauen, denn sie machen mit vierzig noch den Eindruck der berühmten Frau von dreißig Jahren in Europa. Eine vierzigjährige Schwarze ist gerade erst vollreif und noch großer Leidenschaften fähig.

La Gentil de la Barbinais, der Anfang des XVIII. Jahrhunderts hier war, spricht von einer fast morbiden Vorliebe der Kolonisten für Negerinnen und Mulattinnen: *»Les portugais naturels du Brésil préfèrent la possession d'une femme noire ou mulâtre à la plus belle femme. Je leur ai souvent demandé d'où procedait un gout si bizarre mais ils l'ignorent eux-mêmes. Pour moi je crois qu'élevez & nourris par ces Esclaves, ils en prennent l'inclination avec le lait.«* Der gleichen Meinung ist Calhoun bezüglich der Anglo-Amerikaner im

Süden der Vereinigten Staaten; vornehme Blonde hätten eine ausgesprochene Vorliebe für Neger- und Mulattenfrauen entwickelt. Die Oktoronen- und Mulattenbälle von New Orleans sind berühmt, und junge Herren der besten weißen Familien holen sich dort ihre farbigen Mätressen.

Le Gentil de la Barbinais erwähnt einen besonders kuriosen Fall aus dem Brasilien des XVIII. Jahrhunderts, nämlich den einer reizenden Frau aus Lissabon, die einen Luso-Brasilianer heiratete. Doch schon bald gab es einen ernsthaften Ehekrach, weil der Brasilianer seine weiße Frau vernachlässigte und ihr eine Negerin vorzog, welche, wie der Chronist versichert, »nicht die Beachtung des häßlichsten Negers von ganz Guinea verdiente«. Das meinte der Franzose – vielleicht sehnte er sich nur nach den blonden Pariserinnen.

Der Geschlechtsverkehr zwischen Weißen bester Herkunft – inklusive der Geistlichen, die zweifellos die rassisch wertvollsten Elemente in der werdenden brasilianischen Gesellschaft darstellten – mit Negerinnen und Mulattinnen war enorm verbreitet, und das Resultat war eine Menge illegitimer Nachkommen in Form von kleinen Mulatten, welche vielfach zusammen mit den legitimen Kindern aufgezogen wurden, denn man war in dieser Hinsicht in den patriarchalischen Herrenhäusern sehr tolerant. Andere wurden auf den Plantagen der geistlichen Orden erzogen oder wuchsen in Findlingsasylen oder Waisenhäusern auf.

Das Bevölkerungsproblem, das eine große Rolle bei der Kolonisation Brasiliens spielte, führte dazu, daß man moralische und sexuelle Seitensprünge sehr nachsichtig beurteilte. In keinem anderen katholischen Land wurden außereheliche Kinder – und besonders solche von Geistlichen – so freundlich behandelt und erzogen wie in Brasilien. La Barbinais schrieb von den unehelichen Kindern in den zahlreichen kolonialen Waisenhäusern: *»Ces sortes d'enfants sont fort considerés dans ce Pais: le Roi les adopte & les Dames les plus qualifiées se font un honneur de les retirer dans leurs maisons, & les élever comme leurs propres enfants. Cette charité est bien louable mais elle est suyette à bien des inconvenens.«* Lobenswerter ist aber noch, daß auch in den Sklavenhütten geborene Kinder in den Herrenhäusern zusammen mit den legitimen Kindern aufgezogen wurden.

Mit Ausnahme der Jesuiten, welche eisern standhaft blieben, nahmen sich im XVI. Jahrhundert viele Priester und Brüder weniger strenger Orden indianische und Negermätressen, so daß Pater Nóbrega die Zustände bei der Geistlichkeit von Pernambuco und Bahía skandalös fand. Im ganzen XVII. und XVIII., ja sogar noch bis ins XIX. Jahrhundert hinein war man daran gewöhnt, daß die Kutten hochgeschürzt wurden, damit ihre Träger frei ihre semipatriarchalischen Pflichten erfüllen konnten, wenn sie nicht überhaupt sexuellen Ausschweifungen schon ebenso ergeben waren wie die Patriarchen selbst. Sehr oft verbargen sich hinter den Toren mit frommen und engelsreinen Inschriften wie »Göttliche Liebe«, »Mariä Himmelfahrt«, »Berg Karmel«, »Unbefleckte Empfängnis« oder »Rosenkranz«, laut einigen Chronisten, statt nüchterner Zellen zur Keuschheit verpflichteter Asketen die üppigen Ställe feuriger Zuchthengste in geistlichen Gewändern. Pater La Caille war entsetzt über das sündige Leben der Mönche von Rio de Janeiro.

Vor La Caille war im XVII. Jahrhundert Froger in Rio de Janeiro und erzählt, daß nicht nur Bürger, sondern auch Geistliche mit ihren Mätressen öffentlich auftraten. Le Gentil de la Barbinais stellt fest, daß in Bahía Geistliche und Laienbrüder offen Liebesverhältnisse mit Frauen unterhalten, und fügt hinzu: »*On les connoit plûtôt par le nom de leurs Maitresses que par celui qu'ils ont... Ils courent pendant la nuit travestis les uns en femmes en habits d'Esclaves, armez de poignards & d'armes encore plus danzereuses. Les couvens mêmes... servent de retrait aux femmes publiques.*« Der Autor von *Revolutionen in Brasilien* weiß von schrecklichen Zuständen in den Klöstern des XVIII. Jahrhunderts zu erzählen: »Zentren... der Unwissenheit, Schamlosigkeit und Unzucht.« Karmeliter, Benediktiner, Franziskaner, Marianer, italienische Barbiner, Oratorianer – alle, klagt er, sind verkommen. Er geht aber wohl in seinem Pamphlet ebenso etwas zu weit wie Pater Bento José Cepeda in seinem Bericht über die Jesuiten, der im Archiv des brasilianischen Historischen Instituts aufbewahrt wird. Diesem Dokument entnahm Luís Edmundo die Anekdote über einen Jesuiten, der von den versammelten Gläubigen »ein Ave-Maria für die in Wehen liegende Frau des Bischofs« verlangt haben soll. Aus der gleichen Quelle stammt auch die Geschichte von Vitor Antônio, von dem gesagt wird, er habe, wenn er sich auf Liebespfade begeben wollte, von dem Gekreuzigten die Perücke geborgt, um nicht erkannt zu werden. Auch Pater Lopes Gama schont in seinem *Carapuceiro* die Mönche nicht und karikiert sie grausam.

Maria Graham hatte Anfang des XIX. Jahrhunderts ebenfalls einen schlechten Eindruck von der brasilianischen Geistlichkeit, aber sie kannte sie nur vom Klatsch in Pernambuco; außerdem konnte sie es den Priestern nicht vergessen, daß sie die Klosterschule und Bibliothek von Olinda verkommen ließen.

Es kann indessen nicht gesagt werden, daß jene geistlichen Wüstlinge – die Gott und die Bücher vergessenden Priester und Mönche, welche in skandalöser Weise mit Prostituierten verkehrten – die Mehrheit repräsentierten. Es gab Priester, die englische Protestanten stark beeindruckten; Mathison erwähnt ihr reines und heiligmäßiges Leben, Koster ihr Wissen und ihre geistigen Interessen, Burton ihre Güte und Bildung. Gewiß gab es noch mehrere, die sich Konkubinen hielten, aber sie waren diskret, lebten mit ihrer Familie in Zurückgezogenheit und widmeten sich mit Liebe der Erziehung ihrer »Adoptivkinder« oder »Neffen«, ohne dadurch die allgemeine Achtung einzubüßen.

Viele von ihnen gingen Verbindungen mit farbigen Sklavinnen oder Freigelassenen ein, andere wieder mit Weißen oder mit hellhäutigen Mulattenmädchen, wahren Schönheitsidealen, vom arischen Gesichtspunkt aus betrachtet. Wenn ich so lange bei diesem Thema verweilte, tat ich es nicht, um zu beweisen, daß die Berufung der brasilianischen Geistlichkeit zum Asketentum nicht gereicht hätte – die Schwäche der in sündiger Gemeinschaft mit Comadres lebenden Pfarrer wurde durch die patriarchalischen Verdienste, die sie erwarben und kultivierten, wieder wettgemacht. Meine Beharrlichkeit hat einen ganz anderen Grund: Ich will hervorheben, daß es der werdenden brasilianischen Volksfamilie im Hinblick auf rassische und soziale Erbanlagen nicht an höchstwertigen Elementen mangelte, die von bestem Stamm waren und durchaus in der Lage, eine wertvolle Nachkommenschaft hervorzubringen. Dabei spielt der Priester als Stammvater oder gelegentlicher Blutverbesserer in mancher berühmten brasilianischen Familie die vornehmste Rolle. Beweis hierfür ist allein schon die Tatsache, daß sich bei uns so viele Söhne und Enkel von Geistlichen als Gelehrte, Politiker, Juristen und Beamte rühmlichst hervorgetan haben.

Angelehnt an Lapouge, gibt Alfredo Ellis jr. die »religiöse Auslese« als eine der Kräfte an, welche schwächend auf die »eugenische Potenz« der Paulistaner gewirkt haben sollen. Die Kirche, meint er, zöge die besten geistigen Erbanlagen aus dem Verkehr und trage damit zu ihrem eigenen Verfall bei. Ja, der Schreiber sieht noch »düsterere« Folgen dieser religiösen Auslese des Katholizismus für die brasilianische Familie vor seinem geistigen Auge. »Auch wurde sie verhindert, größere Geisteskräfte hervorzubringen, wodurch zwangsläufig die Durchschnittsintelligenz der Bevölkerung vermindert wurde, war es doch in den Familien von São Paulo Sitte, Söhne, die eine größere Intelligenz verrieten, Priester werden

Ruine des Herrenhauses von Garcia d'Avila (Bahía)

zu lassen. So wurden die besten Elemente dieser Familien der Fortpflanzung entzogen, und diese Funktion blieb denen überlassen, die am wenigsten intelligenzbegabt waren.« Hierin muß ich dem Soziologen von São Paulo widersprechen. Zugegeben, eine große Anzahl von Priestern und Mönchen stammt aus den besten kolonialen Familien – und sie waren durchweg eine Auslese der klügsten Köpfe jener Familien –; trotzdem aber glaube ich nicht, daß das Potential dieser höchsten geistigen Elite durch die »religiöse Auslese« begraben oder sterilisiert wurde. Lapouge bezieht sich auf jene unter dem Einfluß der Kirche stehenden Milieus, in welchen die Geistlichkeit die auferlegte Keuschheit und das Zölibat strikt einhalten. Das war aber in Brasilien keineswegs der Fall. Bei uns war es eine Seltenheit, wenn ein Priester keusch blieb, die meisten trugen freigebig zum Bevölkerungszuwachs bei und zeugten hochgeistige Söhne und Enkel. Was den von Alfredo Ellis angezogenen Umstand angeht, die Paulistaner seien »in der Vergangenheit geistig nur sehr mittelmäßig begabt« gewesen, so scheint mir das andere, noch nicht näher bestimmte Gründe zu haben. Jedenfalls ist von den Folgen jener »religiösen Auslese«, von denen Lapouge spricht, in Brasilien kaum etwas zu merken, und es gibt zahlreiche hervorragende Brasilianer, die Söhne und Enkel von Priestern sind.

Die Genannten zeichnen sich nicht nur durch Begabung und Bildung aus, sie sind auch in moralischer Hinsicht über jeden Tadel erhaben. Noch heute stellen diese Nachkommen der Geistlichkeit die Prominenz der Literatur, Politik und Diplomatie. Ich könnte einen berühmten Schriftsteller der Kaiserzeit nennen, einen noch lebenden gelehrten Juristen, einen namhaften Hygieniker aus der Frühzeit der Republik, einen hervorragenden Diplomaten und Mitarbeiter Rio Brancos, einen Staatsminister unter Vargas sowie viele Ärzte, Rechtsanwälte und Lehrer. Es handelt sich nicht um zwei oder drei Familien, nein, es gibt zahlreiche brasilianische Familien, die ihren Ursprung auf einen Pfarrer oder Priester zurückführen oder deren Ahnentafel einen solchen aufweist. Das trifft z. B. auf eine unserer vornehmsten Familien zu, die Andrades. Im Stammbaum dieser Familie trifft man – nach Alberto Sousa – auf den ehrenwerten alten Kolonialpriester Hochwürden Pater Patricio Manuel Bueno de Andrade, einen reichen Gutsbesitzer aus Santos, dessen Tochter Dona Maria Sebinda ihrem Vetter Francisco Xavier da Costa Aguiar angetraut wurde, durch welche Verbindung das Vermögen des alten Dieners der Kirche dem legitimen Zweig der Familie zugeführt wurde.

Der verdiente und gelehrte Professor der griechischen Sprache aus der Kolonialzeit, Luís dos Santos Vilhena, fand einen besorgniserregenden Schönheitsfehler an dem vertrackten Patriarchentum der Geistlichkeit, insofern nämlich, als viele Geistliche sich nicht mit weißen Frauen oder sehr hellen Mulattinnen abgaben, deren Nachkommen leicht legitimiert werden konnten, sondern mit Negerinnen und dunkelhäutigen Mädchen, was dazu führte, daß zuviel Vermögen in Mulattenhände überging. Vilhena sagt: »Es gibt Geistliche, und nicht wenige, die aus alter und übler Gewohnheit, ohne sich um ihren Stand oder ihre Stellung zu kümmern, ein Lotterleben mit Mulatten- und Negermädchen führen. Sie bekommen Kinder von ihnen, und diese werden nach ihrem Tod ihre Erben. Auf diese und ähnliche Weise gehen wertvollste Besitzungen Brasiliens in die Hände von Mulatten über, welche angeberisch, hochnäsig und eitel sind, und die betreffenden Zuckerplantagen verfallen in kurzer Zeit, wie es hier der Fall ist, zum größten Schaden des Staates.« So viel Kummer machte diese Entwicklung Vilhena, und so zahlreich waren die Beispiele im Konkubinat mit Negerinnen und Mulattinnen lebender wohlhabender Priester, daß er sich veranlaßt sah, König João VI. darauf aufmerksam zu machen: »... da dies eine Angelegenheit ist, die wohl würdig erscheint, das königliche Gehör Eurer Majestät zu verdienen, denn diese Plantagen werden unweigerlich in die Hände dieser Bastarde von Pardos fallen, welche gemeinhin verderbte Subjekte sind und diese unvergleichlichen Besitzungen nicht zu schätzen wissen – weshalb ihnen dieselben in Bälde aus den Händen gleiten und verlorengehen, wie es hier mit dem größten Teil der Güter ergangen ist, die in den Besitz von Eigentümern dieser Art fielen.« Vielleicht hat Meister Vilhena ein bißchen übertrieben; nichtsdestoweniger können wir doch die Häufigkeit der Verbindungen wohlhabender Personen – Kaufleute, Geistliche und Pflanzer – mit Negerinnen und Mulattinnen als eine der Ursachen für die in Kolonialzeiten oft beobachteten raschen und leichten Vermögensverluste annehmen, die natürlich dem patriarchalischen Wirtschaftssystem und dem Kapitalismus schadeten, dafür aber der Entwicklung demokratischer Züge im brasilianischen Volk äußerst förderlich waren.

Wenn die fruchtbare patriarchalische Tätigkeit der Patres auch meist unter bedauerlichen moralischen Bedingungen ausgeführt wurde, so führte sie doch der brasilianischen Entwicklung die absolute Elite aller sozialen und eugenischen Elemente zu, die sich dann als Sprößlinge der vornehmsten Familien mit höchsten Geistesgaben bemerkbar machten, welche ihrerseits – selbst gut ernährt und wohlerzogen wie keine andere Klasse – die Überlegenheit ihrer Ahnen auf Grund ihres sozialen Prestiges, ihrer Kultur und ihres Wohlstandes auf ihre eigenen weißen oder sogar braunen Nachkommen weiter übertrugen. Hieraus erklärt sich der rasche soziale Aufstieg mancher Priestersöhne, wenn sie weiße oder helle Mischlinge waren, ein Aufstieg, der immer mühelos erreicht wurde, da ihnen die höchsten Posten und Karrieren offenstanden und ihre Einheirat den besten Familien willkommen war. Nicht ohne Grund glaubt man im Volk, daß Priestersöhnen ein außergewöhnliches Lebensglück beschieden sei, illegitimen Söhnen allgemein und Priestersöhnen speziell. »Glücklicher als der Sohn eines Paters«, sagen die einfachen Leute, was heißen soll: »Es gibt kein uneheliches Kind und besonders kein Kind eines Paters, das es nicht gut hat.«

Wenn auch nicht in dem Maße wie von den Söhnen der Geistlichen, kann das von Bastarden im allgemeinen gesagt werden, denn diese Mischlinge entstammten durchweg Verbindungen der besten männlichen Elemente – der Herrensöhne der edelsten Familien – mit den auserlesenen weiblichen Elementen der Sklavenhütten – den hübschesten, gesündesten und frischesten Neger- und Mulattenmädchen.

Comte – nicht der Philosoph aus der Rue Monsieur le Prince, sondern Charles, der leider das Pech hatte, niemals so in Mode zu kommen wie Auguste –, Comte weist auf eine Tatsache hin, welche von eminenter Bedeutung für die Entwicklung der brasilianischen Gesellschaft ist, nämlich das unbeschränkte Auswahlrecht der Sklavenhalter bezüglich der gewünschten Frauen und Mätressen unter den Sklavinnen. Sie nahmen sich natürlich nur die schönsten und gesündesten: *»les plus belles et les mieux constituées«*. Gegenüber den Indianerinnen hatte der portugiesische Kolonisator in Brasilien diesen Vorteil schon früher wahrgenommen.

Aus solchen Verbindungen, meinte Charles Comte, gingen in sklavenhaltenden Ländern fast immer die wertvollsten Elemente hervor, und ich glaube, daß er heute von »eugenisch bester Art« gesprochen hätte, statt vor hundert Jahren, im Jahre 1833, zu schreiben: *»Les enfans nés de ces alliances n'ont pas tous été affranchis; ce n'est cependant que par mieux qu'il y a eu de nombreux affranchissemens. Les personnes de cette classe auxquelles la liberté n'a pas été ravie, ayant été soustraites aux fatigues et aux privations des esclaves, et n'ayant pus contracter les vices que donne la domination, ont formé la classe la mieux constituée et la plus énergique.«* Statt die Söhne von Herren und Sklavenmädchen für sozial gefährlich zu halten, weil sie die schlechten Eigenschaften beider Elternteile in sich vereinten, sieht Charles Comte sie vielmehr als von Klassendünkel freie und unbehinderte Wesen an, die einen gesunden Mittelweg einhalten.

Mancher kleine Mulatte lernte schneller lesen und schreiben als die weißen Jungen und überflügelte diese auch bei späteren höheren Studien. Ländliche Überlieferungen erzählen von vielen Fällen, in denen uneheliche Kinder sozial und wirtschaftlich ihren Weg nach oben gemacht haben, da sie die ihnen gegebene Gelegenheit, etwas zu lernen, gut ausnutzten, während die weißen Jungen sich nach einem gewissen Alter nur noch für Pferderennen und Hahnenkämpfe zu interessieren pflegten. Und in den Händen solcher weißen Erben zerrannen mehr große Vermögen als in denen der von Vilhena so verachteten »Pardo-Bastarden«, teilweise Vermögen, die zwei, drei und vier Generationen mühsam angehäuft hatten.

Indessen muß man doch von den von Comte den Nachkommen der Herren und Sklavinnen zugeschriebenen Vorrechten einiges abziehen, denn es gab auch Nachteile: das unvermeidliche Vorurteil gegen Mischlinge, das sich manchmal gegen die Hautfarbe richtete und manchmal gegen die Abstammung von Sklaven.

Unter dem Druck dieser Vorurteile entwickelte sich in manchem Mischling ein unbestreitbarer Minderwertigkeitskomplex, und selbst in einem Mulatten gegenüber so toleranten Land wie Brasilien ist dieser Komplex in einer Vielzahl von Formen zu beobachten. Eine davon ist die häufige Erscheinung sozialen Strebertums bei »arrivierten« Mulatten, die schon eine höhere Kultur- oder Wohlstandsstufe erreicht haben. Hier zwei charakteristische Beispiele für dieses Strebertum: Tobias Barreto, der auf seine frisch erworbene Bildung so eingebildet ist, daß er der von Chamberlain beschriebenen komischen Figur von Luciano gleicht; und in der Politik Nilo Peçanha. Andererseits könnte niemand dezenter und zurückhaltender sein als Machado de Assis und niemand subtiler als der Baron von Cotegipe. Diese und andere Aspekte der Rassenvermischung sollen uns in einer anderen Arbeit beschäftigen.

Einige Chronisten der Sklavenzeit sprechen der Prostitution der Negerinnen oder besser dem Mißbrauch derselben durch die Weißen eine große Bedeutung zu. La Barbinais versichert, daß sogar Damen von Stand aus der Prostitution Nutzen zu ziehen wußten. Sie pflegten die Sklavenmädchen mit Goldkettchen, Armreifen, Ringen und feinen Spitzen hübsch aufzuzäumen und teilten dann den Gewinn des Tages mit ihnen. Männliche und weibliche Neger, die als Mietneger bekannt waren, dienten jedem Zweck in Brasilien. Sie verkauften Rizinusöl, Gebäck, Kuskus, Mangos, Bananen, waren Lastträger, brachten Trinkwasser vom Brunnen in die Häuser der Armen, und abends lieferten sie ihre Einnahmen ihrem Herrn ab. Diese Mietneger wurden, wenn wir La Barbinais glauben dürfen, auch für andere Geschäfte verwandt, aber es waren doch wohl – von den üblichen Ausnahmen abgesehen – nur deklassierte weiße Frauen, welche Sklavenmädchen auf die erwähnte Weise ausnutzten. Man sah zehn-, zwölfjährige Negermädchen sich auf der Straße Riesen von rauhen, pockennarbigen Matrosen anbieten, die von den französischen und englischen Seglern nach langer Seereise hungrig auf Frauen an Land stiegen. Und die ganze aufgestaute Gier dieser blonden Riesenbestien stürzte sich nun wild auf die kleinen Mulattenmädchen. Schlimmer aber war, daß diese rauhen Seeleute von Syphilis verfault und von allen möglichen Krankheiten verseucht waren, die sie sich in allen Häfen der sieben Meere geholt hatten.

Seine Majestät Kaiser Pedro II. herrschte Mitte des XIX. Jahrhunderts in Brasilien. Er war ein frommer und keuscher Mann, der einen guten Ehegatten für die Queen Victoria abgegeben hätte und in krassem Gegensatz zu seinem erlauchten Vater stand, welcher als echter Brasilianer es nicht verschmäht hatte, auch Negermädchen zu entjungfern und zu schwängern. Doch gerade unter Pedro II. war der Betrieb in der Rua do Sabão und Rua da Alfândega schlimmer als der im Mangue-Distrikt heute. Sklavenmädchen von zehn, zwölf oder fünfzehn Jahren stellten sich halbnackt in den Fenstern zur Schau, sie wurden – wie ein Schriftsteller jener Zeit erzählt – von ihren Herren und Herrinnen (letztere gewöhnlich »maîtresses de maison«) gezwungen, »ihre Gunst zu verkaufen, um mit diesem zynischen Handwerk den Lebensunterhalt zu verdienen«. Vilhena berichtet aus den letzten Jahren der Kolonialzeit, die Zustände auf den Straßen Bahías seien fürchterlich gewesen: »Lüsterne, herumlungernde und arbeitsscheue Personen beider Geschlechter füllen abends auf- und abschlendernd die Straßen und stellen schamlos ihre Verkommenheit zur Schau ...« Der Professor der griechischen Sprache spricht dann von den »Vätern der armen Familien« – unseren »armen Weißen« –, die ihren Töchtern nichts anderes mitzugeben hatten als Faulheit und Abscheu gegen Handarbeit und, »wenn diese herangewachsen waren, sich ihrer bedienten, um den Unterhalt zu bestreiten ...« Im allgemeinen aber waren es die Schwarzen, deren Prostitution von den

Weißen zu Geld gemacht wurde. Es wurden die Körper manchmal erst zehnjähriger Mädchen mißbraucht, die übrigens nach dem allgemeinen Glauben im patriarchalischen Zeitalter Brasiliens ein Bollwerk gegen Angriffe von Don Juans auf die Tugend weißer Frauen darstellten.

Burton macht auf das Verhältnis zwischen der Prostitution und der Reinheit des häuslichen Herdes aufmerksam: Je blühender die Prostitution, um so größer die Tugend daheim. Diese Theorie Bernard Mandevilles auf das patriarchalische Brasilien angewandt, ergibt, daß die Tugend der weißen Frau der Oberklasse weitestgehend der Prostitution der schwarzen Sklavenmädchen zu verdanken war. Die Mütter, Jungfern und die Frauen im allgemeinen schienen Burton – nicht nur in Minas, sondern in ganz Brasilien – »außergewöhnlich rein« (*exceptionally pure*) zu sein. Er sagte auch, daß man die brasilianische Frau nicht nach den Hof- und städtischen Damen beurteilen dürfe, sondern nach den Frauen im Inneren des Landes. Zwar lebten die Frauen in der Provinz in einer fast orientalischen Abgeschlossenheit, doch waren sie innerhalb ihrer Sphäre außergewöhnlich tugendhaft. Der englische Reisende zögert nicht, dieser Tugendhaftigkeit die vorehelichen »Flirts« der jungen Damen auf den Britischen Inseln und die relative Freiheit der Kanadierinnen und Nordamerikanerinnen vor und nach der Hochzeit gegenüberzustellen. Aber bevor wir uns an Burtons Elogen selbstzufrieden wärmen, sollten wir uns doch schnell der Tatsache erinnern, daß vieles dieser Keuschheit und Reinheit auf Kosten der Sklavenprostitution, der beschimpften Mulattin, der von den weißen Herren veranlaßten Demoralisierung und Sittenlosigkeit in den Sklavenhütten erworben und erhalten wurde.

»Manche Herren sind gegen die Heiraten von Sklaven untereinander«, schrieb der Jesuit Andreoni, »und kümmern sich nicht um deren freie Verbindungen, ja sie billigen diese ganz offensichtlich und stiften sie an, indem sie sagen: Du, Soundso, wirst mal die Soundso heiraten. Und von da an betrachten sich die beiden als verheiratet, und man sagt, daß sie nicht richtig heiraten aus Angst, sie könnten sich als Eheleute streiten und möglicherweise dann mit Gift oder Hexerei gegenseitig umbringen, denn es gibt bemerkenswerte Hexenmeister unter ihnen.« Von den Sklavenbaronen am Ende des XVII. Jahrhunderts sagt der Priester: »Andere, nachdem sie ihre Sklaven verheiratet haben, trennen sie voneinander für Jahre, als ob sie ledig wären; das ist etwas, was sie vor ihrem Gewissen nicht verantworten können.«

Man muß jedoch zwischen Feldsklaven und Haussklaven unterscheiden. Letztere erfreuten sich oft moralischer und religiöser Stützen, welche den ersteren fehlten. Meist wurde in den Herrenhäusern sehr darauf geachtet, daß die Haussklaven getauft waren, denn man fühlte so etwas wie ein abergläubisches Unbehagen, »Heiden« oder »Mauren« im Hause zu haben, selbst wenn diese nur Sklaven waren. In den Testamenten und Inventarien des XIX. Jahrhunderts werden häufig verheiratete Neger erwähnt, etwa »die Soundso, Ehefrau des Soundso«. Perdigão Malheiro erzählt, daß es Plantagenherrinnen gab, die so um das Wohl ihrer Sklaven besorgt waren, daß sie kleine schwarze Babys, deren Mütter im Kindbett gestorben waren, an der eigenen feinen, weißen Brust stillten und daß auf manchen Plantagen, wenn Sklaven heirateten, das Paar »als Familie von den Herren mit gewissen Vorrechten bedacht wurde«.

Die getauften und verehelichten Neger nahmen gewöhnlich die Familiennamen ihrer weißen Herren an, daher die vielen Cavalcantis, Albuquerques, Melos, Mouras, Wanderleys, Lins, Carneiros Leões, durch deren Adern kein Tropfen des edlen Blutes dieser alten Familien fließt, wie die Namen vermuten lassen könnten. Nichts ist in Brasilien, wie auch in Portugal, ungewisser und irreführender, als an Hand von Familiennamen den Ursprung der Vorfahren bestimmen zu wollen. Eine Dame einer sehr vornehmen Familie aus Pernambuco – sie war die Witwe eines hervorragenden Diplomaten und Historikers – erzählte mir einmal, daß eines Tages in London oder Washington ein Militärattaché und Armeeoffizier in der brasilianischen Gesandtschaft auftauchte, der ihren eigenen Familiennamen trug. Vielleicht waren sie Verwandte – wer weiß? Sie ging dem nach und fand heraus, daß der fragliche Name aus rein ästhetischen Gründen angenommen worden war; der Offizier hatte ihn sich zugelegt, weil ihm sein Klang gefallen hatte. Dasselbe machten auch Priestersöhne und uneheliche Kinder. Vielen reichten aber die tönenden und adligen Namen des eigenen Landes noch nicht, und so holten sie sich aus der Geschichte von Portugal und Spanien noch klangvollere und ruhmreichere Namen, und wenn sie besonders eitel waren, vergaßen sie nicht, diesen Namen obendrein ein »da« oder »de« (von) voranzusetzen in der Hoffnung, man möchte ein Adelsprädikat dahinter vermuten. So wurden sie also zu »de Albas«, »de Cadavals«, »da Gamas«. Der Schriftsteller Antônio Torres nennt sie den »Briefkopf-Adel« oder die »Hotel-Register-Aristokratie«.

Bei den Plantagensklaven, die im Schatten der Herrenhäuser ihre Familien gründeten, waren die angenommenen adligen Namen weniger törichte Eitelkeit als eine natürliche Folge des Patriarchentums: Schwarze und Mulatten, die sich bemühten, die soziale Leiter höher hinaufzuklettern, imitierten ihre Herren, indem sie sich die äußeren Formen von deren Überlegenheit aneigneten. Bemerkenswert ist jedoch bei dieser Gelegenheit, daß auch sehr oft der berühmte und edle Name des weißen Herrn durch den indianischen, ja sogar afrikanischen Namen seines Landsitzes ersetzt wurde, als bestimme die Erde den Namen des Besitzers. So wurde ein Zweig der Familie Cavalcanti de Albuquerque in Pernambuco unter dem Namen Suaçuna bekannt, wie etwas später ein Familienzweig der Carneiros Leões sich zu Cedro wandelte. Suaçuna und Cedro waren die Namen von Plantagen, welche diese berühmten europäischen Namen von Landbesitzerfamilien auslöschten.

Gleich nach der Unabhängigkeitserklärung ging eine indiophile Welle durch ganz Brasilien, und viele portugiesische Familien des brasilianischen Landadels gaben sich indianische Namen, die in irgendeiner Beziehung zu ihrem Grundbesitz standen. Manche dieser indianischen Namen wurden dann im Kaiserreich durch einen Adelsbrief bestätigt. Viele Individuen europäischen und auch afrikanischen Ursprungs wurden so zu Trägern indianischer Namen und glaubten schließlich selbst, eher Caboclos zu sein als vorwiegend portugiesischer oder afrikanischer Abkunft. Daher also arrogante indianische Namen wie Burití, Murití, Jurema, Jutaí, Araripe. Der spätere Visconde de Jequitinhonha änderte seinen typisch portugiesischen Namen Francisco Gomes Brandão in Jê Acaiaba Montezuma. Andere weniger indiophile, aber heimatstolze Brasilianer und Lokalpatrioten fügten ihren Namen ein »Brasileiro«, »Pernambucano«, »Paraense« oder »Maranhão« hinzu, um damit ihr Brasilianertum oder die Anhänglichkeit an ihre engere Heimat kundzutun. So zum Beispiel nannte der alte José Antônio Gonçalves de Melo einen seiner Söhne Cicero Brasileiro und einen anderen Ulisses Pernambucano, Namen, die sich jetzt schon bis in die dritte und vierte Generation in der Familie erhalten haben. Ein anderer Patriarch aus der gleichen Familie – ein Zweig, der mit den Fonseca Galvão verwandt ist – änderte seinen legitimen portugiesischen Namen in Carapeba um (Fischart und Spottname für: dürre Person), und ein Sohn von ihm starb später unter diesem wenig schmeichelhaften Namen im Kriege mit Paraguay den Heldentod. Obendrein hatte er von seinem Vater den Vornamen Voltaire erhalten – der Alte war sicher ein überzeugter Freimaurer, oder ist das vielleicht ein christlicher Name? –: Voltaire Carapeba!

Oft wurden auch die Plantagennamen den Vor- und auch Nachnamen der Eigentümer beigegeben: Joaquin de Lavrinha, Sinhôzinho (Sousa Leão) de Almécega, Orico de Vena (Eurico Chaves do Vênus), Sebastião (Wanderley) do Rosário, Serafin (Pessoa de Melo) de Matari, Pedrinho (Paranhos Ferreira) de Japaranduba, Zézinho (Pereiro Lima) do Brejo, Pinheiro de Itapeçoca, Coelho Castanho de Maçaranduva, Vieira de Calugi, Pedro (Wanderley) de Bom-Tom und Lulu (Pessoa de Melo) de Maré. Hinsichtlich der Vornamen scheint es lange Zeit nur wenig Unterschied zwischen Weißen und Schwarzen gegeben zu haben, für beide wurden sie dem Kirchenkalender entnommen. Es waren also Heiligennamen. Vorherrschend war João (Johann), denn wenn ein Junge auf diesen Namen getauft war, würde der Teufel nicht kommen und auf der Schwelle des Hauses tanzen. Antônio, Pedro und José waren mächtige Namensheilige, welche den siebenten Sohn der Familie davor bewahrten, ein Werwolf zu werden. Dennoch wurden gewisse Namen wie Benedito, Bento, Cosme, Damião, Romão, Esperança, Felicidade, Luzia als typische Negernamen betrachtet.

Es fehlt noch ein bedeutender Aspekt der Einwirkung von Negerkultur auf das häusliche Leben und die Wirtschaft Brasiliens, und das ist die Kochkunst. Der afrikanische Sklave beherrschte die koloniale Küche und bereicherte sie mit zahlreichen neuen Geschmacksrichtungen. Luís Edmundo schreibt: »Wenn wir uns von der primitiven Kocherei des Caboclos der preiswürdigen Küche des Mazombo zuwenden, dann sehen wir, daß letztere nur eine den lokalen Bedingungen angepaßte portugiesische Küche ist.« Das ist meiner Ansicht nach eine unfaire Behauptung, und es wird hier, wie überall, wieder einmal der Einfluß des Negers auf den Lebensstil und die Kultur Brasiliens ignoriert.

Bezüglich der brasilianischen Kost sind die hauptsächlichen afrikanischen Beiträge: das Dendê-Öl und der Malagueta-Pfeffer, die charakteristisch für die Küche von Bahía sind; die Einführung der Quiabo oder Okra-Pflanze; der erhöhte Gebrauch von Bananen und eine vielseitigere Verarbeitung von Geflügel und Fisch. Eine Vielzahl portugiesischer und indianischer Gerichte wurden durch afrikanische Gewürze oder kulinarische Kunst derart verändert, daß sie heute infolge dieser Technik der Schwarzen als typisch brasilianisch gelten, als da sind Farofa (aus Maniokmehl mit Schmelzbutter oder Fett und evtl. Fleisch und Eiern), Quibebe (aus dem Fleisch eßbarer Flaschenkürbisse) und Vatapá (Maniokpaste mit Pfeffer und Öl und Fisch oder Fleisch).

Herrenhaus und Kapelle der Agua-Plantage aus dem XVIII. Jahrhundert (Rio de Janeiro)

Die Haussklaven in den Herrenhäusern waren hoch spezialisiert, und zwei bis drei von ihnen wurden in der Küche beschäftigt. Gewöhnlich waren dies ungeheuer dicke Negerinnen, aber mitunter gab es auch männliche Negerköche, Burschen, welche sich für schwere Arbeit nicht eigneten, aber unübertroffen waren in der Bereitung von delikaten Süßigkeiten und Konfekten. Sie waren fast immer homosexuell, und manche trugen unter ihrer Männerkleidung Spitzenunterwäsche mit rosa Bändchen und Halskettchen mit Anhängern. Sie waren die großen Chefköche der Kolonialzeit und sind es heute noch.

In Rio de Janeiro hielten sich die Adligen lange Zeit noch Köche aus Lissabon, aber in den typisch brasilianischen Küchen der patriarchalischen Latifundienbesitzer wurden die Ragouts und Desserts seit dem XVI. Jahrhundert von männlichen oder weiblichen Negersklaven bereitet. »Die Landedelleute von damals«, erzählt Manuel Querino in seinem Buch *Die kulinarische Kunst in Bahía,* »schenkten oft in einem Anfall von Großzügigkeit Sklaven die Freiheit, die ihre Gaumen mit einer Vielfalt von Gerichten erfreut hatten, deren eines köstlicher als das andere war, wenn sie [die Herren] es nicht vorzogen, ihren Gefühlen in ihren Testamenten Ausdruck zu geben und jene mit Legaten zu bedenken... Es war üblich, bei den Essen der Bourgeoisie einen Trinkspruch mit Gesang auf die Köchin auszubringen, die in den Speisesaal gebeten wurde, um die Ehrung der Gäste entgegenzunehmen.«

Eine Anzahl verbreiteter brasilianischer Gerichte ist rein oder vorwiegend afrikanischen Ursprungs. Das trifft sonderlich auf Bahía, Pernambuco und Maranhão zu. Manuel Querino bestätigt das von Bahía, Nina Rodrigues von Maranhão, und ich selbst werde dasselbe von Pernambuco zu beweisen versuchen.

Von diesen drei Zentren der afro-brasilianischen Kochkunst ist Bahía zweifellos das bedeutendste. Der Straßenverkauf von Süßigkeiten hat sich dort wie in keiner anderen brasilianischen Stadt entwickelt. Es ist ein richtiger kleiner Bürgerkrieg entbrannt zwischen den käuflichen Konfekten auf den Tabletts und den hausgemachten. Der Straßenhandel mit Süßigkeiten war früher in den Händen von Negerinnen, die in der Zuckerbäckerei so perfekt waren, daß sie durch den Verkauf ihrer Produkte zu Geld kamen. Auch Damen der Herrenhäuser und Klosteräbtissinnen stiegen manchmal in dieses Geschäft ein und nahmen sogar aus dem Ausland Aufträge für Bonbons, Karamellen, Marzipan, kandierte Früchte und andere Süßigkeiten entgegen. Vilhena erzählt von diesen Süßigkeiten und Delikatessen, die auf der Straße von Negerinnen verkauft wurden – sie trugen dabei ihre Waren auf einem Tablett auf dem Kopf –, aber den Erlös bekamen die weißen Damen: Mocotó (Kalbshaxe), Vatapá, Mingau, Pamonhas (Maisbrötchen), Canjica (Maispaste), Acaçá (aus Mais- oder Reismehl), Abará (gekochte Bohnen mit Dendê-Öl und Pfeffer), Arroz de Coco (Reis mit Kokosnuß), Angú (Mais-, Maniok- oder Reismehl mit Wasser und Salz), Pão-de-ló de Arroz (Reiskuchen), Pão-de-ló de milho (Maiskuchen), Rolete de Cana (Zuckerrohrstrudel), Queimados (Bonbons) usw. »Geschmackloses Zeug«, nennt Vilhena das alles, »und das Widerlichste von allen ist ein Getränk aus Honig und anderen Zutaten, Aloá genannt, das die Neger als Limonade trinken.« Offenbar hatte der Professor Heimweh und sehnte sich nach seiner portugiesischen Gemüsesuppe.

Die richtigen Süßigkeiten und Konfekte aber fand man auf den Tabletts der freigelassenen Negerinnen, die Meisterinnen ihrer Kunst waren. Sie schmückten ihre Waren mit selbstgemachten roten und blauen Papierrosetten oder gaben diesen die Umrisse von Herzen, Pferdchen, Vögeln, Fischen, Hühnern, die oft mit Erinnerungen an alte Phallus- und Totemkulte verbunden waren. Sie bedeckten die Herrlichkeiten mit frischen Bananenblättern, und die Tabletts selbst waren mit weißen Deckchen ausgelegt und behängt, daß sie bald aussahen wie Altäre. Die »Mães Bentas« (Gebäck aus Mehl und Eiern) dieser Händlerinnen erlangten Berühmtheit, und in Garanhuns, im Innern von Pernambuco, werden die »Stollen der Negerinnen von Castainho« heute noch verkauft. All das sind Negerspezialitäten.

Die schwarzen Zuckerbäckerinnen gingen mit ihren Tabletts durch die Straßen oder hatten ihre festen Plätze an verkehrsreichen Ecken, in den Vorhöfen der Kirchen oder unter alten Gamaleira-Bäumen. Ihre Tabletts stellten sie auf ein X-beiniges Gestell, und sie selbst setzten sich auf einen Hocker daneben.

An diesen Plätzen und Ecken saßen auch die fetten mystischen Figuren der Bratküchen-Negerinnen, die an Ort und Stelle gegrillten Fisch, Mungunzá (Maiskornbrei mit Milch), Puffmais, Pipoca, Grude (Kuchen aus Tapioka und Kokosnuß) und Manuê (Kuchen aus Maismehl, Honig und anderen Ingredienzien) zubereiteten. Ende des XVIII. Jahrhunderts, als São Paulo zum großen Kaffeeplantagengebiet wurde, übernahmen die schwarzen Bratküchen-Negerinnen dort auch den Verkauf dieses Getränkes – das so schwarz war wie sie selbst –, »zu 10 Reis die Tasse«, zusammen mit einem Stück Fisch-Kuskus, gebackenen Röllchen, Erdnüssen, Puffmais, Mais- oder Maniokgebäck, Purva, Fischpasteten, Quitunga (Erdnußgrieß mit Cumarípfeffer), Pê-de-Muleque (Maniokteig mit Erdnüssen) oder gerösteten Içás (große, fette Ameisen) mit Quentão (heißem Zuckerrohrschnaps mit Ingwer oder Fruchtsaft) oder Ponche (Tee oder Kaffee mit Rum, Zucker und Zitrone) und andere Genüsse mehr, die alle afrikanischen oder indianischen Ursprungs sind. Abends wurden die Auslagen wie Altäre mit schwarzen Wachslichten, Zinnleuchtern und Papierlaternen beleuchtet.

In Bahía, Rio und Recife kann man hin und wieder noch eine dieser Negerinnen mit Konfektplatten oder Holzkohlenfeuertopf sehen, aber sie werden immer seltener. Doch die alte Rivalität zwischen ihren ausgesprochen afrikanischen Süßigkeiten und den hausgemachten ist noch spürbar. Im Zubereiten von Acaçá, Acarajé und Manuê sind die Negerfrauen ihren Konkurrentinnen haushoch überlegen und nach meiner Meinung auch in der Bereitung des traditionell portugiesischen Milchreises. Der Milchreis, welcher von den Negerinnen aus großen Terrinen auf der Straße verkauft wird, wo die Gierigen ihn auch ohne Löffel essen können, hat nicht seinesgleichen. Ebenso ist die Tapioka-Creme, die von diesen Händlerinnen nach afrikanischer Art auf einem Bananenblatt serviert wird, unübertrefflich – mit einer einzigen Ausnahme vielleicht, nämlich der, welche ich einmal von einer distinguierten Pernambucaner Dame aus der Andrade-Lima-Familie, eigenhändig bereitet, vorgesetzt bekam.

Für die herkömmliche Zubereitung von Acaçá und anderen afrikanischen Spezialitäten ist erforderlich: erstens ein Reibstein, der auch afrikanischen Ursprungs ist und zum unentbehrlichen Werkzeug der afrobrasilianischen Küche wurde; zweitens der Holzlöffel und schließlich, um das fertige Kunstwerk richtig zu servieren, als Unterlage, das Bananenblatt. Der Reibstein ist 50 cm hoch und dient der Pulverisierung von Mais, Bohnen, Reis usw. Mit Hilfe dieses Steines wird also Acaçá hergestellt. Die Maiskörner werden gewaschen und in einem sauberen Gefäß mit Wasser eingeweicht, dann werden sie zerrieben, durch die Urupema (Korbsieb) passiert und verfeinert. Wenn das Mehl sich am Boden des Topfes abgesetzt hat, wird das Wasser abgegossen. Mit etwas frischem Wasser wird es dann unter stetem Rühren mit dem Holzlöffel gar gekocht, worauf die Masse mit dem gleichen Holzlöffel in kleinen Portionen auf Bananenblätter gegeben wird, die dann eingerollt werden.

Arroz de Auçá (Reis mit Dörrfisch und Pfeffer) ist eine andere afrikanische Delikatesse. Man gibt gekochten Reis in salzloses Wasser und rührt ihn mit dem Holzlöffel zu Brei. Darauf wird eine Sauce mit Malagueta-Pfeffer, Zwiebeln und Krabben – alles vorher auf dem Reibstein zerrieben – hinzugegeben, verrührt und das Ganze auf dem Feuer mit Dendê-Öl und etwas Wasser erhitzt. Ganz afrikanisch ist auch das Acarajé, eine weitere Leckerei der Küche von Bahía. Es wird aus geriebenen Bohnen mit Zwiebeln und Salz bereitet, die in einer Lehmpfanne mit etwas Dendê-Öl gedünstet werden. Zu verschiedenen Bahíaner Gerichten wird eine afrikanische Sauce gereicht, die aus auf dem Reibstein geriebenen Zwiebeln, Malagueta-Pfeffer und Krabben, welche in Dendê-Öl gebraten werden, besteht.

Aber die größten Triumphe feierten auf den Tischen der brasilianischen Patriarchen die zwei afrikanischen Gerichte Carurú und Vatapá, die beide besonders in Bahía zu höchster Vollendung gebracht wurden. Carurú besteht aus Okra oder Blättern des Capeba, Taioba oder Oió, die mit etwas Wasser auf Feuer gesetzt werden. Das Wasser wird dann abgegossen, die Masse ausgepreßt und in einen Topf mit geriebenen Zwiebeln, trockenen Malagueta-Pfefferkörnern und etwas Dendê-Öl getan und dazu Garoupa oder anderer Bratfisch gegeben. Ebenso wird auch Efô bereitet, das die große schwarze Eva, die der Dichter Manuel Bandeira in Bahía entdeckte, so gut machen konnte. Die gute Eva starb in dem Schicksalsjahr 1930, in dem auch in Pernambuco der Fulahneger-Koch und Neffe eines schwarzen Liebeszauber-Hexenmeisters, José Pedro, dahingerafft wurde. Er war vielleicht der größte Spezialist seiner Zeit für Gerichte aus Maiskorn und Kokosnußmilch: Mungunzá, Kuskus, Pamonha, Canjica, Maiskuchen. Er hat für die Baltars in Poço da Panela gekocht, die Santos Dias, Pessoa de Queirós und Pessoa de Melo, und beendete sein Leben im Hause Carrapicho als Chef für ein paar Junggesellen, die inzwischen verstreut sind. Mammy Eva, so sagt man, war auch bekannt für ihr Xin-Xin-Huhn mit trockenen Krabben, Zwiebeln, Jerimum und Dendê-Öl.

Das Huhn spielt auch bei vielen religiösen Zeremonien und Aphrodisiaka afrikanischen Ursprungs in Brasilien eine Rolle. Das fiel Dampier schon im XVII. Jahrhundert auf, und er erwähnt besonders einen Braten, der »Macker« genannt und dessen Saft zu sogenannten »Liebesfiltern« verarbeitet wurde. Die Zubereitung gewisser afro-brasilianischer Gerichte hat bis heute noch einen fast religiösen und rituellen Charakter behalten. Um diese richtig zubereiten zu können, mit allen Nuancen und Finessen, brachte der Neger schon vor langer Zeit aus Afrika, neben dem Dendê-Öl, eine Menge exquisiter Gewürze herüber: Bejerecum, Ierê, Urû, Ataré. Manuel Querino erwähnt eine Art Reiskuchen mit Dendê-Öl oder Honig, welche die schwarzen Moslems in Bahía bei religiösen Zeremonien zu essen pflegten.

Einige der Gerichte der Neger in den Südstaaten der USA, die ich in Süd-Carolina in den Heimen von Dr. E. C. Adams, Mrs. Simkins und bei Mr. Clint Graydon in Charleston kostete, gleichen den brasilianischen sehr. Das Heim von Dr. Adams, Arzt, Volkskundler und Autor sehr interessanter Studien über die Carolina-Neger, glich fast einem nordbrasilianischen Herrenhaus, mit Negerkindern, jungen und alten Schwarzen und der besten Küche im Umkreis von Columbia. Auch in New Orleans versuchte ich Süßigkeiten und Delikatessen, die mich in ihrem angenehmen afrikanischen Geschmack an solche von Bahía und Pernambuco erinnerten, besonders die Gerichte von Huhn mit Reis und Okra.

Die unter vorherrschend afrikanischem Einfluß stehende brasilianische Küche hat neben ihren Anhängern und glühenden Verteidigern – wie Pereira Barreto und John Caspar Branner – auch scharfe Kritiker und Verächter. Sigaud war vielleicht der erste, der die Ernährungsweise der Brasilianer einer wissenschaftlichen Kritik unterzog und dabei die charakteristische afro-brasilianische Küche von Bahía unter die Lupe nahm. Als *»la véritable cuisine nationale«* betrachtete er besonders Matapó, das er für eine Art von ostindischem Kari hält. Er war angenehm beeindruckt von dem Luxus der brasilianischen Tische – den feiertäglichen Festtafeln der Herrenhäuser –, denn er betont, daß *»ce luxe . . . ne se déploie qu'à l'occasion des fêtes nationales ou de famille«*. Den größten Eindruck auf ihn aber machten die üppigen Desserts, Süßigkeiten und kandierten Leckerbissen, welche eher die Spezialität von Pernambuco als von Bahía sind. Berthelemot, sagt Sigaud, war überrascht: *»de tout ce que le genie peut extraire du coco, des amandes de menduby, de sapotille et des palmiers . . .«* Der erwähnte Genius gehörte mehr der afrikanischen Sklavin als ihrer weißen Herrin. Ferner berichtet Sigaud von gebackener Brotfrucht, gewissen süß schmeckenden Kakteen – ebenfalls gebacken – und anderen genüßlichen brasilianischen Desserts. Daß alle diese Kulinarien der Aufmerksamkeit jener ausländischen Brasilienbesucher entgangen sind, die schlecht über brasilianisches Essen sprechen, liegt wohl daran, daß sie in schlechte Karawansereien und Restaurants geraten sind. Hätten sie die

Gastfreundschaft im Herrenhaus einer Zuckerplantage oder Fazenda genossen, würden sie das Land, was seine kulinarischen Genüsse anlangt, sicherlich in besserem Andenken behalten haben. Hätten sie nur einmal die Konfekte der guten schwarzen Köchin einer Patriarchenfamilie gekostet, hätten sie ein anderes Lied gesungen; dafür sind Mawe, Spix, Martius, Saint-Hilaire und Koster Zeugen. Was Sigaud angeht, so hat er nichts als Lob für die brasilianische Kost, obwohl er bemerkte, daß sie sich seit Anfang des XIX. Jahrhunderts unter dem englischen Einfluß von Tee, Wein und Bier um einiges verändert hatte. Eine Veränderung brachte auch das Eis mit sich, das 1834 auf dem nordamerikanischen Schiff »Madagascar« das erste Mal nach Brasilien gebracht wurde. Als große Wassertrinker – möglicherweise wegen der vielen Süßigkeiten und der afrikanischen Gewürze – waren die Brasilianer hoch erfreut über diese Neuerung. Unsere köstlichen Sorbets – köstlich in Aroma und Geschmack – aus tropischen Früchten stammen aus jener Zeit. Sie wurden von Max Radiguet besonders geschätzt, der ein raffinierter Gourmet gewesen sein muß.

Anderen Kritikern war die afro-brasilianische Küche weniger sympathisch als dem französischen Wissenschaftler. Vilhenas Abscheu vor dem kolonialen Essen wurde erwähnt, sein Abscheu war sozusagen mehr ästhetischer Art. Andere wieder verurteilten diese Küche aus hygienischen Gründen. Antônio José de Sousa meinte, die übermäßige Verwendung von Gewürzen »wie Dendê-Öl, Pfeffer und besonders Fruchtfleisch (carurús, quibebes)« sei die Ursache von verschiedenen bei Herren und Sklaven in Brasilien häufigen Krankheiten, denn sie alle seien an exzessive »Gaumenreizungen« gewöhnt. »Kost dieser Art« sei zum großen Teil verantwortlich für »Magenverstimmung, Durchfall, Ruhr, Hämorrhoiden und alle Krankheiten der Verdauungsorgane«. Bei seinem Studium des Essens der bessergestellten Bevölkerungskreise stellt 1850 José Luciano Pereira jr. mit großer Genugtuung fest, daß »die heute durch Bahía und Pernambuco bestimmte brasilianische Küche sich nach und nach verändert«. Die Nahrung, welche »früher sehr aufreizend war, ist durch eine von ausländischer Küche beeinflußte einfachere Kost ersetzt worden«. Feijoadas (Bohnengerichte mit Speck, Wurst usw.) sind nicht mehr so üblich, »Pfeffer und andere scharfe Gewürze« sind auch »schon viel seltener« geworden, schrieb der eifrige Verfechter fortschrittlicher Ernährung über die Entafrikanisierung brasilianischer Eßkultur. »Der übermäßige Gebrauch von Fett, wie er früher bei Ragouts üblich war, hat nachgelassen, und das Fett wird in vielen Häusern durch französische Butter ersetzt.« Statt Aluá, Tamarindensaft und Zuckerrohrsaft wurde englischer Tee getrunken, und statt Maniok- oder Kürbisbrei aß man die sogenannten englischen Kartoffeln. Zu alledem kam der Eis-Luxus, »der so gut zu unserem heißen Klima paßt«. Französische Butter, englische Butter, englischer Tee und Eis, alle halfen mit, die afrikanische Küche und die einheimischen Früchte zu verdrängen, deren Einfluß bis zu den ersten Jahren der Unabhängigkeit für die Tafel Brasiliens maßgebend gewesen waren.

Eine andere Neuheit des XIX. Jahrhunderts war das Brot. In der Kolonialzeit hatte man statt dessen zum Frühstück Beijús oder Maniokkuchen und zum Mittagessen Farofa, gebrühtes Pirão oder Maniokteig in Fisch- oder Fleischsuppe, gegessen. Bohnen waren, wie schon gesagt, damals sehr üblich, Feijoadas mit Salzfleisch, Schweinskopf, Wurst und viel afrikanischen Zutaten sowie das für die afrikanische Kost so charakteristische Gemüse und Grünzeug aß man auch häufiger als im XIX. Jahrhundert. Erst durch diese Europäisierung der Tafel wurde der Brasilianer ein Feind von Gemüsen. Gleichzeitig begann er sich seiner liebsten Desserts zu schämen: Honig oder Zuckerrohrsaft mit Mehl und mit Zucker und Butter angemachte Canjica. Das einzige, was sich erhielt, war Marmelade mit Käse. Als Brasilien unabhängig geworden war, begannen die französischen Koch- und Etikettebücher die wahrhaft brasilianische Küche, an deren Herd und Backofen die afrikanische Negerin waltete, zu unterminieren und sie immer mehr zu europäisieren.

Ich will nicht bestreiten, daß der afrikanische Einfluß auf die brasilianische Kost mit im Übermaß verwendeten Gewürzen und Kondimenten einer kleinen Reform bedurfte. Besonders die ärmeren, oft nicht ausreichend ernährten Leute ließen nicht von dem starken Würzen der Speisen und ihrem elenden Salzfisch. »Stark gewürzte Nachspeisen, die alle möglichen höchst aufreizenden Ingredienzien enthalten, und das von dem ärmeren Teil unserer Bevölkerung so viel benutzte schädliche afrikanische Öl ergeben einerseits eine quantitativ unzureichende und andererseits eine qualitativ minderwertige Ernährung.« Ein halbes Jahrhundert nach Sampaio Viana wies ein anderer Kritiker der brasilianischen Küche im allgemeinen und der afro-bahíanischen im besonderen darauf hin, daß unsere Kost nicht nur unzureichend wäre, sondern immer noch charakterisiert werde von dem »Mißbrauch von Pfeffer und öligen Substanzen, speziell in den hochgepriesenen Muquecas, Carurús, Vatapás und Reliqua, welche Reste jenes unheilvollen afrikanischen Einflusses sind, den unsere Kolonisatoren im Lande eingeführt haben«. Für Santos Sousa ist die afro-bahíanische Küche nicht nur unzureichend, sondern schädlich; »da sie unzureichend ist, sind große Mengen Essens für den Unterhalt nötig, die zu Magenerweiterung und deren Folgen führen«. Schädlich sei sie wegen »des Mißbrauchs von Pfeffer, der schärfer ist als Senf und der bei uns so häufigen Magenkatarrh und Magen-Darm-Katarrh verursacht«, sowie wegen »Mißbrauchs von Palmöl und anderen Gewürzen, welche schließlich, infolge Überreizung der Galle durch diese Kondimente die Leber angreifen. Dann sei noch zu nennen der Brauch und Mißbrauch von »verkochtem Essen, das große Mengen von Kalzium und Xanthogenlaugen (nach Fawel Ursachen von Harnsäure) enthält, welche die Hauptschuld an den bei uns so häufigen arthritischen Erscheinungen tragen«.

Eduardo Magalhães geht in seiner Studie *Hygiene der Ernährung* mit der afro-bahíanischen Küche ebenso streng ins Gericht wie Santos Sousa: »Dyspepsie, Magengeschwüre, Leberkrankheiten, Darmkrankheiten, Nierenschmerzen, Herzsynkopen, Aneurysma, Schlaganfall und andere Übel sind das Nachspiel solchen Mißbrauchs und derartiger Genußsucht.« Er bezieht Rasforils Worte »Die Magenverstimmung des Reichen kommt vom Hunger des Armen« auf Brasilien. Er hätte jedoch dazusagen sollen, daß die Sklaven, welche für die Tafeln ihrer weißen Herren überpfefferte und überwürzte Fleisch- und Fischgerichte zubereiteten, daheim in den Sklavenhütten selbst eine nahrhaftere Kost aßen, denn sie hatten sich aus Afrika eine gesunde Vorliebe für Gemüse erhalten, während Gemüse und Grünzeug von den Tischen der Weißen fast ganz verschwunden war. »Manche von uns haben noch niemals in ihrem Leben Salat oder Gemüsesuppe gegessen und beschränken sich auf Fleisch mit Brot und Mehl«, bemerkte Magalhães im Jahre 1908. Wir werden uns in einem gesonderten Essay damit befassen, daß Gemüse ein Hauptbestandteil der Kost der Negersklaven war und täglich von ihnen gegessen wurde. Es ist charakteristisch für die rein afro-brasilianische Küche, daß allen Fleisch-, Fisch- und Geflügelplatten immer Grünzeug – Okra, Kohl, Taioba, Jerimum – beigegeben wurde.

Der für die afro-bahíanischen Vatapás und Carurús so charakteristische Pfeffer fand selbst unter Ausländern Verteidiger. Prinz Maximilian fand ihn *»excellent pour la digestion«*, und Burton nannte ihn *»excellent stomachic«*. Burton schwelgte in der brasilianischen Küche, er war begeistert von Tutú de feijão (Bohnen mit Speck), von Minas und behauptete, es sei ein hygienisches Gericht, das Kohlehydrate und Stickstoff vereine, wenn es auch vielleicht bei täglichem Genuß etwas schwer verdaulich sei.

Es ist ungerecht, die Negerköchin, die schwarze Zuckerbäckerin oder das Küchenmädchen als schmuddlig und nachlässig bei der Essensbereitung oder häuslichen Hygiene hinzustellen. So ein Kuchenbrett einer schwarzen Händlerin blitzt einfach vor Sauberkeit und von schneeweißen Tüchern. Natürlich waren die Küchen der Kolonialzeit keine Stätten musterhafter Hygiene. Mawe, Luccock und Mathison sprechen mit Abscheu von dem Schmutz derer, die sie kennenlernten. Dieser Mangel an Reinlichkeit war aber nicht nur in den Hütten der Armen Gewohnheit, sondern auch in den Häusern der wohlhabenden Pflanzer, und die Schuld daran hatten nicht die Sklaven, sondern die Weißen.

In jenen Tagen war der Neger mit der schmutzigsten Arbeit im Hause und auch mit der Reinigung der sanitären Anlagen beauftragt. Eine seiner Pflichten zum Beispiel war es, die »Tigres« oder Kotfässer auf dem Kopf aus dem Haus an das Ufer zu tragen und dort zu entleeren. In der Stadt blieben diese Fässer oft tagelang im Hause stehen, unter der Treppe oder in einer dunklen Ecke, und sie füllten sich mehr und mehr. Wenn der Neger kam, um sie fortzutragen, waren sie so voll, daß sie überschwappten. Manchmal drückte sich auch ihr Boden heraus, und der Inhalt des Fasses ergoß sich über den Träger, von Kopf bis Fuß. Diese und andere widerliche Funktionen erfüllte der afrikanische Neger mit animalischem Gleichmut. Und da wir schon bei diesem Thema sind: Nicht der Neger brachte die Läuse und Bettwanzen nach Brasilien, noch das »Kratzhand« genannte Gerät. Man sagt, daß der afrikanische Sklave, besonders der Mohammedaner, sehr oft Ekel vor den unappetitlichen Gewohnheiten seines weißen Herrn empfand.

Man kann wohl kaum jene Neger schmutzig schelten, die nach ihrer Freilassung Barbiere oder Dentisten wurden oder aus den Blättern der Piassava-Palme Besen fabrizierten und afrikanische Seife (Sabão da Costa) importierten. Und dasselbe gilt für die Negerin, die als Konfitüre-Verkäuferin ihr Warenangebot so peinlich sauberhielt und als Wäscherin ebenso reinlich war. Diese Berufe, welche offensichtlich mit der Hygiene zu tun haben, löschen zum Teil den diffamierenden Makel, die Neger seien nur »Tigre«-Träger gewesen. Gewiß benutzten die schwarzen Barbiere den Kern der Macaíba-Palmfrucht, den sie ihren weißen Kunden in den Mund stopften, um deren Wangen auszubeulen, damit sie leichter zu rasieren waren; aber das war, wenn auch nicht hygienisch, so doch allgemein üblich. Außerdem wurde diese Methode nur bei zweifelhaften Leuten angewandt, zu Personen, die einen besseren Eindruck machten, sagte der Neger, wenn es soweit war: *»Ioiô, fazê buchichim«* (Bitte die Backen aufzublasen, Herr).

Der Neger gab dem häuslichen Leben in Brasilien eine fröhliche Note. Der Portugiese, welcher ohnehin schon zur Melancholie neigte, wurde in diesem Land stumpf und traurig, gar nicht zu reden von dem Caboclo, der verschlossen und mißtrauisch, in seinem dumpfen Brüten fast krankhaft war. Der Umgang mit ihm verstärkte nur die Melancholie des Portugiesen. Erst das herzhafte Lachen des Negers durchbrach die »in sich gekehrte, verachtungsvolle Traurigkeit«, welche das Leben in den Herrenhäusern zu lähmen drohte. Er war es, der die Leute auf der Plantage aufheiterte, der die Feste, die Karnevalstage mit Bumbas-meu-boi (Umzüge) und Cavalos-Marinhos (Karnevals-»Pferde« mit darin versteckten Menschen) belebte. Unter den nachsichtigen Augen der Kirche ließ er Erinnerungen an seine totemistischen und phallischen Kulte wieder auferstehen; zu Epiphanias und im Karneval krönte er seine Könige und Königinnen. Bei solchen Gelegenheiten erschien er mit seinen Klubs und Vereinigungen, deren jede ein Tier als Schutzpatron hatte – Adler, Pfauen, Elefanten, Fische, Hunde, Hammel, Strauße, Kanarienvögel –, mit symbolbestickten Standarten und Bannern, jede Gruppe mit ihrem aus Blech gestanzten Wappentier an der Spitze. Mit Lichtern und Fackeln formierten sich diese Gruppen von singenden und tanzenden Negern zu Zügen, die das Bild einer Prozession boten. Noch im Karneval 1933 konnte ich selbst auf der Praça Onze in Rio de Janeiro solche Totem-Gesellschaften beobachten, und beim Karneval in Pernambuco produzieren sich die Neger endlos und unermüdlich, glücklich und zufrieden, tanzend, hinter ihren Standarten, die zum Teil kostbar mit Gold bestickt sind und deren Symbole eine unbestimmte Mischung von Zunft- und Totemzeichen zu sein scheinen: der goldene Spaten des Spaten-Klubs, der Besen der Besenbinder, die Bürste der Hauswand- und Dachreiniger, der Hund der Gesellschaft der Innereienverkäufer usw.

Auf dem Feld und im Haus, am Waschfaß, in der Küche, bei der Wäsche, beim Tellertrocknen, Marmeladekochen, Kaffeemahlen; in der Stadt beim Säcketragen oder beim Transport von Klavieren oder Sofas aus Jacarandá-Holz für den weißen Herrn – überall sangen die Neger bei der Arbeit, und ihre Arbeitsgesänge, Hymnen beim Xangô-Kult, Feiertagsmelodien und Wiegenlieder erfüllten das brasilianische Leben mit afrikanischer Fröhlichkeit. Manchmal wurden sie ein bißchen vom »Banzo«, einer Art schwermütigen Sehnsucht, gepackt, aber meistens waren sie lustig und guter Dinge. Niemals wuchteten sich damals die Neger ein Klavier auf den Rücken, ohne dabei zu singen: *»E' o piano de ioiô, e' o piano de iaiá«* ('s ist das Piano von dem Herrn, 's ist das Piano von der Frau). Empfindliche Personen nahmen Anstoß an dieser Gewohnheit, und so wurden schließlich von den Verwaltungsbehörden Maßnahmen angeordnet, um diese Sitte weitgehend einzuschränken.

Zu Maria Grahams Zeiten pflegten die Herren der Plantagenhäuser, wenn Besuch gekommen war, Neger rufen zu lassen, damit sie die Gäste mit ihren afrikanischen Gesängen, Arbeitsliedern und religiösen Liedern unterhalten sollten. Vielleicht waren es die gleichen Lieder, welche die Neger von Anselmos Sekte in Pernambuco heute noch auf ihren Festen singen, wenn diese auch teilweise von der Polizei verboten wurden.

»Xéco, xéco, xéco, Ô ni-ba-rá
Xéco, xéco, xéco, Ô ni-ba-rá
Xéco, xéco, xéco, Ô ni-ba-ra.«

Anselmo solo:

»Ogunmanjô, marnô.«

Alle:

»Colé Marnô, ôgunmanjô marnô, ocólangé Ogun hô!!?!
É cun dô dô. É cun gé gé.«

Anselmo allein, an die Gottheit Orixá:

»Ôgunni tôcôba, oni ômaroli, rolé
Ô dê, ó dê, panilé, ó dê, ó dê, panilé.«

Alle zusammen:

»Ôdixarobô, panilé, olé.«*

Aber das Leben der Negersklaven war nicht nur eitel Freude. Manche begingen Selbstmord, indem sie Erde aßen, sich erhängten, sich mit Tränken und Kräutern von Hexenmeistern vergifteten. Das Banzo brachte sie um, die Schwermut des Heimwehs nach Afrika. Manche wurden verrückt davon: Sie starben nicht, sondern litten weiter, von Wahn-

* Dieses Lied ist ein Gebet um eine gute Ernte. Die einzelnen Worte sind bis zur Unkenntlichkeit verstümmelt.

Herrenhaus des Gutes São Bernardino in Nova Iguaçu

vorstellungen gequält, ohne wieder zum normalen Leben zurückzufinden. Manche verfielen Lastern: dem Alkohol, dem berauschenden Maconha-Kraut, der Masturbation. Afrikanische Seuchen, darunter die Beulenpest, folgten ihnen nach Brasilien und verheerten die Sklavenhütten. Diese Krankheiten übertrugen sich auf die Weißen in den Herrenhäusern, und auf diese Weise nahm Afrika Rache für die üble Behandlung durch Europa. Andererseits steckten die Weißen ihre Haussklaven auch mit allerlei Krankheiten an, abgesehen von den Leiden, welche unter diesen als Folge der unhygienischen Bedingungen entstanden, unter denen sie von Afrika nach Amerika geschleppt wurden, sowie den neuen Lebensumständen unter dem Sklavensystem in unserem Lande. In den Städten stand die Sklavenarbeit fast immer »nicht im Verhältnis zur Ernährung«, versicherte Jobim, der 1835 unter den Arbeits- und Haussklaven Rio de Janeiros folgende vorherrschende Krankheiten feststellte: Syphilis, Herzerweiterung, Rheumatismus, Bronchitis, Erkrankungen der Atmungswege, Lungenentzündung, Pleurosis, Herzbeutelentzündung, Gehirnhautreizung und -entzündung, Wundstarrkrampf, Leberentzündung und Rose, häufig der unteren Gliedmaßen und des Scrotum, die zu Hypertrophie und Degeneration des subkutanen Zellgewebes, Extravasationen in den sonoren Höhlen, selten in den Gelenken, oft aber im Abdomen, in dem Brustfell, dem Herzbeutel, der Testikelmembrane und den Hirnhöhlen führten, wo sie Lähmungen verursachen können. Andere Krankheiten waren Lungentuberkulose, Wechselfieber und Ankylostomiasis. Jobim fügte noch hinzu, daß »Würmer – hauptsächlich Band- und Spulwürmer – in großer Menge vorkommen«.

Nachwort

Im Oktober 1930 begann für mich das Abenteuer des Exils, das mich zuerst nach Bahía und dann über Afrika nach Portugal führte. Diese Art zu reisen war genau das, was ich für die Vorstudien brauchte, die in diesem Buch ihren Niederschlag gefunden haben.

In Portugal überraschte mich im Februar 1931 die Einladung der Stanford-Universität, im Frühjahr desselben Jahres dort als Gastprofessor zu lesen. Schweren Herzens verließ ich Lissabon, wo ich mich diesmal in einigen Monaten der Muße mit der Nationalbibliothek und den Sammlungen des Völkerkundemuseums vertraut gemacht und neue Jahrgänge von Portwein, neue Abarten von Kabeljau und Konfitüren gekostet hatte. Dazu kam noch die Freude, Cintra und Estoril wiederzusehen und illustre Freunde zu umarmen, unter ihnen João Lúcio de Azevedo, diesen bewundernswerten Lehrer.

Genauso war es mir in Bahía ergangen, das ich schon lange, wenn auch nur von flüchtigen Besuchen her, kannte. Während meines Aufenthaltes konnte ich in aller Ruhe die Sammlungen des Afro-Bahíanischen Museums »Nina Rodrigues« kennenlernen, die malerischen Trachten der Negerinnen, welche Leckereien herstellen, die kunstvollen Formen ihrer Kuchen und Verzierungen ihrer Kuchenbretter sowie die geheimen Reize der Küche und Zuckerbäckerei von Bahía, die dem gewöhnlichen Touristen entgehen. Und noch feinere Genüsse der althergebrachten Kochkunst der Herrenhäuser, die in den Herden, Backöfen und Kuchenplatten von Bahía ihre letzte und, so Gott will, für immer gesicherte Zuflucht findet. Ich möchte an dieser Stelle den Familien Calmon, Freire de Carvalho und Costa Pinto meinen Dank aussprechen, aber auch Herrn Professor Bernardino de Sousa vom Historischen Institut, Pater Filoteu, dem Superior des Franziskanerklosters, und der Negerin Maria Inácia, die mir allerlei Interessantes über die Tracht der Bahíanerinnen und die Verzierung der Kuchenbretter verriet. *»Une cuisine et une politesse! Oui, les deux signes de vieille civilisation …«* – ich erinnere mich, das einmal aus einem französischen Buch gelernt zu haben. Und das ist gerade das beste Andenken, das ich Bahía bewahre: die Erinnerung an seine Höflichkeit und seine Küche. Diesen beiden Ausdrucksformen einer patriarchalischen Kultur begegnet man dort heute noch wie nirgends sonst in Brasilien. Einige der größten Staatsmänner und Diplomaten des Kaiserreichs hat uns Bahía geschenkt; und an keinem anderen Ort werden die schmackhaftesten brasilianischen Nationalgerichte so köstlich zubereitet wie in den alten Häusern von São Salvador de Bahía und seiner Umgebung.

Die Kurse, die mir die Stanford-Universität auf Veranlassung von Professor Percy Alvin Martin übertragen hatte – teils Vorlesungen, teils Seminare –, brachten mich mit einer Gruppe von geistig außergewöhnlich aufgeschlossenen Studenten und Studentinnen in Berührung. Nach Abschluß meiner Vorlesungen fuhr ich von Kalifornien auf einem für mich ganz neuen Wege nach New York zurück: quer durch New Mexico, Arizona und Texas. Die wildesten Landstriche dieses ganzen Gebietes erinnern den Nordbrasilianer an unser mit Mandacarú-Feigenbäumen und Kakteen gespicktes Hinterland, an eine Wildnis, in der die Pflanzen das Aussehen von riesigen Flaschenhälsen von dunklem, oft düsterem Grün annehmen, die im trockenen Sand stecken.

Sobald man aber die Grenze von New Mexico überschreitet, verliert sich dieser Eindruck von brasilianischem Hinterland und verwandelt sich in den der alten Südstaaten mit ihrer Sklavenwirtschaft. Dieser Eindruck erreicht seinen Höhepunkt, wenn der Transkontinentalexpreß durch die Röhrichte und Sümpfe von Louisiana fährt. Louisiana, Alabama, Mississippi, Nord- und Süd-Carolina, Virginia – der sogenannte tiefe Süden, ein Gebiet, wo die patriarchalische Wirtschaftsform fast denselben Typus des Aristokraten und des Herrenhauses, des Sklaven und der Negersiedlung hervorgebracht hat wie im Norden Brasiliens und in einigen Teilen des Südens; dieselbe Vorliebe für Sofa und Schaukelstuhl, gute Küche, Frauen, Pferde und Glücksspiel. Und das auch ebenso unter der zerstörerischen Ausbeutung durch den Ackerbau gelitten hat, deren Narben, wenn nicht sogar offene und blutende Wunden, sie heute noch trägt – zugefügt durch Feuer und Axt, durch Rodung und die »schmarotzerische Arbeit der Naturkräfte«, wie Monteiro Baena mit Bezug auf Brasilien sagt. Jeder, der das patriarchalische Regime und die Wirtschaft des sklavenhaltenden Brasilien studiert, müßte den »tiefen Süden« kennenlernen. Dieselben Einflüsse der Produktions- und Arbeitsverfahren – Monokultur und Sklaverei – haben in diesem englischen Teil Amerikas, in den Antillen und in Jamaika zusammengewirkt, um ähnliche soziale

Ergebnisse zu zeitigen, wie sie bei uns entstanden sind. Die Ähnlichkeit ist oft sogar so groß, daß nur die Nebenerscheinungen verschieden sind: Sprache, Rasse und Religion.

Ich hatte das Glück, einen großen Teil meiner Reise durch die amerikanischen Südstaaten in Gesellschaft von zwei früheren Kollegen an der Columbia-Universität zurückzulegen: Rüdiger Bilden und Francis Butler Simkins. Der erstere hat sich mit dem Ernst und der Gründlichkeit, die der germanischen Rasse eigen sind, auf das Studium der Sklaverei in Amerika und ganz besonders in Brasilien spezialisiert, der andere auf die Auswirkungen der Aufhebung der Sklaverei in Carolina, worüber er in Zusammenarbeit mit Robert Hilliard Woody ein hochinteressantes Buch geschrieben hat: *»South Carolina during Reconstruction* (Chapel Hill 1932). Diesen beiden Freunden, vor allem Rüdiger Bilden, verdanke ich sehr wertvolle Anregungen für die vorliegende Arbeit; in Verbindung mit seinem Namen möchte ich noch den eines anderen Kollegen nennen: Ernest Weaver, der mit mir bei Professor Franz Boas Anthropologie studiert hat.

Professor Franz Boas stellt für mich noch heute den eindrucksvollsten Typ des Lehrers dar. Ich lernte ihn gleich in den ersten Tagen an der Columbia-Universität kennen. Ich glaube nicht, daß es unter den Romantikern des XIX. Jahrhunderts einen russischen Studenten gegeben hat, der sich brennender um das Schicksal Rußlands bekümmert hat, als ich mich zu der Zeit, als ich Boas kennenlernte, für die Probleme Brasiliens interessierte. Es schien, als hänge alles von mir und meinen Altersgenossen ab, von unserer Art, jahrhundertealte Fragen zu klären. Von den brasilianischen Problemen beschäftigte mich keines so sehr wie das der Rassenmischung. Einmal, nach mehr als dreijähriger Abwesenheit von Brasilien, sah ich auf der Mole von Brooklyn eine Gruppe von brasilianischen Matrosen – Mulatten und Cafusos –, die von der »São Paulo« oder der »Minas«, genau weiß ich es nicht mehr, an Land gegangen waren. Sie machten mir den Eindruck, Karikaturen von Menschen zu sein. Dabei kam mir ein Satz aus einer amerikanischen Reisebeschreibung über Brasilien in den Sinn, die ich gerade gelesen hatte: »der schreckliche Mischlingscharakter des Großteils der Bevölkerung«. Das war nun das Resultat der Rassenmischung. Damals hätte mir jemand sagen müssen, was 1929 Roquette-Pinto auf dem Brasilianischen Eugenik-Kongreß den Verfechtern der arischen Rasse erklärte, nämlich daß diese Individuen, die ich für Repräsentanten Brasiliens hielt, nicht einfach

Mulatten oder Cafusos waren, sondern *kranke* Cafusos und Mulatten.

Das Studium der Anthropologie unter der Anleitung von Professor Boas zeigte mir zum erstenmal den Neger und den Mulatten im rechten Licht – die Rassenmerkmale vom Einfluß der Umwelt oder der zivilisatorischen Erfahrung getrennt. Ich lernte, den Unterschied zwischen Rasse und Kultur als grundlegend zu betrachten und zwischen den Wirkungen rein genetischer Beziehungen und denen der sozialen Einflüsse, des Kulturerbes und des Milieus zu unterscheiden. Auf diesem Kriterium grundsätzlicher Unterscheidung zwischen Rasse und Kultur sowie zwischen Rassenerbe und Familienerbe beruht der ganze Plan dieses Buches.

Sowenig wir auch zum historischen Materialismus hinneigen mögen, dessen Verallgemeinerungen so oft und hauptsächlich in Arbeiten von Sektierern und Fanatikern übertrieben werden, so müssen wir doch den bedeutenden, wenn auch nicht immer überwiegenden Einfluß zugeben, den die Technik der wirtschaftlichen Produktion auf die Struktur der Gesellschaften und die Merkmale ihrer moralischen Physiognomie ausübt. Dieser Einfluß ist der Reaktion anderer Einflüsse unterworfen, aber doch mächtig wie kein anderer, was seine Fähigkeit anbelangt, den Gesellschaften ein aristokratisches oder demokratisches Gepräge zu geben und Tendenzen zur Polygamie oder Monogamie, zur Schichtenbildung oder Beweglichkeit zu entwickeln. Vieles von dem, was die noch schwankende Eugenik oder Kakogenik als Ergebnis vererbter Merkmale oder Fehler annimmt, die stärker als andere Einflüsse sind, sollte vielmehr dem Beharren der wirtschaftlichen und sozialen Bedingungen durch Generationen hindurch zugeschrieben werden, die für die menschliche Entwicklung günstig oder ungünstig sind. Franz Boas erinnert uns daran, daß unter der Voraussetzung, daß die Eugenik unerwünschte Elemente einer Gesellschaft ausscheiden kann, die eugenetische Auswahl dafür sorgen müßte, soziale Bedingungen abzuschaffen, die für das Entstehen eines Elendsproletariats von kranken und unterernährten Menschen verantwortlich sind, und daß sich ein solches Proletariat immer wieder bilden wird, solange derartige Zustände anhalten.

In Brasilien waren die Beziehungen zwischen den Weißen und den Farbigen seit der ersten Hälfte des XVI. Jahrhunderts einerseits durch das System der wirtschaftlichen Produktion – in Latifundien betriebene Monokultur –, andererseits durch den Mangel der Konquistadoren an weißen Frauen bedingt. Das Zuckerrohr erstickte nicht nur die demokratischen Industrien und den Handel mit brasilianischem Ebenholz und Fellen, es machte auch in einem großen Umkreis um die Zuckerrohrplantagen das Land für andere Kulturen und für die Viehzucht unbrauchbar. Außerdem erforderte es eine Unzahl von Sklaven. Die Viehzucht, die ein demokratisches Leben ermöglichte, wurde in das Landesinnere verdrängt. In der Agrarzone entwickelte sich durch die alles absorbierende Monokultur eine halbfeudale Gesellschaft, in der eine patriarchalische und polygame Minderheit von Weißen und hellhäutigen Mulatten von ihren steinernen Herrenhäusern aus nicht nur die Sklaven beherrschte, die sich in den Negersiedlungen üppig vermehrten, sondern auch die Halbpächter, Pächter und sonstigen Bewohner der aus Lehm und Stroh erbauten Hütten, die im wahrsten Sinne des Wortes Vasallen des Herrenhauses waren.

Sieger im militärischen und technischen Sinne über die eingeborene Bevölkerung und absolute Beherrscher der für die harte Arbeit in den Zuckerrohrplantagen aus Afrika eingeführten Neger, mußten sich die Europäer und ihre Nachkommen, was ihre genetischen und gesellschaftlichen Beziehungen anbelangte, mit den Indianern und Afrikanern begnügen. Der Mangel an weißen Frauen führte zur Verbrüderung zwischen Siegern und Besiegten, Herren und Sklaven. Wenn diese Beziehungen zwischen weißen Männern und farbigen Frauen deshalb auch nicht aufhörte, solche zwischen »Höhergestellten« und »Niedrigergestellten«, in der Mehrzahl der Fälle zwischen enttäuschten und sadistischen Herren und passiven Sklavinnen, zu sein, so wurden sie doch durch das von vielen Siedlern empfundene Bedürfnis gemildert, unter diesen Umständen und auf dieser Basis Familien zu gründen. Die lange Zeit hindurch geübte Rassenvermischung verwischte die gesellschaftliche Distanz, die andernfalls zwischen dem Herrenhaus und dem Tropenurwald, dem Herrenhaus und der Negerhütte, ihre riesigen Ausmaße bewahrt hätte. Die auf Sklavenhaltung aufgebaute Monokultur der Großgrundbesitzer führte zu einer Aristokratisierung der brasilianischen Gesellschaft, zwischen deren Extremen von Herren und Sklaven sich, wie in einem Sandwich, eine dünne und unbedeutende Schicht von Freien befand. Diese Trennung wurde aber zum großen Teil durch die sozialen Auswirkungen der Rassenmischung wiederaufgehoben. Die Indianerin oder die Mina-Negerin am Anfang, später die Mulattin, die Cabrocha, die Quarteronin, die Oktoronin, sie alle wurden Dienstmädchen, Konkubinen und sogar legale Ehefrauen der weißen Herren und bildeten einen mächtigen Faktor in der Demokratisierung der brasilianischen Gesellschaft. Ein bedeutender Teil der großen Besitzungen wurde unter die ehelichen und sogar die unehelichen Mischlingskinder der weißen Herren aufgeteilt, wodurch die Macht des Feudalbesitzes und der Latifundien von der Größe eines Königreiches gebrochen wurde.

Die in den Latifundien betriebene Monokultur war mit tiefgehenden Mißständen verbunden, die von Generation zu Generation die Kraft und Leistungsfähigkeit der brasilianischen Bevölkerung in Mitleidenschaft zogen, deren schwankende Gesundheit, zweifelhafte Arbeitsfähigkeit, Apathie und Wachstumsstörungen so oft der Rassenvermischung zugeschrieben werden. Dazu kam noch die mangelhafte Versorgung mit frischen Nahrungsmitteln, die einem großen Teil der Bevölkerung eine unzureichende Ernährung aufzwang, welche durch übertriebenen Genuß von Trockenfisch und Maniokmehl (später auch noch von Dörrfleisch) gekennzeichnet war; oder die unvollständige und gefährliche Ernährung mit Lebensmitteln, die unter den übelsten Transportbedingungen importiert wurden, wie sie vor der Dampfschiffahrt und den in jüngster Zeit eingeführten Kühlkammern auf den Schiffen üblich waren. Die Bedeutung der Unterernährung und des ewigen Hungers, der nicht so sehr von der geringen Menge als von der mangelhaften Qualität der Lebensmittel herrührte, ist von Armitage, McCollum und Simmonds und erst kürzlich von Escudero hervorgehoben worden; sie wirft ein neues Licht auf die Probleme, die bald »Dekadenz«, bald »Inferiorität« der Rasse genannt werden, und bietet erfreulicherweise neue Möglichkeiten einer Lösung. Die wichtigsten Folgen der Unterernährung sind ein Zurückgehen der Körpergröße, des Gewichts und des Brustumfanges, Knochenverbildungen und Kalkmangel der Zähne; ferner Insuffizienz der Schilddrüse, der Hypophyse und der Keimdrüsen, die zu frühzeitigem Altern, zu herabgesetzter Fruchtbarkeit, zu Apathie und nicht selten zur gänzlichen Unfruchtbarkeit führt. Gerade diese Merkmale der Sterilität und der schlechten körperlichen Verfassung werden allgemein mit dem verabscheuten Blut der sogenannten »niederen Rassen« assoziiert. Man darf auch nicht andere soziale Einflüsse vergessen, die unter dem patriarchalischen Sklavereisystem der Kolonisationszeit wirksam geworden sind: die Syphilis zum Beispiel, die für so viele der »kränklichen Mulatten« verantwortlich ist, von denen Roquette-Pinto spricht, und der Rüdiger Bilden in seiner Studie über das Entstehen der brasilianischen Gesellschaft eine so große Bedeutung beimißt.

Die Entwicklung Brasiliens auf der Grundlage des patriarchalischen Systems ist in seinen Vorzügen wie in seinen Fehlern weniger durch Faktoren wie »Rasse« und »Religion« zu erklären als durch wirtschaftliche Faktoren und solche, die auf die Zivilisationserfahrung und die Organisation der Familie zurückgehen, die ja hier die kolonisatorische Einheit darstellte. Diese Wirtschafts- und Gesellschaftsorganisation widersprach häufig nicht nur der katholischen Geschlechtsmoral, sondern auch dem semitischen Hang des portugiesischen Abenteurers zu Handel und Warenaustausch.

Spengler betont, daß eine Rasse nicht einfach von einem Kontinent zum anderen wandert; dazu müßte sie auch ihre körperliche Umwelt verpflanzen. Bei dieser Gelegenheit erinnert er an die Ergebnisse der Untersuchungen von Gould, Baxter und auch Boas, wonach Individuen verschiedener Herkunft unter dem Einfluß derselben Umwelt zu einer Angleichung ihrer Körpermaße, ihrer Entwicklungsdauer und möglicherweise sogar des Körperbaues und der Kopfform neigen. Diese wahrscheinlich der Umwelt zuzuschreibenden Veränderungen, die an den Nachkommen von Einwanderern zu beobachten sind – wie sie Boas in den Vereinigten Staaten an sizilianischen und deutschen Juden festgestellt hat –, scheinen hauptsächlich auf das zurückzugehen, was Wissler den Einfluß des *biochemical content* nennt. Die Untersuchungen über die biochemischen Ursachen der Veränderungen, denen die Nachkommen von Einwanderern in einem anderen Klima oder Milieu unterworfen sind, gewinnen tatsächlich immer mehr an Bedeutung und weisen darauf hin, daß sich diese raschen Veränderungen durch das in der Umwelt enthaltene Jod zu erklären scheinen, welches sich auf die Sekretionen der Schilddrüse auswirkt. Auch die Ernährungsweise hat erheblichen Einfluß auf die Veränderung der physischen und geistigen Merkmale der Nachkommen der Einwanderer.

Wenn auch zugegeben werden muß, daß die physische Umwelt und vor allem ihr biochemischer Gehalt die aus verschiedenen Ursprungsländern stammenden Individuen umprägt, so darf doch nicht vergessen werden, daß die technischen Hilfsmittel der Siedler einen gegenteiligen Einfluß ausüben, indem sie in die neue Umwelt fremde Zivilisationsformen und -elemente hineintragen, die ihnen erlauben, sich nach Möglichkeit als fremde *Rasse* und *Kultur* zu behaupten.

Das von den portugiesischen Kolonisatoren in Brasilien eingeführte und durch das Herrenhaus repräsentierte patriarchalische System stellt einen deutlichen Kompromiß zwischen diesen beiden Tendenzen dar. Während es eine imperialistische Beherrschung der zurückgebliebenen durch die fortgeschrittene Rasse ausdrückte, ein Aufzwingen europäischer Lebensformen (die bereits durch die von den Kolonisatoren in Asien und Afrika gesammelten Erfahrungen abgewandelt waren) auf ein tropisches Milieu, schloß es gleichzeitig einen Kompromiß mit der neuen Umwelt und ihren Lebensbedingungen. Das Herrenhaus, das der Siedler schon im XVI. Jahrhundert inmitten der brasilianischen Zuckerplantagen errichtete, war mit seinen Mauern aus Lehm oder Mauerwerk, dem Stroh- oder Ziegeldach, das vorne und an den Seiten Galerien bildete und so schräg wie nur möglich war, um den wirksamsten Schutz vor der starken Sonne und den Tropenregen zu gewähren, keine Kopie des portugiesischen Hauses; es war vielmehr eine ganz neue, unserer Umwelt angepaßte Ausdrucksform, die einer erstaunlichen und unerwarteten Phase des portugiesischen Imperialismus entsprach: seiner seßhaften Betätigung in der Landwirtschaft der Tropen, seinem ländlichen, auf Sklaverei gegründeten Patriarchat. Von diesem Augenblick an war der Portugiese, trotz der Sehnsucht nach dem heimatlichen Königreich, der Capistrano de Abreu den Namen »Transozeanismus« gab, Luso-Brasilianer geworden, Gründer einer neuen Wirtschafts- und Sozialordnung und Schöpfer eines neuen Wohnstils. Es genügt, den Grundriß eines brasilianischen Herrenhauses aus dem XVI. Jahrhundert mit dem eines portugiesischen Landsitzes aus dem XV. Jahrhundert zu vergleichen, um den riesigen Unterschied zwischen dem Portugiesen des Mutterlandes und dem Portugiesen Brasiliens zu ermessen. Nach wenig mehr als einem Jahrhundert patriarchalischen Lebens und landwirtschaftlicher Betätigung in den Tropen waren die Brasilianer schon fast eine andere Rasse geworden, die ihren Ausdruck in einem anderen Häusertyp fand. Wie Spengler, für den der Typus der Wohnstätte eine größere sozialhistorische Bedeutung hat als die Rasse, behauptet, werden die Blutströme, die im Laufe der Jahrhunderte die gleichen Merkmale prägen, noch durch die »kosmische geheimnisvolle Kraft verstärkt, die alle jene im selben Rhythmus umfängt, welche eng zusammenleben«. Diese Kraft ging in der Entwicklung der brasilianischen Gesellschaft von den Herrenhäusern aus, den Zentren patriarchalischer und religiöser Kohäsion, den Säulen der staatlichen Organisation.

Das durch die Negerhütte ergänzte Herrenhaus verkörpert ein vollständiges wirtschaftliches, soziales und politisches System: ein Produktionssystem (die in Latifundien betriebene Monokultur); ein Transportsystem (der Ochsenkarren, die Sänfte, die Hängematte, das Pferd); ein religiöses System (der innerhalb der Familie ausgeübte Katholizismus, mit einem dem *pater familias* untergeordneten Hauskaplan, dem Totenkult usw.); ein Sexual- und Familiensystem (das polygame Patriarchat); ein System der Körperhygiene und der sanitären Einrichtungen (die Fäkalienbehälter, der Stumpf der Bananenstaude, das Bad im Fluß, das Bad im Zuber, das Sitzbad, das Fußbad); und ein politisches System (der Nepotismus). Das Herrenhaus war noch mehr: Festung, Bank, Friedhof, Herberge, Schule und Asyl, in dem Greise, Witwen und Waisen Unterkunft und Schutz fanden. Für dieses allumfassende patriarchalische System der Kolonialzeit scheint mir das Herrenhaus der Noruega-Plantage in Pernambuco mit seinen vielen Räumen, Wohnzimmern, Korridoren, den zwei Küchen, die für ein ganzes Kloster genügt hätten, der Speisekammer, der Kapelle und den Nebengebäuden der vollkommenste Ausdruck zu sein, der Ausdruck des friedlichen und in sich ruhenden Patriarchalsystems des XVIII. Jahrhunderts, ohne den Charakter einer Festung, der den ersten Herrenhäusern des XVI. Jahrhunderts eigen war. »Auf den Landgütern fühlt man sich wie in einem Feldlager«, schreibt Teodoro Sampaio über das erste Jahrhundert der Kolonialzeit. »Die reichen Grundherren pflegten ihre Wohnstätten und Landsitze nach Eingeborenenart durch mächtige doppelte Palisaden zu schützen, die mit den Dienstleuten, Pächtern und Indianersklaven bemannt wurden und auch den Nachbarn offenstanden, wenn sie unversehens von Wilden überfallen wurden.«

Zu Ende des XVII. und während des XVIII. Jahrhunderts ähnelten die Plantagen jedoch eher einem portugiesischen Kloster – die großen Gutshäuser waren gleichzeitig Herbergen und Asyle. Dieser Eindruck der Abgeschlossenheit, den die Häuser mit ihren wie auf hölzernen Stelzen stehenden Galerien noch zu Beginn des XVII. Jahrhunderts erweckten, ist schon zu Ende desselben Jahrhunderts, erst recht im XVIII. und in der ersten Hälfte des XIX. Jahrhunderts verlorengegangen. Die Häuser sind jetzt kaum mehr wehrhaft, vielmehr ausgesprochen ländlich und den Fremden in offenherziger und freigebiger Gastfreundschaft zugänglich. Sogar in den Estancias am Rio Grande begegnete Nicolau Dreys zu Anfang des XIX. Jahrhunderts der Sitte der mittelalterlichen Klöster, zu den Mahlzeiten die Glocke zu läuten. »Sie dient dazu«, schreibt er, »dem vorbeiziehenden Wanderer oder dem bedürftigen Nachbarn anzuzeigen, daß er an den Tisch des Gutsherrn kommen kann, der gerade gedeckt wird; und wirklich kann sich jeder, der will, an dieser gastlichen Tafel niederlassen. Der Hausherr weist nie jemanden ab und fragt nicht einmal, wer er ist . . .«

Es scheint mir nicht ganz zutreffend, wenn José Mariano junior behauptet, daß unsere patriarchalische Architektur nichts als eine Nachahmung der religiösen gewesen sei, die von den Jesuiten, diesen erbitterten Feinden der Plantagenbesitzer, entwickelt worden war. Was die Architektur der Herrenhäuser von den Klöstern annahm, war vielmehr eine gewisse franziskanische Sanftheit und Einfachheit; diese Tatsache erklärt sich daraus, daß das Haus eines Gutsbesitzers und ein typisches Kloster von Brüdern des heiligen Franziskus die gleichen Funktionen ausübten. Die Bauweise der Jesuiten und der Kirche war zweifellos – darin kann ich José Mariano nur beipflichten – der höchste und kultivierteste Ausdruck der Architektur im Brasilien der Kolonialzeit und beeinflußte sicher auch die der Herrenhäuser. Diese nahmen jedoch ihre eigene Entwicklung auf Grund ihrer patriarchalischen Bedeutung und einer Notwendigkeit, die über die rein kirchliche Anpassung an die Umwelt hinausging; sie individualisierten sich und wurden schließlich so übermächtig, daß sie ihrerseits die Architektur von Kloster und Kirche beherrschten. Der stolze jesuitische Stil, die spanische Vertikalität, wurden gebrochen und zu der freundlichen, bescheidenen und demütigen Plantagenkapelle abgeflacht, einem Nebengebäude des Wohnhauses. Wenn das Herrenhaus von Kirche und Kloster gewisse künstlerische Werte und technische Einzelheiten übernommen hatte, so nahmen auch die Kirchen Merkmale des Herrenhauses an: das Schutzdach über dem Eingang zum Beispiel. Nichts ist interessanter als gewisse Kirchen im Innern Brasiliens mit Galerien an der Vorderfront und an den Seiten; ich kenne mehrere davon: in Pernambuco, in Paraíba, in São Paulo und eine besonders charakteristische in São Roque de Serinhaém. Noch typischer ist die Kapelle der Caieiras-Plantage in Sergipe, die ein ausgesprochen profanes Aussehen hat. Ebenso die kleine Kirche von São Miguel in São Paulo, die noch aus der Kolonialzeit stammt.

In dem von Anfang an bekundeten Bestreben, das Land zu beherrschen, gewann in Brasilien das Herrenhaus das Übergewicht über die Kirche. Nachdem auch die Jesuiten überwunden waren, blieb der Gutsherr fast als der einzige Beherrscher in der Kolonie übrig, der eigentliche Herr Brasiliens, mächtiger als Vizekönige oder Bischöfe.

Die ganze Gewalt lag nun in den Händen dieser Gutsbesitzer, Herren über das Land, über die Männer und auch die Frauen. Ihre Häuser versinnbildlichten diese riesige Feudalmacht. »Häßlich und stark«, mit dikken Mauern, tiefen, mit Walfischtran abgedichteten Fundamenten. Es wird erzählt, daß ein Plantagenbesitzer im Norden ängstlicher als die anderen um den dauernden Bestand seines Hauses besorgt war: Er ruhte nicht, ehe er nicht zwei Sklaven hatte töten und in den Grundmauern begraben lassen. Der Schweiß und oft auch das Blut der Neger war das Öl, das mehr als das der Walfische den Fundamenten der Herrenhäuser die Widerstandskraft von Festungen verlieh.

Ironie des Schicksals: Aus Mangel an Menschenpotential war diese ganze stolze Festigkeit in Form und Material oft genug verschwendet. In der dritten oder vierten Generation begannen diese riesigen Gebäude, die Jahrhunderte überdauern sollten, in Moder zu zerfallen, weil sie verlassen oder nicht gepflegt wurden. Die Urenkel oder sogar schon die Enkel waren nicht fähig, das Erbe ihrer Vorfahren zu erhalten. In Pernambuco sind noch die Ruinen des großen Schlosses der Barone de Mercês zu sehen, wo selbst die Stallungen Grundmauern wie Festungen hatten. Aber all diese Herrlichkeit ist zu Staub geworden, und zu guter Letzt haben doch die Kirchen die Herrenhäuser überlebt. In Maçangana, wo Nabuco seine Kindheit verlebt hat, ist das alte Herrenhaus verschwunden und die Negersiedlung zerfallen; nur die kleine alte Kapelle von São Mateus steht noch, mit ihren Heiligenstatuen und ihren Katakomben.

Die Sitte, die Toten im Hause, das heißt unter der Hauskapelle zu begraben, ist für den patriarchalischen Familiensinn bezeichnend. Die Toten blieben unter demselben Dach mit den Lebenden, mitten unter den Heiligen und den Altarblumen. Die Heiligen und die Toten bildeten einen Teil der Familie. In den portugiesischen und brasilianischen Wiegenliedern zögerten die Mütter niemals, aus ihren Söhnchen kleinere Brüder des Jesuskindes zu machen, die dasselbe Recht auf die Fürsorge Marias, die Obhut Josephs und die großmütterlichen Zärtlichkeiten der heiligen Anna hatten. Der heilige Joseph wurde ohne große Umstände beauftragt, die Wiege oder die Hängematte des Kindes zu schaukeln:

»Wiege, Joseph, wiege,
die Frau bald kommen muß;
sie ging die Windeln waschen
wohl an den Belem-Fluß.«

Die heilige Anna wird gebeten, die Kleinen auf ihrem Schoß einzulullen:

»Hochheilige Anna,
schläfre mein Töchterlein ein;
sieh doch, wie schön es ist,
wie ein Wunder so fein.
Mein kleines Mädchen
schläft nicht im Bett,
es schläft im Schoß
von Sankt Anna so nett.«

Man stand auf so gutem Fuß mit den Heiligen, daß man sie damit betraute, die Konfitüre- und Siruptöpfe vor den Ameisen zu schützen:

»Gelobt sei São Bento!
Die Ameisen laß nicht
an das süße Gericht!«

schrieb man auf ein Stück Papier, das man an die Tür der Speisekammer heftete. An die Fenster und Türen wurden Zettel geklebt, auf denen zu lesen stand:

»Jesus, Maria und Joseph,
bittet für uns, die wir uns an Euch wenden.«

Wenn ein Fingerhut, eine Schere oder eine Münze in Verlust geriet, so mußte der heilige Antonius den verlorenen Gegenstand herbeischaffen. In der brasilianischen patriarchalischen Gesellschaft war die Vertrautheit mit den Heiligen noch größer als in der portugiesischen. Es fehlte nur noch, daß das Jesuskind mit den Kindern des Hauses auf allen vieren herumkroch, sich mit Guajaven-Gelee beschmierte und mit den Negerjungen spielte. Die portugiesischen Nonnen meinten in ihrer Ekstase oft, es auf ihrem Schoß zu spüren, wo es mit ihrem Nähzeug spielte oder von der Konfitüre kostete.

Nach den Heiligen und vor den Lebenden kamen in der patriarchalischen Hierarchie die Toten, die, soweit nur möglich, das Leben ihrer Kinder, Enkel und Urenkel lenkten und bewachten. In vielen Herrenhäusern hingen ihre Bildnisse in der Kapelle, mitten zwischen den Bildern der

Heiligen und mit demselben Recht auf die Votivlampe und die Altarblumen. Häufig wurden dort auch die Zöpfe von verstorbenen Frauen und die Locken kleiner Kinder aufbewahrt. Ein häuslicher Totenkult, der an den der alten Griechen und Römer erinnert.

Das patriarchalische Herrenhaus war aber nicht nur Festung, Kapelle, Schule, Werkstatt, Asyl, Harem, Mädchenkloster und Herberge. Es übte noch eine andere wichtige Funktion in der brasilianischen Wirtschaft aus: die einer Bank. Innerhalb seiner dicken Mauern, unter den Ziegeln oder Fliesen, die den Boden bedeckten, wurde Geld vergraben, Schmuck, Gold und Wertgegenstände. Mitunter wurde der Schmuck auch in der Kapelle aufbewahrt; man behängte damit die Heiligenstatuen. Daher stammen alle die nach der Art von Bahía mit Schmuckstükken, Amuletten, Herzen, Pferdchen, Hündchen und Goldketten beladenen Madonnenstatuen. In jenen frommen Zeiten wagten die Diebe nur selten, in Kapellen einzudringen und die Heiligenbildwerke zu berauben. Einmal wurde allerdings der Heiligenschein und anderer Schmuck des heiligen Benedito gestohlen, aber mit der für die damalige Zeit gewichtigen Ausrede, daß »ein Neger nicht so reich geschmückt sein darf«. In der Kolonialzeit war es den Negern auch wirklich verboten, »einigermaßen wertvollen Schmuck zu tragen«.

Zur Sicherheit und zum Schutz gegen Korsaren, gegen demagogische Ausschreitungen oder die kommunistischen Tendenzen der Eingeborenen und der Afrikaner vergruben die Großgrundbesitzer, in ihrem übertriebenen Streben nach Besitz, Schmuck und Gold im Innern des Hauses, genauso wie ihre geliebten Toten. Diese zwei Grundmotive wurden schließlich in den Geschichten der Herrenhäuser immer seltsamer vermengt: Leere Schaukelstühle wiegten sich auf lockeren Fliesen, die am nächsten Morgen nicht mehr aufzufinden waren; nachts klapperten und klirrten Teller und Gläser in den Schränken; Geister verstorbener Gutsbesitzer erschienen ihren Verwandten oder sogar Fremden und baten um ein Vaterunser oder ein Ave-Maria für ihr Seelenheil, stießen Klagen aus und wiesen auf Stellen, wo Gefäße voll Geld liegen sollten. Häufig war es das Geld von anderen, dessen sich die Herren widerrechtlich bemächtigt hatten, Geld von Freunden, Witwen oder sogar Sklaven, die es ihnen zur Aufbewahrung anvertraut hatten. Viele davon verloren durch die Geriebenheit oder den plötzlichen Tod des Verwandten ihren Besitz und endeten im Elend. Es gab Gutsherren, die so skrupellos waren, daß sie Wertgegenstände in Verwahrung nahmen und dann die Erstaunten und

Ahnungslosen spielten. »Sind Sie verrückt? Sie wollen mir etwas zum Aufbewahren gegeben haben?« So manches vergrabene Geld verschwand auf geheimnisvolle Weise. Joaquim Nabuco, der von seiner Patin im Herrenhaus von Maçangana aufgezogen wurde, starb, ohne je zu erfahren, was aus dem Goldschatz geworden war, den die gute Frau für ihn gesammelt und wahrscheinlich irgendwo eingemauert hatte. Als er schon Gesandter in London war, erzählte ihm ein alter Priester von dem Schatz, den Dona Ana Rosa für ihren geliebten Patensohn angehäuft hatte. Aber niemals wurde auch nur ein Pfund davon gefunden. In verschiedenen Herrenhäusern von Bahía, Olinda und Pernambuco wurden bei Abbrucharbeiten oder Ausschachtungen Urnen mit Geld gefunden. In Bahía fand man im Hause der Pires d'Avila oder Pires de Carvalho »ein wahres Vermögen in Goldmünzen« in einem Mauerwinkel. In anderen Herrenhäusern wurden nur Knochen von Sklaven ausgegraben, die von ihren Herren gerichtet und im Garten oder innerhalb des Hauses verscharrt wurden, ohne daß die Behörden davon erfuhren. Man erzählt sich, daß der Visconde de Suaçuna im Garten seines Herrenhauses in Pombal mehr als einen Neger begraben ließ, der seiner patriarchalischen Rechtsprechung zum Opfer gefallen war. Das ist nicht verwunderlich, wenn man weiß, daß es Gutsherren gab, die ihre eigenen Söhne umbringen ließen. Einer dieser Patriarchen, Pedro Vieira, der schon Großvater war, ließ einen seiner Söhne von seinem ältesten Bruder töten, als er entdeckte, daß er Beziehungen zu seiner Lieblingssklavin unterhielt. »Ich habe meinen Sohn töten lassen, um Gott einen Dienst zu erweisen«, schrieb er dem Pater Koadjutor von Canavieira, nachdem dieser entsetzliche Befehl ausgeführt worden war.

Auch die Mönche übten während der Kolonialzeit die Funktionen von Bankiers aus. Sie bekamen viel Geld, um es in ihren Klöstern aufzubewahren, die stark und unzugänglich wie Festungen waren. Daher rührten auch die in Brasilien so verbreiteten Legenden von Klosterkellern, in denen noch Geld vergraben liegt. Aber in erster Linie waren es doch die Herrenhäuser, die der Kolonialwirtschaft als Banken dienten; und daher sind es fast immer die armen Seelen von Gutsherren, die um ein Paternoster oder ein Ave-Maria bitten.

Die Geister, die in den Herrenhäusern umgehen, machen sich fast in ganz Brasilien durch die gleichen Erscheinungen und Geräusche bemerkbar. Kurz bevor das Herrenhaus von Megaípe sinnlos in die Luft gesprengt wurde, hatte ich Gelegenheit, von den Bewohnern der Umgegend Geistergeschichten zu erfahren, die mit diesem alten Schloß aus dem XVII. Jahrhundert zusammenhingen. Da gab es Tellerklappern aus dem Speisesaal, fröhliches Lachen und Tanzschritte aus dem Salon, Degengeklirr, Rauschen von seidenen Gewändern, Lichter, die plötzlich im ganzen Haus aufleuchteten und wieder erloschen, Jammern, das Poltern nachschleifender Ketten, Kinderweinen und Phantome, die jäh anschwollen, um ebenso schnell wieder zu schrumpfen. In Rio de Janeiro und São Paulo erzählte man mir, daß ähnliche Geister die Ruinen der Herrenhäuser im Paraíba-Tal bevölkerten. Und in Recife verläßt – nach den Berichten eines langjährigen Bewohners der Gegend – allnächtlich um Mitternacht ein schönes, weißgekleidetes Mädchen, wie die Muttergottes auf einem Esel reitend, die Kapelle des Herrenhauses, das Bento José da Costa gehörte. Wahrscheinlich ist es die Tochter des alten Bento, die der patriarchalischen Tyrannei entflieht, nachdem er sich lange Zeit der Heirat mit Domingos José Martins widersetzt hatte. Denn die Geister pflegen die Freuden, die Leiden und die wichtigsten Handlungen aus dem Leben in den Herrenhäusern wiederzugeben.

Im Gegensatz zum abenteuernden Nomadentum der Bandeirantes – zum Großteil Mestizen, Mischlinge von Weißen und Indianern – repräsentierten die Gutsherren innerhalb der im Entstehen begriffenen brasilianischen Gesellschaft die charakteristischsten portugiesischen Tendenzen, nämlich das Festhalten an altem Herkommen, im Sinne patriarchalischer Stabilität. Diese Stabilität gründete sich auf den Zucker (die Plantage) und den Neger (die Sklavenhütte). Damit soll das Entstehen der brasilianischen Gesellschaft nicht neben der wirtschaftlichen Erklärung noch eine ethnische erhalten. Es soll nur dem rein materiellen, marxistischen Aspekt der Tatsachen oder, besser noch, den Tendenzen ein psychologischer oder psychophysiologischer hinzugefügt werden. Die Untersuchungen von Cannon einerseits und von Keith andererseits scheinen zu ergeben, daß sowohl auf die Gesellschaften als auch auf die Individuen, unabhängig vom wirtschaftlichen Druck, psychophysiologische Kräfte einwirken, die voraussichtlich erst durch zukünftige wissenschaftliche Eliten unter Kontrolle gebracht werden können – Schmerz, Furcht und Wut, neben den Emotionen von Hunger, Durst und Sexus, Kräfte von sehr intensiver Auswirkung. So mag der Islam in seinem imperialistischen Furor, seinen Großtaten, seiner mystischen Erhöhung der Sinnenlust, nicht nur der Ausdruck wirtschaftlicher Motive, sondern auch psychischer Kräfte gewesen sein, die sich auf besondere Art unter den Völkern Nordafrikas entwickelten. Dasselbe gilt von der Tätigkeit der Bandeiras, in der sich die allgemeinen Gemütsbewegungen von Furcht und Wut zu Reaktionen erhöhter Kampfeslust verstärkten. Der reinere Typ des Portugiesen, der sich als Plantagenbesitzer niederließ und sich eher auf den Neger als auf den Indianer stützte, stellt vielleicht mit seinem Hang zur Seßhaftigkeit eine psychologische Spezies dar, die im Gegensatz zur Beweglichkeit des Indianers und des Mischlings von Indianer und Portugiesen steht. Dabei darf nicht übersehen werden, daß sich das Land in Pernambuco und der Umgebung von Bahía ganz besonders für den intensiven Anbau von Zuckerrohr und die ruhige, patriarchalische Lebensform des Landwirts eignete.

Tatsächlich entstand auf den Gütern der Plantagenbesitzer der beständigste Zivilisationstypus von ganz Iberoamerika, der in der breitangelegten, horizontalen Architektur der Herrenhäuser seinen Ausdruck findet, mit riesigen Küchen, geräumigen Speisesälen, zahlreichen Zimmern für die Söhne und Gäste, der Kapelle, Nebengebäuden für die Unterbringung der verheirateten Söhne, im Innern des Hauses gelegenen Kammern für die fast klösterliche Abgeschlossenheit der unverheirateten Töchter, den Frauengemächern, dem gedeckten Eingang, den Negerhütten. Der Stil der Herrenhäuser – Stil im Spenglerschen Sinne – mag entlehnt sein; seine Bauweise jedoch war gediegen und echt, brasilianisch wie der Urwald. Er hatte Seele. Er war der reine Ausdruck der Bedürfnisse, der Interessen und des weiten Rhythmus des patriarchalischen Lebens, das der Ertrag der Zuckerplantagen und die Leistungsfähigkeit der Neger ermöglichte.

Diese Gediegenheit, diese Großzügigkeit der Herrenhäuser, die jedoch nicht dem Luxus verfiel, beeindruckte viele ausländische Reisende, die das Brasilien der Kolonialzeit besuchten, von Dampier bis zu Maria Graham. Maria Graham war begeistert von den Wohnhäusern außerhalb Recifes und jenen der Zuckerplantagen in der Provinz Rio de Janeiro. Das einzige, was ihr einen schlechten Eindruck machte, war die übertriebene Menge von Papageien- und Vogelkäfigen, die überall herumhingen. Aber diese vielen Papageienkäfige sollten dem Familienleben nur das verleihen, was man heute Lokalkolorit nennen würde. Die Papageien, fügt Mrs. Graham hinzu, waren so gut abgerichtet, daß sie nur selten zu gleicher Zeit schrien. Was übrigens die patriarchalische Zähmung der Tiere anbelangt, so beobachtete d'Assier ein noch bedeutsameres Beispiel: Äffchen, die den Negerjungen die Hand küßten wie diese den alten Negern und diese wieder den weißen Herren. Die Hierarchie umfaßte in den Herrenhäusern sogar die Papageien und Affen.

Wenn das Herrenhaus auch ganz besonders mit der Zuckerrohrplantage und dem patriarchalischen System des Nordens in Verbindung gebracht wird, so ist es doch nicht ausschließlich als Ergebnis des Zuckerrohranbaues zu betrachten, sondern ganz allgemein als solches der auf Sklavenhaltung gegründeten und in Latifundien betriebenen Monokultur. Im Süden verdankt es dem Kaffee sein Entstehen, im Norden dem Zucker. Wer durch die alten Kaffeeanbaugebiete von Rio de Janeiro und São Paulo fährt, findet in den großen, zerfallenen Häusern, in der Erde, die immer noch die Spuren der Rodungen und der Bebauung der Latifundien trägt, den gleichen wirtschaftlichen Impuls verkörpert, der in Pernambuco die Herrenhäuser von Megaípe, Anjos, Noruega, Monjope, Gaipió und Morenos geschaffen und einen bedeutenden Teil des sogenannten Urwaldgebietes zerstört hat. Es sind natürlich Unterschiede zu beobachten, die teils auf das verschiedene Klima, teils auf psychologische Gegensätze zurückgehen sowie darauf, daß, zumindest im Gebiet von São Paulo, die Latifundien mit ihrer Monokultur zu Ende des XVIII. Jahrhunderts den Kleinbesitz verdrängt haben. Wir dürfen auch nicht die Tatsache übersehen, daß »die Bewohner des Nordens Anhöhen oder Berghänge für ihre Behausungen aussuchten, während sie in São Paulo im allgemeinen die Niederungen und Bodensenken für den Bau ihrer Häuser vorzogen ... Diese waren immer auf steilem, sehr abschüssigem Boden erbaut, um sie vor dem Südwind zu schützen; auf der niedrigeren Seite hatten sie ein Erdgeschoß, das ihnen den Anschein eines zweistökkigen Gebäudes gab.« Die Häuser im Süden machen einen abgeschlosseneren und reservierteren Eindruck als die im Norden, doch besitzen auch sie die »Terrasse, von der aus der Gutsherr den gesamten Komplex des Landlebens überblicken konnte«. Und nicht nur diese gemütliche, gastfreundliche und patriarchalische Terrasse, auch der Speisesaal, die Salons und die riesigen Küchen sind die gleichen. Wenn man von Santos nach Rio mit einem kleinen Schiff fährt, das in allen Häfen anlegt – in Ubatuba, São Sebastião, Angra dos Reis –, so sieht man überall Häuser, die an die patriarchalischen Bauten von Rio Formoso erinnern. Und mitunter trifft man Kirchen, die, wie im Norden, Vorhallen haben und einen einladenden, freundlichen, echt brasilianischen Eindruck erwecken.

Die Sozialgeschichte des Herrenhauses ist die ureigene Geschichte fast eines jeden Brasilianers: die Geschichte seines häuslichen Lebens, seines Ehelebens, in einer patriarchalischen, sklavenhaltenden und polygamen Gesellschaft; seiner Kindheit; seines Christentums, das sich auf die Ausübung der Religion innerhalb der Familie beschränkt und vom Aberglauben der Negerhütten beeinflußt ist. Das Studium der intimen Geschichte eines Volkes hat etwas von Proustscher Einkehr an sich; schon die Goncourts nannten das »ce roman vrai«. Der Architekt Lúcio Costa hat die Empfindungen beschrieben, die der Anblick dieser alten Häuser von Sabará, São João del-Rei, Ouro Prêto, Mariana und der alten Herrenhäuser von Minas in ihm auslösten: »Hier findet man sich selber wieder ... und erinnert sich an Dinge, die man nie gewußt, aber immer mit sich herumgetragen hat; ich weiß nicht – Proust könnte das erklären.«

Bis auf den heutigen Tag haben der brasilianische Charakter und unsere gesellschaftliche Kontinuität ihren besten Eindruck in den Herrenhäusern gefunden. Im Studium ihrer intimen Geschichte wird alles, was die politische und militärische Geschichte uns an aufregenden Ereignissen bietet, zugunsten einer fast routinemäßig verlaufenden Lebensweise vernachlässigt. Aber gerade diese Routine gibt am besten den Charakter eines Volkes wieder. Wenn wir das häusliche Leben unserer Vorfahren studieren, fühlen wir uns bereichert: Es ist ein anderer Weg der *»recherche du temps perdu«*, eine andere Möglichkeit, uns in anderen wiederzufinden, in denen, die vor uns gelebt haben und deren Leben das unsere vorweggenommen hat. Das Studium dieser Vergangenheit berührt uns zutiefst und ändert das Leben eines jeden von uns; es ist weit mehr ein Abenteuer der Empfindungsfähigkeit als ein bloßes Wühlen in Archiven.

Das ist natürlich nur der Fall, wenn es gelingt, in die intimsten Geheimnisse der Vergangenheit einzudringen, ihre wahren Tendenzen zu entdecken, wie sie sich in der häuslichen Behaglichkeit, in ihren ehrlichsten Kundgebungen ausdrücken. In Ländern wie Brasilien ist dies aber nicht leicht. Der Beichtstuhl absorbierte alle persönlichen und familiären Geheimnisse, so daß bei den Menschen, und ganz besonders bei den Frauen, kein Bedürfnis mehr bestand, sich anderen mitzuteilen, wie es in protestantischen Ländern der Fall ist, wo dem Geschichtsforscher so viele Tagebücher, Bekenntnisse, Briefe, Memoiren, Autobiographien und autobiographische Romane zur Verfügung stehen. Ich glaube, daß es in ganz Brasilien kein von einer Frau geschriebenes Tagebuch gibt. Unsere Großmütter, von denen viele, selbst wenn sie dem Adel angehörten, Analphabeten waren, begnügten sich damit, ihre Geheimnisse dem Beichtvater oder der Lieblingssklavin zu erzählen. Ihre Schwatzhaftigkeit erschöpfte sich in den Unterhaltungen, die sie an regnerischen Nachmittagen oder während der drückend heißen Mittagsstunden mit den schwarzen Hausiererinnen führten. Vergeblich würde man nach einem Tagebuch voll Klatschgeschichten suchen, wie sie von den englischen und nordamerikanischen Hausfrauen der Kolonialzeit geführt wurden.

Dagegen hatte die Inquisition ihr riesiges, wachsames Auge auf das intime Leben der Kolonialzeit geworfen, in die Schlafzimmer, deren Betten, die meistens aus Leder gewesen zu sein scheinen, unter dem Gewicht der Ehebrüche und der verbotenen Beziehungen knarrten, in die Kämmerchen der Heiligen und auf den Umgang der Weißen mit ihren Sklaven. Die Geständnisse und Denunziationen, die das Inquisitionsgericht in Brasilien sammelte, bilden eine wertvolle Quelle für das Studium des Sexual- und Familienlebens im Brasilien des XVI. und XVII. Jahrhunderts. Sie geben uns das Alter an, in dem die Mädchen zu heiraten pflegten – zwischen zwölf und vierzehn Jahren –, den bevorzugten Zeitvertreib der Siedler, das Tricktrack-Spiel, den dramatischen Pomp der Prozessionen, bei denen Männer als Christus oder andere Gestalten aus der Passionsgeschichte verkleidet waren und die Gläubigen die Büßer aus Schachteln mit Süßigkeiten fütterten. Sie gewähren uns Einblick in die Ketzereien der Neuen Christen und der »Heiligkeits«-Sekten, in Hexereien und wilde Feste in den Kirchen, wobei Spaßmacher auf den Altären saßen und ihre Gesänge auf der Gitarre begleiteten; aber auch die Verfehlungen des häuslichen Lebens und der christlichen Moral in der Familie werden gezeigt: verheiratete Männer, die sich zum zweitenmal mit Mulattinnen verheirateten, andere, die widernatürlichen Verkehr mit Burschen vom Lande selbst oder aus Guinea pflegten, oder solche, die mit Weibern jene Unzucht trieben, die in der Sprache der modernen Wissenschaft ebenso wie in den Büchern der Klassiker *felatio* genannt und in den Denunziationen mit allen Einzelheiten beschrieben wird. Von Schandmäulern ist die Rede, die bei den »Schamhaaren der Jungfrau« schwören, von Schwiegermüttern, die die Vergiftung ihrer Schwiegersöhne planen, von Neuen Christen, die im Augenblick der Begattung das Kruzifix unter den Körper der Frau legen oder es in das Nachtgeschirr werfen, von Herren, die schwangere Sklavinnen bei lebendigem Leibe in den Öfen der Plantagen verbrennen lassen, wobei die Ungeborenen in der Hitze der Flammen bersten.

Im XVIII. und XIX. Jahrhundert gab es auch exzentrische Personen, schäbige Kopien von Mr. Pepys, die in aller Seelenruhe ganze Hefte mit

Klatschgeschichten vollschrieben und sich »Sammler von Tatsachen« nannten. Manuel Querino spricht von solchen Sammlern aus Bahía, Arrojado Lisboa berichtete mir über derartige Hefte, die sich auf Minas bezogen, und im alten Ackerbaugebiet von Pernambuco fand ich selber Spuren von »Chronisten«. Diese »Sammler von Tatsachen«, Vorläufer der Verfasser von Pamphleten, sammelten schimpfliche Vorfälle, die im geeigneten Augenblick dazu dienten, ein untadeliges Wappenschild oder einen achtbaren Namen mit Schmutz zu bewerfen. Hauptsächlich bei Leuten, die sich viel auf ihre weiße Hautfarbe und ihr edles Blut einbildeten, gruben sie dann eine Urahnin aus, die Sklavin oder »Mina« gewesen war, einen Onkel, der eine Strafe abgebüßt hatte, oder einen Großvater, der vor der Inquisition fliehen mußte. Alle sexuellen und moralischen Verfehlungen der Vorfahren waren hier registriert, selbst die der Damen.

Noch andere Dokumente sind von Nutzen für den, der die intime Geschichte der brasilianischen Familie studiert: Bestandsaufnahmen wie jene, die der frühere Präsident Washington Luís in São Paulo veröffentlichen ließ; Landzuteilungsurkunden; Testamente; der Schriftverkehr der Gerichte und königliche Erlasse; wie sie sich als Manuskripte in der Staatsbibliothek von Pernambuco oder in alten Registern und Familienarchiven finden; Hirtenbriefe und Berichte von Bischöfen, wie der überaus interessante von Frei Luis de Santa Teresa, dessen lateinischer, in schönster Mönchsschrift geschriebener Text im Archiv der Kathedrale von Olinda vergilbt; Sitzungsprotokolle des Dritten Ordens, von Bruderschaften und Asylen, wie jene aus dem XVII. Jahrhundert, die – unzugänglich und nutzlos – im Archiv des Dritten Ordens des hl. Franziskus in Recife aufbewahrt werden; die »Interessanten Dokumente über Geschichte und Gebräuche von São Paulo«, die Afonso de E. Taunay so oft für seine Studien über das Leben in São Paulo während der Kolonialzeit benützt hat; die »Akten und das Generalregister des Gemeinderates von São Paulo«; die Tauf-, Sterbe- und Heiratsregister von Freigelassenen und Sklaven sowie jene, die den Familienregistern angehören, oder Urteile über Eheverträge, die in den kirchlichen Archiven aufbewahrt werden; die genealogischen Studien von Pedro Taques in São Paulo und Borges da Fonseca in Pernambuco; die Berichte von Hygiene-Ausschüssen; parlamentarische Dokumente; medizinische Studien und Thesen, darunter Doktorarbeiten der Fakultäten von Rio de Janeiro und Bahía; Dokumente, die vom Staatsarchiv, von der Nationalbibliothek, dem Brasilianischen Historischen Institut in seiner »Zeitschrift« sowie von den Instituten von São Paulo, Pernambuco und Bahía veröffentlicht wurden. Ich hatte nicht nur Glück, in mehrere Briefe aus dem Archiv der Familie Paranhos Einblick zu gewinnen, die mir liebenswürdigerweise von meinem Freund Pedro Paranhos zur Verfügung gestellt wurden, sondern auch Zugang zu dem bedeutenden, wenn auch leider schon stark von den Motten und der Feuchtigkeit beschädigten, aber an Dokumenten über die Kolonialzeit reichen Familienarchiv der Noruega-Plantage, die lange Jahre dem Kommandeur Manuel Tomé de Jesus und später seinen Nachkommen gehörte. Es wäre zu wünschen, daß diese Überreste alter Privatarchive in Bibliotheken oder Museen gesammelt und die Archive der Kirche und des Dritten Ordens katalogisiert würden. Manche Dokumente, die sich als Manuskript in diesen Archiven und Bibliotheken befinden, sollten ehestens veröffentlicht werden. Es ist ein Jammer – wenn mir diese Bemerkung erlaubt ist –, daß einige historische Zeitschriften Seiten und Seiten der Veröffentlichung von patriotischen Reden und literarischen Chroniken widmen, während so viel Material von größtem historischem Interesse den Studierenden unbekannt oder schwer zugänglich bleibt.

Für die Kenntnis der brasilianischen Sozialgeschichte gibt es kaum eine zuverlässigere Informationsquelle als die Reiseberichte von Ausländern, wobei allerdings streng zwischen den oberflächlichen oder voreingenommenen Autoren – wie Thévet, Expilly, Debadie – und den guten und anständigen unterschieden werden muß, zu denen Léry, Hans Staden, Koster, Saint-Hilaire, Rendu, Spix, Martius, Burton, Tollenare, Gardner, Mawe, Maria Graham, Kidder und Fletcher gehören. Diese Quellen habe ich ausgiebig benutzt; mit solcher Art Literatur – wenn man diese Bücher, von denen viele schlecht geschrieben sind, aber durch ihre fast kindliche Einfalt einen gewissen Reiz haben, überhaupt Literatur nennen kann – war ich seit meiner Studentenzeit und der Forschungsarbeit für meine Dissertation *Social Life in Brazil in the Middle of the 19th Century* vertraut, die ich 1923 der Fakultät für politische und Sozialwissenschaften der Columbia-Universität vorlegte. Henry L. Mencken erwies mir die Ehre, diese Arbeit zu lesen, und gab mir den Rat, sie zu einem Buch zu erweitern. Diesen ermutigenden Worten des unakademischsten Kritikers, den man sich nur denken kann, verdankt das vorliegende Buch sein Entstehen.

Um auf die Quellen zurückzukommen, müssen die wertvollen Angaben erwähnt werden, die in den Briefen der Jesuiten enthalten sind. Vieles von diesem Material ist schon veröffentlicht worden, aber wie mir João Lúcio de Azevedo, eine Autorität auf diesem Gebiet, schreibt, müssen die Archive der Gesellschaft Jesu noch viel enthalten, was nie gedruckt worden ist. Die Jesuiten waren nicht nur eifrige Briefschreiber, die in ihren Briefen intime Einzelheiten des sozialen Lebens der Siedler erwähnten, sie trachteten auch in ihren Schülern, Caboclos und Mamelucos, die Freude am Briefschreiben zu wecken. Der Jesuit Franciso Pires schrieb 1552 aus Bahía über die Wallfahrten seiner jungen Zöglinge ins Landesinnere: »... worüber ich nichts berichte, weil der Pater sie angewiesen hat, den Jungen in Lissabon zu schreiben, und weil es möglich ist, daß Ihr diese Briefe gesehen habt ...« Es wäre interessant, diese Briefe zu entdecken und zu sehen, was die brasilianischen Caboclos des XVI. Jahrhunderts nach Lissabon geschrieben haben. In den Briefen der Jesuiten finden sich häufig wertvolle Hinweise auf das gesellschaftliche Leben im ersten Jahrhundert der Kolonisation und den Kontakt zwischen der europäischen Zivilisation und der eingeborenen und afrikanischen Kultur. In einem Brief aus dem Jahre 1552 beschreibt Pater Antonio Pires eine Prozession von Negern aus Guinea, die in Pernambuco bereits in eine Bruderschaft vom Heiligen Rosenkranz zusammengefaßt waren; sie bewahrten dabei die größte Ordnung und gingen »einer hinter dem anderen, wobei sie mit erhobenen Händen *Ora pro nobis* riefen«. In einem anderen Brief aus Pernambuco vom 2. August 1551 bezeichnet er die Siedler auf den Ländereien von Duarte Coelho als »die ordentlichsten Leute, die es in allen Kapitanaten gibt«. In einem weiteren Brief berichtet er, »daß sich die Indianer anfangs scheuten, die Worte Santa Jooçaba auszusprechen – was in unserer Sprache ›im Zeichen des Kreuzes‹ heißt –, weil sie das für albern hielten«. Anchieta erwähnt die vielen giftigen Insekten, die den ersten Siedlern das Leben vergällten, und die Jararaca-Schlangen, die überall in den Häusern herumkrochen und sich vom Dach auf die Betten fallen ließen: »Beim Erwachen entdecken die Menschen, daß die Schlangen sich ihnen um den Hals oder um die Beine gerollt haben, und wenn sie morgens ihre Schuhe anziehen wollen, so finden sie sie darin versteckt.« Sowohl Anchieta als auch Nóbrega weisen auf die sexuellen Ausschweifungen der Siedler und deren Beziehungen zu den Eingeborenen und Negern hin; außerdem erwähnen sie, daß die einheimischen Lebensmittel sehr mittelmäßig waren und »dreimal soviel wie in Portugal« kosteten. Anchieta beanstandet bei den Eingeborenen, was schon

Camões bei den Portugiesen beklagt hatte: »den Mangel an Findigkeit«, das heißt an Intelligenz, der noch dadurch verschärft wurde, daß sie nie richtig lernten und nur für Feste, Gesang und Belustigungen zu haben waren; dazu kam noch ihre Vorliebe für eine Unmenge von Konfitüren und Leckereien, für Apfelsinen-, Kürbis- und Quittenmarmelade, die alle mit viel Zucker zubereitet wurden. Alle diese Einzelheiten, die sich in großer Zahl in den Briefen der Patres zwischen Informationen von rein religiösem Interesse finden, zeugen von einem aufmerksamen Realismus und beleuchten Aspekte des Koloniallebens, die im allgemeinen von den übrigen Chronisten vernachlässigt wurden. Wir haben auch keinen Grund, uns über Laien wie Pero de Magalhães Gandavo oder Gabriel Soares de Sousa zu beklagen, die uns in ihren Chroniken bedeutsame und lebendige Einblicke in das Leben während der ersten Kolonialzeit gewähren. Gabriel Soares gibt Einzelheiten über die Einkünfte der Plantagenbesitzer an, über das Material, aus dem ihre Häuser und Kapellen gebaut waren, über ihre Ernährungsweise, die Herstellung von Konfitüren und Zuckerwerk in den Herrenhäusern und die Kleidung der Damen. Noch ein bißchen mehr, und er wäre fast eine Klatschbase wie Pepys geworden.

Wer das Privatleben und die Geschlechtsmoral im Brasilien der Sklavenzeit studieren will, kann sich auch noch anderer Quellen oder Anregungen bedienen: der ländlichen Lieder und Tänze aus denjenigen Gebieten, denen die Sklavenarbeit ihren Stempel aufgedrückt hat, der handgeschriebenen Sammlungen von Volksweisen und Kuchenrezepten der Kollektionen von Zeitungen, der Bücher über Etikettefragen und schließlich der brasilianischen Romane, deren beste Autoren viele interessante Einzelheiten aus dem Leben und den Sitten der alten patriarchalischen Familien zusammengetragen haben. Dazu gehören: *Helena, Die nachgelassenen Memoiren von Bras Cubas, Iaiá García, Dom Casmurro* und andere Romane und Kurzgeschichten von Machado de Assis, vor allem aber sein kürzlich erschienenes und mit einer Einführung von Frau Lúcia Miguel-Pereira versehenes *Altes Haus; Die grausamen Opfer, Die Brünette, Der blonde Knabe* und *Die Frauen mit der Mantilla* von Joaquim Manuel de Macedo, Romane, in denen es von typischen Figuren von Gutsbesitzerfrauen und -töchtern und ihren Lieblingssklavinnen wimmelt; *Mutter, Lucíola, Senhora, Der Familiendämon, Der Ipê-Baum, Goldene Träume, Der Huf der Gazelle* von José de Alencar; *Die Geschichte eines reichen Mädchens* und *Strafe* von Francisco Pinheiro Guimarães; die *Memoiren eines Miliz-*

Feldwebels von Manuel Antonio de Almeida; *Das Athenäum* von Raul Pompeia; und *Fleisch* von Julio Ribeiro. Franklin Távora, Agrário de Menezes, Martins Pena, Américo Werneck und França Júnior sind Romanschriftsteller, Feuilletonschreiber und Theaterschriftsteller, die mit mehr oder weniger Realismus charakteristische Aspekte des brasilianischen Familien- und Geschlechtslebens, der Beziehungen zwischen Herren und Sklaven, der Arbeit auf den Plantagen, der Feste und Prozessionen festhielten. Auch Gregório de Matos, der satirische Dichter des XVIII. Jahrhunderts, behandelte sie auf seine Art, das heißt, indem er sie karikierte. Der Visconde de Taunay, José de Alencar, Vieira Fazenda und die beiden Melo Morais haben uns in ihren Memoiren und Reminiszenzen wertvolle Daten hinterlassen. Zwar gibt es auch einige Romane von Ausländern, die den Versuch machten, das brasilianische Leben zur Zeit der Sklaverei zu schildern, aber keiner ist vom Standpunkt der Sozialgeschichte von Bedeutung. Die bildliche Darstellung der Sklaverei und des patriarchalischen Lebens ist Künstlern vom Rang eines Franz Post, Zacharias Wagner, Debret und Rugendas meisterhaft gelungen, gar nicht zu reden von geringeren oder sogar unbeholfenen Künstlern wie Zeichnern, Lithografen, Kupferstechern, Aquarellisten oder Malern von Votivbildern, die seit dem XVI. Jahrhundert – vielfach als Illustratoren von Reisebeschreibungen – in lebendiger und realistischer Weise Szenen aus dem Familienleben, dem Treiben auf der Straße und der Landarbeit, Herrenhäuser, Damen, Sklaven und Mestizen dargestellt und für uns festgehalten haben. Von den letzten fünfzig Jahren der Sklavenzeit sind uns außer Ölgemälden noch Daguerrotypien und Fotografien überkommen, auf denen die aristokratischen Profile der Herren mit ihren vielfach geschlungenen Halstüchern sowie Damen und junge Mädchen zu sehen sind, deren hohe Frisuren für den Kirchgang mit einem Schleier bedeckt sind. Oder kleine Mädchen am Tage der Erstkommunion, ganz in Weiß: die Handschuhe, der Kranz im Haar, der Schleier, das Gebetbuch und der Rosenkranz. Und schließlich Gruppenaufnahmen der großen patriarchalischen Familien, mit den Großeltern, den Enkeln, Knaben in der Soutane der Seminaristen und Mädchen in den schweren Seidenkleidern älterer Damen.

Aber ich darf dieses Nachwort nicht zu weit ausspinnen. Es hat sich schon weit genug von seinem Zweck entfernt, der lediglich darin besteht, eine allgemeine Vorstellung von dem Plan und den Methoden der vorliegenden Arbeit und den Umständen zu geben, unter denen sie geschrieben wurde. Dieser Versuch einer genetischen Soziologie und Sozialgeschichte will einige der bedeutsamsten Aspekte der Entwicklung der brasilianischen Familie festhalten und bisweilen auch erklären. Andere Aspekte könnten noch weit ausführlicher behandelt werden. So etwa die Untersuchung des Brasilien der Jahrhundertwende mit der Einstellung und den Vorurteilen der ersten Generation nach dem Gesetz über die Befreiung der in der Sklaverei geborenen Kinder und dem Debakel von 1888; hier sollten die Zusammenhänge zwischen den antimonarchistischen Reaktionen der besitzenden Klasse, ihren bürokratischen Neigungen und der Tendenz von vielen ihrer Angehörigen aufgezeigt werden, sich den freien Berufen, der Beamtenlaufbahn und den republikanischen Sinekuren zuzuwenden, die eine Fortsetzung des untätigen Lebens der Söhne von ruinierten Grundbesitzern bilden und die Söhne der Sklaven von der erniedrigenden Notwendigkeit der körperlichen Arbeit befreien und sie soweit wie nur möglich von der Negerhütte entfernen sollten. Dieses Regime der Bürokratie und der Unproduktivität, das in ganz Brasilien – mit Ausnahme der am meisten von der europäischen Einwanderung begünstigten Gebiete – der Abschaffung der Sklavenarbeit folgte, müßte mit der Sklavenhaltung und der Monokultur in Zusammenhang gebracht werden, die weiterhin das Verhalten, die Ideale, die Handlungsweise und die Sexualmoral der Brasilianer beeinflußten. Die in den Latifundien geübte Monokultur fand übrigens Mittel und Wege, nun auch nach Abschaffung der Sklaverei in einigen Landesteilen weiterzubestehen, und sogar noch beherrschender und unfruchtbarer als unter dem alten Regime und mit noch feudaleren Mißbräuchen. Es entstand ein Proletariat, dessen Lebensbedingungen ungünstiger waren als die der großen Masse der Sklaven. Roy Nash war erstaunt, in Brasilien Ländereien in der Hand eines einzigen Mannes vereint zu finden, die größer waren als ganz Portugal. Es wurde ihm auch berichtet, daß die Familie Costa Ferreira am Amazonas Besitzungen hatte, die größer als England, Schottland und Irland zusammen waren. In Pernambuco und Alagoas haben die Latifundien in den letzten Jahren durch die Schaffung der Zukkerrohrmühlen nur noch zugenommen, und die Monokultur hat zu unzureichender und unregelmäßiger Versorgung mit bestimmten Lebensmitteln wie Fleisch, Milch, Eiern und Gemüse geführt. In Pernambuco, Alagoas und Bahía wird noch genauso schlechtes Fleisch verzehrt wie zur Kolonialzeit. Schlecht und teuer. Von dem alten Wirtschaftssystem ist somit vom Standpunkt des allgemeinen Wohlstandes und insbesondere von dem der Arbeiterklasse gerade das Schlechteste übriggeblieben, nachdem im Jahre 1888 das patriarchalische System vernichtet worden war, das bis dahin die Sklaven geschützt und einigermaßen großzügig ernährt, sie im Alter und in Krankheitsfällen unterstützt und ihren Söhnen einen sozialen Aufstieg ermöglicht hatte. Der Sklave wurde vom Fabrik-Paria abgelöst, die Negerhütte von den Elendsvierteln, der Plantagenbesitzer vom Fabrikanten oder dem außer Landes lebenden Kapitalisten. Viele Herrenhäuser standen leer, während die Großgrundbesitzer im Auto in den Städten herumfuhren, in Villen im Stil von Schweizer Chalets oder normannischen Schlössern wohnten und nach Paris fuhren, um sich dort mit Freudenmädchen zu amüsieren.

Ich möchte allen jenen meinen Dank aussprechen, die mich bei meinen Forschungsarbeiten, bei der Ausarbeitung des Manuskripts und beim Lesen der Druckfahnen unterstützt haben. In dieser Hinsicht bin ich hauptsächlich Manuel Bandeira verpflichtet. Ein anderer Freund, Luis Jardim, half mir, das Manuskript ins reine zu schreiben, das voller verbesserter und radierter Stellen war. Ich danke ihnen für ihre freundliche Hilfe sowie auch jenen, die mir entgegenkommenderweise bei der Übersetzung von lateinischen, deutschen und holländischen Auszügen aus alten Dokumenten und bei den Nachforschungen in Bibliotheken und volkskundlichen Quellen geholfen haben: meinem Vater, Dr. Alfredo Freyre; meinem Vetter José Antonio Gonsalves de Melo (Enkel); meinen Freunden Julio de Albuquerque Belo und Sergio Buarque de Holanda; María Bernarda, die mich in alte Küchengeheimnisse einweihte; den früheren Negersklaven, die auf den Plantagen bedienstet waren: Luís Mulatinho, María Curinga, Jovina und Bernarda. Sergio Buarque übersetzte für mich fast das ganze Buch von Wätjen aus dem Deutschen. Julio Belo stellte mir auf seiner Besitzung von Queimadas interessante folkloristische Angaben über das Verhältnis zwischen Herren und Sklaven zusammen. Allein oder in Gesellschaft von Pedro Paranhos und Cicero Dias unternahm ich Ausflüge, um volkskundliche Forschungen zu betreiben oder charakteristische Herrenhäuser in verschiedenen Gegenden der alten aristokratischen Zone von Pernambuco kennenzulernen. Allen, die mich bei diesen Exkursionen gastfreundlich aufgenommen haben, spreche ich an dieser Stelle meinen Dank aus: Alfredo Machado von der Plantage Noruega; André Dias de Arruda Falcão von der Plantage Mupã; Geroncio Dias de Arruda Falcão von Dois Leões; Julio Belo von

Queimadas; der Baronin de Contendas auf Contendas; Domingos de Albuquerque aus Ipojuca; Edgar Domingues aus Raiz – ein wahres Asyl für hilflose Greise, wo ich vier Überlebende der alten Plantagen-Negersiedlung vorfand, von denen einer hundert- und die anderen achtzigjährig waren. Luís Mulatinho, der älteste von ihnen, hatte noch ein phantastisches Gedächtnis. In anderen Gegenden, die ich schon von früher her kannte, fand ich das größte Entgegenkommen bei Joaquim Cavalcanti; Julio Maranhão; Pedro Paranhos Ferreira, Herr auf Juparanduba, Enkel des Visconde und Neffe des Barons von Rio de Branco; Estacio Coimbra; José Nunes da Cunha; Familie Lira in Alagôas; Familie Pessoa de Melo, im Norden des Staates Pernambuco; bei den Verwandten meines Freundes José Lins do Rego, im Süden von Paraíba; bei meinen Verwandten Sousa e Melo, auf der Plantage São Severino dos Ramos in Pau-d'Alho –, der ersten Plantage, die ich kennenlernte und an die ich immer besonders gern zurückdenke. Ich danke auch Paulo Prado, der mir einen interessanten Ausflug durch die alte Sklavengegend zwischen den Staaten Rio de Janeiro und São Paulo ermöglichte, in dessen Verlauf ich gemeinsam mit Luís Prado einer Einladung auf die Kaffeeplantage von São Martinho folgte. Ich danke ihm auch für den Rat, von São Paulo nach Rio auf einem kleinen Dampfer zurückzukehren, der an allen alten Kolonialhäfen haltmachte; diesen Rat pflegte ihm immer Capistrano de Abreu zu geben. Paulo Prado, der Verfasser von *Ein Porträt Brasiliens*, war selber zu mißtrauisch und bequem, um diesem Rat selber zu folgen, wahrscheinlich weil er alle Unannehmlichkeiten voraussah, denen sich jene Ahnungslosen aussetzten, die in ihrem Bestreben, diesen so charakteristischen Teil Brasiliens kennenzulernen, sich Schiffen wie der »Iratí« anvertrauten.

Ich möchte auch noch für alle Freundlichkeiten danken, die mir in den Bibliotheken, Archiven und Museen erwiesen wurden, in denen ich nach Material forschte: der Nationalbibliothek von Lissabon; dem Portugiesischen Völkerkundemuseum, das von einem Gelehrten – Leite de Vasconcelos – aufgebaut und geleitet ist; der Kongreßbibliothek von Washington, insbesondere ihrer Dokumentenabteilung; der Katholischen Universität der Vereinigten Staaten, deren Oliveira-Lima-Sammlung so reich an seltenen Reisebeschreibungen über Portugiesisch-Amerika ist; der John-Casper-Branner-Sammlung der Stanford-Universität, die sich ebenfalls auf Bücher ausländischer Wissenschaftler über Brasilien spezialisiert, die wie Saint-Hilaire, Koster, Maria Graham, Spix, Martius, Gardner, Mawe und Prinz Maximilian oft scharfe Beobachter des brasilianischen Gesellschafts- und Familienlebens waren; der Dokumentenabteilung der Stanford-Bibliothek, wo ich die wertvolle Sammlung englischer Diplomatenberichte und Parlamentsakten über das Leben der Sklaven auf den brasilianischen Plantagen benutzte; der Nationalbibliothek von Rio de Janeiro, die heute von meinem Freund und Lehrer Rodolfo Garcia geleitet wird; der Bibliothek des Brasilianischen Historischen Instituts, wo ich von Max Fleiuss immer so freundlich aufgenommen wurde; dem Archäologischen Institut von Pernambuco; dem Museum Nina Rodrigues in Bahía; der Dokumentenabteilung der Bibliothek des Staates Pernambuco; dem Notariatsarchiv von Ipojuca, dessen Inventare aus dem XIX. Jahrhundert interessante Quellen für das Studium der Sklavenwirtschaft und des Lebens der patriarchalischen Familie darstellen; demjenigen Teil des Archivs der Kathedrale von Olinda, die mir der Kanonikus Carmo Barata freundlicherweise zugänglich machte – Manuskripte von Hirtenbriefen und Berichten von Bischöfen über Mode, Sexualmoral, das Verhältnis zwischen Herren und Sklaven usw. Ich danke meinen lieben Freunden André und Geroncio Dias de Arruda Falcão und Alfredo Machado, daß sie mir in der Plantage Noruega ihr Familienarchiv zur Verfügung gestellt haben, in dem ich unveröffentlichte Dokumente aus der Zeit des Kommandeurs Manuel Tomé de Jesus und andere aus der Zeit des Barons de Jundiá fand, von denen einige für das Studium des Gesellschaftslebens der Plantagenbesitzer und ihres Verhältnisses zu den Sklaven von großem Interesse sind. José Maria Carneiro de Albuquerque e Melo, Direktor der Bibliothek des Staates Pernambuco, verdanke ich die ausgezeichneten Reproduktionen von Piso, Barléus und Henderson, die er auf meine Bitte für die Illustration dieses Buches heraussuchte; ebenso danke ich Cicero Dias und dem Architekten Carlos Pacheco Leão für die Pläne des Herrenhauses der Plantage Noruega. Noch einen Namen muß ich in Verbindung mit meinem Buch erwähnen: den meines Freundes Rodrigo M. F. de Andrade, der mich ermunterte, es zu schreiben und herauszugeben.

Lissabon, 1931; Pernambuco, 1933 Gilberto Freyre

Erklärung brasilianischer Ausdrücke

Balangandã	Festtagsschmuck der Bahíanerinnen aus Muscheln, Steinen, Früchten oder auch aus Silber
Bandeirante	Pionier des Landesinnern im Gebiet von São Paulo. Die Söhne der ersten Familien von São Paulo bildeten »bandeiras« (Fähnlein) von Abenteurern, mit denen sie in der Kolonialzeit das Hinterland erschlossen
Boitatá	Kinderschreck
Bumba-meu-boi	dramatisches Ballett der Neger Nordostbrasiliens in Prozessionsform
Bunda	Sprache der Neger von Angola
Caboclo	Kleiner Bauer, ungelernter Arbeiter; praktisch: Mestize. Später wurde die Figur des Caboclo ähnlich idealisiert wie die des Gaucho in Argentinien
Caboré	Mischling von Indianern und Negern
Cabra	Bravo, der sich verdingte, um Morde auszuführen
Cabra cabriola	Gespenst in Ziegengestalt
Cabrocha	Landmädchen, Mestizin
Caçanje	in Angola gesprochenes schlechtes Portugiesisch
Cafuso	Mischling von Indianern und Negern
Caipira	primitiver Landbewohner
Caipora	Figur aus der indianischen Mythologie

Calunga	kleine Puppe, Medium der Hexenmeister
Capoeira	eine Art Judo; heute: Tanz
Catimbozeiro, Mandingueiro, Macumbeiro	Hexenmeister
Cocaloba	mythisches Monstrum
Comadre	wörtlich: Gevatterin, Klatschbase; auch: Hebamme; an manchen Stellen im Sinne von Konkubine verwendet
Curiboca	Zambo, Mischling von Indianern und Negern
Culumim	Indianerjunge, Boy im Herrenhaus
Farranca	mythisches Monstrum
Fluminense	Bewohner des Staates von Rio de Janeiro
Jagunço	Landstreicher, Abenteurer; auch: Leibwächter
Língua geral	Versuch der Jesuiten, aus den verschiedenen Indianerdialekten eine Einheitssprache, eine Art Pidgin-Brasilianisch, zu bilden
Mãe d'água	Wassernixe
Malé	mohammedanische Neger von Bahía und Rio de Janeiro
Mameluco	Mestize
Maria Borralheira	portugiesische Märchenfigur, entspricht unserem Aschenbrödel
Maria-da-Manta	mythische Erscheinung
Marrano	Marane, zwangsgetaufter Jude oder Maure, der vielfach innerlich seinem

	Glauben treu blieb. Im XVI. und XVII. Jahrhundert wurden viele Maranen aus Portugal und Spanien ausgewiesen
Massapé	schwarzer Lehmboden
Mazombo	verächtliche Bezeichnung für ein in Brasilien geborenes Kind portugiesischer oder überhaupt europäischer Eltern
Mina-Negerin	hellhäutige Negerin aus Bahía, ursprünglich von Mina in Westafrika
Modinha	Volksweise, früher: Ballade; Modelied (Schlager)
Mucambo	Siedlung entlaufener Negersklaven
Muleca, Mucama	schwarzes Hausmädchen
Muleque	Negerjunge, Boy im Herrenhaus
Negro de surrão	der Neger mit dem Sack, Kinderschreck
Okterone	Negermischling mit $^1/_8$ Negerblut
Olharapos	Gespenst
Papa-figos	Leberfresser, Kinderschreck
Pardo	braun; soviel wie Mulatte
Paulista	Bewohner von São Paulo
Quarterone	Negermischling mit $^1/_4$ Negerblut
Quilombo	Siedlung entlaufener Negersklaven
Serpentina	verhängte Tragsänfte, deren Boden aus einer Hängematte besteht
Sinhazinha = Iaiá = Yayá	junge Herrin, junge Dame; früher Mädchen oder Frau überhaupt
Tejupabo	Feldschuppen

Tigre	Fäkalieneimer
Trangomango	Gespenst
Tutú-marambá	Gespenst
Xibamba	Gespenst

1494 (22. 4.)	Im Vertrag von Tordesillas wird der lateinamerikanische Subkontinent zwischen Spanien und Portugal aufgeteilt.
1500	Pedro Alváres Cabral landet in der Nähe von Bahía (Porto Seguro) und nimmt im Namen des Königs von Portugal Besitz von Brasilien.
1516–1519 1526–1528	König João III. entsendet Flotten unter Crisovão Jacques zur Bekämpfung der Franzosen und ihres Handels mit dem Färbholz »Pau Brasil«.
1526	Beginn der »Bandeiras« (= »Fähnlein«). – Die »Bandeirantes« jagen Indianer, um sie zu Sklaven zu machen, suchen nach Schätzen, vor allem Gold und Edelsteinen, erweitern die brasilianischen Grenzen in einem riesigen Ausmaß (etwa um zwei Drittel) und legen die Grundlagen für die Gründung zahlreicher Ortschaften.
1532	Martim Affonso de Souza beginnt die Kolonisierung des Landes, führt den Anbau von Zuckerrohr ein, gründet São Vicente und Santo André. Er kämpft gegen französische Korsaren, Engländer und Holländer um den Besitz des Landes. – In dieser Zeit Ankunft der ersten afrikanischen Sklaven, die als Ersatz für Indianer gelten. Der Sklavenhandel dauerte bis ins 19. Jahrhundert. – Errichtung der Zuckerraffinerie in der Kapitanie São Vicente, in der Nähe des heutigen Hafens von Santos.
1534	König João III. von Portugal teilt das Land in zwölf tributpflichtige Erbkapitanien auf, die er portugiesischen Gefolgsleuten (»Donataren«) zur Verwaltung übergibt. – Verkündung des Königlichen Monopols für den Brasilholzhandel.
1548	König João III. ernennt den ersten Generalgouverneur Brasiliens, Tomé de Souza, der Zuckerrohranbau und Viehzucht fördert, die Grundlage für einen brasilianischen Staat und eine brasilianische Gesellschaftsordnung aus ländlichen und halbländlichen Familien legt.

1549 Gründung der Stadt Bahía (Salvador), Sitz des Generalgouverneurs und der Zentralregierung. – Beginn der Christianisierung der Indianer durch die Jesuiten, die die eifrigsten Verfechter der Rechte der Indianer sind.

1551 Bahía (Salvador), erstes brasilianisches Bistum: Papst Julius III. überträgt dem König von Portugal das Amt des »Großmeisters des Christusordens«, durch das die Patronatsrechte der Krone von Portugal über die Kirche von Brasilien abgesichert wurden.

1553–1556 Generalgouverneur Duarte da Costa. Unter ihm gelangt eine Gruppe von Jesuiten unter Führung von P. Manoel da Nóbrega ins Land.

1554 Gründung der Stadt São Paulo durch die Jesuitenpatres José de Anchieta und Manoel da Nóbrega.

1555/56 Unter Villegaignon setzen sich die Franzosen zwölf Jahre lang in der Guanabara-Bucht fest mit der Absicht, ein protestantisches »Antarktisches Frankreich« zu gründen.

1556–1572 Generalgouverneur Mem de Sá, der die Vertreibung der Franzosen organisiert.

1557 Es erscheint das Buch von Hans Staden *Wahrhaftige Historia und Beschreibung eines Landes der wilden, nackten, grimmigen Menschenfresser, in der Neuen Welt Amerika gelegen, vor und nach Christi Geburt im Lande Hessen unbekannt bis auf diese zwei letztvergangenen Jahre, da Hans Staden aus Homberg in Hessen es aus eigener Erfahrung kennen gelernt hat, wie er jetzt durch den Druck bekannt gibt.*

1558 Es erscheint die *Histoire d'un voyage fait en la terre du Brésil, autrement dite Amerique* des kalvinistischen Missionars und Mitstreiters von Villegaignon, Jean de Lery, die als klassischer ethnologischer Reisebericht über Brasilien gilt.

1563 Der von den Jesuiten vermittelte Waffenstillstand zwischen Portugiesen und Indianern von Iperoigue verhindert eine Konförderation der Tamoio-Indianer zur Unterstützung der Franzosen und bildet die Grundlage für die Entwicklung von Landwirtschaft, Handel und Schiffahrt.

1565 Gründung der Stadt São Sebastião do Rio de Janeiro durch Estácio de Sá, Neffe des Generalgouverneurs und Kommandant einer großen portugiesischen Flotte.

1572 König Sebastião teilt Brasilien in zwei getrennte Verwaltungsgebiete auf. Die nördlichen Erbkapitanien verbleiben beim Generalgouvernement Bahía mit der Hauptstadt Salvador (Bahía). Ein südliches Generalgouvernement mit dem Verwaltungszentrum Rio de Janeiro wird neu errichtet.

1578 Die Teilung wird rückgängig gemacht. Regierungssitz für die gesamte Kolonie bleibt Salvador (Bahía).

1580–1640 Portugal, und mit ihm Brasilien, fallen an die spanische Krone. Personalunion unter Philipp II. Engländer, Holländer und Franzosen als Feinde Spaniens bedrohen Brasilien.

1584 Eine »bandeira« unter dem Kommando des Deutschen Eoban Hesse findet Gold in Iguape und Paranaguá.

1587 Der Portugiese Gabriel Soares de Souza veröffentlicht *O Tratado descriptivo do Brasil* (Traktat, der Brasilien beschreibt).

1608–1646 Jesuitenpater Antônio Vieira, berühmter Prediger, Intellektueller und Verteidiger der Indianer.

1610 Die Jesuiten errichten am linken Ufer des Paranapanema ihre beiden ersten Reduktionen.

1612 Die Franzosen gründen in dem von ihnen besetzten (heutigen Bundesstaat) Maranhão die Hauptstadt São Luís, wiederum in der Absicht, ein französisches Kolonialreich zu errichten.

1612/13 Gründung der Stadt Fortaleza, der heutigen Hauptstadt des Staates Ceará, als Festung gegen die Franzosen.

1615 Vertreibung der Franzosen aus Maranhão durch Jerônimo de Albuquerque und Alexandre Moura.

1616 Errichtung des Forts Presépio, Ursprung der heutigen Hauptstadt des Bundesstaates Pará, Belém.

1621 Neueinteilung des Landes in zwei Staaten, Maranhão im Norden und Brasilien im Süden. Mit kurzer Unterbrechung (1652–1654) dauerte die Teilung bis 1772.

1624 Eroberung der Hauptstadt Salvador (Bahía) durch die Holländer.

1625 Befreiung der Hauptstadt Salvador durch eine vereinigte spanisch-portugiesische Flotte.

1627 Etwa 100 Zuckerraffinerien bestehen zu dieser Zeit bereits im Staat Pernambuco.

Frei Vicente do Salvador veröffentlicht als erster brasilianischer Historiker sein Werk *Geschichte Brasiliens.*

1630 Einfall der Holländer in Recife und Olinda (Pernambuco). Gegen sie kämpft jahrelang Matias de Albuquerque.

ab 1630 Die Negerrepublik von Palmares (ca. 10 000 Einwohner, geflüchtete Sklaven), deren Zerstörung, 1694, die Grundlagen zur späteren Gründung der Kapitanie von Alagoas lieferte.

1633 Gregório de Matos Guerra, im Staat Bahía geboren, der erste bekannte brasilianische Dichter.

1636 Manoel Botelho de Oliveira, aus Bahía. Sein Buch *Música do Parnasso* ist das erste in Brasilien gedruckte Werk eines brasilianischen Autors.

1637 Pedro Teixeira gelangt per Schiff bis in die Quellgebiete des Amazonas und von dort auf dem Landweg nach Quito (Ekuador).

1637–1644 Graf Johann Moritz von Nassau-Siegen regiert in holländischem Auftrag »Holländisch Brasilien« von Recife aus. Er erweist sich als ausgezeichneter Verwalter und Förderer von Kunst, Wissenschaft und Literatur.

1648/49 Die Brasilianer besiegen die Holländer, die sich 1654 nach Europa zurückziehen.

1674 Die bedeutendste »Bandeira« des »Goldzyklus« der brasilianischen Wirtschaftsgeschichte begibt sich unter Fernão Dias Pais von São Paulo aus auf die Suche nach Smaragden.

1684 Revolte unter der Führung von Manuel Beckmann (1630–1685) (in Lissabon geborener Sohn eines deutschen Vaters und einer portugiesischen Mutter), in Maranhão gegen die Monopole der portugiesischen Krone. Beckmann wurde hingerichtet.

1693 Antônio Rodrigues de Arzão entdeckt Gold in Minas Gerais.

1709 Gründung der Kapitanie von São Paulo als Nachfolger in der Kapitanie São Vicente.

1710 Erneuter Einfall der Franzosen in Rio de Janeiro unter der Führung von Leclerc,

1711 unter der Führung Dugay. Trouin.

1711 Unter dem Pseudonym Artonil veröffentlicht der italienische Jesuit João Antônio Andreoni, geboren 1650 in der

Toscana, sein Werk, *Cultura e Opulenciã do Brasil por suas drogas e minas,* eine präzise Studie der kolonialen Wirtschaft des 16. Jahrhunderts, die von der portugiesischen Regierung beschlagnahmt wurde. Das Buch war die erste wissenschaftliche Bestandsaufnahme Brasiliens.

1719/20 In Mato Grosso und Goiás Gold entdeckt.

Abtrennung des Gebietes von Minas Gerais von São Paulo und Gründung der Kapitanie Minas Gerais.

1724 Gründung der ersten literarischen Vereinigung in Bahía, der »Akademie der Vergessenen«, als Reaktion auf die Gründung der »Akademie der Geschichte« in Lissabon (1720), zu der die Brasilianer nicht eingeladen worden waren.

1726 Entdeckung von Diamanten in Minas Gerais.

1729 Die Diamantenförderung wird zum Staatsmonopol erklärt.

1730 Der Brasilianer Sebastião da Rocha Pitta veröffentlicht das wertvolle Werk *Geschichte des portugiesischen Amerika, von seiner Entdeckung bis 1723.*

1730–1814 Der geniale brasilianische Barockbildhauer Brasiliens, Antônio Francisco Lisbôa (genannt »Aleijadinho« = »Krüppelchen«).

1748 Mato Grosso wird selbständige Kapitanie.

1759 Vertreibung der Jesuiten durch Erlaß des portugiesischen Premierministers Marquis de Pombal.

1773 Rio de Janeiro wird endgültig Hauptstadt Brasiliens.

1777 Vertrag von Sankt Ildefonso, der die Auseinandersetzungen zwischen Spanien und Portugal im Süden Brasiliens beendet.

1786 Gründung der »Literarischen Gesellschaft von Rio de Janeiro«.

1789 Revolte der Inconfidência Mineira in Ouro Preto gegen die portugiesische Krone.

1792 Joaquim José da Silva Xavier, bekannt als »Tiradentes«, der Anführer der »Inconfidência Mineira«, wird hingerichtet.

1796 Die »Verschwörung der Schneider« in Bahia will ein demokratisches Regime in Brasilien einführen.

1808 Flucht des portugiesischen Königs, Johann VI. nach Rio de Janeiro. Öffnung der brasilianischen Häfen, Gründung der ersten Hochschule für Medizin in Salvador.

1810	Schiffahrts- und Freundschaftsvertrag zwischen Brasilien und England. Gründung der königlichen Militärakademie, Rio de Janeiro.
1815	König Johann VI. proklamiert das »Vereinigte Königreich Brasilien, Portugal und Algarve« mit der Hauptstadt Rio de Janeiro. Gründung der »Akademie der schönen Künste«.
1817	Revolution von Pernambuco, die eine erste rein nationale Regierung bildet, aber niedergeschlagen wird.
1821	Rückkehr König Johanns VI. nach Portugal; sein Sohn Pedro bleibt als Prinzregent in Brasilien.
1822	Erklärung der Unabhängigkeit Brasiliens. Der Prinzregent wird Kaiser Pedro I.
1823	Erste verfassunggebende Versammlung, die von Pedro I. aufgelöst wird.
1824	Erste (liberale) Verfassung durch den Kaiser erlassen. 67 Jahre gültig. Die Vereinigten Staaten von Amerika erkennen als erste Nation die Unabhängigkeit Brasiliens an.
1825–1828	Kampf um den Besitz von Uruguay, dessen Unabhängigkeit 1828 im Friedensvertrag zwischen Brasilien und Uruguay besiegelt wird.
1831	Verbot der Sklaveneinfuhr durch Vertrag mit England.
1831	Abdankung Kaiser Pedros I.
1832	Während der Regentschaft mehrere Revolten politisch-sozialen Charakters.
1834–1840	Die Revolution der Cabanos in Pará endet mit dem Sieg der Zentralregierung. Fast zwei Drittel der männlichen Bevölkerung von Pará starben in den Wirren.
1835–1845	Der Farrapenkrieg im Rio Grande do Sul und Gründung der separatistischen Republik von Piratini.
1840	Kronprinz Pedro wird mit vierzehn Jahren für mündig erklärt und besteigt als Kaiser Pedro II. den Thron.
1842	Revolution der Liberalen.
1845	Promulgierung der Bill Aberdeen, durch die England sich das Recht vorbehält, Sklaven transportierende Schiffe aufzubringen.
1848	Sozialrevolutionäre Revolte in Pernambuco (»Praieira«).
1850	Gesetz Eusébîo de Queiroz: Verbot des Sklavenhandels.

1852 Gründung der Dampfschiffahrtsgesellschaft des Amazonas. Erste Telegraphenlinien in Brasilien.

1865–1870 Die Allianz Brasilien–Uruguay–Argentinien besiegt den paraguayischen Diktator Solano Lopes, der 1864 Brasilien den Krieg erklärt hatte.

1871 Kinder von Sklaven werden für frei erklärt.

1872 Erste Volkszählung: 9 930 478 Einwohner.

1877–1879 Erste große Trockenheit im Nordosten.

1880 Die »Zwei-Groschenrevolte« gegen die Erhöhung der Fahrpreise.

1881 Allgemeines und direktes Wahlrecht für Besitzer von Einkommen über 200.000,– Reis. Es gilt auch für Nichtkatholiken und befreite Sklaven.

1885 Über sechzigjährige Sklaven wurden für frei erklärt.

1888 Das »goldene Gesetz« der Abschaffung der Sklaverei wird von der Prinzessin Isabel unterzeichnet.

1889 15. November: Kaiser Pedro II. wird gestürzt.
Marschall Deodoro da Fonseca ruft die Republik aus.

Namenregister

Es war aus Platzgründen nicht möglich, sämtliche Namen zu verzeichnen. Zahlreiche Namen erscheinen (auch im Originaltext) ohne Vornamen und sonstige Angaben. Sie mußten daher in gleicher Weise im Namenregister wiedergegeben werden. Viele Namen beziehen sich auf Veröffentlichungen. Leider war es, ebenfalls aus Platzmangel, nicht möglich, das 77 Seiten (9. brasilianische Auflage) umfassende Originalliteraturverzeichnis beizufügen. Trotz dieser Mängel – so glaube ich – wird das Namenregister den Zugang zum Werk erleichtern und Anregungen bieten.

Hermann M. Görgen

Sachregister

Das Sachregister will durch zahlreiche Stichworte vor allem einen induktiven Zugang zu den umfangreichen Materialien und dem vielseitigen Themenkreis erleichtern, nachdem der Autor den gesamten Fragenbereich in nur vier Hauptkapiteln ohne Unterteilungen behandelt hat.
Der zur Verfügung stehende Raum zwang jedoch zur Beschränkung. Nicht berücksichtigt wurden daher Länder, brasilianische Bundesstaaten und Regionen, Stämme der Indianer und Neger, Nahrungsmittel, Speisen und Getränke, Pflanzen, land- und viehwirtschaftliche Erzeugnisse, Tiere.

Hermann M. Görgen